Die Bonus-Seite

Ihr Vorteil als Käufer dieses Buches

Auf der Bonus-Webseite zu diesem Buch finden Sie zusätzliche
Informationen und Services. Dazu gehört auch ein kostenloser
Testzugang zur Online-Fassung Ihres Buches. Und der besondere
Vorteil: Wenn Sie Ihr **Online-Buch** auch weiterhin nutzen wollen,
erhalten Sie den vollen Zugang zum **Vorzugspreis**.

So nutzen Sie Ihren Vorteil

Halten Sie den unten abgedruckten Zugangscode bereit und
gehen Sie auf **www.galileodesign.de**. Dort finden Sie den
Kasten **Die Bonus-Seite für Buchkäufer**. Klicken Sie auf **Zur
Bonus-Seite/Buch registrieren**, und geben Sie Ihren **Zugangscode** ein. Schon stehen Ihnen die Bonus-Angebote zur Verfügung.

Ihr persönlicher
Zugangscode   dsmg-chxt-9wef-zpv5

Nick Weschkalnies

Adobe Flash CS4

Das umfassende Handbuch

Galileo Press

Liebe Leserin, lieber Leser,

Adobe Flash ist und bleibt der Standard für multimediale Web-inhalte. Was Flash kann und welche Vorteile es dem User bringt, lässt sich auf Millionen Websites beobachten. Für alle, die für das Medium Web publizieren, heißt das: Sie sollten sich mit Flash auskennen.

Flash ist auch für Einsteiger intuitiv und schnell bedienbar. Erste Animationen sind schnell erstellt. Um das Tool und seine Möglichkeiten aber effizient zu nutzen, sollte man etwas mehr wissen. Unser Autor Nick Weschkalnies zeigt Ihnen deshalb Flash von A bis Z, leicht verständlich, mit zahlreichen Praxisbeispielen und allen relevanten Funktionen.

Mit diesem Buch können Sie Flash lernen. Als fortgeschrittener Nutzer können Sie aber auch nachschlagen, wenn Sie gezielt nach einer Lösung suchen, denn es beschreibt nahezu alles, was mit der aktuellen Version Flash CS4 möglich ist.

Lassen Sie sich von Nick Weschkalnies durch das Programm führen. Er ist nicht nur Flash-Experte, sondern auch erfahrener Buch- und Fachartikel-Autor und weiß, wie er sein Wissen vermitteln muss, damit Sie als Leser etwas davon haben.

Nach einem kurzen Überblick über Grundlagen und Arbeits-oberfläche zeigt er Ihnen die Zeichen-Werkzeuge und -Funkti-onen und wie Sie damit ansprechende und realistische Animati-onen, Motion- und Form-Tweenings erstellen können. Sie lernen, wie Sie Multimediainhalte in Ihre Flash-Anwendungen einbinden und erfahren, wie sie mit PHP, MySQL und XML auch dynamisch nachgeladen werden können. Schritt für Schritt steigen Sie dabei gleichzeitig auch immer tiefer in ActionScript 3 ein, denn es kommt in den zahlreichen Praxisbeispielen und Workshops des Autors ausschließlich zum Einsatz. Im letzten Teil des Buchs geht es dann mit Spezialthemen wie der Spieleprogrammierung, 3D, Flex und dem Flash Lite-Format weiter.

Dies sowie zahlreiche Tipps und Zusatzinformationen und eine randvolle DVD mit allem Beispielmaterial, ActionScript-Editoren und über 1 Stunde Video-Lektionen werden dieses Buch schon bald zu einem unverzichtbaren Lern- und Nachschlagewerk machen.

Jan Watermann
Lektorat Galileo Design

jan.watermann@galileo-press.de
www.galileodesign.de
Galileo Press • Rheinwerkallee 4 • 53227 Bonn

Auf einen Blick

Vorwort 21

Teil I   Grundlagen 25
   1   Was ist Flash? 27
   2   Arbeitsumgebung 43

Teil II   Anwendung 65
   3   Zeichnen 67
   4   Symbole, Instanzen und die Bibliothek 119
   5   Animation 141
   6   Text 239
   7   Veröffentlichung 271

Teil III   ActionScript 309
   8   ActionScript-Grundlagen 311
   9   Animation mit ActionScript 3 375
  10   Einführung in die objektorientierte
      Programmierung 423
  11   Zeichnungs-API 455
  12   Komponenten 473

Teil IV   Multimedia und dynamische Inhalte 491
  13   Bitmap-Grafiken 493
  14   Sound 517
  15   Video 553
  16   Dynamischer Text 589
  17   Flash, PHP und MySQL 627
  18   XML in ActionScript 3 687
  19   FileReference 713

Teil V   Weitere Einsatzgebiete 739
  20   Spieleprogrammierung 741
  21   Ein Blick über den Tellerrand 791

Teil VI   Anhang 813
  22   ActionScript-Entwicklungsumgebungen 815
  23   Key-Codes der Key-Klasse 823
  24   Unicode (Lateinisch einfach) 827
  25   URL-Kodierung 831
  26   Die DVD zum Buch 833

Inhalt

Vorwort 21

Teil I   Grundlagen

1   Was ist Flash? 27
1.1   Flash-Historie 27
1.2   Entwicklungsumgebung, Player und Projektor 27
1.3   Vektoren und Pixel 29
1.4   Anwendungsbereiche 30
1.5   Neues in Flash CS4 34

2   Arbeitsumgebung 43
2.1   Begrüßungsbildschirm 43
2.2   Die Entwicklungsumgebung 44
2.3   Die Menüleiste 45
2.4   Werkzeugleiste 48
2.5   Die Zeitleiste 51
2.6   Die Bühne 52
2.7   Entwicklungsumgebung anpassen 54
2.8   Tastaturkurzbefehle 61

Teil II   Anwendung

3   Zeichnen 67
3.1   Zeichenmodi 67
3.2   Zeichenwerkzeuge 68
        3.2.1   Strich- und Füllfarbe 68
        3.2.2   Farbpalette bearbeiten 70
        3.2.3   Kuler-Bedienfeld 71
        3.2.4   Linienwerkzeug 73
        3.2.5   Eigenschaften ändern 73
        3.2.6   Stricheigenschaften 74
        3.2.7   Freihandwerkzeug 77
        3.2.8   Pinselwerkzeug 77
        3.2.9   Sprühen-Werkzeug 79
        3.2.10   Deko-Werkzeug 81
        3.2.11   Radiergummiwerkzeug 85
        3.2.12   Rechteckwerkzeug 86
        3.2.13   Werkzeug für Rechteckgrundform 88

3.2.14 Ellipsenwerkzeug 88

3.2.15 Werkzeug für Ellipsengrundform 90

3.2.16 Polysternwerkzeug 91

3.2.17 Stiftwerkzeug 92

3.3 Objekte auswählen und bearbeiten 93

3.3.1 Auswahlwerkzeug 93

3.3.2 Unterauswahl-Werkzeug 94

3.3.3 Lassowerkzeug 95

3.4 Transformationen 99

3.4.1 Frei-transformieren-Werkzeug 99

3.4.2 3D-Drehungswerkzeug 101

3.4.3 3D-Versetzungswerkzeug 102

3.4.4 Fluchtpunkt und Perspektive 103

3.5 Farben und Farbverläufe erstellen 105

3.5.1 Tintenfass- und Farbeimerwerkzeug 105

3.5.2 Pipette 107

3.5.3 Farbverläufe 108

3.5.4 Bitmap-Füllung 109

3.5.5 Farbverlaufwerkzeug 110

3.6 Hilfswerkzeuge 111

3.6.1 Skalierung mit dem 9-teiligen Segmentraster ...111

3.6.2 Objekte gruppieren und anordnen 113

3.6.3 Handwerkzeug 114

3.6.4 Zoomwerkzeug 115

3.6.5 Lineale 115

3.6.6 Hilfslinien 116

3.6.7 Raster 118

4 Symbole, Instanzen und die Bibliothek 119

4.1 Symbole 119

4.2 Symbole erstellen 120

4.3 Symbolinstanzen 122

4.4 Schaltflächen 128

4.4.1 Bibliothekselemente löschen 134

4.4.2 Ordnung und Struktur in der Bibliothek 134

4.5 Gemeinsam genutzte Bibliothek (Shared Library) 137

5 Animation 141

5.1 Zeitleiste 141

5.1.1 Ebenenmodell 142

5.1.2 Mit Ebenen arbeiten 142

5.1.3 Bilder und Schlüsselbilder auf der Zeitleiste ... 147

5.1.4 Darstellungsoptionen der Zeitleiste 150

5.1.5 Szenen und Bildbezeichner 150

5.2		Bild-für-Bild-Animation	153
5.3		Zwiebelschaleneffekt	162
5.4		Tweens	165
	5.4.1	Bewegungs-Tween erstellen	166
	5.4.2	Eigenschaften animieren	167
	5.4.3	Pfad eines Bewegungs-Tweens	171
	5.4.4	Bewegungs-Editor	178
	5.4.5	Bewegungsvoreinstellungen	189
	5.4.6	Animation kopieren und einfügen	190
5.5		Klassische Tweens	191
	5.5.1	Klassische Tweens an Pfad ausrichten	192
	5.5.2	Timing	197
5.6		Weitere Eigenschaften animieren	204
5.7		Form-Tween	207
	5.7.1	Bitmaps in Vektoren umwandeln	208
	5.7.2	Formmarken einsetzen	211
5.8		Masken	213
5.9		Verschachtelung	219
5.10		Inverse Kinematik	225
	5.10.1	Bone-Werkzeug	226
	5.10.2	Bindungswerkzeug	234
	5.10.3	Steuerungspunkte ausrichten	236
6		**Text**	239
6.1		Texterstellung in Flash	239
	6.1.1	Textbreite anpassen	240
	6.1.2	Text transformieren	241
6.2		Textfeld-Eigenschaften	242
	6.2.1	Textfeld-Typen	243
	6.2.2	Text formatieren	244
	6.2.3	Schriftart, -größe und -farbe	244
	6.2.4	Text-Auszeichnungen	246
	6.2.5	Ausrichtung	247
	6.2.6	Zeilenabstand, Zeilenlänge, Zeichenabstand	249
	6.2.7	Textrichtung	252
	6.2.8	Text mit URL verknüpfen	252
	6.2.9	Auswählbarer Text	254
6.3		Darstellung von Schrift	254
	6.3.1	Geräteschriftarten	256
	6.3.2	Maskierung von Geräteschriftarten	257
	6.3.3	Eingebettete Schriften	261
	6.3.4	Bitmaptext	262
	6.3.5	Text als Grafik einfügen	263
	6.3.6	Pixelfonts	264

| | 6.3.7 | Fehlende Schriften ersetzen | 267 |
| 6.4 | | Schreibregeln | 268 |

7		**Veröffentlichung**	**271**
7.1		Veröffentlichungseinstellungen	271
	7.1.1	Flash-Export (SWF)	272
	7.1.2	HTML-Export	278
	7.1.3	GIF-Export	282
	7.1.4	JPEG-Export	284
	7.1.5	PNG-Export	285
7.2		Einbettung mit dem SWFObject	286
	7.2.1	Express Install	288
	7.2.2	FlashVars	289
	7.2.3	Parameter	294
7.3		Ladeverhalten von Flash-Filmen	298
7.4		Positionierung per CSS	300
	7.4.1	CSS erstellen	301
	7.4.2	Flash-Film mittig positionieren	301
	7.4.3	Flash-Film am oberen und unteren Rand mittig positionieren	304
7.5		Export	305
7.6		Eingabehilfen	306
	7.6.1	Eingabehilfen	306
	7.6.2	Eingabehilfe für Symbole	307

Teil III ActionScript

8		**ActionScript-Grundlagen**	**311**
8.1		ActionScript-Versionen	311
8.2		ActionScript-Editor	313
	8.2.1	Skripthilfe und Experten-Modus	314
	8.2.2	Funktionen des ActionScript-Editors	315
8.3		Mein erstes Skript	318
8.4		Variablen	318
8.5		Datentypen	320
	8.5.1	Strikte Typisierung und lose Typisierung	321
	8.5.2	Datentypen umwandeln	322
	8.5.3	Geltungsbereich	324
8.6		Arrays	324
	8.6.1	Indizierte Arrays	325
	8.6.2	Assoziative Arrays	325
	8.6.3	Mehrdimensionales Array	326
	8.6.4	Arrays sortieren	327

8.6.5   Typisiertes Array: Vector 329

8.7   Einfache Operatoren 330

      8.7.1   Arithmetische Operatoren........................... 330

      8.7.2   Vergleichsoperatoren und Fallentscheidung... 331

      8.7.3   Logische Operatoren.................................... 334

8.8   Bitweise Operatoren.. 335

8.9   Schleifen 338

      8.9.1   while-Schleife 338

      8.9.2   do-while-Schleife.. 339

      8.9.3   for-Schleife 340

      8.9.4   for-in-Schleife 340

      8.9.5   for-each-in-Schleife.................................... 341

8.10   Funktionen.. 342

8.11   Steuerung von Zeitleisten 345

8.12   Anzeigeliste... 346

      8.12.1 Anzeigeklassen.. 347

      8.12.2 Anzeigeobjekte referenzieren 350

      8.12.3 Anzeigeobjekte hinzufügen und entfernen 351

      8.12.4 Reihenfolge in der Anzeigeliste ändern.......... 353

      8.12.5 Struktur einer Anzeigeliste 353

      8.12.6 Instanzen aus der Bibliothek erzeugen........... 355

8.13   Ereignisse 357

      8.13.1 Ereignisse, Ereignis-Listener und
             Ereignisprozeduren 357

      8.13.2 target und currentTarget 358

      8.13.3 Ereignis-Listener entfernen 359

      8.13.4 Häufig verwendete Ereignisse mit
             Anzeigeobjekten 359

8.14   Loader-Klasse 361

      8.14.1 Ladevorgang kontrollieren............................ 362

8.15   Fehlersuche.. 369

      8.15.1 Debugger verwenden 369

      8.15.2 Haltepunkte einfügen und Code durchlaufen...369

      8.15.3 Variablen 370

      8.15.4 Debug-Konsole.. 370

      8.15.5 Remote-Debug 371

      8.15.6 Häufige Fehlerursachen................................ 373

9   **Animation mit ActionScript 3**................................ 375

9.1   Eigenschaften von Anzeigeobjekten.......................... 375

9.2   Ereignisse 376

      9.2.1   ENTER_FRAME 376

      9.2.2   MOUSE_MOVE-Ereignis 379

9.3   Timer 381

9.4	Geschwindigkeit und Beschleunigung	382
9.5	Easing	384
	9.5.1 Bewegung	384
	9.5.2 Weitere Instanzeigenschaften animieren	387
	9.5.3 Animation beenden oder loopen	387
9.6	Trigonometrie	390
	9.6.1 Koordinatensystem	391
	9.6.2 Winkelangabe	391
	9.6.3 Grad- und Bogenmaß – Umrechnung	392
	9.6.4 Das rechtwinklige Dreieck	393
	9.6.5 Schwingende Bewegung	394
	9.6.6 Kreisbewegung	403
	9.6.7 Winkel zwischen zwei Punkten berechnen	406
9.7	Tween-Klassen	410
	9.7.1 Adobes Tween-Klasse	410
	9.7.2 Tween-Engines	411
	9.7.3 TweenLite	411

10	Einführung in die objektorientierte Programmierung	423
10.1	Die Welt der Objekte	423
10.2	Klassen und Objekte	425
	10.2.1 Klassenbezeichner und Dateiname	426
	10.2.2 Klassendefinition und Konstruktor	426
	10.2.3 Objekt initialisieren	427
10.3	Eigenschaften	428
10.4	Methoden	430
10.5	Pakete und Klassenpfad	431
	10.5.1 Pakete und Klassen importieren	431
	10.5.2 Eigene Pakete und Klassenpfade	433
	10.5.3 Objektorientierte Projekte mit dem Projekt-Fenster verwalten	434
10.6	Sichtbarkeit	437
10.7	Instanz- und Klassenmitglieder	438
10.8	Dokumentklasse	441
10.9	Symbole als Klasse	443
10.10	Getter-/Setter-Methoden	448
	10.10.1 Getter-Methode	448
	10.10.2 Setter-Methode	449
10.11	Vererbung	451
	10.11.1 Methoden und Eigenschaften der Superklasse ansteuern	453
	10.11.2 Methoden und -eigenschaften einer Basisklasse überschreiben	453

11   Zeichnungs-API 455

11.1   Graphics-Klasse 455

11.2   Anzeigeobjekt erstellen 455

    11.2.1 Linien zeichnen.. 456

    11.2.2 Kurven zeichnen 461

    11.2.3 Füllungen erzeugen 463

    11.2.4 Rechteck zeichnen 464

    11.2.5 Rechteck mit abgerundeten Ecken zeichnen ...469

    11.2.6 Kreis zeichnen 470

    11.2.7 Ellipse zeichnen 470

    11.2.8 Farbverlaufslinien und -füllungen erzeugen ... 471

12   Komponenten 473

12.1   Einführung 473

12.2   Anwendung 474

    12.2.1 Komponenten in der Entwicklungsumgebung...474

    12.2.2 Komponenten mit ActionScript erzeugen 475

    12.2.3 Komponenten über ActionScript ansteuern ... 476

    12.2.4 Eigenschaften 477

    12.2.5 Methoden 478

    12.2.6 Ereignisse 478

12.3   Erscheinungsbild anpassen 486

12.4   Stile 486

    12.4.1 Komponenten-Instanzen anpassen............... 486

    12.4.2 Komponenten-Typ anpassen 487

12.5   Skins 487

    12.5.1 Skin eines Komponenten-Typs anpassen........ 488

    12.5.2 Skin einer Komponenten-Instanz anpassen ... 489

Teil IV Multimedia und dynamische Inhalte

13   Bitmap-Grafiken 493

13.1   Bitmap-Grafiken importieren 493

13.2   Photoshop-Import.. 496

    13.2.1 Bildebenen 497

    13.2.2 Textebenen 498

13.3   Illustrator-Import... 499

    13.3.1 Bildebenen 500

    13.3.2 Textebenen 501

    13.3.3 Pfade 501

13.4   Mischmodi und Filter 502

    13.4.1 Bitmap-Filter anwenden............................... 503

    13.4.2 Bitmap-Filter animieren 505

13.5   Mischmodi und Filter mit ActionScript 505
        13.5.1 Mischmodi 506
        13.5.2 Bitmap-Filter 506
13.6   Bitmaps mit ActionScript 509
        13.6.1 Bitmap-Klasse 509
        13.6.2 BitmapData-Klasse 510
        13.6.3 Pixel einer Bitmap auslesen und setzen 511

14   **Sound** 517
14.1   Hintergrundwissen: Audio 517
14.2   Import und Veröffentlichung 519
        14.2.1 Veröffentlichungseinstellungen 519
        14.2.2 Tipps für den Import 522
14.3   Sound in der Zeitleiste 523
        14.3.1 Soundtypen 523
        14.3.2 Soundeffekte 526
14.4   Sounds mit ActionScript 530
        14.4.1 Sound-Objekt 531
        14.4.2 Externe Sounddatei laden und abspielen 532
        14.4.3 Sound abspielen 534
        14.4.4 Sound-Streaming steuern 535
        14.4.5 Sound pausieren 539
        14.4.6 Soundlautstärke 542
14.5   Sound-Spektrum 548

15   **Video** 553
15.1   Adobe Media Encoder 553
        15.1.1 Video kodieren 555
        15.1.2 Exporteinstellungen 556
        15.1.3 Video beschneiden 557
        15.1.4 Zeitleiste bearbeiten 560
        15.1.5 Exporteinstellungen 561
15.2   Video-Import in Flash CS4 564
        15.2.1 Video-Playback-Komponente 565
        15.2.2 FLV in Zeitleiste integrieren und abspielen 566
15.3   Video-Anwendungen 567
        15.3.1 Eingebettete Videos 567
        15.3.2 Externe Videos progressiv herunterladen 570
        15.3.3 NetStream-Ereignisse 573
        15.3.4 Vollbild-Modus 574
        15.3.5 Audio-Spur eines Videos steuern 575
        15.3.6 Lautstärkeregler 576
        15.3.7 Eigenschaften der NetStream-Klasse 577
        15.3.8 Cue-Points 578

16	**Dynamischer Text**	589
16.1	Dynamische Textfelder und Eingabetextfelder	589
	16.1.1 Textfeld-Eigenschaften	590
	16.1.2 Zeicheneinbettung	591
16.2	Text zuweisen und abfragen	593
	16.2.1 tabIndex-Reihenfolge festlegen	598
	16.2.2 Eingabefokus steuern	599
16.3	Textdokument laden und ausgeben	602
	16.3.1 Zeichenkodierung	602
	16.3.2 Textdokumente laden	603
16.4	Textfelder mit ActionScript steuern	608
	16.4.1 Textfelder entfernen	608
	16.4.2 Textfeld-Eigenschaften steuern	608
	16.4.3 TextFormat-Klasse	611
	16.4.4 Eingebettete Schriften verwenden	613
	16.4.5 Textfeld-Methoden	616
16.5	Textscroller – die UIScrollBar-Komponente	618
	16.5.1 Textbereich definieren	618
	16.5.2 Bildlauf aktivieren	618
	16.5.3 UIScrollBar-Komponente einfügen	619
	16.5.4 Ziel der Scroller-Komponente festlegen	620
16.6	Reguläre Ausdrücke	620
	16.6.1 Methoden der RegExp-Klasse	621
	16.6.2 Text ersetzen	622
	16.6.3 Beispiele für reguläre Ausdrücke	623
17	**Flash, PHP und MySQL**	627
17.1	PHP	627
	17.1.1 Voraussetzungen	628
	17.1.2 XAMPP installieren	630
	17.1.3 Sprachelemente und Syntax	632
	17.1.4 Datums- und Zeitfunktion	635
	17.1.5 Daten in Flash empfangen	637
	17.1.6 Daten von Flash an PHP senden und wieder empfangen	644
	17.1.7 Ein Kontaktformular erstellen	648
	17.1.8 Sicherheit	657
	17.1.9 PHP-Skripte testen und Fehlermeldungen	661
17.2	MySQL	662
	17.2.1 phpMyAdmin	663
	17.2.2 Datenbank erstellen	664
	17.2.3 Datenbanktabelle erstellen	664
	17.2.4 Tabellenspalten definieren	665
	17.2.5 Datentypen	666

17.2.6 Felder bearbeiten, löschen und hinfügen 666

17.2.7 Datensätze einfügen 667

17.2.8 Tabellen exportieren 668

17.2.9 Tabellen importieren 669

17.3 PHP und MySQL im Team 670

17.3.1 Datenbank-Log-in 670

17.3.2 Datenbankverbindung herstellen 671

17.3.3 Daten an Flash übergeben 674

17.3.4 Datenbanksätze einfügen 680

17.3.5 Sicherheit 683

17.3.6 Datensätze aktualisieren 686

18 XML in ActionScript 3 687

18.1 XML in ActionScript definieren 687

18.2 XML-Dokument laden 689

18.2.1 Syntax 691

18.2.2 ignoreWhitespace 691

18.2.3 ignoreComments 691

18.2.4 length() 692

18.2.5 Daten filtern 693

18.3 XML bearbeiten 700

18.3.1 Werte ändern 701

18.3.2 Elemente hinzufügen 701

18.3.3 Elemente entfernen 703

18.4 XML speichern 704

19 FileReference 713

19.1 Öffnen und Speichern 713

19.2 Download 718

19.3 Upload 721

19.3.1 Methoden 723

19.3.2 Ereignis-Listener 724

19.3.3 Eigenschaften 726

19.3.4 Dateiendungen überprüfen 727

19.3.5 Upload – FAQ 733

Teil V Weitere Einsatzgebiete

20 Spieleprogrammierung 741

20.1 Interaktion 741

20.1.1 Tastatursteuerung 741

20.1.2 Maussteuerung 743

20.2 Kollisionserkennung 745
    20.2.1 Einfache Kollisionserkennung 745
    20.2.2 Distanzbasierte Kollision zwischen zwei
             Kreisformen 747
    20.2.3 Positionsbasierte Kollisionserkennung 749
    20.2.4 Kollisionserkennung zwischen Rechteck
             und Kreis 753
    20.2.5 Zeitfunktionen 756
20.3 Daten lokal speichern 758
20.4 Asteroids-Spiel entwickeln 761
    20.4.1 Startbildschirm 761
    20.4.2 Sound-Objekte initialisieren 763
    20.4.3 Spielvariablen initialisieren 763
    20.4.4 Raumschiff-Steuerung 764
    20.4.5 Feuer frei 765
    20.4.6 Asteroiden erzeugen 767
    20.4.7 Bewegung und Kollisionserkennung der
             Asteroiden 768
    20.4.8 Schwierigkeitsgrad erhöhen 770
    20.4.9 Schussenergie aufladen 771
    20.4.10 Lebenspunkte erzeugen 772
    20.4.11 SlowMotion-Punkte erzeugen 773
    20.4.12 Spiel beenden 775
20.5 Verbesserungen 776
20.6 Highscore 777
    20.6.1 Highscore laden 777
    20.6.2 Highscore aktualisieren und speichern 778
    20.6.3 Highscore darstellen 781
    20.6.4 Spiel neu starten 782
    20.6.5 Highscore-Sicherheit 783
    20.6.6 Hashfunktion verwenden 784
    20.6.7 Zeitpunkte in einem Array speichern 785
    20.6.8 Hashwerte erzeugen 786
    20.6.9 Analyse der Verschleierungstechnik 788

21 Ein Blick über den Tellerrand 791
21.1 Adobe Flash Lite 791
    21.1.1 Adobe Device Central CS4 792
    21.1.2 Flash Lite-Emulator 793
21.2 Adobe Flex 794
    21.2.1 MXML und ActionScript 3 795
    21.2.2 Anwendung mit dem Flex Builder erstellen ... 796
    21.2.3 Anwendung kompilieren und testen 798

21.3 Desktop-Anwendungen.. 799
    21.3.1 Adobe AIR... 799
    21.3.2 Zinc.. 803
21.4 3D-Animationen 807
21.5 Bildschirmschoner 810

Teil VI Anhang

22 ActionScript-Entwicklungsumgebungen................ 815
22.1 FlashDevelop 815
22.2 Flash Development Tools (FDT) 817
22.3 Weitere ActionScript-Editoren/-Entwicklungs-
    umgebungen 821

23 Key-Codes der Key-Klasse..................................... 823

24 Unicode (Lateinisch einfach) 827

25 URL-Kodierung 831

26 Die DVD zum Buch 833
26.1 Beispielmaterial 833
26.2 Testversion 833
26.3 ActionScript-Editoren 833
26.4 Webserver... 834
26.5 Video-Lektionen.. 834
26.6 Training starten... 834
    26.6.1 Video-Lektionen 834
    26.6.2 UI-Komponenten (Zusatzkapitel).................. 834

Index   835

Video-Lektionen

Die Video-Lektionen auf der Buch-DVD entstammen unserem Video-Training »Adobe Flash CS4 Praxis-Workshops« von Benjamin Bischoff (ISBN 978-3-8362-1281-6). Sie finden dort folgende Lektionen:

1 Pixelbender-Filter programmieren (10:01 Min.)
2 Pixelbender-Filter anwenden (08:53 Min.)
3 Pixelbender-Parameter animieren (07:24 Min.)
4 Die TextFlow-Markupsprache anwenden (05:34 Min.)
5 TextFlow-Elementen anzeigen (09:04 Min.)
6 TextFlow-Text bearbeiten (05:15 Min.)
7 Text in Spalten anzeigen (03:12 Min.)
8 Text-Container untereinander verbinden (06:39 Min.)
9 Die Webcam ansprechen und anzeigen (05:49 Min.)
10 3D – z-Sorting verstehen und reparieren (07:38 Min.)

Zusatzkapitel UI-Komponenten

Auf der Buch-DVD finden Sie außerdem ein Zusatzkapitel: die Referenz der UI-Komponenten in ActionScript.

Workshops

Arbeitsumgebung

▶ Eigene Tastenkürzel definieren 62

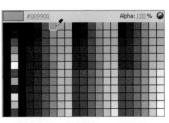

Zeichnen

▶ Farben einer umgewandelten Bitmap-Grafik austauschen... 96

Symbole, Instanzen und die Bibliothek

▶ Instanzeigenschaften ändern 123
▶ Eine Schaltfläche erstellen 129

Animation

▶ Die Animation anlegen 154
▶ Animation in Movieclip verschachteln 159
▶ Geschwindigkeit ändern 161
▶ Ein Bewegungs-Tweening erstellen 168
▶ Eine Animation entlang eines Pfades erstellen 174
▶ Den Bewegungs-Editor einsetzen 182
▶ Beschleunigung im Bewegungs-Editor nutzen 186
▶ Klassisches Tween an Pfad ausrichten 193
▶ Klassisches Tween mit Beschleunigung und Abbremsung ...198
▶ Ein fahrendes Motorrad mit einem beschleunigtem
  klassischen Tween 201
▶ Einen springenden Ball mit beschleunigtem klassischen
  Tween 202
▶ Bitmap in Vektoren umwandeln 208
▶ Formmarken für ein Form-Tween einsetzen 211
▶ Verlaufsmaske erstellen 215
▶ Verschachtelung in einer Gallery mit Maskeneffekt 219
▶ Figurenanimation mit inverser Kinematik 231

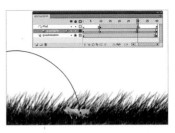

Text

▶ Maskierung von Geräteschriften 258

Veröffentlichung

▶ FlashVars einsetzen 292
▶ Flash-Film im Browser zentrieren 301

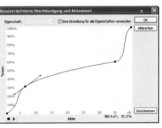

ActionScript-Grundlagen

▶ Navigation mit externen Flash-Filmen 364
▶ Einen entfernten (remote) Flash-Film debuggen 371

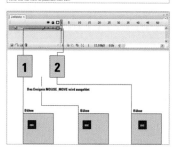

Animation mit ActionScript 3

- ▶ Animation mit Event.ENTER_FRAME-Ereignis 378
- ▶ Animation mit onMouseMove 380
- ▶ Bewegung mit Easing 386
- ▶ FadeOut mit Easing 387
- ▶ Animation beenden 388
- ▶ Fading-Animation loopen 390
- ▶ Schwingende Bewegung auf der x-Achse 395
- ▶ Schwingende Bewegung auf der y-Achse 398
- ▶ 3D-Bewegung und Tiefenänderung 400
- ▶ kreis- und ellipsenförmige Bewegung 404
- ▶ Spiralenförmige Bewegung 405
- ▶ Movieclip in Mausrichtung drchen 406
- ▶ Movieclip in Mausrichtung bewegen 407
- ▶ 3D-Flip mit TweenLite 416
- ▶ Schneeflockensimulation mit TweenLite 420

Einführung in die objektorientierte Programmierung

- ▶ Klasse und Objekt erstellen 427
- ▶ Eine analoge Uhr erstellen 444

Zeichnungs-API

- ▶ Interaktive Linie zeichnen 458
- ▶ Interaktive Kurve zeichnen 462
- ▶ Interaktives Zeichnen von Rechtecken 464

Komponenten

- ▶ Gallery mit Slideshow-Funktion mit Hilfe von
  Komponenten 479

Bitmap-Grafiken

- ▶ Bitmap-Filter mit ActionScript steuern 507
- ▶ Farbwerte einer Bitmap-Grafik auslesen 511
- ▶ Kreispunkt-Muster mit setPixel erzeugen 514

Sound

- ▶ Eine Schaltfläche mit Sounds versehen 524
- ▶ Einen Streaming-Sound ein- und ausblenden 527
- ▶ Mehrere Sounds zuweisen, abspielen und stoppen 537
- ▶ Sound pausieren und abspielen 540
- ▶ Soundlautstärke über einen Slider steuern 543
- ▶ Das Sound-Spektrum eines abspielenden Sounds
  auslesen und graphisch darstellen 549

Video

▶ Ein eingebettetes Video über die Zeitleiste steuern 567
▶ Ein Video über ActionScript abspielen und steuern 571
▶ Ereignis-Cue-Points einsetzen 581
▶ Navigation-Cue-Points einsetzen..................................... 584

Dynamischer Text

▶ Texteingabe abfragen und ausgeben................................. 596
▶ FOCUS_IN und FOCUS_OUT zur Hervorhebung von
  Eingabetextfeldern nutzen 600
▶ Textdokument laden und ausgeben.................................. 606

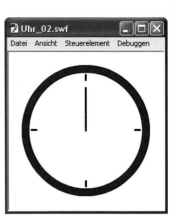

Flash, PHP und MySQL

▶ Serverseitiges Datum und Zeit in Flash ausgeben.............. 641
▶ Kontaktformular: Eingabe überprüfen und zurücksetzen... 649
▶ Kontaktformular: Kontaktdaten an PHP-Skript senden...... 653
▶ Kontaktformular: PHP-Skript für den Mailversand
  erstellen 656
▶ Kontaktformular: PHP-Skript mit Sicherheitsfunktionen
  versehen.. 659
▶ Gästebuch – Datensätze auslesen und in Flash darstellen...676
▶ Gästebuch: Daten von Flash an PHP übergeben und
  Datensätze erstellen.. 681
▶ Gästebuch – SQL-Injections verhindern........................... 685

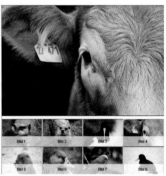

XML in ActionScript 3

▶ RSS-Feed einlesen und Daten des Feeds in Flash
  darstellen... 694
▶ RSS-Feed serverseitig einlesen und an den Flash-Film
  übergeben 699
▶ XML-Dokument laden, ändern und mittels eines
  serverseitigen Skripts wieder speichern 705

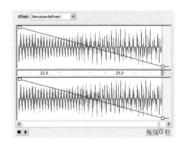

FileReference

▶ Ein Textdokument in den Flash Player laden und
  ausgeben.. 714
▶ Daten lokal abspeichern.. 716
▶ Download via FileReference-Klasse mit
  Fortschrittsbalken 719
▶ Die Upload-Methode nutzen und Dateien clientseitig
  auf ihre Dateiendungen hin überprüfen 727
▶ Den Fortschritt des Uploadvorgangs anzeigen.................. 730
▶ Upload: Dateiendung serverseitig überprüfen 732

Spieleprogrammierung

▶ Kollisionserkennung von zwei Kreisformen....................... 748
▶ Kollisionserkennung mit Randbereichen und Bouncing..... 752
▶ Kollisionserkennung von Kreis- und Rechteck-Form......... 755
▶ Spielername lokal speichern und lesen............................ 759

Vorwort

Liebe Leserinnen und Leser,
ich freue mich darüber, dass ich Ihnen mein zweites Buch, das umfassende Handbuch und Nachschlagewerk zu Flash CS4, vorstellen kann.

Meine Motivation beim Schreiben meines zweiten Buchs bestand in erster Linie darin, ein neues aktuelles Werk zu schaffen, das sowohl Einsteigern als auch Anwendern, die Flash zuvor schon genutzt haben, den Weg zur neuen Flash-Version möglichst einfach und umfassend eröffnet. Dabei lag mein Hauptaugenmerk stets darauf, dass alle Erläuterungen sich möglichst nah an der aktuellen Praxis orientieren und dabei auf mögliche Schwierigkeiten und Problemlösungen eingehen.

Meine Intention und persönliche Herausforderung, ein neues Buch zu schreiben, waren nicht nur, die zur CS3 erschienene erste Auflage zu aktualisieren, sondern es vollständig zu überarbeiten: So habe ich beispielsweise nicht nur sämtliche Erläuterungen und Beispiele von ActionScript 2 auf ActionScript 3 aktualisiert, neue Kapitel hinzugefügt und andere entfernt – zusätzlich habe ich viele Kapitel von Grund auf neu strukturiert und unzählige Workshops hinzugefügt oder aktualisiert.

Was dieses Buch aus meiner Perspektive von anderen Büchern eindeutig unterscheidet, ist, dass es Ihnen einen unverwechselbaren, umfassenden, praxisorientierten Überblick über sehr viele unterschiedliche Themenbereiche bietet.

Neben den theoretischen Erläuterungen zu zahlreichen Themen finden Sie in diesem Buch konkrete praxisnahe Beispiele in großer Zahl. Diese Beispiele zeigen Ihnen jeweils eine praktische Anwendung der zuvor gegebenen Erläuterungen und sollen Ihnen einen Impuls geben, Themengebiete näher zu erforschen, um darauf aufbauend dann professionelle Projekte in Eigenregie umsetzen zu können.

Anmerkung
Der Entwicklungszyklus von Flash CS3 auf Flash CS4 war vergleichsweise sehr kurz. Mein Fokus lag darauf, kurzfristige Entwicklungen zu berücksichtigen. Die Voraussetzungen – das möchte ich an dieser Stelle nicht verschweigen – waren nicht immer so, wie ich mir das vorgestellt hatte. Es hätte mich gefreut, wenn ich vom Hersteller der Software, über die ich ein umfassendes Handbuch schreibe, besonders unterstützt würde. Diesen Eindruck hatte ich leider nicht.

Warum kann das Buch für Sie wertvoll sein?

»Adobe Flash CS4 – Das umfassende Handbuch« bietet Ihnen neben Grundlagen und Erläuterungen zur Flash-Entwicklungsumgebung und Basiswissen zum Umgang mit Flash einen guten Gesamtüberblick über die vielen Einsatzmöglichkeiten von Flash. Darin inbegriffen sind viele Erläuterungen zu zahlreichen unterschiedlichen Themen. Dazu gehören unter anderem:

▶ Animationen
▶ Text und Textgestaltung
▶ ActionScript 3-Grundlagen
▶ Einführung in die objektorientierte Programmierung
▶ Zeichnen (Zeichnungs-API) mit ActionScript 3
▶ Komponenten
▶ Bitmaps
▶ Sounds
▶ Videos
▶ PHP, MySQL und die Zusammenarbeit mit Flash
▶ XML
▶ FileReference
▶ Spieleentwicklung
▶ Flash Lite, Flex & FDT und Adobe AIR

Dieses vielseitige Themenspektrum, die detaillierten Erläuterungen zu den jeweiligen Themen sowie passende Praxisbeispiele machen dieses Buch aus meiner Sicht zu einem besonders wertvollen Handbuch und Nachschlagewerk.

ActionScript 1, 2 oder 3?

Alle Erläuterungen und Beispiele beziehen sich und basieren auf ActionScript 3. Da inzwischen abzusehen ist, dass ActionScript 1 und 2 nicht mehr weiterentwickelt werden, war die logische Schlussfolgerung für mich, konsequent auf ActionScript 3 zu setzen.

Zielgruppe

Das Buch richtet sich an eine breite Zielgruppe: Dazu gehören zunächst Anwender, die Flash zum ersten Mal einsetzen. Das Buch ermöglicht Ihnen einen guten Einstieg, um die vielen Möglichkeiten von Flash von Grund auf kennenzulernen. Gerade die ersten Kapitel mit Informationen zum Umgang mit der Arbeitsumgebung, Grundlagen zur Zeitleiste, zu Bildern und Symbolen, Animationen etc. bieten für diese Zielgruppe alle notwendigen Grundkenntnisse, um Flash zu nutzen und die darauf folgenden weiterführenden Themen nachvollziehen zu können.

Für Flash-Nutzer, die bereits mit früheren Flash-Versionen und ActionScript 1 oder 2 gearbeitet haben, sowie solche, die Flash schon lange einsetzen, ihre Kenntnisse erweitern möchten und aktuelle Lösungen für den praktischen Einsatz suchen, bietet das Buch, das vollständig auf ActionScript 3 basiert, einen guten und soliden Ein- und Umstieg. Kapitel mit Themenschwerpunkten wie Animationen, Sound, Video und XML mit ActionScript 3 und allem Wissenswerten zum Thema Text liefern viele wichtige Grundlagen und detaillierte Erläuterungen zur praktischen Anwendung. Unabhängig vom Kenntnisstand richtet sich das Buch gleichermaßen an Designer wie an Programmierer, die sich mit Hilfe von Flash neue Felder erschließen oder ihren bisherigen Kenntnisstand erweitern oder ergänzen möchten.

Workshops

Sie lernen in diesem Buch, wie Sie mit Flash CS4 professionelle Projekte entwickeln können.

Genauere Informationen zum Inhalt der Buch-DVD finden Sie in Kapitel 26

Die Workshops zu den jeweiligen Themen wurden so gewählt, dass sie einerseits den Anspruch erfüllen, zu den zuvor ausführlich erläuterten Grundlagen ein praktisches Beispiel zu zeigen, und andererseits direkt in der Praxis einsetzbar sind.

Dabei möchte ich Sie an dieser Stelle ausdrücklich dazu ermuntern, die gezeigten Beispiele als Basis für eigene Projekte zu nutzen und mit Hilfe der gewonnenen Grundlagenkenntnisse weiterzuentwickeln.

Verwenden Sie die gezeigten Beispiele zur Inspiration, und lassen Sie Ihren Ideen freien Lauf!

In diesem Sinne ...

... wünsche ich Ihnen viel Spaß und Freude beim Einsatz der gewonnenen Erkenntnisse!

Über den Autor

Nick Weschkalnies ist Entwickler und Berater bei der Umsetzung von Medienprojekten und RIAs (Rich Internet Applications) für den On- und Offline-Bereich mit einem breiten Spektrum. Seit 2000 selbstständig tätig, setzte er mit verschiedenen Kooperationspartnern weit über 200 Projekte um. Neben seiner praktischen Tätigkeit schreibt er seit 2002 Beiträge und Artikel für Fachzeitschriften, Internet-Portale und -Magazine. 2008 veröffentlichte er sein erstes Buch über Flash CS3 bei Galileo Press.

Nick Weschkalnies ist Autodidakt – seine Herangehensweise ist stets praxis- und problemlösungsorientiert. Angefangen als Mitglied einer der ersten deutschen Flash-Communities, den

»Flashworkern«, über Beta-Tester und Mitglied in verschiedenen Foren, kümmert er sich neben seiner Arbeit als Entwickler intensiv um die Belange von Endanwendern.

Danke, ...

...denn ohne die direkte oder indirekte Unterstützung von Freunden, Partnern und mir zugeneigten Menschen wäre auch die zweite Ausgabe meines Buchs nicht möglich gewesen.

Mein besonderer Dank gilt als Allererstes meiner Familie.

Darüber hinaus möchte ich mich bedanken bei ...

▶ Florian Plag, meinem technischen Gutachter und meiner persönlichen »Lebensversicherung« – danke für Dein besonderes Engagement und die gute Zusammenarbeit!

▶ Jan Watermann, meinem Lektor, für die gute Zusammenarbeit.

▶ Anja Riehl für ein stets offenes Ohr und Deine wunderschönen Grafiken.

▶ Henning Stein für Deine stilvollen Fotografien.

▶ Heiko Klüh für Deine stimmigen Soundsamples.

Weiterhin danke ich ...

▶ Carlo Blatz für die prompte und unkomplizierte Bereitstellung von FDT.

▶ Jack Doyle für die stets engagierte Unterstützung mit deiner Tween-Engine.

▶ MDM Multimedia für die Bereitstellung von Zinc 3.

▶ Jan Goyvaerts für die Bereitstellung von RegexBuddy 3.

Last but definitely not least danke ich allen Lesern und Kritikern meines ersten Buchs, die sich direkt bei mir oder beim Verlag gemeldet haben, um bei Problemen nachzufragen und um kritische Fragen zu stellen.

Nick Weschkalnies

TEIL I
Grundlagen

1 Was ist Flash?

In diesem Kapitel lernen Sie, was Flash ist, wofür Sie es einsetzen können und welche Neuerungen es in Flash CS4 gegenüber Vorgängerversionen gibt.

1.1 Flash-Historie

1996 wurde ein kleines Softwareunternehmen namens Future-Wave aus San Diego von Macromedia gekauft. Kurze Zeit später entwickelte sich aus dem Zusammenschluss beider Unternehmen und der Weiterentwicklung der Software »Future Splash Animator« von FutureWave die erste Flash-Version. Zunächst wurde Flash ausschließlich für animierte Vektorgrafiken eingesetzt – seitdem hat es sich jedoch stetig, und nicht zuletzt durch die Übernahme von Macromedia seitens Adobe im Jahr 2005, weiterentwickelt.

Flash avancierte bis heute zu einem vollständigen Multimedia-Autorensystem für On- und Offline-Produktionen. Im November 2008 ist die zehnte Version, Flash CS4, der beliebten Multimedia-Autoren-Software erschienen.

Flash-Versionen

Die Produktbezeichnung der verschiedenen Flash-Versionen ist auf den ersten Blick nicht eindeutig und führt gelegentlich zu Missverständnissen. Die folgende Aufstellung klärt vermeidliche Verwechslungen auf:

▶ Flash MX → Flash 6
▶ Flash MX 2004 → Flash 7
▶ Flash 8 → Flash 8
▶ Flash CS3 → Flash 9
▶ Flash CS4 → Flash 10

1.2 Entwicklungsumgebung, Player und Projektor

Mit Adobe Flash (kurz: Flash) wird die Entwicklungsumgebung zur Erstellung und Entwicklung multimedialer Inhalte, sogenannter »Flash-Filme«, bezeichnet. Die in der Entwicklungsumgebung erstellten Dateien, auch »Quelldateien« genannt, haben die Dateierweiterung .fla. Quelldateien werden nur vom Flash-Anwender selbst benötigt, um das Projekt zu entwickeln oder zu erweitern.

Flash-Player-Plug-in
Das aktuelle Plug-in für Ihren Browser können Sie unter der folgenden Adresse kostenlos herunterladen:
http://get.adobe.com/de/ flashplayer/

»Shockwave Flash« oder »Small Web Format«

Auch heute noch wird diskutiert, welche Bezeichnung die richtige ist. Nach der ursprünglichen technischen Herkunft scheint »Shockwave Flash« richtig zu sein. Hinweise darauf finden sich auch heute noch in Verankerungen des Formats in Betriebssystemen und in JavaScript-Dateien von Adobe zur Einbettung eines Flash-Films in HTML. Gängiger erscheint jedoch der Begriff »Small Web Format«, weil die Begriffserklärung sich an der tatsächlichen Anwendung orientiert. Auch Adobe selbst scheint diese Begriffserklärung inzwischen zu bevorzugen.

Die aus den Quelldateien resultierenden Ergebnisse werden aus der Entwicklungsumgebung mittels eines Compilers erstellt. Die sogenannten SWF-Dateien mit gleichnamiger Dateiendung werden auch als Flash-Filme bezeichnet. »SWF« steht entweder für »*Small Web Format*« oder für »*Shockwave Flash*«. Welche Bezeichnung die Richtige ist, lässt sich nicht mehr eindeutig feststellen.

Um Flash-Filme betrachten zu können, ist der sogenannte Flash Player notwendig, der als Stand-alone-Player und als Webbrowser-Plug-in verfügbar ist und es ermöglicht, Flash im Webbrowser zu betrachten. Auch den Flash Player gibt es in verschiedenen Versionen. Zum Zeitpunkt der Drucklegung des Buches ist der Flash Player 10 aktuell. Aus der Entwicklungsumgebung können zusätzlich sogenannte Projektoren erstellt werden. Projektoren haben in Windows die Dateierweiterung *.exe* und auf Macs die Dateierweiterung *.app*. Projektoren sind direkt ausführbar – der Flash Player ist integriert, so dass Projektoren autonom lauffähig sind.

▲ **Abbildung 1.1**
Ein Flash-Film im Firefox

◄ **Abbildung 1.2**
Ein Flash-Film im (Stand-alone-)
Flash Player

Damit die Besucher Ihrer Website Flash-Filme im Webbrowser betrachten können, werden diese auf einen Webserver geladen. Sie können dann z. B. mittels HTML und JavaScript eingebettet und im Webbrowser abgespielt werden.

Hinweis
Die Dateiendung *.app* wird auf dem Mac nicht angezeigt.

1.3 Vektoren und Pixel

Flash lässt sich als eine Kombination aus einem Programm zur Erstellung von Vektorgrafiken und einer Animationssoftware bezeichnen. Über Flash lassen sich verschiedene Inhalte wie Bitmaps, Texte, Sounds und Videos zusammenführen und parallel im Flash Player darstellen bzw. ausgeben.

Vektorgrafik | Eine Vektorgrafik ist eine Computergrafik, zu deren Darstellung mathematische Größen verwendet werden. Die Grafik wird aus verschiedenen Werten berechnet. Um beispielsweise eine Linie darstellen zu können, werden mindestens zwei Größen benötigt: der Anfangspunkt der Linie und ihr Endpunkt. Das Ergebnis dieser Werte ist dann die berechnete Vektorgrafik.

Skalierbarkeit | Im Gegensatz zu einer Pixelgrafik (auch als Bitmap oder Rastergrafik bezeichnet), die jeden Punkt einer Linie beispielsweise in einem Raster speichert, sind Vektorgrafiken ohne Qualitätsverlust skalierbar. Die verlustfreie Skalierung von Vektorgrafiken ist eine der Stärken von Flash.

Flash arbeitet vektorbasiert

Obwohl Flash selbst auch Pixelgrafiken und im zunehmenden Maße Techniken zur Manipulation von Pixeln bietet, arbeitet Flash vektorbasiert und ist in erster Linie ein Programm zur Erstellung von Vektorgrafiken und -Animationen.

[Rastergrafik]

Eine Rastergrafik besteht aus einer rasterförmigen Anordnung von Pixeln (Bildpunkten). Jedem Bildpunkt wird eine bestimmte Farbe zugeordnet. Diese Bildpunkte stellen dann in ihrer Gesamtheit das Bild dar.

▲ **Abbildung 1.3**
Oben: Pixelgrafik, unten: Vektorgrafik

Dateigröße

Weil geometrische Formen, wie z. B. ein Rechteck oder eine Ellipse, mittels Vektoren dargestellt werden, benötigen Grafiken und Animationen im Vektorformat im Vergleich zu Pixelgrafiken weniger Speicher.

1.4 Anwendungsbereiche

Flash wird mittlerweile in sehr vielen Bereichen genutzt – die Zeit von langatmigen Flash-Intros ist bereits lange vorbei. Nachfolgend werden exemplarisch einige Anwendungsbereiche gezeigt.

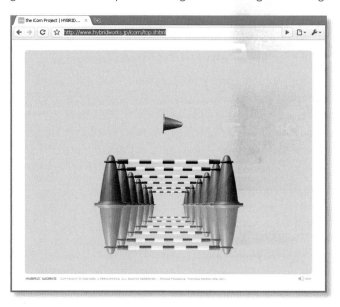

Abbildung 1.4 ▶
Flash-Animation von
HybridWorks

Animationen | Animationen werden für Werbeeinblendungen, animierte Comics, Spiele und Präsentationen wie auch in vielen anderen Anwendungsbereichen unterstützend eingesetzt. Da Animationen über einen zeitlichen Ablauf verfügen, können sie dazu genutzt werden, Inhalte auf ansprechende Weise darzustellen bzw. zu präsentieren. Mit Animationen können Sie die Aufmerksamkeit des Betrachters bewusst zeitlich auf bestimmte Inhaltselemente lenken.

Animationsbeispiel
http://www.hybridworks.jp/icorn/top.shtml

Benutzeroberflächen | Flash wird zur Erstellung von Benutzeroberflächen sowohl für das Web als auch für CD- und DVD-Produktionen verwendet. Mit FlashLite können Benutzeroberflächen auch für mobile Endgeräte, wie z. B. PDAs oder Handys, in Flash entwickelt werden. Mithilfe von Adobe Air (Adobe Integrated Runtime) lassen sich auch plattformübergreifende Desktop-Anwendungen auf Flash-Basis erstellen.

FlashLite & Adobe Air
Mehr zu FlashLite und zu Adobe Air erfahren Sie in Kapitel 21, »Ein Blick über den Tellerrand«.

Aktuelle Meldungen | Zur Ausgabe von aktuellen Meldungen, wie Nachrichten, die in einem begrenzten Bereich einer Webseite oder Offline-Anwendung, z. B. einem RSS-Reader, dargestellt werden, lässt sich Flash einsetzen.

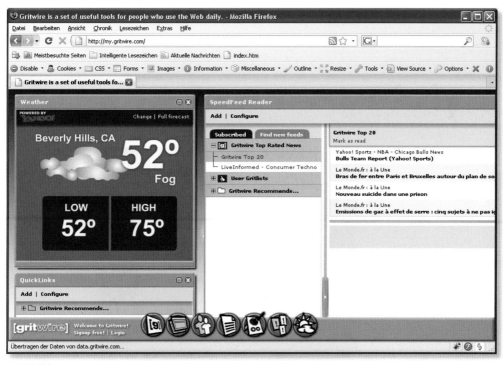

▲ **Abbildung 1.5**
Flash-basierter RSS-Reader von *my.gritwire.com*

Bildschirmschoner

Flash kann zur Erstellung von Bildschirmschonern verwendet werden. Dazu sind jedoch ergänzende Tools notwendig. Mehr dazu erfahren Sie in Kapitel 21, »Ein Blick über den Tellerrand«.

Präsentationen | Die vielfältigen Möglichkeiten, verschiedene Medien in Flash parallel einzusetzen, bieten die idealen Voraussetzungen für Produktpräsentationen, sowohl für Online-Präsentationen im Web als auch für Offline-Produktionen (CD, DVD, USB etc.).

Abbildung 1.6 ►
Konfigurator/Produktpräsentation von Mercedes-Benz Deutschland

Multiplayer-Spiele

In Kombination mit Server-Technologien lassen sich auch Multiuser-Spiele umsetzen. Beispielsweise ein Multiuser-Minigolf: *http://www.electrotank. com/playGame.electro?gId=119*

Spiele | On- und Offline-Spiele werden aufgrund der Leistungssteigerung immer häufiger mit Flash entwickelt. Dabei lassen sich Animationen und Interaktivität in Flash kombinieren, um sowohl klassische Spielideen (Kniffel, Pong, Snake etc.) als auch grafisch anspruchsvollere 2D- oder 3D-Spiele umzusetzen. Die Entwicklung von 3D-Spielen in Flash ist jedoch vergleichsweise aufwendig, da Flash selbst nicht ausreichend viele 3D-Funktionen zur Verfügung stellt und meist eigene 3D-Engines entwickelt werden müssen.

Abbildung 1.7 ►
»Shadez: The Black Operations« – Action-Spiel von Sean Cooper

Rich Internet Applications | Als Rich Internet Applications (RIA) werden Anwendungen bezeichnet, die Internet-Techniken verwenden, um mit interaktiven Benutzeroberflächen auf entfernte Daten zuzugreifen. Dazu gehören Kalenderanwendungen, Schulungs- und Prüfungsanwendungen, Shop-Systeme, Preissuche, Kartensuche etc. RIA lassen sich flashbasiert sowohl für den Browser als auch als Desktop-Anwendung mittels Adobe Air entwickeln. Für die Erstellung von RIAs wird alternativ zu Flash auch häufig Flex verwendet. Mehr zu Flex erfahren Sie in Kapitel 21, »Ein Blick über den Tellerrand«.

Ein Beispiel ist diese Suchmaschine für Flickr-Tags: *http://www.airtightinteractive.com/projects/related_tag_browser/app/*

Webseiten

Eine gute Quelle zur Inspiration sind Portale oder Flash-Awards, die in unterschiedlichen Abständen verschiedene Flash-Websites prämieren. Lassen Sie sich inspirieren, z. B. unter:
FWA:
http://www.thefwa.com/
FCUKSTAR:
http://www.fcukstar.com/
Moluv:
http://www.moluv.com/
VisualOrgasm:
http://www.visualorgasm.de/

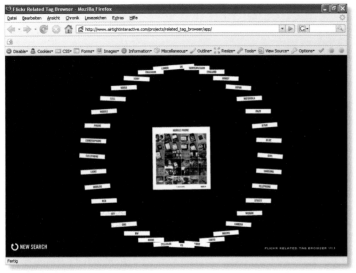

▲ **Abbildung 1.8**
Flickr: Tag-Browser von airtightinteractive

Video-Anwendungen | Da der Flash Player im Web sehr verbreitet ist und über leistungsstarke integrierte Video-Codecs verfügt, die neben einer guten Kompression auch eine verhältnismäßig gute Qualität bieten, wird Flash im Web häufig auch als Video-Player verwendet – z. B. von *YouTube.com*.

E-Learning | Für E-Learning-Module ist Flash ebenso geeignet, da verschiedene Medien wie Audio (Sprachausgabe), Video (Lernvideos), Bitmaps und Vektoren (erläuternde Bilder, Diagramme) und Text miteinander verknüpft werden können. Über ActionScript lassen sich dann gegebenenfalls Test- und Prüfungseinheiten und eine serverseitige Verarbeitung realisieren.

Simulationen

Mittels Vektor-Animationen können schnell ladende Simulationen gezeigt werden – mit ActionScript sogar dynamische Simulationen und Ausgaben (z. B. animierte Chartdiagramme). Simulationen werden häufig für E-Learning-Produktionen entwickelt.

Abbildung 1.9 ▶
Flash-Video-Player von
YouTube.com

1.5   Neues in Flash CS4

Die Neuerungen der Vorgängerversion Flash CS3 richteten sich
u. a. mit der Einführung von ActionScript 3 schwerpunktmäßig
an Programmierer. In der neuen Version, Flash CS4, hat Adobe
hingegen wieder viele Neuerungen für design- oder grafikorien-
tierte Benutzer eingeführt. Die wichtigsten Neuerungen werden
im Folgenden vorgestellt.

Layout verändern
Wie gewohnt lässt sich das Layout
jedoch beliebig verändern. Flash
speichert die vorgenommenen
Änderungen am Layout standardmäßig ab, so dass Änderungen
auch bei einem Neustart erhalten
bleiben.

Neue Benutzeroberfläche | Auf den ersten Blick fällt die neue
Benutzeroberfläche auf. Ob es sinnvoll ist, die Oberfläche und
Bedienkonzepte von Version zu Version zu ändern, ist fragwürdig.
Unstrittig ist jedoch, dass die neue Oberfläche innerhalb der Cre-
ative Suite vereinheitlicht wurde und damit die Zusammenarbeit
mit unterschiedlichen Produkten vereinfacht wird.

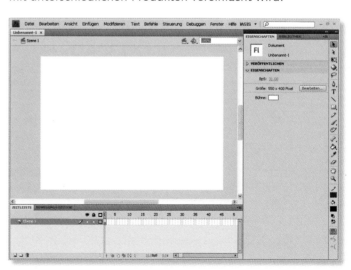

Abbildung 1.10 ▶
Die neue Oberfläche von
Flash CS4

Standardmäßig befindet sich die ZEITLEISTE in der Arbeitsumgebung unten. Rechts findet sich die Werkzeugleiste, was sehr ungewöhnlich ist.

Ein neues Merkmal der Arbeitsumgebung ist, dass sich numerische Eigenschaftswerte, wie z. B. die Position eines Objekts, auch mit der Maus verändern lassen. Dazu klicken Sie einen Wert mit der Maus an, halten die Maustaste gedrückt und können dann durch eine Links- bzw. Rechtsbewegung der Maus den Wert verkleinern bzw. vergrößern ❶. Ein ähnliches Bedienkonzept gab es bereits in früheren Versionen von Adobe After Effects. Um die zahlreichen Einstellungsmöglichkeiten, wie z. B. bei Textfeldern, in einem begrenzten Bereich abbilden zu können, wurden teilweise Scrollleisten ❷ in verschiedene Fenster integriert.

Grundsätzlich sind die Positionierung und das Ausrichten von Fenstern im Vergleich zur Vorgängerversion noch etwas flexibler geworden. So lässt sich die Werkzeugleiste beispielsweise jetzt nicht nur ein- oder zweispaltig darstellen, sondern kann in ihrer Größe beliebig verändert werden. Das EIGENSCHAFTEN-Fenster kann auch vertikal positioniert und beispielsweise auf der rechten oder linken Seite des Bildschirms verankert werden.

▲ **Abbildung 1.11**
Numerische Eigenschaftswerte lassen sich mit der Maus ändern.

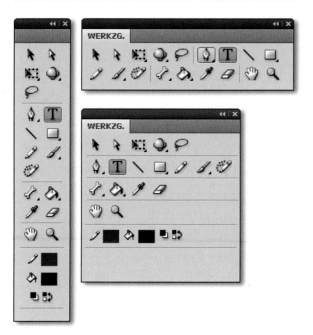

◀ **Abbildung 1.12**
Die Größe der Werkzeugleiste lässt sich beliebig verändern.

Inverse Kinematik | Eine sehr bemerkenswerte Neuerung von Flash CS4 sind zwei neue Werkzeuge, die es auf Grundlage des Prinzips der inversen Kinematik ermöglichen, Charakteranimationen und natürliche Bewegungen zu erzeugen. Charakterani-

Bones

Mit Bones (engl. für »Knochen«) lassen sich Bereiche einer Form oder Movieclips miteinander verketten. Eine solche Verkettung wird auch als Skelett bezeichnet. Bones werden in einem Skelett in einer Hierarchie aus über- und untergeordneten Elementen miteinander verbunden. Mehr zur inversen Kinematik finden Sie in Kapitel 5, »Animation«.

mationen wurden bisher üblicherweise mit Hilfe von Bild-für-Bild-Animationen realisiert. Dazu unterteilte man eine Figur in ihre unterschiedlichen beweglichen Teile, konvertierte die Teile meist in einen Movieclip und animierte jedes Teil für sich, um eine Bewegung zu simulieren. Deutlich einfacher ist das jetzt in Flash CS4: Mit dem sogenannten Bone-Werkzeug werden verschiedene Movieclips ❶ oder auch Bereiche einer Form ❷ mit Hilfe von Bones verbunden. Anschließend lassen sich diese in Abhängigkeit voneinander bewegen.

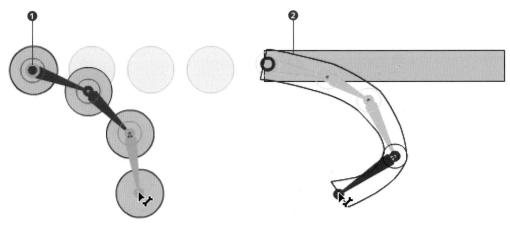

▲ **Abbildung 1.13**
Das Bone-Werkzeug in Aktion

Mit dem sogenannten Bindungswerkzeug können Sie zusätzlich beeinflussen, wie sich der Strich bzw. die Form verhält, wenn Sie Bones bewegen.

Animationserstellung | Die Erstellung von Animationen mittels Tweens wurde in Flash CS4 deutlich vereinfacht. So werden für die Erzeugung eines Tweens keine zwei Schlüsselbilder mehr benötigt. Um ein Objekt durch einen Tween zu animieren, wählen Sie das Objekt aus und klicken im Kontextmenü auf den Menüpunkt BEWEGUNGS-TWEEN ERSTELLEN. In der ZEITLEISTE werden, je nach eingestellter Bildrate des Flashfilms, automatisch entsprechend viele Bilder eingefügt. Mit der Maus können Sie durch Ziehen des Tweens die Länge der Animation bestimmen.

Anschließend wandelt Flash die Ebene, auf der das Objekt liegt, in eine Tween-Ebene um. Bewegen Sie den Abspielkopf der Zeitleiste auf ein Bild und schieben Sie das Objekt an eine andere Position, fügt Flash automatisch ein Schlüsselbild ein. Zusätzlich können Sie den Pfad einer Bewegung in der Entwicklungsumgebung sehen und durch Verschieben von Anfassern verändern.

◀ **Abbildung 1.14**
Vereinfachte Animationserstellung
mit Tween-Ebenen

In früheren Flashversionen konnte man den zeitlichen Ablauf
einer Animation nur für alle Eigenschaften auf vergleichsweise
rudimentäre Weise beeinflussen. Mit Hilfe des neuen Bewegungs-
Editors ist es möglich, den zeitlichen Ablauf für jede Eigenschaft
eines Objekts separat zu steuern. Das neue Panel ermöglicht eine
sehr feine Justierung von Animationsabläufen, u. a. mit kurven-
förmigen Beschleunigungen/Abbremsungen.

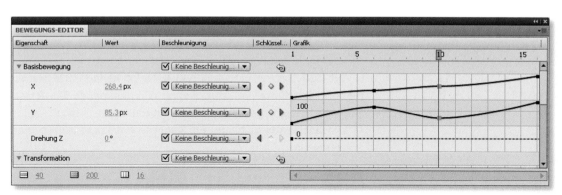

▲ **Abbildung 1.15**
Der neue Bewegungs-Editor

Bewegungsvoreinstellungen | Über das neue Fenster BEWE-
GUNGSVOREINSTELLUNGEN können Sie vorgefertigte Animationsabläufe per Mausklick einem Objekt zuweisen. Neben vor-
gefertigten Animationsabläufen können Sie auch Einstellungen
eigener Tweens speichern und anschließend auf ein oder mehrere
Objekte anwenden.

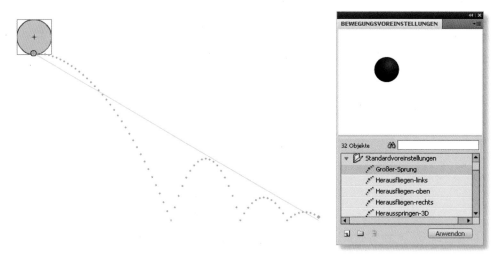

▲ **Abbildung 1.16**
Eine Animationsvorlage wurde auf ein Movieclip-Objekt angewendet.

Mit der dritten Dimension ist beispielsweise keine automatische Tiefenverwaltung verbunden: Ein Objekt, das ein anderes Objekt auf der z-Achse passiert, ändert seine Tiefe nicht. Wurde es vorher vor dem Objekt dargestellt, bleibt das auch so, nachdem es das andere Objekt auf der z-Achse passiert hat. 3D-Objekte aus 3D-Anwendungen lassen sich also nicht in drei Dimensionen bewegen – es können lediglich zweidimensionale Objekte im Raum bewegt und gedreht werden.

3D-Funktionen und Werkzeuge | Mit den neuen 3D-Funktionen macht Flash CS4 die ersten Schritte in Richtung 3D. Bisher waren Darstellungen in drei Dimensionen in Flash nur über Eigenentwicklungen unter Einsatz von ActionScript möglich. Die neuen 3D-Möglichkeiten von Flash CS4 dürften die Erwartungen der Benutzergemeinde jedoch nicht gänzlich erfüllen, da die neu eingeführte dritte Dimension (z-Achse) nur simuliert wird und keine z-Achse ist, wie man sie aus 3D-Anwendungen, wie Studio-Max, Blender etc., kennt.

Mit dem neuen 3D-Drehungswerkzeug können Sie zweidimensionale Objekte im Raum drehen. Mit dem neuen 3D-Versetzungswerkzeug lassen sich Objekte im Raum verschieben. Beide Werkzeuge lassen sich nur auf Symbole und nicht auf Formen anwenden.

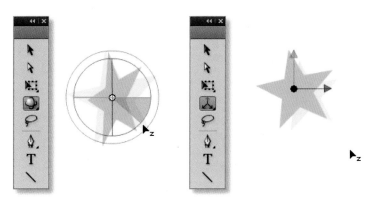

Abbildung 1.17 ▶
Die neuen 3D-Werkzeuge im Einsatz

Zeichenwerkzeuge | Zwei neue Zeichenwerkzeuge sind in der Werkzeugleiste zu finden: das Sprühen-Werkzeug und das Deko-Werkzeug. Mit dem Sprühen-Werkzeug lassen sich je nach Einstellung regelmäßige und unregelmäßige Punktmuster erzeugen. Außerdem ist es möglich, dem Werkzeug als Muster ein beliebiges Symbol zuzuordnen, um damit individuelle Füllungen und Muster zu erstellen.

Elemente als Gruppe
Mit dem Sprühen-Werkzeug erzeugte Elemente werden in Flash als Gruppe erzeugt und lassen sich so leicht auswählen und verschieben.

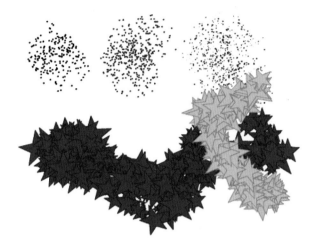

◄ **Abbildung 1.18**
Mit dem Sprühen-Werkzeug erzeugte Elemente

Der Name des Deko-Werkzeug deutet schon darauf hin: Das Werkzeug dient zum Dekorieren von Flächen und Formen. Das neue Zeichenwerkzeug lässt sich ebenfalls kreativ einsetzen, um begrenzte Bereiche oder die gesamte Bühne mit unterschiedlichen Mustern zu füllen bzw. je nach Einstellung unregelmäßige und regelmäßige Strukturen zu erzeugen.

Rankenfüllung

Eine Besonderheit bietet die Einstellung RANKENFÜLLUNG des Deko-Werkzeugs. Mit ihr lassen sich Ast- und Blätter-Strukturen, optional mit eigenen Symbolen, erstellen und auch animieren.

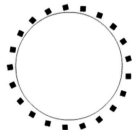

◄ **Abbildung 1.19**
Mit dem Deko-Werkzeug erzeugte Muster

Kuler-Bedienfeld | Der Kuler-Dienst von Adobe zum Erzeugen von harmonischen Farbkombinationen, der als Dienst auch unter http://kuler.adobe.com/ erreichbar ist, wurde in einem neuen Bedienfeld in Flash CS4 integriert. Über das Bedienfeld lassen sich sowohl Farbkombinationen auswählen, die von anderen Benutzern bereitgestellt werden, als auch eigene Farbkombinationen erstellen und speichern.

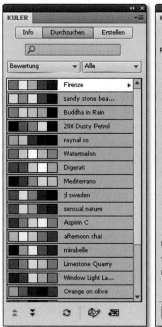
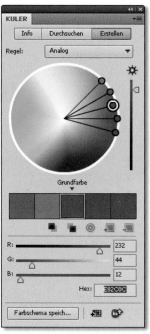

Abbildung 1.20 ►
Kuler bietet zahlreiche Möglichkeiten, harmonische und interessante Farbkombinationen für ein Projekt zu finden.

Weitere Neuerungen in Flash CS4 | Zusätzlich zu den bereits genannten Neuerungen gibt es zahlreiche kleine Detailverbesserungen und Neuerungen. Dazu gehören unter anderem:

► **Projekt-Bedienfeld**: Programmierer, die über Flash CS4 objektorientiert programmieren möchten, werden sich über das neue PROJEKT-Bedienfeld freuen. Sie finden es unter FENSTER • ANDERE BEDIENFELDER • PROJEKT. Über das Fenster lassen sich Ordner-/Klassenstrukturen und externe ActionScript-Dateien erzeugen und verwalten.

▲ **Abbildung 1.21**
Das neue PROJEKT-Bedienfeld

► **Adobe ConnectNow-Integration**: In allen Produkten der Creative Suite 4 wurde die Möglichkeit geschaffen, über Adobe ConnectNow den Bildschirm für andere ausgewählte Benutzer freizugeben. Der Dienst bietet außerdem einen Chat und Möglichkeiten zum Bereitstellen von Dateien. In Flash CS4 können Sie den Dienst über das Menü DATEI • MEINEN BILDSCHIRM FREIGEBEN nutzen.

- **XMP-Bedienfeld**: Über das Menü DATEI • DATEIINFORMA-TIONEN öffnen Sie das neue XMP-Bedienfeld. Darin können Sie Metadaten, wie z. B. eine Beschreibung oder Tags für die Flash-Quelldatei, definieren.

- **XFL-Import**: XFL ist ein neues offenes Format von Adobe, das bisher von InDesign und After Effects unterstützt wird und den verlustfreien Datenaustausch von Inhalten zwischen den beiden Anwendungen und Flash vereinfacht. XFL ist ein Zip-Paket, das die Inhalte und Bilder sowie eine XML-Datei mit Beschreibungen enthält.

- **Adobe Pixel Bender**: Mit dem neuen Tool Pixel Bender, das zusammen mit Flash CS4 ausgeliefert wird, können programmier-versierte Benutzer eigene Filter, Effekte, Misch-modi und Füllungen erstellen, die sich dann via Action-Script 3 auf Objekte anwenden lassen. Mehr zu Adobe Pixel Bender erfahren Sie unter *http://labs.adobe.com/technologies/ pixelbender/*.

- **JPEG-Deblocking**: In den *Veröffentlichungseinstellungen* lässt sich das sogenannte JPEG-Deblocking aktivieren, das Arte-fakte, die bei stark komprimierten JPEG-Bildern häufig auftre-ten, etwas reduziert.

- **Verbesserte Bibliothek**: In jeder Bibliothek findet sich ein Suchfeld, das das Resultat einer Suche aktualisiert, während Sie einen Begriff eingeben. So finden Sie Objekte in der Bibli-othek jetzt deutlich schneller. Bei der Erstellung eines neuen Symbols können Sie einen Ordner angeben, in den das neue Symbol in der Bibliothek abgelegt werden soll.

- **Hardwarebeschleunigung**: Über die *Veröffentlichungseinstel-lungen* lassen sich zwei verschiedene Hardwarebeschleuni-gungen aktivieren. Dies kann in einigen Fällen die Wiederga-beleistung verbessern.

- **Hilfe-Funktion**: Standardmäßig führt die Hilfe, die Sie über F1 erreichen, zur Online-Hilfe von Adobe. Adobe kann die Hilfeinhalte so leichter aktualisieren. Zusätzlich stehen Ihnen auf den Online-Seiten der Hilfe auch Benutzerkommentare zur Verfügung.

- **Sound-Bibliothek**: Über das Menü FENSTER • ALLGEMEINE BIBLIOTHEKEN • SOUNDS erreichen Sie eine neue Bibliothek mit vielen unterschiedlichen Sounds, die Sie für eigene Projekte nutzen können.

XFL-Format
Ursprünglich war geplant, dass das XFL-Format in Flash CS4 das proprietäre FLA-Format ersetzen soll. Die kurze Entwicklungszeit von Flash CS4 hat dafür offen-sichtlich nicht ausgereicht. Flash-Filme lassen sich bisher nicht im XFL-Format abspeichern – es ist jedoch zu vermuten, dass das XFL-Format bald auch vollständig, auch zum Speichern, von Flash unterstützt wird.

▲ **Abbildung 1.22**
Die Online-Hilfe deaktivieren

Tipp: Online-Hilfe deaktivieren

Wenn Sie über keine Internet-verbindung verfügen oder die Online-Hilfe nicht nutzen möch-ten, können Sie diese über das Menü FENSTER • ERWEITERUNGEN • VERBINDUNGEN durch Auswahl der Option OFFLINE-OPTIONEN deaktivieren. Daraufhin öffnet sich via F1 dann wie gewohnt eine Offline-Hilfe.

2 Arbeitsumgebung

Dieses Kapitel gibt Ihnen einen ersten Überblick über die wichtigsten Elemente der Arbeitsumgebung. Die Arbeitsumgebung ist komplex und kann auf vielseitige Weise angepasst werden. Die folgenden Erläuterungen sollen Sie auf die praktische Anwendung vorbereiten.

2.1 Begrüßungsbildschirm

Nachdem Sie Flash CS4 gestartet haben, erscheint zunächst ein Begrüßungsbildschirm, der Ihnen eine Auswahl von häufig genutzten Programmfunktionen in einer Übersicht anbietet.

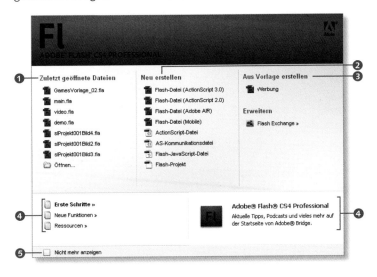

◀ **Abbildung 2.1**
Startbildschirm

Der Bildschirm ist unterteilt in folgende Bereiche:

▶ ZULETZT GEÖFFNETE DATEIEN ❶: Listet Ihnen die zuletzt verwendeten Dateien zum Öffnen via Mausklick auf.

▶ NEU ERSTELLEN ❷: Aus einer Liste können Sie einen Dokumenttyp wählen – via Mausklick wird dann ein neues Dokument angelegt.

Erste Hilfe und aktuelle News

Der untere Bereich ❹ wird in unregelmäßigen Abständen automatisch von Adobe aktualisiert. Dort finden Sie Neuigkeiten und Seiten mit Anwendungstipps, Tutorials usw.

▶ AUS VORLAGE ERSTELLEN ❸: Öffnet ein neues Fenster mit einer Auswahl von Vorlagen für Werbebanner in verschiedenen Formaten.

Bis auf den unteren Bereich stehen Ihnen später alle hier aufgelisteten Funktionen auch über das Menü zur Verfügung – der Bildschirm ist also nicht unbedingt notwendig und kann über die Option NICHT MEHR ANZEIGEN ❺ für den nächsten Start deaktiviert werden. Klicken Sie im Bereich NEU ERSTELLEN auf FLASH-DATEI (ACTIONSCRIPT 3.0), um einen neuen Flash-Film zu erstellen und zur Entwicklungsumgebung zu gelangen.

2.2 Die Entwicklungsumgebung

Haben Sie sich im Begrüßungsbildschirm für einen der Menüpunkte unter NEU ERSTELLEN entschieden, öffnet Flash ein neues leeres Dokument.

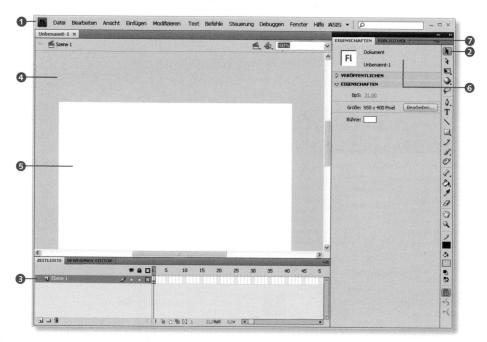

Abbildung 2.2 ▲
Die Entwicklungsumgebung von Flash

Die wichtigsten Bereiche der Entwicklungsumgebung sind:

1. Die Menüleiste ❶ mit ausklappbaren Untermenüs, wie Sie es aus anderen Programmen kennen.
2. Die Werkzeugleiste ❷, standardmäßig auf der rechten Seite, stellt Werkzeuge zum Erstellen und Bearbeiten von Objekten bereit. Verwandte Werkzeuge sind hier in Gruppen zusammengefasst.

3. Das Fenster ZEITLEISTE ❸, über das Sie den zeitlichen Ablauf eines Flash-Films steuern – standardmäßig unten im Arbeitsbereich; eines der wichtigsten Fenster in Flash.
4. Das Dokumentfenster ❹ – ein Teil davon ist die Bühne ❺ in der Mitte. Die Bühne ist der Arbeitsbereich, auf dem visuelle Elemente in Flash angelegt werden – vergleichbar mit einer echten Bühne oder Leinwand.
5. Das EIGENSCHAFTEN-Fenster ❻, standardmäßig rechts neben dem Arbeitsbereich. Dort finden Sie auch den Reiter BIBLIOTHEK ❼. Die Bibliothek enthält alle Symbole, die Sie in Flash angelegt haben.

Sichtbarer Bereich des Flash-Films
Die Bühne ist der sichtbare Bereich eines veröffentlichten Flash-Films.

2.3   Die Menüleiste

Über elf Hauptmenüpunkte, die teilweise weitere Untermenüs enthalten, sind die wichtigsten Programmfunktionen zugänglich.

Menü »Datei« | Hier befinden sich alle Befehle zur Verwaltung von Dateien und Dokumenten. Darunter viele Befehle, die Sie auch aus anderen Anwendungen kennen, wie z. B. ÖFFNEN, SPEICHERN, SCHLIESSEN. Zusätzlich finden Sie hier Befehle zum Im- und Exportieren sowie zur Veröffentlichung eines Flash-Films.

Inaktive Menüpunkte
Menüpunkte, die inaktiv sind, werden ausgegraut. Einige Menüpunkte können nur unter bestimmten Voraussetzungen, wie einer aktiven Auswahl, verwendet werden.

▲ **Abbildung 2.3**
Inaktive Menüpunkte erscheinen ausgegraut

◄◄ **Abbildung 2.4**
Das Menü DATEI

◄ **Abbildung 2.5**
Das Menü BEARBEITEN

Menü »Bearbeiten« | Im Menü BEARBEITEN finden sich zunächst einige Standardbefehle, wie RÜCKGÄNGIG, WIEDERHOLEN, AUSSCHNEIDEN, KOPIEREN und EINFÜGEN. Zusätzlich enthalten sind hier die Befehle SUCHEN UND ERSETZEN und WEITERSUCHEN, die

Untermenüpunkt »Zeitleiste«
Im Menüpunkt BEARBEITEN • ZEIT-
LEISTE finden Sie Unterpunkte zum
Arbeiten mit der Zeitleiste. Der
Menüpunkt ZEITLEISTE enthält Be-
fehle für das Bearbeiten von Sym-
bolen.

Ihnen gerade bei umfangreichen Projekten gute Dienste leisten
können. Im letzten Menüabschnitt finden Sie grundlegende Pro-
grammeinstellungen.

Menü »Ansicht« | Im Menü unter ANSICHT finden Sie Menü-
befehle zur Einstellung der Arbeitsumgebung, wie z. B. die Ver-
größerung/Verkleinerung, sowie Einstellungen zu Hilfswerkzeugen für das Arbeiten im Dokumentfenster.

Abbildung 2.6 ▶
Das Menü ANSICHT

▲ **Abbildung 2.7**
Das Menü EINFÜGEN

Menü »Einfügen« | Das Menü EINFÜGEN bietet Befehle zum Ein-
fügen von Symbolen, Elementen der Zeitleiste und Szenen sowie
spezielle Zeitleisten-Effekte.

Arbeiten mit der Zeitleiste
Erfahren Sie mehr zur Zeitleiste in
Kapitel 5, »Animation«.

Menü »Modifizieren« | Das Menü MODIFIZIEREN enthält eine
bunte Mischung von Befehlen zum Verändern unterschiedlichster
Objekte. Sie finden hier u.a. grundlegende Dokumenteigenschaften, Befehle zum Modifizieren von Symbolen, Formen und
Elementen der Zeitleiste. Außerdem sehen Sie Befehle zur Positionierung, Ausrichtung und Gruppierung von Objekten.

▲ **Abbildung 2.8**
Das Menü MODIFIZIEREN

▲ **Abbildung 2.9**
Das Menü TEXT

Menü »Text« | Das Menü TEXT bietet grundlegende Befehle und Einstellungen für Text sowie den Zugriff auf die RECHTSCHREIB-PRÜFUNG.

Menü »Befehle« | Im Menü BEFEHLE finden Sie vier vordefinierte Befehle. Dieser Menüpunkt kann durch selbstentwickelte Befehle oder durch Befehle von anderen Entwicklern erweitert werden.

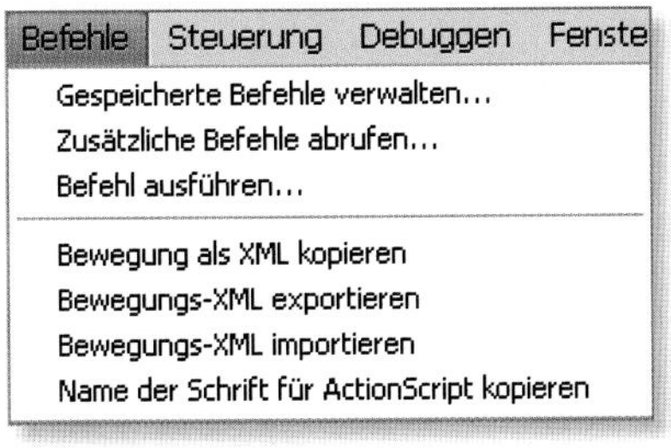

▲ **Abbildung 2.10**
Das Menü BEFEHLE

Menü »Steuerung« | Neben grundlegenden Steuerungsbefeh-len, wie dem Abspielen eines Flash-Films oder die Steuerung der Zeitleiste, finden Sie hier den Befehl, um einen Flash-Film im Flash Player zu testen (STEUERUNG • FILM TESTEN) – ein häufig genutzter Befehl.

▲ **Abbildung 2.11**
Das Menü STEUERUNG

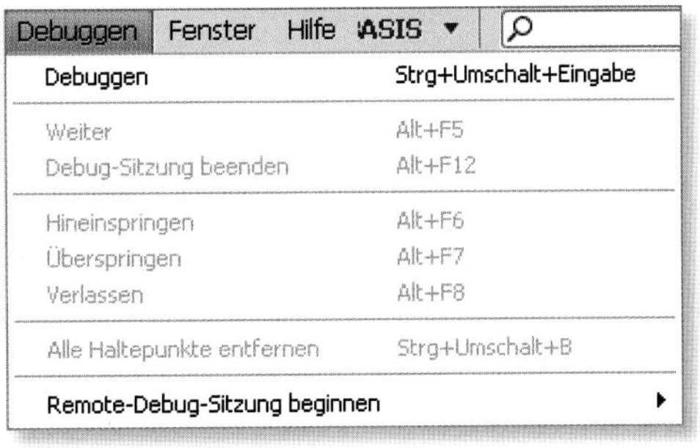

▲ **Abbildung 2.12**
Das Menü DEBUGGEN

Menü »Debuggen« | Das Menü DEBUGGEN enthält alle Befehle, die Sie zum Testen von Flash-Filmen und zur Fehlersuche benö-tigen.

Texteigenschaften

Texteigenschaften werden ge-wöhnlich nicht über das Menü selbst festgelegt, sondern über das EIGENSCHAFTEN-Fenster – das geht meist deutlich schneller. Dazu mehr in Kapitel 6, »Text«.

JSFL-Format

»JSFL« steht für Flash-JavaScript – lesen Sie es von rechts nach links –, eine Skriptsprache, die auf JavaScript basiert und zur Erweiterung der Arbeitsumge-bung und zur Automatisierung von Flash-Befehlen dient. JSFL-Dateien werden von Flash-entwicklern u. a. im Adobe-Exchange-Forum (*http://www. adobe.com/cfusion/exchange/*) im Bereich »FLASH« bereitgestellt.

Adobe Exchange

Im Adobe-Exchange-Forum stel-len Ihnen Flash-Entwickler mehr oder weniger nützliche kommerzi-elle und kostenlose Erweite-rungen für Flash zur Verfügung. Ein Besuch lohnt sich … Schauen Sie mal rein (*http://www.adobe. com/cfusion/exchange/*).

Debuggen

Weitere Informationen zum Thema Debuggen finden Sie in Abschnitt 8.15, »Fehlersuche«.

In Flash stehen Ihnen, wie in vielen anderen Anwendungen auch, sogenannte Kontextmenüs zur Verfügung. Diese lassen sich über die rechte Maustaste aktivieren. Je nachdem über welchem Bereich sich der Mauszeiger befindet, wird dann ein kontextabhängiges Menü angezeigt.

▲ **Abbildung 2.15**
Kontextmenü des
Dokumentenfensters

Zwischen Dokumenten wechseln
Im unteren Bereich des Menüs FENSTER werden alle geöffneten Dokumente aufgelistet, zwischen denen Sie via Mausklick wechseln können.

Tastenkürzel für die Hilfe
Die integrierte Hilfe lässt sich, wie aus anderen Programmen gewohnt, über das Tastenkürzel [F1] öffnen.

Menü »Fenster« | Im Menü FENSTER können Sie Fenster der Arbeitsumgebung aktivieren bzw. deaktivieren. Weiterhin finden Sie hier Menüpunkte, die Ihnen bei der Gestaltung der Arbeitsumgebung und beim Umgang mit Fenstern helfen.

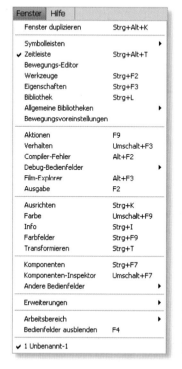

◄ **Abbildung 2.13**
Das Menü FENSTER

▼ **Abbildung 2.14**
Das Menü HILFE

Menü »Hilfe« | Neben der umfangreichen Hilfe finden Sie hier Links zu Online-Ressourcen, dem Flash Exchange und weiteren Online-Foren. Im letzten Menübereich können Sie Ihre Flash-Version registrieren, aktivieren bzw. deaktivieren und nach Aktualisierungen suchen.

2.4 Werkzeugleiste

In der Werkzeugleiste finden Sie u. a. alle Werkzeuge zum Zeichnen, Malen, Auswählen und Bearbeiten von Objekten. Die Leiste wird durch horizontale Linien in sechs Werkzeuggruppen unterteilt:

> ▶ Die erste Gruppe ❶, ganz oben, enthält Auswahlwerkzeuge und Werkzeuge zum Transformieren von Objekten und Farbverläufen.

> ▶ In der zweiten Gruppe ❷ finden Sie alle Werkzeuge zum Zeichnen und Malen und zur Erstellung von Text.

Hinweis
Streng genommen wird die Werkzeugleiste in Flash als FENSTER WERKZEUGE bezeichnet. Da sich das Fenster aber eher wie eine Leiste anfühlt und bedienen lässt, wird in diesem Buch der Ausdruck Werkzeugleiste verwendet.

- Der dritte Bereich, »Farbe« ❸, bietet Werkzeuge zur Erstellung von inverser Kinematik, ein Farbauswahlwerkzeug und Werkzeuge zum Modifizieren von Strich- und Füllfarben.
- Der vierte Bereich ❹ enthält zwei Werkzeuge zur Steuerung der Arbeitsfläche.
- Der fünfte Bereich ❺ beinhaltet Einstellungen für Füllungs- und Strichfarbe.
- Der sechste Bereich ❻ bietet, je nach ausgewähltem Werkzeug, spezifische Einstellungen an.

Neu in Flash CS4 ist, dass die Werkzeugleiste wahlweise auf eine beliebige Breite skaliert werden und so beliebig viele Spalten besitzen kann. Um die Größe zu ändern, klicken Sie auf die vertikale Trennlinie ❼.

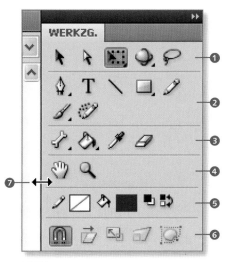

▲ **Abbildung 2.16**
Durch Ziehen des linken Rands wird die Werkzeugleiste nach links vergrößert.

▲ **Abbildung 2.17**
Nachdem die Werkzeugleiste freisteht, können Sie sie durch Verschieben einer der Begrenzungen skalieren.

Alternativ können Sie die Werkzeugleiste per Drag & Drop auch aus der Verankerung ziehen und sie dann skalieren, indem Sie einen der Begrenzungsränder verschieben ❽.

Jedes vertikal ausgerichtete Fenster lässt sich in Flash CS4 darüber hinaus von der gewöhnlichen Ansicht ❾ auf eine Symbolleiste ❿ reduzieren. Wurde das Fenster auf eine Symbolleiste reduziert, können Sie die Inhalte des ursprünglichen Fensters via Mausklick auf das Symbol ausklappen ⓫ bzw. auch wieder einklappen. Das kann sehr viel Platz sparen.

Ein- und Ausblenden
Die Werkzeugleiste lässt sich über den Menüpunkt FENSTER • WERKZEUGE oder über das Tastenkürzel Strg/⌘+F2 ein- und ausblenden.

Zwischen den Modi wechseln
Klicken Sie auf den Doppelpfeil ❽, um zwischen den Anzeigemodi zu wechseln.

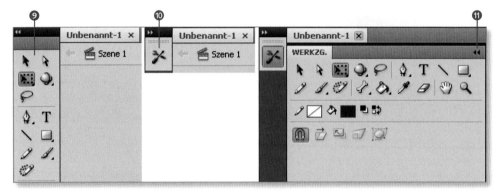

▲ Abbildung 2.18
Die verschiedenen Ansichtsmodi der Werkzeugleiste

Empfehlung
Die Positionierung und Ausrichtung von Fenstern ist sicher Geschmackssache. Da die Werkzeugleiste jedoch meist der erste Bereich ist, den Sie mit der Maus ansteuern, empfehle ich Ihnen, die Werkzeugleiste am linken Rand des Bildschirms zu positionieren bzw. einzurasten.

Werkzeug	Symbol	Tastenkürzel (Windows)	Tastenkürzel (Mac)
3D-Drehungswerkzeug		W	W
3D-Versetzungswerkzeug		G	G
Auswahlwerkzeug		V	V
Ankerpunkt-einfügen-Werkzeug		+	=
Ankerpunkt-löschen-Werkzeug		-	-
Ankerpunkt-umwandeln-Werkzeug		C	C
Bindungswerkzeug		Z	Z
Bone-Werkzeug		X	X
Deko-Werkzeug		U	U
Ellipsenwerkzeug		O	O
Farbeimerwerkzeug		K	K
Freihandwerkzeug		Y	Y
Frei transformieren		Q	Q
Farbverlaufwerkzeug		F	F

Tabelle 2.1 ▶
Tastenkürzel für Werkzeuge

Werkzeug	Symbol	Tastenkürzel (Windows)	Tastenkürzel (Mac)
Handwerkzeug		H	H
Lassowerkzeug		L	L
Linienwerkzeug		N	N
Pinselwerkzeug		B	B
Pipette		I	I
Radiergummiwerkzeug		E	E
Rechteckwerkzeug		R	R
Sprühen-Werkzeug		B	B
Stiftwerkzeug		P	P
Textwerkzeug	T	T	T
Tintenfasswerkzeug		S	S
Unterauswahl		A	A
Werkzeug für Ellipsen-grundform		O	O
Werkzeug für Rechteck-grundform		R	R
Zoomwerkzeug		M	M

◄ **Tabelle 2.1**
Tastenkürzel für Werkzeuge
(Forts.)

2.5 Die Zeitleiste

Mit Hilfe der Zeitleiste steuern Sie den zeitlichen Ablauf des Flash-Films oder eines Symbols mit Ebenen und Bildern. Wie ein Fernsehfilm setzt sich ein Flash-Film aus einer Reihe von Einzelbildern zusammen. Jedes Bild (engl. »frame«) wird durch ein kleines Rechteck ❶ innerhalb der Zeitleiste symbolisiert. Ein Flash-Film läuft Bild für Bild von links nach rechts ab.

Hauptzeitleiste

Die Zeitleiste des Flash-Films wird auch als Hauptzeitleiste bezeichnet. Zeitleisten von Symbolen werden ebenfalls über das Fenster ZEITLEISTE gesteuert – in diesem Fall spricht man dann aber beispielsweise von der Zeitleiste des Movieclips *logo_mc*.

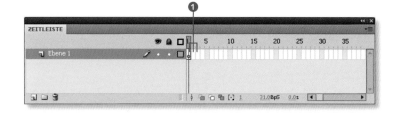

Abbildung 2.19 ▶
Die Hauptzeitleiste des
Flash-Films

Wie Sie mit der Zeitleiste arbeiten, welche Möglichkeiten Ihnen
die Ebenen bieten und wie sich Bilder von Schlüsselbildern unterscheiden, erfahren Sie in Kapitel 5, »Animation«, wo wir uns auch
mit den verschiedenen Animationsarten in Flash beschäftigen
werden.

2.6 Die Bühne

Die Bühne in der Mitte des Bildschirms ist ein Teil des Dokumentfensters und stellt die Arbeitsfläche dar, auf der Sie grafische
Elemente anlegen können. Elemente, die im inneren Bereich ❶
positioniert werden, sind zur Laufzeit des Flash-Films sichtbar.

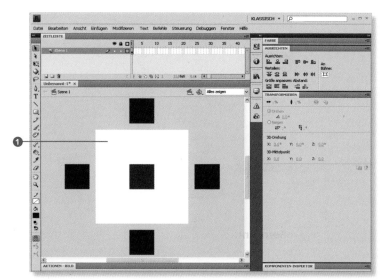

▲ **Abbildung 2.20**
Das rote Rechteck im inneren Bereich, die vier blauen Rechtecke
außerhalb der Bühne

Elemente, die außerhalb dieses Bereiches im Dokumentfenster
positioniert werden, sind zur Laufzeit im Flash Player nicht sichtbar.

[!] Dateigröße
Wenn Sie Objekte außerhalb des
sichtbaren Bühnenbereichs positionieren, werden diese mit in den
Flash-Film aufgenommen, das
heißt, der Flash-Film wird entsprechend größer. Denken Sie daran,
dass Sie Elemente, die Sie dort
platziert haben und nicht verwenden, zumindest auf der Bühne im
finalen Flash-Film entfernen.

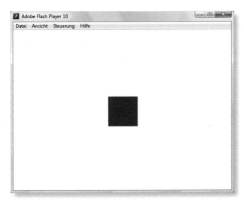

▲ Abbildung 2.21
Der Flash-Film im Player zeigt nur das rote Rechteck in der Mitte.

Ansicht verschieben | Über die Scrollleiste ❷ lässt sich die Ansicht des Dokumentfensters horizontal verschieben – über die Scrollleiste ❸ verschieben Sie den sichtbaren Bereich vertikal. Beachten Sie, dass Sie damit nur die Ansicht des Fensters verändern – dies hat keinen Einfluss auf den Flash-Film selbst.

Tipp
Sie können den nicht sichtbaren Bereich des Dokumentfensters in der Entwurfsphase dazu nutzen, grafische Elemente griffbereit abzulegen.

▲ Abbildung 2.22
Mit den Scrollleisten können Sie das Dokumentfenster verschieben.

An Fenster anpassen
Die Einstellung AN FENSTER ANPASSEN im Dropdown-Menü ❹ sorgt dafür, dass alle Elemente innerhalb der Bühne zu sehen sind und dabei möglichst groß erscheinen.

Ansicht vergrößern und verkleinern | Über das Menü ANSICHT • VERGRÖSSERUNG können Sie die Vergrößerung der Ansicht auf unterschiedliche Weise einstellen. Am wichtigsten ist die Zoomstufe 100 %, die Sie auch schnell über das Tastenkürzel Strg/⌘ + 1 aktivieren können.

Die Vergrößerung lässt sich alternativ auch über das Dropdown-Menü ❹ des Bühnenfensters oder durch direkte Eingabe der Zoomstärke im Eingabefeld ❺ einstellen.

Dokumenteigenschaften | Grundlegende Einstellungen für den Flash-Film werden über die DOKUMENTEIGENSCHAFTEN definiert. Sie öffnen sie über das Menü MODIFIZIEREN • DOKUMENT.

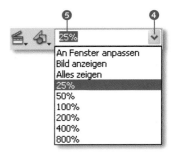

▲ Abbildung 2.23
Ansicht einstellen über das Dropdown-Menü

Ansicht zentrieren

Wenn Sie die Ansicht so weit verschoben haben, dass Sie die Bühne nicht auf Anhieb wiederfinden, können Sie die Ansicht über [Strg]/[⌘]+[2] wieder zentrieren.

Dokumenteigenschaften auf einen Blick

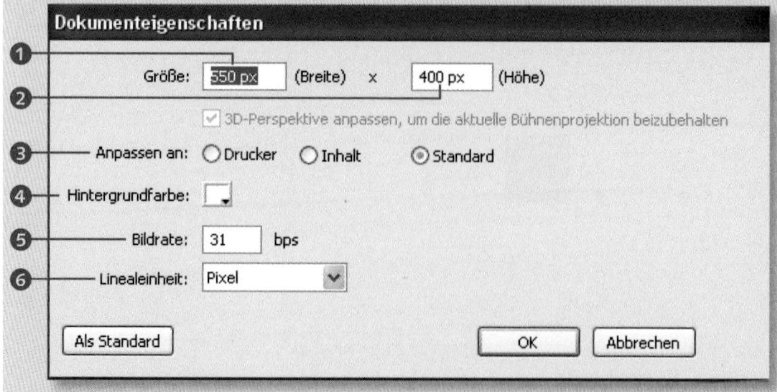

Dokumenteigenschaften	
❶ Größe: 550 px (Breite) x 400 px (Höhe)	
❷ ☑ 3D-Perspektive anpassen, um die aktuelle Bühnenprojektion beizubehalten	
❸ Anpassen an: ○ Drucker ○ Inhalt ◉ Standard	
❹ Hintergrundfarbe: ▢	
❺ Bildrate: 31 bps	
❻ Linealeinheit: Pixel ▾	
Als Standard	OK Abbrechen

▲ **Abbildung 2.24**
Dokumenteigenschaften

❶ Breite des Flash-Films
❷ Höhe des Flash-Films
❸ Bei Anpassen an werden die Breite und die Höhe des Flash-Films je nach gewählter Option automatisch angepasst.
❹ Hintergrundfarbe des Flash-Films
❺ Bildrate des Flash-Films in Bildern pro Sekunde (bps)
❻ Linealeinheit für die Arbeitsumgebung

Bildrate

Auf die Bildrate wird in Kapitel 5, »Animation«, näher eingegangen.

Anpassen an: Drucker

Die Option Anpassen an: Drucker wird nur selten eingesetzt, da Flash nicht in erster Linie zum Gestalten von Druckdokumenten verwendet wird.

Die Größe des Flash-Films | Sie können die Größe eines Flash-Films auf zweierlei Arten definieren:

▶ Sie geben die Breite und die Höhe in Pixel manuell ein. Das ist die übliche Vorgehensweise; die Option Anpassen an stellt sich dann automatisch auf Standard.

▶ Sie wählen eine der Optionen aus dem Bereich Anpassen an. Die Breite und die Höhe werden dann automatisch so angepasst, dass die Größe entweder für die Ausgabe auf einem Drucker (DIN-A4-Format) oder für den Inhalt optimiert wird. Wenn Sie die Option Inhalt wählen, passt sich die Bühnengröße so an, dass alle Elemente, die auf der Bühne platziert sind, in den Bühnenbereich passen. Wenn es schnell gehen soll, kann das durchaus nützlich sein.

2.7　Entwicklungsumgebung anpassen

Die Entwicklungsumgebung von Flash lässt sich auf vielseitige Weise an die eigenen Bedürfnisse anpassen. Um eine eigene Arbeitsumgebung einzurichten, können Sie Fenster auf unterschiedliche Weise ändern.

Tastenkürzel

Tastenkürzel zum Öffnen oder Schließen von Fenstern finden Sie in der Menüleiste Fenster hinter dem jeweiligen Menüeintrag.

Fenster maximieren, minimieren und schließen | Fast jedes Fenster lässt sich in Flash öffnen und schließen. Sie können ein Fenster entweder über das Menü FENSTER schließen oder öffnen oder dazu das fensterspezifische Tastenkürzel verwenden. Alternativ können Sie jedes Fenster auch per Mausklick auf das Schließen-Symbol ❶ schließen.

Zum Minimieren oder Maximieren des Fensters klicken Sie auf die graue Fläche ❷ im oberen Bereich des Fensters. Klicken Sie auf die dunkelgraue Fläche ❸ oder auf den Doppelpfeil ❹, wird das Fenster zu einer Symbolleiste ❺.

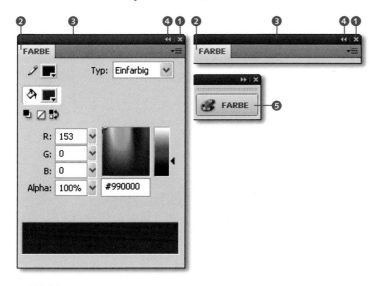

▲ **Abbildung 2.25**
Maximiert (links), minimiert (rechts oben)
und Symbolleiste (rechts unten)

Einige Fenster, wie z. B. das EIGENSCHAFTEN-Fenster, bieten verschiedene Reiter. Per Mausklick auf den Titel des Reiters klappen Sie den Bereich aus ❻ bzw. ein ❼.

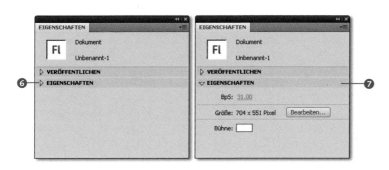

◀ **Abbildung 2.26**
Der Reiter EIGENSCHAFTEN im eingeklappten (links) und im ausgeklappten (rechts) Zustand

▲ **Abbildung 2.27**
Fenster verschieben

Fenster verschieben

Jedes Fenster lässt sich verschieben. Klicken Sie mit der Maus dazu zunächst auf die Titelleiste des Fensters ❽, halten Sie die Maustaste gedrückt, und verschieben Sie das Fenster, indem Sie die Maus bewegen. Um das Fenster freizugeben, lassen Sie die Maustaste los. Beim Verschieben eines Fensters wird dieses halbtransparent dargestellt.

Fenster verankern | Fenster können auf drei unterschiedliche Arten positioniert werden:

▶ Sie werden so verschoben, dass sie für sich allein in einem bestimmten Bereich stehen.

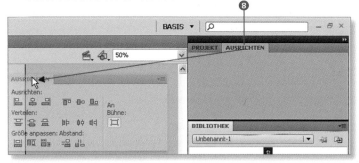

▲ **Abbildung 2.28**
Das AUSRICHTEN-Fenster wird aus der Verankerung rechts nach links in einen freien Bereich gezogen.

▶ Ein Fenster wird in einem Randbereich des Anwendungsfensters verankert.

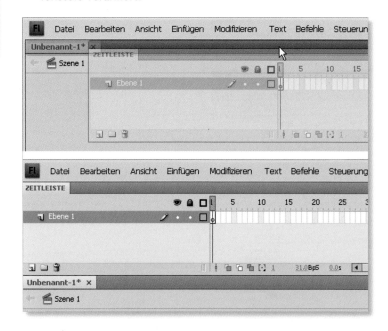

Abbildung 2.29 ▶
Das Fenster ZEITLEISTE wird im oberen Bereich des Bildschirms verankert.

▶ Ein Fenster wird mit einem anderen Fenster zu einer Fenstergruppe verbunden. Ähnlich wie bei Reitern können Sie innerhalb der Gruppe durch Mausklick auf den Titel eines Fensters den gewünschten Fensterinhalt aktivieren.

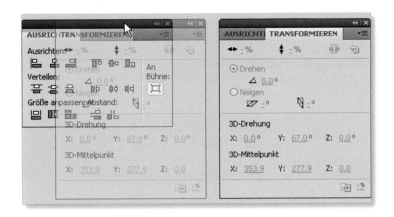

◀ **Abbildung 2.30**
Das TRANSFORMIEREN-Fenster wird
mit dem AUSRICHTEN-Fenster zu
einer Fenstergruppe verbunden.

In den beiden letzten Fällen zeigt ein blauer Rahmen an, dass sich
das Fenster über einem Bereich befindet, an dem es verankert
wird. Die Verankerung können Sie jederzeit rückgängig machen,
indem Sie das Fenster einfach erneut verschieben. Ein konkretes
Beispiel soll die Funktionsweise verdeutlichen.

Öffnen Sie das AKTIONEN-Fenster über das Menü FENSTER •
AKTIONEN. Das Fenster wird, soweit es nicht schon einmal verankert wurde, freistehend im mittleren Bereich des Bildschirms
platziert.

»Aktionen«-Fenster

Über das Fenster AKTIONEN können Sie mit Hilfe der integrierten
Skriptsprache *ActionScript* Programmcode erstellen. Mehr
dazu erfahren Sie ab Kapitel 8,
»ActionScript-Grundlagen«.

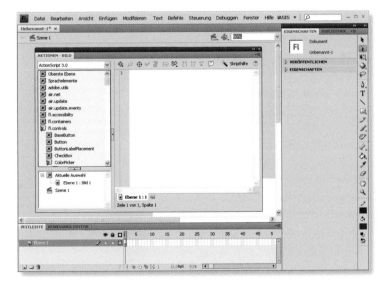

Fensterpositionen

Flash speichert die Position und
die Verankerung eines Fensters
auch dann, wenn das Fenster
geschlossen wurde. Wenn Sie es
dann erneut öffnen, wird es auf
der alten Position platziert.

◀ **Abbildung 2.31**
Das AKTIONEN-Fenster steht frei in
der Mitte der Arbeitsumgebung.

Wählen Sie das Fenster via Mausklick auf die Titelleiste aus, halten Sie die Maustaste dabei gedrückt, und verschieben Sie es
nach unten, so dass es oberhalb des ZEITLEISTEN-Fensters verankert wird.

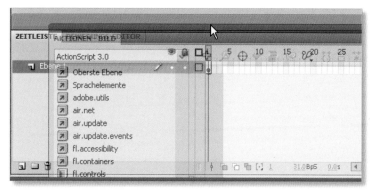

▲ **Abbildung 2.32**
Die blaue Linie zeigt die Position, an der das Fenster verankert wird.

Nachdem es verankert wurde, ist die Arbeitsfläche der Arbeitsumgebung in großen Teilen verdeckt. Via Mausklick auf die Titelleiste minimieren Sie das Fenster – auf dieselbe Weise lässt es sich dann auch wieder maximieren.

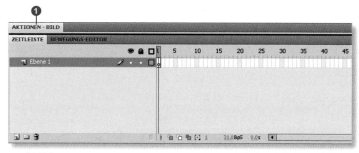

▲ **Abbildung 2.33**
Das Aktionen-Fenster ❶ befindet sich oberhalb des Zeitleisten-Fensters. Damit die Arbeitsfläche nicht verdeckt wird, wurde es minimiert.

Übung macht den Meister

Nehmen Sie sich die Zeit, um sich mit der Anpassung des Arbeitsbereichs vertraut zu machen. Später werden Sie häufig ein oder mehrere Fenster öffnen, verschieben, verankern oder minimieren wollen, weil Sie gerade eine bestimmte Funktion des Fensters benötigen und nur eine begrenzte Fläche zur Verfügung haben. Wenn Sie die Anpassung nicht intuitiv beherrschen, kann das lästig werden.

Standard-Layout wiederherstellen

Verzweifeln Sie nicht, wenn Sie Fenster so verschoben haben, dass nichts mehr passen will. Sie können das Standard-Layout jederzeit wiederherstellen. Klicken Sie dazu einfach auf den Menüpunkt Fenster • Arbeitsbereich • Basis oder Klassisch.

Fenstergrenzen verändern | Sie können die Breite und die Höhe von vielen Fenstern verändern. Sie werden das häufig benötigen, da je nach Bildschirmgröße und -auflösung oft nicht genug freie Fläche zur Verfügung steht. Um die Spaltenbreite eines Bereichs zu ändern, bewegen Sie den Mauszeiger auf die Trennlinie ❶ der Spalte siehe Abbildung 2.34). Ein doppelseitiger Pfeil ❷ zeigt an, dass die Position des Mauszeigers richtig ist. Klicken Sie, und halten Sie die Maustaste gedrückt. Durch Bewegen der Maus passen Sie die Breite an, soweit die Fenstergröße das zulässt.

Analog dazu können Sie die Höhe eines Bereichs oder Fensters ändern. Diese Methode kann auch auf ein verankertes Fenster angewendet werden.

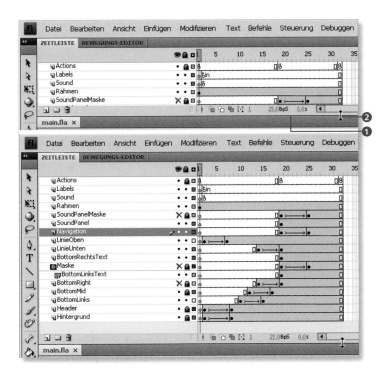

◄ **Abbildung 2.34**
Die Zeitleiste wurde nach unten
hin erweitert.

Arbeitsumgebung speichern und laden | Wenn Sie nach dem
vielen Hin- und Hergeschiebe ein für Sie passendes Layout für die
Arbeitsumgebung gefunden haben, können Sie die Einstellung
speichern. Klicken Sie dazu im Menü auf FENSTER • ARBEITSBEREICH
• NEUER ARBEITSBEREICH, um Ihren Arbeitsbereich zu sichern.

Im daraufhin erscheinenden Dialogfenster müssen Sie nur
noch einen eindeutigen Namen vergeben, zum Beispiel »Programmierung« für ein Layout, in dem Sie bequem auf alle Fenster
zugreifen können, die Sie beim Programmieren mit ActionScript
benötigen. Danach können Sie das gespeicherte Layout jederzeit
über das Menü FENSTER • ARBEITSBEREICH direkt auswählen.

Arbeitsbereiche verwalten
Alternativ können Sie Arbeitsbereiche auch in der Menüleiste
auswählen und verwalten.

▲ **Abbildung 2.35**
Arbeitsbereiche lassen sich auch
über das Dropdown-Menü in der
Menüleiste verwalten.

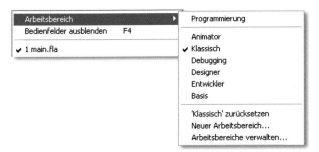

◄ **Abbildung 2.36**
Ein neuer Arbeitsbereich wurde
gespeichert und lässt sich über
PROGRAMMIERUNG aktivieren.

Arbeitsbereich auf einen anderen Computer übertragen | Lei-
der bietet Flash CS4 keine Möglichkeit, ein gespeichertes Layout

**Arbeitsbereiche auswählen/
löschen**

Im Menü FENSTER • ARBEITSBE-
REICH finden Sie auch vorgefertigte Layouts. Probieren Sie ruhig
einmal verschiedene Layouts
aus. Wenn Sie eigene Layouts
nicht mehr benötigen, können
Sie diese über FENSTER • ARBEITS-
BEREICH • ARBEITSBEREICHE VER-
WALTEN auch wieder löschen.

eines Arbeitsbereiches zu importieren bzw. zu exportieren. Das
wäre nützlich, wenn Sie das Layout einer Arbeitsumgebung gerne
auf einem anderen Computer übertragen würden. Die folgende
Lösung hilft Ihnen diesbezüglich weiter.

Öffnen Sie dazu das Verzeichnis [LAUFWERK:]\DOKUMENTE
UND EINSTELLUNGEN\[BENUTZERNAME]\LOKALE EINSTELLUNGEN\AN-
WENDUNGSDATEN\ADOBE\FLASH CS4\DE\CONFIGURATION\WORK-
SPACE AM PC BZW. [BENUTZERNAME]/LIBRARY/APPLICATION SUP-
PORT/ADOBE/FLASH CS4/DE/CONFIGURATION/WORKSPACE am Mac.
Dort finden sich die gespeicherten Layouts in Form von XML-
Dokumenten. Kopieren Sie diese einfach in das entsprechende
Verzeichnis auf Ihren zweiten Rechner.

Abbildung 2.37 ▶
Hier finden Sie die entsprechen-
den XML-Dokumente.

Beachten Sie, dass unter Windows versteckte Dateien und Ord-
ner standardmäßig nicht angezeigt werden. Damit Sie Zugriff auf
Dateien erhalten, in denen Einstellungen von Flash gespeichert
werden, müssen Sie die entsprechende Windows-Einstellung
ändern. Öffnen Sie dazu den Windows-Explorer, und wählen Sie
EXTRAS • ORDNEROPTIONEN. Klicken Sie auf den Reiter ANSICHT,
und aktivieren Sie unter VERSTECKE DATEIEN UND ORDNER die
Option ALLE DATEIEN UND ORDNER ANZEIGEN.

Abbildung 2.38 ▶
Versteckte Dateien und Ordner
anzeigen

2.8 Tastaturkurzbefehle

Tastaturkurzbefehle sind sehr nützlich, um häufig genutzte Funktionen deutlich schneller als über die Maus und das Menü anzusteuern. Je öfter Sie Tastaturkurzbefehle einsetzen und sich diese merken, umso weniger werden Sie die Kürzel zukünftig missen wollen. Viele Funktionen besitzen standardmäßig bereits ein Tastaturkürzel. Diese sehen Sie im Menü oder in der Werkzeugleiste hinter jedem Menübefehl bzw. im Tooltipp des jeweiligen Werkzeugs. Es gibt beinah unzählige Kürzel – in der Regel benötigen Sie aber nur einen kleinen Teil davon.

2.8.1 Die wichtigsten Tastaturkurzbefehle der Menüs

Es empfiehlt sich, die Standard-Tastaturkürzel des Menüs nach eigenen Vorlieben zu ändern, da sie doch teilweise sehr praxisfern angelegt wurden. So fehlt für besonders häufig genutzte Befehle, wie z. B. EINFÜGEN • ZEITLEISTE • SCHLÜSSELBILD, das entsprechende Kürzel. In der folgenden Tabelle finden Sie die wichtigsten Standard-Tastaturkürzel sowie meine persönliche Empfehlung für eine eigene Belegung. Wie Sie eigene Tastenkürzel definieren können, wird im Anschluss erläutert.

> **Tipp**
>
> Sie müssen sich nicht gleich alle Tastaturkürzel einprägen. Es hilft, wenn Sie erst einmal über die Menüs arbeiten und selbst herausfinden, welche Befehle Sie häufig nutzen. Schauen Sie dann nach, ob es entsprechende Tastaturkürzel gibt, oder definieren Sie gegebenenfalls eigene Tastaturkürzel.

Datei: Tastaturkürzel
Eigene Tastaturkürzel werden unter [LAUFWERK]:\DOKUMENTE UND EINSTELLUNGEN\[BENUTZERNAME]\ LOKALE EINSTELLUNGEN\ANWENDUNGSDATEN\ADOBE\FLASH CS4\ DE\CONFIGURATION\KEYBOARD SHORTCUTS am PC und unter [BENUTZERNAME]/APPLICATION SUPPORT/ADOBE/FLASH CS4/DE/ CONFIGURATION/KEYBOARD SHORTCUTS am Mac in Dateien mit der Endung .wfx gespeichert.

Menübefehl	Standard-Kürzel	Empfehlung
DATEI • NEU	Strg/⌘+N	
DATEI • ÖFFNEN	Strg/⌘+O	
DATEI • SPEICHERN	Strg/⌘+S	
DATEI • SPEICHERN UNTER	Strg/⌘+⇧+S	
DATEI • IMPORTIEREN • IN BÜHNE IMPORTIEREN	Strg/⌘+R	
DATEI • VERÖFFENTLICHEN	⇧/⌘+F12	F12
BEARBEITEN • RÜCKGÄNGIG	Strg/⌘+Z	
BEARBEITEN • AUSSCHNEIDEN	Strg/⌘+X	
BEARBEITEN • KOPIEREN	Strg/⌘+C	
BEARBEITEN • EINFÜGEN	Strg/⌘+V	
BEARBEITEN • AN POSITION EINFÜGEN	Strg/⌘+⇧+V	Strg+P
BEARBEITEN • ALLES AUSWÄHLEN	Strg/⌘+A	
BEARBEITEN • SUCHEN UND ERSETZEN	Strg/⌘+F	
BEARBEITEN • SYMBOLE BEARBEITEN	Strg/⌘+E	
BEARBEITEN • AN POSITION BEARBEITEN		Strg+W
BEARBEITEN • ZEITLEISTE • BILDER ENTFERNEN	⇧/⇧+F5	
ANSICHT • RASTER • RASTER EINBLENDEN	Strg+Ä/⌘+'	

▲ **Tabelle 2.2**
Die wichtigsten Tastaturkurzbefehle des Menüs

Menübefehl	Standard-Kürzel	Empfehlung
EINFÜGEN • NEUES SYMBOL	Strg / ⌘ + F8	
EINFÜGEN • ZEITLEISTE • BILD	F5	
EINFÜGEN • ZEITLEISTE • SCHLÜSSELBILD		F6
EINFÜGEN • ZEITLEISTE • LEERES SCHLÜSSELBILD		F7
EINFÜGEN • ZEITLEISTE • BEWEGUNGS-TWEEN		F4
MODIFIZIEREN • IN SYMBOL KONVERTIEREN	F8	
MODIFIZIEREN • TEILEN	Strg / ⌘ + B	
MODIFIZIEREN • GRUPPIEREN	Strg / ⌘ + G	
MODIFIZIEREN • ZEITLEISTE • SCHLÜSSELBILD LÖSCHEN	⇧ / ⇧ + ⌘ + F6	
STEUERUNG • FILM TESTEN	Strg / ⌘ + ↵	
STEUERUNG • ASO-DATEIEN LÖSCHEN UND FILM TESTEN		Strg + .
FENSTER • AUSRICHTEN	Strg / ⌘ + K	
FENSTER • AKTIONEN	F9 / ⌥ + F9	

▲ **Tabelle 2.2**
Die wichtigsten Tastaturkurzbefehle des Menüs (Forts.)

Profil umbenennen und löschen
Über die Schaltfläche TASTENKOM-
BINATION UMBENENNEN können Sie
einem vorhandenen Profil einen
neuen Namen zuweisen. Über die
Schaltfläche AUSWAHL LÖSCHEN
lässt sich ein vorhandenes Profil
auch wieder entfernen.

Schritt für Schritt: Eigene Tastenkürzel definieren
Die folgende Anleitung zeigt, wie Sie eigene Tastenkürzel bele-
gen.

1 **Tastenkombination duplizieren**
Wählen Sie den Menübefehl BEARBEITEN • TASTATURBEFEHLE oder
auf dem Mac FLASH • TASTATURBEFEHLE. Klicken Sie auf TASTEN-
KOMBINATION DUPLIZIEREN ❶, um ein neues Profil anzulegen, und
geben Sie einen Profilnamen ein ❷.

Abbildung 2.39 ►
Klicken Sie auf TASTENKOMBI-
NATION DUPLIZIEREN.

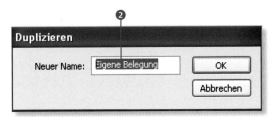

▲ **Abbildung 2.40**
Bezeichner eingeben

2 Befehl auswählen

Das neue Profil wird automatisch in das Feld AKTUELLE EINSTELLUNG: ❸ übernommen. Über das Listenfeld BEFEHLE geben Sie an, an welcher Stelle sich der gewünschte Befehl befindet, z. B. BEFEHLE IM ZEICHENMENÜ. Wählen Sie anschließend im Feld ❹ darunter den eigentlichen Befehl aus.

3 Tastenkürzel ändern/anlegen

Bereits zugewiesene Tastenkürzel erscheinen unter KOMBINATIONEN:. Sollte dem Befehl keine Tastenkombination zugewiesen sein, klicken Sie zunächst auf das Plus-Zeichen ❺, um ein neues Tastenkürzel anzulegen. Wenn bereits ein Tastenkürzel aktiv ist und Sie dieses ändern möchten, wählen Sie es zunächst aus. In beiden Fällen setzen Sie den Cursor in das Feld TASTE DRÜCKEN ❻ und drücken dann die gewünschte Taste oder Tastenkombination auf Ihrer Tastatur. Klicken Sie anschließend auf ÄNDERN ❼.

Standardprofil reaktivieren

Probieren Sie ruhig einige Tastenkürzel aus, und überschreiben Sie alte Zuweisungen. Alles, was Sie hier ändern, bezieht sich nur auf Ihr eigenes zuvor angelegtes Profil. Sollten Sie mit der eigenen Belegung nicht zufrieden sein, können Sie jederzeit zur Standardbelegung zurückkehren. Dazu müssen Sie im Listenfeld AKTUELLE EINSTELLUNG nur das entsprechende Profil ADOBE-STANDARD auswählen.

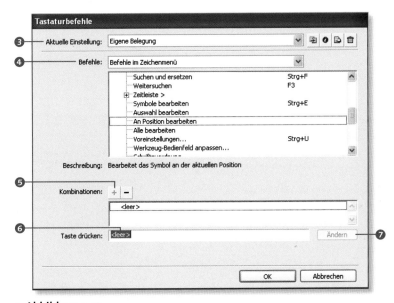

▲ **Abbildung 2.41**
Tastenkürzel zuweisen/ändern

4 Tastenkürzel neu zuweisen

Sollte die Tastenkombination schon belegt sein, erscheint ein Warnhinweis ❶ – klicken Sie auf NEU ZUWEISEN, um das alte Tastenkürzel zu überschreiben, oder auf ABBRECHEN, falls Sie die alte Zuweisung dieses Kürzels lieber behalten möchten.

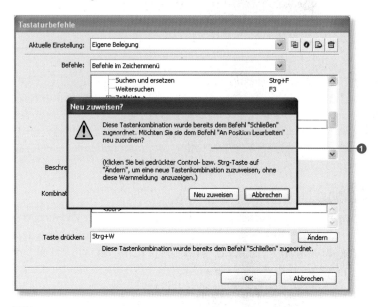

Abbildung 2.42 ▶
Tastenkürzel überschreiben

5 Änderung bestätigen

Klicken Sie auf OK, um das aktuell ausgewählte Profil zu verwenden und zur Arbeitsumgebung zurückzukehren. ■

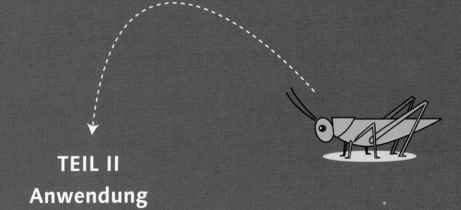

TEIL II
Anwendung

3 Zeichnen

In diesem Kapitel erfahren Sie, wie Sie mit Flash zeichnen. Sie lernen die Zeichenwerkzeuge und ihre umfangreichen Einstellungsmöglichkeiten kennen. Darüber hinaus modifizieren und kombinieren Sie Formen, um so interessante neue Formen zu erzeugen.

3.1 Zeichenmodi

Flash unterstützt zwei grundlegende Zeichenmodi, die sich unterschiedlich einsetzen lassen:

▶ ZEICHENVERBINDUNG: Mehrere Formen, die auf einer Ebene gezeichnet werden, beeinflussen sich in diesem Modus, wenn sich Bereiche davon überlagern ❶. Wird eine der Formen ausgewählt und verschoben, verändern sich die Formen ❷.

Gewöhnungssache
Der Modus ZEICHENVERBINDUNG ist standardmäßig aktiviert – da man dies aus anderen Grafikanwendungen so nicht kennt, kann das zu Beginn irritieren; der Modus lässt sich aber kreativ nutzen, um aus mehreren Formen eine neue interessante Form zu kreieren. Nach einiger Zeit geht die Funktionsweise in Fleisch und Blut über, und man will sie nicht mehr missen.

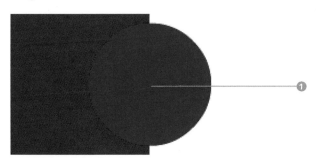

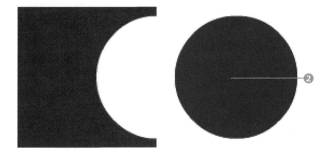

◀ **Abbildung 3.1**
Zwei Formen, die sich überlagern, werden im Verbindungsmodus automatisch zusammengefügt.

▲ **Abbildung 3.2**
Objektzeichnung aktivieren

▲ **Abbildung 3.3**
Strich- und Füllfarbe in der Werkzeugleiste

Strich- und Füllfarbe einer Form
Wenn Sie eine Form ausgewählt haben und in der Werkzeugleiste die Strich- oder Füllfarbe ändern, wird die neue Strich- bzw. Füllfarbe auf die Form angewendet.

▶ OBJEKTZEICHNUNG: Wenn Sie Objekte auf eine Ebene zeichnen und sich diese nicht beeinflussen sollen, können Sie die sogenannte OBJEKTZEICHNUNG aktivieren. Nachdem Sie ein Zeichenwerkzeug ausgewählt haben, lässt sich der Modus aktivieren oder ggf. deaktivieren. Klicken Sie dazu in der Werkzeugleiste unten auf das Symbol ◯ OBJEKTZEICH-NUNG.

Wenn der Modus aktiviert ist, werden Formen auf einer Ebene separat betrachtet und verbinden sich nicht mehr.

3.2 Zeichenwerkzeuge

In Flash CS4 stehen Ihnen zahlreiche Zeichenwerkzeuge zur Verfügung. Die Formen, die Sie mit ihnen erstellen, lassen sich grundsätzlich in drei Gruppen unterteilen:
▶ Formen, die nur aus einer Strichlinie bestehen
▶ Formen, die nur aus einer Füllung bestehen
▶ Formen, die sowohl eine Strichlinie als auch eine Füllung besitzen können

Ein einfaches Rechteck kann sowohl eine Strichlinie als auch eine Füllung besitzen. Eine Linie hingegen besteht nur aus einer Strichlinie. Sowohl die Strichlinie als auch die Füllung eines Objekts können separat modifiziert werden – betrachten Sie Strichlinie und Füllung fortan grundsätzlich als getrennte Elemente einer Form.

3.2.1 Strich- und Füllfarbe

In der Werkzeugleiste können Sie eine Füllfarbe ❶ und eine Strichfarbe ❷ definieren, die Sie so lange verwenden werden, bis Sie die Farbauswahl ändern. Standardmäßig ist für die Strichfarbe Schwarz und für die Füllfarbe Weiß eingestellt. Per Mausklick auf das Feld SCHWARZWEISS ❸ in der Werkzeugleiste können Sie diese Standardkombination schnell wiederherstellen. Klicken Sie mit der Maus auf das Feld FARBEN AUSTAUSCHEN ❹, um die Farben der Strichlinie und der Füllung zu tauschen. Wenn Sie die Strich- oder Füllfarbe gänzlich deaktivieren möchten, klicken Sie zunächst auf das entsprechende Farbfeld und dann auf das durchgestrichene Rechteck-Symbol.

Um eine Farbe auszuwählen, rufen Sie mit einem einfachen Klick auf das jeweilige Farbfeld der Werkzeugleiste das Farbauswahlfenster auf. Sie können entweder eine vordefinierte Farbe durch Auswahl eines der Farbfelder wählen oder im Eingabefeld ❺ den Hexadezimalwert der gewünschten Farbe eingeben. Im Feld ALPHA ❻ können Sie die Transparenz der Farbe durch Ändern des sogenannten *Alphawerts* verändern.

[Alpha]
In Flash wird die Transparenz eines Objekts oder einer Farbe über den Alphawert gesteuert. Wird der Alphawert auf 0 % gestellt, ist das Objekt, die Füllung oder die Strichfarbe vollständig durchlässig und damit unsichtbar.

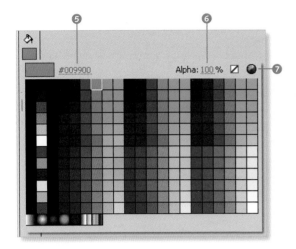

◄ **Abbildung 3.4**
Farbauswahl

Eine weitere alternative Farbauswahl steht Ihnen zusätzlich zur Verfügung: Wenn Sie auf den Farbkreis ❼ klicken, öffnet sich das FARBE-Dialogfenster ❽. Besonders nützlich ist diese alternative Farbauswahl, da Sie sehr leicht auf Basis einer Grundfarbe, die Sie links bei den Grundfarben oder rechts im Farbfeld auswählen können, weitere harmonische Farben erzeugen können, z. B. durch Verschieben des Helligkeitsreglers ❾. Durch Klick auf OK bestätigen Sie die Auswahl.

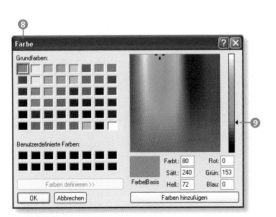

▲ **Abbildung 3.5**
Alternative Farbauswahl (Windows)

▲ **Abbildung 3.6**
Alternative Farbauswahl mit der Systempalette (Mac)

3.2.2 Farbpalette bearbeiten

Über das Fenster FARBFELDER, das Sie über FENSTER • FARBFELDER oder über ⌈Strg⌉/⌈⌘⌉+⌈F9⌉ öffnen, können Sie die verwendete Farbpalette bearbeiten.

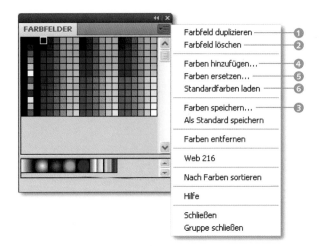

Abbildung 3.7 ▶
Über das Fenster FARBFELDER
können Sie die Farbpalette
bearbeiten.

Tipp
Fügen Sie die Fenster FARBE und
FARBFELDER zu einer Fenstergruppe zusammen, wenn Sie
eigene Farbpaletten in Flash
anlegen möchten.

Über das Menü des Fensters lassen sich FARBFELDER DUPLIZIEREN ❶ und LÖSCHEN ❷. Nachdem Sie Änderungen an der Palette vorgenommen haben, können Sie die neue Farbpalette mit FARBEN SPEICHERN ❸ als Flash-Farbsatz (.clr) speichern. Über die Menüpunkte FARBEN HINZUFÜGEN ❹ und FARBEN ERSETZEN ❺ können Sie einen Flash-Farbsatz laden. Die Standard-Farbpalette lässt sich über STANDARDFARBEN LADEN ❻ wiederherstellen.

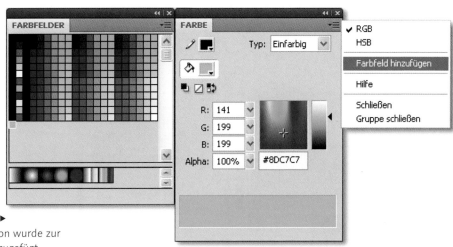

Abbildung 3.8 ▶
Der neue Farbton wurde zur
Farbpalette hinzugefügt.

Um einen individuellen Farbton in die Farbpalette einzufügen, öffnen Sie das FARBE-Fenster über FENSTER • FARBE oder über das Tastenkürzel ⌈⇧⌉+⌈F9⌉.

Anschließend können Sie im Fenster FARBE eine Füll- oder Strichfarbe definieren. Über den Menüpunkt FARBFELD HINZUFÜGEN
des FARBE-Fensters fügen Sie die definierte Farbe dann in die
Farbpalette ein.

3.2.3 Kuler-Bedienfeld

Neu in Flash CS4 ist das KULER-Bedienfeld, über das Sie eigene
harmonische Farbschemata erstellen oder Farbschemata laden
können, die von anderen Benutzern erzeugt und bereitgestellt
wurden. Das Bedienfeld öffnen bzw. schließen Sie über das Menü
FENSTER • ERWEITERUNGEN • KULER.

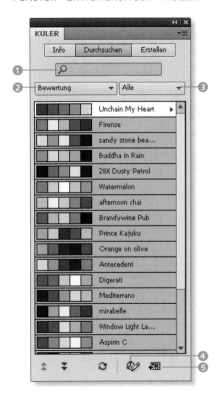

◄ **Abbildung 3.9**
Das KULER-Bedienfeld

Im Reiter DURCHSUCHEN können Sie von Benutzern erzeugte
Farbschemata auswählen. Im oberen Bereich des Bedienfelds finden Sie ein Texteingabefeld ❶, über das Sie nach Bezeichnern
von Schemata suchen können. Darunter sehen Sie zwei Combo-
boxen (❷, ❸), mit deren Hilfe Sie die Anzeige über Kriterien, wie
z. B. Bewertung, Häufigkeit und Aktualität, einschränken können.
Nachdem Sie ein Farbschema ausgewählt haben, lässt es sich via
Mausklick auf das Bearbeiten-Symbol ❹ nachträglich bearbeiten.
Via Mausklick auf das Farbfeld-Symbol ❺ fügen Sie die Farben
des ausgewählten Schemas zu Ihrer aktuellen Farbpalette hinzu.

Farbschemata

Farbschemata bestehen meist
aus harmonisierenden Farben
und können beispielsweise für
unterschiedliche Elemente einer
Anwendung oder Webseite eingesetzt werden. So könnten Sie
etwa ein oder mehrere Farben
für Hintergrundelemente und ein
oder mehrere Farben für Vorder-
grundelemente nutzen. Grundsätzlich gilt: Verwenden Sie nicht
zu viele unterschiedliche Farbtöne; leichte Farbabstufungen,
z. B. für Auszeichnungen, können hingegen häufiger eingesetzt
werden.

Farbharmonieregel

Eine Farbharmonieregel folgt
bestimmten Gesetzen, nach der
die Regel definiert wurde. Der
einfachste Fall ist beispielsweise
die Regel KOMPLEMENTÄR, der
zufolge zwei Grundfarben ausgewählt werden, die sich im Farbkreis gegenüberstehen. Verschieben Sie den Ankerpunkt in einen
der beiden Farbtöne, verschiebt
sich der gegenüberliegende
Farbton entsprechend.

Farbschema erstellen/bearbeiten | Im Reiter ERSTELLEN haben Sie wahlweise die Möglichkeit, ein zuvor ausgewähltes Farbschema zu bearbeiten oder ein neues Farbschema zu erstellen. Um ein neues Farbschema zu erstellen, wählen Sie zunächst im oberen Bereich eine Farbharmonieregel aus.

Abbildung 3.10 ▶
Im Reiter ERSTELLEN können Sie ein ausgewähltes Farbschema bearbeiten oder ein neues Farbschema erstellen.

Benutzerdefinierte Regel
Wenn Sie eine eigene Farbharmonieregel anwenden möchten, wählen Sie unter REGEL die Einstellung BENUTZERDEFINIERT. Anschließend können Sie eigene Grundfarben hinzufügen oder entfernen, indem Sie unter GRUNDFARBE ein Feld auswählen und unterhalb der Grundfarben auf das Plus- bzw. Minus-Symbol klicken.

▲ Abbildung 3.11
Nach der Erstellung eines Farbschema haben Sie drei Möglichkeiten.

Farbe als Strich- oder Füllfarbe festlegen
Um eine Farbe aus dem KULER-Bedienfeld als Strich- oder Füllfarbe festzulegen, wählen Sie zunächst in der Werkzeugleiste die Füll- oder Strichfarbe aus und doppelklicken dann im KULER-Bedienfeld unter GRUNDFARBE auf die gewünschte Farbe. Der Farbton wird dann als Füll- bzw. Strichfarbe übernommen.

Anschließend können Sie die Ankerpunkte beliebig verschieben. Alle anderen Punkte richten sich nach der zuvor gewählten REGEL. Unter GRUNDFARBE ❶ sehen Sie dann die Grundfarben des Schemas. Nach Auswahl einer Grundfarbe können Sie deren Helligkeit mit dem Regler ❷ auf der rechten Seite nachträglich anpassen oder mit den unteren Reglern ❸ den Rot-, Grün- oder Blauanteil der Farbe verändern.

Gefällt Ihnen das erzeugte Farbschema, haben Sie drei Auswahlmöglichkeiten:

▶ Über die Schaltfläche FARBSCHEMA SPEICHERN ❹ sichern Sie das erzeugte Farbschema lokal auf Ihrem Rechner. Gespeicherte Farbschemata finden Sie im Reiter DURCHSUCHEN, wenn Sie als Kriterium GESPEICHERT auswählen.

▶ Mit dem Farbfelder-Symbol ❺ nehmen Sie die Farben des Schemas in Ihre Farbpalette auf.

▶ Über das Kuler-Symbol ❻ lässt sich das erzeugte Farbschema in den Kuler-Dienst von Adobe hochladen. Das Schema steht dann auch anderen Benutzern zur Verfügung.

3.2.4 Linienwerkzeug

Um eine Linie zu zeichnen, wählen Sie zunächst das Linien-werkzeug ↘ in der Werkzeugleiste aus, klicken dann mit der Maus auf die Arbeitsfläche und halten die Maustaste gedrückt. Durch Verschieben der Maus bestimmen Sie die Richtung und die Länge der Linie. Lassen Sie die Maustaste los, um die Linie zu erzeugen.

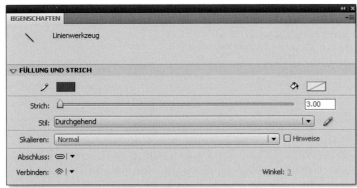

▲ **Abbildung 3.12**
Eine Linie mit einer Dicke von drei Punkten

3.2.5 Eigenschaften ändern

Sie können zwischen zwei Herangehensweisen wählen, um Eigenschaften eines Werkzeugs bzw. einer erzeugten Form zu definieren:

▶ Um Eigenschaften vor der Erstellung festzulegen, wählen Sie das Werkzeug aus und definieren anschließend die Eigen-schaften im EIGENSCHAFTEN-Fenster.

▶ Um Eigenschaften einer Zeichenform nachträglich zu ändern, wählen Sie das erstellte Zeichenobjekt mit dem Auswahl-werkzeug ▶ im Dokumentfenster aus und ändern dann die Einstellungen im EIGENSCHAFTEN-Fenster. Um nur die Strich-linie oder nur die Füllung einer Form auszuwählen, klicken Sie diese separat an. Mit einem Doppelklick auf die Füllung wählen Sie sowohl die Füllung als auch die Strichlinie aus.

Tastenkürzel

Das Linienwerkzeug kann mit dem Tastenkürzel N schnell akti-viert werden.

An Winkel ausrichten

Halten Sie ◇ gedrückt, um die Linie in einem Winkel von 45° oder einem Vielfachen davon auszurichten.

An Objekten ausrichten

Wenn Sie die Option ANSICHT • AUSRICHTEN • AN OBJEKTEN AUS-RICHTEN aktivieren, orientiert sich die Zeichenform an einem in der Nähe befindlichen Objekt. Das hilft Ihnen dabei, wenn Sie zwei Formen, z. B. zwei Linien, exakt aneinander ausrichten möchten.

▲ **Abbildung 3.13**
Im oberen Beispiel wurde die Option AN OBJEKT AUSRICHTEN vor dem Zeichnen aktiviert; im unte-ren Beispiel war sie deaktiviert.

Eingeschränkte Auswahl

Beachten Sie, dass es bei einigen Zeichenwerkzeugen, wie dem Rechteckwerkzeug, Eigenschaften gibt, die ausschließlich *vor* der Erstellung des Objekts zur Verfü-gung stehen.

3.2.6 Stricheigenschaften

Jedes gezeichnete Objekt, das eine Strichlinie besitzt, stellt spezifische Eigenschaften für Strichlinien zur Verfügung. Die Eigenschaften von Strichlinien werden im Folgenden exemplarisch am Beispiel des Linienwerkzeugs erläutert.

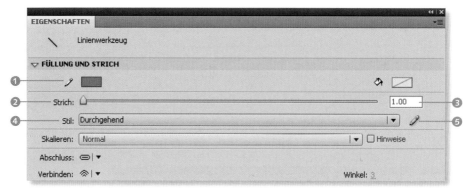

▲ **Abbildung 3.14**
Stricheigenschaften definieren

▲ **Abbildung 3.15**
Strichhöhe definieren

▲ **Abbildung 3.16**
Strichstile

Gestrichelte Linien
Gestrichelte Linien sind weniger deutlich als durchgezogene Linien. Sie lassen sich z. B. für Bereiche, die Sie visuell eher unscheinbar trennen möchten, einsetzen.

Benutzerdefinierte Einstellungen
Die verfügbaren benutzerdefinierten Einstellungen sind abhängig vom gewählten Strichstil.

Strichfarbe | Im Feld STRICHFARBE ❶ wählen Sie die Farbe der Linie aus. Alternativ können Sie die Strichfarbe aber auch über die bereits erwähnte Farbauswahl festlegen.

Strichhöhe | Mit der Strichhöhe bestimmen Sie die Stärke der Linie, entweder durch Verschieben des Schiebereglers ❷ oder durch Eingabe einer Zahl im Eingabefeld ❸.

Strichstil | Im Feld STIL ❹ lässt sich das Erscheinungsbild der Linie festlegen. Es stehen Ihnen sieben vordefinierte Einstellungen zur Auswahl:

▶ HAARLINIE
▶ DURCHGEHEND (Standardeinstellung)
▶ GESTRICHELT
▶ GEPUNKTET
▶ AUSGEFRANST
▶ GETUPFT
▶ SCHRAFFIERT

Benutzerdefinierte Strichstile | Gelegentlich gefallen einem die vordefinierten Strichstile nicht so recht und müssen angepasst werden. Durch Mausklick auf die Schaltfläche STRICHSTIL BEARBEITEN ❺ ändern Sie einen der vordefinierten Strichstile mit Hilfe eigener Einstellungen. Im Fall der gestrichelten Linie gibt es z. B. zwei wesentliche Einstellungen:

- ▶ die Länge der Striche ❶
- ▶ der Abstand zwischen den Strichen ❷

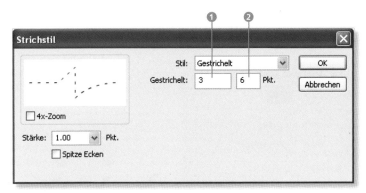

▲ **Abbildung 3.17**
Benutzerdefinierter Strichstil einer gestrichelten Linie

Abschluss | Für die durchgezogene Linie und die Haarlinie können Sie den sogenannten ABSCHLUSS ❸ definieren. Folgende Einstellungen stehen zur Verfügung:

- ▶ OHNE ❹: Der Abschluss der Linie wird entfernt, was zur Folge hat, dass die Linie insgesamt etwas kürzer wird.
- ▶ RUND ❺ erzeugt einen runden Abschluss (Standard).
- ▶ QUADRAT ❻ generiert einen quadratischen Abschluss, empfehlenswert z. B. für geschlossene eckige Formen.

▲ **Abbildung 3.19**
Das Ende einer Strichlinie kann über den ABSCHLUSS definiert werden.

Haarlinie | Der Strichstil HAARLINIE ist eine Besonderheit: Wird eine Linie mit diesem Strichstil formatiert, wird die Linie, unabhängig von der eingestellten Strichhöhe, immer mit der kleinstmöglichen Strichhöhe dargestellt. Bei einer Skalierung des Flash-Films werden Haarlinien nicht mitskaliert. Sie behalten also unabhängig von der Skalierung des Films ihre Strichstärke. Alle anderen Strichstile werden hingegen skaliert.

Verbindung | Neben dem Abschluss können Sie mit Hilfe der Einstellung VERBINDEN ❼ festlegen, auf welche Weise sich zwei Linien miteinander verbinden sollen, wenn diese aufeinandertreffen. Sie können zwischen drei Einstellungen wählen:

Zoom
Um die Änderungen der Einstellungen besser nachzuvollziehen, können Sie die Option 4X-ZOOM aktivieren, wodurch die Linie im Vorschaufenster vergrößert dargestellt wird.

Strichlinie in Füllung umwandeln

Über das Menü MODIFIZIEREN • FORM • LINIEN IN FÜLLUNG KONVERTIEREN können Sie die ausgewählte Strichlinie in eine Füllung umwandeln. Das ist z. B. sinnvoll, wenn Sie Strichlinien als Maske verwenden wollen, da für Masken nur Füllungen verwendet werden können. Mehr zu Masken erfahren Sie in Kapitel 5, »Animation«.

[Abschluss]
In Flash besteht eine Strichlinie jeweils aus drei Teilen. Der Anfang der Linie gehört zum Abschluss, gefolgt vom Mittelteil und dem Ende der Linie, das ebenfalls zum Abschluss gehört.

▲ **Abbildung 3.18**
Dieselbe Linie jeweils mit unterschiedlichen Einstellungen für den Abschluss

► Winkel ❶: Die Linien werden winkelförmig verbunden. Mit dieser Einstellung können Sie z. B. einen gewöhnlichen Pfeil mit einer eckigen Verbindung erstellen.

► Rund ❷: Die Verbindung ist rund.

► Geschliffen ❸: Die Kanten der Linien werden abgeschnitten.

Abbildung 3.20 ►
Unter Verbinden stehen Ihnen drei Auswahlmöglichkeiten zur Verfügung.

Abbildung 3.21 ►
Jeweils zwei verbundene Linien mit unterschiedlichen Verbindungseinstellungen

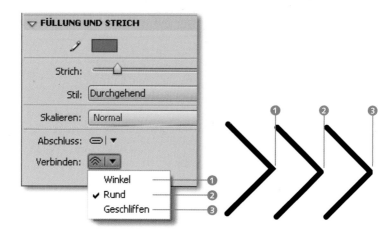

Ausrichten an Pixeln | Gelegentlich kommt es vor, dass die Kanten einer Linie im Flash Player unsauber erscheinen. Um dies zu verhindern, aktivieren Sie das Optionsfeld Hinweise ❶ im Eigenschaften-Fenster. Die Option sorgt dafür, dass sogenannte *Ankerpunkte* auf ganzzahlige Koordinaten gesetzt werden.

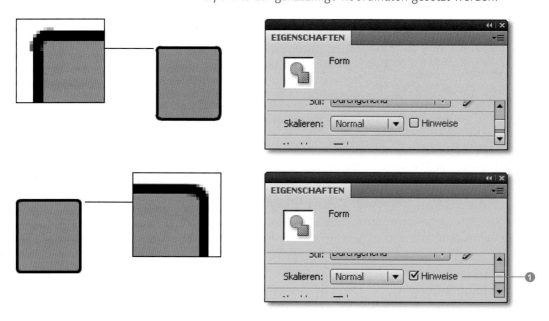

▲ **Abbildung 3.22**
Oben wurde die Option nicht aktiviert. Unten wurde sie aktiviert.

3.2.7 Freihandwerkzeug

Mit dem Freihandwerkzeug können Sie ähnlich wie mit einem wirklichen Bleistift Linien oder Formen frei zeichnen. Klicken Sie auf das Freihandwerkzeug , oder wählen Sie alternativ das Tastenkürzel [Y] aus, um das Werkzeug zu aktivieren.

Danach klicken Sie mit der Maus auf die Arbeitsfläche und halten die Maustaste gedrückt, um mit dem Zeichnen zu beginnen. Da durch das Freihandwerkzeug eine Strichlinie erzeugt wird, stehen im Eigenschaften-Fenster dieselben Eigenschaften wie beim Linienwerkzeug zur Verfügung.

Nachdem Sie das Werkzeug ausgewählt haben, finden Sie unten in der Werkzeugleiste eine weitere werkzeugspezifische Einstellung, mit der Sie einen Zeichnungsmodus festlegen. Es stehen Ihnen drei Auswahlmöglichkeiten zur Verfügung:

- ▶ BEGRADIGEN
- ▶ GLÄTTEN
- ▶ FREIHAND

▲ **Abbildung 3.23**
Stiftmodus auswählen

Anmerkung
Dem unbedarften Zeichner wird die Option BEGRADIGEN sehr helfen, wie Sie in Abbildung 3.24 sehen können.

◀ **Abbildung 3.24**
Das Ergebnis der drei Zeichen-Modi BEGRADIGEN, GLÄTTEN und FREIHAND im Vergleich

Der Modus BEGRADIGEN ist empfehlenswert, wenn Sie eine Form mit Ecken und geraden Linien zeichnen möchten. Die Option GLÄTTEN sorgt dafür, dass kleine Zacken in einer Linie entfernt werden und die Form der Linie weicher erscheint. Wenn Sie den Modus FREIHAND aktivieren, wird keine automatische Korrektur der Linienform vorgenommen.

3.2.8 Pinselwerkzeug

Auch das Pinselwerkzeug lässt sich ähnlich kreativ wie das Freihandwerkzeug einsetzen – vorausgesetzt, Sie verfügen über entsprechende zeichnerische Fähigkeiten. Im Gegensatz zum Freihandwerkzeug wird mit dem Pinselwerkzeug eine Füllung erstellt. Folgende Einstellungen stehen im EIGENSCHAFTEN-Fenster zur Verfügung:

Füllfarbe | Nach Auswahl des Werkzeugs lässt sich die FÜLLFARBE im Eigenschaften-Fenster definieren.

Glätten | Über den Wert der Einstellung GLÄTTEN legen Sie die Stärke der automatischen Kantenglättung fest. Sie können Werte

Tastenkürzel
Das Pinselwerkzeug lässt sich über die Taste [B] aktivieren. Drücken Sie die Taste [B] mehrmals hintereinander, wechseln Sie zwischen dem Pinselwerkzeug und dem Sprühen-Werkzeug.

Zeichentablett

Wenn Sie über ein Zeichentablett verfügen, setzen Sie es mit dem Freihandwerkzeug und dem Pinselwerkzeug anstelle der Maus ein. Die Ergebnisse wirken meist natürlicher – Flash unterstützt übrigens drucksensitives Zeichnen.

zwischen 0 und 100 einstellen – ein hoher Wert käme dem ungeübten Zeichner zugute.

Abbildung 3.25 ▶
Einstellungen des Pinselwerkzeugs

In der Werkzeugleiste stellen Sie im Reiter OPTIONEN die gewünschte PINSELGRÖSSE ❶ und die PINSELFORM ❷ ein.

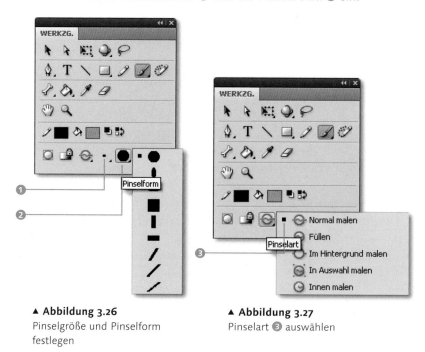

▲ **Abbildung 3.26**
Pinselgröße und Pinselform festlegen

▲ **Abbildung 3.27**
Pinselart ❸ auswählen

Pinselmodus | Neben der Pinselgröße und der Pinselform können Sie in der Werkzeugleiste im Feld PINSELMODUS zwischen fünf Zeichen-Modi wählen:

- Normal malen: In diesem Modus werden Linien und Füllungen übermalt.
- Füllen: Füllungen und leere Bereiche werden übermalt, Strichlinien bleiben erhalten.
- Im Hintergrund malen: Leere Bereiche werden übermalt, Füllungen und Strichlinien bleiben jedoch erhalten.

[!] Pinselmodus
Die Pinselmodi funktionieren nur mit Formen, die auf derselben Ebene liegen. Auf Formen einer anderen Ebene haben sie keinen Einfluss.

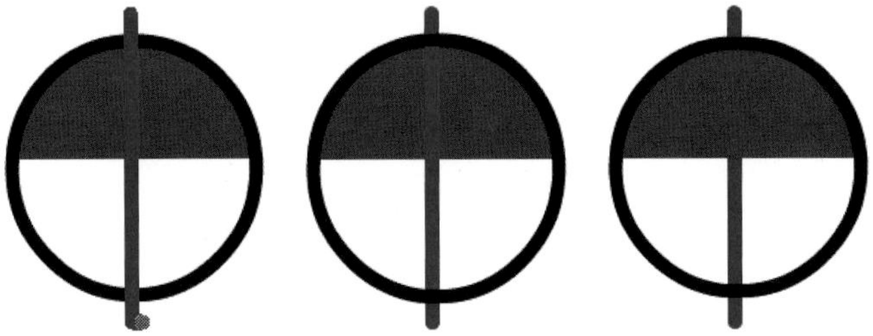

◂ Abbildung 3.28
Im Modus Normal malen (links) übermalt die Linie den kompletten Kreis. Im Modus Füllen (Mitte) übermalt die Linie nur die Füllung, die Umrandung des Kreises bleibt erhalten. Der Modus Im Hintergrund malen (rechts) erhält sowohl Füllungen als auch Strichlinien.

- In Auswahl malen: Wenn Sie vorher einen Bereich mit dem Auswahlwerkzeug markieren ❶, wird nur die Füllung des ausgewählten Bereichs ersetzt ❷.

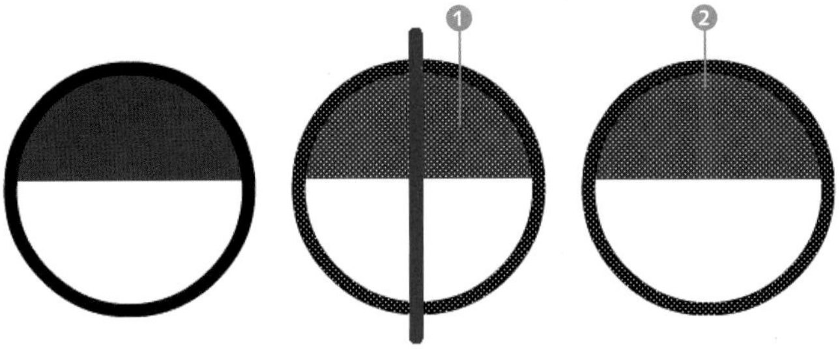

◂ Abbildung 3.29
Beim Modus In Auswahl malen wird die Linie nur in der oberen Hälfte des Kreises gemalt, da diese vorher markiert wurde.

- Innen malen: Nur die Füllung, in der Sie den Pinsel ansetzen, wird übermalt. Alle anderen Bereiche werden nicht übermalt. Nutzen Sie diesen Modus, wenn Sie sicherstellen wollen, dass Sie nur innerhalb einer Füllung malen und nicht über die Form hinaus.

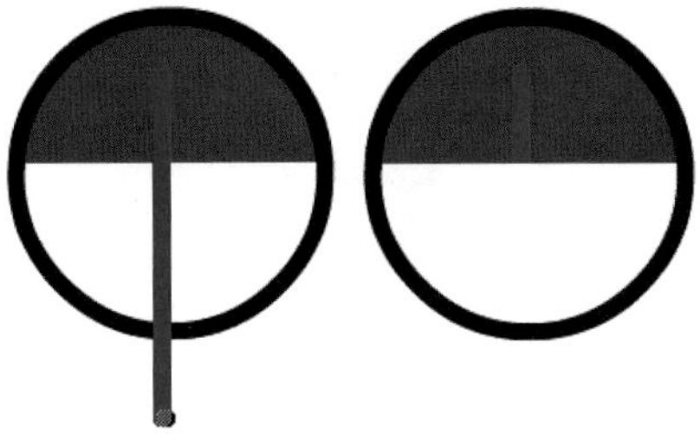

◂ Abbildung 3.30
Hier wirkt sich der Modus Innen malen nur auf die Füllung im Kreis aus.

3.2.9 Sprühen-Werkzeug

Neu in Flash CS4 ist das Sprühen-Werkzeug, mit dem Sie Muster aus Formen »sprühen« können. Standardmäßig erzeugen Sie mit dem Werkzeug Punktmuster. Alternativ lässt sich als Grundform

Tastenkürzel
Mit dem Tastenkürzel B wechseln Sie zwischen dem Pinselwerkzeug und dem Sprühen-Werkzeug.

Unregelmäßiges Muster
Aktivieren Sie die Option ZUFÄL-
LIGE SKALIERUNG, wenn die Grundform zufällig skaliert werden soll,
um ein unregelmäßiges Muster zu
erstellen.

statt eines Punktes auch ein beliebiges Symbol verwenden. Um
mit dem Sprühen-Werkzeug ein Punktmuster zu erstellen, wählen Sie das Werkzeug aus und klicken anschließend mit der Maus
auf eine beliebige Position. Im EIGENSCHAFTEN-Fenster im Reiter
SYMBOL können Sie einen Farbton ❶ auswählen.

Abbildung 3.31 ▶
Wählen Sie zunächst eine Farbe
im Reiter SYMBOL aus.

Unter dem Reiter PINSEL haben Sie verschiedene Einstellungsmöglichkeiten:

▶ BREITE und HÖHE: Über die BREITE und HÖHE legen Sie fest,
über welchen Bereich sich das Punktmuster verteilen soll.
Stellen Sie beispielsweise für die Breite 400 Pixel ein, wird das
Punktmuster auf einer Fläche mit einer Breite von 400 Pixeln
verteilt.

▶ PINSELWINKEL: Über den PINSELWINKEL legen Sie fest, in welche Richtung sich das Punktmuster ausbreiten soll. Wenn Sie
zum Beispiel für den Pinselwinkel 90 Grad wählen, verläuft
das Punktmuster von oben nach unten.

Animationen als Grundform

Wenn Sie einen Movieclip als
Grundform wählen, können Sie
Elemente innerhalb des Movieclips animieren. So könnten Sie
etwa einen Stern ein- und ausblenden lassen. Die Animation
wird dann übernommen.

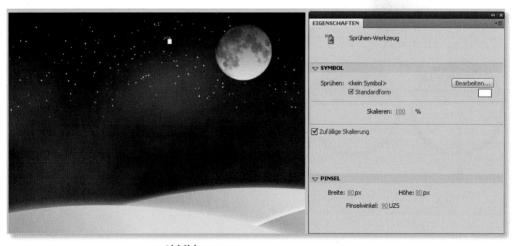

▲ **Abbildung 3.32**
Mit dem Sprühen-Werkzeug wurde ein Sternenhimmel erzeugt.

Wie bereits erwähnt, können Sie als Vorlage statt eines Kreises (Punktmuster) auch ein beliebiges Symbol verwenden. Klicken Sie dazu im EIGENSCHAFTEN-Fenster im Reiter SYMBOL auf BEARBEITEN, und wählen Sie anschließend ein Symbol aus der BIBLIOTHEK aus.

Nachdem Sie ein eigenes Symbol als Form ausgewählt haben, stehen Ihnen im EIGENSCHAFTEN-Fenster im Reiter SYMBOL weitere Eigenschaften zur Verfügung:

▶ BREITE SKALIEREN bzw. HÖHE SKALIEREN: Über diese Einstellung legen Sie fest, wie und ob das Symbol in der Breite bzw. in der Höhe skaliert werden soll.

▶ SYMBOL DREHEN: Aktivieren Sie die Option, so wird die Form immer gleich um einen zufälligen Wert gedreht.

▶ ZUFÄLLIGE DREHUNG: Aktivieren Sie dieses Optionsfeld, wenn Sie die Form zufällig um den Registrierungspunkt des Symbols drehen möchten. Das Muster wird dann noch unregelmäßiger.

▲ **Abbildung 3.33**
Das Movieclip-Symbol »stern_mc« wird als Vorlage für das Sprühen-Werkzeug ausgewählt.

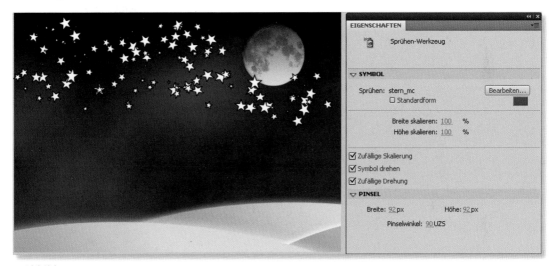

▲ **Abbildung 3.34**
Das Sternmuster mit veränderten Einstellungen des Sprühen-Werkzeugs

3.2.10 Deko-Werkzeug

Neu in Flash CS4 ist auch das Deko-Werkzeug, unter dem sich drei verschiedene Werkzeuge bzw. Modi verstecken. Diese können Sie im EIGENSCHAFTEN-Fenster im Reiter ZEICHNUNGSEFFEKTE auswählen.

▶ RANKENFÜLLUNG: In diesem Modus erzeugen Sie eine Baumstruktur mit Blättern und Blüten.

▶ RASTERFÜLLUNG: Mit diesem Modus füllen Sie einen Bereich rasterförmig mit Formen.

Tastenkürzel
Das Deko-Werkzeug können Sie über das Tastenkürzel Ⓤ aktivieren.

▲ Abbildung 3.35
Zeichnungseffekt auswählen

▶ SYMMETRIEPINSEL: In diesem Modus ordnen Sie Formen auf unterschiedliche Weise symmetrisch an.

Rankenfüllung | Im Modus RANKENFÜLLUNG füllen Sie die Bühne oder eine Form mit einer Baumstruktur mit Blättern und Blüten. Im EIGENSCHAFTEN-Fenster in den Reitern ZEICHNUNGSEFFEKTE und ERWEITERTE OPTIONEN finden Sie verschiedene Einstellungsmöglichkeiten.

▶ Form und Farbe: Sie haben sowohl für das BLATT ❶ als auch für die BLÜTE ❷ die Möglichkeit, die STANDARDFORM zu wählen oder ein eigenes Symbol zu verwenden. Wenn Sie die STANDARDFORM verwenden, können Sie für das BLATT ❸, die BLÜTE ❹ und die Zweige ❺ eine beliebige Farbe im jeweiligen Farbfeld auswählen.

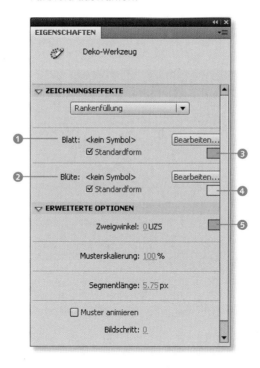

Abbildung 3.36 ▶
Optionen des RANKENFÜLLUNG-Modus

▶ ZWEIGWINKEL: der Winkel des Zweigmusters
▶ MUSTERSKALIERUNG: die Skalierung des Musters
▶ SEGMENTLÄNGE: die Länge eines Segments zwischen Blüte und Blatt

Wenn Sie die Option MUSTER ANIMIEREN aktivieren, wird der Aufbau des Musters animiert. Dazu legt Flash automatisch Schlüsselbilder in der Zeitleiste an. Über die Einstellung BILDSCHRITT bestimmen Sie, wie viele Bilder pro Sekunde verwendet werden

sollen. Je höher Sie den Wert einstellen, desto weniger Schlüsselbilder werden erzeugt und desto schneller ist die Animation.

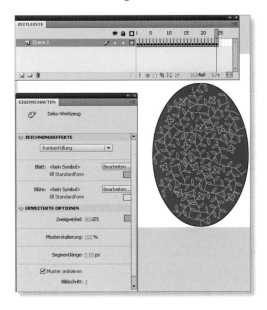

◄ **Abbildung 3.37**
Eine animierte RANKENFÜLLUNG
wurde erzeugt.

Rasterfüllung | Mit dem Modus RASTERFÜLLUNG können Sie einen
Bereich sehr schnell rasterförmig mit einem beliebigen Muster
verzieren. Wie auch beim RANKENFÜLLUNG-Modus können Sie
wahlweise die STANDARDFORM (ein gefülltes Rechteck) oder eine
eigene Form, als Symbol, verwenden. Im Reiter ERWEITERTE OPTI-
ONEN stehen Ihnen drei Einstellungsmöglichkeiten zur Verfügung.

▶ HORIZONTALER ABSTAND: der Abstand auf der Horizontalen
zwischen den Formen des Musters

▶ VERTIKALER ABSTAND: der Abstand auf der Vertikalen zwischen
den Formen des Musters

▶ MUSTERSKALIERUNG: die Stärke der Skalierung der Form des
Musters

Kollision testen

Wenn Sie das Optionsfeld KOL-
LISION TESTEN aktivieren, wird
sichergestellt, dass erzeugte
Formen nicht mit anderen Formen kollidieren bzw. andere mit
dem Werkzeug erzeugte Formen
überlagern.

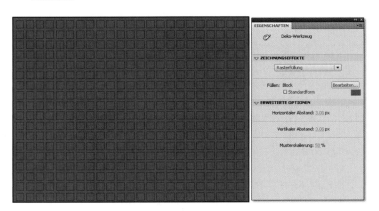

◄ **Abbildung 3.38**
Eine Rechteckform wurde mit
einem eigenen Formmuster
verziert.

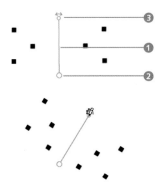

▲ **Abbildung 3.40**
Symmetriepinsel im Modus AN
LINIE SPIEGELN

▲ **Abbildung 3.41**
Ein Muster, das über den Modus
AN PUNKT SPIEGELN erzeugt wurde

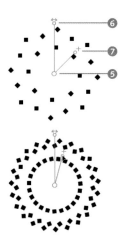

▲ **Abbildung 3.42**
Mit dem Modus UM PUNKT
DREHEN erzeugtes Muster

Symmetriepinsel | Über den Modus SYMMETRIEPINSEL ordnen Sie Formen symmetrisch an, z. B. um symmetrische Muster zu erzeugen. Im Reiter ZEICHNUNGSEFFEKTE können Sie zunächst auswählen, ob Sie die STANDARDFORM (ein gefülltes Rechteck) oder ein eigenes Symbol als Grundform verwenden möchten.

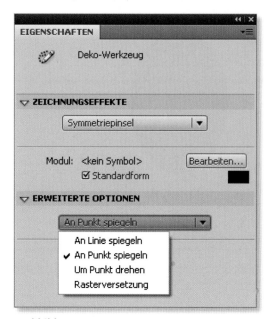

▲ **Abbildung 3.39**
ERWEITERTE OPTIONEN des Symmetriepinsels

Unter ERWEITERTE OPTIONEN können Sie dann auswählen, wie Formen positioniert werden sollen.

▶ AN LINIE SPIEGELN: Per Mausklick werden zwei Kopien der Grundform erzeugt, die so angeordnet werden, dass sie sich an der grünen Orientierungslinie ❶ spiegeln. Die Orientierungslinie können Sie mit dem größeren kreisrunden Anfasser ❷ per Drag & Drop verschieben oder per Drag & Drop auf den kleineren kreisrunden Anfasser mit den Pfeilen ❸ drehen.

▶ AN PUNKT SPIEGELN: Alle erzeugten Formen werden um den kreisförmigen Anfasser gespiegelt. Das Muster können Sie per Drag & Drop des Anfassers verschieben.

▶ UM PUNKT DREHEN: Formen werden um den größeren runden Anfasser ❺ kreisförmig angeordnet. Mit dem äußeren Ende des langen runden Anfassers mit den Pfeilen ❻ können Sie das Muster drehen. Über den Anfasser mit dem Plus-Zeichen ❼ lässt sich die Distanz zwischen den Formen per Drag & Drop vergrößern bzw. verkleinern. Je nach Abstand werden mehr oder weniger Formen erzeugt.

▶ RASTERVERSETZUNG: Mit diesem Modus erzeugen Sie ein rasterförmiges Formmuster. Über die beiden Anfasser mit dem Plus-Zeichen (❶, ❷) erweitern Sie das Raster in x- oder y-Richtung. Über die beiden kleineren rundförmigen Anfasser (❸, ❹) können Sie das Raster drehen, verzerren und den Abstand zwischen den Formen auf der Vertikalen und Horizontalen steuern.

3.2.11   Radiergummiwerkzeug

Das Radiergummiwerkzeug 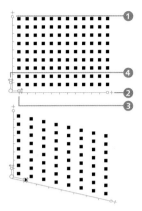, das in der Werkzeugleiste oder alternativ über das Tastenkürzel E aktiviert wird, ist das Gegenstück zum Pinselwerkzeug. Das Radiergummiwerkzeug funktioniert fast so wie ein wirklicher Radiergummi, hat aber noch einige Tricks mehr auf Lager. Ähnlich wie beim Pinselwerkzeug können Sie in der Werkzeugleiste bei aktiviertem Werkzeug zwischen fünf Radier-Modi ❶ wählen.

▶ NORMAL RADIEREN ist der Standardmodus, der sowohl Strichlinien als auch Füllungen radiert.

▶ FÜLLUNGEN RADIEREN radiert ausschließlich Füllungen. Strichlinien werden ignoriert.

▶ LINIEN RADIEREN radiert ausschließlich Strichlinien, Füllungen bleiben unverändert.

▶ AUSGEWÄHLTE FÜLLUNGEN RADIEREN radiert Strichlinien und Füllungen eines durch das Auswahlwerkzeug ▶ oder Lassowerkzeug ⌯ ausgewählten Bereichs. Der Name ist etwas unglücklich gewählt.

▶ INNEN RADIEREN radiert Füllungen innerhalb eines geschlossenen Pfads.

▲ Abbildung 3.43
Mit dem Modus RASTERVERSET-ZUNG können Sie ein erzeugtes rasterförmiges Muster auf unterschiedliche Weise modifizieren.

Neue Formen erzeugen
Mit dem nötigen Feingefühl lassen sich mit dem Radiergummi durch das Entfernen von Füll- und Linienbereichen neue Formen erzeugen.

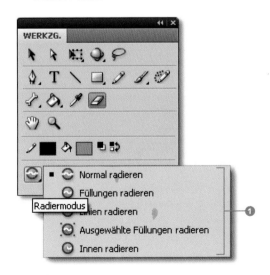

◀ Abbildung 3.44
Radiermodus auswählen

Radiergummiform | Über die RADIERGUMMIFORM, die Sie in der Werkzeugleiste einstellen können, legen Sie sowohl die Form als auch die Größe des Radiergummiwerkzeugs fest.

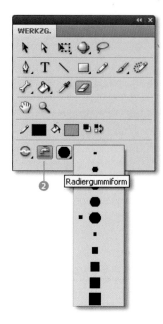

Wasserhahn | In der Werkzeugleiste lässt sich der sogenannte Wasserhahn-Modus ❷ aktivieren bzw. deaktivieren. Wenn der Wasserhahn-Modus aktiviert ist, funktioniert das Radiergummiwerkzeug auf andere Weise: Sie löschen eine Strichlinie oder Füllung, indem Sie sie auswählen. Es werden nur geschlossene Pfade gelöscht; wenn eine Strichlinie z. B. durch eine kleine Lücke unterbrochen ist, wird so nur der ausgewählte Teil gelöscht.

3.2.12 Rechteckwerkzeug

Das Rechteckwerkzeug ▢, lässt sich über die Werkzeugleiste ❸ oder alternativ über das Tastenkürzel ⒭ aktivieren.

Mit und ohne Außenlinie | Ein Rechteck kann sowohl eine Füllung als auch eine Strichlinie besitzen. Ob eine Strichlinie, also die Außenlinie eines Rechtecks, erstellt wird oder nicht, hängt davon, ob Sie vorher eine Farbe für die Strichlinie definiert haben. Wenn Sie keine Strichlinie verwenden möchten, deaktivieren Sie die Strichfarbe im Farbauswahlfenster ❹. Alternativ können Sie auf dieselbe Weise die Füllfarbe deaktivieren.

Füllfarbe deaktivieren
Die Füllfarbe lässt sich ebenso wie die Strichfarbe optional deaktivieren.

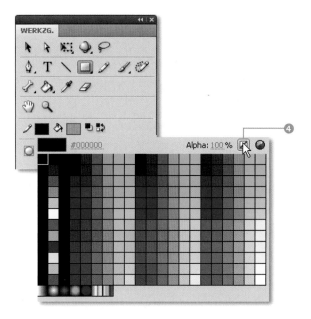

◀ **Abbildung 3.48**
Strichfarbe deaktivieren

Eckrundungen | Neben den Ihnen bereits bekannten Einstellungen finden Sie im EIGENSCHAFTEN-Fenster unter RECHTECKOPTIONEN Felder zur Einstellung des Eckradius. Über den Eckradius können Sie die Stärke der Eckrundung jeder einzelnen Ecke bestimmen ❺ und damit Rechtecke mit abgerundeten Ecken erzeugen.

Eckrundungen vorher definieren
Leider können Eckrundungen nur vor der Erstellung der Form eingestellt werden. Sie lassen sich nach der Erstellung der Form nicht mehr ändern.

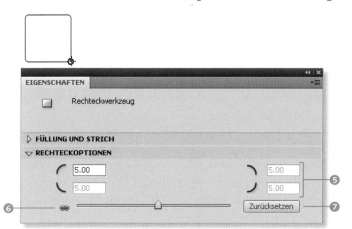

◀ **Abbildung 3.49**
Den Eckradius bestimmen Sie im EIGENSCHAFTEN-Fenster

Wenn Sie das kleine Verankerungssymbol ❻ anklicken, werden alle vier Ecken in gleichem Maße gerundet. Per Mausklick auf die Schaltfläche ZURÜCKSETZEN ❼ setzen Sie alle Werte auf 0 zurück.

3.2.13 Werkzeug für Rechteckgrundform

Zum Erstellen von Rechteckformen steht Ihnen ein weiteres Werkzeug mit dem schönen Namen »Werkzeug für Rechteckgrundform« ▢ R zur Verfügung.

Abbildung 3.50 ▶
Werkzeug für Rechteckgrundform

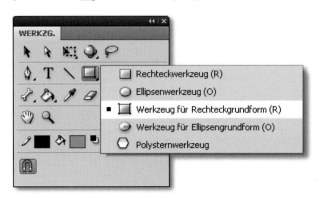

Intuitive Bedienung

Die Bedienung des Werkzeugs für Rechteckgrundform ist im Vergleich zum Rechteckwerkzeug etwas intuitiver, da man Eckrundungen mit der Maus einstellen kann und eine Vorschau das Ergebnis anzeigt; außerdem bleiben die Eckradien auch nachträglich modifizierbar.
Ein Rechteck, das mit diesem Werkzeug erstellt wurde, verhält sich immer so wie ein Rechteck, das mit dem Objektzeichnungsmodus gezeichnet wurde. Es verbindet sich also nicht mit anderen Formen.

Es funktioniert ähnlich wie das Rechteckwerkzeug ▢, mit dem Unterschied, dass Sie die Eckrundungen direkt über Verschieben eines der vier Anfasser ❶, ❷, ❸ oder ❹ festlegen und die Eckrundungen auch noch nach der Erstellung der Form beliebig verändern können.

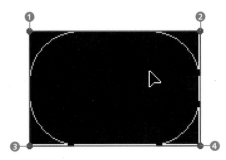

▲ **Abbildung 3.51**
Anfasser des Werkzeugs für Rechteckgrundform

3.2.14 Ellipsenwerkzeug

Tastenkürzel
Drücken Sie das Tastenkürzel Ⓞ mehrmals hintereinander, wechseln Sie zwischen dem Ellipsenwerkzeug und dem Werkzeug für Ellipsengrundform.

Das ELLIPSENWERKZEUG ⬭ ist in der Werkzeugleiste im Untermenü des Rechteckwerkzeugs zu finden. Sie können das Werkzeug alternativ über das Tastenkürzel Ⓞ aktivieren. Wählen Sie das Werkzeug aus, klicken Sie auf einen Bereich in der Arbeitsfläche, halten Sie die Maustaste gedrückt, und bewegen Sie die Maus, um eine Ellipse zu zeichnen.

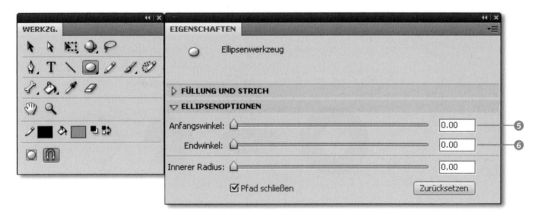

▲ **Abbildung 3.52**
Das Eigenschaften-Fenster bei aktiviertem Ellipsenwerkzeug

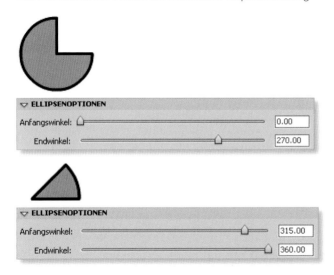

◄ **Abbildung 3.53**
Zwei Kreissegmente und ihre
spezifischen Start- und Endwinkel

Segmente zeichnen

Mit Hilfe der Felder Anfangs-
winkel ⑤ und Endwinkel ⑥ im
Eigenschaften-Fenster können
Sie auf einfache Weise ein Kreissegment oder ein Ellipsenseg-
ment erzeugen.

Pfad schließen | Wenn das Optionsfeld Pfad Schliessen akti-
viert ist, wird der Pfad des Kreis- oder des Ellipsensegments automatisch geschlossen und kann mit einer Füllung versehen werden ❼. Wenn die Option deaktiviert ist, wird nur eine Strichlinie
erstellt, und der Pfad bleibt geöffnet ❽.

Kreis zeichnen
Halten Sie ⌂ gedrückt, um einen
Kreis zu zeichnen.

◄ **Abbildung 3.54**
Geschlossene und geöffnete Pfade

Interessante Formen
Durch Kombinieren der Eigenschaften des Ellipsenwerkzeugs sind viele interessante Formen möglich.

Geöffneter Kreis | Über die Eigenschaft Innerer Radius ❸ können Sie optional einen Radius definieren, der zur Folge hat, dass der Kreis bzw. die Ellipse durch einen innenliegenden Kreis oder eine innenliegende Ellipse geöffnet wird. Der Wert gibt dabei den Radius des innenliegenden Kreises an.

Abbildung 3.55 ▶
Kreise und Ellipsen mit verschiedenen inneren Radien

3.2.15 Werkzeug für Ellipsengrundform

Das Werkzeug für Ellipsengrundform 💿 ist das Pendant zum Werkzeug für Rechteckgrundform. Sie finden das Werkzeug in der Werkzeugleiste im Untermenü des Rechteckwerkzeugs ⌂.

Abbildung 3.56 ▶
Werkzeug für Ellipsengrundform

[!] Gruppierung
Formen, die mit dem Rechteckgrundform-Werkzeug oder dem Ellipsengrundform-Werkzeug erstellt wurden, verhalten sich in einigen Dingen anders als Formen, die mit dem Rechteckwerkzeug oder Ellipsenwerkzeug angelegt wurden. Bevor Sie z. B. einen Bereich dieser Formen radieren können, müssen Sie die Gruppierung der Form mit Strg/⌘+B aufheben.

Es bietet dieselben Einstellungen wie das Ellipsenwerkzeug, ist aber deutlich intuitiver zu bedienen. Indem Sie den in der Mitte liegenden Anfasser ❶ mit der Maus verschieben, definieren Sie den inneren Radius. Über den außenliegenden Anfasser ❷ lässt sich das Kreissegment definieren.

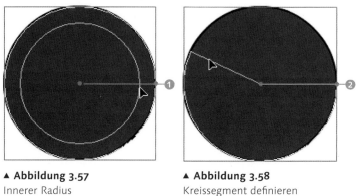

▲ **Abbildung 3.57**
Innerer Radius

▲ **Abbildung 3.58**
Kreissegment definieren

3.2.16 Polysternwerkzeug

Das Polysternwerkzeug , dient dazu, Polygone und Sternformen zu erstellen. Im EIGENSCHAFTEN-Fenster können Sie per Mausklick auf die Schaltfläche OPTIONEN erweiterte WERKZEUGEINSTELLUNGEN öffnen.

◀ **Abbildung 3.59**
Das Polysternwerkzeug in der Werkzeugleiste

[Polygon]
Ein Polygon, auch als Vieleck bezeichnet, ist eine mehreckige geschlossene Pfadform. Allseits bekannte Polygone sind z. B. das Drei-, Vier- oder Fünfeck.

▶ Im Feld STIL ❶ legen Sie fest, ob Sie ein POLYGON oder einen STERN zeichnen möchten.

▶ Durch die Angabe der ANZAHL DER SEITEN ❷ bestimmen Sie die Form des Polygons oder des Sterns.

▶ Die Einstellung STERNSPITZENGRÖSSE ❸ beeinflusst ausschließlich die Darstellung der Sternform. Sie können hier Werte zwischen 0 und 1 eingeben. Je höher der Wert ist, desto geringer wird die Ausprägung der Sternform.

◀ **Abbildung 3.60**
WERKZEUGEINSTELLUNGEN des Polysternwerkzeugs

◀ **Abbildung 3.61**
Drei Sterne jeweils mit unterschiedlicher STERNSPITZENGRÖSSE

▲ **Abbildung 3.62**
Kurvensegmente zeichnen

▲ **Abbildung 3.63**
Pfad schließen

Tipp: Raster einblenden
Wenn Sie mit dem Stiftwerkzeug regelmäßige Formen, z. B. eine 8, zeichnen möchten, wird das deutlich einfacher, wenn Sie ein Raster einblenden. Klicken Sie dazu im Menü auf ANSICHT • RASTER • RASTER BEARBEITEN. Aktivieren Sie anschließend im Dialogfenster RASTER die Option RASTER EINBLENDEN und gegebenenfalls ANSICHT • AUSRICHTEN • AM RASTER AUSRICHTEN.

▲ **Abbildung 3.64**
Ankerpunkt einfügen

3.2.17 Stiftwerkzeug

Mit dem Stiftwerkzeug lassen sich gerade und kurvenförmige Strichlinien erzeugen. Wählen Sie das Stiftwerkzeug ✎ P in der Werkzeugleiste aus. Sie können dann zwei unterschiedliche Strichlinien durch unterschiedlichen Einsatz der Maus erzeugen:

▶ LINIENSEGMENT: Um eine gerade Linie zu erzeugen, positionieren Sie den Zeichenstift an der Stelle, an der das Liniensegment beginnen soll, und klicken Sie mit der Maus. Lassen Sie die Maustaste los, verschieben Sie die Maus, und klicken Sie erneut. Zwischen beiden Punkten wird eine gerade Linie erstellt. Sie können die Strichlinie auch beliebig fortsetzen, indem Sie weitere Punkte per Mausklick erstellen.

▶ KURVENSEGMENT: Um eine kurvenförmige Linie zu zeichnen, klicken Sie mit der Maus auf einen Punkt, lassen die Maustaste los und klicken erneut auf eine andere Position. Halten Sie diesmal die Maustaste gedrückt, und bewegen Sie den Mauszeiger ❹. Mit dieser Bewegung bestimmen Sie die Tangente, die für die Ausrichtung der Kurve verantwortlich ist. Wenn Sie die Maus loslassen, wird das Kurvensegment erstellt ❺.

Den Zeichenprozess schließen Sie ab, indem Sie ein anderes Werkzeug auswählen oder ESC drücken.

Pfad schließen | Sie können einen Pfad schließen, indem Sie den ersten Punkt mit dem letzten Punkt verbinden. Dazu gehen Sie mit dem Mauszeiger über den ersten Punkt. Ein kleiner Kreis zeigt an ❻, dass die Maus richtig positioniert ist. Klicken Sie auf den Punkt, um den Pfad zu schließen.

Ankerpunkte hinzufügen | Die Form jeder Strichlinie oder jeder Füllform, die Sie in Flash erstellen, wird durch die Position ihrer sogenannten *Ankerpunkte* definiert. Mit dem Ankerpunkt-einfügen-Werkzeug ✎⁺ können Sie jede Strichlinie und jede Füllform durch weitere Punkte erweitern.

Um einen Ankerpunkt einzufügen, klicken Sie mit der Maus auf die gewünschte Stelle innerhalb der Strichlinie oder der Füllung. Ein kleines Pluszeichen am Mauscursor zeigt Ihnen, dass an dieser Stelle ein Ankerpunkt hinzugefügt werden kann.

Ankerpunkte entfernen | Analog dazu können Sie mit dem Ankerpunkt-löschen-Werkzeug ✎⁻ einen Ankerpunkt entfernen, was dann direkten Einfluss auf die Strichlinie oder die Füllform hat.

Aktivieren Sie das Ankerpunkt-löschen-Werkzeug ⟨image⟩, und klicken Sie auf den Ankerpunkt, den Sie löschen wollen **❶**, um ihn zu entfernen **❷**.

Ankerpunkte umwandeln | Durch die Umwandlung eines Ankerpunktes machen Sie aus einem Liniensegment ein Kurvensegment und umgekehrt. Sie können einen Ankerpunkt mit Hilfe des Ankerpunkt-umwandeln-Werkzeugs ⟨image⟩ (C) umwandeln. Klicken Sie dazu mit dem Werkzeug auf den Punkt, den Sie umwandeln möchten **❸**. Durch Umwandlung des Punktes wird die Linien- oder Füllform verändert **❹**.

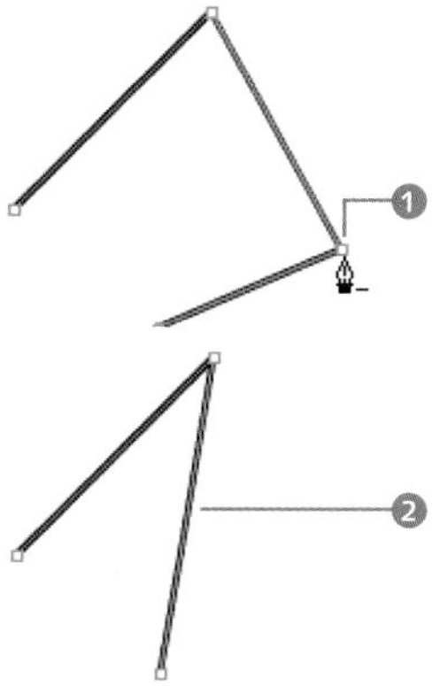

Ankerpunkt entfernen
Einen Ankerpunkt können Sie übrigens auch mit dem Unterauswahl-Werkzeug ⟨image⟩ entfernen. Wählen Sie dazu den Ankerpunkt aus, und drücken Sie die [Entf]-Taste.

Erfahren Sie mehr…
…über Ankerpunkte und wie Sie diese nutzen können, um Formen zu verändern, in Abschnitt 3.3.1, »Auswahlwerkzeug«.

▲ **Abbildung 3.65**
Der Ankerpunkt ❶ wurde gelöscht ❷

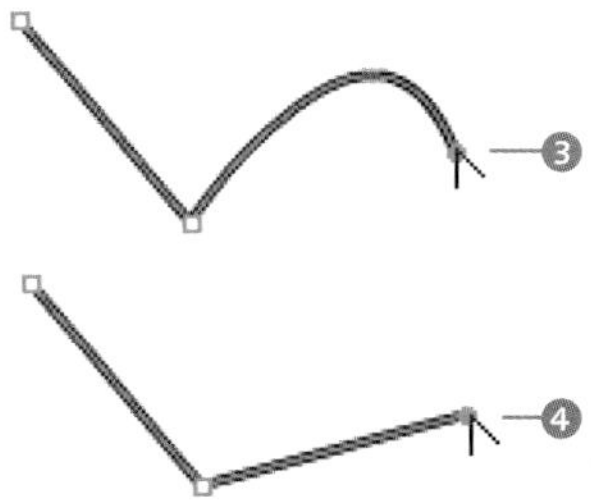

▲ **Abbildung 3.66**
Der Ankerpunkt ❸ wurde umgewandelt ❹

3.3   Objekte auswählen und bearbeiten

3.3.1   Auswahlwerkzeug

Das Auswahlwerkzeug ⟨image⟩ dient in erster Linie zum Auswählen von Objekten. Um die Strichlinie eines Objekts auszuwählen, klicken Sie mit dem Werkzeug auf die Linie. Ebenso können Sie per Mausklick auf die Füllung diese separat auswählen. Führen Sie einen Doppelklick auf die Füllung aus, um sowohl die Füllung als auch die Strichlinie auszuwählen.

Sie können das Auswahlwerkzeug aber auch verwenden, um Strichlinien und Füllungen umzuformen. Es gibt hierfür zwei verschiedene Methoden:

▶ Platzieren Sie den Mauszeiger in der Nähe eines Ankerpunktes einer Strichlinie oder einer Füllung. Ein kleines Dreieck neben dem Auswahlpfeil zeigt an, dass der Mauszeiger die richtige

Strichlinie glätten/begradigen
Wenn Sie eine Strichlinie mit dem Auswahlwerkzeug auswählen, können Sie die Linie über die Werkzeugleiste glätten ❺ oder begradigen ❻.

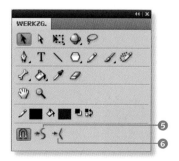

▲ **Abbildung 3.67**
Glätten und Begradigen mit dem Auswahlwerkzeug

Position hat ❶. Verändern Sie die Form, indem Sie den Ankerpunkt verschieben ❷.

Pfeiltasten

Nachdem Sie einen Ankerpunkt ausgewählt haben, können Sie ihn auch durch Drücken einer der Pfeiltasten der Tastatur in kleinen Schritten verschieben. Wenn Sie dabei ⇧ gedrückt halten, wird die Schrittweite etwas größer.

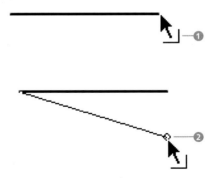

Abbildung 3.68 ▶
Ankerpunkt verschieben

- Platzieren Sie den Mauszeiger an einer Seite einer Strichlinie oder Füllung ❸. Ein Kreissegment neben dem Auswahlpfeil zeigt, dass der Mauszeiger richtig positioniert ist. Indem Sie die Seite durch Verschieben des Mauszeigers umformen, generieren Sie aus einer geraden Linie ein Kurvensegment ❹.

Abbildung 3.69 ▶
Eine Linie in ein Kurvensegment umwandeln

Strichlinie entfernen

Mit dem Auswahlwerkzeug können Sie eine Strichlinie einer Form entfernen. Wählen Sie dazu die Strichlinie aus, und drücken Sie die Entf-Taste.

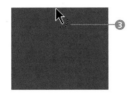

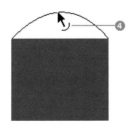

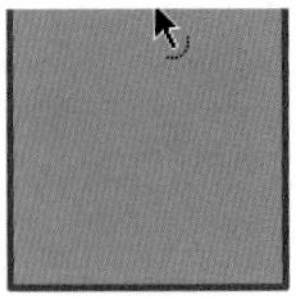

▲ **Abbildung 3.70**
Strichlinie entfernen

3.3.2 Unterauswahl-Werkzeug

Sie können eine Form auch mit dem Unterauswahl-Werkzeug verändern. Es gibt zwei unterschiedliche Ansätze:

- Um ein Liniensegment einer Form zu ändern, wählen Sie das Unterauswahl-Werkzeug aus, klicken Sie die Form an, und bewegen Sie den Mauszeiger über einen der Ankerpunkte. Ein kleines Rechteck-Symbol neben dem Mauspfeil zeigt an, dass die Maus an der richtigen Position ist. Per Mausklick und mit anschließend gedrückter Maustaste können Sie den Ankerpunkt verschieben und die Form so entsprechend verändern.

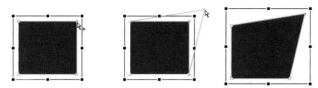

▲ **Abbildung 3.71**
Ankerpunkt verschieben

▶ Auch Kurvensegmente können mit dem Unterauswahl-Werkzeug verändert werden. Klicken Sie dazu zunächst eine Form mit einem Kurvensegment an, z. B. einen Kreis. Auch hier können Sie die Form durch Verschieben eines Ankerpunktes verändern.

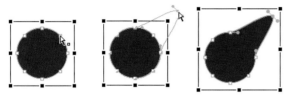

▲ **Abbildung 3.72**
Auch Kurvensegmente können Sie mit dem Unterauswahl-Werkzeug verändern.

Ankerpunkte entfernen | Das Unterauswahl-Werkzeug ermöglicht es Ihnen auch, einen Ankerpunkt eines Strich- oder Kurvensegments zu entfernen. Drücken Sie dazu ⌨Entf, nachdem Sie den Ankerpunkt ausgewählt haben.

So machen Sie aus einem Rechteck ❸ z. B. mit nur einem Schritt schnell ein Dreieck ❹.

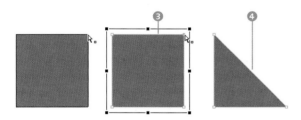

Segmentform verändern

Zusätzlich können Sie durch Verschieben der Tangentenpunkte eines Kurvensegments die Neigung und die Richtung des Segments verändern. Verschieben Sie dazu einen der Tangentenpunkte ❶, ❷.

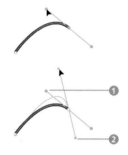

▲ **Abbildung 3.73**
Tangente verschieben

◀ **Abbildung 3.74**
Mit dem Unterauswahl-Werkzeug können Sie aus einem Rechteck schnell ein Dreieck machen.

3.3.3 Lassowerkzeug

Mit dem Lassowerkzeug 𝒫 L können Sie einen Bereich einer Form auswählen.

Das Werkzeug unterstützt drei verschiedene Auswahlmodi. Im **Standardmodus** selektieren Sie einen Bereich, indem Sie einen Freihandauswahlrahmen um die gewünschte Auswahl ziehen ❺. Wählen Sie dazu das Werkzeug aus, klicken Sie auf die Posi-

Hinweis

Im Gegensatz zu anderen Werkzeugen macht das Lassowerkzeug keinen Unterschied zwischen Strichlinien und Füllungen.

tion, an der die Auswahl beginnen soll, halten Sie die Maustaste gedrückt, und ziehen Sie den gewünschten Bereich durch Bewegen der Maus auf.

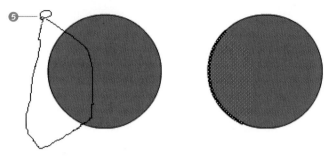

Abbildung 3.75 ▶
Auswahl per Freihandform

Im POLYGON-MODUS, den Sie in der Werkzeugleiste aktivieren können, erstellen Sie eine Polygonauswahl ⑥.

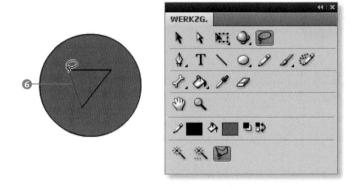

Abbildung 3.76 ▶
Auswahl über den POLYGON-MODUS

Um das Polygon zu erstellen, wählen Sie das Werkzeug aus, aktivieren die Option POLYGON-MODUS und klicken mit der Maus an die Position, an der die Auswahl beginnen soll. Bewegen Sie die Maus, und klicken Sie, um weitere Punkte zu erstellen.

Um die Auswahl abzuschließen, bewegen Sie den Mauszeiger über den ersten Punkt und führen einen Doppelklick aus.

Der **Zauberstab-Modus** eignet sich zur Auswahl von Bereichen mit einer ähnlichen Farbe. In der Regel wird dieser Modus im Zusammenhang mit umgewandelten Bitmap-Grafiken verwendet.

Schritt für Schritt: Farben einer umgewandelten Bitmap-Grafik austauschen

03\Bitmap_Umwandlung\ brustbeutel.png

Der folgende Workshop zeigt, wie Sie den Zauberstab-Modus verwenden, um eine Auswahl auf Grundlage einer bestimmten Farbe zu wählen.

1 Film erstellen und Grafik importieren

Erstellen Sie einen neuen Flash-Film, und importieren Sie die Bitmap-Grafik *brustbeutel.png* über das Menü DATEI • IMPORTIEREN • IN BÜHNE IMPORTIEREN.

2 Bitmap in Füllung umwandeln

Wählen Sie das Bild mit dem Auswahlwerkzeug ▶ aus, und wandeln Sie die Bitmap über das Tastenkürzel ⌈Strg⌉/⌈⌘⌉+⌈B⌉ in eine Vektorform um.

3 Lassowerkzeug auswählen

Wählen Sie das Lassowerkzeug ℘ aus, und aktivieren Sie die Option ZAUBERSTAB ❶ in der Werkzeugleiste.

4 Zauberstab-Einstellungen

Klicken Sie auf die Schaltfläche ZAUBERSTAB-EINSTELLUNGEN ❷ in der Werkzeugleiste. Im Dialogfenster ZAUBERSTAB-EINSTELLUNGEN können Sie im Feld SCHWELLENWERT einen Wert zwischen 1 und 200 eingeben, der festlegt, wie genau die Farben der benachbarten Pixel übereinstimmen müssen, damit sie zur Auswahl hinzugefügt werden. Je größer der Wert ist, desto größer ist die Farbtoleranz.

In diesem Beispiel geben Sie »120« ein. Der Wert kann hier sehr hoch gewählt werden, da der gelbe Bereich durch eine harte Kante abgeschlossen ist.

Über die Option GLÄTTEN legen Sie fest, wie stark die Ränder der Auswahl geglättet werden sollen – in diesem Beispiel wird der Wert RAU gewählt.

▲ **Abbildung 3.77**
Zauberstab-Modus aktivieren

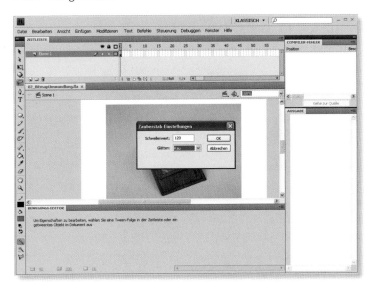

◄ **Abbildung 3.78**
Die ZAUBERSTAB-EINSTELLUNGEN anpassen

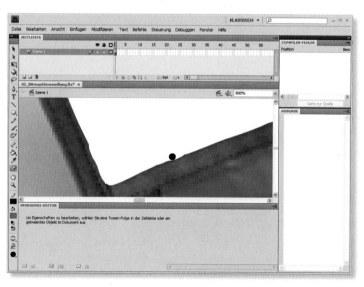

5 Bereich auswählen

Bestätigen Sie das Dialogfeld mit OK, und klicken Sie nun mit dem Lassowerkzeug auf den Bereich, den Sie markieren möchten – im Beispiel wird der gelbe Bereich des Brustbeutels ausgewählt. Über Entf wird der Bereich anschließend gelöscht.

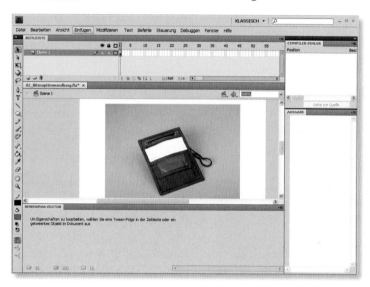

Abbildung 3.79 ▶
Nachdem der gelbe Bereich ausgewählt wurde, wird er über Entf gelöscht.

6 Feinjustierung

Mit dem Radiergummi 🖊 werden in einer vergrößerten Ansicht an den Kanten noch kleine gelbe Farbbereiche entfernt.

Abbildung 3.80 ▶
Zoomen Sie mit der Lupe an den Ausschnitt, den Sie bearbeiten möchten, heran.

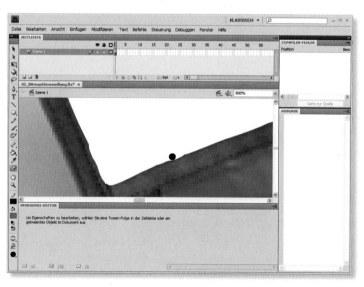

7 **Bereich neu füllen**

Anschließend können Sie den Bereich mit dem Farbeimerwerkzeug farbeimerwerkzeug mit einer beliebigen Farbe füllen.

 Ergebnis der Übung:
03\Bitmap_Umwandlung\Bitmap-Umwandlung.fla

◀ **Abbildung 3.81**
Ein Klick in die weiße Fläche füllt sie mit der neuen Farbe. ∎

3.4 Transformationen

Sie haben jetzt gelernt, wie Sie Formen mit den Zeichenwerkzeugen erstellen können. Nachdem Sie eine Form erstellt haben, können Sie sie auf unterschiedliche Art und Weise transformieren. Für die Transformationen stehen Ihnen in Flash CS4 drei Werkzeuge zur Verfügung, die im Folgenden näher erläutert werden.

3.4.1 Frei-transformieren-Werkzeug

Mit dem Frei-transformieren-Werkzeug ⊞ verändern Sie Formen im zweidimensionalen Raum. Um das Werkzeug anzuwenden, wählen Sie es in der Werkzeugleiste aus und klicken auf das zu transformierende Objekt. Sie haben dann folgende Transformationsmöglichkeiten:

▶ Über einen der vier Anfasser ❶, ❷, ❸, ❹ können Sie die Form sowohl vertikal als auch horizontal skalieren. Halten Sie dabei die ⇧-Taste gedrückt, um die Form proportional zu skalieren.

▶ Alternativ können Sie die Form durch Verschieben der Anfasser ❺, ❻ auch nur horizontal bzw. durch Verschieben der Anfasser ❼, ❽ nur vertikal skalieren.

Transformieren-Fenster

Alle Transformationen können Sie auch alternativ über das Transformieren-Fenster vornehmen. Das Fenster können Sie über das Menü Fenster • Transformieren oder über das Tastenkürzel Strg/⌘ + T öffnen.

Tastenkürzel

Alternativ können Sie das Werkzeug auch über das Tastenkürzel Q aktivieren.

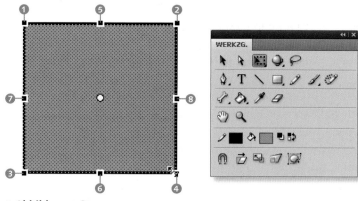

▲ **Abbildung 3.82**
Skalierung einer Form

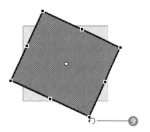

▲ **Abbildung 3.83**
Die Form wird gedreht.

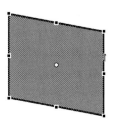

▲ **Abbildung 3.84**
Die Form wird vertikal geneigt.

▶ Bewegen Sie den Mauszeiger in die Nähe von einem der Anfasser an den Ecken können Sie die Form drehen. Eine Pfeilkreislinie ❾ zeigt Ihnen an, ob die Position richtig ist.

▶ Bewegen Sie den Mauszeiger horizontal zwischen zwei der Ankerpunkte auf der Horizontalen, um die Form horizontal zu neigen. Um eine Form vertikal zu neigen, bewegen Sie die Maus zwischen zwei Ankerpunkte auf der Vertikalen.

Werkzeug-Modi | Nachdem Sie ein Objekt ausgewählt haben, können Sie in der Werkzeugleiste verschiedene Modi des Freitransformieren-Werkzeugs aktivieren.

▲ **Abbildung 3.85**
Im unteren Bereich finden Sie die Modi des Werkzeugs.

▶ AN OBJEKTEN AUSRICHTEN ❶: Bei aktivierter Option rastern Ankerpunkte der Transformation an anderen Objekten ein.

▶ DREHEN UND NEIGEN ❷: In diesem Modus können Sie ein Objekt mit dem Werkzeug ausschließlich drehen oder neigen.

▶ SKALIEREN ❸: In diesem Modus lässt sich ein Objekt mit dem Werkzeug ausschließlich skalieren.

▶ VERZERREN ❹: Durch Verschieben eines der Ankerpunkte verzerren Sie die Form des Objekts.

▶ UMHÜLLEN ❺: Das Objekt wird von acht Ankerpunkten, die sich verschieben lassen, umhüllt. Zwischen den Ankerpunkten liegen Steuerungspunkte, über die Sie die Form der Verbindungslinie zwischen zwei Ankerpunkten beeinflussen können.

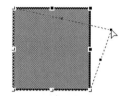

▲ Abbildung 3.86
Der VERZERREN-Modus des Frei-transformieren-Werkzeugs

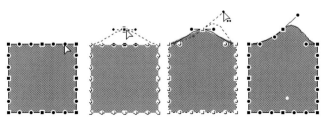

▲ Abbildung 3.87
Umformungen sind mit dem UMHÜLLEN-Modus möglich.

3.4.2 3D-Drehungswerkzeug

Neu in Flash CS4 ist das 3D-Drehungswerkzeug, über das Sie eine Movieclip-Symbolinstanz in allen drei Dimensionen drehen können.

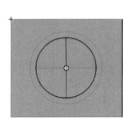

▲ Abbildung 3.88
Das 3D-Drehungswerkzeug wurde ausgewählt.

Nachdem Sie das Werkzeug ausgewählt und eine Movieclip-Symbolinstanz angeklickt haben, sehen Sie die drei Achsen, auf der Sie die Symbolinstanz drehen können.

▶ x-Achse: Die rote Linie symbolisiert die x-Achse.

▶ y-Achse: Die grüne Linie steht für die y-Achse.

▶ z-Achse: Die blaue Kreislinie stellt die z-Achse dar.

Bewegen Sie die Maus auf eine der Achsen, klicken Sie und halten Sie die Maustaste gedrückt; bewegen Sie die Maus, um die Symbolinstanz auf der entsprechenden Achse zu drehen. Ein klei-

[!] 3D-Drehungswerkzeug nur mit Movieclip-Symbolinstanzen
Beachten Sie, dass sich das 3D-Drehungswerkzeug nicht auf eine Form, sondern nur auf eine Movieclip-Symbolinstanz anwenden lässt. Um eine Form in ein Movieclip-Symbol zu konvertieren, wählen Sie die Form aus und verwenden das Tastenkürzel F8, um die Form in einen Movieclip zu konvertieren. Mehr zu Symbolen erfahren Sie in Kapitel 4, »Symbole, Instanzen und die Bibliothek«.

Tastenkürzel
Das 3D-Drehungswerkzeug können Sie auch über das Tastenkürzel W aktivieren.

Drehung

Eine vollständige Drehung entspricht 360 Grad. Sie können die Stärke der Drehung während des Drehens anhand der Kreisform abschätzen. Eine vollständige Drehung hätte zur Folge, dass der Kreis vollständig gefüllt ist.

▲ Abbildung 3.89
Der 3D-Movieclip wurde
ausgewählt.

[!] 3D-Movieclips als Maske
3D-Movieclips können nicht als
Maske verwendet werden.

Neuer Bezugspunkt
Nachdem Sie ein Objekt mit dem
3D-Drehungswerkzeug transfor-
miert haben, können Sie den Bezugspunkt ändern und das Objekt
dann auf Basis der neuen Position
des Bezugpunkts erneut drehen.

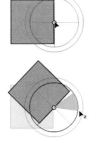

▲ Abbildung 3.91
Der Bezugspunkt wurde
verschoben.

Tastenkürzel
Das 3D-Versetzungswerkzeug
können Sie auch über das Tastenkürzel G aktivieren.

ner Textbuchstabe neben der Maus (❶, ❷, ❸) zeigt Ihnen an, auf
welcher Achse Sie das Objekt drehen.

Sobald Sie einen Movieclip mit dem 3D-Drehungswerkzeug
oder dem 3D-Versetzungswerkzeug im 3D-Raum gedreht bzw.
bewegt haben, wird der Movieclip von Flash als sogenannter
3D-Movieclip interpretiert. Ob ein Movieclip als 3D-Movieclip
agiert, erkennen Sie, wenn Sie das Objekt mit dem Auswahlwerkzeug auswählen.

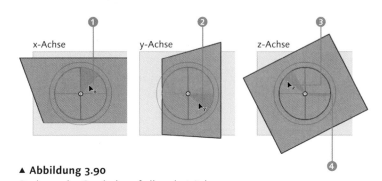

▲ Abbildung 3.90
Drehung des Symbols auf allen drei Achsen

Der Anfasser in der Mitte des Kreises ❹ ist der Bezugspunkt
für die Drehung. Sie können den Bezugspunkt beliebig verschieben.

3.4.3 3D-Versetzungswerkzeug
Ebenso wie das 3D-Drehungswerkzeug ist das 3D-Versetzungs-
werkzeug 🏹 neu in Flash CS4. Mit dem Werkzeug können Sie
eine Movieclip-Symbolinstanz auf allen drei Dimensionen bewegen. Wie auch beim 3D-Drehungswerkzeug kann das Werkzeug
nur auf Movieclip-Symbolinstanzen und nicht auf Formen angewendet werden.

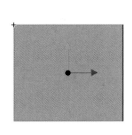

▲ Abbildung 3.92
Das 3D-Versetzungswerkzeug wurde ausgewählt.

Nachdem Sie das Werkzeug ausgewählt und ein Symbol ange-klickt haben, können Sie die Symbolinstanz auf den drei Achsen verschieben.

- ► x-Achse: Die rote Pfeillinie entspricht der x-Achse.
- ► y-Achse: Die grüne Pfeillinie symbolisiert die y-Achse.
- ► z-Achse: Der schwarze Punkt in der Mitte stellt die z-Achse dar.

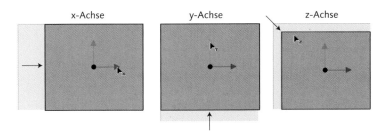

◄ **Abbildung 3.93**
Verschieben des Symbols auf allen drei Achsen

3.4.4 Fluchtpunkt und Perspektive

Wenn Sie ein Objekt mit dem 3D-Drehungswerkzeug oder dem 3D-Versetzungswerkzeug im Raum modifizieren, richtet sich diese Modifizierung nach der Perspektive des Flash-Films und dem Fluchtpunkt des Objekts.

Die Perspektive ist der scheinbare Betrachtungswinkel für 3D-Movieclips. Eine Veränderung der Perspektive hat zur Folge, dass sich die scheinbare Größe von 3D-Movieclips verändert und die Position der 3D-Movieclips in Relation zu den Rändern der Bühne ändert. Wenn Sie den Winkel der Perspektive erhöhen, werden 3D-Movieclips größer, bzw. es scheint so, als wären diese näher am Betrachter.

Schauen Sie sich die folgenden Abbildungen an, um eine Vorstellung davon zu bekommen, in welcher Relation der Winkel und das resultierende Bild zueinander stehen. Eine Vergrößerung des Winkels beeinflusst die Größe und die Position von 3D-Movie-clips, sie beeinflusst jedoch nicht die Bühne selbst.

> **Wertebereich des Perspektiven-Winkels**
>
> Der Wertebereich des Perspekti-ven-Winkels ist 1 bis 180 Grad. Der Standardwert ist 55 Grad. 55 Grad entspricht dem Be-trachtungswinkel einer normalen Kameralinse.

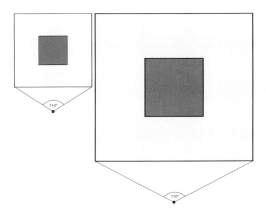

◄ **Abbildung 3.94**
Wird der Betrachtungswinkel vergrößert, erscheint ein Objekt näher beim Betrachter.

Abbildung 3.95 ▶
Dieselbe Struktur von oben
betrachtet.

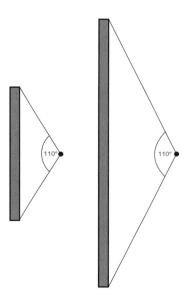

Hinweis

Beachten Sie, dass sich eine Änderung des Perspektiven-Winkels auf alle 3D-Movieclips eines Flash-Films auswirkt. Die Einstellung ist global für einen Flash-Film.

Den Perspektiven-Winkel ❶ können Sie im EIGENSCHAFTEN-Fenster im Reiter 3D-POSITION UND ANSICHT einstellen, wenn Sie einen 3D-Movieclip ausgewählt haben.

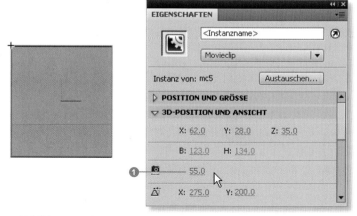

▲ **Abbildung 3.96**
Der Perspektiven-Winkel des Flash-Films ist 55 Grad.

[Fluchtpunkt]

In einer perspektivischen Abbildung schneiden sich die Bilder aller Geraden, die im Original zueinander parallel verlaufen, in einem gemeinsamen Fluchtpunkt. Bei der perspektivischen Abbildung werden räumliche Objekte auf eine ebene Fläche, die Bildebene, projiziert. Das ist zum Beispiel bei der fotografischen Aufnahme der Fall. *Quelle: Wikipedia*

Fluchtpunkt | Auch der Fluchtpunkt wirkt sich auf alle 3D-Movieclips eines Flash-Films aus. Die z-Achsen aller 3D-Movieclips laufen auf den Fluchtpunkt zu. Wenn Sie die Position des Fluchtpunkts ändern, hat das zur Folge, dass sich 3D-Movieclips auf der z-Achse in Richtung des neuen Fluchtpunkts bewegen. Die Position des Fluchtpunkts ❶ können Sie im EIGENSCHAFTEN-Fenster festlegen. Wenn Sie die Position ändern, zeigt Ihnen ein graues Kreuz ❷ die Position auf der Bühne an.

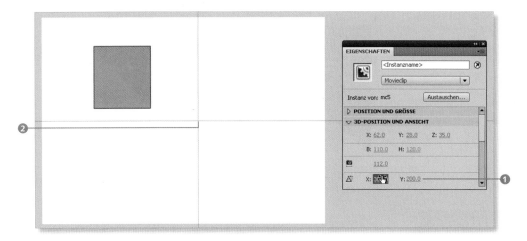

Wenn Sie beispielsweise den Fluchtpunkt auf die Koordinaten 0/0 setzen und einen Movieclip mit dem Versetzungswerkzeug auf der z-Achse bewegen, können Sie erkennen, dass sich das Objekt je nach Bewegungsrichtung zum Fluchtpunkt hin bzw. vom Fluchtpunkt weg bewegt.

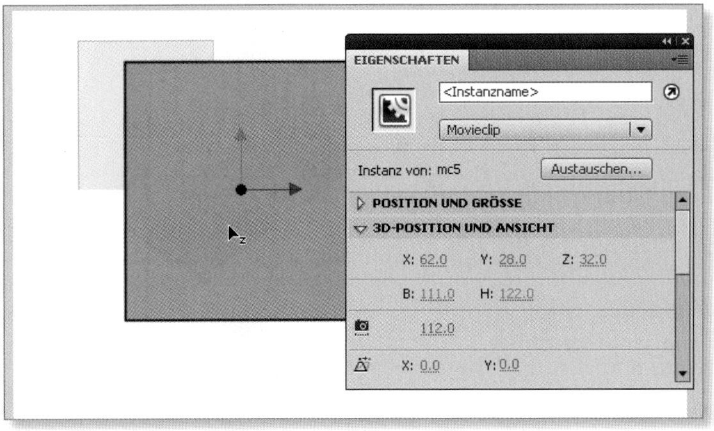

▲ **Abbildung 3.97**
Die x-Koordinate des Flucht-
punkts wurde geändert.

◀ **Abbildung 3.98**
Das Objekt bewegt sich vom
Fluchtpunkt weg.

3.5 Farben und Farbverläufe erstellen

3.5.1 Tintenfass- und Farbeimerwerkzeug

Mit dem Tintenfasswerkzeug 🎨 können Sie eine beliebige Füllung durch eine Strichlinie erweitern. Wählen Sie dazu zunächst das Tintenfasswerkzeug aus (S). Stellen Sie sicher, dass eine Strichfarbe in der Werkzeugleiste gewählt wurde, und klicken Sie mit dem Werkzeug auf die Füllung, die durch die Strichlinie erweitert werden soll.

Tipp

Nachdem Sie einer Form mit dem Tintenfasswerkzeug eine Kontur zugewiesen haben, lassen sich einzelne Strichlinien der Kontur mit dem Auswahlwerkzeug auswählen und gegebenenfalls entfernen.

Strichattribute austauschen

Mit dem Tintenfasswerkzeug können Sie auch die Attribute, wie die Farbe oder die Strichstärke, einer vorhandenen Strichlinie ändern.

▲ **Abbildung 3.99**
Strichlinie hinzufügen

▲ **Abbildung 3.101**
Lückengröße definieren

▲ **Abbildung 3.102**
Klicken Sie auf das Verlauf-/ Schloss-Symbol, um eine Füllung zu sperren.

Farbeimerwerkzeug | Das Farbeimerwerkzeug, das Sie über das Tastenkürzel K aktivieren können, ist das Pendant zum Tintenfasswerkzeug und erstellt Füllungen. So fügen Sie einem geschlossenen Pfad eine Füllung hinzu: Stellen Sie sicher, dass eine Füllfarbe gewählt wurde, und klicken Sie dann mit ausgewähltem Farbeimerwerkzeug auf einen Bereich innerhalb des Pfades, den Sie füllen möchten.

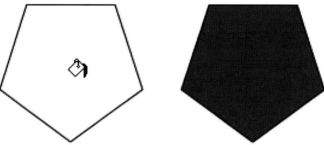

▲ **Abbildung 3.100**
Füllung einfügen

Gelegentlich kommt es vor, dass Sie einen selbstgezeichneten Pfad mit dem Farbeimerwerkzeug füllen möchten und das zunächst nicht wie erwartet funktioniert. Das liegt meist daran, dass der Pfad an einer oder mehreren Stellen nicht geschlossen ist. Über das Auswahlmenü LÜCKENGRÖSSE in der Werkzeugleiste können Sie den Farbeimer so einstellen, dass kleine, mittlere oder große Lücken ignoriert werden.

Füllung sperren | Wenn Sie die Option FÜLLUNG SPERREN ❶ in der Werkzeugleiste aktivieren, können Sie einen eingestellten Farbverlauf ❷ über mehrere Formen hinweg verteilen.

Wählen Sie dazu das Farbeimerwerkzeug aus, und klicken Sie die Formen nach und nach an.

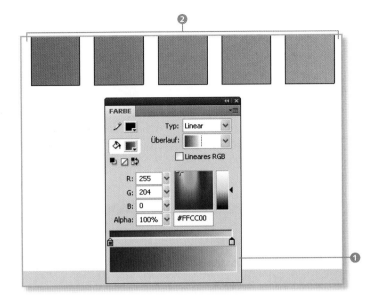

◄ **Abbildung 3.103**
Mit der Option FÜLLUNG SPERREN
erstreckt sich der Farbverlauf über
mehrere Objekte.

3.5.2 Pipette

Mit der Pipette 🖋, die Sie in der Werkzeugleiste finden oder
alternativ mit der Taste ⎸I⎹ aktivieren, steht Ihnen eine weitere
Möglichkeit zur Farbauswahl zur Verfügung. Nachdem das Werkzeug aktiviert wurde, können Sie per Mausklick auf einen Bereich
innerhalb der Arbeitsfläche die dortige Farbe aufnehmen.

Wenn die Pipette dabei über einer Füllung, einer Bitmap oder
einem freien Bereich positioniert wurde, wird danach automatisch das Farbeimerwerkzeug aktiviert. Sie können dann eine
andere Füllung direkt mit der zuvor aufgenommenen Farbe füllen. Neben der Pipette wird ein kleines Pinselsymbol angezeigt
❸, das den Modus symbolisiert.

Sollte die Pipette beim Aufnehmen der Farbe über einer Strichlinie positioniert sein, wird nach Aufnahme der Farbe automatisch das Tintenfasswerkzeug ausgewählt. Ein kleines Stiftsymbol
neben der Pipette ❹ symbolisiert diesen Modus. Sie können so
die aufgenommene Farbe auf eine andere Strichlinie übertragen.

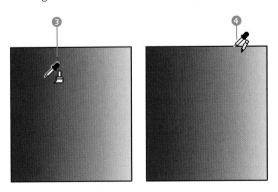

◄ **Abbildung 3.104**
Rechts befindet sich die Pipette
über einer Strichlinie, links über
einer Füllung.

3.5.3 Farbverläufe

Die Farbauswahl über die Werkzeugleiste oder das Eigenschaften-Fenster haben Sie bereits kennengelernt. In Flash gibt es aber auch noch eine dritte Möglichkeit, Strich- und Füllfarben auszuwählen. Neben der einfachen Farbauswahl lassen sich über das Fenster FARBE auch Farbverläufe definieren, die sowohl für die Strich- als auch für die Füllfarbe genutzt werden können. Sollte das Fenster bei Ihnen nicht zu sehen sein, wählen Sie im Menü FENSTER • FARBE.

Abbildung 3.105 ▶
Das Fenster FARBE mit einem linearen Farbverlauf

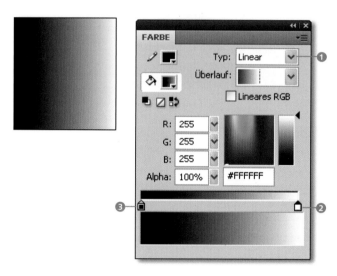

Richtung eines Verlaufs

Die Richtung eines Verlaufs kann im Fenster Farbe nicht eingestellt werden. Dazu dient, wie Sie später noch sehen, das Farbverlaufwerkzeug.

▲ **Abbildung 3.106**
Farbe ändern

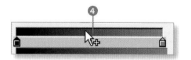

▲ **Abbildung 3.107**
Farbfeld hinzufügen

Linearer Farbverlauf | Um eine Strichlinie oder eine Füllung mit einem linearen Farbverlauf zu erzeugen, führen Sie folgende Schritte durch:

1. Wählen Sie die Strichlinie oder die Füllung mit dem Auswahl-werkzeug ▶ aus.
2. Öffnen Sie das Fenster FARBE über das Menü FENSTER • FARBE, und stellen Sie unter TYP den FÜLLSTIL ❶ auf LINEAR.
3. Im unteren Bereich des Fensters FARBE sehen Sie den eingestellten Verlauf, der standardmäßig von links nach rechts verläuft. Um eine Farbe des Verlaufs zu ändern, klicken Sie auf eines der Farbfelder ❷ oder ❸. Es öffnet sich der bereits bekannte Farbauswahldialog.
4. Um die Verteilung der Farben des Verlaufs zu ändern, verschieben Sie die Farbfelder auf der Schiebeleiste. Die Veränderung wirkt sich sofort auf die Füllung der ausgewählten Form aus.
5. Ein Farbverlauf kann durch beliebig viele Farben definiert werden. Bewegen Sie die Maus über die Farbleiste; ein Pluszeichen ❹ erscheint – klicken Sie mit der Maus, um eine Farbe einzufügen.

6. Wenn Sie eine Farbe aus dem Verlauf entfernen möchten, wählen Sie das Farbfeld per Mausklick aus, halten Sie die Maustaste gedrückt, und ziehen Sie es nach unten.

Radialer Farbverlauf | Ein radialer Farbverlauf hat im Gegensatz zum linearen Farbverlauf eine kreisrunde Ausrichtung. Die Vorgehensweise, um einen radialen Farbverlauf zu erstellen, ist identisch. Stellen Sie den Füllstil einfach auf RADIAL ❺.

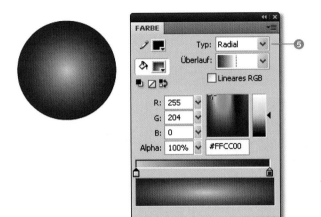

◀ **Abbildung 3.108**
Radialer Farbverlauf

3.5.4 Bitmap-Füllung

Über den TYP BITMAP füllen Sie eine Form mit einer Bitmap-Grafik.

Nachdem Sie eine Form ausgewählt und den Menüpunkt BITMAP im Fenster FARBE ❶ aktiviert haben, können Sie über die Schaltfläche IMPORTIEREN ❷ eine beliebige Bitmap-Grafik auswählen.

Anschließend wird die importierte Bitmap-Grafik im unteren Feld angezeigt – wählen Sie sie aus, um die ausgewählte Form mit der Bitmap-Grafik zu füllen.

Anwendungsbereich
Bitmap-Füllungen werden häufig bei Spielen für Texturen oder als Hintergrundgrafiken eingesetzt.

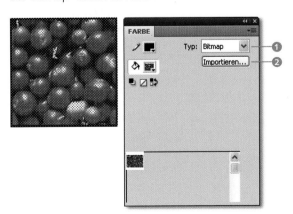

◀ **Abbildung 3.109**
Das Rechteck wurde mit einer Bitmap-Füllung versehen.

▲ **Abbildung 3.110**
Das Farbverlaufwerkzeug in der
Werkzeugleiste

3.5.5 Farbverlaufwerkzeug

Das Farbverlaufwerkzeug ![icon] ist ein mächtiges Werkzeug, um
Farbverläufe und Bitmap-Füllungen zu bearbeiten. Sie finden es
in der Werkzeugleiste im Untermenü des Frei-transformieren-
Werkzeugs. Alternativ können Sie auch das Tastenkürzel F verwenden, um das Werkzeug zu aktivieren.

Je nach Füllstil stehen Ihnen verschiedene Möglichkeiten für
die Füllung zur Verfügung. Wählen Sie zunächst das Werkzeug
aus. Klicken Sie auf eine mit einem Verlauf oder einer Bitmap-
Füllung gefüllte Form, woraufhin eine Begrenzungsbox mit Anfassern angezeigt wird.

Anfasser des Farbverlauf-Werkzeugs

**Farbverlaufwerkzeug:
linearer Verlauf**

① Mittelpunkt
② Breite
③ Rotation

**Farbverlaufwerkzeug:
radialer Verlauf**

④ Brennpunkt
⑤ Breite
⑥ Höhe
⑦ Drehung
⑧ Mittelpunkt

**Farbverlaufwerkzeug:
Bitmap-Füllung**

⑨ Mittelpunkt
⑩ Höhe
⑪ Breite
⑫ Brennpunkt
⑬ Rotation
⑭ horizontale Neigung
⑮ vertikale Neigung

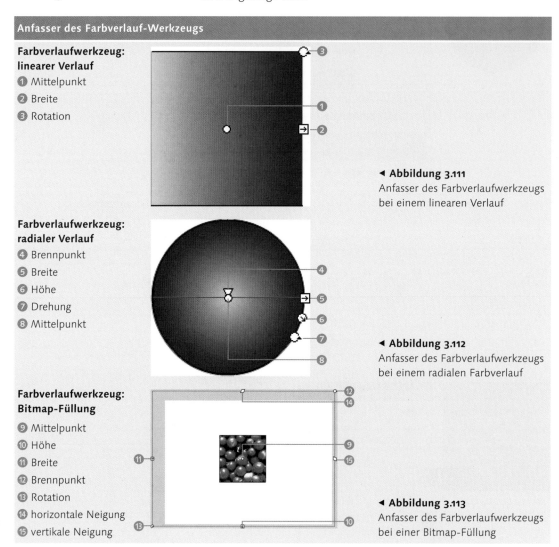

◄ **Abbildung 3.111**
Anfasser des Farbverlaufwerkzeugs
bei einem linearen Verlauf

◄ **Abbildung 3.112**
Anfasser des Farbverlaufwerkzeugs
bei einem radialen Farbverlauf

◄ **Abbildung 3.113**
Anfasser des Farbverlaufwerkzeugs
bei einer Bitmap-Füllung

Wenn Sie den Mauszeiger über einen der Anfasser bewegen, ändert er seine Form und zeigt die Funktion des Anfassers an. Um eine Füllung zu transformieren, wählen Sie einen der verfügbaren Anfasser per Mausklick aus, halten die Maustaste gedrückt und verschieben ihn durch Ziehen mit der Maus.

3.6 Hilfswerkzeuge

Flash CS4 bietet Ihnen zahlreiche Hilfswerkzeuge, die das Zeichnen und pixelgenaue Positionieren von Formen erleichtern. Im Folgenden werden die wichtigsten Werkzeuge vorgestellt.

3.6.1 Skalierung mit dem 9-teiligen Segmentraster

Wenn Sie in Flash ein Rechteck mit runden Ecken anlegen ❶ und dieses unproportional skalieren, fällt das Ergebnis nicht immer so aus wie erwartet ❷.

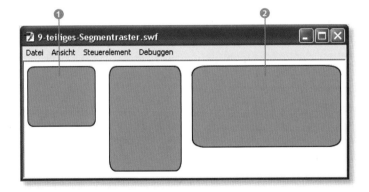

◀ **Abbildung 3.114**
Skalierung eines Rechtecks mit Eckrundungen

Durch Einsatz des sogenannten *9-teiligen Segmentrasters* können Sie die Skalierung einer Form differenziert beeinflussen. Da dieser Modus jedoch nur mit Movieclips einsetzbar ist, müssen Sie die Form zunächst auswählen und über F8 in einen Movieclip umwandeln.

Wenn nicht schon geschehen, müssen Sie das Dialogfenster IN SYMBOL KONVERTIEREN per Klick auf die Schaltfläche ERWEITERT ❸ erweitern, damit die Option für das Segmentraster sichtbar wird.

Movieclip-Symbol
Weiterführende Informationen zu Movieclip-Symbolen finden Sie in Kapitel 4, »Symbole, Instanzen und die Bibliothek«.

◀ **Abbildung 3.115**
In Symbol konvertieren

Häufig möchte man Formen nachträglich skalieren, da sie nicht in ein Layout passen o. Ä. Gelegentlich benötigt man einfach auch nur eine Form mehrmals in verschiedenen Größen – dann ist das mehrmalige Anlegen jeder einzelnen Form sehr mühselig.

Aktivieren Sie dann die Option HILFSLINIEN FÜR SKALIERUNG IN 9-TEILIGEM SEGMENTRASTER AKTIVIEREN ④.

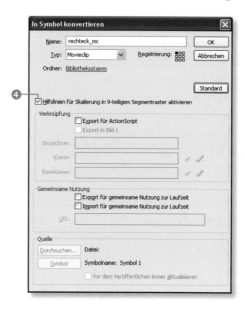

Abbildung 3.116 ▶
9-teiliges Segmentraster aktivieren

Wenn Sie nach der Konvertierung über Strg/⌘+E in den Bearbeitungsmodus des Movieclips wechseln, wird das 9-teilige Segmentraster in Form von gestrichelten Linien angezeigt.

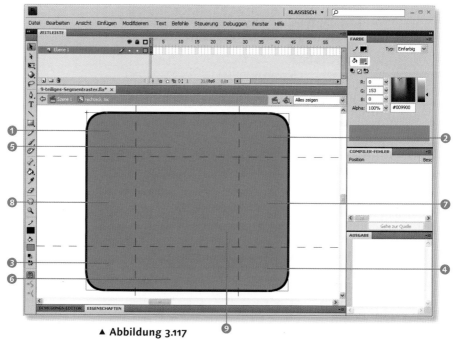

▲ **Abbildung 3.117**
Das 9-teilige Segmentraster wird mit gestrichelten Linien angezeigt.

Wie Sie in Abbildung 3.118 sehen können, unterteilen die Raster-linien die Form in neun Segmente. Die Segmente ❶, ❷, ❸, ❹ werden nicht skaliert. Die Segmente ❺, ❻ werden nur vertikal und die Segmente ❼, ❽ nur horizontal skaliert. Das Segment in der Mitte ❾ wird sowohl vertikal als auch horizontal skaliert.

Durch Verschieben der Rasterlinien beeinflussen Sie die Ska-lierung. Um eine Rasterlinie zu verschieben, wählen Sie sie per Mausklick aus, halten die Maustaste gedrückt und ziehen die Maus in die gewünschte Richtung. Lassen Sie die Maustaste los, um den Prozess abzuschließen.

Im abgebildeten Beispiel ist das 9-teilige Segmentraster schon richtig. Achten Sie bei einem Rechteck mit Eckrundungen darauf, dass die Eckrundungen in den äußeren Feldern liegen, da diese Felder nicht skaliert und die Ecken dann nicht verzerrt werden. Nachdem ein 9-teiliges Segmentraster ausgerichtet wurde, können Sie den Movieclip z. B. über das Frei-transformieren-Werkzeug ⬚ skalieren, ohne dass die Eckrundungen dabei verzerrt werden.

◀ **Abbildung 3.118**
Dank des 9-teiligen Segmentras-ters bleiben die Eckrundungen auch nach der Skalierung erhalten.

3.6.2 Objekte gruppieren und anordnen

Sie können mehrere Objekte auf einer Ebene zu einer Gruppe zusammenfügen. Wählen Sie die Elemente dazu zunächst mit dem Auswahlwerkzeug ▶ aus. Halten Sie dabei ⇧ gedrückt, um eine Mehrfachauswahl vorzunehmen. Nachdem die Ele-mente ausgewählt wurden, wählen Sie in der Menüleiste den Menüpunkt MODIFIZIEREN • GRUPPIEREN oder das Tastenkürzel Strg/⌘+G.

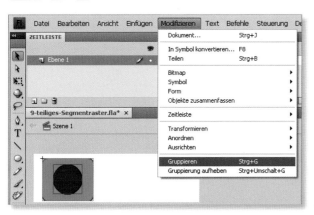

Durch die Gruppierung eines oder mehrerer Objekte verän-dert sich das Verhalten der grup-pierten Objekte. So verbinden sich diese Objekte z. B. nicht mehr mit anderen Objekten auf derselben Ebene, wenn sich diese überlagern (Verbindungs-modi). Sie können eine Gruppie-rung auch dazu nutzen, mehrere Objekte gleichzeitig zu ver-schieben oder eine Gruppe von Objekten an anderen Objekten auszurichten.

◀ **Abbildung 3.119**
Objekte gruppieren

Danach können Sie diese Objekte gemeinsam verschieben. Um die Gruppierung wieder aufzuheben, wählen Sie MODIFIZIEREN • GRUPPIERUNG AUFHEBEN. Wer lieber mit Tastenkürzeln arbeitet, kann entweder ⌷Strg⌷/⌷⌘⌷+⌷⇧⌷+⌷G⌷ oder ⌷Strg⌷/⌷⌘⌷+⌷B⌷ nutzen.

Stapelreihenfolge | Flash stapelt Objekte auf einer Ebene in einer bestimmten Reihenfolge.

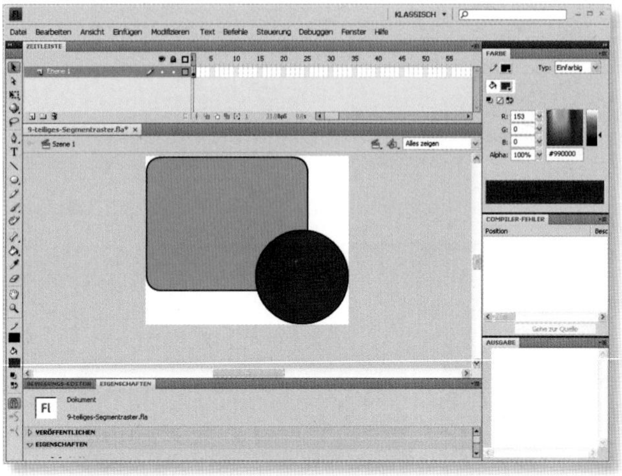

Abbildung 3.120 ▶
Der rote Kreis liegt oberhalb des
Rechtecks und überlagert dieses.

Die Reihenfolge der Objekte kann über das Menü MODIFIZIEREN • ANORDNEN verändert werden. Um ein Objekt zu verschieben, wählen Sie das Objekt mit dem Auswahlwerkzeug ▸ aus und wählen einen der folgenden Menüpunkte:

▶ IN DEN VORDERGRUND: Das Objekt wird an die oberste Position der Reihenfolge verschoben. Es überlagert alle anderen Elemente auf derselben Ebene.

▶ NACH VORNE VERSCHIEBEN: Das Objekt wird eine Position nach vorn verschoben.

▶ NACH HINTEN VERSCHIEBEN: Das Element wird eine Position nach hinten verschoben.

▶ IN DEN HINTERGRUND: Das Element wird an die unterste Position der Reihenfolge verschoben. Es wird von allen anderen Elementen überdeckt.

Gruppierung notwendig
Damit Sie Formen in der Reihenfolge gruppieren können, müssen
diese vorher über ⌷Strg⌷/⌷⌘⌷+⌷B⌷
gruppiert oder in ein Symbol umgewandelt werden. Erfahren Sie
mehr über Symbole in Kapitel 4,
»Symbole, Instanzen und die Bibliothek«.

Hinweis
Die folgenden Hilfswerkzeuge
können auch in anderen Anwendungsbereichen sehr hilfreich
sein, vorzugsweise, um Objekte
auszurichten und zu positionieren.

3.6.3 Handwerkzeug

Mit dem Handwerkzeug lässt sich die Ansicht des Dokument-fensters frei verschieben. Sie können das Werkzeug in der Werkzeugleiste aktivieren oder alternativ das Tastenkürzel ⌷H⌷ verwenden. Noch schneller und einfacher geht es jedoch, wenn Sie die Leertaste gedrückt halten – das Werkzeug bleibt dann so lange aktiv, bis Sie die Taste wieder loslassen.

Klicken Sie mit dem Hand-Icon auf eine beliebige Position im Bühnenbereich. Halten Sie die Maustaste gedrückt, und verschieben Sie die Ansicht durch Bewegen der Maus. Das Handwerkzeug ist besonders bei Zoomstufen über 100 % sehr hilfreich, um den sichtbaren Ausschnitt zu bewegen.

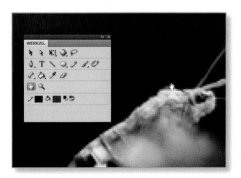

◄ **Abbildung 3.121**
Das Handwerkzeug in Aktion

3.6.4 Zoomwerkzeug

Das Zoomwerkzeug 🔍 dient dazu, die Ansicht des Dokumentfensters zu vergrößern oder zu verkleinern. Das Werkzeug lässt sich in der Werkzeugleiste oder über das Tastenkürzel M aktivieren. Es lässt sich auf zwei unterschiedliche Arten nutzen:

Verkleinern
Halten Sie Alt/⌥ gedrückt, um die Ansicht zu verkleinern. Das Icon verändert sich entsprechend und zeigt, je nach Modus, ein Minus- oder Pluszeichen.

▶ Per Mausklick vergrößern Sie die Ansicht des Dokumentfensters je Mausklick um eine Zoomstufe, z. B. von 100 % auf 200 %.

▶ Ziehen Sie mit dem Zoomwerkzeug 🔍 einen rechteckigen Auswahlrahmen auf, um den ausgewählten Bereich vergrößert zu betrachten.

▲ **Abbildung 3.122**
Zoomwerkzeug: Vergrößerung aktiviert

▲ **Abbildung 3.123**
Zoombereich definieren

3.6.5 Lineale

Mit Hilfe von Linealen können Sie Größen und Abstände kontrollieren. Sie können die Lineale über das Menü ANSICHT • LINEALE aktivieren bzw. deaktivieren. Der Nullpunkt der x- und y-Achse liegt an der linken oberen Ecke des Flash-Films.

Abbildung 3.124 ▶
Linealeinheit festlegen

Im Dialogfenster DOKUMENTEIGENSCHAFTEN, das Sie über das Menü MODIFIZIEREN • DOKUMENT öffnen, können Sie die LINE-ALEINHEIT wählen. Standardmäßig ist die LINEALEINHEIT PIXEL ausgewählt.

3.6.6 Hilfslinien

Anwendungsbereich
Hilfslinien dienen verschiedenen Zwecken. Sie können Ihnen dabei helfen, Objekte aneinander auszurichten, ein Layout in Spalten und Zeilen zu unterteilen, Abstände zwischen Objekten einzuhalten etc.

▶ Bevor Sie eine Hilfslinie anlegen können, müssen Sie dazu zunächst das Lineal über das Menü ANSICHT • LINEALE aktivieren.

▶ Um eine vertikale Hilfslinie zu erstellen, bewegen Sie den Mauszeiger zunächst über das linke Lineal ❶, klicken Sie, und halten Sie die Maustaste gedrückt. Jetzt verschieben und positionieren Sie die Hilfslinie durch Bewegen der Maus nach rechts.

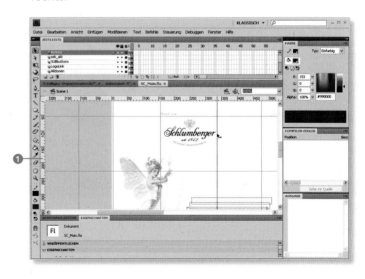

Abbildung 3.125 ▶
Vertikale Hilfslinie aufziehen

Analog dazu legen Sie eine horizontale Hilfslinie an, indem Sie die Maus zunächst über das obere Lineal bewegen und dann nach unten ziehen.

Hilfslinie entfernen | Um eine einzelne Hilfslinie auf schnellstem Weg wieder zu entfernen, wählen Sie sie mit dem Auswahlwerkzeug ![Pfeil] aus – ein kleines Pfeilsymbol zeigt an, dass der Mauszeiger die richtige Position hat – und ziehen die Linie zurück zu ihrem Ursprungspunkt, dem Lineal.

Hilfslinien bearbeiten | Im Menü ANSICHT • HILFSLINIEN • HILFS-LINIEN BEARBEITEN stehen Ihnen zwei weitere wichtige Einstellungen zur Auswahl. Über das Farbfeld ❷ können Sie eine Farbe für die Hilfslinien definieren. Das ist hilfreich, wenn Sie den voreingestellten Grünton selbst oft verwenden und Hilfslinien dann nicht mehr gut erkennen können.

Hilfslinien anzeigen/ausblenden

Um alle Hilfslinien ein- bzw. auszublenden, wählen Sie im Menü ANSICHT den Menüpunkt HILFS-LINIEN • HILFSLINIEN ANZEIGEN (⌷Strg⌷/⌘+Ü).

◀ **Abbildung 3.126**
Hilfslinien bearbeiten

Die Option AN HILFSLINIEN AUSRICHTEN ❸ hat zur Folge, dass Objekte automatisch an Hilfslinien einrasten, wenn sie in der Nähe der Hilfslinie positioniert werden. Die AUSRICHTGENAUIG-KEIT (NAH, NORMAL oder ENTFERNT) ❹ gibt dabei die Reichweite dieser Rasterung an.

Ein Objekt lässt sich dabei auf unterschiedliche Weise an einer Hilfslinie ausrichten. Sie können nämlich nicht nur ganze Formen, sondern auch einzelne Ankerpunkte an Hilfslinien justieren. Markieren Sie das Objekt zunächst mit dem Auswahlwerkzeug ![Pfeil]. Positionieren Sie das Auswahlwerkzeug dann über dem Punkt der Form, den Sie an der Hilfslinie ausrichten möchten. Der Punkt kann entweder auf der Außenlinie der Form ❹ oder in der Mitte der Form ❺ liegen. Ein Kreis zeigt den gewählten Punkt an.

▲ **Abbildung 3.127**
An Hilfslinie einrasten

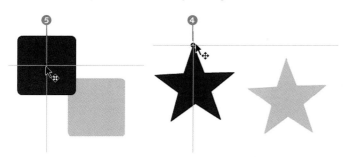

◀ **Abbildung 3.128**
Links wurde der Mittelpunkt des Rechtecks als Ausrichtungspunkt verwendet. Rechts diente der oberste/mittige Punkt der Form zum Ausrichten.

Verschieben Sie den Ankerpunkt dann zur Hilfslinie, um das Objekt entsprechend auszurichten.

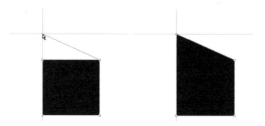

Abbildung 3.129 ▶
Abbildung 3.129 ▶
Sie können auch mit dem Unter-
auswahlwerkzeug Ankerpunkte an
Hilfslinien ausrichten.

Abbildung 3.130 ▶
Raster bearbeiten

3.6.7 Raster

Rasterlinien funktionieren ähnlich wie Hilfslinien und dienen
demselben Zweck. Um ein Raster einzublenden, wählen Sie
den Menüpunkt ANSICHT • RASTER • RASTER einblenden ($\boxed{\text{Strg}}$/
$\boxed{\text{⌘}}$+$\boxed{\text{Ä}}$).

Raster bearbeiten | Einstellungen für das Raster finden Sie im
Menü ANSICHT • RASTER • RASTER BEARBEITEN.

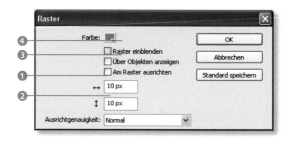

Die meisten Einstellungen kennen Sie bereits von Hilfslinien. Im
Feld RASTERBREITE ❶ können Sie die Breite eines Rasterfeldes und
im Feld RASTERHÖHE ❷ die Höhe eingeben. Die Wahl der Größe
eines Rasterfeldes richtet sich nach den Formen bzw. den Abständen, die Sie kontrollieren möchten. Aktivieren Sie die Option AM
RASTER AUSRICHTEN, können Sie bereits erstellte Objekte exakt
am Raster ausrichten ❸ oder neue Objekte auf Basis von Raster-
größen erstellen.

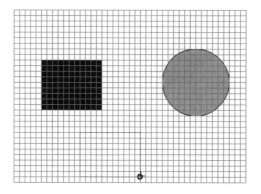

Abbildung 3.131 ▶
Am Raster ausgerichtete Objekte

4 Symbole, Instanzen und die Bibliothek

Dieses Kapitel führt Sie ein in die Welt der Symbole und Instanzen. Darüber hinaus lernen Sie, mit der Bibliothek umzugehen. Das Kapitel bietet die Basis, um Kapitel 5, »Animation«, nachzuvollziehen. Machen Sie sich mit den Unterschieden von Symbolen und Instanzen vertraut, und lernen Sie die Einsatzmöglichkeiten kennen.

4.1 Symbole

Symbole sind Vorlagen für alle möglichen Objekte. So kann ein Symbol eine Vektorgrafik, eine Bitmap-Grafik und sogar eine Animation enthalten. Je nach Anwendungsbereich wird ein bestimmtes Symbol eingesetzt. Wenn Sie z. B. ein Rechteck für einen Button verwenden möchten, müssen Sie das Rechteck in ein Schaltflächen- oder Movieclip-Symbol umwandeln. Das Symbol befindet sich dann in der Bibliothek des Flash-Films. Sogenannte *Instanzen* des Symbols können Sie dann mehrfach im Flash-Film verwenden. Durch den Einsatz von Symbolen lässt sich so Speicherplatz sparen, da eine Instanz eines Symbols nur unwesentlichen zusätzlichen Speicher benötigt. Immer dann, wenn Sie ein Objekt mehrfach in einem Flash-Film verwenden möchten, sollten Sie das Objekt in ein Symbol umwandeln.

Nutzen Sie dann Instanzen des Symbols im Flash-Film, um Speicher und damit Ladezeit zu sparen.

Es gibt in Flash vier unterschiedliche Symbole:

▶ **Movieclip-Symbole** können sowohl für Animationen als auch für komplexere Buttons eingesetzt werden. Sie sind das ultimative Mittel für jede Art von Inhalten und sehr flexibel einsetzbar. Movieclip-Symbole besitzen, wie der Flash-Film selbst, eine eigene Zeitleiste.

▶ **Grafiksymbole** können für statische Bilder und Animationen verwendet werden. Die Zeitleiste ist im Gegensatz zur Zeitleiste eines Movieclips an die Zeitleiste des Flash-Films gebun-

---

Instanzeigenschaften

Jede Instanz eines Symbols hat bestimmte Instanzeigenschaften. Diese Eigenschaften können Sie ändern, ohne dass Änderungen dabei Auswirkungen auf das Symbol der Instanz oder andere Instanzen des Symbols haben. Zu Instanzeigenschaften gehören z. B. die Größe, der Rotations- oder Neigungswinkel, der Alphawert (Transparenz) und die Helligkeit.

3D-Werkzeuge und 3D-Movieclips

Wenn Sie ein 3D-Werkzeug auf eine Form anwenden möchten, müssen Sie die Form zunächst in einen Movieclip umwandeln. 3D-Werkzeuge lassen sich nur auf Movieclips anwenden.

Verschachtelung

Alle Symbole können ineinander verschachtelt werden. Eine Verschachtelung wird besonders oft bei Movieclips eingesetzt – sowohl für spezielle Effekte als auch zur Strukturierung und Steuerung. Die Funktionsweise werden Sie im Verlauf des Buches kennenlernen.

den und läuft immer synchron zur Hauptzeitleiste ab. Grafik-symbole sind streng genommen ein Überbleibsel aus früheren Flash-Versionen; sie bieten keine Vorteile gegenüber Movie-clips und finden in der Praxis kaum noch Anwendung.

▶ **Schaltflächensymbole** dienen ausschließlich zum Erstellen von interaktiven Schaltflächen, die auf Mausereignisse wie Klicken etc. reagieren können. Schaltflächen besitzen eine Zeitleiste, die speziell für die Interaktion ausgelegt ist und sich von der Hauptzeitleiste oder der Zeitleiste eines Movieclips unterscheidet. In der Praxis sind sie für einfache Buttons ein-setzbar, für Buttons mit einer komplexen Steuerung werden bevorzugt Movieclips verwendet.

▶ Auf die **Schriftartensymbole** gehen wir gesondert in Kapitel 16, »Dynamischer Text«, ein.

4.2   Symbole erstellen

Symbole können auf zwei unterschiedliche Arten erstellt wer-den:

▶ Ein leeres Symbol wird erstellt, und dem Symbol werden nachträglich grafische Elemente oder auch nur Steuerungsan-weisungen zugewiesen.

▶ Ein bereits vorhandenes grafisches Element wird in ein Sym-bol umgewandelt.

So legen Sie ein leeres Symbol an:

Wählen Sie in der Menüleiste den Menüpunkt EINFÜGEN • NEUES SYMBOL aus.

Geben Sie im folgenden Dialogfenster NEUES SYMBOL ERSTEL-LEN einen Symbolnamen ❶ ein, und wählen Sie den Symboltyp ❷ aus.

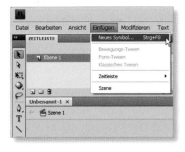

▲ **Abbildung 4.1**
Symbol erstellen

Abbildung 4.2 ▶
Name und Typ des neuen
Symbols festlegen

Klicken Sie auf OK, um das Symbol anzulegen. Das Symbol wird automatisch in die Bibliothek aufgenommen, und die Ansicht des Dokumentfensters wechselt in den Symbol-Bearbeitungsmodus.

Im *Symbol-Bearbeitungsmodus* ❸ können Sie grafische Elemente einfügen und mit der Zeitleiste des Symbols arbeiten. Um die Bearbeitung des Symbols abzuschließen und zum Dokumentfenster zurückzukehren, klicken Sie auf SZENE 1 ❹.

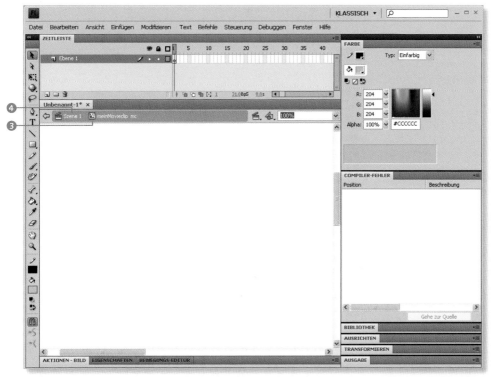

▲ **Abbildung 4.3**
Der Bearbeitungsmodus des Movieclips »meinMovieclip_mc«

Ein auf diese Weise erstelltes Symbol finden Sie nun zunächst ausschließlich in der Bibliothek. Die Bühne ist weiterhin leer. Sie können das Symbol aus der Bibliothek per Drag & Drop auf die Bühne ziehen.

In Symbol konvertieren | Um ein grafisches Element, das Sie bereits fertig auf der Bühne angelegt haben, in ein Symbol zu konvertieren, gehen Sie wie folgt vor.

Wählen Sie das grafische Element mit dem Auswahlwerkzeug ▸ aus, und klicken Sie den Menüpunkt MODIFIZIEREN • IN SYMBOL KONVERTIEREN. Achten Sie darauf, wirklich alle Bereiche Ihrer Grafik auszuwählen, also auch eventuell vorhandene Strichlinien einer Form. Übrigens können Sie auch mehrere Elemente von verschiedenen Ebenen auswählen. Sie werden allerdings bei der Umwandlung auf eine Ebene reduziert.

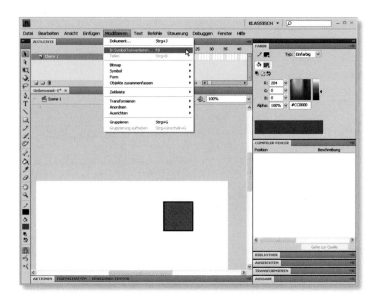

Abbildung 4.4 ►
Das ausgewählte Rechteck wird in ein Movieclip-Symbol konvertiert.

Flash legt das neue Symbol automatisch in der Bibliothek ab und erstellt gleichzeitig eine Instanz des Symbols auf der Bühne. Was Instanzen sind, erfahren Sie im nächsten Abschnitt.

4.3 Symbolinstanzen

▲ **Abbildung 4.5**
Das Symbol in der Bibliothek

> **Symbolinstanz**
>
> Sie können sich eine Instanz eines Symbols auch als eine Verknüpfung vorstellen – ähnlich wie eine Dateiverknüpfung.

Nachdem Sie ein Symbol erstellt haben, finden Sie es in der Bibliothek ❶, die Sie über das Menü FENSTER • BIBLIOTHEK öffnen. Alternativ können Sie auch das Tastenkürzel `Strg`/`⌘`+`L` verwenden, um die Bibliothek zu öffnen.

Sie können das Symbol aus der Bibliothek beliebig oft im Flash-Film verwenden. Dazu werden sogenannte *Instanzen* des Symbols angelegt. Eine Instanz ist eine **Kopie des Symbols**. Das Original, das Symbol, bleibt in der Bibliothek. Wenn Sie die Instanz des Symbols auf der Bühne auswählen, können Sie der Instanz spezifische Eigenschaften – sogenannte *Instanzeigenschaften* – zuweisen. Diese Eigenschaften gelten **ausschließlich für diese eine Instanz des Symbols**.

Eine Veränderung der Instanzeigenschaften hat keine Auswirkung auf das Original in der Bibliothek oder eine andere Instanz des Symbols.

Zu den Instanzeigenschaften gehören Merkmale wie die Position, die Breite und Höhe der Instanz, die Transparenz etc. Instanzeigenschaften lassen sich über das EIGENSCHAFTEN-Fenster und über das TRANSFORMIEREN-Fenster festlegen.

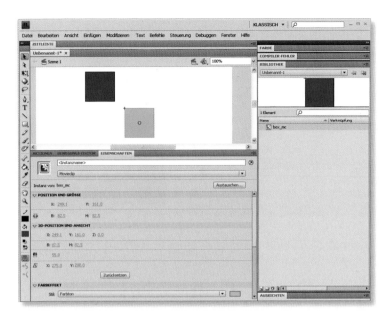

Instanz auf der Bühne
Wenn Sie ein vorhandenes Element auf der Bühne in ein Symbol umgewandelt haben, wird das Element automatisch in eine Instanz des Symbols konvertiert. Das Symbol der Instanz liegt wie gewohnt in der Bibliothek.

◄ **Abbildung 4.6**
Die Instanzeigenschaft FARBTON wurde für eine Instanz des Symbols geändert. Die zweite Instanz auf der Bühne bleibt davon unberührt.

Schritt für Schritt: Instanzeigenschaften ändern

In diesem Workshop lernen Sie, wie Sie Instanzeigenschaften ändern.

04\Instanzeigenschaften\
beispiel_01.fla

1 Flash-Film öffnen

Öffnen Sie den Flash-Film *beispiel_01.fla* im Ordner *Instanzeigenschaften*. Im Flash-Film wurde ein Rechteck in ein Movieclip-Symbol umgewandelt.

2 Instanz erzeugen

Wählen Sie die Movieclip-Instanz mit dem Auswahlwerkzeug aus, halten Sie die [Alt]-Taste gedrückt, und verschieben Sie die Instanz. Dadurch wird eine Kopie der Instanz, also eine weitere Instanz des Symbols, erzeugt.

▲ **Abbildung 4.7**
Symbolinstanz duplizieren

3 Farbton ändern

Wählen Sie die erzeugte Symbolinstanz aus, und öffnen Sie das EIGENSCHAFTEN-Fenster über FENSTER • EIGENSCHAFTEN. Stellen Sie im Bereich FARBEFFEKT den STIL auf FARBTON, und wählen Sie anschließend über das Farbfeld eine beliebige Farbe. Wie Sie sehen, ändert sich nur die Farbe dieser Symbolinstanz. Die Farbe der ersten Instanz bleibt davon unberührt.

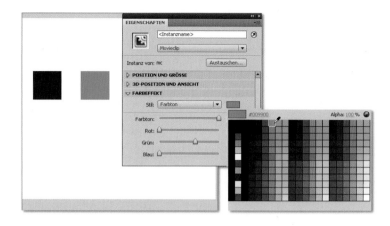

Abbildung 4.8 ▶
Farbton ändern ■

Symbol bearbeiten | Ein Vorteil des Prinzips der Instantiierung ist, dass Sie ein Symbol beliebig oft verwenden können und, falls eine Änderung, z. B. die Änderung der Form eines Elements, notwendig wird, diese nur einmal am Symbol selbst durchführen müssen, um alle Instanzen des Symbols zu ändern. Wird die Form eines Symbols geändert, wirkt sich die Änderung auch auf alle Instanzeigenschaften des Symbols aus.

Ein Symbol können Sie auf zwei unterschiedliche Arten bearbeiten:

▶ Wählen Sie eine Instanz des Symbols auf der Bühne aus oder alternativ das Symbol in der BIBLIOTHEK. Klicken Sie dann in der Menüleiste auf BEARBEITEN • SYMBOLE BEARBEITEN, oder verwenden Sie das Tastenkürzel Strg/⌘+E. Sie gelangen in den Symbol-Bearbeitungsmodus, der nur das Symbol selbst darstellt; andere Elemente der Bühne sind nicht sichtbar.

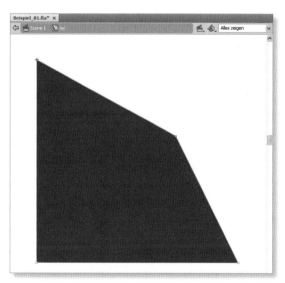

Abbildung 4.9 ▶
Symbol-Bearbeitungsmodus (ohne Bühne)

▶ Wählen Sie eine Instanz des Symbols auf der Bühne aus, und doppelklicken Sie auf die Instanz, oder wählen Sie den Menüpunkt BEARBEITEN • AN POSITION BEARBEITEN. Sie gelangen in den Symbol-Bearbeitungsmodus, wobei die Bühne und alle anderen sichtbaren Elemente auf der Bühne im Hintergrund angezeigt werden. In diesem Modus haben Sie die volle Kontrolle über das Gesamterscheinungsbild – das ist meist die bevorzugte Methode.

Tastenkürzel

Erfahrungsgemäß wird der Menüpunkt BEARBEITEN • AN POSITION BEARBEITEN relativ oft verwendet. Standardmäßig ist dem Befehl jedoch kein Tastenkürzel zugewiesen. Es ist deshalb empfehlenswert, für den Befehl selbst ein Tastenkürzel zu vergeben. Wie Sie ein eigenes Tastenkürzel einrichten, erfahren Sie in Kapitel 2, »Arbeitsumgebung«.

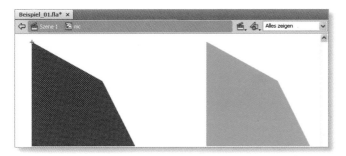

◀ **Abbildung 4.10**
Symbol-Bearbeitungsmodus (mit Bühne)

Wenn Sie das Symbol im Bearbeitungsmodus ändern, ändern Sie damit gleichzeitig auch alle Instanzen auf der Bühne.

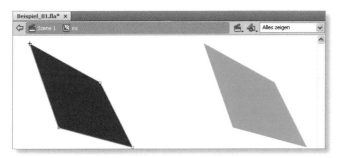

◀ **Abbildung 4.11**
Die Form innerhalb des Symbols wurde geändert. Alle Instanzen übernehmen die Änderung.

Symbol duplizieren | Gelegentlich kommt es vor, dass mehrere Instanzen eines Symbols auf der Bühne liegen, Sie aber nur eine einzige Instanz, z. B. ihre Form, ändern möchten. Es stehen Ihnen dann zwei Möglichkeiten zur Auswahl:

▶ Am schnellsten geht es, wenn Sie die Instanz des Symbols wieder zurück in eine Form wandeln. Dadurch verliert sie die Verbindung zum Symbol und kann individuell verändert werden, ohne dass sich die Änderung auf eine Instanz oder das Symbol selbst auswirkt. Wählen Sie dazu die Symbolinstanz aus, und drücken Sie [Strg]/[⌘]+[B]. Nach dem Vorgang steht die Form für sich allein und ist keine Symbolinstanz mehr.

▶ Sie duplizieren das Symbol zunächst. Das Duplikat sieht genauso aus wie das Symbol, verliert aber jede Verbindung

[!] Verschachtelung

Wenn Sie ein Symbol B in einem Symbol A verschachtelt haben und Symbol A duplizieren, um es zu ändern, führen Änderungen in Symbol B zur Änderung aller Instanzen des Symbols B. Symbol A wurde zwar dupliziert, Symbol B jedoch nicht.

zum Ursprungssymbol und kann dann beliebig verändert werden. Am schnellsten geht das wie folgt: Wählen Sie eine Instanz des Symbols auf der Bühne aus, öffnen Sie das Kontextmenü, und wählen Sie den Menüpunkt SYMBOL DUPLIZIEREN. Weisen Sie dem neuen Symbol einen neuen Symbolnamen zu.

Abbildung 4.12 ▶
Im Kontextmenü der Symbolinstanz können Sie das Symbol duplizieren.

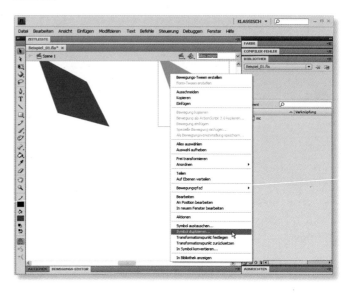

◄ Abbildung 4.13
Neuen Symbolnamen zuweisen

Jetzt gehört die Instanz zum Duplikat des Ursprungssymbols und kann geändert werden, ohne dass die Änderung Einfluss auf das ursprüngliche Symbol oder eine der Instanzen des ursprünglichen Symbols hat.

Beide Varianten führen dazu, dass Sie eine Kopie des Symbols erzeugen, die unabhängig vom Ursprungssymbol verändert werden kann. Für den Fall, dass die Kopie des Symbols ebenfalls ein Symbol sein soll – zum Beispiel, weil Sie es animieren möchten –, wählen Sie die zweite Methode. Sie können das Duplikat, das ebenso ein Symbol ist, dann beliebig verändern und z. B. animieren.

Abbildung 4.14 ▶
Eine Instanz des Symbolduplikats wird verändert, ohne dass dies Auswirkungen auf das ursprüngliche Symbol hat.

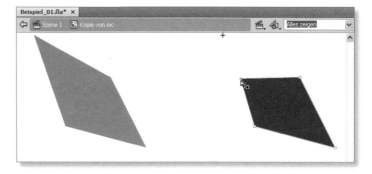

Begrenzungsrahmen | Jedes Symbol besitzt einen sogenannten *Begrenzungsrahmen*. Wenn Sie eine Symbolinstanz in der Flash-Umgebung auswählen, wird sie durch einen hellblauen Rahmen dargestellt. Der Begrenzungsrahmen ist immer rechteckig – unabhängig von der Form, die innerhalb des Symbols liegt.

Die Positionierung einer Symbolinstanz auf der Bühne erfolgt auf Basis des Begrenzungsrahmens – und nicht anhand der Form innerhalb der Symbolinstanz.

[Bounding Box]
Der Begrenzungsrahmen wird im Englischen als *Bounding Box* bezeichnet.

Registrierung | Wenn Sie eine Form in ein Symbol konvertieren, können Sie im Dialogfenster IN SYMBOL KONVERTIEREN neben dem Namen und dem TYP des Symbols die sogenannte REGISTRIERUNG (Registrierungspunkt) des Symbols festlegen.

Die Registrierung hat Einfluss auf die Positionierung und das Verhalten einer Symbolinstanz auf der Bühne. Das lässt sich am besten anhand einer Kreisform verdeutlichen: Zeichnen Sie mit dem Ellipsenwerkzeug ⬭ einen Kreis, und wandeln Sie den Kreis über ⬚F8⬚ in ein Movieclip-Symbol um.

▲ **Abbildung 4.15**
Begrenzungsrahmen von unterschiedlichen Formen

▲ **Abbildung 4.16**
Legen Sie die Registrierung des neuen Symbols fest.

Unter REGISTRIERUNG ❶ können Sie zwischen neun Feldern wählen. Standardmäßig ist der Registrierungspunkt eines Symbols links oben ❷. Das bedeutet, dass sich die x- und y-Koordinate einer Instanz auf die linke obere Ecke des Begrenzungsrahmens des Symbols beziehen.

Vergleichen Sie zum besseren Verständnis die Positionen der Movieclip-Instanzen in Abbildung 4.17. Ein kleines Fadenkreuz zeigt die Registrierung der Symbolinstanz an, wenn diese ausgewählt wurde.

Die Kreise wurden auf der Bühne an denselben Stellen positioniert. Die Movieclip-Instanz ❶ hat den Registrierungspunkt links oben. Da der Begrenzungsrahmen des Kreises an der linken oberen Ecke der Bühne klebt, sind die x- und y-Koordinaten der Symbolinstanz gleich 0.

Registrierung

Es ist wichtig, die Funktionsweise der Registrierung eines Symbols zu verstehen. Sie werden das in der Praxis später brauchen, z. B. wenn Sie eine Symbolinstanz per ActionScript skalieren oder positionieren.

Abbildung 4.17 ▶
Zwei Kreise mit unterschiedlichen Registrierungspunkten

Im zweiten Beispiel ❷ besitzt die Movieclip-Instanz aber eine mittige Registrierung. Die x- und y-Koordinaten werden in diesem Fall vom Mittelpunkt des Begrenzungsrahmens ermittelt. Die x- und y-Koordinaten sind 35/35, da der Kreis 70 Pixel breit und 70 Pixel hoch ist.

Die x- und y-Koordinaten des zweiten Movieclips wären gleich 0, wenn der Mittelpunkt des Kreises an der linken oberen Ecke der Bühne positioniert ist ❸.

Abbildung 4.18 ▶
x- und y-Koordinate der Movie-clip-Instanz, die eine mittige Registrierung besitzt, sind in diesem Fall gleich 0.

▲ **Abbildung 4.19**
Registrierung ändern

Registrierung eines Movieclips ändern | Wenn Sie die Registrierung eines Movieclips nachträglich ändern wollen, können Sie das durch Ändern der Position der Form innerhalb des Movieclips erreichen. Angenommen, Sie haben einen Kreis in einen Movieclip mit einer mittigen Registrierung umgewandelt und möchten die Registrierung auf links oben ändern. Wählen Sie den Movieclip aus, wechseln Sie über ⌈Strg⌉/⌈⌘⌉+⌈E⌉ in den Symbolbearbeitungsmodus. Öffnen Sie über ⌈Strg⌉+⌈K⌉ das AUSRICHTEN-Fenster, und wählen Sie die Form aus. Aktivieren Sie die Optionsschaltfläche AN BÜHNE ❹, und klicken Sie auf die Schaltflächen ❺ und ❻. Die Form richtet sich so links oben aus. Damit haben Sie die Registrierung des Movieclips auf links oben geändert.

4.4 Schaltflächen

Schaltflächensymbole unterscheiden sich von Movieclip- und Grafiksymbolen, da sie speziell für die Interaktion konzipiert sind und eine besondere Zeitleiste besitzen. Die Zeitleiste eines Schaltflächensymbols besteht aus vier Bildern.

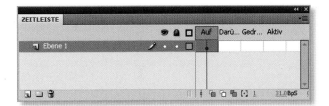

▶ AUF: Das erste Bild wird angezeigt, wenn sich der Mauszeiger nicht über der Schaltfläche befindet – die Standardansicht.

▶ DARÜBER: Wird angezeigt, wenn der Mauszeiger über den im Feld AKTIV definierten Bereich bewegt wird.

▶ GEDRÜCKT: Der Inhalt des Bildes wird angezeigt, wenn der Mauszeiger sich über den im Bild AKTIV definierten Bereich befindet und die Maustaste gedrückt wird.

▶ AKTIV: Hier wird der Bereich definiert, auf den die Maus reagiert. Er kann gegebenenfalls von der Form der Schaltfläche abweichen. Der Inhalt dieses Bildes wird zur Laufzeit der SWF-Datei im Flash Player nicht angezeigt.

Schritt für Schritt: Eine Schaltfläche erstellen

In diesem Workshop lernen Sie, wie Sie Schaltflächensymbole einsetzen können.

*04\Schaltflächen\Schalt-
flächen_01.fla*

1 **Flash-Dokument öffnen**

Öffnen Sie den Flash-Film *Schaltflächen_01.fla* über das Menü DATEI • ÖFFNEN.

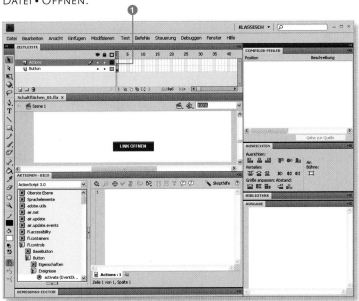

◀ **Abbildung 4.21**
Die Ausgangsbasis

2 In Schaltflächensymbol konvertieren

Zunächst markieren Sie sowohl den Text als auch das Rechteck. Klicken Sie dazu mit dem Auswahlwerkzeug auf das erste Schlüsselbild in der ZEITLEISTE (Abbildung 4.21). Flash markiert automatisch das Rechteck und den Text. Wandeln Sie dann beides über F8 in ein Schaltflächensymbol ❷ um, und nennen Sie es »link_btn« ❸.

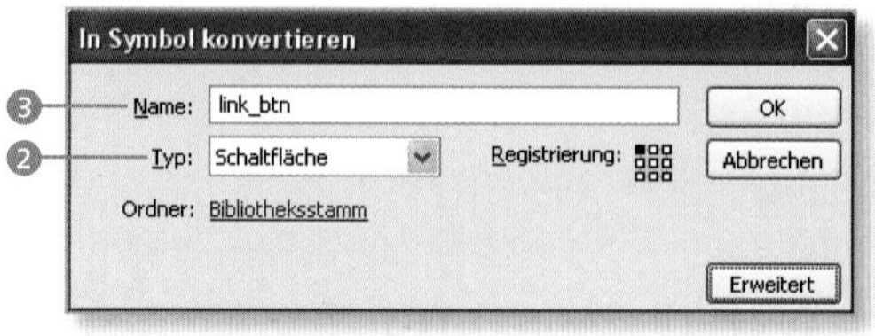

Abbildung 4.22 ▶
Die Grafik wird in eine Schaltfläche umgewandelt.

3 Symbol bearbeiten

Doppelklicken Sie mit der Maus auf die Schaltflächeninstanz auf der Bühne, um in den Bearbeitungsmodus zu gelangen.

4 Darüber-Bild definieren

Wählen Sie das Bild DARÜBER ❹ in der ZEITLEISTE aus, und legen Sie mit F6 ein neues Schlüsselbild an. Das Bild wird angezeigt, wenn sich der Mauszeiger über der Schaltfläche befindet. Sie sollten die Schaltfläche also modifizieren, um so dem Nutzer zu verdeutlichen, dass es sich um ein anklickbares Element handelt. Oft wird zu diesem Zweck die Farbe der Schaltfläche geändert. In diesem Beispiel muss dazu der Farbverlauf über das Fenster FARBE modifiziert werden.

Doppelklicken Sie dazu auf den linken Farbtopf ❼, und wählen Sie mit der Pipette eine andere Farbe aus. In diesem Beispiel haben wir uns für Schwarz entschieden.

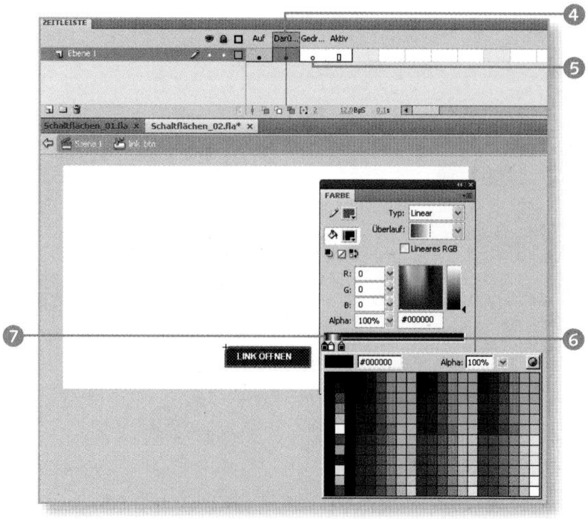

Abbildung 4.23 ▶
Ändern Sie den Farbverlauf der Schaltfläche im DARÜBER-Bild.

Verfahren Sie anschließend genauso mit dem rechten Farbtopf ⑥.

5 Gedrückt-Bild definieren

Analog dazu erstellen Sie im Bild GEDRÜCKT ⑤ über [F6] zunächst ein Schlüsselbild und ändern sowohl die Textfarbe als auch die Farbe der Strichlinie des Rechtecks. Dieser Zustand wird angezeigt, wenn der Benutzer auf die Schaltfläche klickt.

Aktivieren Sie zum Ändern der Farben das Auswahlwerkzeug ▸, und klicken Sie auf eine leere Stelle auf der Bühne, um die Auswahl der Schaltfläche aufzuheben. Doppelklicken Sie dann auf die Außenlinie des Rechtecks ⑧, und vergeben Sie im FARBE-Fenster ⑨ eine neue Farbe.

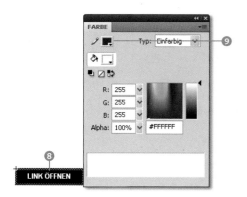

◀ **Abbildung 4.24**
Der Strichlinie des Rechtecks wird ein roter Farbton zugewiesen.

Wählen Sie anschließend das Textwerkzeug **T** aus, markieren Sie den Text, und vergeben Sie auch hier im EIGENSCHAFTEN-Fenster eine andere Farbe ⑩.

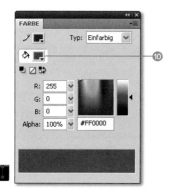

◀ **Abbildung 4.25**
Als Textfarbe wird ein sattes Rot gewählt.

6 Aktiv-Bild definieren

Das Bild AKTIV muss in jedem Fall definiert werden, damit die Schaltfläche überhaupt auf die Maus reagiert. In diesem Beispielfall brauchen Sie nichts weiter zu tun, als im Bild AKTIV über [F5] ein Bild einzufügen.

Text in Flash
Mehr zum Arbeiten mit Text in Flash erfahren Sie in Kapitel 16, »Dynamischer Text«.

7 Instanznamen zuweisen

Bisher wurde die Darstellung der Schaltfläche für verschiedene Zustände definiert. Damit die Schaltfläche auch etwas bewirkt, wenn sie angeklickt wird, weisen wir ihr eine Aktion zu. Dafür müssen Sie der Schaltfläche zunächst einen Instanznamen geben.

Wechseln Sie per Mausklick auf SZENE 1 zunächst zur Hauptzeitleiste zurück. Wählen Sie die Schaltfläche aus, öffnen Sie das EIGENSCHAFTEN-Fenster, und weisen Sie ihr den Instanznamen »myButton« zu.

Abbildung 4.26 ▶
Instanznamen zuweisen

Mehr zu ActionScript
Erfahren Sie mehr über Action-Script ab Kapitel 8, »ActionScript-Grundlagen«.

8 ActionScript-Code erstellen

Wählen Sie das nun das erste Schlüsselbild der Ebene »Actions« aus, öffnen Sie über FENSTER • AKTIONEN das AKTIONEN-Fenster, und geben Sie folgenden Code ein:

```
myButton.addEventListener(MouseEvent.CLICK,openURL);
function openURL(e:MouseEvent):void {
        var myRequest:URLRequest = new URLRequest
        ("http://www.galileodesign.de");
        navigateToURL(myRequest,"_blank");
}
```

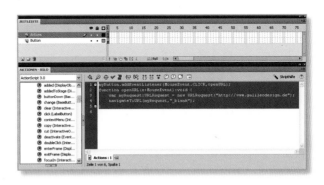

Abbildung 4.27 ▶
Der Code im ActionScript-Editor

Ergebnis der Übung:
04\Schaltflächen\Schaltflächen_02.fla

9 Film testen

Testen Sie den Flash-Film über Strg/⌘+↵. Wenn Sie auf die Schaltfläche klicken, öffnet sich in einem Browserfenster die Website von Galileo Design. ∎

Die Bibliothek öffnen Sie über das Menü Fenster • Bibliothek oder über das Tastenkürzel ⌈Strg⌉/⌈⌘⌉+⌈L⌉. Sie dient zum Speichern und Verwalten erstellter Symbole sowie importierter Dateien, wie Bitmap-Grafiken, Sounds und Videos. Die Bibliothek ist ein Repertoire von Elementen, auf das Sie auf unterschiedliche Weise zugreifen können.

Die Bibliothek auf einen Blick

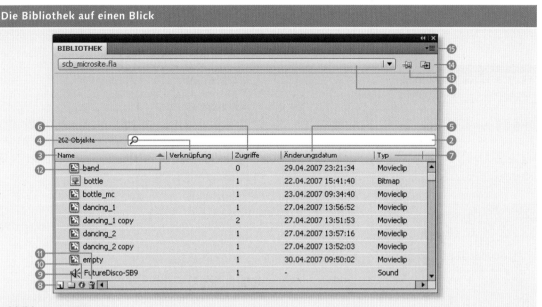

Abbildung 4.28 ▲
Eine Bibliothek mit unterschiedlichen Elementen

❶ Auswahl der Bibliothek bzw. des Flash-Films: Hier können Sie schnell zwischen den unterschiedlichen Bibliotheken umschalten. Jedes Dokument hat eine eigene Bibliothek.

❷ Suchfeld: Über das Suchfeld können Sie nach Bezeichnern von Bibliothekselementen suchen.

❸ Name: der Name des Bibliothekselements

❹ Verknüpfung: Wenn Sie ein Element der Bibliothek über ActionScript ansteuern, z.B. zur Anzeigeliste hinzufügen möchten, müssen Sie dem Element eine Klasse zuweisen. Der Klassenbezeichner erscheint dann in dieser Spalte. Mehr dazu erfahren Sie in Kapitel 8, »ActionScript-Grundlagen«.

❺ Änderungsdatum: das Datum, an dem das Element zuletzt geändert wurde

❻ Zugriffe: Der Wert zeigt, wie oft das Element im Flash-Film verwendet wird. Damit der Wert regelmäßig aktualisiert wird, aktivieren Sie die Option Anzahl der Zugriffe regelmässig aktualisieren im Kontextmenü der Bibliothek.

❼ Typ des Bibliothekelements: Hier wird zwischen Movieclips, Schaltflächen, Bitmaps, Sounds etc. unterschieden.

❽ Über die Schaltfläche Neues Symbol erstellen Sie direkt in der Bibliothek ein neues Element.

❾ Über die Schaltfläche Neuer Ordner legen Sie einen neuen Bibliotheksordner an. So können Sie Ordnung in Ihrer Bibliothek halten.

❿ Mit dem kleinen i-Symbol blenden Sie die Eigenschaften des ausgewählten Elements ein.

⓫ Ein Klick auf den Papierkorb löscht das ausgewählte Element.

⓬ Hier können Sie die Sortierreihenfolge ändern.

⓭ Klicken Sie auf das Symbol Aktuelle Bibliothek immer vorne, um zu gewährleisten, dass die aktuell angezeigte Bibliothek auch beim Wechseln eines Flash-Films aktiviert bleibt.

⓮ Per Mausklick auf die Schaltfläche Neues Bedienfeld öffnen Sie ein weiteres Bibliotheksfenster.

⓯ Das Menü der Bibliothek

▲ **Abbildung 4.29**
Element löschen

Wenn mehrere Flash-Filme geöffnet sind, können Sie über das Listenfeld zwischen den Bibliotheken der Filme wechseln, ohne dass Sie dazu das Dokument wechseln müssen.

Außerdem haben Sie die Möglichkeit, ein Symbol eines anderen Films schnell in den aktuellen Flash-Film zu übernehmen. Wählen Sie dazu den Flash-Film in der Liste aus und anschließend das Symbol in der Bibliothek, das Sie übernehmen möchten. Ziehen Sie es auf die Bühne. Wenn Sie es nicht sofort auf der Bühne verwenden möchten, löschen Sie es gegebenenfalls durch [Entf] von der Bühne – in der Bibliothek bleibt es jedoch erhalten, bis Sie es dort auch entfernen.

4.4.1 Bibliothekselemente löschen

Wenn Sie ein Symbol oder eine importierte Mediendatei mit Sicherheit nicht mehr brauchen, können Sie das Symbol, nachdem Sie es ausgewählt haben, über die Schaltfläche LÖSCHEN ❶ aus der Bibliothek entfernen.

Beachten Sie dabei, dass das Element, wenn es im Flash-Film eingesetzt wird, dann auch von der Bühne gelöscht wird. Es erscheint kein Warnhinweis; gehen Sie diesbezüglich vorsichtig vor.

4.4.2 Ordnung und Struktur in der Bibliothek

Ob es sinnvoll ist, die Bibliothek eines Projekts zu strukturieren und zu ordnen, hängt von verschiedenen Faktoren ab. Das Wichtigste ist, dass Sie Symbolen immer eindeutige Namen zuweisen. Ein Symbol mit den Namen »Symbol 234« wird Ihnen später keinen Hinweis darauf geben, um was es sich dabei handeln könnte. Geben Sie den Symbolen einen Bezeichner, durch den Sie selbst und andere einen Rückschluss auf den Symbolinhalt ziehen können.
Beispiele:

▶ Wenn Sie ein Logo in einen Movieclip umwandeln, nennen Sie das Symbol »logo_mc«. Einerseits ist sofort klar, dass es sich um ein Logo handelt, und anderseits zeigt der Name des Symbols schon, dass es sich um einen Movieclip handelt – das Suffix »mc« steht für »Movieclip«.

▶ Für einen Text, der auf der Startseite einer Webseite erscheint und in einen Movieclip umgewandelt wurde, wäre z. B. ein Name wie »homeText_mc« sinnvoll.

▶ Für eine Schaltfläche, die zur Verlinkung einer E-Mail-Adresse dient, böte sich der Name »email_btn« an. »btn« steht in diesem Fall für das englische »button«, auf Deutsch »Schaltfläche«.

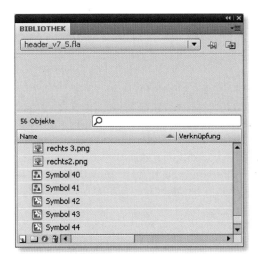

◀ **Abbildung 4.30**
Ein Negativbeispiel: die
Bibliothek eines sogenannten
Flash-Templates

Ordner verwenden | Bei umfangreichen Projekten, die mit mehreren Entwicklern umgesetzt werden, ist die Ordnung in der Bibliothek meist wichtiger, als wenn Sie allein nach Ihrem eigenen System arbeiten. Um Elemente in der Bibliothek zu strukturieren, können Sie Elemente in Ordnern ablegen. Bei der Erstellung eines neuen Symbols oder bei der Konvertierung einer Form in ein Symbol klicken Sie im entsprechenden Dialogfenster unter ORD-NER auf BIBLIOTHEKSSTAMM ❶. Im nächsten Dialogfenster haben Sie die Möglichkeit, einen neuen Ordner zu erstellen ❷ oder das Symbol in einen vorhandenen Ordner ❸ abzuspeichern.

[!] Bibliotheksordner
Bibliotheksordner haben einen Nachteil: Normalerweise erscheint eine Fehlermeldung, wenn Sie einem Symbol einen Namen geben, der bereits verwendet wird. Wenn das Symbol mit dem gleichen Namen vorher in einem Ordner verschoben wurde, bleibt die Fehlermeldung aus – das Symbol wird angelegt. Das ist aus technischer Sicht kein Problem, allerdings können Symbole mit gleichem Namen schnell verwechselt werden.

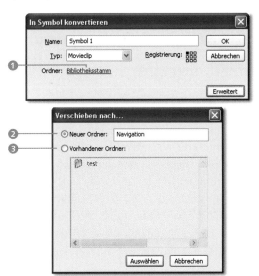

◀ **Abbildung 4.31**
Speichern Sie das Symbol in einen neuen Ordner oder in einen vorhandenen Ordner.

Um einen neuen Ordner über die Bibliothek anzulegen, klicken Sie auf die Schaltfläche NEUER ORDNER ❹ und weisen dem Ord-

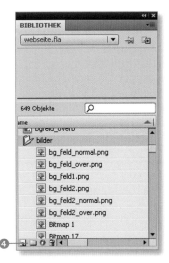

④

▲ Abbildung 4.32
Elemente mittels Ordnern
strukturieren

ner einen möglichst eindeutigen Namen, wie z. B. *Navigation*, zu. Anschließend können Sie Elemente per Drag & Drop in den Ordner verschieben.

Bibliothek bereinigen | Bei der Entwicklung einer Website oder einem ähnlich umfangreichen Projekt entstehen in der Entwurfs- und Umsetzungsphase viele Symbole, die im fertigen Projekt nicht mehr benötigt werden. Je größer die Bibliothek wird, desto größer wird die Flash-Quelldatei (*.fla*), und desto länger dauert das Öffnen des Flash-Dokuments. Über das Menü Nicht verwendete Elemente auswählen ❶ haben Sie die Möglichkeit, die Bibliothek schnell zu bereinigen. Nachdem die Elemente ausgewählt wurden, können Sie sie über die Schaltfläche Löschen entfernen.

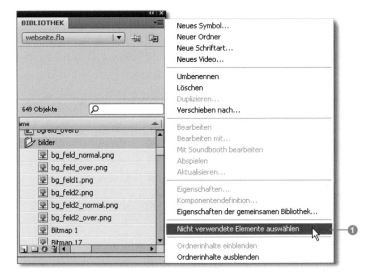

▲ Abbildung 4.33
Nicht verwendete Elemente auswählen

Sicherung

Bevor Sie die Bibliothek auf diese Weise bereinigen, sollten Sie den Flash-Film sichern. Es kommt gelegentlich vor, dass Elemente, die zur Laufzeit auf der Bühne platziert werden, von Flash als nicht verwendete Elemente eingestuft werden. Das kann zu Fehlern führen. Sie sollten nach der Bereinigung den Film ausführlich testen und können dann bei Fehlern gegebenenfalls auf die gesicherte Version zurückgreifen.

Speichern und komprimieren | Nachdem Sie die Bibliothek bereinigt und den Flash-Film abgespeichert haben, wird Ihnen vielleicht auffallen, dass die FLA-Datei nicht wesentlich kleiner geworden ist. Das liegt daran, dass Flash die Bibliothek bei einer gewöhnlichen Speicherung intern nicht neu organisiert und zusammenfasst. Was vorher ein Symbol war, wird intern zu einem leeren Eintrag. Um das zu verhindern und die Dateigröße der FLA-Datei dann wirklich zu minimieren, wählen Sie den Menübefehl Datei • Speichern und komprimieren aus. Die Bibliothek wird dann neu organisiert, und die Dateigröße wird reduziert.

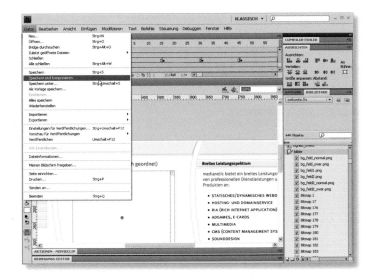

◄ **Abbildung 4.34**
Speichern und komprimieren

4.5 Gemeinsam genutzte Bibliothek (Shared Library)

Mit Hilfe einer sogenannten *Shared Library* können Symbole und Bitmaps von mehreren Flash-Filmen gemeinsam genutzt werden.

Stellen Sie sich eine Website vor, die sich aus verschiedenen Flash-Filmen (SWF-Dateien) zusammensetzt. Zum Beispiel könnte es eine *main.swf* geben, die andere Bereiche, wie z. B. das Impressum (*impressum.swf*), dynamisch lädt. Wenn Sie in verschiedenen Bereichen der Website eine eingebettete Schriftart verwenden würden, müssten Sie normalerweise die Schrift in jeden Flash-Film einbetten. So müsste die Schrift sowohl im Haupt-Flash-Film *main.swf* als auch in allen anderen Filmen, wie dem Impressum, eingebettet werden. Dasselbe gilt für Bitmaps, Movieclip-Symbole etc. Das hätte zur Folge, dass die Flash-Filme unnötig groß würden.

Shared Library

Folgende Elemente können für eine Shared Library genutzt werden: Movieclip-, Grafik-, Schaltflächen- und Schriftartensymbole sowie Sound- und Video-Objekte und Bitmaps.

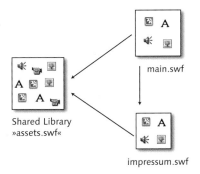

main.swf

Shared Library
»assets.swf«

impressum.swf

◄ **Abbildung 4.35**
Schema zur Funktionsweise der Shared Library

Anwendung

Mit Hilfe einer Shared Library können Sie mehrfach verwendete Elemente auslagern und zur Laufzeit von mehreren unterschiedlichen Flash-Filmen nutzen. So muss eine Schriftart nur einmal geladen werden. Am besten erstellen Sie dazu einen eigenen Flash-Film, wie z. B. *assets.swf*, der die gemeinsam genutzten Elemente enthält und von *main.swf* geladen wird.

In dem Flash-Film, der als Shared Library dient, müssen Sie den Symbolen oder Bitmaps zunächst einen Klassenbezeichner zuweisen. Öffnen Sie dazu die BIBLIOTHEK, wählen Sie das Symbol aus, das Sie gemeinsam nutzen wollen, öffnen Sie das Kontextmenü, und wählen Sie den Menüpunkt EIGENSCHAFTEN.

Abbildung 4.36 ▶
Eigenschaften

▲ Abbildung 4.37
Warnhinweis zur ActionScript-Klasse

Hinweis:
Klicken Sie auf OK, um die Einstellungen zu übernehmen. Es folgt ein Dialogfenster, das Sie darauf hinweist, dass keine entsprechende Klasse gefunden wurde und Flash automatisch eine Klasse erzeugt. Bestätigen Sie dies durch Mausklick auf OK.

Aktivieren Sie anschließend im sich daraufhin öffnenden Dialogfenster das Optionsfeld EXPORT FÜR GEMEINSAME NUTZUNG ZUR LAUFZEIT. Das Optionsfeld EXPORT FÜR ACTIONSCRIPT wird dann automatisch aktiviert.

Unter KLASSE geben Sie einen Bezeichner ein, über den Sie das Element im gewünschten Flash-Film über ActionScript ansprechen können. Üblicherweise wird der erste Buchstabe eines Klassenbezeichners großgeschrieben. Im Feld URL geben Sie die URL an, unter der der Flash-Film mit den gemeinsam genutzten Elementen gespeichert wird, also z. B. *http://www.meineDomain.de/assets.swf*.

Abbildung 4.38 ▶
Optionsfeld aktivieren und Klassenbezeichner definieren

Gemeinsam genutzte Elemente in anderen Filmen nutzen |
Nachdem Sie alle gewünschten gemeinsam genutzten Elemente
mit einem Klassenbezeichner versehen haben, können Sie sie in
anderen Flash-Filmen nutzen, ohne dass sie tatsächlich in die
anderen Flash-Filme eingebettet werden müssen.

Angenommen, Sie haben einen Flash-Film *assets.swf* erstellt
und möchten ein Element der Bibliothek des Flash-Films in einem
Flash-Film *main.swf* nutzen. Öffnen Sie zunächst die Quelldatei
main.fla. Wählen Sie den Menüpunkt DATEI • IMPORTIEREN •
EXTERNE BIBLIOTHEK ÖFFNEN.

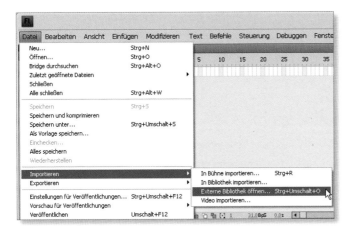

◀ **Abbildung 4.39**
Externe Bibliothek öffnen

Wählen Sie die Quelldatei *assets.fla* aus – es öffnet sich ein neues
Bibliotheksfenster. Öffnen Sie jetzt gegebenenfalls das Bibliotheksfenster der *main.fla*. Nun können Sie die Elemente aus der
BIBLIOTHEK der *assets.fla* per Drag & Drop in die BIBLIOTHEK der
main.fla ziehen ❶.

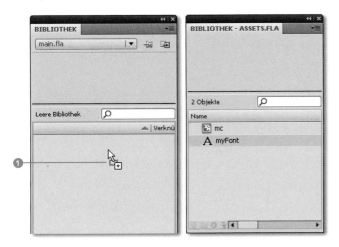

◀ **Abbildung 4.40**
Bibliothekselement hinzufügen

Dateigröße

Sie können selbst sehr einfach sehen, dass die Dateigröße des
Flash-Films *main.fla* nicht größer
wird, wenn Sie Elemente einer
Shared Library verwenden.
Importieren Sie dazu einfach ein
großes Bitmap in die Bibliothek
der Shared Library, und exportieren Sie es für eine gemeinsame
Nutzung. Importieren Sie das Bitmap dann in der *main.fla*, ziehen
Sie es auf die Bühne, veröffentlichen Sie den Flash-Film und vergleichen Sie die Dateigröße.

Zur Kontrolle wählen Sie das Element in der BIBLIOTHEK der *main.
fla* aus, öffnen Sie das Kontextmenü, und klicken Sie auf den
Menüpunkt EIGENSCHAFTEN.

In dem daraufhin erscheinenden Dialogfenster ist die Option
IMPORT FÜR GEMEINSAME NUTZUNG ZUR LAUFZEIT ❶ aktiviert, die
darauf hindeutet, dass es sich um ein gemeinsam verwendetes
Element handelt, das in der *main.swf* nicht eingebettet wird.
Anschließend können Sie das verknüpfte Element wie gewohnt
im Flash-Film verwenden.

Abbildung 4.41 ▶
Verknüpfungseigenschaften des
importierten Elements

5 Animation

Animationen (aus dem Lat.; *animare*, »zum Leben erwecken«) sind ein Gestaltungsmittel, um Inhalte in Bewegung zu versetzen und lebendiger erscheinen zu lassen. Animationen sind seit der ersten Flash-Version bis heute eine der größten Stärken von Flash.

Dieses Kapitel stellt Ihnen die Grundlagen vor, um Animationen in Flash zu erstellen und zu steuern. Sie lernen die unterschiedlichen Animationstechniken kennen und erfahren, wie Sie selbst Instanzeigenschaften wie z. B. Position, Skalierung, Transparenz und Farbe animieren können.

[Animation]
Animation ist die Veränderung einer Objekteigenschaft über einen gewissen Zeitraum. Es gibt zwei wesentliche Faktoren, die eine Animation beeinflussen: die sich ändernde Eigenschaft (wie z. B. die Position, Farbe oder die Größe) und die Zeit.

5.1 Zeitleiste

Bevor es darum geht, die verschiedenen Animationsmöglichkeiten, die in Flash CS4 zur Verfügung stehen, zu erläutern, sollten Sie sich mit der Zeitleiste näher vertraut machen. Der richtige Umgang mit der Zeitleiste ist zum Erstellen von Animationen eine Grundvoraussetzung.

Die Zeitleiste ist das Mittel, um den zeitlichen Ablauf eines Flash-Films zu steuern. Vergleicht man einen Flash-Film mit einem echten Film, so entspräche die Zeitleiste der Filmrolle, auf der die Einzelbilder eines Films in bestimmten Abständen in einer bestimmten Reihenfolge hintereinanderliegen. Ein Abspielgerät zeigt die Einzelbilder des Films in einer bestimmten Geschwindigkeit (bei Kino-/Fernsehfilmen üblicherweise: 24 Bilder pro Sekunde) an.

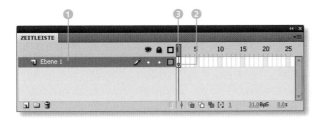

◀ **Abbildung 5.1**
Die ZEITLEISTE

Abspielrichtung

Der Abspielkopf bewegt sich beim Abspielen der Zeitleiste von links nach rechts, um die einzelnen Bilder der Zeitleiste und deren Inhalt darzustellen.

Auf der linken Seite der ZEITLEISTE werden Ebenen ❶ und auf der rechten Seite die Bilder der Zeitleiste ❷ dargestellt. Das rote Rechteck ❸ zeigt die aktuelle Position des Abspielkopfes in der Entwicklungsumgebung an.

5.1.1 Ebenenmodell

Ebenen sind vergleichbar mit transparenten Folien. Auf der transparenten Fläche einer Folie lassen sich verschiedene Elemente anlegen. Die Folien werden dann in einer bestimmten Reihenfolge, der Ebenen-Reihenfolge, übereinandergelegt und ergeben so ein Gesamtbild.

Abbildung 5.2 ▶
Funktionsweise von Ebenen auf einen Blick

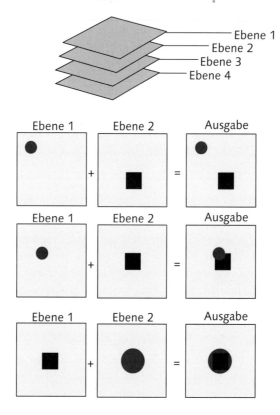

Grundsätzlich gilt, dass Objekte, die animiert werden, auf einer eigenen Ebene platziert werden müssen – es sollten also keine anderen Elemente auf der Ebene platziert werden, da es sonst zu Fehlern kommt. Die Ausnahmen dieser Regel sind Bild-für-Bild-Animationen und geskriptete Animationen, bei denen auch mehrere Elemente auf einer Ebene platziert werden können.

Jeder Flash-Film kann beliebig viele Ebenen besitzen – mit Hilfe von Ebenen können Sie die Bestandteile eines Flash-Films hierarchisch anordnen, inhaltsbezogen verteilen und strukturieren.

5.1.2 Mit Ebenen arbeiten

Nachdem ein neuer Flash-Film erstellt wurde, gibt es zunächst nur eine einzige Ebene mit dem Namen »Ebene 1«. Um eine neue Ebene anzulegen, klicken Sie in der ZEITLEISTE auf NEUE EBENE ❶.

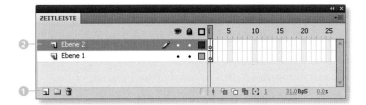

◀ **Abbildung 5.3**
Eine neue Ebene wurde
eingefügt.

Sie sollten Ebenen möglichst eindeutige Namen zuweisen, damit
Sie später einen Hinweis darauf haben, was sich auf den entsprechenden Ebenen befindet. Klicken Sie dazu auf den Ebenennamen
❷. Anschließend können Sie einen neuen Namen eingeben.

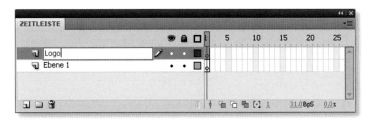

◀ **Abbildung 5.4**
Ebenennamen ändern

Flash-Filme mit vielen Objekten und Animationen können sehr
viele Ebenen enthalten. Je mehr Ebenen der Flash-Film hat, desto
wichtiger ist es, sich die Zeit zu nehmen, Ebenen zu benennen –
die Übersicht geht sonst schnell verloren.

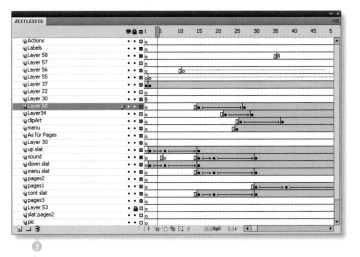

◀ **Abbildung 5.5**
Ein Negativbeispiel: Wo ist was?
Das Rätseln beginnt…

Um eine Ebene zu löschen, wählen Sie sie aus, und klicken Sie auf
das Papierkorb-Symbol LÖSCHEN ❸.

Ebenenreihenfolge | Über die Ebenenreihenfolge legen Sie fest,
welche Objekte im Vordergrund und welche im Hintergrund liegen sollen.

Reihenfolge
Objekte auf der obersten Ebene
überlagern alle Objekte, die auf
Ebenen darunter liegen.

Strukturierung

Am Anfang fällt es nicht immer leicht, eine gute Struktur für einen Flash-Film zu finden. Je mehr Sie mit Flash arbeiten, desto einfacher wird Ihnen das mit der Zeit fallen, da Sie fast wie von selbst lernen, bestimmte Inhalte nach bestimmten Schemata zu strukturieren.

Ein möglicher Ebenenaufbau einer Webseite könnte so aussehen:

▶ **unten:** eine Ebene mit Hintergrund-Elementen (Grafiken, Fenster für Textbereiche etc.)

▶ **im mittleren Bereich:** Ebenen mit Hauptinhalten der Webseite (Texte, Grafiken, Logo etc.)

▶ **oben:** Eine Ebene mit Bildbezeichnern und Aktionen (Diese Ebenen haben keinen sichtbaren Inhalt – sie dienen zur Steuerung und Strukturierung des Flash-Films. Üblicherweise werden Sie ganz oben positioniert.)

Abbildung 5.6 ▶
Eine klassische Ebenenstruktur einer Webseite

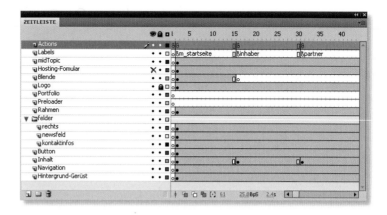

Natürlich können Sie die Ebenen-Reihenfolge auch jederzeit ändern. Wählen Sie dazu die Ebene via Mausklick aus ❷, halten Sie die Maustaste gedrückt, und verschieben Sie die Ebene auf die gewünschte Position. Eine Linie ❶ zeigt während des Vorgangs die neue Position der Ebene an.

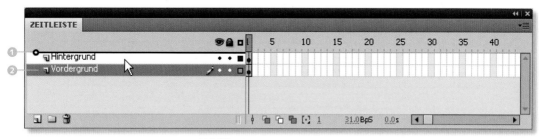

▲ Abbildung 5.7
Die Ebene »Vordergrund« wird nach oben verschoben.

Ebenenordner steuern
Die Steuerungsfunktionen, die im folgenden Abschnitt erläutert werden, können auch auf Ebenenordner angewendet werden. So ist es z. B. möglich, alle Ebenen eines Ordners gleichzeitig auszublenden oder zu sperren.

Ebenenordner | Ebenen lassen sich mit Hilfe von ein- und ausklappbaren Ebenenordnern strukturieren. So können Sie mit Ebenenordnern Ebenen z. B. nach ihrem Inhalt sortieren und strukturieren. Es wäre beispielsweise sinnvoll, Ebenen mit Navigationselementen in einen Ebenenordner »Navigation« zu platzieren. Das lohnt sich meist aber erst, wenn Sie insgesamt mehr als 15 Ebenen haben und in der ZEITLEISTE oft scrollen müssten, um alle Ebenen im Blick zu behalten.

Um einen Ebenenordner anzulegen, klicken Sie in der ZEITLEISTE auf NEUER ORDNER ❸.

Tiefe der Verschiebung

An dem kreisförmigen Abschluss der Vorschaulinie ❶ können Sie erkennen, in welcher Tiefe die Ebenen eingesetzt werden.

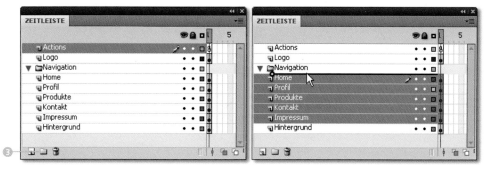

▲ **Abbildung 5.8**
Links: Ein neuer Ebenenordner wurde angelegt. Rechts: Die ausgewählten Ebenen werden in den Ordner verschoben.

Nachdem der Ordner angelegt wurde, sollten Sie ihm via Mausklick auf den Ordnernamen einen eindeutigen Namen zuweisen.

Anschließend wählen Sie alle Ebenen aus, die Sie in den Ordner verschieben möchten. Wenn diese Ebenen hintereinanderliegen, wählen Sie erst die unterste oder oberste Ebene aus, halten ⟨⇧⟩ gedrückt und wählen dann die oberste bzw. unterste Ebene aus. Alle Ebenen dazwischen werden automatisch markiert. Klicken Sie dann auf eine ausgewählte Ebene, halten Sie die Maustaste gedrückt, und ziehen Sie die Ebenen in den Ordner.

Sie können jetzt auf einen Blick erkennen, welche Ebenen zur Navigation gehören. Ein weiterer Vorteil ist, dass Sie Ebenenordner ein- und ausklappen können, was Platz in der Zeitleiste spart. Sie müssen dann seltener in der Zeitleiste scrollen. Um einen Ebenenordner ein- bzw. auszuklappen, klicken Sie einfach auf den Pfeil ❹ auf der linken Seite der Ebene.

▲ **Abbildung 5.9**
Oben: Die Ebenen werden innerhalb des Ebenenordners platziert. Unten: Die Ebenen werden oberhalb des Ebenenordners platziert.

▼ **Abbildung 5.10**
Ebenen des Ordners ein-/ ausblenden

Ebenen steuern | Sie können Ebenen über drei verschiedene Modi steuern:

▶ Via Mausklick auf einen der kleinen Kreise unter dem Auge ❶ blenden Sie Ebenen ein und aus. Das ist hilfreich, wenn sich Bereiche in der Arbeitsfläche überlagern und Sie zeitweise nur bestimmte Teile des Flash-Films betrachten möchten.

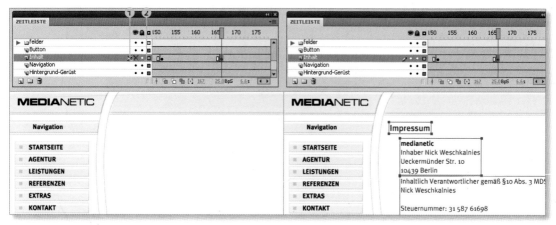

▲ Abbildung 5.11
Die Ebene »Inhalt« ist links aus- und rechts eingeblendet

Ausgeblendete Ebenen einschließen

Wenn Sie bestimmte Ebenen ausblenden, können Sie Flash dazu veranlassen, diese Ebenen bei der Veröffentlichung des Flash-Films zu ignorieren. Diese Option ist nützlich in der Entwurfsphase. Sie finden die entsprechende Option im Menü DATEI • EINSTELLUNGEN FÜR VERÖFFENTLICHUNGEN im zweiten Reiter FLASH unter AUSGE-BLENDETE EBENEN EINSCHLIESSEN. Deaktivieren Sie die Option, um ausgeblendete Ebenen auszuschließen.

▶ Klicken Sie auf den Kreis unterhalb der Spalte mit dem Schloss ❷, um eine Ebene zu sperren bzw. zu entsperren. Wenn eine Ebene gesperrt ist, können Elemente auf dieser Ebene nicht mehr ausgewählt werden. Dadurch wird verhindert, dass Objekte auf dieser Ebene unbeabsichtigt verschoben oder verändert werden.

Ein Schlosssymbol ❸ wird angezeigt, wenn die Ebene gesperrt wurde. Wenn Sie die Ebene anwählen, zeigt Ihnen zusätzlich ein durchgestrichener Stift ❹ an, dass auf dieser Ebene nicht gearbeitet werden kann.

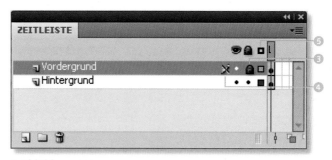

▲ Abbildung 5.12
Die Ebene »Vordergrund« wurde gesperrt.

▶ Gelegentlich kommt es vor, dass Objekte aneinander ausgerichtet werden sollen, bestimmte Teile der Objekte sich aber so überlagern, dass der Überblick verlorengeht. Via Mausklick auf den kleinen runden Kreis unter dem rechteckigen Rahmen ⑤ aktivieren bzw. deaktivieren Sie die Konturansicht. Es werden dann nur die Konturen der Objekte auf der Ebene dargestellt.

Hinweis
Konturen werden ausschließlich bei vektorbasierten Formen angezeigt. Bei Bitmaps beispielsweise wird in der Konturansicht statt einer Kontur der Begrenzungsrahmen der Bitmap angezeigt.

Alle Ebenen steuern

Sie können auch alle Ebenen gleichzeitig steuern. Klicken Sie dazu oberhalb der Ebenen auf eines der Symbole Auge ①, Schloss ② oder Rahmen ⑤.

▲ **Abbildung 5.13**
Konturansicht (links) und die normale Ansicht (rechts) im Vergleich

5.1.3 Bilder und Schlüsselbilder auf der Zeitleiste

Nachdem Sie einen neuen Flash-Film erstellt haben, besitzt der Flash-Film ein einziges Bild. Am Anfang steht Ihnen in Bild 1 der ZEITLEISTE ein leeres Schlüsselbild zur Verfügung ⑥. In leeren Schlüsselbildern befindet sich nichts auf der Bühne. Sie können an dieser Stelle Inhalte einfügen, was dazu führt, dass aus dem leeren Schlüsselbild ein Schlüsselbild ⑦ wird.

Bilder der Zeitleiste
Der Begriff »Bild« ist nicht eindeutig, da er für zweierlei Dinge verwendet wird: Einerseits wird üblicherweise von einem Bild der Zeitleiste (oder auch vom Inhalt »an bzw. in Bild X«) gesprochen. Dies bezieht sich auf die Position innerhalb der Zeitleiste. Andererseits gibt es Bilder in der Zeitleiste, die den Inhalt des vorangehenden Schlüsselbildes darstellen. Der Begriff ist derselbe, die Bedeutung aber eine andere.

▲ **Abbildung 5.14**
Links: leeres Schlüsselbild; rechts: ein Schlüsselbild

Um den Inhalt eines Schlüsselbildes im weiteren Verlauf der Zeitleiste unverändert darzustellen, können Einzel-Bilder (engl. »frames«) hinter dem Schlüsselbild eingefügt werden. Diese zeigen dann den Inhalt des vorangehenden Schlüsselbildes in unveränderter Form an. Um weitere Bilder einzufügen, klicken Sie auf das freie Bild in der ZEITLEISTE, um den Abspielkopf auf dieses Bild zu setzen, und wählen Sie aus dem Menü EINFÜGEN • ZEITLEISTE • BILD oder nutzen das Tastenkürzel F5.

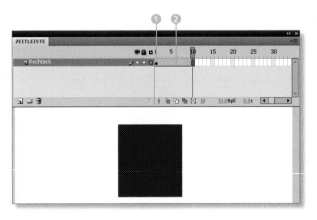

Abbildung 5.15 ▶
Ein Schlüsselbild ❶ und neun Bilder ❷ dahinter

Schlüsselbild einfügen | Wenn sich der Inhalt auf der Bühne verändern soll – sei es durch die Änderung der Position, der Größe etc. des Inhalts oder durch einen neuen Inhalt –, wird dazu ein neues Schlüsselbild ❸ auf der Zeitleiste benötigt.

Um ein neues Schlüsselbild zu erstellen, klicken Sie auf das Bild in der ZEITLEISTE, und wählen Sie EINFÜGEN • ZEITLEISTE • SCHLÜSSELBILD. Wer lieber mit Tastenkürzeln arbeitet, kann sich dafür das Tastenkürzel F6 merken.

▲ **Abbildung 5.16**
Ein neues Schlüsselbild wurde in Bild 10 angelegt.

Flash fügt daraufhin ein neues Schlüsselbild ❸ ein – auf der Bühne sehen Sie noch keine Veränderung. Erst wenn Sie auf der Bühne eine Veränderung vornehmen, also zum Beispiel ein weiteres Objekt zeichnen oder das bestehende Objekt verändern, sehen Sie, was passiert: Der Bereich vor dem neuen Schlüsselbild bleibt unverändert.

Schlüsselbild in Flash CS4

In Flash CS4 wird für jede Eigenschaftsänderung eines Objekts – wie z. B. die Änderung der Position, der Skalierung, des Rotationswinkels etc. – auf einer sogenannten *Tween-Ebene* für diese Eigenschaft ein eigenes Schlüsselbild erstellt. Näheres dazu erfahren Sie später in diesem Kapitel.

Leere Schlüsselbilder | In leeren Schlüsselbildern befindet sich nichts auf der Bühne. Ein leeres Schlüsselbild fügen Sie über das Menü EINFÜGEN • ZEITLEISTE • LEERES SCHLÜSSELBILD F7 ein.

Schlüsselbild löschen | Um ein Schlüsselbild zu löschen, wählen Sie es zunächst aus, öffnen Sie über die rechte Maustaste das Kontextmenü, und wählen Sie dann den Menüpunkt SCHLÜSSELBILD LÖSCHEN oder drücken das Tastenkürzel ⇧+F6.

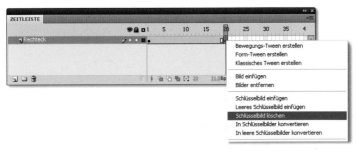

▲ Abbildung 5.17
Menübefehl Schlüsselbild löschen

Darstellungsweise | Die Darstellungsweise von Bildern (Inhalten), Animationen und Ebenen auf der Zeitleiste zeigt Ihnen auf den ersten Blick bereits, was sich auf dem entsprechenden Bild oder der Ebene befindet bzw. abläuft. Die folgende Übersicht stellt dar, wie unterschiedliche Bereiche in der Zeitleiste dargestellt werden.

Schlüsselbilder verschieben/kopieren

Um ein Schlüsselbild auf der Zeitleiste zu verschieben, wählen Sie es zunächst aus, halten Sie die Maustaste gedrückt, und bewegen Sie die Maus, um das Schlüsselbild auf der Zeitleiste zu verschieben. Wenn Sie dabei Alt/⌥ gedrückt haben, wird eine Kopie des Schlüsselbilds angelegt.

Bilder der Zeitleiste

▲ Abbildung 5.18
Ein leeres Schlüsselbild ohne Inhalt auf der Bühne

▲ Abbildung 5.19
Ein Schlüsselbild und dahinter neun Bilder

▲ Abbildung 5.20
Ein leeres Schlüsselbild, dem eine Aktion zugewiesen wurde – ein kleines »a« zeigt diese Zuweisung an.

▲ Abbildung 5.21
Die Ebene »Labels« besitzt zwei Schlüsselbilder, denen Bildbezeichner zugewiesen wurden.

▲ Abbildung 5.22
Eine Tween-Ebene enthält ein Tween mit einer Länge von 20 Bildern.

▲ Abbildung 5.23
Eine Tween-Ebene. In Bild 20 wurde eine Eigenschaft des Objekts geändert. Dies zeigt das rautenförmige sogenannte Eigenschaften-Schlüsselbild in Bild 20 an.

▲ Abbildung 5.24
Ein klassisches Bewegungs-Tweening mit zwei Schlüsselbildern und einer Länge von 20 Bildern.

▲ Abbildung 5.25
Ein klassisches Bewegungs-Tweening, das jedoch fehlerhaft ist, da bisher kein zweites Schlüsselbild eingerichtet wurde. Dies wird durch die gestrichelte Linie angezeigt.

▲ Abbildung 5.26
Ein Form-Tween mit einer Länge von 20 Bildern und zwei Schlüsselbildern

▲ Abbildung 5.27
Eine Maskenebene »Maske«, die die Ebene »Inhalt« maskiert

▲ Abbildung 5.28
Ein Bewegungs-Tweening auf der Ebene »Inhalt«. Das Tweening orientiert sich an dem Pfad, der auf der Führungsebene »Pfad« angelegt wurde.

▲ Abbildung 5.29
Eine Posenebene mit zwei Posenbildern

▲ Abbildung 5.30
Darstellungsoptionen der ZEITLEISTE

Abbildung 5.31 ►
Darstellungen im Vergleich: NORMAL und REDUZIERT ❷, GROSS, ❸ VORSCHAU IM KONTEXT ❹

5.1.4 Darstellungsoptionen der Zeitleiste

Über das Optionsmenü ❶ der ZEITLEISTE lässt sich die Darstellungsweise der ZEITLEISTE einstellen.

Bei einem Flash-Film mit sehr vielen Ebenen bietet beispielsweise eine kleinere Darstellung der Zeitleiste einen besseren Überblick – meine persönliche Empfehlung ist, die Ansicht NORMAL und REDUZIERT zu aktivieren; Sie können so möglichst viele Ebenen auf kleinster Fläche darstellen.

Die Einstellungen VORSCHAU und VORSCHAU IM KONTEXT zeigen innerhalb der Zeitleiste eine kleine Vorschau des jeweiligen Bildes an.

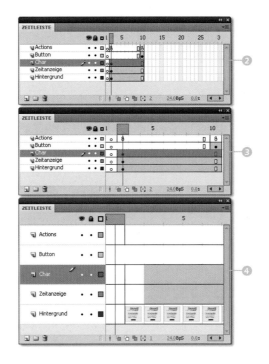

Aufbau eines Flash-Spiels
Bei einem Spiel gäbe es Bereiche – wie die Spielanleitung verbunden mit der Eingabe eines Spielernamens –, das Spiel selbst und gegebenenfalls einen Highscore.

5.1.5 Szenen und Bildbezeichner

Komplexere Flash-Filme bestehen meist aus mehrteiligen Bereichen. Bei einer Webseite hätte man zu Beginn eventuell eine kurze Animationssequenz, z. B. für einen animierten Aufbau der

Webseite, und anschließend die einzelnen Inhaltsbereiche der Webseite.

Für einen solchen Aufbau können Sie Szenen verwenden. Jede Szene besitzt eine eigene Hauptzeitleiste. Sie erreichen das Fenster zur Verwaltung von Szenen über FENSTER • ANDERE BEDIENFELDER • SZENE.

Szenen verwalten | Um eine neue Szene zu erstellen, klicken Sie auf das Symbol SZENE HINZUFÜGEN ❺. Via Doppelklick auf die Szene ❻ können Sie der Szene einen individuellen Namen geben. Per Mausklick auf SZENE DUPLIZIEREN ❼ wird ein Duplikat inklusive aller Inhalte der Szene erstellt. Eine vorhandene Szene können Sie via Mausklick auf den Papierkorb ❽ löschen.

Vor- und Nachteile | Auf den ersten Blick erscheinen Szenen sehr vielversprechend, da sich Bereiche mittels Szenen inhaltlich sichtbar trennen lassen. In der Praxis ergeben sich allerdings häufig Probleme, die einem häufig erst später auffallen. So ist es z. B. nicht möglich, ein grafisches Element auf mehreren Szenen gleichzeitig anzuzeigen, da jede Szene eine eigene Hauptzeitleiste besitzt und die Zeitleisten von zwei Szenen in keiner Weise miteinander verbunden sind.

Wenn Szenen verwendet werden, führt das oft dazu, dass Ebenen und Elemente mehrmals angelegt werden müssen. Häufig möchte man den Übergang zwischen zwei Bereichen eines Flash-Films über Transitionseffekte, wie ein Überblenden oder das Auf- und Abbauen von Elementen, animieren. Einen Übergang zwischen zwei Szenen zu animieren, ist sehr umständlich, da eine Szene immer abrupt mit einem Endbild endet und die nächste Szene mit einem Startbild anfängt.

Eine Alternative zur Strukturierung bieten sogenannte *Bildbezeichner*.

Bildbezeichner | Mit Hilfe von Bildbezeichnern können Sie verschiedene Bereiche eines Flash-Films visuell auf der Hauptzeitleiste oder auch auf der Zeitleiste eines Movieclips voneinander trennen. Bildbezeichner können nur Schlüsselbildern zugeordnet werden – gängige Praxis ist es, eine eigene Ebene speziell für Bildbezeichner zu erstellen, an den gewünschten Stellen leere Schlüsselbilder anzulegen und diesen Schlüsselbildern dann Bildbezeichnern zuzuweisen. Da Bildbezeichner über ActionScript bildunabhängig angesteuert werden können, können Sie Schlüsselbilder mit Bildbezeichnern nachträglich beliebig verschieben, ohne dass dies die Ansteuerung via ActionScript unerwünscht

---

Szenen-Reihenfolge ändern
Ähnlich wie bei Ebenen können Sie die Reihenfolge der Szenen per Drag & Drop ändern.

▲ **Abbildung 5.32**
Im Fenster SZENE können Sie die Szenen Ihres Films verwalten.

Dateigröße

Der Einsatz von Szenen führt häufig dazu, dass Flash-Filme unnötig groß werden, da Elemente, die in mehreren Szenen eingesetzt werden, auch mehrmals instantiiert bzw. erzeugt werden müssen. Das lässt sich mit Hilfe von Bildbezeichnern vermeiden.

Szenen vermeiden

Haben Sie einen Film erst einmal in Szenen unterteilt, ist es sehr mühselig, die Struktur wieder abzuändern. Alles in allem führt der Einsatz von Szenen in der Praxis oft zu vielen vermeidbaren Problemen. Der Einsatz von Szenen wird daher mittlerweile von vielen Flash-Nutzern vermieden.

beeinflusst. Die Nutzung von Bildbezeichnern kann die Steuerung und nachträgliche Veränderungen vereinfachen.

Sie können die Position von einzelnen Bereichen eines Flash-Films dann auf einen Blick schnell erkennen (❶, ❷, ❸). Animierte Übergänge ❹ sind ebenso möglich wie mehrfach verwendete Elemente (❺, ❻), die einfach mit Hilfe von Ebenen über mehrere Bereiche verteilt werden.

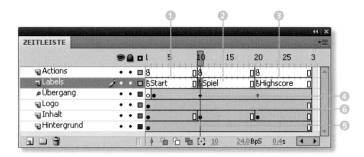

Abbildung 5.33 ▶
Getrennte Bereiche mit Bildbezeichnern

Film stoppen
Üblicherweise sollte der Flash-Film an Stellen mit Bildbezeichnern stoppen. Dazu werden auf einer eigenen Ebene, z. B. einer Ebene »Actions«, Schlüsselbilder angelegt, und den Schlüsselbildern wird die Aktion `stop()`; zugewiesen. Mehr zur Steuerung von Flash-Filmen erfahren Sie in diesem Kapitel in Abschnitt 5.9, »Verschachtelung«.

Um einem Schlüsselbild einen Bildbezeichner zuzuweisen, wählen Sie das Schlüsselbild in der ZEITLEISTE aus und öffnen gegebenenfalls das EIGENSCHAFTEN-Fenster. Tragen Sie den Bildbezeichner im EIGENSCHAFTEN-Fenster im Reiter BEZEICHNUNG unter NAME ❼ ein. Bildbezeichner mit Leerzeichen sind zwar gültig, sollten aber vermieden werden.

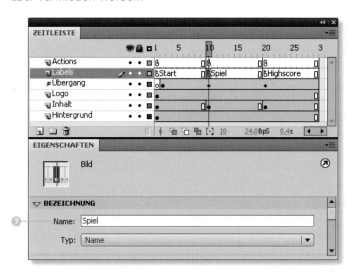

Abbildung 5.34 ▶
Bildbezeichner zuweisen

Ansteuerung von Bildern
Weitere Beispiele zur Ansteuerung von Bildern der Zeitleiste finden Sie in diesem Kapitel in Abschnitt 5.9, »Verschachtelung«.

Ansteuerung von Szenen und Bildbezeichnern | Sie können Szenen und Bildbezeichner über ActionScript ansteuern. Um beispielsweise am Ende einer Szene eine andere Szene mit dem Namen »webpage« anzuspringen, weisen Sie einem Schlüsselbild im letzten Bild der Szene folgender Code zu:

```
gotoAndStop(1,"webpage");
```

In diesem Code-Beispiel entspricht webpage dem Namen der Szene und 1 der Nummer des Bildes, das angesprungen wird. Ein Bild mit dem Bildbezeichner »game« wird durch folgenden Code angesprungen:

```
gotoAndStop("game");
```

5.2 Bild-für-Bild-Animation

Animationen können in Flash über verschiedene Techniken verwirklicht werden. Die Auswahl der Technik richtet sich nach der gewünschten Animation.

Anwendungsbereiche | Bild-für-Bild-Animationen werden recht selten eingesetzt, da sie in vielen Fällen zu einer großen Datei des Flash-Films führen und vergleichsweise zeitaufwendig sind. Für jede Änderung wird ein eigenes Schlüsselbild benötigt. Daher werden Bild-für-Bild-Animationen meist nur dann verwendet, wenn eine der anderen Animationsmöglichkeiten für das gewünschte Resultat nicht ausreichend geeignet ist. Das ist zum Beispiel der Fall bei 3D-Bitmap-Animationen.

Essentiell für Bild-für-Bild-Animationen ist die Arbeit mit Schlüsselbildern. Nachdem Sie einen Inhalt in einem Schlüsselbild platziert haben, legen Sie für eine Bild-für-Bild-Animation in den darauffolgenden Bildern der Zeitleiste weitere Schlüsselbilder an.

Bildrate | Die Bildrate eines Flash-Films ist die Geschwindigkeit der pro Sekunde angezeigten Bilder. Die Bildrate wird in Bildern pro Sekunde (BpS) gemessen und ist für die Geschwindigkeit, mit der eine Animation abläuft, ein wesentlicher Faktor.

Die Bildrate können Sie im EIGENSCHAFTEN-Fenster im Reiter EIGENSCHAFTEN einstellen. Achten Sie darauf, dass kein Objekt auf der Bühne ausgewählt ist. Die standardmäßig eingestellte Bildrate von 24 Bildern pro Sekunde ist meist zu niedrig. Grundsätzlich empfiehlt es sich, als Erstes die Bildrate zu erhöhen.

Wenn Sie in Flash CS4 die Bildrate eines Flash-Films einstellen, wird dieser Wert gespeichert, so dass zukünftig erstellte Filme standardmäßig die zuletzt genutzte Bildrate verwenden.

Link-Tipp: Flash-Fight
Unter *http://www.yonkis.com/ mediaflash/animacionflashera.htm* finden Sie eine witzige Zeichentrick-Animation, die in großen Teilen mit Bild-für-Bild-Animationen verwirklicht wurde.

Die richtige Bildrate

Die richtige Bildrate hängt vom Projekt ab; bei Spielen z. B. werden oft sehr hohe Bildraten verwendet, meist zwischen 40 und 60 Bildern pro Sekunde. Bei gewöhnlichen Animationen reichen 31 Bilder pro Sekunde in der Regel aus. Da sich bestimmte Bildraten bei Macs und PCs in einigen Flash-Player-Versionen unterschiedlich auswirken, ist eine Bildrate von 31 BpS (Bildern pro Sekunde) empfehlenswert. Die Differenz von Mac zu PC fällt bei dieser Bildrate sehr gering aus.

Abbildung 5.35 ▶
Bildrate einstellen

Eine perfekte Bild-für-Bild-Animation | Ein erstes Beispiel soll Ihnen die Erstellung einer Bild-für-Bild-Animation zeigen.

Schritt für Schritt: Die Animation anlegen

Bildrate sofort festlegen
Sie sollten die Bildrate immer direkt, nachdem Sie einen neuen Flash-Film erstellt haben, überprüfen und gegebenenfalls ändern, da sie für den ganzen Flash-Film gilt und die Länge einer Animation nach ihr ausgerichtet wird. Eine nachträgliche Änderung würde bedeuten, dass Sie jede zuvor erstellte Animation entsprechend an die neue Bildrate anpassen müssten.

1 Neues Dokument erstellen

Legen Sie einen neuen Flash-Film über das Menü DATEI • NEU an. Wählen Sie im Reiter ALLGEMEIN den Dokumenttyp FLASH-DATEI (ACTIONSCRIPT 3.0) aus, und klicken Sie auf OK. Speichern Sie das Dokument anschließend über das Menü DATEI • SPEICHERN UNTER in ein beliebiges Verzeichnis mit dem Dateinamen *step01.fla* ab.

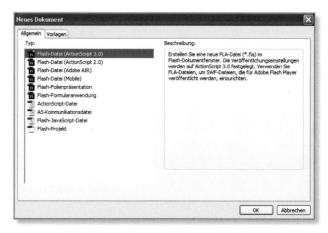

Abbildung 5.36 ▶
Ein ActionScript 3.0-Dokument anlegen

05\Bild-für-Bild\01.png

2 Bitmap-Bilder importieren

Ausgangsbasis sind zwölf Bitmap-Bilder, die mit Blender (*http://www.blender.org*), einem freien 3D-Modellierungs- und Animationsprogramm, gerendert wurden. Die Einzelbilder zeigen eine Grasfläche – der Wind weht, und die Grashalme bewegen sich von Bild zu Bild. Importieren Sie das Bitmap-Bild *01.png* aus dem Ordner *Bild-für-Bild* über ⌨Strg/⌘+R.

Da in dem Verzeichnis weitere Bilder mit einer fortlaufenden Nummerierung liegen, *02.png*, *03.png* etc., erscheint ein Dialogfenster, das Sie auf eine mögliche Bildsequenz hinweist. Klicken Sie auf JA, um automatisch alle Bilder zu importieren – jedes Bitmap wird dann automatisch auf einem eigenen Schlüsselbild positioniert.

▲ **Abbildung 5.37**
Dialogfenster beim Import der Bildsequenz

3 **Film testen**

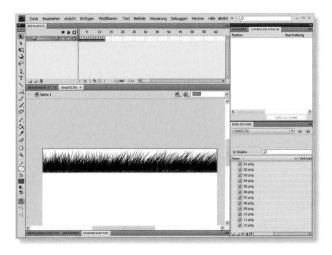

Schlüsselbilder
Jede Änderung auf der Bühne wird in der Zeitleiste durch ein Schlüsselbild repräsentiert. Mit Hilfe von Schlüsselbildern steuern Sie das Erscheinen, das Verschwinden und die Veränderung von Objekten. Ein Schlüsselbild mit Inhalt wird in der Zeitleiste durch einen gefüllten Kreis symbolisiert. Ein sogenanntes Eigenschaften-Schlüsselbild wird durch eine gefüllte Raute dargestellt. Ein leeres Schlüsselbild ohne Inhalt wird durch einen leeren nicht gefüllten Kreis angezeigt.

 **Ergebnis der Übung:**
05\Bild-für-Bild\step01.fla

◄ **Abbildung 5.38**
Flash nach dem Import der Bildsequenz

4 **Bildrate einstellen**
Öffnen Sie das EIGENSCHAFTEN-Fenster, und stellen Sie die Bildrate des Flash-Films auf 31 Bilder pro Sekunde.

◄ **Abbildung 5.39**
Bildrate einstellen

05\Bild-für-Bild\step02.fla

Testen Sie den Flash-Film über `Strg`/`⌘`+`↵`. Die Animation wird jetzt schneller abgespielt – sie wirkt jedoch noch nicht rund. Die sich im Wind sträubenden Grashalme bewegen sich von links nach rechts. Am Ende der Bildsequenz, in Bild 12, springt der Lesekopf der Zeitleiste wieder auf Bild 1 zurück – die Animation beginnt von vorn. Um die Animation abzurunden, muss die Animation ab Bild 13 nochmals rückwärts ablaufen, so dass das letzte Bild mit dem ersten Bild der Animation einen runden Übergang bildet.

Bilder kopieren

Noch schneller geht das Kopieren, wenn Sie die Bilder auswählen, `Alt`/`⌥` gedrückt halten und dann die Bilder verschieben. Ein kleines Pluszeichen zeigt an, dass es sich um einen Kopiervorgang handelt.

▲ **Abbildung 5.40**
Bilder kopieren auf die schnelle Art

Klicken Sie auf das erste Schlüsselbild der ZEITLEISTE, halten Sie die Maustaste gedrückt, und bewegen Sie die Maus nach rechts, um alle 12 Bilder der ZEITLEISTE zu markieren. Lassen Sie die Maustaste dann los, und öffnen Sie via Klick auf die rechte Maustaste das Kontextmenü der ZEITLEISTE. Im Kontextmenü wählen Sie den Menüpunkt BILDER KOPIEREN ❶, wodurch alle ausgewählten Bilder in die Zwischenablage kopiert werden.

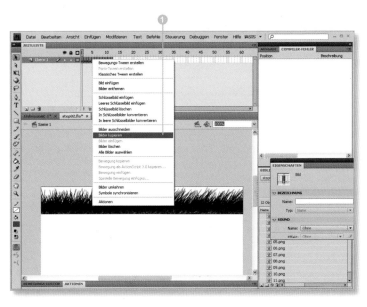

Abbildung 5.41 ▶
Bilder kopieren

Anschließend markieren Sie Bild 13 der ZEITLEISTE, öffnen das Kontextmenü der ZEITLEISTE und wählen den Menüpunkt BILDER EINFÜGEN.

5 Bilder umkehren

Vergleichen Sie jetzt Bild 12 und 13 miteinander. Zwischen den Bildern ist ein harter Bildwechsel, da die Reihenfolge der Bildsequenz ab Bild 13 noch nicht stimmt. Die Reihenfolge der Bilder 13 bis 24 wird jetzt umgekehrt. Markieren Sie dazu zunächst die Bilder 13 bis 24, öffnen Sie das Kontextmenü, und wählen Sie den Menüpunkt BILDER UMKEHREN.

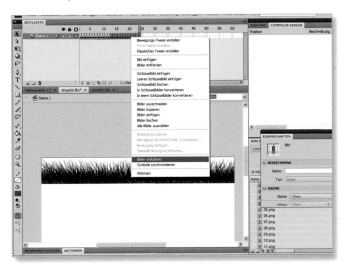

◄ **Abbildung 5.42**
Bildreihenfolge umkehren

6 Überflüssige Bilder löschen

Die Bitmaps in Bild 12 und 13 sind identisch – zwei gleiche Bilder hintereinander stören den flüssigen Ablauf. Das Schlüsselbild in Bild 13 entfernen Sie deshalb über das Kontextmenü mit SCHLÜS-SELBILD LÖSCHEN ❷.

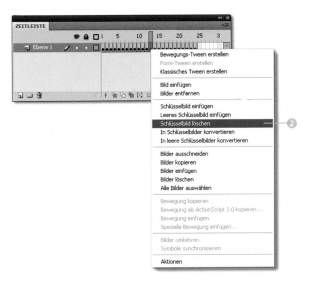

◄ **Abbildung 5.43**
Schlüsselbild löschen

Bilder der Zeitleiste
Zwischen Schlüsselbildern befinden sich oft »normale« Einzel-Bilder (engl. »frames«), die dafür sorgen, dass der Inhalt eines zuvor erstellten Schlüsselbilds unverändert angezeigt wird. Erst das nächste Schlüsselbild sorgt für eine Veränderung.

Das Schlüsselbild wurde entfernt, an seiner Stelle befindet sich jedoch immer noch ein Bild in Bild 13. Das Bild zeigt die Bitmap des davorstehenden Schlüsselbildes – also des Schlüsselbildes in Bild 12 – an; es muss ebenfalls entfernt werden. Markieren Sie das Bild, und klicken Sie im Kontextmenü auf BILDER ENTFERNEN.

Abbildung 5.44 ▶
Bild entfernen

7 Film testen

Testen Sie den Film über ⌨Strg⌨/⌘ + ↵. Die Animation läuft immer noch nicht ganz rund – das letzte Bild zeigt dieselbe Bitmap wie das erste Bild der Sequenz; es muss gelöscht werden. Markieren Sie das letzte Schlüsselbild, und entfernen Sie es über das Kontextmenü mit SCHLÜSSELBILD LÖSCHEN. Entfernen Sie dann auch das übriggebliebene Bild in der ZEITLEISTE.

Abbildung 5.45 ▶
Die ZEITLEISTE mit 22 Bildern, nachdem das letzte Schlüsselbild ebenfalls entfernt wurde

Ergebnis der Übung:
05\Bild-für-Bild\step03.fla

Die Animation ist jetzt flüssig, allerdings sollte die Animation im unteren Bereich der Bühne ablaufen. Dazu muss die Position geändert werden. Sie könnten jetzt jede Bitmap in jedem Bild einzeln nach unten verschieben – besser ist es jedoch, wenn Sie die Animation in einem Movieclip verschachteln. Die Position der Bitmaps auf der Bühne lässt sich dann durch die Positionierung des Movieclips ändern. Zusätzlich können Sie den Movieclip unabhängig von der Hauptzeitleiste steuern.

Schritt für Schritt: Animation in Movieclip verschachteln
In diesem Workshop wird gezeigt, wie Sie eine Bild-für-Bild-Animation in einem Movieclip verschachteln können.

05\Bild-für-Bild\step03.fla

1 In Movieclip konvertieren
Markieren Sie zunächst die Bitmap-Grafik im ersten Schlüsselbild, und wandeln Sie die Bitmap über ⌗F8⌗ in ein Movieclip-Symbol um. Achten Sie darauf, dass die Option MOVIECLIP ❶ aktiviert ist, und vergeben Sie den Namen »grassAni_mc« ❷.

Verschachtelung
Wie Sie Movieclips verschachteln, wird in diesem Kapitel in Abschnitt 5.9, »Verschachtelung«, näher erläutert.

◄ **Abbildung 5.46**
In Movieclip konvertieren

2 Bilder kopieren und löschen
Markieren Sie alle Bilder ab dem zweiten Schlüsselbild (Bild 2 bis 22), öffnen Sie das Kontextmenü der ZEITLEISTE, und wählen Sie den Menüpunkt BILDER KOPIEREN.

◄ **Abbildung 5.47**
Bilder kopieren

Die Bilder befinden sich jetzt in der Zwischenablage. Entfernen Sie die immer noch ausgewählten Bilder der Hauptzeitleiste anschließend über das Kontextmenü mit SCHLÜSSELBILD LÖSCHEN.

3 Bilder in Movieclip einfügen

Wählen Sie die Movieclip-Instanz im ersten Schlüsselbild aus, und wechseln Sie mit einem Doppelklick auf die Instanz in den Symbolbearbeitungsmodus. Wählen Sie das zweite Bild der ZEITLEISTE aus, öffnen Sie das Kontextmenü, und fügen Sie die Bilder über BILDER EINFÜGEN ein.

Abbildung 5.48 ▶
Bilder einfügen

4 Bitmaps positionieren

Leider werden die Bitmaps ab Bild 2 nicht automatisch richtig positioniert. Öffnen Sie FENSTER • AUSRICHTEN, aktivieren Sie die Option AN BÜHNE AUSRICHTEN ❸, wählen Sie die Bitmap in Bild 2 aus, und positionieren Sie diese via Mausklick auf LINKE KANTE ❹ und OBERKANTE ❺ links oben. Wiederholen Sie den Vorgang anschließend für die Bitmaps der anderen Bilder (Bild 3 bis 22).

▲ **Abbildung 5.49**
Bitmaps positionieren

5 **Film testen**

Testen Sie den Film über ⌨Strg/⌘+↵. ∎

Die gewählte Geschwindigkeit der Bild-für-Bild-Sequenz führt zu einer unruhig wirkenden Animation. Damit die Animation natürlicher wirkt, passen wir die Geschwindigkeit im Folgenden durch Einfügen von zusätzlichen Bildern an.

Schritt für Schritt: Geschwindigkeit ändern

In diesem Workshop lernen Sie, wie Sie durch das gezielte Einfügen von Bildern die Geschwindigkeit einer Animation steuern.

1 **Bilder einfügen**

Die Animation wirkt jetzt flüssig, die Grashalme bewegen sich jedoch noch viel zu schnell hin und her. Um das zu korrigieren, fügen wir zwischen allen Schlüsselbildern jeweils zwei Bilder ein. Wählen Sie zunächst das erste Bild aus, und drücken Sie zweimal ⌨F5, um zwei Bilder hinter dem ersten Schlüsselbild einzufügen. Markieren Sie dann jeweils das nächste Schlüsselbild, und wiederholen Sie den Vorgang.

◄ **Abbildung 5.50**
Die ZEITLEISTE des Movieclips

2 **Auf die Hauptzeitleiste wechseln**

Wechseln Sie via Mausklick auf SZENE 1 zurück zur Hauptzeitleiste. Beachten Sie, dass die Zeitleiste des Movieclips »*grasAni_mc*« 66 Bilder besitzt – die Hauptzeitleiste jedoch nur 22 Bilder.

Vielleicht würde man erwarten, dass deshalb nur 22 Bilder abgespielt werden; da die Zeitleiste eines Movieclips jedoch unabhängig von der Hauptzeitleiste abgespielt wird, wird die vollständige Animation abgespielt. Sie können die Bilder in Bild 2 bis 22 auch noch entfernen.

3 **Animation positionieren**

Da die Animation in einem Movieclip verschachtelt wurde, können Sie sie ganz einfach durch die Positionierung des Movieclips platzieren – im Beispiel wird der Movieclip über das Fenster AUSRICHTEN an der linken unteren Kante der Bühne positioniert.

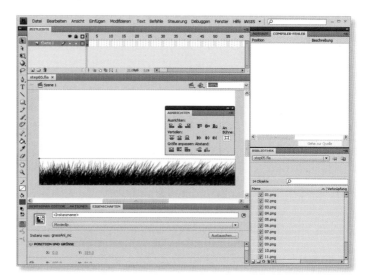

Abbildung 5.51 ▶
Positionierung des Movieclips

Ergebnis der Übung:
05\Bild-für-Bild\step05.fla

4 Film testen

Glückwunsch! Sie haben jetzt bereits sehr viel über Bild-für-Bild-Animationen und das Arbeiten mit Bildern in der Zeitleiste gelernt – die Animation ist fertig. Testen Sie den Flash-Film über ⌨Strg⌨/⌘+↵.

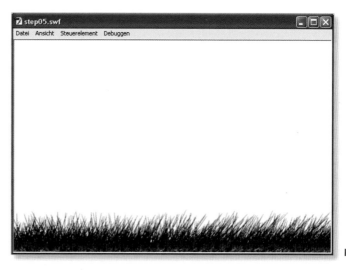

Abbildung 5.52 ▶
Die fertige Animation im Flash Player

Anwendungsbereich

Der Zwiebelschaleneffekt ist besonders bei Bild-für-Bild-Animationen sehr nützlich, wenn Sie einzelne Objekte von Bild zu Bild vergleichen und verändern möchten.

5.3 Zwiebelschaleneffekt

Standardmäßig wird in der Entwicklungsumgebung jeweils nur ein Bild der Zeitleiste auf der Bühne angezeigt. Mit Hilfe des Zwiebelschaleneffekts lassen sich jedoch auch mehrere Bilder gleichzeitig in der Entwicklungsumgebung darstellen.

Zwiebelschaleneffekt aktivieren | Via Mausklick auf die Schaltfläche ZWIEBELSCHALEN ❶ aktivieren bzw. deaktivieren Sie die Zwiebelschalenansicht in der ZEITLEISTE.

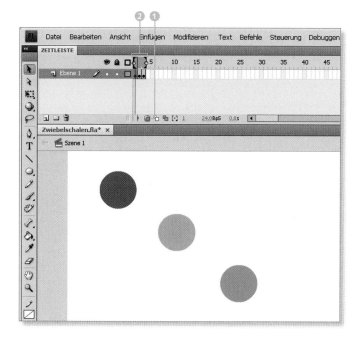

◄ **Abbildung 5.53**
Der Zwiebelschaleneffekt wurde aktiviert.

Im oberen Bereich der ZEITLEISTE werden nach der Aktivierung des Modus zwei Anfasser sichtbar ❷, die den Anfang bzw. das Ende der Zwiebelschalenansicht zeigen. Sie sehen anhand der Anfasser, welche Bilder der Zeitleiste auf der Bühne dargestellt werden. Die Anfasser können Sie verschieben, um den angezeigten Bereich zu vergrößern oder zu verkleinern.

Markierungen verankern
Über die Schaltfläche ZWIEBEL-SCHALENMARKIERUNG ÄNDERN • MARKIERUNGEN VERANKERN können Sie die Anfasser verankern. Dies führt dazu, dass der Zwiebelschalenbereich, unabhängig vom ausgewählten Bild, immer auf der gleichen Position bleibt.

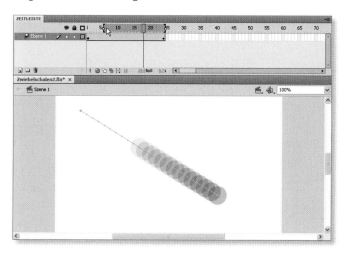

◄ **Abbildung 5.54**
Der Zwiebelschalenbereich wird nach links hin erweitert.

Konturansicht | Standardmäßig werden Formfüllungen von Bildern, die im Bereich des Zwiebelschaleneffekts liegen, mit verschiedenen Transparenzstärken dargestellt.

Wenn Sie nach der Aktivierung des Zwiebelschaleneffekts auf ZWIEBELSCHALENKONTUREN ❶ klicken, werden stattdessen nur die Konturen der Formen angezeigt.

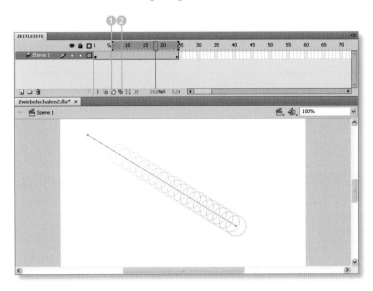

Abbildung 5.55 ▶
Zwiebelschalenkonturen

Mehrere Bilder gleichzeitig bearbeiten | Der Modus MEHRERE BILDER BEARBEITEN ❷ ermöglicht es, mehrere Bilder der Zeitleiste, die im Zwiebelschalenbereich liegen, gleichzeitig zu modifizieren. Nachdem der Modus aktiviert wurde, können Sie die Bilder in der ZEITLEISTE auswählen und dann gemeinsam ändern.

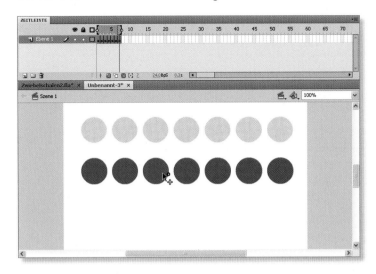

Abbildung 5.56 ▶
Die Elemente mehrerer Schlüsselbilder wurden ausgewählt und werden gleichzeitig verschoben.

Diese Funktion ist sehr nützlich – Sie können z. B. auch alle Elemente einer Ebene gleichzeitig verschieben. Aktivieren Sie dazu den Modus, verschieben Sie die Anfasser des Zwiebelschalenmodus, und klicken Sie auf die Ebene, deren Elemente Sie verschieben möchten – die Elemente werden automatisch ausgewählt.

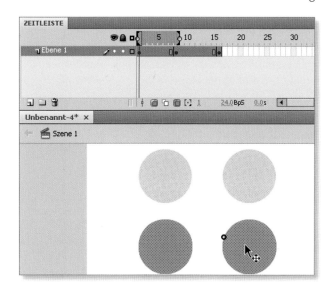

[!] Bereich des Zwiebelschaleneffekts

[!] Bereich des Zwiebelschaleneffekts
Beachten Sie, dass nur die Elemente gleichzeitig modifiziert werden, die innerhalb des definierten Zwiebelschalenbereiches liegen. Sollte ein Bild der Zeitleiste außerhalb liegen, wird es nicht modifiziert; auch dann nicht, wenn es ausgewählt wurde.

◀ **Abbildung 5.57**
Alle Elemente im Bereich der Zwiebelschalenansicht (Bild 1 bis 8) der ausgewählten Ebene werden gleichzeitig verschoben.

Generell sollten Sie den Zwiebelschalenmodus nur partiell nutzen – und denken Sie daran, den Modus zu deaktivieren, nachdem Sie ihn benutzt haben. Es kommt gelegentlich vor, dass man die Deaktivierung vergisst und dann unerwünschte Mehrfachauswahlen zu unerwarteten Ergebnissen führen.

5.4 Tweens

Neben der Bild-für-Bild-Technik lassen sich Animationen in Flash über sogenannte *Bewegungs-Tweenings* oder kurz *Tweens* erzeugen. Adobe hat die Erstellung von Tweens in Flash CS4 vereinfacht und mit zusätzlichen Einstellungsmöglichkeiten ausgestattet. Die ältere Technik, die in Vorgängerversionen verwendet wurde und auch noch in Flash CS4 unter anderem aus Kompatibilitätsgründen noch immer verwendet werden kann, wird in Flash CS4 als klassisches Tween bezeichnet.

Klassische Tweens lassen sich immer noch in Flash CS4 erstellen und bearbeiten. Tatsächlich gibt es jedoch sehr wenige Animationen, die nicht über die neuen Tweens, sondern ausschließlich über klassische Tweens erstellt werden können. Zunächst werden Animationen mit Hilfe von Tweens behandelt.

Hinweis

Tween kommt von »between« (dazwischen), was sich auf die Interpolation der Zwischenbilder eines Tweens zwischen zwei Schlüsselbildern bezieht.

Bewegungs-Tweens mit Symbolen und Textfeldern

Bewegungs-Tweens funktionieren nur mit Symbolinstanzen und Textfeldern – Formen müssen Sie vorher also z. B. in ein Movieclip-Symbol umwandeln.

Damit Sie jedoch mit beiden Techniken vertraut sind, finden Sie im Anschluss daran zusätzlich Erläuterungen und Beispiele zu klassischen Tweens.

5.4.1 Bewegungs-Tween erstellen

Um ein Bewegungs-Tween auf ein Objekt anzuwenden, wählen Sie das Schlüsselbild auf einer Ebene aus, in der das Objekt liegt, öffnen per rechter Maustaste das Kontextmenü und wählen den Menüpunkt BEWEGUNGS-TWEEN ERSTELLEN aus. Handelt es sich bei dem Objekt um eine Vektorform, muss die Form zunächst in ein Symbol umgewandelt werden. Ein entsprechender Hinweis informiert darüber. Klicken Sie auf OK, um die Form automatisch in ein Symbol umzuwandeln.

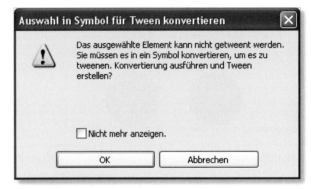

▲ **Abbildung 5.58**
Auswahl in Symbol für Tween konvertieren

Bei der Erstellung des Bewegungs-Tweens wird die Ebene in eine sogenannte Tween-Ebene umgewandelt. Die Ebene besitzt ein Schlüsselbild und weitere Bilder, wobei die Anzahl der zusätzlichen Bilder der Länge des Tweenings entspricht. Die standardmäßig erzeugte Anzahl der Bilder richtet sich nach der eingestellten Bildrate des Flash-Films.

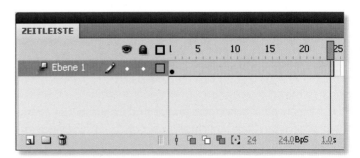

▲ **Abbildung 5.59**
Die Tween-Ebene mit einem Schlüsselbild und 23 Bildern

Die Länge eines Tweens verändern Sie, indem Sie den Mauszeiger an das Ende des Tweens bewegen, die Maustaste drücken und halten und dann durch Verschieben der Maus nach links bzw. rechts das Tween verkürzen bzw. verlängern.

◀ **Abbildung 5.60**
Das Tween wird verkürzt.

5.4.2 Eigenschaften animieren

Mit Hilfe eines Bewegungs-Tweens können Sie Eigenschaften eines Objekts animieren. Dazu bewegen Sie den Abspielkopf per Mausklick auf ein Bild des Tweens und ändern dort die gewünschte Eigenschaft des Objekts. Um ein Objekt beispielsweise zu bewegen, wählen Sie es in dem gewünschten Bild aus und bewegen es an eine andere Stelle. Es wird dann automatisch ein sogenanntes *Eigenschaften-Schlüsselbild* in der Zeitleiste erstellt, das durch eine gefüllte Raute ❶ symbolisiert wird. Die Position des Objekts zwischen dem ersten Schlüsselbild und diesem Eigenschaften-Schlüsselbild wird je Bild automatisch berechnet (interpoliert).

Klassische Tweens vs. Bewegungs-Tweens

Klassische Bewegungs-Tweens benötigen im Gegensatz zu den neuen Bewegungs-Tweens immer zwei definierte Schlüsselbilder, die den Anfangspunkt und den Endpunkt einer Animation definieren. Die Bilder zwischen den Schlüsselbildern werden automatisch berechnet (interpoliert). Die Animationsmöglichkeiten mit Hilfe von klassischen Bewegungs-Tweenings sind im Vergleich zu den neuen Bewegungs-Tweens, die es in Flash CS4 gibt, eingeschränkt. Beispielsweise lassen sich Animationen, die über klassische Tweens erstellt wurden, nicht über den Bewegungs-Editor anpassen.

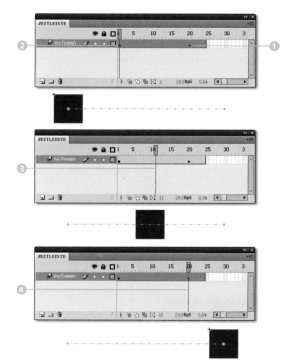

◀ **Abbildung 5.61**
Ausgangspunkt des Tweens ❷; Bild 11 des Tweens ❸; der Endpunkt der Bewegung mit dem Eigenschaften-Schlüsselbild ❹

Wenn Sie Eigenschaften eines Objekts in einem Bild der Zeitleiste geändert haben und ein Tween nachträglich verlängern, passt sich die Position des Eigenschaften-Schlüsselbilds automatisch relativ an die Gesamtlänge des Tweens an. Das bedeutet beispielsweise, dass ein Eigenschaften-Schlüsselbild, das ursprünglich auf Bild 10 liegt, bei einem Tween mit einer Länge von 20 Bildern auf Bild 19 positioniert wird, wenn die Länge auf 40 Bilder verdoppelt wird. Um ein Eigenschaften-Schlüsselbild eines Tweens zu verschieben, wählen Sie das Schlüsselbild zunächst mit gedrückter ⎈Strg/⌘-Taste aus, klicken Sie dann auf das Schlüsselbild, halten Sie die Maustaste gedrückt, und verschieben Sie das Bild an die gewünschte Position in der ZEITLEISTE.

Abbildung 5.62 ▶
Das Eigenschaften-Schlüsselbild
wird verschoben.

Schritt für Schritt: Ein Bewegungs-Tweening erstellen

In diesem Workshop lernen Sie, wie Sie ein Bewegungs-Tweening erstellen können.

1 Flash-Film öffnen

*05\Bewegungs_Tween\
Bewegungs_Tween_01.fla*

Öffnen Sie den Flash-Film *05\Bewegungs-Tween\Bewegungs_ Tween_01.fla*. In dem Flash-Film gibt es zwei Ebenen, »Vogel« und »Gras«. Auf beiden Ebenen liegen zwei Movieclips, die Bild-für-Bild-Animationen enthalten. Der Movieclip auf der Ebene »Vogel« soll mit Hilfe eines Bewegungs-Tweens von links nach rechts bewegt werden.

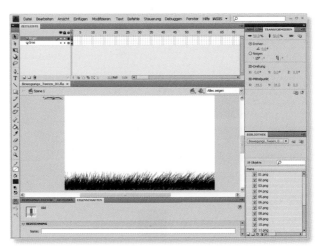

Abbildung 5.63 ▶
Die Ausgangsbasis

2 Bewegungs-Tween erstellen

Wählen Sie das Schlüsselbild auf der Ebene »Vogel« aus, öffnen Sie das Kontextmenü mit der rechten Maustaste, und wählen Sie den Menüpunkt BEWEGUNGS-TWEEN ERSTELLEN aus.

◄ **Abbildung 5.64**
Bewegungs-Tween erstellen

3 Tween verlängern

Verlängern Sie das Tween auf 85 Bilder, indem Sie die Maus auf das Ende des Tweens bewegen, die Maustaste drücken, gedrückt halten und die Maus nach rechts bewegen. Markieren Sie Bild 85 auf der Ebene »Gras«, und wählen Sie aus dem Kontextmenü den Befehl BILD EINFÜGEN, um auf dieser Ebene Bilder bis Bild 85 einzufügen.

◄ **Abbildung 5.65**
Tween verlängern

4 Instanzeigenschaft ändern

Setzen Sie den Abspielkopf der ZEITLEISTE auf das letzte Bild des Tweens, wählen Sie den Movieclip auf der Ebene »Vogel« aus, und verschieben Sie ihn nach rechts und etwas nach unten.

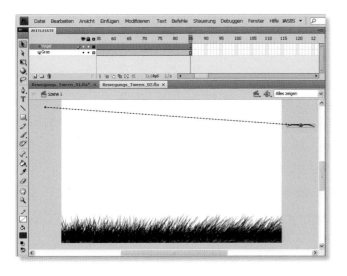

◄ **Abbildung 5.66**
Position des Movieclips in Bild 85 ändern

Ergebnis der Übung:
*05\Bewegungs_Tween\Bewegungs_*
Tween_02.fla

5 **Fertig! Film testen.**

Glückwunsch! Sie haben Ihr erstes Bewegungs-Tweening angewendet. Testen Sie den Film über Strg/⌘+↵. Der Vogel bewegt sich von links nach rechts. Die Bewegung wirkt bisher noch nicht sehr natürlich – ein erster Schritt ist jedoch schon mal gemacht.

Abbildung 5.67 ▶
Die Animation im Flash Player

Bewegungs-Tween-Optionen | Jeder Bewegungs-Tween besitzt verschiedene Eigenschaften, die Sie im EIGENSCHAFTEN-Fenster definieren können.

Abbildung 5.68 ▶
Eigenschaften eines Bewegungs-Tweens

- Instanzname ❶: Sie können einem Tween einen Instanznamen zuweisen. Anschließend können Sie per ActionScript mit Hilfe der `AnimatorFactory`-Klasse mehrere Anzeigeobjekte mit der Tween-Instanz verknüpfen, beispielsweise um mehrere Objekte auf Basis des in der Entwicklungsumgebung erzeugten Tweens zu animieren. Weitere Informationen dazu finden Sie in der ActionScript-Referenz unter »AnimatorFactory«.

- BESCHLEUNIGUNG ❷: Im Reiter BESCHLEUNIGUNG können Sie den zeitlichen Ablauf der Animation beeinflussen, indem Sie das Tweening entweder zu Beginn oder am Ende der Animation beschleunigen. Diese Art der Beschleunigung wird in Flash CS4 auch als einfache Beschleunigung bezeichnet.

- DREHUNG ❸: In diesem Reiter legen Sie fest, ob das getweente Objekt im oder gegen den Uhrzeigersinn gedreht ❹ werden soll. Unter ANZAHL DER ROTATIONEN ❺ bestimmen Sie, wie oft das Objekt gedreht werden soll, und unter ZUSÄTZLICHE DREHUNG ❻ geben Sie vor, wie viel das Objekt um eine ganze Drehung hinaus gedreht werden soll. Wenn Sie die Option AN PFAD AUSRICHTEN ❼ aktivieren, richtet sich das Objekt am Pfad aus. Was ein Tween-Pfad ist, wird später noch erläutert.

- PFAD ❽: Hier legen Sie die Position und die Größe eines Tween-Pfads fest.

- OPTIONEN ❾: Aktivieren Sie das Optionsfeld GRAFIKSYMBOLE SYNCHRONISIEREN, um die Animation innerhalb einer Grafiksymbolinstanz mit der Zeitleiste des Tweens zu synchronisieren.

Mehrere Eigenschaften animieren

Auf diese Weise können Sie viele unterschiedliche Eigenschaften eines Objekts animieren. Selbstverständlich lassen sich auch mehrere Eigenschaften gleichzeitig animieren, wie z. B. die Größe, Rotation und der Farbton eines Objekts.

5.4.3 Pfad eines Bewegungs-Tweens

Sobald Sie ein Bewegungs-Tween erstellen und die Position eines Objekts innerhalb des Tweens ändern, legt Flash automatisch einen Pfad an, an der sich die Bewegung orientiert. Diesen Pfad können Sie auf unterschiedliche Weise bearbeiten, um die Bewegungsrichtung innerhalb des Tweens sehr präzise zu steuern.

Mit dem Auswahlwerkzeug ▸ können Sie den Bewegungspfad sowohl insgesamt verschieben und seine Form verändern als auch die Position und die Form einzelner Abschnitte des Pfades verändern. Um den vollständigen Pfad zu verschieben, wählen Sie diesen mit dem Auswahlwerkzeug aus und verschieben ihn dann beliebig. Die Position des getweenten Objekts ändert sich dabei automatisch ebenfalls.

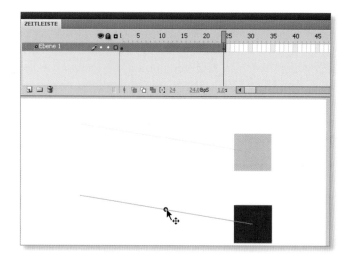

Abbildung 5.69 ▶
Der Bewegungspfad wird nach
unten verschoben.

Um die Form eines Pfades mit dem Auswahlwerkzeug ▶ zu
ändern, um beispielsweise eine rundförmige Bewegung zu erzeugen, bewegen Sie die Maus auf den Bewegungspfad, bis neben
dem Mauszeiger eine kreisrunde Linie ❶ angezeigt wird. Klicken
Sie den Pfad dann an, halten Sie die Maustaste gedrückt, und
verschieben Sie die Maus, um einen runden Bewegungspfad zu
generieren.

Abbildung 5.70 ▶
Aus der geradlinigen Bewegung
wird eine kreisförmige Bewegung.

Die Veränderung der Form hängt davon ab, an welcher Stelle des
Pfades Sie den Pfad umformen. Ausschlaggebend dafür sind die
gefüllten Kreisformen ❷ entlang der Pfadlinie.

Geschwindigkeit
Anhand der Verteilung der Kreisformen bzw. anhand der Abstände
zwischen den Kreisformen können
Sie die Geschwindigkeit in verschiedenen Abschnitten abschätzen. Je größer der Abstand ist,
desto langsamer ist die Animation
in diesem Bereich. Standardmäßig
ist die Geschwindigkeit gleichmä-
ßig. Wie Sie die Geschwindigkeit
ändern können, wird später noch
erläutert.

▲ **Abbildung 5.71**
Umformung des Bewegungspfads

Um die Form des Bewegungspfads zu ändern, können Sie optional auch den Anfangspunkt oder den Endpunkt des Pfades verschieben.

◀ **Abbildung 5.72**
In diesem Beispiel wurde der Endpunkt des Pfades verschoben, um
die Form zu ändern.

Mit dem Unterauswahl-Werkzeug ![icon] ändern Sie die Form eines
Bewegungspfades, in dem Sie die Steuerungspunkte (an der Position der Schlüsselbilder) des Pfades und die Bézier-Griffe verschieben.

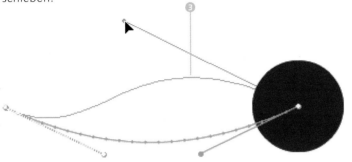

◀ **Abbildung 5.73**
In diesem Beispiel wurde ein
Bézier-Griff eines Steuerungs-
punktes verschoben.

Um beispielsweise aus einer geradlinigen Bewegung eine schlangenförmige Bewegung zu machen, könnten Sie zunächst das Auswahlwerkzeug ![icon] verwenden und aus einer geradlinigen Bewegung eine bogenförmige Bewegung erzeugen ❸. Anschließend
verwenden Sie das Unterauswahl-Werkzeug ![icon], um einen der
Bézier-Griffe eines Kontrollpunktes so zu verschieben ❹, dass
eine schlangenförmige Bewegung ❺ entsteht.

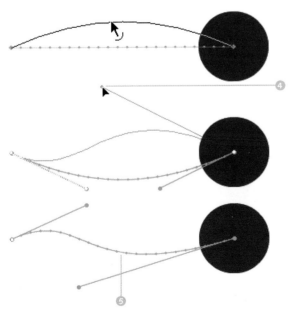

◀ **Abbildung 5.74**
So entsteht aus einer geradlinigen
Bewegung eine schlangenförmige
Bewegung.

Um einen Bewegungspfad zu drehen ❶, zu neigen ❷ oder zu skalieren ❸, können Sie das Frei-transformieren-Werkzeug ⊞ oder
das TRANSFORMIEREN-Fenster verwenden.

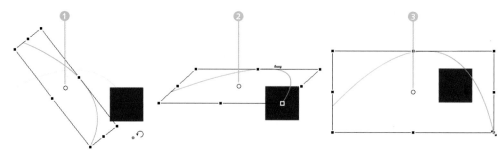

▲ **Abbildung 5.75**
Der Bewegungspfad wird gedreht, geneigt und skaliert.

Schritt für Schritt: Eine Animation entlang eines Pfades erstellen

In diesem Workshop lernen Sie anhand eines praktischen Beispiels, wie Sie eine Animation entlang eines Pfades erstellen.

1 **Flash-Film öffnen**

05\Bewegungs_Tween_Pfad
Bewegungs_Tween_Pfad_01.fla

Öffnen Sie den Flash-Film *05\Bewegungs_Tween_Pfad\Bewe-*
gungs_Tween_Pfad_01.fla. In dem Flash-Film bewegt sich ein
Vogel-Movieclip mit einem linearen Bewegungs-Tween von links
nach rechts. Die Animation wirkt noch sehr unnatürlich.

2 **Movieclip verschieben**

Positionieren Sie den Abspielkopf der ZEITLEISTE zunächst auf Bild
100, wählen Sie dort den Movieclip aus, und verschieben Sie ihn
in die Mitte der Bühne.

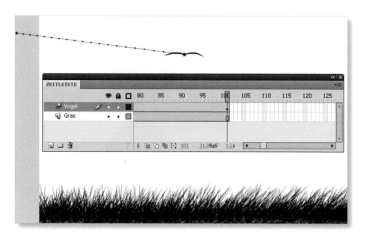

Abbildung 5.76 ▶
Der Movieclip wird in der Mitte
der Bühne platziert.

3 Tween-Länge ändern

Als Nächstes wird das Tween zunächst auf 50 Bilder verkürzt. Bewegen Sie den Mauszeiger dazu an das Ende des Tweens, drücken Sie die Maustaste, halten Sie sie gedrückt, und ziehen Sie die Maus nach links, um das Tween auf 50 Bilder zu verkürzen.

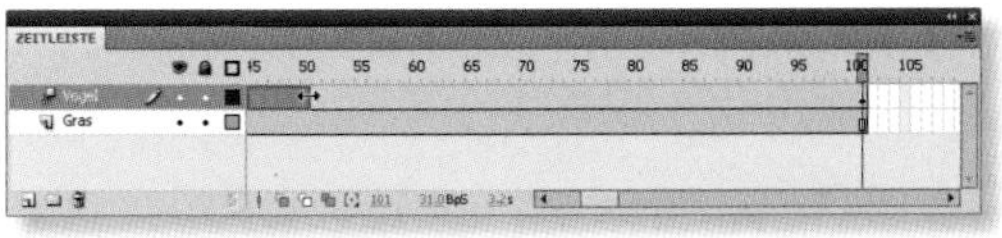

◄ **Abbildung 5.77**
Das Bewegungs-Tween wird verkürzt.

4 Schlüsselbild erstellen und Movieclip verschieben

Positionieren Sie den Abspielkopf der Zeitleiste auf Bild 100. Wählen Sie Bild 100 auf der Ebene »Vogel« aus, und drücken Sie das Tastenkürzel F6, um ein weiteres Schlüsselbild einzufügen. Verschieben Sie den Movieclip anschließend in Bild 100 nach rechts und etwas nach oben in den Bereich außerhalb der Bühne. Sie können jetzt gut erkennen, dass sich das Tween in zwei Sequenzen aufteilt: die eine Sequenz bis zum ersten Eigenschaften-Schlüsselbild, in der sich der Vogel hin zur Mitte bewegt, und anschließend die zweite Sequenz hin zum letzten Eigenschaften-Schlüsselbild, nach rechts außerhalb der Bühne.

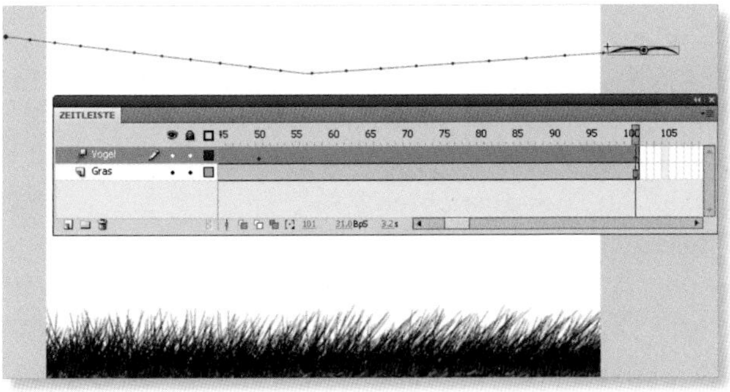

◄ **Abbildung 5.78**
Das letzte Eigenschaften-Schlüsselbild des Tweens

5 Den ersten Abschnitt des Bewegungspfades umformen

Wählen Sie das Auswahlwerkzeug, und ziehen Sie den ersten Abschnitt des Bewegungspfades nach oben, so dass eine bogenförmige Bewegung entsteht.

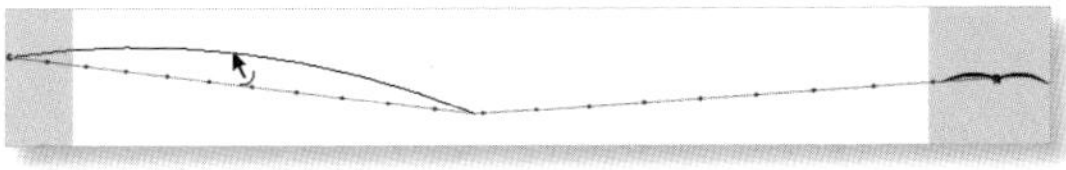

◄ **Abbildung 5.79**
Der erste Abschnitt des Bewegungspfades wird umgeformt.

6 Den zweiten Abschnitt des Bewegungspfades umformen

Wählen Sie mit dem Auswahlwerkzeug nun den zweiten Abschnitt des Bewegungspfades aus, und ziehen Sie ihn leicht nach unten.

Abbildung 5.80 ▶
Der zweite Abschnitt des Bewegungspfades wird umgeformt.

Ergebnis der Übung:
05\Bewegungs_Tween_Pfad\Bewegungs_Tween_Pfad_02.fla

7 Film testen

Testen Sie den Flash-Film über $\boxed{\text{Strg}}$/$\boxed{⌘}$+$\boxed{↵}$. Die Bewegung wirkt schon etwas natürlicher. Allerdings ist die Geschwindigkeit immer noch konstant gleich, was bei einer natürlichen Flugbewegung nicht der Fall wäre.

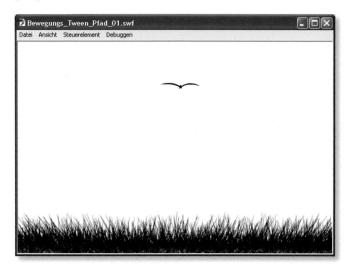

Abbildung 5.81 ▶
Die Animation im Flash Player

8 Optional: An Pfad ausrichten

Optional können Sie testweise das Tween auf der Ebene »Vogel« auswählen und im EIGENSCHAFTEN-Fenster die Option AN PFAD AUSRICHTEN im Reiter DREHUNG aktivieren. Sie sehen dann sehr gut, welche Auswirkung die Option in der Praxis hat. In diesem Fall ist die Ausrichtung entlang des Pfades jedoch nicht sinnvoll.

Abbildung 5.82 ▶
AN PFAD AUSRICHTEN aktivieren

Einen eigenen Pfad als Bewegungspfad verwenden | Wenn Sie einen komplexen Pfad als Basis für eine Animation verwenden wollen, kann es einfacher sein, den Pfad beispielsweise mit dem Stiftwerkzeug oder einem anderen Werkzeug in Flash oder auch in einem Vektorprogramm wie Illustrator oder Fireworks zu erstellen. Sie können diesen Pfad dann für eine Tween-Ebene verwenden.

Um beispielsweise ein Objekt entlang einer kreisförmigen Linie zu bewegen, könnten Sie zunächst mit dem Ellipsenwerkzeug ⬭ einen Kreis ohne Füllfarbe und mit einer schwarzen Strichfarbe erstellen. Mit dem Auswahlwerkzeug ➤ entfernen Sie dann an einer Stelle des Kreises einen kleinen Teil des Pfades, damit der Pfad nicht geschlossen ist.

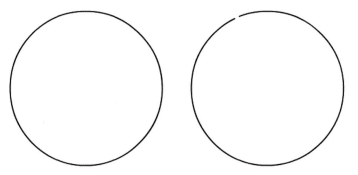

▲ **Abbildung 5.83**
Ein kleiner Teil des Kreises (links) wurde entfernt (rechts).

Anschließend können Sie den Pfad per Copy & Paste, d.h. mit den Tastenkürzeln ⌨Strg/⌘+C und ⌨Strg/⌘+V, in eine Tween-Ebene einfügen.

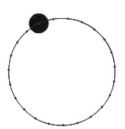

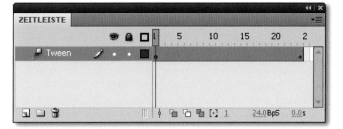

[!] Abgeschlossene Pfade
Als Bewegungspfad sind nur Pfade mit zwei Endpunkten zulässig. Sie können einen geschlossenen Pfad, wie einen Kreis, also nicht direkt als Bewegungspfad verwenden.

Tipp
Achten Sie darauf, dass der entfernte Bereich möglichst klein ist. Benutzen Sie die Zoomfunktion, um nur einen minimalen Bereich des Kreises zu entfernen. Dann wird dem Betrachter nicht auffallen, dass die Kreis-Bewegung nicht ganz vollständig ist.

05\Tween_Pfad_Kreis\Tween_Pfad_Kreis.fla

◀ **Abbildung 5.84**
Das Tween richtet sich jetzt nach dem kreisförmigen Pfad.

5.4.4 Bewegungs-Editor

Über den Bewegungs-Editor, den Sie über das Menü FENSTER •
BEWEGUNGS-EDITOR öffnen können, haben Sie die Möglichkeit,
den zeitlichen Ablauf eines Tweens sehr genau zu definieren.
Bevor die Anwendung der einzelnen Bereiche erläutert wird,
folgt ein Überblick über wichtige Einstellungsmöglichkeiten des
Fensters.

Die Anzeige des Bewegungs-Editors steuern | Im Bewegungs-
Editor wird jede Instanzeigenschaft eines getweenten Objekts
separat betrachtet. Auf der linken Seite ❶ sehen Sie die unterschiedlichen Eigenschaften eines Objekts, unterteilt in verschiedene Kategorien, wie Basisbewegung, Transformation, Farbeffekt
etc. Per Mausklick auf die Pfeilsymbole ❷, ❸, ❹ klappen Sie eine
Kategorie bzw. einen Reiter ein oder aus.

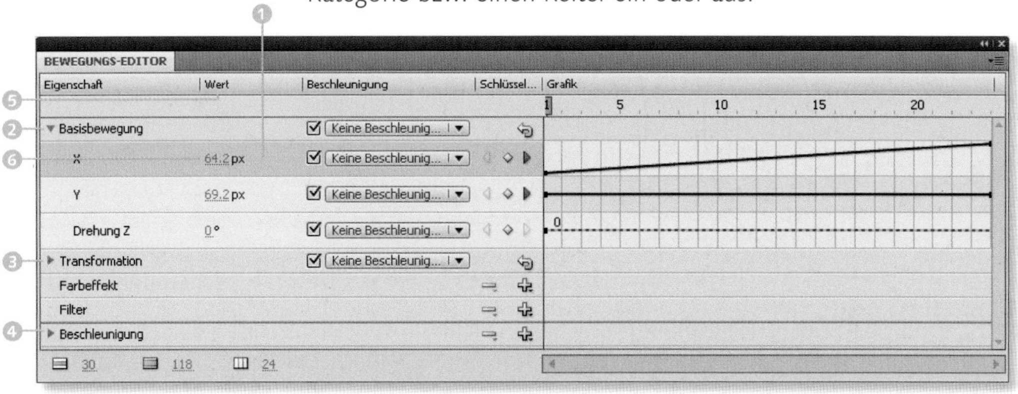

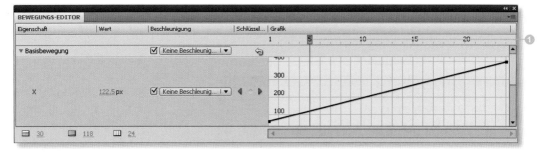

Abbildung 5.85 ▲
Das Fenster des Bewegungs-
Editors

In der Spalte WERT ❺ wird Ihnen der Wert der jeweiligen Eigenschaft des Objekts zum aktuellen Zeitpunkt angezeigt. Sie können den Wert einer Eigenschaft in dieser Spalte auch ändern.

Klicken Sie mit der Maus auf eine Eigenschaft, wird eine erweiterte Eigenschaftsansicht ❻ angezeigt.

Abbildung 5.86 ▲
Erweiterte Eigenschaftsansicht

Auf der rechten Seite des Fensters sehen Sie eine Zeitleiste, die
ähnlich wie das Zeitleisten-Fenster funktioniert. Per Mausklick

auf ein Bild der Zeitleiste verschieben Sie den Abspielkopf ❶. Schlüsselbilder und Eigenschaften-Schlüsselbilder werden in der Zeitleiste durch gefüllte Rechtecke (❷) symbolisiert.

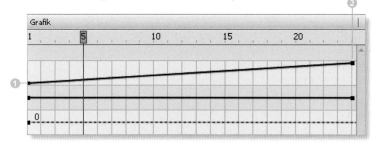

◀ Abbildung 5.87
Die Zeitleiste des Bewegungs-Editors

Die Ansicht der Zeitleiste können Sie durch drei Einstellungen beeinflussen:

▶ GRAPH-GRÖSSE: Sie bestimmt die Höhe des Graphenbereichs für jede Eigenschaft

▲ Abbildung 5.88
Die Graph-Größe wurde von 24 auf 48 erhöht.

▶ ERWEITERTER GRAPH-GRÖSSE: die Höhe des erweiterten Graphenbereichs. Den erweiterten Bereich erreichen Sie, indem Sie mit der Maus auf eine Eigenschaft klicken.

▶ SICHTBARE BILDER: die Anzahl der sichtbaren Bilder im Graphen. Erhöhen Sie den Wert, wenn Sie längere Tweens verwenden.

Umgang mit der Zeitleiste und dem Graphen | Der Graph und die Zeitleiste des Bewegungs-Editors zeigen Ihnen die Änderung eines Wertes über die Zeit an. Wird im Graphen beispielsweise eine geradlinige, stetig steigende Linie angezeigt, bedeutet das, dass der Wert dieser Eigenschaft über den abgebildeten Zeitraum konstant größer wird. Der Graph einer Eigenschaft lässt sich auf unterschiedliche Weise bearbeiten.

Zunächst können Sie den Anfangswert und den Endwert eines Tweens ändern, in dem Sie das erste oder das letzte Schlüsselbild eines Tweens im Graphen vertikal verschieben.

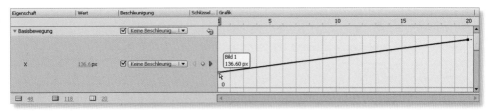

▲ Abbildung 5.89
In diesem Beispiel wird der Wert der Eigenschaft X im ersten Bild erhöht, indem der Anfasser nach oben verschoben wird.

Schlüsselbild hinzufügen

Alternativ können Sie ein Schlüsselbild hinzufügen, indem Sie die Strg/⌘-Taste gedrückt halten. Befindet sich der Mauszeiger über einer Linie des Graphen, wird ein Stift-Symbol ❶ angezeigt. Per Mausklick fügen Sie dann ein neues Schlüsselbild ein.

Eigenschaften-Schlüsselbilder fügen Sie hinzu, indem Sie den Mauszeiger an die gewünschte Stelle bewegen, über die rechte Maustaste das Kontextmenü öffnen und den Menüpunkt SCHLÜSSELBILD HINZUFÜGEN ❷ auswählen.

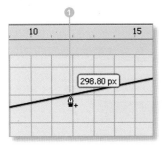

▲ Abbildung 5.90
Schlüsselbild hinzufügen

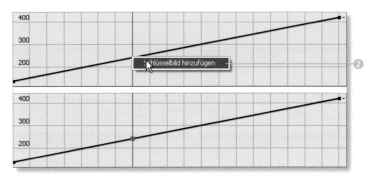

▲ Abbildung 5.91
Ein neues Schlüsselbild wird eingefügt.

Zum Navigieren zwischen Eigenschaften-Schlüsselbildern in der Zeitleiste können Sie die Pfeilsymbole ZUM VORGEHENDEN SCHLÜSSELBILD ❸ bzw. ZUM NÄCHSTEN SCHLÜSSELBILD ❹ nutzen. Um ein Schlüsselbild an der Position des Abspielkopfes zu erstellen oder zu entfernen ❺, klicken Sie auf das jeweilige Symbol.

Schritt zurück

Wenn Sie den Graphen einer Eigenschaft bearbeiten, können Sie Änderungen über das Tastenkürzel Strg/⌘+Z jederzeit rückgängig machen.

▲ Abbildung 5.92
Zum vorigen Schlüsselbild bzw. zum nächsten Schlüsselbild springen und Schlüsselbild erstellen bzw. entfernen

Die Eigenschaften X, Y und Z eines Objektes verhalten sich im Bewegungs-Editor etwas anders als alle anderen Eigenschaften, wie z. B. die Neigung auf der x- oder y-Achse oder die Skalierung auf der x- oder y-Achse. Die Position in Form der drei Koordinaten X, Y und Z ist an den Bewegungspfad eines Tweens gebunden. Wenn Sie beispielsweise im Graphen einer dieser Eigenschaften einen bogenförmigen Verlauf möchten, können Sie dies nur durch Veränderung des Bewegungspfades erreichen. Haben Sie den Bewegungspfad entsprechend geändert, wird die Form im Bewegungs-Editor übernommen – sie lässt sich jedoch nicht im Bewegungs-Editor umformen.

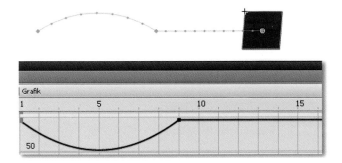

◀ **Abbildung 5.93**
Der Bewegungspfad des Tweens wurde verändert. Die Änderung wird auch im Bewegungs-Editor angezeigt.

Bei der Animation der Position eines Objektes sollten Sie den Bewegungspfad eines Tweens bearbeiten. Für die Eigenschaften X, Y und Z eines Objektes können Sie im Bewegungs-Editor nur marginale Änderungen, wie z. B. das Verschieben eines Schlüsselbilds, vornehmen. Die Form der Bewegung selbst kann nicht im Bewegungs-Editor verändert werden.

Glättungspunkt und Eckpunkt | Alle anderen Eigenschaftsgraphen können Sie im Bewegungs-Editor beliebig umformen. Jedes Eigenschaften-Schlüsselbild kann im Graphen entweder ein Eck- oder ein Glättungspunkt sein. Ein Eckpunkt führt zu einer geradlinigen Verbindung zwischen zwei oder drei Schlüsselbildern. Um eine bogenförmige Verbindung zu erstellen, müssen Sie einen Eckpunkt zunächst in einen Glättungspunkt umwandeln. Wählen Sie dazu ein Schlüsselbild aus, öffnen Sie mit der rechten Maustaste das Kontextmenü, und wählen Sie den Menüpunkt GLÄTTUNGSPUNKT ⑥.

Über die Menüpunkte GLATT LINKS bzw. GLATT RECHTS erzeugen Sie nur links oder nur rechts eine bogenförmige Verbindungslinie. In diesem Fall erscheint nur ein Bézier-Steuerungspunkt.

Wenn Sie einen Graphen einer Eigenschaft zurücksetzen möchten, um von vorn zu beginnen, klicken Sie auf den Graphen und wählen den Menüpunkt EIGENSCHAFT ZURÜCKSETZEN ⑦ aus.

Anschließend können Sie Bézier-Steuerungspunkte verwenden, um bogenförmige Verbindungslinien zu erstellen.

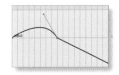

▲ **Abbildung 5.94**
Für das Schlüsselbild in der Mitte wurde die Option GLATT LINKS ausgewählt.

▲ **Abbildung 5.95**
Eckpunkt in Glättungspunkt umwandeln

▲ **Abbildung 5.96**
Eigenschaft zurücksetzen

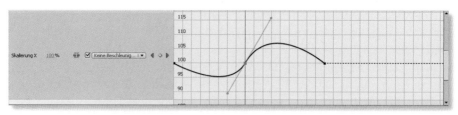

▲ **Abbildung 5.97**
Eine bogenförmige Verbindungslinie

05\Bewegungs_Editor\
Basket_01.fla

Schritt für Schritt: Den Bewegungs-Editor einsetzen

Öffnen Sie den Flash-Film *05\Bewegungs_Editor\Basket_01.fla*. Im Flash-Film wurde ein Tween mit einem Bewegungspfad angelegt.

Abbildung 5.98 ▶
Ein Tween mit einem Schlüsselbild und drei Eigenschaften-Schlüssel-bildern

1 Drehung einstellen

Als Erstes soll sich der Ball während der Flugphase drehen. Wählen Sie zunächst die Tween-Ebene in der ZEITLEISTE aus, öffnen Sie das EIGENSCHAFTEN-Fenster, und stellen Sie im Reiter DREHUNG den Wert DREHEN auf 1 MAL.

Abbildung 5.99 ▶
Drehung einstellen

2 Eigenschaften-Schlüsselbilder einfügen

Um die Animation etwas realistischer erscheinen zu lassen, animieren wir verschiedene Eigenschaften des Movieclips »ball_mc« mit Hilfe des Bewegungs-Editors. Öffnen Sie den Bewegungs-Editor. Klicken Sie im Reiter TRANSFORMATION auf das Feld SKALIERUNG X ①, um die erweiterte Ansicht der Eigenschaft zu öffnen. Erstellen Sie in Bild 10, 20 und 26 ein Eigenschaften-Schlüsselbild. Bewegen Sie den Abspielkopf dazu an die jeweilige Position, öffnen Sie mit der rechten Maustaste das Kontextmenü, und wählen Sie den Menüpunkt SCHLÜSSELBILD HINZUFÜGEN.

▼ **Abbildung 5.100**
Eigenschaften-Schlüsselbilder hinzufügen

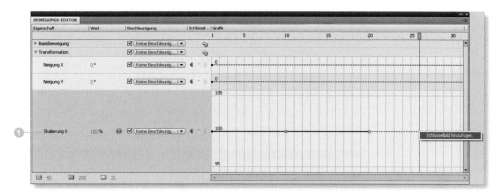

3 Skalierung auf der x-Achse anpassen

Wählen Sie das Eigenschaften-Schlüsselbild in Bild 20 aus, öffnen Sie via rechter Maustaste das Kontextmenü, und wählen Sie den Menüpunkt GLÄTTUNGSPUNKT, um aus dem Eckpunkt einen Glättungspunkt zu machen. Verschieben Sie dann das Eigenschaften-Schlüsselbild nach oben auf 140 %.

▼ **Abbildung 5.101**
Der Graph der Skalierung auf der x-Achse

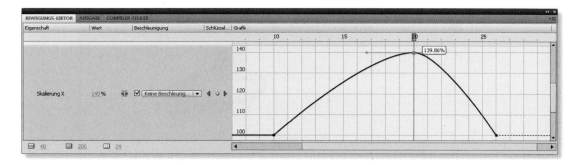

4 Skalierung auf der y-Achse anpassen

Öffnen Sie anschließend die erweiterte Ansicht der Eigenschaft SKALIERUNG Y, und wiederholen Sie den Vorgang.

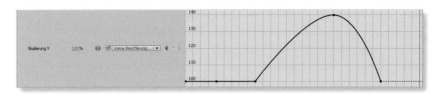

Abbildung 5.102 ▲
Der Graph der Skalierung auf der
y-Achse

5 Film testen

Testen Sie den Flash-Film über Strg/⌘+↵. Die Animation wirkt jetzt schon realistischer, da die Skalierung eine bogenförmige Bewegung simuliert.

6 Ball ausblenden

Nachdem der Ball in den Korb geflogen ist, soll er ausgeblendet werden. Öffnen Sie dazu den Bewegungs-Editor, klicken Sie auf das Plus-Symbol im Bereich FARBEFFEKT, und wählen Sie die Eigenschaft ALPHA aus. Erstellen Sie drei Schlüsselbilder in Bild 1, 20 und 31, und verschieben Sie das letzte Eigenschaften-Schlüsselbild auf den Wert 0.

Abbildung 5.103 ▶
Der Graph der ALPHA-Eigenschaft

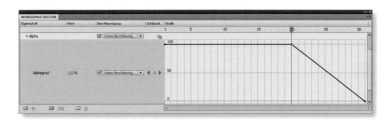

Ergebnis der Übung:
05\Bewegungs_Editor\Basket_02.fla

7 Fertig! Flash-Film testen

Testen Sie den Flash-Film über Strg/⌘+↵. Die Animation ist fertiggestellt.

Abbildung 5.104 ▶
Die Animation im Flash Player

Beschleunigung | Für jede Eigenschaft können Sie eine Beschleunigung bzw. Abbremsung einstellen. Standardmäßig stehen Ihnen in der Spalte BESCHLEUNIGUNG des Bewegungs-Editors die Einstellungen KEINE BESCHLEUNIGUNG und EINFACH (LANGSAM) zur Auswahl.

Einfach (Langsam)

Die Einstellung EINFACH (LANGSAM) entspricht der Beschleunigung, die Sie für alle Eigenschaften eines Tweens auch über das EIGENSCHAFTEN-Fenster im Reiter BESCHLEUNIGUNG einstellen können.

◄ **Abbildung 5.105**
Die Standardoptionen unter
BESCHLEUNIGUNG

Es gibt jedoch noch weitere Beschleunigungstypen. Um eine dieser Optionen zu nutzen, müssen Sie den Beschleunigungstyp im Reiter BESCHLEUNIGUNG via Mausklick auf das Plus-Symbol ❶ hinzufügen.

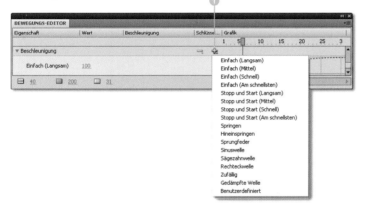

◄ **Abbildung 5.106**
Die Auswahl der verfügbaren
Beschleunigungstypen

Beschleunigung als gestrichelte blaue Linie

Innerhalb des Graphen einer Eigenschaft wird eine eingestellte Beschleunigung durch eine gestrichelte blaue Linie angezeigt.

Anschließend können Sie den Typ, wie zuvor erläutert, einem Eigenschafts-Tween zuordnen. Über die Einstellung BENUTZERDEFINIERT können Sie einen Graphen für die Beschleunigung auch selbst definieren. Nachdem Sie den Typ hinzugefügt haben, können Sie im Reiter BESCHLEUNIGUNG den Graphen wie gewohnt bearbeiten. Um neue Schlüsselbilder einzufügen, öffnen Sie mit der rechten Maustaste an der gewünschten Position das Kontextmenü und wählen den Menüpunkt SCHLÜSSELBILD HINZUFÜGEN.

▲ **Abbildung 5.107**
Die Darstellung des Beschleunigungstyps EINFACH (LANGSAM) innerhalb eines Eigenschaften-Graphs

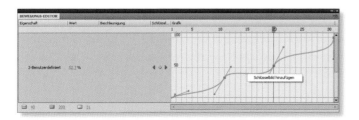

◄ **Abbildung 5.108**
Benutzerdefinierte
Beschleunigung

Schritt für Schritt: Beschleunigung im Bewegungs-Editor nutzen

1 Flash-Film öffnen

Öffnen Sie den Flash-Film *Animation\Beschleunigung\Beschleunigung_01.fla*. In dem Flash-Film liegen vier Movieclips, denen die Instanznamen »home_mc«, »mail_mc«, »sound_mc« und »info_mc« zugewiesen wurden. Die Bitmap-Grafik innerhalb der Movieclips wurde jeweils erneut in einen Movieclip umgewandelt, damit der verschachtelte Movieclip über ein Tween animiert werden kann. Bewegt der Benutzer die Maus über einen der Movieclips, soll die Skalierung der Movieclips in einer schwingenden Bewegung animiert werden.

Abbildung 5.109 ▶
Den vier Movieclips wurden jeweils Instanznamen zugewiesen.

Wählen Sie den ersten Movieclip aus, und wechseln Sie via doppelten Mausklick oder über ⌈Strg⌉+⌈E⌉ in den Symbolbearbeitungsmodus. Die Animation soll gestartet werden, wenn der Benutzer die Maus über den Movieclip bewegt.

Im ersten Schlüsselbild soll noch nichts passieren. Markieren Sie das zweite Bild in der ZEITLEISTE, und drücken Sie ⌈F6⌉, um ein Schlüsselbild anzulegen. Wählen Sie dann aus dem Kontextmenü den Befehl BEWEGUNGS-TWEEN ERSTELLEN. Sie müssen das Tween selbst verlängern. Bewegen Sie die Maus dazu auf das Schlüsselbild in Bild 2, drücken Sie die Maustaste, und ziehen Sie das Tween bis auf Bild 20 auf.

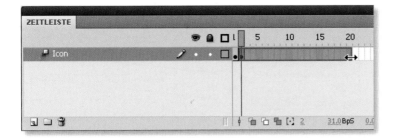

◄ **Abbildung 5.110**
Tween bis Bild 20 verlängern

2 ActionScript-Code zuweisen

Fügen Sie eine neue Ebene »Actions« ein, und weisen Sie dem ersten Schlüsselbild der Ebene im AKTIONEN-Fenster folgende Codezeile zu:

```
stop();
```

Später springt der Lesekopf auf Bild 2, wenn der Benutzer die Maus über den Movieclip bewegt.

3 Eigenschaften-Schlüsselbilder einfügen

Klicken Sie auf das zweite Schlüsselbild der Tween-Ebene, und öffnen Sie den Bewegungs-Editor. Erstellen Sie im Bewegungs-Editor in Bild 20 der Eigenschaften SKALIERUNG X und SKALIE-RUNG Y jeweils ein Eigenschaften-Schlüsselbild, und stellen Sie den Wert der Eigenschaft in Bild 20 jeweils auf 140 %.

▲ **Abbildung 5.111**
Schlüsselbilder wurden erstellt, und die Eigenschaftswerte wurden auf 140 % gestellt.

4 Beschleunigung einstellen

Klicken Sie dann im Reiter BESCHLEUNIGUNG auf das Plus-Symbol, um einen neuen Beschleunigungstyp einzufügen. Wählen Sie den Typ SPRINGEN aus. Anschließend stellen Sie für die Eigenschaften SKALIERUNG X und SKALIERUNG Y in der Spalte BESCHLEUNIGUNG den neuen Typ ein.

▲ **Abbildung 5.112**
Beschleunigung einstellen

5 **Schritte wiederholen**

Wiederholen Sie die bisher genannten Schritte für die anderen drei Movieclips.

6 **Ereignis-Listener registrieren und Ereignisprozeduren definieren**

Wechseln Sie dann zurück zur Hauptzeitleiste des Flash-Films, erstellen Sie eine neue Ebene »Actions«, und weisen Sie dem ersten Schlüsselbild folgenden Code zu:

```
1:   home_mc.addEventListener(MouseEvent.ROLL_OVER,
     rollOverHandler);
2:   mail_mc.addEventListener(MouseEvent.ROLL_OVER,
     rollOverHandler);
3:   sound_mc.addEventListener(MouseEvent.ROLL_OVER,
     rollOverHandler);
4:   info_mc.addEventListener(MouseEvent.ROLL_OVER,
     rollOverHandler);
5:   home_mc.buttonMode = true;
6:   mail_mc.buttonMode = true;
7:   sound_mc.buttonMode = true;
8:   info_mc.buttonMode = true;
9:   function rollOverHandler(e:MouseEvent):void {
10:      e.target.gotoAndPlay(2);
11:   }
```

Der Code sorgt dafür, dass die Movieclips wie ein Button agieren, so dass das Mauszeiger-Symbol sich ändert, wenn der Benutzer den Mauszeiger über einen Movieclip bewegt (Zeile 5–8). Zusätzlich bewirkt der Code, dass der Abspielkopf der Zeitleiste des jeweiligen Movieclips auf Bild 2 (Zeile 10) springt und die Zeitleiste weiter abspielt, wenn der Benutzer die Maus über einen Movieclip bewegt (Zeile 1–4).

7 **Fertig! Flash-Film testen**

Testen Sie den Flash-Film über Strg/⌘+↵. Bewegen Sie den Mauszeiger über einen der Movieclips, wird die Skalierung des Movieclips animiert.

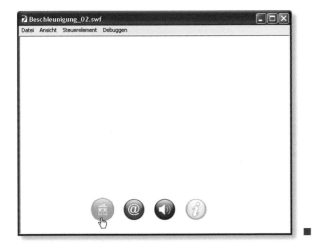

◄ **Abbildung 5.113**
Die animierten Bitmaps im Flash Player

5.4.5 Bewegungsvoreinstellungen

Sowohl Bewegungspfade von Tweens als auch alle Einstellungen im Bewegungs-Editor für ein Tween lassen sich als sogenannte Bewegungsvoreinstellungen speichern und dann sehr einfach auf andere Objekte anwenden. Im Fenster BEWEGUNGSVOREINSTELLUNGEN, das Sie über FENSTER • BEWEGUNGSVOREINSTELLUNGEN öffnen können, finden Sie im Ordner STANDARDVOREINSTELLUNGEN bereits eine Auswahl von vordefinierten Animationsabläufen.

Neu in Flash CS4

Bewegungsvoreinstellungen sind neu in Flash CS4 und ermöglichen es, wiederverwendbare Tweens zu erstellen, die Sie sehr einfach auf unterschiedliche Objekte anwenden und anschließend gegebenenfalls anpassen können. Bewegungsvoreinstellungen können nur für Tweens und nicht für klassische Tweens angelegt werden.

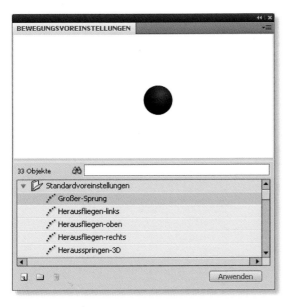

◄ **Abbildung 5.114**
Bewegungsvoreinstellungen

Im oberen Bereich des Fensters ❶ zeigt Ihnen eine Vorschau an, um was für eine Animation es sich handelt. Um eine Bewegungsvoreinstellung auf ein Objekt anzuwenden, wählen Sie das Objekt zunächst auf der Bühne aus, selektieren dann eine Einstellung aus der Liste und klicken auf die Schaltfläche ANWENDEN ❷.

Abbildung 5.115 ▶
Die Vorlage »Textscroll-3D«
wurde auf ein Textfeld
angewendet.

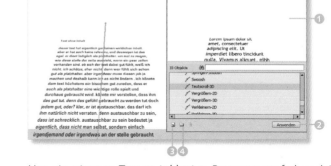

Ordner erstellen
Um Ihre eigenen Voreinstellungen geordnet abzuspeichern, können Sie über die Schaltfläche NEUER ORDNER ❹ beliebige Ordner anlegen.

Anwendung
Die Funktion BEWEGUNG KOPIEREN ist sehr nützlich, wenn Sie mehrere Objekte, z. B. an verschiedenen Positionen, auf die gleiche Art und Weise animieren möchten. Die Funktion lässt sich sowohl auf Tweens als auch auf klassische Tweens anwenden.

Um ein eigenes Tween inklusive Bewegungspfad und Beschleunigung als Vorlage zu speichern, wählen Sie das Tween bzw. die Tween-Ebene in der ZEITLEISTE aus und klicken anschließend auf die Schaltfläche AUSWAHL ALS VOREINSTELLUNG SPEICHERN ❸.

5.4.6 Animation kopieren und einfügen
Zur Wiederverwendung von bereits erstellten Animationen, die Sie nicht extra als Voreinstellung speichern möchten, dient das Kopieren bzw. Einfügen eines Tweens. Um eine Animation zu kopieren, müssen Sie zunächst das Tween bzw. die Bilder eines klassischen Tweens auswählen. Öffnen Sie dann das Kontextmenü der ZEITLEISTE, und wählen Sie den Menüpunkt BEWEGUNG KOPIEREN.

Abbildung 5.116 ▶
Bewegung kopieren

Anschließend können Sie die Bewegung auf eine andere Symbol-
instanz anwenden. Wählen Sie dazu das Schlüsselbild mit der
Instanz aus, öffnen Sie das Kontextmenü, und klicken Sie auf den
Menüpunkt BEWEGUNG EINFÜGEN.

5.5 Klassische Tweens

Damit Sie Animationen, die in einer Vorgängerversion von Flash
CS4 erstellt wurden, bearbeiten können, sollten Sie wissen, wie
klassische Tweens funktionieren. Der Hauptunterschied im Vergleich zu Tweens ist, dass ein Schlüsselbild bei einem klassischen
Tween intern alle Instanzeigenschaften eines Objekts symbolisiert. Bei Tweens werden diese intern separat betrachtet und
deshalb auch als Eigenschaften-Schlüsselbild und nicht wie bei
klassischen Tweens einfach als Schlüsselbild bezeichnet. Schlüsselbilder müssen Sie bei klassischen Tweens selbst erstellen. Um
einen Movieclip mit einer Animation zu versehen, würden Sie
dazu wie folgt vorgehen:

1. Erstellen Sie auf der Ebene, auf der der Movieclip liegt, in
   einem Bild über das Kontextmenü der ZEITLEISTE mit SCHLÜS-
   SELBILD EINFÜGEN ein zweites Schlüsselbild. Das zweite Schlüsselbild ist das Endbild der Animation. Der Abstand des ersten
   Schlüsselbildes zu diesem Schlüsselbild entspricht dann der
   Länge der Animation.
2. Ändern Sie eine Eigenschaft des Movieclips, wie z. B. die Position, die Größe oder den Farbton, im neu erstellten Schlüsselbild über das EIGENSCHAFTEN-Fenster, das TRANSFORMIEREN-
   Fenster etc.
3. Wählen Sie das erste Schlüsselbild aus, öffnen Sie das Kontextmenü der ZEITLEISTE, und wählen Sie den Menüpunkt KLAS-
   SISCHES TWEEN ERSTELLEN. Die Bilder zwischen den beiden
   Schlüsselbildern werden automatisch berechnet.

Kein Bewegungspfad

Ein weiterer Unterschied zwischen einem Tween und einem
klassischen Tween ist, dass ein
klassisches Tween keinen Bewegungspfad besitzt. Eine Bewegung entlang eines Pfades wird
mit klassischen Tweens über eine
sogenannte Führungsebene und
einen separat erstellten Pfad realisiert. Dazu später mehr.

Mehrere Animationssequenzen
Sie könnten hinter dem zweiten
Schlüsselbild auf diese Weise auch
weitere Schlüsselbilder einfügen,
um mehrere Animationssequenzen zu erstellen.

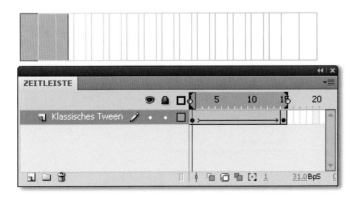

◀ **Abbildung 5.117**
Ein klassisches Tween in der
Zwiebelschalenansicht

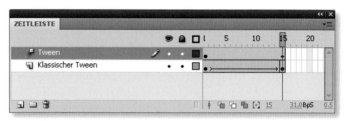

Unter *05\Tween_Klassik* finden Sie Beispiele zur Erzeugung eines einfachen klassischen Tweens. Ausgangsbasis (*step01.fla*) ist die Bild-für-Bild-Animation, die Sie bereits kennengelernt haben.

Neue Funktionen, wie der Bewegungs-Editor, der eine feine Steuerung von einzelnen Eigenschaften zulässt, funktionieren nicht mit klassischen Tweens. Darüber hinaus unterscheiden sich die Darstellung in der Zeitleiste und die Handhabung in der Zeitleiste eines klassischen Tweens von einem Tween.

▲ **Abbildung 5.118**
Ein Tween und ein klassisches Tween in der Zeitleiste

Schlüsselbilder und Eigenschaften-Schlüsselbilder

Auch visuell wird in der Zeitleiste zwischen Schlüsselbildern und Eigenschaften-Schlüsselbildern unterschieden. Schlüsselbilder werden durch einen gefüllten Kreis angezeigt, wohingegen Eigenschaften-Schlüsselbilder durch eine gefüllte Raute dargestellt werden.

5.5.1 Klassische Tweens an Pfad ausrichten

Mit Hilfe eines klassischen Tweens können Sie standardmäßig ein Element nur auf einer geraden Linie bewegen. Kurven und Kreisbewegungen sind zwar möglich, jedoch nur mit mehreren Arbeitsschritten. Solche Bewegungen lassen sich mit einem von Ihnen definierten Bewegungspfad, an dem sich das bewegte Objekt orientiert, realisieren.

Um ein klassisches Tween an einem solchen Pfad auszurichten, wählen Sie die Ebene mit dem Tweening aus, öffnen Sie das Kontextmenü, und wählen Sie den Menüpunkt Klassischen Pfad hinzufügen.

Abbildung 5.119 ▶
Klassischen Pfad hinzufügen

Es wird automatisch eine neue sogenannte *Führungsebene* erstellt, über die Sie den Verlauf der Bewegung durch einen Pfad bestimmen. Den Pfad selbst erstellen Sie z. B. mit dem Stiftwerkzeug.

◀ **Abbildung 5.120**
Führungsebene in der ZEITLEISTE

Damit das getweente Objekt sich auch an diesem Pfad orientiert, muss es jeweils im ersten und im letzten Schlüsselbild des Tweens am Pfad ausgerichtet werden. Dazu positionieren Sie das Objekt in den beiden Schlüsselbildern entsprechend. Ein Kreis erscheint neben dem Mauszeiger, wenn sich das Objekt über dem Pfad befindet. Lassen Sie die Maustaste dann los, damit das Objekt am Pfad einrastet.

Im EIGENSCHAFTEN-Fenster stehen Ihnen zusätzlich zwei weitere Einstellungen für das am Pfad ausgerichtete Tweening zur Verfügung:

▲ **Abbildung 5.121**
Pfad-Optionen im EIGENSCHAFTEN-Fenster

▶ AUSRICHTEN ❶: Bei einem Bewegungs-Tweening, das an einem Pfad ausgerichtet wurde, richtet sich das Objekt automatisch an den Pfadpunkten aus.

▶ AN PFAD AUSRICHTEN ❷: Die aktivierte Option AN PFAD AUSRICHTEN führt dazu, dass das Objekt sich nicht nur an einem Pfad entlang bewegt, sondern sich auch in Pfadrichtung dreht.

Schritt für Schritt: Klassisches Tween an Pfad ausrichten

Im Folgenden wird erläutert, wie Sie ein klassisches Tween an einem Pfad ausrichten.

05\Tween_Klassik_Pfad\ step01.fla

1 **Flash-Film öffnen**

Öffnen Sie den Flash-Film *05\Tween_Klassik_Pfad\step01.fla*. Ein Grashüpfer soll mit Hilfe eines klassischen Tweens animiert werden. Er soll sich von links nach rechts bewegen und einen kurzen Sprung ausführen.

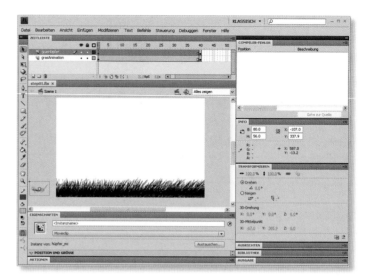

Abbildung 5.122 ▶
Die vorbereitete Flash-Datei

2 Schlüsselbilder erstellen

Fügen Sie dazu zunächst in Bild 10 und 30 der Ebene »grasHüpfer« weitere Schlüsselbilder ein.

3 Positionen verändern

Der Grashüpfer wird in Bild 10 etwas nach rechts in den Bühnenbereich verschoben. In Bild 30 schieben wir weiter nach rechts an den rechten Bühnenrand.

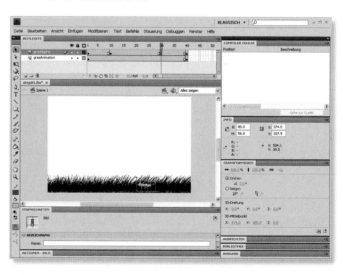

Abbildung 5.123 ▶
Weitere Schlüsselbilder einfügen

4 Bewegungs-Tweening einstellen

Die Schlüsselbilder werden eines nach dem anderen ausgewählt, und über das Kontextmenü der ZEITLEISTE fügen wir jeweils ein klassisches Bewegungs-Tween ein.

◄ **Abbildung 5.124**
Klassische Bewegungs-Tweens
einfügen

5 Führungsebene anlegen

In der ZEITLEISTE erstellen wir eine neue Ebene »Pfad«. Anschließend öffnen wir via Klick auf die rechte Maustaste das Kontextmenü und wandeln die Ebene über den Menüpunkt FÜHRUNGS-
EBENE ❶ in eine Führungsebene um.

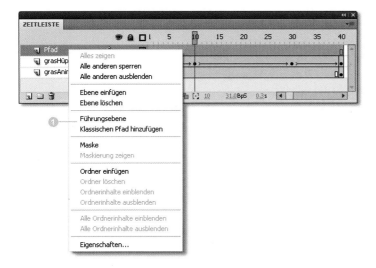

◄ **Abbildung 5.125**
Ebene in Führungsebene
umwandeln

6 Ebene an Führungsebene einrasten

Wählen Sie die Ebene »grasHüpfer« aus, und ziehen Sie sie per
Drag & Drop auf die Führungsebene, so dass sie eingerückt unter
der Führungsebene steht.

◄ **Abbildung 5.126**
Die Ebene »grasHüpfer«
wurde mit der Führungsebene
verbunden.

7 Schlüsselbilder anlegen

In Bild 10 fügen wir auf der Ebene »Pfad« ein leeres Schlüsselbild ein. Ab hier soll sich das Objekt an der Führungsebene orientieren.

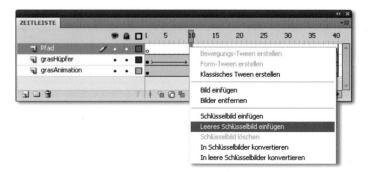

Abbildung 5.127 ▶
Das Schlüsselbild definiert den Anfang der Pfadanimation.

8 Führungs-Pfad zeichnen

Mit dem Stiftwerkzeug ⬙ zeichnen wir auf Bild 10 den Führungspfad ein. Die Pfadform gibt die Bewegung des Objekts vor – in diesem Fall eine Flugkurvenform. Achten Sie beim Zeichnen darauf, dass Sie den ersten Punkt des Pfades in etwa an der Stelle des Grashüpfers positionieren. Die Endposition des Pfades sollte in etwa der Position des Hüpfers auf Bild 30 entsprechen. Fügen Sie in Bild 31 ein leeres Schlüsselbild ein – ab hier soll die Pfadebene keinen Einfluss mehr auf die Bewegung nehmen.

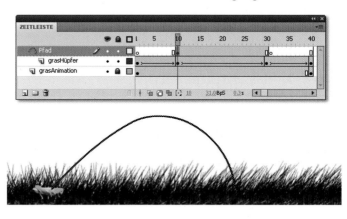

Abbildung 5.128 ▶
Zeichnen Sie den Bewegungspfad, auf dem der Grashüpfer »entlanghüpfen« soll.

9 Objekt an Pfad einrasten

Damit sich der Grashüpfer an dem eben erstellten Führungspfad entlang bewegt, muss er an den Enden des Pfades einrasten. Wählen Sie den Hüpfer jeweils in Bild 10 und Bild 30 aus, halten Sie die Maustaste gedrückt, und verschieben Sie die Movieclip-Instanz so, dass der Kreis ❶ in der Mitte am Pfad einrastet.

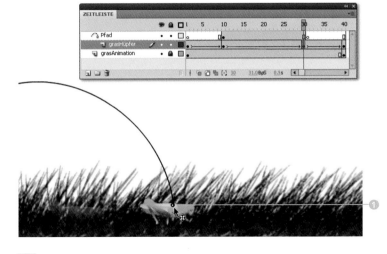

◄ **Abbildung 5.129**
Am Pfad einrasten

10 **Film testen**

Testen Sie den Film über ⌷Strg⌷/⌷⌘⌷+⌷↵⌷. Der Grashüpfer sollte zu Beginn von links nach rechts in den Bühnenbereich eintreten, einen kurzen kräftigen Sprung machen und wieder aus der Bühne hinauslaufen. Sollte der Sprung nicht funktionieren, überprüfen Sie nochmals, ob der Movieclip in den Bildern 10 und 30 am Pfad eingerastet ist.

Ergebnis der Übung:
05\Tween_Klassik_Pfad\step02.fla

5.5.2 Timing

Ein wesentlicher Faktor für eine gute Animation ist das richtige Timing. Diesbezüglich ist es nebensächlich, welche Technik Sie für eine Animation verwenden. Grundsätzlich wird die Geschwindigkeit einer Animation durch zwei Faktoren beeinflusst:

▶ die Bildrate des Flash-Films
▶ die Anzahl der Bilder der Animation

Stimmen Sie daher die Bildrate und die Anzahl der Bilder der Animation aufeinander ab. Üblicherweise wird zuerst die Bildrate für den gesamten Flash-Film definiert und dann die Anzahl der Bilder der jeweiligen Animation. Das richtige Timing entscheidet oft darüber, ob eine Animation glaubhaft wirkt oder nicht.

Neben diesen beiden Faktoren lässt sich das Timing auch durch einen dritten Faktor beeinflussen – durch Beschleunigung und Abbremsen. Wie Sie beschleunigte bzw. abgebremste Animationen mit Tweens erstellen, haben Sie bereits kennengelernt. Auch mit klassischen Tweens sind beschleunigte und abgebremste Animationen möglich, wenn auch nicht ganz so fein, wie das mit dem Bewegungs-Editor möglich ist.

Schritt für Schritt: Klassisches Tween mit Beschleunigung und Abbremsung

In diesem Workshop erfahren Sie, wie Sie das Timing eines klassischen Tweens über Beschleunigung und Abbremsen beeinflussen können.

1 Flash-Film öffnen

05\Tween_Klassik_Beschleunigung\step01.fla

Öffnen Sie zunächst das Beispiel *05\Tween_Klassik_Beschleunigung\step01.fla*.

2 Beschleunigung am Anfang

Ausgangsbasis ist ein klassisches Tween, bei dem ein Herz von klein auf groß skaliert wird. Die Animation wirkt so nicht besonders realistisch.

Abbildung 5.130 ►
Ein schlagendes Herz

Wählen Sie das Schlüsselbild in Bild 1 aus, und stellen Sie die BESCHLEUNIGUNG im EIGENSCHAFTEN-Fenster im Reiter TWEENING auf »-50« ❶. Durch diese Einstellung wird das Herz zunächst langsamer und dann zunehmend schneller skaliert.

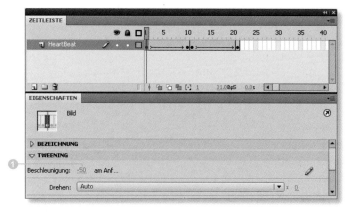

Abbildung 5.131 ►
Beschleunigung am Anfang

3 Beschleunigung am Ende

Wählen Sie das Schlüsselbild in Bild 10 aus, und stellen Sie die BESCHLEUNIGUNG auf 100 (AM ENDE) **①**, wodurch die Skalierung des Herzen ab Bild 10 am Ende abgebremst wird. Durch die gegeneinander wirkenden Beschleunigungen wirkt die Animation schon deutlich besser – mit einem synchron laufenden Herzschlag-Sound dazu entstünde die richtige Stimmung.

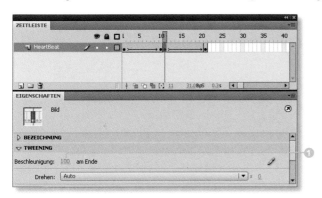

◄ **Abbildung 5.132**
Beschleunigung am Ende

4 Film testen

Testen Sie den Film über $\boxed{\text{Strg}}$/$\boxed{\text{⌘}}$+$\boxed{\hookleftarrow}$.

 Ergebnis der Übung:
*05\Tween_Klassik_
Beschleunigung\step02.fla*

Benutzerdefinierte Beschleunigung und Abbremsen | Auch wenn die Steuerung des zeitlichen Ablaufs bei klassischen Tweens nicht ganz so komfortabel ist wie bei Tweens, lässt sich der zeitliche Ablauf auch bei klassischen Tweens ähnlich fein steuern. Nachdem Sie ein Schlüsselbild oder ein Zwischenbild eines klassischen Tweens ausgewählt haben, können Sie im EIGENSCHAFTEN-Fenster im Reiter TWEENING über die Schaltfläche BESCHLEUNIGUNG BEARBEITEN **②** den zeitlichen Ablauf noch genauer steuern.

> **Beschleunigung**
>
> Der Ausdruck »Beschleunigung« ist hier etwas unglücklich gewählt. Stellen Sie sich den Wert als »Abbremsung« vor. Ein Wert wie 40 am Ende bedeutet also, dass die Bewegung am Ende um den Wert 40 abgebremst wird. Ein Wert, wie –30 am Anfang würde bedeuten, dass die Bewegung am Anfang abgebremst würde.

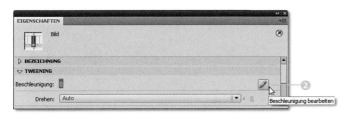

◄ **Abbildung 5.133**
Klicken Sie auf BESCHLEUNIGUNG BEARBEITEN, um das Dialogfenster zu öffnen.

Das Dialogfenster ermöglicht es Ihnen, die Bewegung bzw. die Änderung des getweenten Objekts zwischen Anfangs- und Endzustand zu steuern. Die horizontale Achse gibt die Bilder des Tweenings wieder. Die vertikale Achse zeigt den Veränderungsgrad in Prozent.

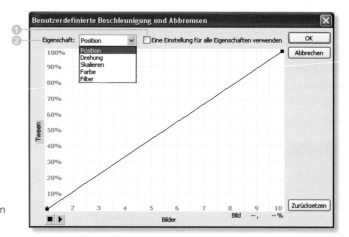

Abbildung 5.134 ▶
Benutzerdefiniertes Beschleunigen
und Abbremsen

Lineares Tweening
Standardmäßig liegt der Wert des
ersten Schlüsselbilds bei 0 % und
der Wert des letzten Schlüsselbilds bei 100 % – dies entspricht
einem linearen Tweening.

Über das Optionsfeld ❶ können Sie festlegen, ob sich der Graph
auf eine einzige Eigenschaft des getweenten Objekts oder auf alle
Eigenschaften auswirkt. Wenn das Optionsfeld deaktiviert wird,
lässt sich eine Eigenschaft im Listenfeld ❷ auswählen. Folgende
Eigenschaften lassen sich so getrennt voneinander steuern:

▶ Position (leider nicht getrennt in X- und Y-Position)
▶ Drehung des Objekts
▶ Größe bzw. Skalierung des Objekts
▶ Farbe
▶ Filter(-effekte)

Die Kurve selbst lässt sich durch Auswahl der Scheitelpunkte, die
ähnlich wie Ankerpunkte eines Kurvensegments agieren, beeinflussen. Via Mausklick auf die Linie erzeugen Sie einen neuen
Ankerpunkt.

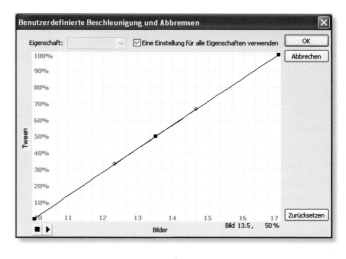

Abbildung 5.135 ▶
Ein zusätzlicher Ankerpunkt
wurde in der Mitte angelegt.

Um einen Scheitelpunkt zu entfernen, wählen Sie ihn mit der Maus aus und drücken [Entf]. Via Mausklick auf die Schaltfläche ZURÜCKSETZEN stellen Sie den ursprünglichen Graphen wieder her.

Schritt für Schritt: Ein fahrendes Motorrad mit einem beschleunigten klassischen Tween

In diesem Workshop wird gezeigt, wie Sie das Timing eines klassischen Tweens über die Beschleunigung beeinflussen können.

1 **Flash-Film öffnen**

Öffnen Sie dazu den Flash-Film *05\Tween_Klassik_Motorrad\ step01.fla*. Ausgangsbasis ist ein sich von links nach rechts bewegendes Motorrad.

05\Tween_Klassik_Motorrad\ step01.fla

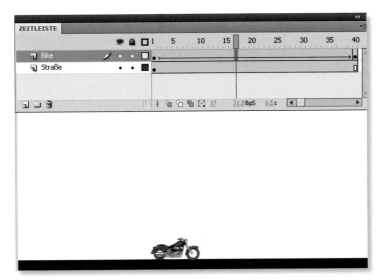

▲ **Abbildung 5.136**
Die Animation des Motorrads

2 **Benutzerdefinierte Beschleunigung einstellen**

Wählen Sie das erste Schlüsselbild in der ZEITLEISTE aus. Klicken Sie im EIGENSCHAFTEN-Fenster im Reiter TWEENING auf BESCHLEU-NIGUNG BEARBEITEN. Erstellen Sie zwei zusätzliche Scheitelpunkte in Bild 6 ❶ und Bild 33 ❷, und verschieben Sie diese vertikal, wie in der folgenden Abbildung (S. 138) zu sehen. Um den Verlauf der Linie zwischen den Punkten zu ändern, wählen Sie die Scheitelpunkte aus und verschieben einen oder beide Anfasser ❸ und ❹ der Tangente.

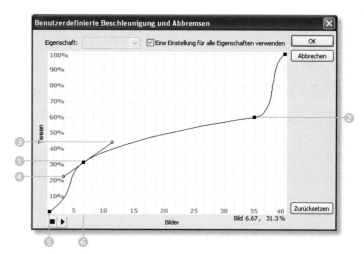

Abbildung 5.137 ►
Die erste benutzerdefinierte
Beschleunigung

Der erste Abschnitt zwischen den Punkten ⑤ und ⑥ erstreckt sich über die ersten sechs Bilder der ZEITLEISTE. Sie sehen das anhand der horizontalen Achse. Bis Bild 6 wird 30 % der Strecke zurückgelegt – die vertikale Achse zeigt das. Da das Tweening aus insgesamt 40 Bildern besteht, stellen diese 6 Bilder eine vergleichsweise kurze Zeit dar. Das Motorrad bewegt sich zu Beginn also entsprechend schnell. Ab Bild 6 ① verläuft die Kurve wesentlich flacher über einen längeren Zeitraum, was zur Folge hat, dass sich das Motorrad deutlich langsamer bewegt. Zu guter Letzt beschleunigt es wieder ab Bild 35 ②, die Kurve steigt hier deutlich an.

3 Film testen

Testen Sie den Film über ⌷Strg⌷/⌷⌘⌷+⌷↵⌷.

In dem vorangehenden Workshop haben Sie gelernt, wie Sie eine Bewegung gezielt abbremsen und beschleunigen können. Mit Hilfe der benutzerdefinierten Beschleunigung können Sie zusätzlich die Bewegungsrichtung steuern. So sind auch zurücklaufende Bewegungen möglich. Dies wird im folgenden Workshop erläutert. ∎

Ergebnis der Übung:
05\Tween_Klassik_Motorrad\step02.fla

Schritt für Schritt: Einen springenden Ball mit beschleunigtem klassischen Tween erstellen

In diesem Workshop wird gezeigt, wie Sie die Bewegungsrichtung mit Hilfe einer benutzerdefinierten Beschleunigung und Abbremsung umkehren können.

1 Film öffnen

05\Tween_Klassik_Springender_Ball\step01.fla

Öffnen Sie den Flash-Film *05\Tween_Klassik_Springender_Ball\step01.fla*.

2 Benutzerdefinierte Beschleunigung einstellen

Wählen Sie das erste Schlüsselbild des klassischen Tweens aus, klicken Sie im EIGENSCHAFTEN-Fenster im Reiter TWEENING auf BESCHLEUNIGUNG BEARBEITEN, und verändern Sie den Graphen, wie in der folgenden Abbildung zu sehen.

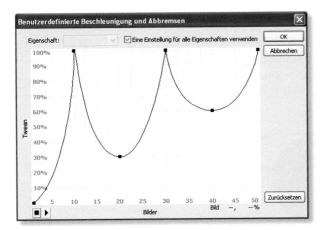

◄ **Abbildung 5.138**
Der Graph der Ball-Animation

3 Film testen

Testen Sie den Film über ⌈Strg⌉/⌈⌘⌉+⌈↵⌋. Die Bewegungsrichtung des Balls verläuft von oben nach unten – das bedeutet, dass sich der Ball bei 100 % auf der y-Achse am niedrigsten Punkt befindet – in Bild 10. Im zweiten Abschnitt, der sich zwischen Bild 10 und Bild 20 befindet, bewegt sich der Ball rückläufig. Der Ball springt von unten nach oben. Der Vorgang wiederholt sich anschließend – der Ball bewegt sich abwechselnd weiter von oben nach unten, wobei die Auslenkung nach oben immer geringer wird.

Ergebnis der Übung:
05\Tween_Klassik_Springender_Ball\step02.fla

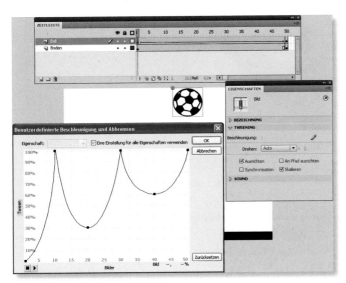

◄ **Abbildung 5.139**
Rückläufige Bewegung des Balls

5.6   Weitere Eigenschaften animieren

Beispiele auf DVD
Beispiele zu Animationen von Eigenschaften mit Tweens finden Sie auf der DVD im Verzeichnis *05\Tween_Eigenschaften*.

Neben der Position eines Objekts können Sie sowohl mit Tweens als auch mit klassischen Tweens folgende weitere Eigenschaften animieren:

Skalierung | Sie können die Breite und Höhe eines Objekts animieren. Dazu können Sie sowohl absolute Werte über das EIGENSCHAFTEN-Fenster im Reiter POSITION UND GRÖSSE ändern (zum Beispiel unter BREITE ❶ 200 Pixel) als auch prozentuale Werte über das TRANSFORMIEREN-Fenster eingeben (zum Beispiel 250 % ❷).

Abbildung 5.140 ▶
Größe bzw. Skalierung ändern

[!] Bewegung im Raum nur über Tweens
Wenn Sie ein Objekt im Raum animieren möchten, lässt sich dies nur über Tweens und nicht über klassische Tweens bewerkstelligen.

Bewegung im Raum | Neben einer Bewegung auf der Bildebene, die Sie bereits mehrfach kennengelernt haben, können Sie ein Objekt auch mit dem 3D-Versetzungswerkzeug oder über das TRANSFORMIEREN-Fenster im Raum auf der z-Achse bewegen.

▲ **Abbildung 5.141**
Der Movieclip wird im Raum auf der z-Achse verschoben.

Rotation auf der Bildebene | Mit dem Frei-transformieren-Werkzeug oder über das TRANSFORMIEREN-Fenster können Sie neben der Größe eines Objekts ein Objekt auch rotieren ❸ oder neigen ❹.

Drehung animieren

Unter DREHEN im EIGENSCHAFTEN-Fenster können Sie festlegen, wie oft ❶ und in welche Richtung (S.207) das Objekt gedreht werden soll.

▲ **Abbildung 5.142**
Rotation im TRANSFORMIEREN-Fenster einstellen

Rotation im Raum | Mit dem 3D-Drehungswerkzeug 🔄 oder über das TRANSFORMIEREN-Fenster rotieren Sie ein Objekt auf der x-, y- oder z-Achse im Raum.

[!] **Rotation im Raum nur über Tweens**
Wenn Sie die Drehung im Raum animieren möchten, lässt sich dies allerdings nur über Tweens und nicht über klassische Tweens bewerkstelligen.

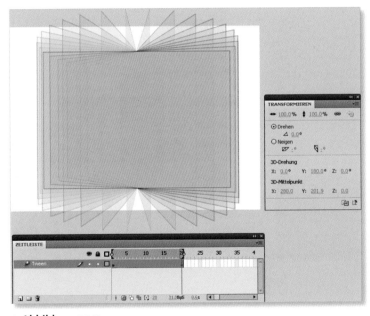

▲ **Abbildung 5.143**
Ein Rechteck wird mittels eines Tweens auf der y-Achse im Raum gedreht.

Helligkeit | Der Helligkeitswert einer Instanz lässt sich im EIGEN-SCHAFTEN-Fenster im Reiter FARBEFFEKT einstellen. Wählen Sie dazu im Dropdown-Menü STIL ❶ den Eintrag HELLIGKEIT ❷ aus. Anschließend können Sie mit dem Schieberegler oder per Eingabe in das Feld den Grad der Helligkeit bestimmen.

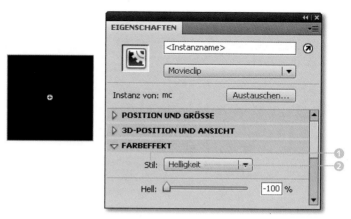

▲ **Abbildung 5.144**
Helligkeit auf –100 %, der Movieclip erscheint schwarz.

Tipp
Die Veränderung des Helligkeitswerts über ein Tween benötigt deutlich weniger CPU-Leistung als die Veränderung des Alphawerts. Bei einem schwarzen oder weißen Hintergrund lässt sich der Helligkeitswert nutzen, um ein Alpha-Tweening zu simulieren.

Farbton | Nachdem Sie im EIGENSCHAFTEN-Fenster im Reiter FARBEFFEKT unter STIL: FARBTON gewählt haben, wählen Sie via Mausklick auf das Farbfeld ❸ einen Farbton und im Feld darunter ❹ die Helligkeit des Farbtons aus. Im Bereich RGB ❺ können Sie alternativ über den RGB-Farbwert (ROT, GRÜN, BLAU) durch Mischung einen Farbton erzeugen. Die jeweils eingestellte Farbe überlagert die Instanz flächendeckend.

Abbildung 5.145 ▶
Auch die Instanzeigenschaft FARBTON lässt sich im EIGENSCHAFTEN-Fenster ändern.

Transparenz | Der Alphawert einer Instanz definiert die Transparenz. Der Wert 100 % entspricht einer vollen Deckkraft der Instanz. Der Wert 0 % sorgt dafür, dass das Objekt vollständig durchscheint.

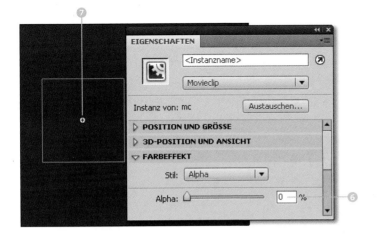

◄ **Abbildung 5.146**
Der Alphawert des Movieclips
»mc« wurde auf 0 % ⑥ gestellt
– der Clip wird unsichtbar ⑦.

Erweiterte Farbeinstellungen | Wenn Sie im EIGENSCHAFTEN-Fenster im Reiter FARBEFFEKT unter STIL den Eintrag ERWEITERT wählen, können Sie den Farbton und gleichzeitig auch die Transparenz über den Alphawert mit einem einzigen Schritt festlegen.

Die Farbe und die Transparenz werden hierbei über einen ARGB-Wert (ALPHA, ROT, GRÜN, BLAU) festgelegt.

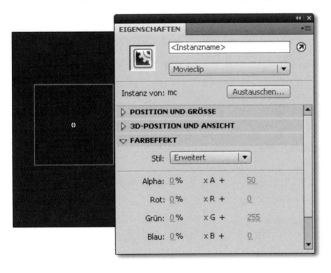

◄ **Abbildung 5.147**
Erweiterte Farbtoneinstellungen

5.7 Form-Tween

Neben der Bild-für-Bild-Technik und Tweens gibt es eine dritte Animationstechnik: Sogenannte *Form-Tweens* werden dazu verwendet, Vektorformen über einen bestimmten Zeitraum umzuformen; so entsteht zum Beispiel aus einem Kreis ein Stern. Ein Form-Tween funktioniert ausschließlich mit Vektorformen – es können keine Symbole und auch keine Bitmaps verwendet werden.

5.7.1 Bitmaps in Vektoren umwandeln

Gelegentlich möchte man Bitmap-Grafiken als Ausgangsbasis für
ein Form-Tween nutzen. Dazu muss das Bitmap zunächst in Vektoren umgewandelt werden. Sie können eine ausgewählte Bitmap
über das Menü MODIFIZIEREN • BITMAP • BITMAP NACHZEICHNEN in
eine Vektorform umwandeln.

▲ **Abbildung 5.148**
Bitmap nachzeichnen

▲ **Abbildung 5.149**
Mögliche Kurvenanpassungen

Die Umwandlung selbst lässt sich im Dialogfenster über folgende
vier Einstellungen steuern:

▶ Ist die Differenz zweier Farbwerte der Bitmap kleiner als der
  FARBSCHWELLENWERT ❶, werden die Farben als gleichwertig
  betrachtet – ein hoher Wert führt zu Vektorformen mit wenig
  Farben. Auf das folgende Beispiel in der Schritt-für-Schritt-
  Anleitung hat der Wert keinen Einfluss, da nur Schwarz ver-
  wendet wurde.

▶ Über das Feld KLEINSTE FLÄCHE ❷ legen Sie die Anzahl der
  umgebenen Pixel fest, die bei der Farbzuweisung berücksichtigt
  werden. Ein kleiner Wert führt zu komplexeren Formen, was
  dann die Dateigröße des Flash-Films entsprechend beeinflusst.

▶ Die KURVENANPASSUNG ❸ steuert die Genauigkeit der Kurven.

▶ Die Einstellung KANTENSCHWELLENWERT ❹ ist das Pendant zur
  KURVENANPASSUNG. Je mehr Ecken berücksichtigt werden,
  desto präziser wird die Form. Sie haben hier jedoch lediglich die Auswahl zwischen VIELE ECKEN, NORMAL und WENIGE
  ECKEN.

Schritt für Schritt: Bitmap in Vektoren umwandeln

In diesem Workshop lernen Sie, wie Sie eine Bitmap-Grafik in
Vektoren umwandeln und wie Sie mit den erzeugten Vektoren
ein Form-Tween erstellen.

1 Film öffnen

Öffnen Sie den Flash-Film *05\BitmapVektoren_Umwandlung\step01.fla*.

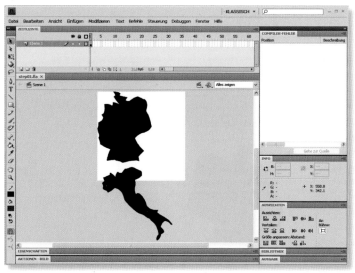

▲ **Abbildung 5.150**
Die Bitmap-Grafik als Ausgangsbasis

Im Flash-Film finden Sie eine Bitmap mit den Umrissen von Deutschland und Italien.

*05\BitmapVektoren_
Umwandlung\step01.fla*

2 Bitmap in Vektoren umwandeln

Wählen Sie die Bitmap aus, und öffnen Sie über das Menü MODIFIZIEREN • BITMAP • BITMAP NACHZEICHNEN das Dialogfenster BITMAP NACHZEICHNEN. Für das Beispiel sind die Standardeinstellungen ausreichend – klicken Sie auf OK, um die Bitmap in eine Vektorform umzuwandeln.

3 Umwandlung ist fertig

Damit ist die Umwandlung schon fertig. Sie können jetzt jedes Vektor-Werkzeug in Flash wie gewohnt auf die Vektorform anwenden – z.B. mit dem Tintenfasswerkzeug eine Strichlinie (Kontur) einfügen.

4 Italien-Karte ausschneiden

Wählen Sie jetzt mit dem Auswahlwerkzeug ▶ die Italien-Karte per Doppelklick aus, und drücken Sie [Strg]/[⌘]+[X], um die Karte auszuschneiden. Die Karte wird damit entfernt und gleichzeitig in die Zwischenablage kopiert.

5 Schlüsselbild erstellen

Erstellen Sie in Bild 10 ein leeres Schlüsselbild, und fügen Sie die Italien-Karte über [Strg]/[⌘]+[V] ein. Beide Karten werden dann anschließend über das Fenster AUSRICHTEN via Mausklick auf die Felder ❶, ❷ und ❸ auf der Bühne zentriert, wie in Abbildung 5.152 zu sehen ist.

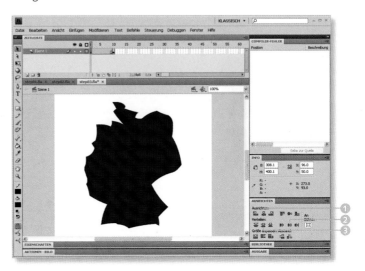

Abbildung 5.151 ▶
Die Karten werden auf der Bühne zentriert.

6 Form-Tween einstellen

Wählen Sie das erste Schlüsselbild aus, öffnen Sie mit der rechten Maustaste das Kontextmenü der ZEITLEISTE, und klicken Sie den Menüpunkt FORM-TWEEN ERSTELLEN an.

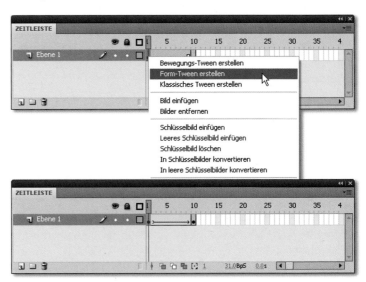

Abbildung 5.152 ▶
Das Form-Tweening wird in der ZEITLEISTE durch einen schwarzen Pfeil auf hellgrünem Hintergrund dargestellt.

7 Film testen

Jetzt können Sie den Film bereits über ⌈Strg⌉/⌈⌘⌉+⌈↵⌉ testen: Die Deutschlandkarte wird in einer fließenden Animation verformt und in die Italienkarte umgewandelt.

Ergebnis der Übung:
05\BitmapVektoren_Umwandlung\ step02.fla

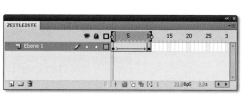

▲ **Abbildung 5.153**
Das Form-Tweening in der Zwiebelschichtenansicht

Die Formen der beiden Karten sind sehr unterschiedlich und komplex, was im Animationsablauf zu einigen unschönen Überschneidungen führt. Im folgenden Abschnitt erfahren Sie, wie Sie das Form-Tween noch verbessern können.

5.7.2 Formmarken einsetzen

Mit sogenannten *Formmarken* können Sie Flash dabei helfen, wesentliche Punkte der Formen zu finden und abzugleichen, um das Resultat des Form-Tweens zu verbessern.

Schritt für Schritt: Formmarken für ein Form-Tween einsetzen

In diesem Workshop lernen Sie, wie Sie Formmarken für ein Form-Tween einsetzen können.

05\BitmapVektoren_ Umwandlung\step02.fla

1 Film öffnen

Öffnen Sie den Flash-Film *05\BitmapVektoren_Umwandlung\ step02.fla*.

2 Formmarke einfügen

Wählen Sie das erste Schlüsselbild in der ZEITLEISTE aus, und fügen Sie eine Formmarke über MODIFIZIEREN • FORM • FORMMARKE HINZUFÜGEN oder über das Tastenkürzel ⌈Strg⌉/⌈⌘⌉+⌈⇧⌉+⌈H⌉ ein. Verschieben Sie die Formmarke an die linke obere Ecke der Deutschland-Karte.

Reihenfolge
Den jeweiligen Formmarken sind Buchstaben (a bis z) zugewiesen – Sie können diese vergleichen, um festzustellen, welche Marken in der Ausgangsform und in der Endform einander entsprechen.

Abbildung 5.154 ▶
Die erste Formmarke wurde
positioniert.

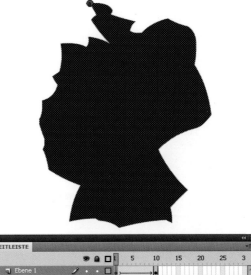

Formmarken entfernen

Schieben Sie die Formmarke au
ßerhalb der Bühne, um sie zu löschen. Um alle Formmarken zu
entfernen, wählen Sie den Menüpunkt MODIFIZIEREN • FORM • ALLE
MARKEN LÖSCHEN.

Formmarken-Reihenfolge

Formmarken funktionieren am
besten, wenn Sie sie beginnend
mit der linken oberen Ecke der
Form entgegen dem Uhrzeigersinn platzieren.

3 **Weitere Formmarken einfügen**

Fügen Sie weitere Formmarken ein, und positionieren Sie die
Marken an signifikanten Stellen der Form. Für dieses Beispiel reichen bereits drei Formmarken aus.

Abbildung 5.155 ▶
Formmarken erstellen und
positionieren

4 Formmarken für Endbild definieren

Wählen Sie jetzt Bild 10 aus, und positionieren Sie die Formmarken. Achten Sie bei der Positionierung darauf, dass die Formmarken in der richtigen Reihenfolge platziert werden.

5 Formmarken abgleichen

Wechseln Sie immer wieder mal zurück zu Bild 1, um die Position der Marken zu vergleichen. Übrigens zeigt Flash Formmarken im Ausgangsbild in Gelb und im Endbild in Grün an, wenn Formmarken vermeintlich richtig positioniert wurden – manchmal lässt sich das nicht erreichen –, die Formmarken funktionieren dennoch.

Ansicht

Gelegentlich kommt es vor, dass Flash Formmarken einfach ausblendet – das passiert regelmäßig beim Öffnen eines Films, der Formmarken verwendet. Klicken Sie dann auf ANSICHT • FORMMARKEN ANZEIGEN, um alle Formmarken einzublenden.

◄ **Abbildung 5.156**
Formmarken der Italien-Karte

6 Film testen

Nachdem Sie alle Formmarken gesetzt haben, sollten die unvorteilhaften Überlagerungen in der Animation verschwunden sein. Testen Sie den Film über Strg/⌘+↵. ∎

Ergebnis der Übung:
05\BitmapVektoren_Umwandlung\step03.fla

5.8 Masken

Mittels einer Maske kann ein Ausschnitt eines sichtbaren Bildbereichs definiert werden. Dabei entspricht die Füllform der Maske dem Bereich des Ausschnitts. In Flash werden Masken in der Entwicklungsumgebung über sogenannte *Maskenebenen* verwirklicht.

Gegenstück eines Passepartouts

Eine Maske ist das Gegenteil eines Passepartouts. Über die Maskenform wird der sichtbare Ausschnitt definiert.

Um eine normale Ebene in eine Maskenebene umzuwandeln, wählen Sie die Ebene aus, öffnen Sie via Klick auf die rechte Maustaste das Kontextmenü, und wählen Sie den Menüpunkt MASKE.

Abbildung 5.157 ▶
Ebene in Maskenebene
umwandeln

Die darunterliegende Ebene wird der Maskenebene zugeordnet und durch die eingezeichnete Maskenform maskiert. Damit das Resultat der Maske in der Entwicklungsumgebung sichtbar ist, wird sowohl die Maskenebene auch als die maskierte Ebene gesperrt. Wenn Sie diese Sperrung aufheben, ist das Resultat der Maske in der Entwicklungsumgebung nicht mehr sichtbar – beim Veröffentlichen des Films wird die Maske dennoch angewendet.

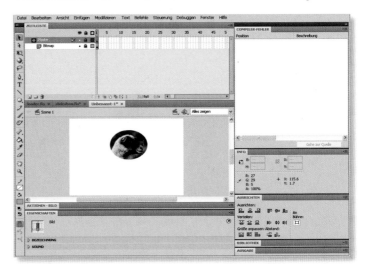

Abbildung 5.158 ▶
Das Resultat der Maskierung

Maskenebene | Eine Maskenebene enthält eine Form, wie z. B. einen Kreis. Durch die Verbindung der Maskenebene mit einer anderen Ebene wird die Form der Maskenebene dazu verwendet, einen Ausschnitt der maskierten Ebene zu zeigen. Der Ausschnitt richtet sich nach der Form auf der Maskenebene – vergleichbar mit einem Fernrohr, bei dem die Form des Fernrohrs, durch das Sie sehen, der Maskenform entspricht.

Um eine Ebene nachträglich einer erstellten Maskenebene zuzuweisen, wählen Sie die Ebene aus und verschieben die Ebene unterhalb der Maskenebene ①. Auf ähnliche Weise machen Sie aus einer maskierten Ebene wieder eine gewöhnliche Ebene. Dazu ziehen Sie die Maskenebene einfach nach links unten heraus ②.

Masken werden häufig auch im Zusammenhang mit Animationen verwendet. Wie Sie mit Hilfe mehrerer Maskenebenen einen interessanten Effekt für eine Slideshow erstellen können, erfahren Sie im Workshop in Abschnitt 5.9, »Verschachtelung«.

Verlaufsmasken | Seit Flash 8 sind Verlaufsmasken möglich, bei denen im Gegensatz zu einer normalen Maske keine einfarbige Fläche, sondern ein Farbverlauf zur Maskierung verwendet wird. Verlaufsmasken können besondere Effekte erzielen. Mit einem schwarz-transparenten Farbverlauf können Sie ein Bild oder eine Form in eine Richtung transparent auslaufen lassen.

Um Verlaufsmasken anzuwenden, sind jedoch einige besondere Schritte notwendig, die im nächsten Beispiel erläutert werden.

Schritt für Schritt: Verlaufsmaske erstellen
In diesem Workshop wird gezeigt, wie Sie eine Verlaufsmaske erstellen können.

1 Film öffnen

Öffnen Sie den Flash-Film *05\Verlaufsmaske\step01.fla*. Auf der Ebene »Bitmap« befindet sich eine Bitmap, die im Folgenden über eine Verlaufsmaske maskiert wird.

Wählen Sie das Bild aus, und konvertieren Sie es über [F8] in einen Movieclip »image_mc«. Weisen Sie dem Movieclip anschließend im EIGENSCHAFTEN-Fenster den Instanznamen »image_mc« ① zu.

Darstellung der Hierarchie

Auf welche Hierarchie-Ebene eine Zeitleisten-Ebene verschoben wird, zeigt Ihnen während des Verschiebens einer Ebene das Kreis-Symbol ③ auf der linken Seite an.

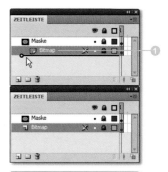

▲ **Abbildung 5.159**
Ebene einer Maske zuweisen (oben), maskierte Ebene in eine normale Ebene umwandeln (unten)

 05\Verlaufsmaske\step01.fla

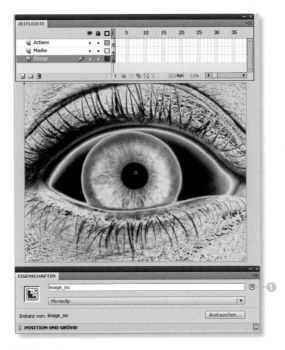

2 Maskenform anlegen

Zeichnen Sie mit dem Rechteckwerkzeug ▨ auf der Ebene »Maske« ein 500 x 400 Pixel großes Rechteck ein. Achten Sie dabei darauf, dass Sie die Strichfarbe ❷ deaktiviert haben. Öffnen Sie das Fenster FARBE, und stellen Sie einen linearen Farbverlauf ❸ ein.

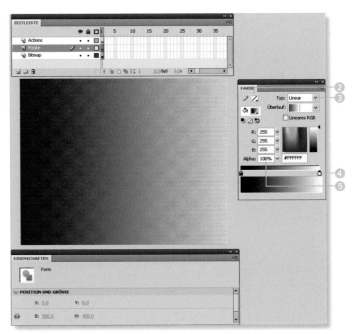

3 Farbverlauf mit transparenter Farbe

Wählen Sie das weiße Farbfeld ④ aus, und stellen Sie den ALPHA-wert ⑤ auf 0 %.

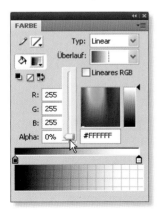

◄ **Abbildung 5.162**
Farbverlauf mit transparenter Farbe

4 In Movieclip konvertieren

Wählen Sie das Rechteck mit dem Farbverlauf aus, und wandeln Sie es in einen Movieclip »mask_mc« um. Weisen Sie diesem Movieclip im EIGENSCHAFTEN-Fenster den Instanznamen »mask_mc« ⑥ zu.

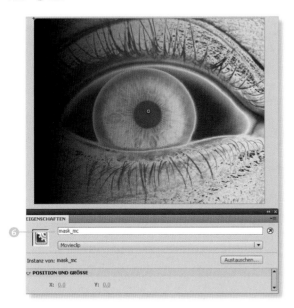

◄ **Abbildung 5.163**
Instanznamen zuweisen

5 cacheAsBitmap aktivieren

Jetzt kommt der Trick: Anstatt das Bild über eine Maskenebene zu maskieren – was nicht zum gewünschten Ergebnis führen würde, da eine Verlaufsmaske nicht mit Hilfe einer Maskenebene funktioniert –, maskieren wir das Bild über ActionScript.

Damit das funktioniert, muss die Instanzeigenschaft `cacheAsBit-map` beider Movieclips auf `true` gesetzt werden. Wählen Sie das erste Schlüsselbild auf der Ebene »Actions« aus, und öffnen Sie das AKTIONEN-Fenster über [F9] bzw. [⌥]+[F9]. Geben Sie dort folgenden Code ein:

```
image_mc.cacheAsBitmap = true;
mask_mc.cacheAsBitmap = true;
image_mc.mask = mask_mc;
```

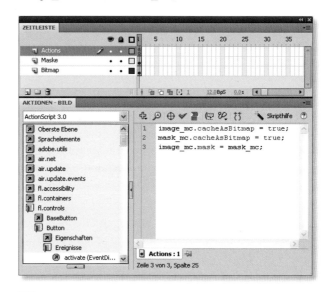

Abbildung 5.164 ▶
Dem ersten Schlüsselbild werden Aktionen zugewiesen.

Ergebnis der Übung:
05\Verlaufsmaske\step02.fla

6 Film testen

Testen Sie den Film über [Strg]/[⌘]+[↵]. Das Bild wird über die Verlaufsmaske maskiert.

Abbildung 5.165 ▶
Maskierung per Verlaufsmaske

5.9 Verschachtelung

Einer der größten Stärken und Vorteile von Movieclips gegenüber Grafiksymbolen liegt darin, dass Movieclips beliebig oft verschachtelt werden können und nicht an die Hauptzeitleiste gebunden sind. Movieclips besitzen ihre eigene Zeitleiste, die nahezu autonom agiert.

Bei komplexen Flash-Filmen, wie einer Webseite, kann die Strukturierung über Movieclips eine große Hilfe sein. Zusammengehörende Elemente, wie die Navigation, Textbereiche, und das Logo, lassen sich jeweils in einem Movieclip platzieren.

Eigene Ebene für Movieclips

Um den Überblick nicht zu verlieren, sollten Sie solche Movieclips auf der Hauptzeitleiste auf eine eigene Ebene platzieren und diese eindeutig benennen.

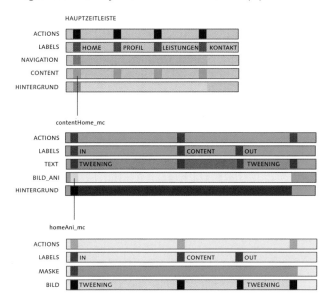

◄ **Abbildung 5.166**
Das Bild zeigt eine mögliche Webseiten-Struktur mit Hilfe von verschachtelten Movieclips.

Ein weiterer Vorteil dieses Aufbaus ist, dass ein Movieclip dann als separater Film agiert, gesteuert werden kann und unabhängig von anderen Bereichen entwickelt werden kann. So lässt sich z. B. zunächst die Navigation erstellen, dann verschiedene Inhaltsbereiche der Webseite etc.

Die Verschachtelung von Movieclips lässt sich jedoch nicht nur zum Strukturieren verwenden – sie bietet auch viele Vorteile für Animationen.

Schritt für Schritt: Verschachtelung in einer Gallery mit Maskeneffekt

In diesem Workshop lernen Sie, wie Sie Verschachtelung sinnvoll einsetzen und wie Sie mit Hilfe von Masken einen interessanten Überblendungseffekt für eine Gallery erstellen.

05\Masken_Gallery\Masken_
Gallery_01.fla

1 Flash-Film öffnen

Öffnen Sie den Flash-Film 05\Masken_Gallery\Masken_Gallery_01.fla. Auf der Hauptzeitleiste befinden sich auf der Ebene »Nav« sechs Movieclips mit den Instanznamen »nav1« bis »nav6«. Per Mausklick auf einen Movieclip soll später ein entsprechendes Bild der Slideshow angezeigt werden. In der BIBLIOTHEK finden Sie sechs entsprechende Bitmaps, die für die Gallery verwendet werden sollen. Die Ebene »Maske« agiert als Maskenebene für die Ebene »Bitmaps«.

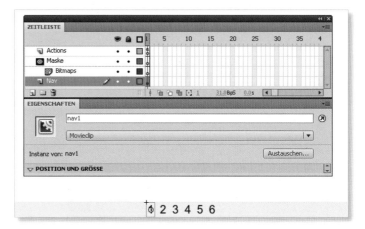

Abbildung 5.167 ▶
Die Ausgangsbasis

2 Bitmap einfügen

Wählen Sie das leere Schlüsselbild auf der Ebene »Bitmaps« aus, und ziehen Sie die erste Bitmap aus der BIBLIOTHEK auf die Bühne. Wandeln Sie die Bitmap über F8 in einen Movieclip um, und weisen Sie dem Movieclip im EIGENSCHAFTEN-Fenster den Instanznamen »gallery« zu.

Abbildung 5.168 ▶
Instanznamen zuweisen

3 **Bitmaps einfügen und ActionScript definieren**

Wechseln Sie über [Strg]/[⌘]+[E] in den Symbolbearbeitungsmodus des Movieclips, und fügen Sie in Bild 2 bis 6 leere Schlüsselbilder ein. Platzieren Sie dann jeweils ein Bild aus der BIBLIOTHEK in jeweils ein Schlüsselbild. Je nachdem, auf welche Bildnummer der Benutzer klickt, wird dann das entsprechende Bild später im Movieclip angesprungen. Fügen Sie eine neue Ebene »Actions« ein, wählen Sie das erste Schlüsselbild auf der Ebene aus, öffnen Sie das AKTIONEN-Fenster, und weisen Sie dem ersten Schlüsselbild folgende Codezeile zu:

```
stop();
```

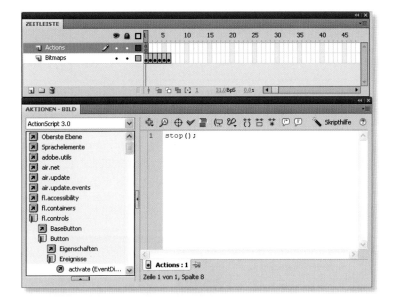

◄ **Abbildung 5.169**
ActionScript definieren

Wechseln Sie anschließend zurück zur Hauptzeitleiste des Flash-Films. In der BIBLIOTHEK finden Sie drei Movieclips »form0«, »form1« und »form2«. Die Zeitleisten aller drei Movieclips sind nach dem gleichen Schema aufgebaut. Auf der Ebene »Actions« befindet sich im ersten und letzten Schlüsselbild eine `stop();` Anweisung, um die Zeitleiste zu Beginn und am Ende anzuhalten.

Die Ebene »Form« enthält je nach Movieclip unterschiedliche Formen, die über ein Tween animiert wurden. Die Formen werden von klein nach groß skaliert und teilweise gedreht. Wichtig ist, dass die Fläche der Form im letzten Bild den gesamten Bühnenbereich bedeckt. Das Tween dient als Maskenanimation. Später wird zufällig ein Movieclip ausgewählt, und innerhalb des Movieclips wird die Animation ab Bild 2 abgespielt.

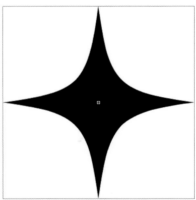

Abbildung 5.170 ▶
Die ZEITLEISTE und die Form des
Movieclips »form0«

4   Masken-Movieclip erstellen

Wählen Sie den Movieclip »form0« aus, ziehen Sie ihn auf die
Bühne in das Schlüsselbild der Ebene »Maske«, und richten Sie
den Movieclip über das AUSRICHTEN-Fenster mittig auf der Bühne
aus. Wandeln Sie den Movieclip erneut in einen Movieclip um,
und weisen Sie ihm dann im EIGENSCHAFTEN-Fenster den Instanznamen »maske« zu.

Abbildung 5.171 ▶
Der Movieclip »form0« wurde
mittig ausgerichtet und erneut in
einen Movieclip »maske«
umgewandelt.

5   Form-Movieclips einfügen und Instanznamen zuweisen

Wechseln Sie anschließend in den Bearbeitungsmodus des Movieclips, nennen Sie die bereits vorhandene Ebene »form0«, und
erstellen Sie zwei weitere Ebenen »form1« und »form2«. Ziehen Sie

den Movieclip »form1« auf die Ebene »form1« und den Movieclip »form2« auf die Ebene »form2«. Weisen Sie allen drei Movieclips dann entsprechende Instanznamen zu: »form0«, »form1«, »form2«. Die Movieclips werden mittig auf der Bühne positioniert.

▼ **Abbildung 5.172**
Die Zeitleiste des Movieclips »maske«

6 ActionScript-Code für die Navigation definieren

Wechseln Sie anschließend zurück zur Hauptzeitleiste des Flash-Films, öffnen Sie das Aktionen-Fenster, und weisen Sie dem ersten Schlüsselbild zunächst folgenden Code zu:

```
1:   nav1.addEventListener(MouseEvent.CLICK,showImage);
2:   nav2.addEventListener(MouseEvent.CLICK,showImage);
3:   nav3.addEventListener(MouseEvent.CLICK,showImage);
4:   nav4.addEventListener(MouseEvent.CLICK,showImage);
5:   nav5.addEventListener(MouseEvent.CLICK,showImage);
6:   nav6.addEventListener(MouseEvent.CLICK,showImage);
7:   nav1.buttonMode = true;
8:   nav2.buttonMode = true;
9:   nav3.buttonMode = true;
10:  nav4.buttonMode = true;
11:  nav5.buttonMode = true;
12:  nav6.buttonMode = true;
```

Eventuell können Sie die folgenden Code-Hinweise noch nicht nachvollziehen. Lesen Sie zunächst die ActionScript-Kapitel, wenn Sie den Code nachvollziehen möchten.

In Zeile 1 bis 6 werden an den Movieclips »nav1« bis »nav6« sogenannte *Ereignis-Listener* registriert, die dafür sorgen, dass die Funktion showImage aufgerufen wird, wenn der Benutzer auf einen der Movieclips klickt. In Zeile 7–12 wird die Eigenschaft buttonMode der Movieclips auf true gesetzt, damit sich die Movieclips wie Schaltflächen verhalten und der Mauszeiger sich ändert, wenn der Benutzer den Mauszeiger über einen der Movieclips bewegt.

7 Masken-Movieclip und Gallery-Movieclip steuern

Ergänzen Sie den Code um folgende Zeilen:

```
1:    var maskArray:Array = new Array(maske.
      form0,maske.form1,maske.form2);
2:    function showImage(e:Event):void {
3:        var myImageIndex:uint = e.target.name.
          substr(-1,1);
4:        var ranIndex:uint = extRandom(0,maskArray.
          length-1);
5:        resetMask(ranIndex);
6:        maskArray[ranIndex].gotoAndPlay(2);
7:        gallery.gotoAndStop(myImageIndex);
8:    }
9:    function resetMask(myIndex:uint):void {
10:       for (var i:uint = 0;i<maskArray.length;i++) {
11:           if(i != myIndex) {
12:               maskArray[i].gotoAndStop(1);
13:           }
14:       }
15:   }
16:   function extRandom(minVal:uint,maxVal:uint):
      uint {
17:       return minVal+Math.floor(Math.
          random()*(maxVal+1-minVal));
18:   }
```

In Zeile 1 wird ein sogenanntes Array definiert, das Referenzen auf die jeweiligen Movieclips enthält, die als Maske dienen. Die Funktion showImage, die ab Zeile 2 definiert ist, sorgt dafür, dass der Abspielkopf des Movieclips »gallery« auf das Bild mit der entsprechenden Bildnummer springt. Klickt der Benutzer beispielsweise auf die Nummer 3, wird das Bild 3 im Movieclip »gallery« angesprungen. Die entsprechende Bildnummer wird aus dem Namen des angeklickten Movieclips extrahiert. Dazu wird das letzte Zeichen des Namens ermittelt (Zeile 3) und der Variablen myImag-eIndex zugewiesen. Anschließend sorgt die Funktion dafür, dass zufällig (Zeile 4) einer der Masken-Movieclips angesteuert wird, der Abspielkopf auf Bild 2 des Movieclips springt und die Zeitleiste von dort abgespielt wird (Zeile 6). Die Maskenanimation wird dadurch sozusagen gestartet. Der Abspielkopf der Zeitleisten der anderen zwei Masken-Movieclips springt auf Bild 1 – das ist notwendig, da sich der Abspielkopf einer der Movieclips auf dem letzten Bild befinden könnte, wenn eine Maskenanimation zuvor schon einmal abgespielt wurde. Dafür sorgt der Aufruf der Funktion resetMask in Zeile 5. Die Funktion extRandom (Zeile 16) erwartet zwei uint-Werte und gibt einen zufälligen uint-Wert in dem angegebenen Wertebereich zurück.

8 **Fertig! Flash-Film testen**
Testen Sie den Flash-Film über ⌈Strg⌉/⌈⌘⌉+⌈↵⌉. Wenn Sie auf eine Bildnummer klicken, wird das entsprechende Bild durch eine zufällig ausgewählte Maskenanimation aufgedeckt.

Ergebnis der Übung:
05\Masken_Gallery\step02.fla

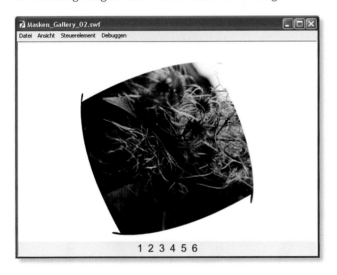

◀ **Abbildung 5.173**
Die Gallery im Flash Player

5.10 Inverse Kinematik

Eine in Flash CS4 neue Animationstechnik ist die sogenannte *inverse Kinematik*, häufig auch abgekürzt mit IK.

Bei der inversen Kinematik wird ein Teil einer kinematischen Kette bewegt. Alle anderen Teile der Kette richten sich je nach Einstellung nach diesem Element und werden entsprechend ausgerichtet bzw. bewegt. Das Prinzip funktioniert ähnlich wie bei einer menschlichen Hand: Bringen Sie Ihre Hand in eine

Inverse Kinematik

Der Begriff kommt ursprünglich aus der Robotik. Inverse Kinematik ist gerade für Figurenanimationen, die bisher meist über die Bild-für-Bild-Technik umgesetzt wurden, sehr hilfreich.

bestimmte Position, richten sich Ihr Handgelenk, Ihr Arm, Ihr Ellenbogen und Ihre Schulter durch die verbundenen Muskeln entsprechend automatisch aus.

Die Teile oder Segmente einer kinematischen Kette werden in Flash als Bones (engl. für Knochen) bezeichnet. Die Verkettung der Bones wird als Skelett bezeichnet. Die inverse Kinematik kann in Flash auf zwei unterschiedliche Arten eingesetzt werden.

1. Zum einen können Sie innerhalb einer Form verschiedene Bones erstellen. Wird ein Bone verschoben oder neu ausgerichtet, ändert sich dann die Position bzw. die Ausrichtung der anderen Bones, wodurch sich auch die Form selbst ändert. Eine sinnvolle Anwendung wäre beispielsweise die Abbildung der Bewegung eines Oberarms. Spannen Sie Ihren Oberarm an, verformt sich der Oberarm entsprechend.

2. Bei der zweiten Methode werden verschiedene Symbolinstanzen mit Hilfe von Bones verbunden. Sie könnten zum Beispiel einen menschlichen Körper in seine Körperteile, wie Kopf, Arme, Brust, Beine etc., aufteilen und in Movieclips konvertieren. Werden die einzelnen Teile über Bones verbunden, können sie dann getrennt oder in Abhängigkeit voneinander bewegt und gedreht werden. Eine Umformung der einzelnen Formteile findet dabei nicht statt.

IK-Form
Werden einer Form Bones hinzugefügt, wird diese Form auch als IK-Form bezeichnet.

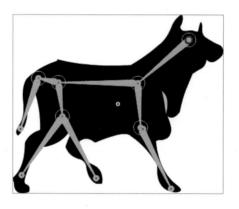

Abbildung 5.174 ▶
Links: eine IK-Form; rechts: ein Skelett aus verschiedenen Symbolinstanzen

5.10.1 Bone-Werkzeug

Mit dem Bone-Werkzeug 🦴 lassen sich Bones erstellen. Um eine Form mit Bones zu versehen, wählen Sie das Werkzeug aus, klicken Sie auf einen Punkt innerhalb der Form, halten Sie die Maustaste gedrückt und bewegen Sie die Maus zur gewünschten Position. Lassen Sie die Maustaste dann los. Jeder Bone besitzt einen Anfang ❶ und ein Ende ❷.

▲ Abbildung 5.175
Ein Bone wurde erstellt.

Um einen zweiten Bone mit dem ersten Bone zu verbinden, wählen Sie als Ausgangspunkt für den zweiten Bone den Endpunkt
des ersten Bones ❺.

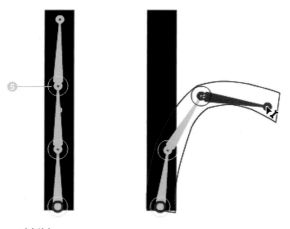

▲ Abbildung 5.177
Eine Verkettung von Bones wurde erzeugt. Die Form lässt sich dann
durch Verschieben eines Bones umformen.

Mehrere Symbolinstanzen zu einem Skelett verbinden | Wie
bereits erwähnt, können Sie ein Skelett auch durch die Verbindung von mehreren unterschiedlichen Symbolinstanzen erzeugen. Dazu ziehen Sie Bones von Symbolinstanz zu Symbolinstanz
auf.

▲ Abbildung 5.176
Eine Posenebene wurde erzeugt.

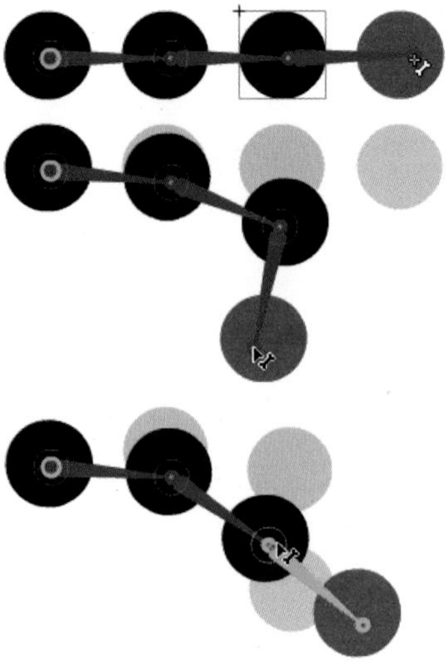

Abbildung 5.178 ▶
In diesem Beispiel wurden vier Movieclip-Instanzen miteinander verbunden.

Hierarchie im Skelett

Ein Skelett besitzt eine Hierarchie aus Bones. Bones sind in einem Skelett aus über- und untergeordneten Elementen miteinander verbunden. Bones, die ihren Ursprung am selben Bone haben, werden als Nachbar-Bones bezeichnet. Der Verbindungspunkt zweier Bones wird auch Gelenk genannt.

Eigenschaften von Bones | Jeder Bone besitzt spezifische Eigenschaften. Um diese einzustellen, wählen Sie den Bone zunächst mit dem Auswahlwerkzeug aus. Der ausgewählte Bone ist farbig markiert. Im Eigenschaften-Fenster stehen Ihnen dann unterschiedliche Einstellungsmöglichkeiten zur Verfügung.

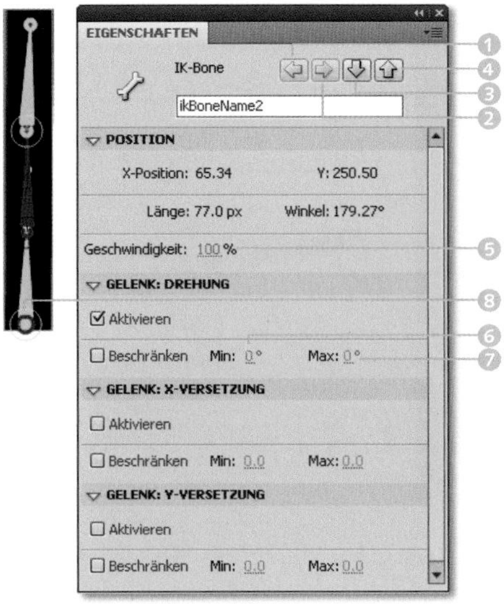

Abbildung 5.179 ▶
Eigenschaften eines Bones

- IK-Bone: In diesem Bereich sehen Sie den Instanznamen des Bones. Zusätzlich können Sie über die Pfeil-Symbole (1), (2), (3) und (4) innerhalb des Skeletts in der Bone-Struktur navigieren. So können Sie beispielsweise durch Mausklick auf das Pfeil-Symbol Übergeordneter (4) den übergeordneten Bone auswählen.

▶ POSITION: In diesem Bereich werden die Position auf der x- und y-Achse sowie die Länge und der Winkel des Bones angezeigt. Über die Einstellung GESCHWINDIGKEIT ⑤ lässt sich bestimmen, wie schnell der Bone auf eine Bewegung reagiert. Über die Einstellung lässt sich das Gewicht eines Bones simulieren.

Darstellung von Bones

Bei sehr kleinen Figuren ist es sehr schwierig, Bones richtig zu platzieren, da die Steuerungspunkte unabhängig von der Zoomstufe des Flash-Films und der Größe der Figur immer gleich groß bleiben. Sie können die Darstellung von Bones jedoch ändern: Selektieren Sie dazu die Posenebene. Im EIGENSCHAFTEN-Fenster im Reiter OPTIONEN können Sie die Darstellung von Bones ändern, z. B. auf der Einstellung LINIE, die sich für kleinere Figuren eignet.

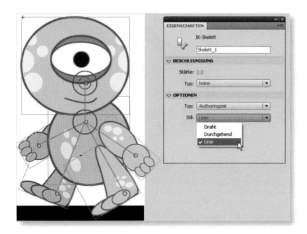

◀ **Abbildung 5.180**
Darstellung der Bones als Linie

▶ GELENK: DREHUNG: In diesem Bereich können Sie die Drehung eines Bones verhindern oder einschränken. Wenn Sie die Option AKTIVIEREN ausschalten, verhält sich der Teil des Skeletts unbeweglich. Aktivieren Sie die Option BESCHRÄNKEN, können Sie in den Feldern ⑥ und ⑦ einen minimalen und maximalen Drehungswinkel bestimmen. Eine menschliche Hand beispielsweise lässt sich nur bis zu einem bestimmten Winkel drehen und neigen. Eine solche Einschränkung ließe sich mit dieser Einstellung simulieren. Der eingestellte zulässige Bereich wird dann am Anfangspunkt des Bones ⑧ symbolisiert.

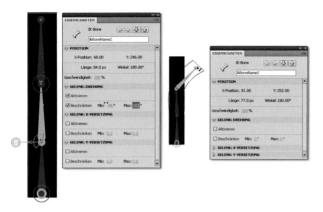

◀ **Abbildung 5.181**
Die Gelenk-Drehung des Bones wurde eingeschränkt. Dadurch ist der Bone unbeweglich.

▶ GELENK: X-VERSETZUNG und GELENK: Y-VERSETZUNG: Über diese Einstellungen bestimmen Sie, ob sich das Gelenk eines Bones

IK mit ActionScript nutzen

Die inverse Kinematik lässt sich auch mit ActionScript nutzen. So können Sie beispielsweise Bones eines Skeletts per ActionScript ausrichten. Dazu müssen Sie dem Skelett einen eindeutigen Instanznamen im EIGENSCHAFTEN-Fenster zuweisen. Selektieren Sie dazu die Posenebene. Zusätzlich müssen Sie im EIGENSCHAFTEN-Fenster im Reiter OPTIONEN den Typ auf LAUFZEIT stellen.

überhaupt oder nur eingeschränkt in einem definierten Wertebereich auf der x-Achse bzw. y-Achse bewegen lässt. Doppelte Pfeillinien (❶) zeigen an, dass die jeweilige Versetzungsoption aktiviert ist. Wird die Versetzung zugelassen, kann die Länge des übergeordneten Bones verändert werden ❷.

▲ **Abbildung 5.182**
Die Gelenk-Versetzung des mittleren Bones wurde aktiviert. Die LÄNGE des übergeordneten Bones, des untere Bones, ist veränderbar.

▲ **Abbildung 5.183**
Typ auf LAUFZEIT stellen

Skelett-Animation | Um ein Skelett mit Hilfe von Bones zu animieren, gehen Sie wie folgt vor: Nachdem Sie einer Form oder mehreren Symbolinstanzen mehrere Bones zu einem Skelett hinzugefügt haben, wählen Sie das Schlüsselbild auf der Posenebene aus, klicken Sie und halten Sie die Maustaste gedrückt. Bewegen Sie die Maus nach rechts ❸, um die Pose auf die gewünschte Animationslänge zu verlängern ❹.

Der Umgang mit Bones ist nicht immer einfach.

Wenn Sie natürliche und realistische Bewegungen mit der inversen Kinematik erstellen möchten, nehmen Sie sich genug Zeit, um sich mit den Werkzeugen vertraut zu machen.

▲ **Abbildung 5.184**
Die Animation wurde auf 20 Bilder verlängert.

Schlüsselbild einer Posenebene

Das Schlüsselbild einer Posenebene wird auch als Pose bezeichnet.

Anschließend positionieren Sie den Abspielkopf der ZEITLEISTE auf einer Position innerhalb des Posenbereichs, z. B. Bild 10, und verändern Sie in diesem Bild dann die Position eines oder mehrerer Bones. In der Zeitleiste wird dann automatisch ein Schlüsselbild eingefügt ❺. Veränderungen zwischen zwei Schlüsselbildern werden wie gewohnt interpoliert, d. h. automatisch berechnet.

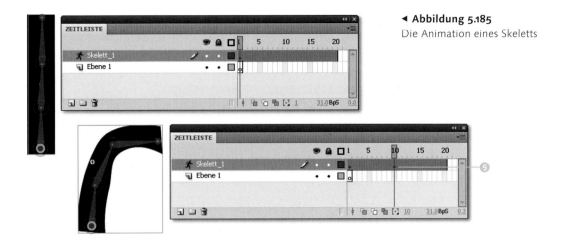

◀ **Abbildung 5.185**
Die Animation eines Skeletts

Schritt für Schritt: Figurenanimation mit inverser Kinematik

In diesem Workshop lernen Sie, wie Sie eine Figur mit Hilfe von inverser Kinematik mit Bones und Posen animieren.

1 Flash-Film öffnen

Öffnen Sie den Flash-Film *05\IK_Charakteranimation\Charakter-animation_01.fla*. Die Figur wurde in ihre einzelnen Teile, wie Kopf, Arme, Brust und Beine, unterteilt. Jeder Teil wurde in einen Movieclip umgewandelt.

*05\IK_Charakteranimation\
Charakteranimation_01.fla*

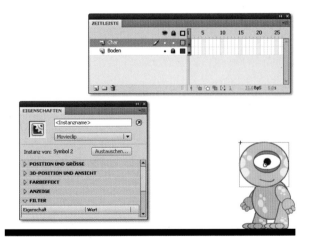

◀ **Abbildung 5.186**
Die Ausgangsbasis

2 Den ersten Bone einfügen

Wählen Sie das Bone-Werkzeug ![icon] aus, und ziehen Sie einen Bone vom Kopf zur Brust der Figur auf. Wählen Sie den Bone anschließend mit dem Auswahlwerkzeug ![icon] aus, und deaktivieren Sie im Eigenschaften-Fenster das Optionsfeld Gelenk: Dre-

HUNG • AKTIVIEREN. Die Verbindung vom Kopf zur Brust der Figur ist dann steif. Der Kopf sollte sich nicht drehen, wenn ein anderer Bone der Figur nachher neu ausgerichtet wird.

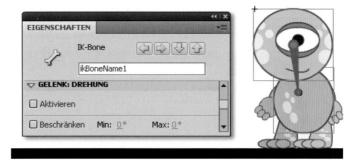

Abbildung 5.187 ▶
Der erste Bone wurde erzeugt.

3 Weitere Bones einfügen

Fügen Sie mit dem Bone-Werkzeug weitere Bones ein. Zunächst erstellen Sie von der Brust Bones zu den Armen, dann zu den Beinen. Sollte Ihnen dabei ein Fehler unterlaufen, können Sie Bones jederzeit mit dem Auswahlwerkzeug auswählen und über ⎡Entf⎤ löschen.

Abbildung 5.188 ▶
Das fertige Skelett mit fünf Bones

4 Zeitleiste bereinigen

In der ZEITLEISTE sollte jetzt eine Posenebene vorhanden sein. Bis auf die Ebene »Boden« und die Posenebene können Sie alle anderen Ebenen entfernen.

Abbildung 5.189 ▶
Die aktuelle Zeitleiste

5 Pose einfügen

Erweitern Sie die Pose bis auf Bild 80. Bewegen Sie den Mauszeiger dazu auf das Schlüsselbild, klicken Sie, halten Sie die Maustaste gedrückt, und bewegen Sie die Maus nach rechts. Markieren Sie anschließend Bild 20, öffnen Sie das Kontextmenü der ZEITLEISTE, und wählen Sie den Menüpunkt POSE EINFÜGEN aus.

◄ **Abbildung 5.190**
Pose einfügen

6 Bones neu ausrichten

Wählen Sie alle Elemente des Skeletts mit dem Auswahlwerkzeug ▶ aus. Verschieben Sie die Figur dann mit der Maus bei gedrückter ⎇Alt⎇-Taste oder mit den Pfeiltasten der Tastatur nach links, etwa um ¼ der Bühnenbreite. Wählen Sie jetzt nacheinander die Bones der Arme und Beine aus. Der linke Arm wird mit Hilfe des Bones so verschoben, dass er hinter dem Körper auf der rechten Seite des Körpers (aus der Perspektive des Users) platziert wird. Der rechte Arm wird so verschoben, dass er vor dem Körper links vom Körper erscheint. Die Beine werden auf ähnliche Weise verschoben.

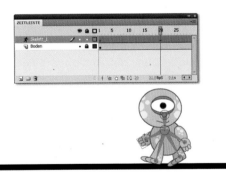

◄ **Abbildung 5.191**
Die Bones wurden neu ausgerichtet.

7 Weitere Posen einfügen, Charakter positionieren und Bones ausrichten

Wiederholen Sie den Vorgang. Erstellen Sie zunächst eine neue Pose in Bild 40, 60 und 80. Verschieben Sie die Figur zunächst immer weiter nach links. In Bild 80 sollte sie am linken Rand der

Bühne angekommen sein. Ändern Sie dann die Ausrichtung der Bones wie zuvor beschrieben – von Pose zu Pose immer in die entgegengesetzte Richtung.

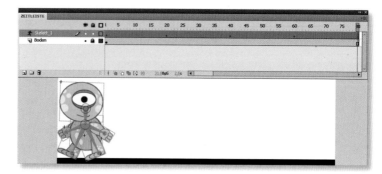

Ergebnis der Übung:
05\IK_Charakteranimation\Charak-
teranimation_02.fla

8 Fertig! Flash-Film testen.

Testen Sie den Flash-Film über ⌃Strg/⌘ + ↵. Die Figur sollte sich in einer relativ natürlichen Bewegung von links nach rechts bewegen. ∎

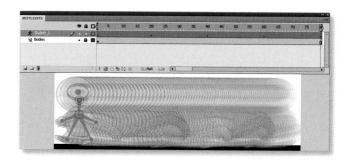

Abbildung 5.193 ▶
Die Figurenanimation in der Zwiebelschichtenansicht

5.10.2   Bindungswerkzeug

Mit dem Bindungswerkzeug 🖉 können Sie die Umformung der Form beeinflussen, die sich durch die Änderung eines Bones ergibt. Von Bedeutung ist das Bindungswerkzeug nur im Zusammenhang mit Bones, die innerhalb einer Form eingefügt wurden.

Abbildung 5.194 ▶
Steuerungspunkte einer IK-Form

Hinweis
Ist der Steuerungspunkt mit nur einem Bone verbunden, wird er als Quadrat dargestellt.

Wenn Sie mit dem Bindungswerkzeug 🖉 eine IK-Form auswählen, werden Ihnen sogenannte Steuerungspunkte (❶–❽) angezeigt. Wenn Sie einen der Steuerungspunkte auswählen, zeigt eine gelbe Verbindungslinie (❶, ❷) die Bones an, die mit dem Steuerungspunkt verknüpft sind. Diese Verknüpfung bedeutet, dass sich der Steuerungspunkt der Form ändern kann, wenn sich einer der markierten Bones ändern sollte. Der Steuerungspunkt wird als Dreieck ❸ dargestellt, wenn mehrere Bones mit dem Steuerungspunkt verbunden sind.

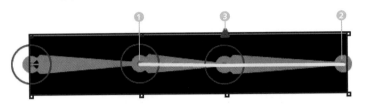

◄ **Abbildung 5.195**
Ein ausgewählter Steuerungspunkt und die gelb markierten verbundenen Bones

Grundsätzlich haben Sie verschiedene Möglichkeiten, die Beziehung zwischen Steuerungspunkten einer Form und Bones zu ändern.

Verbindung entfernen | Nachdem Sie einen Steuerungspunkt ausgewählt haben, klicken Sie bei gedrückter ⌈Strg⌉/⌈⌥⌉-Taste auf eine gelb markierte Verbindungslinie, um die Verbindung zwischen Steuerungspunkt und Bone zu entfernen. Eine Umformung auf diesen Steuerungspunkt findet dann nicht mehr statt, wenn der Bone neu ausgerichtet wird. Abbildung 5.197 zeigt dies. Hier wurde die Verbindung eines Steuerungspunktes zu zwei Bones entfernt. Sie sehen sehr genau, wie sich dies auf die Umformung auswirkt.

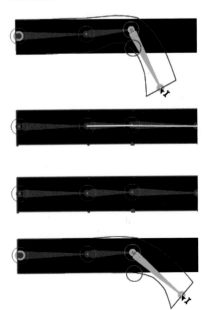

◄ **Abbildung 5.196**
Oben: die ursprüngliche Umformung; unten: die Umformung, nachdem die Verbindung entfernt wurde

Das folgende Beispiel soll eine sinnvolle Anwendung des Bindungswerkzeugs veranschaulichen. Angenommen, Sie haben einen menschlichen Oberkörper gezeichnet und fügen mit dem Bone-Werkzeug mehrere Bones hinzu ❶. Wenn Sie beispielsweise den Bone des rechten Arms nach oben ziehen, verformt sich der Körper (Brust und Taille) entsprechend ❷. Dies wäre in diesem Fall nicht erwünscht.

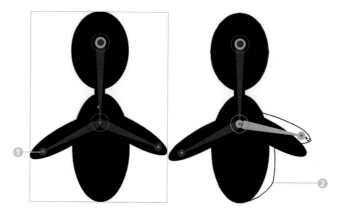

Abbildung 5.197 ▶
Links: das definierte Skelett; rechts: die unerwünschte Umformung

Man könnte in einem solchen Fall, wie die folgende Abbildung zeigt, die Verbindung zwischen zwei Steuerungspunkten ❸, ❹ und dem Bone ❺ entfernen. Wie in der Abbildung rechts ❻ zu sehen ist, findet dann dennoch eine Umformung des Bodys statt, diese fällt jedoch deutlich weniger auf.

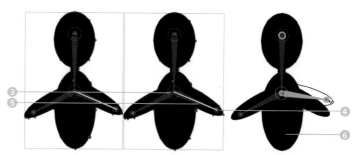

Abbildung 5.198 ▶
Die Abbildung zeigt die Arbeitsschritte.

5.10.3 Steuerungspunkte ausrichten

Sie können selbst diese geringfügige Verformung noch manuell korrigieren, in dem Sie den Steuerungspunkt, der am Schnittpunkt zwischen Körper und Arm liegt, manuell ausrichten bzw. neu positionieren. Dazu wählen Sie das Unterauswahl-Werkzeug ▶ aus und markieren den entsprechenden Steuerungspunkt ❼. Sie sehen dann drei rote Rechtecke (❽, ❾, ❿), die Sie mit der Maus per Drag & Drop verschieben können, um die Form an dieser Stelle Ihren Wünschen entsprechend zu ändern.

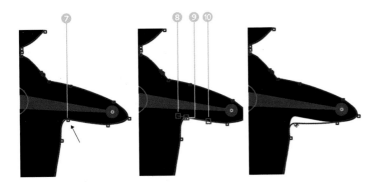

◀ **Abbildung 5.199**
Ein Steuerungspunkt wird ver-
schoben, um die unerwünschte
Verformung zu korrigieren.

Verbindung hinzufügen | Um eine Verbindung zwischen einem
Bone und einem Steuerungspunkt einzufügen, wählen Sie zunächst
den Bone mit dem Bindungswerkzeug aus. Der ausgewählte Bone
wird durch eine rote Linie dargestellt ⑪. Klicken Sie dann bei
gedrückter ⌂-Taste auf den Steuerungspunkt, den Sie mit dem
Bone verbinden möchten ⑫.

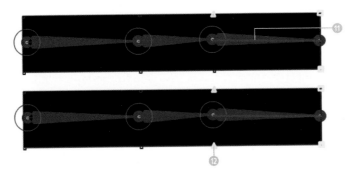

◀ **Abbildung 5.200**
Der Bone wurde mit einem weiteren Steuerungspunkt verbunden.

6   Text

In diesem Kapitel lernen Sie den Umgang mit dem Textwerkzeug. Sie erfahren, wie Sie mit Text in Flash arbeiten und wie Sie Textfeld-Eigenschaften nutzen, um Text gut lesbar zu gestalten.

6.1   Texterstellung in Flash

Sie haben zwei Möglichkeiten, einen Text mit dem Textwerkzeug zu erstellen: Punkttext und Absatztext.

Punkttext | Punkttext wird verwendet, wenn Sie nur wenige Zeilen schreiben wollen. Wählen Sie zunächst das Textwerkzeug **T** in der Werkzeugleiste mit dem Mauszeiger oder alternativ über das Tastenkürzel [T] aus. Klicken Sie dann auf die Position, an der der Text beginnen soll. Der blinkende Cursor zeigt an, dass die Texteingabe bereit ist. Sie können direkt mit dem Schreiben beginnen. Ein Zeilenumbruch erfolgt erst, wenn Sie die [↵]-Taste drücken. Der Kreis rechts oben ❶ zeigt an, dass es sich um einen Punkttext handelt und die Textrichtung nach rechts zeigt.

> **Verbesserte Textdarstellung**
>
> Adobe hat in den letzten Jahren konstant an der Textdarstellung in Flash gearbeitet und diese stetig verbessert. Auch in Flash CS4 gibt es diesbezüglich einige Verbesserungen. Diese werden später noch behandelt.

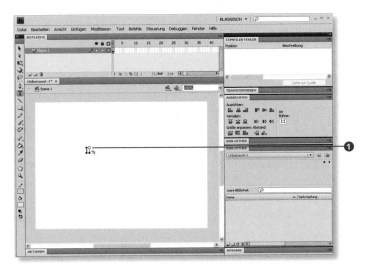

◄ **Abbildung 6.1**
Punkttext erstellen

Absatztext in Punkttext umwandeln

Um einen Absatztext in einen Punkttext umzuwandeln, doppelklicken Sie auf den rechteckigen Anfasser des Absatztextes. Bei einer solchen Umwandlung wird die Breite des Textfeldes automatisch an die Breite der längsten Textzeile angepasst.

Absatztext | Absatztext können Sie einsetzen, um einen Textblock mit mehreren Zeilen und einer festen Breite zu erstellen. Wählen Sie zunächst das Textwerkzeug **T** aus. Um einen Absatztext zu erstellen, klicken Sie zunächst auf die gewünschte Position und ziehen dann bei gedrückter Maustaste ein Rechteck auf, das den Textbereich definiert.

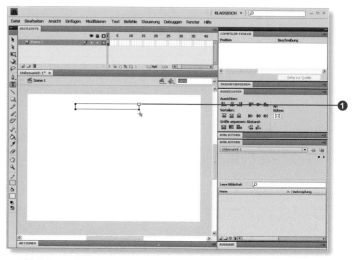

▲ **Abbildung 6.2**
Begrenzungsrahmen eines Absatztextes

Texteingabe beenden

Um die Texteingabe abzuschließen, klicken Sie mit der Maus auf einen freien Bereich außerhalb des Textfeldes oder wählen ein anderes Werkzeug aus.

Der festgelegte Bereich sorgt bei der Texteingabe automatisch für einen Zeilenumbruch, wenn das Zeilenende erreicht ist. Der rechteckige Anfasser rechts oben ❶ zeigt an, dass es sich um einen Absatztext handelt und die Textrichtung nach rechts verläuft.

▲ **Abbildung 6.3**
Absatztext mit definierter Textbreite

6.1.1 Textbreite anpassen

Nachdem Sie einen Text angelegt haben, können Sie die Breite des Textbereichs durch Verschieben eines der vier Anfasser ❷ nachträglich verändern.

Alternativ kann die Breite eines Textfeldes aber auch pixelgenau eingeben werden. Wählen Sie dazu das Textfeld aus, und öffnen Sie dann über das Menü FENSTER das INFO-Fenster oder das EIGENSCHAFTEN-Fenster. Unter BREITE ❸ geben Sie dann die gewünschte Breite des Textfeldes ein.

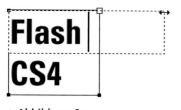

▲ **Abbildung 6.4**
Textbreite anpassen

◄ **Abbildung 6.5**
Textbreite pixelgenau im EIGEN-
SCHAFTEN- oder INFO-Fenster
angeben

Der Text selbst wird dabei nicht skaliert – es ändert sich tatsächlich nur die Breite des Textfeldes.

6.1.2 Text transformieren

Wie jedes andere Objekt können Sie ein Textfeld mit dem Frei-
transformieren-Werkzeug ▦, das Sie in der Werkzeugleiste finden
oder über das Tastenkürzel ⎡Q⎤ aktivieren, transformieren. Klicken
Sie das Textfeld an, nachdem Sie das Werkzeug aktiviert haben.

◄ **Abbildung 6.6**
Die Anfasser des Frei-transformieren-Werkzeugs

Skalierung | Über die Anfasser ❹ und ❺ können Sie den Text
vertikal skalieren. Bewegen Sie den Mauszeiger dazu zunächst
über einen der Anfasser, klicken Sie, halten Sie die Maustaste
gedrückt, und bewegen Sie den Mauszeiger in die gewünschte
Richtung. Durch Verschieben der Anfasser ❻ und ❼ skalieren Sie
den Text horizontal. Wenn Sie den Text sowohl vertikal als auch
horizontal skalieren möchten, verwenden Sie dazu die Anfasser
❽, ❾, ❿ oder ⓫. Halten Sie ⎡⇧⎤ gedrückt, wenn Sie den Text
proportional skalieren möchten.

Hinweis
Beachten Sie, dass der Text selbst
skaliert wird und nicht nur die
Begrenzung des Textfeldes.

◄ **Abbildung 6.7**
Der Text wurde vertikal skaliert.

[!] Rotation und Neigung eines Textes mit einer Geräteschriftart
Wenn Sie eine Geräteschriftart einsetzen, können Sie den Text nicht rotieren und nicht neigen. Der Text verschwindet dann und ist nicht mehr sichtbar.

▲ **Abbildung 6.8**
Ein Textfeld, das eine Geräteschriftart verwendet, wurde gedreht. Der Text wird nicht mehr angezeigt.

In 45-Grad-Schritten rotieren
Halten Sie beim Rotieren die ⬆-Taste gedrückt, um den Text jeweils mit 45 Grad oder einem Vielfachen davon zu drehen.

Abbildung 6.10 ▶
Neigung des Textfeldes oben und unten

Abbildung 6.11 ▶
Neigung des Textfeldes nur oben

Rotation | Wenn Sie den Mauszeiger in die Nähe eines der Anfasser bewegen ❶, wird der Mauszeiger zu einer kreisrunden Pfeillinie ❷, die den Rotationsmodus symbolisiert. Halten Sie dann die Maustaste gedrückt, und verschieben Sie den Mauszeiger, um den Text zu rotieren.

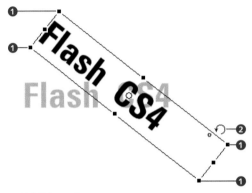

▲ **Abbildung 6.9**
Rotation des Textfeldes

Neigung | Bringen Sie den Mauszeiger zwischen die Anfasser ❸ und ❹ oder zwischen die Anfasser ❹ und ❺, verwandelt sich der Mauszeiger in zwei Pfeillinien, die den Neigungsmodus symbolisieren. Wenn Sie den Text nach rechts neigen wollen, klicken Sie, halten Sie die Maustaste gedrückt, und verschieben Sie die Maus nach rechts ❻. Analog dazu neigen Sie den Text nach links, wenn Sie den Mauszeiger nach links bewegen. Halten Sie dabei die Alt-Taste gedrückt, wird das Textfeld nur oben ❼ bzw. unten geneigt, je nachdem, ob sich der Mauszeiger im oberen oder im unteren Bereich des Textfeldes befindet.

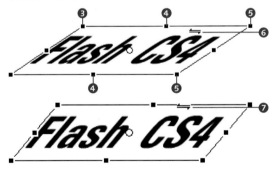

6.2 Textfeld-Eigenschaften

Das Erscheinungsbild eines Textes steuern Sie über die Textfeld-Eigenschaften. Nachdem Sie ein Textfeld ausgewählt haben, ste-

hen Ihnen verschiedene Eigenschaften des Textfelds im EIGEN-
SCHAFTEN-Fenster zur Verfügung.

6.2.1 Textfeld-Typen

Es gibt in Flash drei unterschiedliche Textfeld-Typen, die mit dem Textwerkzeug angelegt werden:

▶ **Statische Textfelder** dienen zur Ausgabe von Text, der zur Laufzeit des Flash-Films nicht verändert wird.

▶ **Dynamische Textfelder**, die zur Darstellung von Text verwendet werden, der zur Laufzeit ausgegeben wird und mit Hilfe von ActionScript zur Laufzeit geändert werden kann. Das können z. B. Nachrichten, Fehlermeldungen oder ein Highscore sein.

▶ **Texteingabefelder** werden zur Eingabe von Text z. B. in Formularen oder für die Eingabe eines Spielernamens etc. eingesetzt.

Sie können den Textfeld-Typ im EIGENSCHAFTEN-Fenster ❽ entweder vor der Erstellung des Textfeldes oder auch nach der Erstellung des Textfeldes festlegen.

Hinweis

In diesem Kapitel werden vorwiegend statische Textfelder behandelt. Weitere Informationen zu dynamischen Textfeldern und Eingabetextfeldern finden Sie in Kapitel 16, »Dynamischer Text«.

▲ **Abbildung 6.12**
Die Auswahl des Textfeld-Typs

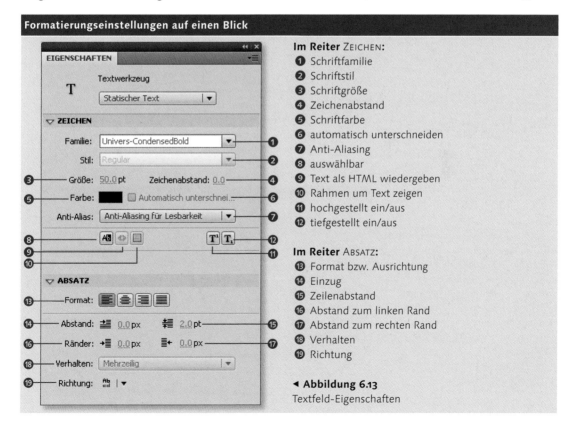

Formatierungseinstellungen auf einen Blick

Im Reiter ZEICHEN:
❶ Schriftfamilie
❷ Schriftstil
❸ Schriftgröße
❹ Zeichenabstand
❺ Schriftfarbe
❻ automatisch unterschneiden
❼ Anti-Aliasing
❽ auswählbar
❾ Text als HTML wiedergeben
❿ Rahmen um Text zeigen
⓫ hochgestellt ein/aus
⓬ tiefgestellt ein/aus

Im Reiter ABSATZ:
⓭ Format bzw. Ausrichtung
⓮ Einzug
⓯ Zeilenabstand
⓰ Abstand zum linken Rand
⓱ Abstand zum rechten Rand
⓲ Verhalten
⓳ Richtung

◀ **Abbildung 6.13**
Textfeld-Eigenschaften

6.2.2 Text formatieren

Zur Gestaltung des Textes selbst stehen Ihnen verschiedene Formatierungseinstellungen zur Verfügung. Alle wichtigen Einstellungen, um einen Text zu formatieren, finden Sie im Menü unter TEXT oder alternativ im EIGENSCHAFTEN-Fenster in den Reitern ZEICHEN und ABSATZ, nachdem Sie das Textfeld ausgewählt haben.

6.2.3 Schriftart, -größe und -farbe

Unter FAMILIE ❶ wählen Sie eine Schrift aus. Die Liste zeigt die verfügbaren Schriften an, die auf Ihrem System installiert sind. Um die Liste zu öffnen, klicken Sie auf den nach unten zeigenden Pfeil, und selektieren Sie dann eine Schrift. Unter STIL können Sie, falls möglich, dann einen Schriftschnitt zuweisen, z. B. fett oder kursiv.

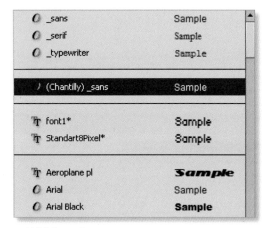

▲ Abbildung 6.14
Die Schrift »Chantilly« wurde nicht auf dem System gefunden und wird durch »_sans« ersetzt.

Abbildung 6.15 ▶
Links: Die Schrift »Arial« kann mit verschiedenen Schriftstilen verwendet werden. Rechts: UNIVERS-BOLD steht für »Univers«, die hier bereits fett (»bold«) gedruckt wird. Das Feld STIL ist deshalb ausgegraut.

Alternativ können Sie die Schrift auch direkt im Eingabetextfeld ❷ eingeben.

◄ **Abbildung 6.16**
Eingrenzung der Auswahl per Texteingabe

Schriftgröße | Um die Schriftgröße auszuwählen, klicken Sie auf die Punktgröße ❷ unter GRÖSSE. Sie haben die Wahl, die Punktgröße per Tastatur einzugeben, oder Sie klicken auf die Punktgröße, halten die Maustaste gedrückt und verkleinern/vergrößern den Wert, indem Sie die Maus nach links oder rechts bewegen. Die Schriftgröße wird in Flash in Punkten angegeben.

Schriftfarbe | Um die Schriftfarbe auszuwählen, klicken Sie auf das Farbfeld ❸. Es öffnet sich das bereits bekannte Farbauswahlfenster.

▲ **Abbildung 6.17**
Wenn Sie die Schriftgröße über den Schieberegler einstellen, können Sie die Veränderung direkt beobachten.

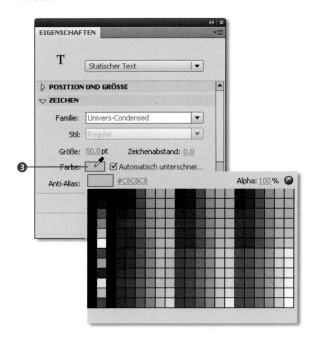

◄ **Abbildung 6.18**
Farbauswahlfenster

Kontrast | Achten Sie bei der Auswahl der Schriftfarbe auf ein gutes Kontrastverhältnis zwischen Text- und Hintergrundfarbe. Schwarzer Text auf weißem Hintergrund überstrahlt auf Bildschirmen. Wählen Sie für einen Text auf weißem Hintergrund statt Schwarz lieber einen dunklen Grauton, wie z. B. 0x999999.

Auch einen zu geringen Kontrast sollten Sie vermeiden. Wenn der Kontrast zu gering ist, erschwert das die Lesbarkeit und ermüdet die Augen sehr schnell.

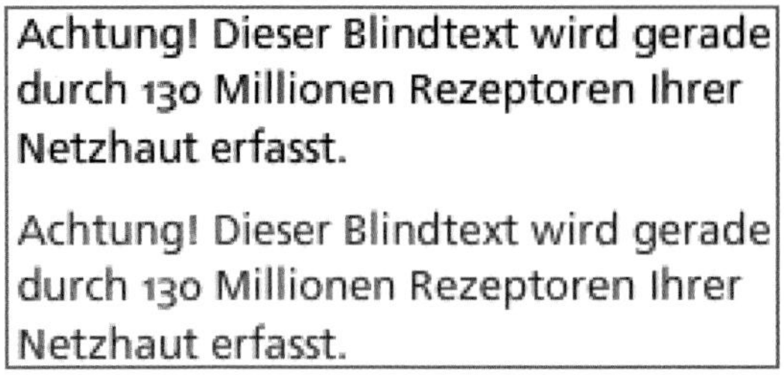

Achtung! Dieser Blindtext wird gerade durch 130 Millionen Rezeptoren Ihrer Netzhaut erfasst.

Achtung! Dieser Blindtext wird gerade durch 130 Millionen Rezeptoren Ihrer Netzhaut erfasst.

▲ Abbildung 6.19
Der obere Text überstrahlt auf Bildschirmen; der Text unten wirkt ruhiger.

Achtung! Dieser Blindtext wird gerade durch 130 Millionen Rezeptoren Ihrer Netzhaut erfasst.

Achtung! Dieser Blindtext wird gerade durch 130 Millionen Rezeptoren Ihrer Netzhaut erfasst.

▲ Abbildung 6.20
Der Kontrast zwischen Text und Hintergrundfarbe ist im oberen Beispiel zu schwach.

6.2.4 Text-Auszeichnungen

Wenn Sie Textstellen besonders hervorheben möchten, sollten Sie Textauszeichnungen, wie z. B. Fettdruck, verwenden. Setzen Sie diese sparsam ein – in diesem Fall gilt der schöne Satz »Weniger ist mehr«. Wenn Sie es mit Textauszeichnungen übertreiben, verlieren diese schnell ihre Wirkung.

► **Fettdruck** ist eine besonders starke Auszeichnung und sollte deshalb besonders selten eingesetzt werden. Um einen Text fett zu setzen, wählen Sie den Textbereich mit dem Textwerkzeug **T** aus, und stellen Sie im Eigenschaften-Fenster im Reiter Zeichen die Einstellung Stil auf Bold.

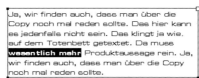

▲ Abbildung 6.21
Eine Textstelle wurde fett ausgezeichnet.

► **Kursiv** gestellter Text wirkt deutlich weniger aufdringlich als fett gesetzter Text. Die Lesegeschwindigkeit eines Textes wird durch kursive Textteile nicht wesentlich verringert – das Lesen gerät, anders als bei Fettdruck, nicht ins Stocken.

Echte Kursive
Bei vielen Schriften werden die Zeichen lediglich gekippt, was meist zu einer Verzerrung des Schriftbildes führt. Es handelt sich dabei um keine echten Kursiven. Einige meist professionelle Schriften werden mit speziellen Schriftschnitten ausgeliefert – oft auch mit einem kursiven Schnitt. Einen kursiven Schnitt erkennen Sie meist am Schriftnamen. Dieser wird häufig mit der englischen Bezeichnung »oblique« versehen.

Blindtexte

Blindtexte

▲ **Abbildung 6.22**
»Franklin Gothic«, oben mit schräg gestellten Zeichen, unten mit echten Kursiven

Um einen Textbereich kursiv zu setzen, wählen Sie den Bereich aus und aktivieren den Schriftstil ITALIC.

► **Kapitälchen** (englisch: »small caps«) sind großgeschriebene Zeichen. Sie werden häufig am Anfang eines Absatzes verwendet. Wie im Falle der kursiv gesetzten Schrift sind auch hier echte Kapitälchen gegenüber Großbuchstaben vorzuziehen. Bei einigen Schriften werden entsprechende Schriftschnitte dazu mitgeliefert.

[Kapitälchen]
Kapitälchen sind großgeschrieben Zeichen (Versalien), deren Höhe sich an der Höhe der Kleinbuchstaben orientiert.

ECHTE KAPITÄLCHEN unterscheiden sich von groß gesetzten Zeichen und sollten falls ein entsprechender Schriftschnitt vorhanden ist bevorzugt eingesetzt werden.

ECHTE KAPITÄLCHEN unterscheiden sich von groß gesetzten Zeichen und sollten falls ein entsprechender Schriftschnitt vorhanden ist bevorzugt eingesetzt werden.

▲ **Abbildung 6.23**
Die Schrift »Function«, oben mit echten und unten mit falschen Kapitälchen

6.2.5 Ausrichtung

Texte lassen sich linksbündig ❶, rechtsbündig ❷ sowie mittig ❸ und im Blocksatz ❹ ausrichten (siehe Abbildung 6.24). Die entsprechende Einstellung finden Sie im EIGENSCHAFTEN-Fenster im Reiter ABSATZ unter FORMAT.

EIGENSCHAFTEN
T
Statischer Text
POSITION UND GRÖSSE
ZEICHEN
ABSATZ
Format:
Abstand: 0,0 px 2,0 pt
Ränder: 0,0 px 0,0 px
Verhalten: Mehrzeilig
Richtung:
1
2
4
3

▲ **Abbildung 6.24**
Möglichkeiten der Textausrichtung

Hunger. Stufe für Stufe schob
sie sich die Treppe hinauf.
Pizza Funghi Salami, Sternchen
Salami gleich Blockwurst.

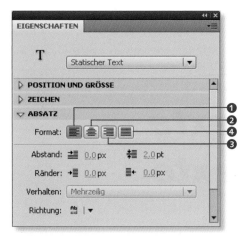

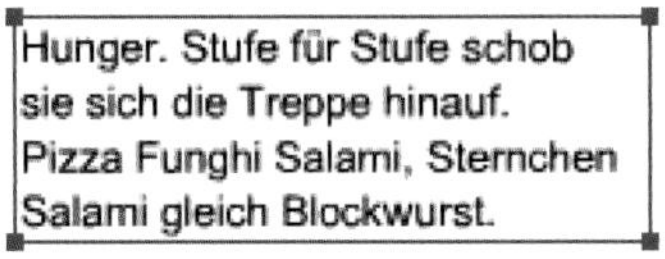

▲ **Abbildung 6.25**
Linksbündiger Satz

Linksbündiger Satz | Die linksbündige Ausrichtung ist die Standardeinstellung für jedes Textfeld.

Bei der linksbündigen Ausrichtung eines Textes sollten Sie, wenn möglich, darauf achten, dass der Zeilenfall (das Ende der Zeilen) einen abwechslungsreichen und rhythmischen Eindruck ❶ macht. Eine Stufenbildung ❷ und runde Formen ❸ gilt es bei Fließtext möglichst zu vermeiden.

Leserichtung
Der linksbündige Satz wird sehr häufig verwendet, da die Ausrichtung der Leserichtung der westlichen Welt entspricht.

1
2
3

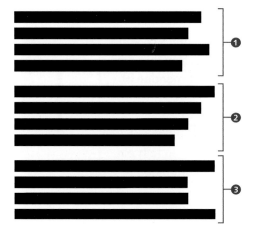

Abbildung 6.26 ▶
Zeilenfall beim linksbündigen Satz

Hunger. Stufe für Stufe schob
sie sich die Treppe hinauf.
Pizza Funghi Salami, Sternchen
Salami gleich Blockwurst.

▲ **Abbildung 6.27**
Rechtsbündiger Satz

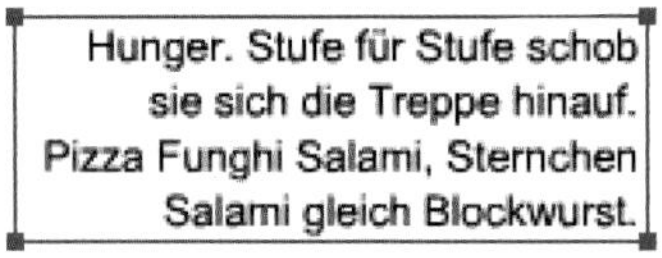

Rechtsbündiger Satz | Der rechtsbündige Satz eignet sich in der Regel nur für Aufzählungen und einzeiligen Text, da der Text in gegensätzliche Richtung für die uns gewohnte Leserichtung verläuft.

Rechtsbündigen Text als Fließtext einzusetzen ist also eher ungewöhnlich und zu vermeiden, wenn auf Lesbarkeit und Lesegeschwindigkeit bevorzugt geachtet wird.

Zentrierter Text | Auch mittig gesetzter Text widerstrebt unserer Leserichtung. So muss das Auge nach jeder Zeile erst einmal den Anfang der nächsten Zeile suchen. Dies reduziert die Lesegeschwindigkeit enorm und sollte daher grundsätzlich nicht für lange Fließtexte eingesetzt werden.

```
—Nein, meine Texte les ich nicht, so
—nicht, stöhnte Oxmox. Er war mit
——Franklin, Rockwell und dem
halbtaxgrauen Panther Weidemann in
Memphis (Heartbreak Hotel) zugange.
-Sie warteten auf die fette Gill, um bei
der Bank of Helvetica die Kapitälchen
-in Kapital umzuwandeln. Oxmox liess
—nicht locker. Ich fleh euch an, rettet
meine Copy, gebt meinem Body nochn
——————Durchschuss!
```

◄ Abbildung 6.28
Die roten Linien zeigen den Weg, den das Auge von Zeile zu Zeile zurücklegt, um den Zeilenanfang zu finden.

Blocksatz | Flash verwendet unterschiedliche Wortabstände, um den Blocksatz zu generieren, und unterstützt keine automatische Silbentrennung. Wenn Sie Blocksatz verwenden möchten, sollten Sie sich die Mühe machen, eine manuelle Silbentrennung durchzuführen, da sonst je nach Text große Lücken zwischen den Wörtern entstehen. Diese Lücken sind dem Schriftbild und der Lesbarkeit nicht zuträglich.

Blocksatz
Das Textbild des Blocksatzes wird von vielen Menschen als sehr schön empfunden, ist allerdings nicht immer leicht zu realisieren und in vielen Fällen deshalb auch nicht sinnvoll.

```
Nein, meine Texte les ich nicht, so
nicht, stöhnte Oxmox. Er war mit
Franklin,    Rockwell    und    dem
halbtaxgrauen  Panther  Weidemann
in   Memphis   (Heartbreak   Hotel)
zugange. Sie warteten auf die fette
Gill, um bei der Bank of Helvetica die
Kapitälchen in Kapital umzuwandeln.

Nein, meine Texte les ich nicht, so ni-
cht, stöhnte Oxmox. Er war mit
Franklin, Rockwell und dem halb-
taxgrauen Panther Weidemann in
Memphis (Heartbreak Hotel) zuga-
nge. Sie warteten auf die fette Gill,
um bei der Bank of Helvetica die Ka-
pitälchen in Kapital umzuwandeln.
```

◄ Abbildung 6.29
Beim Blocksatz ohne Silbentrennung (oben) sind deutlich größere Lücken zu sehen als im Blocksatz mit Silbentrennung (unten).

6.2.6 Zeilenabstand, Zeilenlänge und Zeichenabstand

Die Lesbarkeit eines Textes wird nicht allein durch die Wahl der Schriftart und -größe bestimmt, sondern auch durch den Zeilenabstand, die Zeilenlänge und den Zeichenabstand.

[Unterschneidung]
Unterschneidung (engl. »kerning«) ist ein Fachbegriff aus der Typografie. Mit Hilfe der Unterschneidung wird versucht, das Schriftbild und die Lesbarkeit von Text zu verbessern. Der horizontale Abstand der Zeichen (auch als Weißraum bezeichnet) wird bei bestimmten Buchstabenkombinationen gezielt verringert.

Zeilenabstand | Grundsätzlich können Sie bei der Bestimmung des Zeilenabstands der Regel folgen: Je länger eine Zeile ist, desto größer sollte der Zeilenabstand sein. Warum ist das so? Je länger eine Zeile ist, desto schwieriger ist es für das Auge, den Anfang der nächsten Zeile zu finden. Durch einen größeren Zeilenabstand geben Sie dem Auge eine bessere Orientierungshilfe. Den Zeilenabstand können Sie in Flash im EIGENSCHAFTEN-Fenster im Reiter ABSATZ ❶ einstellen. Hier bestimmen Sie auch den Einzug ❷ und gegebenenfalls den Textabstand zum linken ❸ oder rechten ❹ Rand.

▲ **Abbildung 6.30**
Zeilenabstand unter ABSTAND einstellen

Zeilenlänge | Die Zeilenlänge bestimmen Sie, wie zuvor erwähnt, indem Sie einen Absatztext anlegen oder die Breite des Textfeldes nachträglich ändern.

Zeichenabstand | Der Mensch erfasst ein Wort oder einen Satzteil nicht Buchstabe für Buchstabe, sondern nimmt nur Teile davon bewusst wahr und setzt diese beim Lesen intuitiv zum richtigen Wort oder Satzteil zusammen.

Bei bestimmten Zeichenkombinationen entsteht durch die Form der Zeichen ein unschöner, zu großer Freiraum ❺. Dieser Freiraum hat u. a. zur Folge, dass das Auge das Wort nicht optimal erkennt. Durch die Option AUTOMATISCH UNTERSCHNEIDEN ❻ wird der Freiraum zwischen bestimmten Buchstaben verringert ❼. Beachten Sie, dass die Option nicht verfügbar ist für Textfelder, die eine Geräteschriftart verwenden.

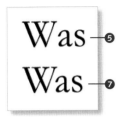

▲ **Abbildung 6.32**
Die Abstände der Zeichen W und a sind im oberen Text zu groß. Die automatische Unterschneidung behebt das im unteren Text.

◄ **Abbildung 6.33**
Automatisch unterschneiden

Diese Unterschneidung basiert auf sogenannten *Kerning-Tabellen*, die in vielen Schriften integriert sind. Sollte Ihnen auffallen, dass eine Schrift nicht richtig unterschnitten wird, können Sie die Zeichenabstände im EIGENSCHAFTEN-Fenster unter ZEICHENABSTAND ❽ manuell korrigieren.

Kreative Anwendung
Der Zeichenabstand kann aber auch kreativ eingesetzt werden, um Textbereiche hervorzuheben oder um die Länge mehrerer Textzeilen, z. B. in einem Logo, aneinander anzugleichen.

Hoch- und Tiefstellen | Im EIGENSCHAFTEN-Fenster können Sie eine Textpassage hoch- oder tiefstellen. Wählen Sie dazu zunächst den Textbereich mit dem Textwerkzeug aus. Aktivieren Sie dann die Option HOCHGESTELLT EIN/AUS ❾ bzw. TIEFGESTELLT EIN/AUS ❿.

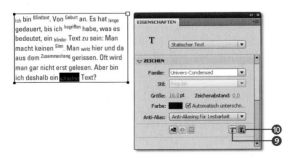

◄ **Abbildung 6.34**
Hoch- und tiefgestellter Text

▲ Abbildung 6.35
Hier legen Sie die Textrichtung fest.

6.2.7 Textrichtung

Im Reiter ABSATZ im Bereich RICHTUNG ❶ können Sie die Textrichtung bestimmen. Sie haben folgende Auswahlmöglichkeiten:

▶ HORIZONTAL: Der Text verläuft von links nach rechts.
▶ VERTIKAL, VON LINKS NACH RECHTS: Der Text verläuft vertikal, also von oben nach unten, wobei die erste Zeile links beginnt.
▶ VERTIKAL, VON RECHTS NACH LINKS: Der Text verläuft vertikal, die erste Zeile beginnt aber rechts.

Vertikale Textrichtung | Wenn Sie eine vertikale Textrichtung wählen, können Sie anschließend per Mausklick auf die Schaltfläche DREHEN ❷ die Textzeichen innerhalb des Textfeldes um 90 Grad drehen. Standardmäßig ist der Text um 90° gekippt ❸. Durch Mausklick auf den Menüpunkt werden die Zeichen von oben nach unten ausgerichtet ❹.

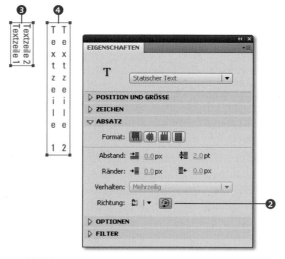

▲ Abbildung 6.36
Links: Text um 90 Grad gekippt; rechts: Ausrichtung von oben nach unten

6.2.8 Text mit URL verknüpfen

Im Reiter OPTIONEN des EIGENSCHAFTEN-Fensters können Sie den Text eines Textfeldes oder eine Textstelle eines Textfeldes mit einer URL verknüpfen. Wählen Sie dazu das Textfeld aus, oder markieren Sie mit dem Textwerkzeug **T** die Textstelle eines Textfeldes, und geben Sie dann die URL im Bereich HYPERLINK ❺ ein. Unter ZIEL ❻ können Sie das Zielfenster angeben. Über die Einstellung _BLANK würden Sie die URL in einem neuen Browserfenster öffnen. Im Flash-Film ändert sich das Pfeilsymbol, wenn der Benutzer den Mauszeiger über die Verknüpfung bewegt.

◀ **Abbildung 6.37**
Der verknüpfte Text wird in der Arbeitsumgebung mit einer gestrichelten Linie gekennzeichnet.

[!] »http://« nicht vergessen
Denken Sie daran, die URL korrekt zu formatieren. Das *http://* vor der eigentlichen Internetadresse darf nicht fehlen, da die Verknüpfung sonst nicht funktioniert.

E-Mail-Verknüpfung | Wenn Sie eine Textstelle mit einer E-Mail-Adresse verknüpfen möchten, müssen Sie die URL-Adresse im Mail-to-Format angeben. Geben Sie im Eingabefeld dann z. B. Folgendes ein: »mailto:max@mustermann.de«.

Wenn der Benutzer auf die E-Mail-Verknüpfung klickt und einen E-Mail-Client installiert hat, wird der E-Mail-Client automatisch geöffnet und eine neue E-Mail mit der E-Mail-Adresse im Empfängerfeld angelegt.

▲ **Abbildung 6.38**
URL-Verknüpfung im Flash Player

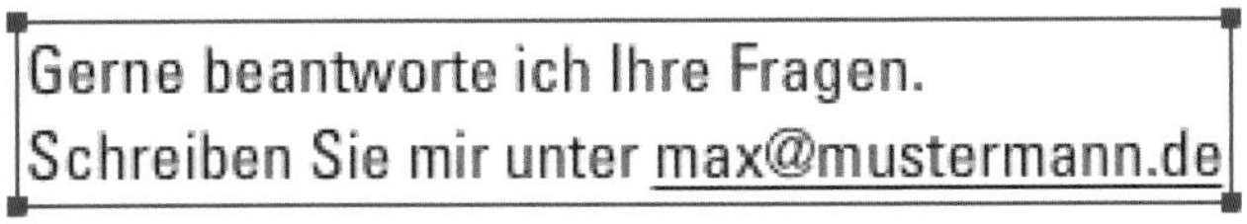

◀ **Abbildung 6.39**
In der Flash-Umgebung wird der verlinkte Textbereich durch gestrichelte Linien gekennzeichnet.

> Gerne beantworte ich Ihre Fragen.
> Schreiben Sie mir unter max@mustermann.de

Ohne Mailprogramm
Für den Fall, dass der Benutzer selbst keine E-Mail-Adresse besitzt oder keinen E-Mail-Client eingerichtet hat, können Sie zur elektronischen Kontaktaufnahme ein Formular bereitstellen. Wie das funktioniert, erfahren Sie in Kapitel 17, »Flash, PHP und MySQL«.

E-Mail-Link mit Betreff- und Haupttext | Sie können einen Text auch so verknüpfen, dass die Felder des Betreffs und des Haupttextes (Body) im E-Mail-Client automatisch ausgefüllt werden. Dazu erstellen Sie über der entsprechenden Textstelle einen Movieclip mit einer transparenten Form, weisen dem Movieclip einen Instanznamen im EIGENSCHAFTEN-Fenster zu und definieren dann im AKTIONEN-Fenster folgenden Code:

```
myButton_mc.addEventListener(MouseEvent.CLICK,sendMail);
myButton_mc.buttonMode = true;
function sendMail(e:MouseEvent):void {
    var myAdress:String="max@mustermann.de";
    var subject:String="Dies ist der Betreff der
    E-Mail.";
    var body:String="Dies ist der Haupttext der
    E-Mail.";
    var myRequest:URLRequest = new URLRequest("mailto:
    "+myAdress+"?subject="+subject+"&body="+body);
    navigateToURL(myRequest);
}
```

Abbildung 6.40 ▶
Verlinkung mit einer unsichtbaren
Schaltfläche

Abbildung 6.41 ▶
Das Resultat im E-Mail-Client
Thunderbird

06\E-Mail_Link\EMailLink.fla

▲ **Abbildung 6.42**
Text auswählbar

6.2.9 Auswählbarer Text

Gelegentlich ist es sinnvoll, dem Nutzer die Möglichkeit zu geben, einen Text mit dem Mauszeiger direkt auszuwählen. So kann er den Text markieren und diesen dann z. B. über das Tastenkürzel (Strg)/(⌘)+(C) in die Zwischenablage kopieren. Anschließend kann der Text über das Tastenkürzel (Strg)/(⌘)+(V) in einer beliebigen Anwendung eingefügt werden. Die Option, Text auswählbar zu machen, ist besonders bei einer Anschrift oder einer E-Mail-Adresse sinnvoll.

Klicken Sie auf das Optionsfeld Auswählbar ❶ im Reiter Zeichen des Eigenschaften-Fensters, um die Funktion zu aktivieren. Die Funktion kann nur für das gesamte Textfeld aktiviert bzw. deaktiviert werden.

6.3 Darstellung von Schrift

Barrierefreiheit
Wie Sie Text, z. B. für sehbehinderte Menschen, barrierefrei veröffentlichen können, erfahren Sie Kapitel 7, »Veröffentlichung«.

Flash bietet dem Benutzer gegenüber HTML und CSS deutlich mehr gestalterische Freiheit beim Erstellen von Texten. So können Sie z. B. beliebige Schriften verwenden, und der Text erscheint unabhängig von Browsereinstellungen immer so, wie Sie es wünschen. Eine der wichtigsten Aufgaben beim Erstellen von Texten ist es, den Text möglichst gut lesbar zu gestalten.

Anti-Aliasing | Bildschirme verwenden eine Auflösung von 72 dpi (Dots per Inch) und können Details deshalb nur viel schlechter darstellen, als das im Druck (300 dpi oder mehr) möglich ist. Da jede Form in das Pixelraster eines Bildschirms gesetzt wird, werden Rundungen oft nur in Form von Treppenstufen dargestellt. Diese Treppenstufen fallen besonders bei Text negativ auf.

Flash und andere Grafikanwendungen verwenden das sogenannte *Anti-Aliasing*, um diese schlechte Darstellungseigenschaft von Bildschirmen zu korrigieren. So werden mit Hilfe von Anti-Aliasing Zwischentöne an den Kanten der Schriftzeichen eingefügt, die eine Art Weichzeichnung zur Folge haben. Sie verleihen dem Schriftbild ein elegantes Erscheinungsbild.

▲ **Abbildung 6.43**
Oben: ohne Anti-Aliasing; unten: mit Anti-Aliasing. Durch Anti-Aliasing werden Zwischentöne an den Außenlinien der Schriftzeichen eingefügt.

[Anti-Aliasing]
Anti-Aliasing – auch als Kantenglättung bezeichnet – sorgt dafür, dass Zwischentöne an den Kanten eines Schriftzeichens hinzugefügt werden. Es handelt sich um eine Art der Weichzeichnung, die für eine bessere Lesbarkeit und eine bessere Anmutung des Schriftbildes sorgt.

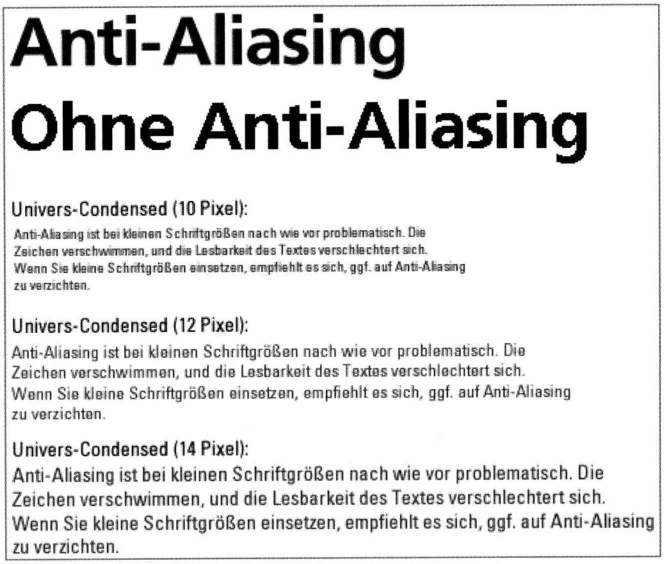

◄ **Abbildung 6.44**
Je nach Schriftart und -größe verschwimmen die Zeichen früher oder später, und die Lesbarkeit verschlechtert sich.

Beim Erstellen eines Textes müssen Sie sich bei der Schrift- und Schriftgrößenauswahl bewusst entscheiden, ob Sie Anti-Aliasing verwenden möchten oder nicht. Seit Flash 8 gibt es für die Auswahl des Anti-Aliasings sehr spezifische Einstellungen, die Sie für jedes Textfeld separat definieren können und die im Folgenden vorgestellt werden.

Anti-Alias | Im EIGENSCHAFTEN-Fenster können Sie zwischen fünf Anti-Aliasing-Einstellungen auswählen:

► GERÄTESCHRIFTARTEN verwenden (kein Anti-Alias)
► BITMAPTEXT [KEIN ANTI-ALIAS]
► ANTI-ALIASING FÜR ANIMATION
► ANTI-ALIASING FÜR LESBARKEIT
► BENUTZERDEFINIERTES ANTI-ALIAS

Verfügbarkeit
Die genannten Anti-Aliasing-Einstellungen gelten nur für Filme, die für den Flash Player 8 und neuere Versionen veröffentlicht werden. Für Filme, die für den Flash Player 7 oder einen älteren Player veröffentlicht werden, sind ausschließlich die Einstellungen GERÄTESCHRIFTART VERWENDEN oder ANTI-ALIASING FÜR ANIMATION zulässig.

Abbildung 6.45 ▶
Anti-Aliasing-Einstellungen

6.3.1 Geräteschriftarten

Grundsätzlich werden in Flash Schriften in zwei Gruppen unterteilt:

▶ Schriftarten, die standardmäßig auf allen Betriebssystemen installiert sind, werden als *Geräteschriftarten* bezeichnet und können ohne Anti-Aliasing dargestellt werden.

▶ Schriftarten, die nicht standardmäßig auf allen Systemen installiert sind, werden in den Flash-Film eingebettet. Sie werden daher als *eingebettete Schriften* bezeichnet und werden für gewöhnlich mit Anti-Aliasing dargestellt. Die Ausnahme sind Texte, die mit der Einstellung BITMAPTEXT versehen werden. Die Einstellung wird später noch erläutert.

▶ Im Folgenden wird zunächst die erste Gruppe der Schriftarten, die Geräteschriftarten, erläutert.

Arial (10 Pixel)
Geräteschriftarten werden immer ohne Anti-Aliasing dargestellt -
und bleiben je nach Schriftart auch bei kleinen Schriftgrößen
gut lesbar.

Times New Roman (10 Pixel)
Geräteschriftarten werden immer ohne Anti-Aliasing dargestellt -
und bleiben je nach Schriftart auch bei kleinen Schriftgrößen
gut lesbar.

_sans (10 Pixel)
Geräteschriftarten werden immer ohne Anti-Aliasing dargestellt -
und bleiben je nach Schriftart auch bei kleinen Schriftgrößen
gut lesbar.

_serif (10 Pixel)
Geräteschriftarten werden immer ohne Anti-Aliasing dargestellt -
und bleiben je nach Schriftart auch bei kleinen Schriftgrößen
gut lesbar.

Abbildung 6.46 ▶
Geräteschriftarten im Vergleich

Wie Sie in Abbildung 6.46 sehen können, sind Schriften ohne Anti-Aliasing auch in kleinen Schriftgrößen meist gut lesbar, sehen allerdings nicht ganz so elegant aus. Sie kennen diese Schriftdarstellung bereits von HTML-Seiten, auf denen in der Regel immer Schriften ohne Anti-Aliasing verwendet werden.

Wenn Sie die Schriftauswahlliste öffnen, wundern Sie sich vielleicht über die ganz oben stehenden Schriftarten _SANS, _SERIF und _TYPEWRITER, denn diese Schriftarten gibt es nicht. Die Schriftauswahl _SANS steht allgemein für eine Schrift ohne Serifen, wie z. B. »Arial«. Es wird hier also ausdrücklich keine spezielle Schrift ausgewählt, die Auswahl wird mit einer der genannten Schriften dem jeweiligen Flash Player überlassen. Die Schriftart _SERIF steht für eine Schrift mit Serifen, wie z. B. »Times New Roman«. Die Schriftart _TYPEWRITER steht für eine nicht-proportionale Schrift, auch Festbreitenschrift genannt, wie z. B. »Courier«.

In Abbildung 6.46 ist gut zu sehen, dass im Beispielsfall für _SANS die Schrift »Arial« und für _SERIF die Schrift »Times New Roman« verwendet wurde. Folgende Schriften können bedenkenlos als Geräteschriftart eingesetzt werden:

- Arial
- Courier
- Times New Roman
- Verdana
- _SANS
- _SERIF
- _TYPEWRITER

Geräteschriftarten haben gegenüber eingebetteten Schriftarten einen wesentlichen Vorteil: Die Dateigröße des Flash-Films fällt in der Regel kleiner aus, da im Gegensatz zu eingebetteten Schriften keine Zeichen in den Film eingebunden werden.

6.3.2 Maskierung von Geräteschriftarten

Geräteschriftarten können in älteren Flash Playern (bis Version 9) nicht genauso wie eingebettete Schriften maskiert werden. Gelegentlich möchte man einen Textbereich in einem Layout begrenzen und z. B. mit einem Scrollbalken versehen.

In der Arbeitsumgebung würde ein Text mit einer Geräteschriftart, der durch eine Maskenebene maskiert wird, maskiert angezeigt. Wenn Sie den Film jedoch für einen älteren Flash Player veröffentlichen, funktioniert die Maske nicht – der Text wird dann nicht angezeigt. Um einen Text mit einer Geräteschriftart zu maskieren, müssen Sie dann einen anderen Weg wählen.

[!] **Tahoma**
Die Schriftart »Tahoma« gehört auf Mac-Computern nicht zu den standardmäßig installierten Schriftarten und sollte deshalb nicht als Geräteschrift verwendet werden. Zahlen zur Verbreitung von unterschiedlichen Schriften auf verschiedenen Betriebssystemen finden Sie z. B. unter *http://www.visibone.com/font/FontResults.html*.

[Serifen]
Serifen sind feine Linien, die einen Buchstabenstrich am Ende, quer zur Grundrichtung, abschließen.

Flash Player 10

Im Flash Player 10 lassen sich Geräteschriftarten jetzt wie eingebettete Schriftarten maskieren. Das ist eine neue Eigenschaft des Flash Players.

06\Geräteschriftarten_Maskieren\Beispiel.fla

Schritt für Schritt: Maskierung von Geräteschriften

In diesem Workshop erfahren Sie, wie Sie einen Text mit einer Geräteschriftart maskieren.

1 Text erstellen

Erstellen Sie einen neuen Flash-Film. Wählen Sie das Textwerkzeug T aus, ziehen Sie ein statisches Textfeld auf, und geben Sie einen Text ein.

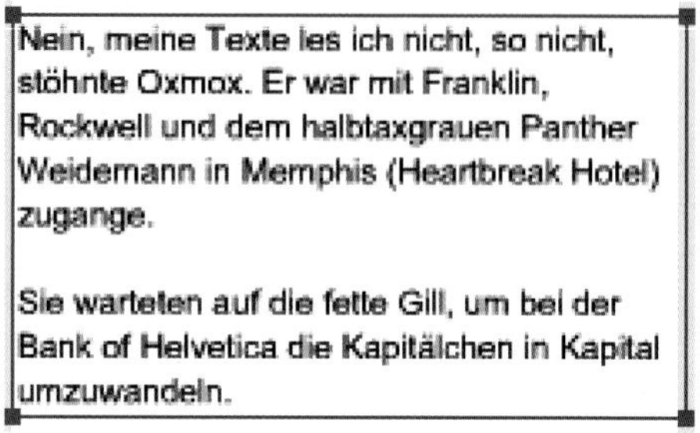

Nein, meine Texte les ich nicht, so nicht, stöhnte Oxmox. Er war mit Franklin, Rockwell und dem halbtaxgrauen Panther Weidemann in Memphis (Heartbreak Hotel) zugange.
Sie warteten auf die fette Gill, um bei der Bank of Helvetica die Kapitälchen in Kapital umzuwandeln.

Abbildung 6.47 ▶
Text und Textfeldbereich

Wählen Sie im EIGENSCHAFTEN-Fenster die Schrift ARIAL ❶ aus, und stellen Sie die Einstellung ANTI-ALIAS auf GERÄTESCHRIFTART ❷. Diese Technik können Sie auch auf dynamische und Eingabe-Textfelder anwenden.

EIGENSCHAFTEN
T
Statischer Text
POSITION UND GRÖSSE
ZEICHEN
Familie: Arial
Stil: Regular
Größe: 10,0 pt
Zeichenabstand: 0,0
Farbe:
Automatisch unterschn...
Anti-Alias: Geräteschriftarten verwend...
❶
❷

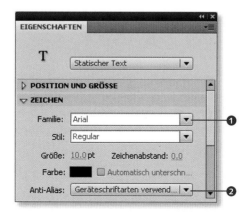

Abbildung 6.48 ▶
Texteigenschaften einstellen

2 Movieclip-Konvertierung

Wählen Sie das Textfeld aus, und konvertieren Sie es über F8 in einen Movieclip »text_mc«.

In Symbol konvertieren
❸
Name: text_mc
Typ: Movieclip
Registrierung:
Ordner: Bibliotheksstamm
OK
Abbrechen
Erweitert

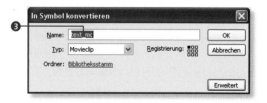

Abbildung 6.49 ▶
Das Textfeld wird in einen Movieclip konvertiert.

3 **Instanznamen vergeben**

Weisen Sie dem Movieclip im Eigenschaften-Fenster den Instanznamen »text_mc« ❸ zu.

◀ **Abbildung 6.50**
Instanznamen zuweisen

4 **Maske anlegen**

Erstellen Sie oberhalb der Ebene mit dem Text eine neue Ebene »Maske«.

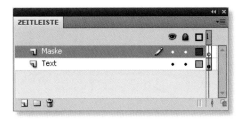

◀ **Abbildung 6.51**
Die neue Ebene »Maske«

Zeichnen Sie mit dem Rechteckwerkzeug 🔲 den gewünschten Maskenbereich ein. Beachten Sie dabei, dass zur Maskierung der Begrenzungsrahmen des Masken-Movieclips und nicht die tatsächliche Form verwendet wird.

Da hier jedoch ein Rechteck als maskierende Form verwendet wird, ist der Begrenzungsrahmen mit der Form identisch. Das wäre allerdings nicht der Fall, wenn Sie eine Kreisform als Maske wählen würden. Geräteschriftarten lassen sich auf diese Weise also nur durch rechteckige Formen maskieren.

Begrenzungsrahmen

Der Begrenzungsrahmen eines Symbols ist immer rechteckig und wird in der Flash-Umgebung durch einen hellblauen Rahmen dargestellt. Mehr Informationen dazu erhalten Sie in Kapitel 4, »Symbole, Instanzen und die Bibliothek«.

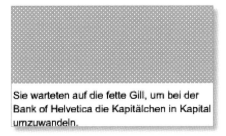

◀ **Abbildung 6.52**
Der maskierte Bereich

5 **Movieclip-Konvertierung**

Wählen Sie das Rechteck aus, und konvertieren Sie es über F8 in einen Movieclip. Weisen Sie dem Movieclip anschließend den Instanznamen »mask_mc« zu.

Abbildung 6.53 ►
Dem Masken-Movieclip wird ein
Instanzname zugewiesen.

6 Maskierung per ActionScript

Erstellen Sie eine weitere Ebene »Actions«, auf der im Folgenden der Code zur Maskierung integriert wird.

Wählen Sie das erste Schlüsselbild auf der Ebene »Actions« aus, öffnen Sie das AKTIONEN-Fenster, und weisen Sie dem Schlüsselbild folgenden Code zu:

```
text_mc.mask = mask_mc;
```

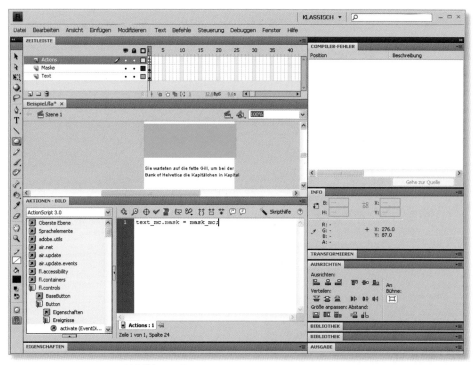

▲ **Abbildung 6.54**
Die Maske wird dem Text zugewiesen.

7 Fertig! Veröffentlichung

Veröffentlichen Sie den Film über ⌃Strg⌄/⌘+↵. Der Text wird maskiert dargestellt.

◄ **Abbildung 6.55**
Nur der obere Teil des Textes ist
nun im Flash Player sichtbar.

6.3.3 Eingebettete Schriften

Wollen Sie sich nicht nur auf den Einsatz von Geräteschriftarten
beschränken, müssen Sie die verwendete Schrift in Ihren Flash-
Film einbetten. Bei statischen Textfeldern geschieht die Einbettung der Schrift automatisch. Sie müssen sich also nicht selbst
darum kümmern.

Eingebettete Schriften können seit Flash 8 mit oder ohne Anti-
Aliasing dargestellt werden. Falls Sie sich dafür entscheiden, Anti-
Aliasing einzusetzen, haben Sie drei Auswahlmöglichkeiten, die
Sie für jedes Textfeld separat im EIGENSCHAFTEN-Fenster einstel-
len können:

▶ Für Textfelder, die Sie animieren möchten, sollten Sie die Einstellung ANTI-ALIASING FÜR ANIMATION wählen.

▶ Für Textfelder, die nicht animiert werden, ist die Einstellung
ANTI-ALIASING FÜR LESBARKEIT vorzuziehen.

▶ Bei einigen Schriften und einer kleinen Schriftgröße können
Sie die Textdarstellung noch weiter verbessern, wenn Sie die
Option BENUTZERDEFINIERTES ANTI-ALIAS wählen.

Einbettung von Schriftzeichen
Wie Sie ausgewählte Schriftzeichen für dynamische Textfelder
und Eingabetextfelder einbetten,
erfahren Sie in Kapitel 16, »Dynamischer Text«.

▲ **Abbildung 6.56**
Auswahl des Anti-Aliasings

◄ **Abbildung 6.57**
Benutzerdefiniertes Anti-Aliasing

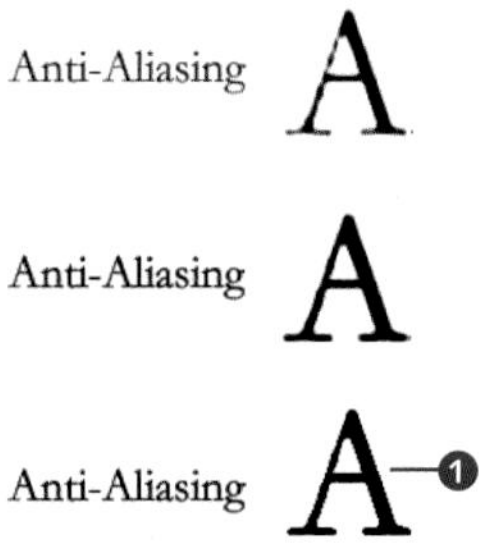

Anti-Aliasing A

Anti-Aliasing A

Anti-Aliasing A—❶

▲ **Abbildung 6.58**
Benutzerdefiniertes Anti-Aliasing
mit verschiedenen Einstellungen

Feintuning | Bei dieser Einstellung können Sie über den Schieberegler STÄRKE die Breite der Zeichenform erweitern. Wie Sie in Abbildung 6.58 sehen können, wirken die Schriftzeichen im unteren Schriftbild ❶ etwas satter, und die Form ist besser erkennbar.

Über den Schieberegler SCHÄRFE legen Sie die Stärke der Weichzeichnung der Umrisse fest. Für die Abbildung wurden folgende Einstellungen gewählt:

▶ STÄRKE: 0, SCHÄRFE: 0
▶ STÄRKE: 80, SCHÄRFE: 0
▶ STÄRKE: 80, SCHÄRFE: 90

Schriftzeichen in Vektoren umwandeln

Nachdem Sie einen Text in einem statischen Textfeld erzeugt haben, können Sie die Schriftzeichen des Textes über den Menüpunkt MODIFIZIEREN • TEILEN in Textfelder mit je einem Schriftzeichen teilen. Das ist sehr nützlich, wenn Sie einen Schriftzug zeichenweise animieren möchten. Sehr praktisch in diesem Zusammenhang ist dann auch der Befehl MODIFIZIEREN • ZEITLEISTE • AUF EBENEN VERTEILEN. So werden alle ausgewählten Objekte, in diesem Fall die Textzeichen, jeweils auf eine Ebene verteilt. Sie können dann, nachdem sie in Movieclips umgewandelt wurden, z. B. über ein Bewegungs-Tweening animiert werden.

▲ **Abbildung 6.60**
Die ZEITLEISTE nach der Verteilung der Schriftzeichen

Sollten Sie den Befehl MODIFIZIEREN • TEILEN ein weiteres Mal auf die Schriftzeichen anwenden, werden diese in Vektorfüllungen umgewandelt. Mit dem Tintenfasswerkzeug lässt sich der Schriftzug dann schnell beispielsweise mit einer Außenlinie versehen.

Pinky&Brain

▲ **Abbildung 6.61**
Die Vektorfüllungen von ursprünglichen Textzeichen werden mit Außenlinien versehen.

▲ **Abbildung 6.59**
Schriftzeichen auf Ebenen verteilen

6.3.4 Bitmaptext

Wie bereits erwähnt, wirkt sich Anti-Aliasing bei kleinen Schriftgrößen unter 15 Punkten negativ auf die Lesbarkeit des Textes aus. Seit Flash 8 ist es möglich, eine beliebige Schrift ohne Anti-Aliasing darzustellen. Wählen Sie dazu im EIGENSCHAFTEN-Fenster die Schriftwiedergabeoption BITMAPTEXT [KEIN ANTI-ALIAS].

◀ **Abbildung 6.62**
Bitmaptext ohne Anti-Aliasing

Die ausgewählte Schrift wird auch in diesem Fall in den Flash-Film eingebettet. Die Art und Weise, wie dies geschieht, unterscheidet sich jedoch von der Einbettung bei einer Schrift mit Anti-Aliasing. Bei einer Schrift, die mit Anti-Aliasing dargestellt wird, werden die Konturen der Schrift als Vektoren eingebunden. Da Vektoren ohne Qualitätsverlust skaliert werden können, muss die Schrift nur einmal eingebunden werden und lässt sich dann beliebig oft in einer beliebigen Schriftgröße verwenden.

Wenn hingegen die Anti-Alias-Option BITMAPTEXT gewählt wurde, werden die Zeichen in der eingestellten Schriftgröße als **Bitmap** eingebunden und können **nicht verlustfrei skaliert** werden. Das hat Auswirkungen auf die Dateigröße eines Films, wenn Texte in unterschiedlichen Schriftgrößen gesetzt werden.

Eingebettete Zeichen
Bei statischen Textfeldern werden automatisch alle Zeichen einer Schrift, die im Text verwendet werden, eingebettet. Bei dynamischen Textfeldern und Eingabetextfeldern müssen Sie selbst definieren, welche Zeichen eingebettet werden sollen. Mehr dazu erfahren Sie in Kapitel 16, »Dynamischer Text«.

Dateigröße
Wenn Flash eine Schrift mit Anti-Aliasing einbettet, kann diese im Regelfall (Ausnahme: Bitmaptext) beliebig oft in unterschiedlichen Schriftgrößen verwendet werden, ohne dass die Datei des Flash-Films größer wird. Wenn Flash eine Schrift als Bitmaptext einbettet, kann die Schrift nicht skaliert werden; für jede Schriftgröße wird eine eigene Einbettung notwendig. Die Datei des Films wird dann gegebenenfalls entsprechend größer.

▲ **Abbildung 6.63**
Im Veröffentlichungsreport erkennen Sie, dass die Schrift in zwei unterschiedlichen Schriftgrößen eingebettet wurde.

6.3.5 Text als Grafik einfügen

Eine Besonderheit, die streng genommen nicht direkt mit Text in Flash zu tun hat, ist der Einsatz sogenannter *Textgrafiken*. Dabei wird der Text nicht in Flash erstellt, sondern in einem Grafikprogramm (z. B. Photoshop) als Bild gespeichert. Beachten Sie jedoch, dass die Dateigröße des Flash-Films ansteigt, je mehr Textgrafiken Sie verwenden. Nutzen Sie diese also nur, wenn es unbedingt notwendig ist – zum Beispiel, wenn Sie einen Text, der eine Geräteschriftart verwendet, mit einer runden Maske maskieren möchten.

Maskierung von Textgrafiken
Textgrafiken bieten eine Alternative zur Darstellung von Text in Flash. Sie können eine Textgrafik beliebig maskieren. So ist eine Maskierung auch durch eine runde Form möglich.

▲ **Abbildung 6.64**
Über das Kontextmenü gelangen Sie zu den Eigenschaften einer importierten Bitmap.

Als Serife
Als Serife

▲ **Abbildung 6.66**
Unten wurde die Option GLÄTTEN ZULASSEN aktiviert. An den Kanten der Zeichen werden Zwischentöne hinzugefügt.

Pixelbasiert
Pixelfonts basieren im Gegensatz zu vektorbasierten TrueType- und PostScript-Schriften auf Pixeln und sind speziell für die Bildschirmdarstellung ausgelegt.

Haben Sie sich für eine Textgrafik entschieden, importieren Sie diese – wie jede andere Grafik – über DATEI • IMPORTIEREN • IN BÜHNE IMPORTIEREN in das Projekt.

Unerwünschte Schatten | Wenn Sie für einen Text eine Textgrafik verwenden möchten, sollten Sie nach dem Import der Textgrafik überprüfen, ob die Einstellung GLÄTTEN ZULASSEN ❶ der Bitmap in der BIBLIOTHEK deaktiviert ist. Wählen Sie dazu die Bitmap in der BIBLIOTHEK aus, und öffnen Sie per Klick mit der rechten Maustaste das Kontextmenü. Wählen Sie dort den Menüpunkt EIGENSCHAFTEN.

Sollte die Option aktiviert sein, werden die Kanten der Zeichen mit unerwünschten Zwischentönen versehen.

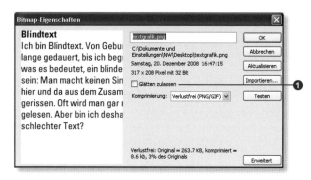

▲ **Abbildung 6.65**
BITMAP-EIGENSCHAFTEN

6.3.6 Pixelfonts

Pixelfonts wurden vor Flash 8 häufig verwendet, um Text ohne Anti-Aliasing in kleinen Schriftgrößen gut lesbar darzustellen.

Die Form und Größe eines Schriftzeichens ist so gewählt, dass jedes Pixel in das Pixelraster des Bildschirms passt. Das ist auch der Grund, warum jeder Pixelfont nur in einer bestimmten Größe eingesetzt werden sollte.

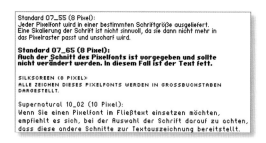

Abbildung 6.67 ▶
Pixelfonts im Vergleich

Methode zur Schriftwiedergabe | Besonders gut geeignet sind Pixelfonts für Texte in sehr kleinen Schriftgrößen; sie erscheinen gestochen scharf und sehr gut lesbar. Wenn Sie Pixelfonts verwenden möchten, müssen Sie die METHODE ZUR SCHRIFTWIEDERGABE auf BITMAPTEXT (KEIN ANTI-ALIASING) stellen.

Für den Einsatz von Pixelfonts gibt es ein paar wichtige Regeln, die Sie beachten sollten, damit die Schriften korrekt dargestellt werden.

Schriftgröße | Jeder Pixelfont sollte nur mit der für ihn bestimmten Schriftgröße verwendet werden, da die Pixel bei einer Skalierung sonst nicht mehr in das Pixelraster des Bildschirms passen und der Text unscharf wird.

Wenn Sie einen Pixelfont erhalten, sollten Sie sich die dazugehörige Schriftgröße unbedingt merken. Pixelfonts sind meist in Schriftgrößen zwischen fünf und zwölf Pixeln verfügbar. In vielen Fällen deutet der Schriftname auf die Schriftgröße hin. Oftmals gibt es zur Schrift auch eine Dokumentation in Form einer *readme.txt*-Datei mit einer entsprechenden Information, oder Sie finden die Größenangabe auf der Hersteller-Seite im Internet.

Falls Sie einen Pixelfont erhalten und nicht feststellen können, welche Schriftgröße vorgesehen ist, müssen Sie dies überprüfen – am besten legen Sie dazu mehrere Textfelder mit verschiedenen Schriftgrößen an. Veröffentlichen Sie den Film – Sie sehen dann relativ schnell, welche Größe die richtige ist.

```
Standard 07_55 (8 Pixel)
Ich werde Pixelfonts immer in der ihr vorgesehenen Größe verwenden ...
Ich werde Pixelfonts immer in der ihr vorgesehenen Größe verwenden ...
Ich werde Pixelfonts immer in der ihr vorgesehenen Größe verwenden ...
Ich werde Pixelfonts immer in der ihr vorgesehenen Größe verwenden ...

Standard 07_55 (8 Pixel)
Ich werde Pixelfonts immer in der ihr vorgesehenen Größe verwenden ...
Ich werde Pixelfonts immer in der ihr vorgesehenen Größe verwenden ...
Ich werde Pixelfonts immer in der ihr vorgesehenen Größe verwenden ...
Ich werde Pixelfonts immer in der ihr vorgesehenen Größe verwenden ...
```

▲ **Abbildung 6.69**
Die Schriftgröße wurde im oberen Text richtig gewählt. Im unteren Text wurde der Pixelfont falsch eingesetzt. Die Buchstaben des Wortes »Größe« fransen deutlich aus.

Textauszeichnung | Wenn Sie einen Text oder ein einzelnes Wort auszeichnen möchten, können Sie dafür nicht die gewöhnlichen Formatierungseinstellungen verwenden. Pixelfonts sollten also nicht fett, kursiv, hoch- oder tiefgestellt gesetzt werden. Auch der Zeilen- und der Zeichenabstand sollten, wenn nicht anders angegeben, nicht verändert werden.

Textausrichtung | Richten Sie Text, der mit Hilfe eines Pixelfonts dargestellt werden soll, immer linksbündig aus. Wenn der Text mittig oder rechtsbündig ausgerichtet wird, kann das funktionie-

---

Probleme mit Pixelfonts

In der Praxis gibt es häufig Probleme mit Pixelfonts, was sich in vielen Fällen jedoch auf eine falsche Anwendung zurückführen lässt. In seltenen Fällen ist der Pixelfont nicht für Flash geeignet. Selbst wenn alle Register der Optimierung gezogen werden, erscheint der Text unscharf. Dann bleibt nur die Möglichkeit, einen anderen Pixelfont zu wählen.

[!] Pixelfonts in Symbolen
Symbole, die ein Textfeld mit einem Pixelfont verwenden, dürfen nicht skaliert werden.

▲ **Abbildung 6.68**
Der Movieclip, in dem das Textfeld liegt, wurde auf 150 % skaliert. Die Zeichen fransen aus.

Tipp
In vielen Fällen gibt es zur Textauszeichnung spezielle Varianten der Schriftart, die dann gewählt werden können. Wenn Sie einen Pixelfont im Fließtext verwenden, prüfen Sie vorher, ob es entsprechende Varianten des Pixelfonts gibt.

ren – das ist aber nicht zwingend der Fall. Auch hier kann es passieren, dass die Pixel eines Schriftzeichens dann nicht mehr in das Pixelraster passen.

[!] An Pixel ausrichten
Der Menüpunkt AN PIXEL AUSRICHTEN hält nicht immer das, was er verspricht. Kontrollieren Sie die Koordinaten zur Sicherheit.

Positionierung | Positionieren Sie das Textfeld grundsätzlich auf ganzzahligen Pixelkoordinaten, also z. B. X: 10.0 und Y: 25.0. Wählen Sie dazu zunächst den Menübefehl ANSICHT • AUSRICHTEN • AN PIXEL AUSRICHTEN aus, und stellen Sie die Vergrößerung auf 800 %. In dieser Vergrößerungsstufe werden die Pixel dann mit Hilfe eines Rasters angezeigt, und Sie können prüfen, ob die Schrift korrekt dargestellt wird. Alternativ können Sie die x- und y-Koordinaten des Textfeldes auch im EIGENSCHAFTEN-Fenster entsprechend einstellen.

Abbildung 6.70 ▶
Das Textfeld wurde auf ganzzahligen Koordinaten positioniert.

Nutzungshinweise beachten

Professionelle Pixelfonts, die speziell für den Einsatz in Flash entwickelt wurden, werden häufig mit Nutzungshinweisen vom Hersteller ausgeliefert. Diese Hinweise geben Ihnen Aufschluss über Besonderheiten der Schrift und deren Anwendung. Sie finden hier häufig schon die Ursache für eine fehlerhafte Darstellung.

Wenn Sie ein Textfeld in ein Symbol konvertieren, sollten Sie sowohl das Symbol als auch das Textfeld innerhalb des Symbols grundsätzlich auf ganzzahligen Koordinaten positionieren. Auch bei einer weiteren Verschachtelung sollten Sie dies grundsätzlich einhalten.

Wenn Sie einen Flash-Film laden, der einen Pixelfont einsetzt, sollte auch dieser auf ganzzahligen Koordinaten positioniert werden.

▲ Abbildung 6.71
Textfeld auf ganzzahligen Koordinaten positionieren

99,9 % | Sie sollten auf den Einsatz von Pixelfonts verzichten, wenn der Flash-Film skaliert werden soll. Ab und zu kommt es jedoch vor, dass Flash ein Symbol oder ein Textfeld scheinbar ohne jedes Zutun auf 99,9 % skaliert. Das fällt visuell bei anderen Elementen nicht ins Gewicht, ist beim Einsatz von Pixelfonts jedoch eine Fehlerquelle. Überprüfen Sie jedes Symbol, das ein Textfeld mit einem Pixelfont enthält, auf seine Skalierung, wenn ein Pixelfont nicht wunschgemäß dargestellt wird. Die Skalierung können Sie sehr schnell über FENSTER • TRANSFORMIEREN einsehen.

Filmvorschau | Wenn Sie einen Film über STEUERUNG • FILM TESTEN in der Vorschau öffnen, kann es vorkommen, dass der Film nicht exakt in 100% Größe angezeigt wird. Ein Pixelfont würde dann unscharf dargestellt. Lassen Sie sich davon nicht beirren – veröffentlichen Sie den Film über DATEI • VERÖFFENTLICHEN, und testen Sie ihn dann direkt im Flash Player.

6.3.7 Fehlende Schriften ersetzen

Wenn Sie eine FLA-Datei öffnen, die eingebettete Schriften verwendet, die Sie nicht auf Ihrem System installiert haben, erscheint das Dialogfenster SCHRIFTZUORDNUNG. In diesem Dialogfenster werden Ihnen zwei Auswahlmöglichkeiten angeboten:

▶ SCHRIFT ERSETZEN: Wählen Sie zunächst die Schrift oben aus, und stellen Sie dann im Listenfeld ❶ eine Ersatzschriftart und im Listenfeld ❷ den Schriftschnitt ein.

▶ SYSTEMSTANDARD: Klicken Sie auf die Schaltfläche, um die fehlende Schriftart durch eine Standardsystemschrift, wie z.B. »Arial«, zu ersetzen. Das jeweilige Textfeld »merkt« sich allerdings die ursprüngliche Schrift. Diese wird dann in Klammern im EIGENSCHAFTEN-Fenster angezeigt; dahinter folgt die Schriftart, die als Ersatz verwendet wird.

Nachträgliche Schriftzuordnung | Für den Fall, dass Sie beim Öffnen der FLA-Datei die Schaltfläche SYSTEMSTANDARD gewählt haben, können Sie eine Schriftzuordnung auch nachträglich noch ändern. Klicken Sie dazu im Menü auf BEARBEITEN • SCHRIFTZUORDNUNG. Das Fenster ist Ihnen bereits bekannt.

Ausnahmen bestätigen die Regel

Dennoch kommt es bei einer Verschachtelung eines Textfeldes in einem oder mehreren Symbolen ab und zu vor, dass der Pixelfont nicht scharf erscheint, obwohl alle Symbole auf ganzzahligen Koordinaten positioniert wurden. Wenn Sie alle anderen Regeln befolgt haben, können Sie als letzte Möglichkeit versuchen, das Textfeld auf ungeraden Koordinaten zu positionieren – die Prozedur ist sehr mühselig, führt aber in einigen Fällen zum Erfolg.

◀ **Abbildung 6.72**
Die Schriftart »Standard0755« ist nicht auf dem System installiert. Es wird eine Ersatzschrift ausgewählt.

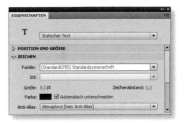

▲ **Abbildung 6.73**
Die Schrift ist nicht auf dem System installiert.

Ursprüngliche Schriftauswahl bleibt erhalten
Die ursprüngliche Schriftauswahl geht übrigens auch bei dieser Methode nicht verloren. Sobald die ursprünglichen Schriften wieder verfügbar sind, werden sie wieder verwendet.

6.4   Schreibregeln

Die richtige formelle Schreibweise eines Textes trägt in hohem Maße dazu bei, dass der Text einen professionellen Eindruck macht. Die folgenden Schreibregeln sollen Ihnen dabei helfen, Text formell richtig zu formatieren:

1. Verwenden Sie richtige An- und Abführungszeichen.
Immer wieder findet man Texte im Internet, die falsche An- und Abführungszeichen verwenden. Für die deutsche Schreibweise gibt es zwei gültige Formen:

► In Flash wird das falsche Anführungszeichen, das über das Tastenkürzel ⬆+2 erzeugt wird, nicht automatisch korrigiert. Verwenden Sie für das Anführungszeichen am PC das Tastenkürzel Alt+0132 und am Mac Alt+⬆+W. Das Abführungszeichen am Ende eines Worts erreichen Sie am PC über Alt+147, am Mac über Alt+⬆+2. Verwenden Sie zur Eingabe der Nummern den Ziffernblock (Numpad) Ihrer Tastatur.

► Auch französische An- und Abführungszeichen, wie sie auch hier im Buch verwendet werden, sind für deutsche Texte legitim. Verwenden Sie für das Anführungszeichen das Tastenkürzel Alt+0187 bzw. am Mac ⬆+Alt+Q und für das Abführungszeichen das Tastenkürzel Alt+0171 bzw. am Mac Alt+Q. Achten Sie darauf, dass die Zeichen nach innen zeigen.

2. Zahlen richtig formatieren
Für Zahlen wie Telefonnummern, Postleitzahlen oder Kontonummern gibt es folgende Regeln:

► **Telefon- und Faxnummern** nach DIN 5008:
Telefon-Nummer mit Vorwahl: 03483 587871231
Telefon-Nummer mit Durchwahl: 03483 587871231-10
Bei internationalen Nummern wird ein +49 vor die Vorwahl gesetzt. Die 0 der Vorwahl wird weggelassen.
Beispiel: +49 3483 587871231

► **Zahlen mit mehr als vier Zeichen** werden von rechts nach links in Dreiergruppen gruppiert:
6 000 000 Fahrräder
100 000 Einwohner
4 000 Euro

► **Bankleitzahlen** werden von links nach rechts in zwei Dreiergruppen und einer Zweiergruppe gesetzt:
BLZ 300 500 12

▲ **Abbildung 6.74**
Richtige An- und Abführungszeichen

▲ **Abbildung 6.75**
Französische An- und Abführungszeichen

▶ **Kontonummern** werden von rechts nach links in Dreier-
gruppen aufgeteilt. Bei zehn Zeichen steht so das erste
Zeichen für sich allein.
Kontonummer 34 871 312
Kontonummer 344 213 212
Kontonummer 1 578 548 434

▶ **Postfachnummern** werden von rechts nach links in Zwei-
ergruppen unterteilt:
Postfach 35 38 03

3. Verwenden Sie den echten Gedankenstrich

Auch für den Gedankenstrich wird oft ein falsches Zeichen
verwendet. Der Gedankenstrich (–) ist kein Bindestrich (-).
Das Tastaturkürzel für den echten Gedankenstrich ist auf dem
PC Alt + 0150 und auf dem Mac Alt + - .

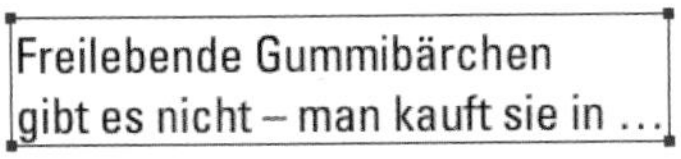

Freilebende Gummibärchen
gibt es nicht – man kauft sie in …

◀ **Abbildung 6.76**
Der echte Gedankenstrich

4. Apostroph

Der Apostroph wird fälschlicherweise oft über die Tastenkombination ⇧ / ⌘ + # oder über die Taste links neben der
← -Taste erstellt. Verwenden Sie den echten Apostroph,
der über die Tastenkombination Alt + 0146 bzw. am Mac
ALT + ⇧ + # angesteuert wird.

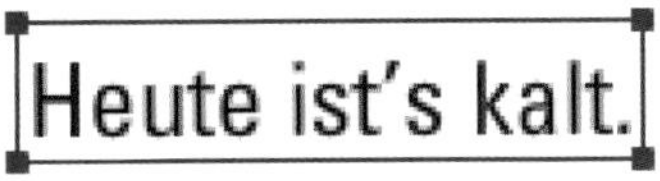

▲ **Abbildung 6.77**
Der Apostroph wird für Textstellen verwenden, die weggelassen
werden. Es wird deshalb auch als
Auslassungszeichen bezeichnet.

5. Verwenden Sie die echte Ellipse …

Um gekürzte Textpassagen zu markieren, werden drei Punkte
an das Ende der Textpassage angehängt. Der Fachausdruck
für diese drei Punkte ist Ellipse. Verwenden Sie statt der
drei Punkte die echte Ellipse. Das Tastenkürzel dazu lautet
Alt + 0133 am PC oder Alt + . am Mac.

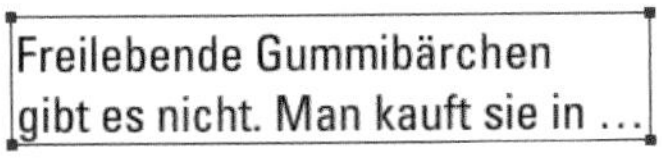

Freilebende Gummibärchen
gibt es nicht. Man kauft sie in …

◀ **Abbildung 6.78**
Die echte Ellipse

6. Minuskelziffern verwenden

In wenigen Schriften sind sogenannte Minuskelziffern oder
auch Mediävalziffern integriert. Im Fließtext sollten Sie diese
bevorzugt einsetzen, da sie sich dank ihrer Ober- und Unter-
längen besser an den Text angleichen. Schriftschnitte mit
Minuskelziffern werden häufig mit der Erweiterung »OSF«
(Old Style Figures) versehen.

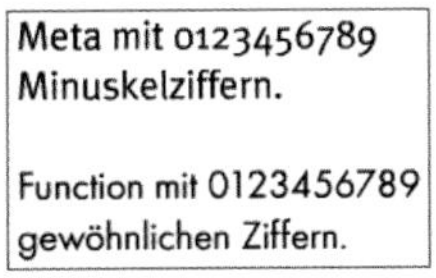

Meta mit 0123456789
Minuskelziffern.

Function mit 0123456789
gewöhnlichen Ziffern.

▲ **Abbildung 6.79**
Oben: »Meta« mit Minuskelziffern, unten: »Function« mit
gewöhnlichen Ziffern

Rechtschreibprüfung

Oftmals wird die Flash-eigene Rechtschreibprüfung übersehen. Mit Hilfe der integrierten Rechtschreibprüfung, die Sie über das Menü TEXT • RECHTSCHREIBPRÜFUNG ausführen können, lassen sich u. a. automatisch Texte in Textfeldern auf der Hauptzeitleiste und in untergeordneten Symbolen überprüfen.

Wie viele Textverarbeitungsanwendungen prüft Flash den Text Zeile für Zeile und zeigt falsch geschriebene bzw. unbekannte Wörter an. Per Klick auf die Schaltfläche IN WÖRTERBUCH AUFNEHMEN ❶ können Sie Ihr persönliches Wörterbuch, falls ein unbekanntes Wort gefunden wurde, optional ergänzen.

◀ **Abbildung 6.80**
Rechtschreibung prüfen

Welche Wörterbücher für die Rechtschreibprüfung verwendet werden und welchen Text Flash überprüft, lässt sich u. a. über das Menü TEXT • RECHTSCHREIBPRÜFUNG EINRICHTEN einstellen. Sollten Sie z. B. mit englischen Texten arbeiten, empfiehlt es sich, zusätzlich die englischen Wörterbücher auf der rechten Seite des Fensters zu aktivieren.

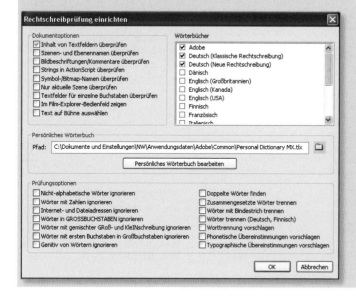

◀ **Abbildung 6.81**
Rechtschreibprüfung einrichten

7 Veröffentlichung

In diesem Kapitel lernen Sie die wesentlichen Veröffentlichungseinstellungen kennen. Darüber hinaus erfahren Sie, wie Sie Flash-
Filme mit Hilfe von JavaScript browserkompatibel, HTML- und
XHTML-konform einbetten und mittels CSS positionieren
können.

[Veröffentlichung]
Unter dem Begriff *Veröffentlichung*
versteht man in Flash den Vorgang zur Bereitstellung eines
Flash-Films für ein spezielles Medium.

7.1 Veröffentlichungseinstellungen

Über das Menü DATEI • VERÖFFENTLICHEN werden Ihr Flash-Film
und alle dazugehörigen Dateien erstellt. Alle wesentlichen Veröffentlichungseinstellungen für diesen Vorgang finden Sie über das
Menü DATEI • EINSTELLUNGEN FÜR VERÖFFENTLICHUNGEN.

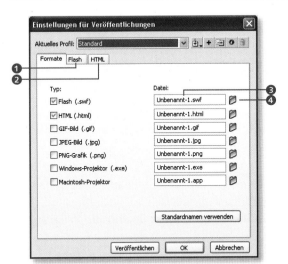

◄ **Abbildung 7.1**
Veröffentlichungseinstellungen,
Reiter FORMATE

Im Reiter FORMATE können Sie ein oder mehrere Formate wählen, die zur Ausgabe verwendet werden. Nachdem Sie ein Format aktiviert haben, erscheint im oberen Bereich ein entsprechender Reiter ❶ und ❷ mit detaillierten Einstellungsmöglichkeiten
für das jeweilige Format.

Hinweis
Die wichtigsten Formate sind
FLASH und HTML oder WINDOWS-
PROJEKTOR und MAC-PROJEKTOR,
falls der Flash-Film für CD/DVD
produziert wird.

Tabelle 7.1 ▶
Veröffentlichungseinstellungen:
Dateiformate

Typ	Format	Ergebnis der Veröffentlichung
FLASH	SWF	Flash-Film (Standard)
HTML	HTML	HTML-Dokument mit einge-bettetem Flash-Film
GIF-BILD	GIF	statische GIF-Grafik oder als Animated GIF mit mehreren Frames (z. B. für Banner)
JPEG-BILD	JPG	JPEG-Grafik
PNG-GRAFIK	PNG	PNG-Grafik
WINDOWS-PROJEKTOR	EXE	Windows-Projektor
MACINTOSH-PROJEKTOR	APP	Macintosh-Projektor

Empfehlung

In der Regel ist es nicht notwendig, für jedes Format einen Zielordner festzulegen. Speichern Sie das Flash-Dokument (.*fla*) einfach als Erstes in dem gewünschten Ordner ab. Alle weiteren veröffentlichten Dateien werden dann automatisch in diesem Ordner abgelegt.

Adobe AIR

Weitere Informationen über Adobe AIR finden Sie in Kapitel 21, »Ein Blick über den Tellerrand«.

Mobile Endgeräte

Flash-Filme, die für mobile Endgeräte, wie Handys, PDAs etc., geeignet sein sollen, werden meist gesondert entwickelt und mit Hilfe des Flash-Lite-Formats exportiert. Einen Einblick in Flash Lite erhalten Sie in Kapitel 21, »Ein Blick über den Tellerrand«.

Nachdem Sie die gewünschten Ausgabeformate festgelegt haben, werden diese anschließend immer dann verwendet, wenn Sie den Menüpunkt DATEI • VERÖFFENTLICHEN wählen.

Unter DATEI lässt sich explizit für jedes Format ein Dateiname angeben ❸ und per Klick auf das Ordner-Icon ❹ ein Zielordner auswählen (siehe Abbildung 7.1).

7.1.1 Flash-Export (SWF)

Das Standardformat für den Export ist FLASH (SWF). Im Reiter FLASH finden Sie weitere Detaileinstellungen für das Format:

Player | Im Bereich PLAYER: ❺ wählen Sie die Version des Flash Players aus, für die Sie den Flash-Film entwickeln. Sie können Flash-Filme für jede verfügbare Version, von Version 1 bis Version 10, veröffentlichen. Eine Besonderheit ist der Export in eine der Flash-Lite-Versionen (1.0 bis 3.1). Flash Lite eignet sich speziell für den Einsatz auf mobilen Endgeräten. Wahlweise können Sie einen Flash-Film auch als AIR-Anwendung veröffentlichen.

Welche Flash-Version die richtige ist, lässt sich nicht allgemeingültig beantworten – die Antwort auf diese Frage wird durch viele Faktoren beeinflusst und lässt sich nur projektbezogen geben. Es gibt jedoch zwei wichtige Kriterien:

▶ **Welche Version des Flash Players besitzt die Zielgruppe?**
Grundsätzlich kennen Sie selbst oder derjenige, für den Sie das Projekt erstellen, die Zielgruppe vermutlich am besten. Dennoch können Ihnen Statistiken zur Verbreitung des Flash Players bei der Auswahl der Version helfen, wie z. B. von Adobe selbst unter *http://www.adobe.com/products/player_census/flashplayer/version_penetration.html*. Dazu sei erwähnt, dass die Verbreitung des Flash Players stark abhängig ist von der

Nutzergruppe und von verwendeten Betriebssystemen. Auf Windows-Rechnern wird der Flash Player als Browser-Plug-in beispielsweise oft automatisch installiert.

▶ **Welche Anforderungen stellt das Projekt?** Kriterien dafür könnten zum Beispiel sein: Wie wichtig ist die Performance für mein Projekt? Benötige ich Bitmap-Effekte (ab Flash Player 8)? Ist eine umfangreiche Textsuche erforderlich (reguläre Ausdrücke, ab Flash Player 9)? Benötige ich 3D-Werkzeuge, oder möchte ich inverse Kinematik nutzen (Flash Player 10)?

Abwärtskompatibilität

Der Flash Player ist grundsätzlich abwärtskompatibel – ein Flash-Film, der für den Flash Player 7 veröffentlicht wird, läuft auch im Flash Player 10. Ein Flash-Film, der in Flash 10 veröffentlicht wird, wird jedoch nicht im Flash Player 7 funktionieren.

◀ **Abbildung 7.2**
Veröffentlichungseinstellungen für FLASH

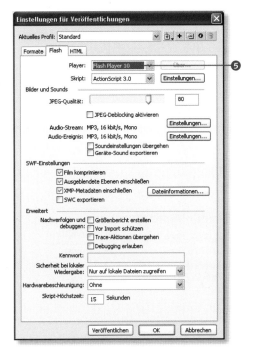

In der Praxis werden Flash-Filme zurzeit üblicherweise in den Versionen 7–10 entwickelt. Flash 6 und Vorgängerversionen findet man nur noch selten.

Skript | Ebenso wichtig wie die Auswahl der Version des Flash Players, für die Sie einen Flash-Film erstellen möchten, ist die Auswahl der ActionScript-Version. Ab dem Flash Player 9 können Sie ActionScript 3 verwenden. Ältere Flash Player unterstützen entweder ActionScript 1 (Flash Player 5 und Vorgängerversionen) oder ActionScript 1 und 2 (ab Flash Player 6). Viele der neueren Funktionen, wie z. B. reguläre Ausdrücke, E4X (ECMAScript for XML), 3D-Objekteigenschaften, Sound-Erstellung zur Laufzeit, lassen sich nur mit ActionScript 3 nutzen.

ActionScript 1 bzw. 2 und ActionScript 3

Grundsätzlich unterscheiden sich ActionScript 1 und 2 deutlich von ActionScript 3. Das gilt sowohl für die Syntax als auch für die Struktur der Sprache. ActionScript 1 und 2 folgen eher dem Ansatz einer imperativen bzw. prozeduralen Sprache, wohingegen ActionScript 3 von Grund auf objektorientiert ausgerichtet ist. ActionScript 1 und 2 wurden lange Zeit aufgrund von steigenden Anforderungen angepasst und ergänzt, wodurch die Sprachen teilweise im Vergleich zu ActionScript 3 nicht ganz so stringent erscheinen.

Klassenpfade

Unter EINSTELLUNGEN können Sie dem Flash-Film Klassenpfade zuweisen. Mehr zu Klassenpfaden erfahren Sie in Kapitel 10, »Einführung in die objektorientierte Programmierung«.

Es ist inzwischen abzusehen, dass ActionScript 1 und 2 voraussichtlich nicht mehr weiterentwickelt werden. Um dieser Entwicklung Rechnung zu tragen, beziehen sich deshalb alle Beschreibungen des Buchs auf ActionScript 3. Alle Beispiele des Buchs sind ebenso in ActionScript 3 geschrieben.

Flash-Player-Version	ActionScript-Unterstützung
1–5	ActionScript 1
6	ActionScript 1 (ab Version 6.0.65.0 auch ActionScript 2)
7, 8	ActionScript 1, 2
9	ActionScript 1, 2, 3
10	ActionScript 1,2,3

Tabelle 7.2 ▶
ActionScript-Unterstützung für die verschiedenen Flash-Player-Versionen

Bildbasierte Komprimierung
Wie Sie individuelle Komprimierungseinstellungen für Bitmaps festlegen können, erfahren Sie in Kapitel 4, »Symbole und die Bibliothek«.

Bilder und Sounds | Im Bereich BILDER UND SOUNDS bestimmen Sie, wie Bilder und Sound grundsätzlich beim Veröffentlichen komprimiert werden.

Abbildung 7.3 ▶
Veröffentlichungseinstellungen für Bilder und Sounds

[!] JPEG-Qualität
Wenn Sie Bitmaps im JPEG-Format in Flash importieren, wird in Flash CS4 standardmäßig die JPEG-Komprimierung des JPEG-Bildes verwendet. Es wird dann nicht die Standard-JPEG-Qualität der Veröffentlichungseinstellung genutzt.

▶ JPEG-QUALITÄT ❶: Stellen Sie hier den Standardwert der Komprimierung für Bitmaps ein. Werte zwischen 50 und 90 bieten meist ein gutes Qualitäts- und Größenverhältnis. Wenn Sie eine geringe JPEG-Qualität einstellen, wird der Flash-Film entsprechend kleiner, Bitmaps sind jedoch im veröffentlichten Flash-Film von schlechterer Qualität. Bei einer geringen Qualität empfiehlt es sich, die Option JPEG-DEBLOCKING AKTIVIEREN auszuwählen (ab Flash Player 10), mit der das häufige Auftreten von Fragmenten etwas reduziert werden kann.

Abbildung 7.4 ▶
Links: JPEG mit 30 % Qualität; rechts: JPEG mit 30 % Qualität und aktiviertem JPEG-Deblocking

- AUDIO-STREAM ❷: Hier stellen Sie die Komprimierung von Sounds ein, die als sogenannte *Stream-Sounds* im Flash-Film als eingebettete Sounds abgespielt werden.
- AUDIO-EREIGNIS ❸: Hier bestimmen Sie die Komprimierung für Sounds, die als Ereignis-Sounds im Flash-Film als eingebettete Sounds abgespielt werden.
- SOUNDEINSTELLUNGEN ÜBERGEHEN ❹: Wird die Option aktiviert, werden individuelle Komprimierungseinstellungen ignoriert und die allgemeingültigen Einstellungen AUDIO-STREAM und AUDIO-EREIGNIS verwendet.
- GERÄTE-SOUND EXPORTIEREN ❺: Aktivieren Sie die Option, wenn Sie eingestellte Sounds durch Geräte-Sounds ersetzen möchten. Diese Option ist ausschließlich für den Einsatz von Flash-Filmen auf mobilen Endgeräten gedacht.

SWF-Einstellungen | Unter SWF-EINSTELLUNGEN finden Sie Veröffentlichungseinstellungen für die SWF-Datei.

◀ **Abbildung 7.5**
Film komprimieren

- FILM KOMPRIMIEREN ❶: Es wird empfohlen, diese Option, die ab Flash 6 verfügbar ist, in der Regel immer zu aktivieren. Dadurch wird eine verlustfreie Komprimierung auf die SWF-Datei angewendet, die zur Folge hat, dass die Dateigröße des Flash-Films wesentlich kleiner ausfällt.
- AUSGEBLENDETE EBENEN EINSCHLIESSEN ❷: Deaktivieren Sie diese Option, wenn ausgeblendete Ebenen nicht mitexportiert werden sollen. Diese Option wurde mit Flash CS3 eingeführt und ermöglicht es Ihnen, z. B. zu Testzwecken eine Ebene auszublenden und das Ergebnis im Flash Player zu betrachten. In früheren Versionen musste diese Ebene dazu komplett aus dem Flash-Film gelöscht werden, da immer alle – also auch die ausgeblendeten Ebenen – exportiert wurden und im späteren Film sichtbar waren.
- XMP-METADATEN EINSCHLIESSEN ❸: Ist diese Option aktiviert, werden XMP-Metadaten in die SWF-Datei integriert. Über XMP-Metadaten können Sie Beschreibungen und Tags hinzufügen. Klicken Sie auf die Schaltfläche DATEIINFORMATIONEN ❹, um die XMP-Daten der SWF-Datei zu bearbeiten. XMP-Metadaten können beispielsweise über die Dateiverwaltung Adobe Bridge angezeigt werden und geben Ihnen Informati-

onen über den Inhalt einer SWF-Datei, ohne diese öffnen zu müssen.

▶ SWC EXPORTIEREN ❺: SWC-Dateien werden zum Verteilen selbst erstellter Komponenten genutzt. Aktivieren Sie diese Option, um eine entsprechende Datei zu generieren. Diese Option wurde mit Flash CS3 eingeführt. In Vorgängerversionen konnten SWC-Dateien über das Kontextmenü der Bibliothek erstellt werden.

Erweitert | Im Bereich ERWEITERT finden Sie weitere Veröffentlichungseinstellungen, die im Folgenden erläutert werden.

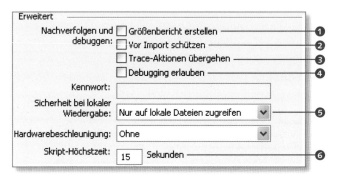

Abbildung 7.6 ▶
Erweiterte Flash-
Veröffentlichungseinstellungen

Größenbericht erstellen | Die Option GRÖSSENBERICHT ERSTELLEN ❶ hilft Ihnen dabei, die Dateigröße eines veröffentlichten Films zu analysieren und zu optimieren. Nachdem Sie die Option aktiviert haben, wird bei jeder Veröffentlichung ein Größenbericht erstellt. Der Größenbericht wird als Textdatei im Projektverzeichnis gespeichert. Er listet Ihnen Metadaten der SWF-Datei sowie alle verwendeten Elemente und deren Größe im exportierten Flash-Film auf.

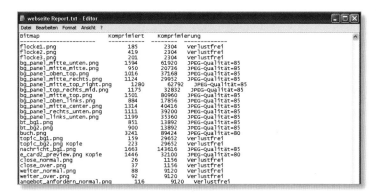

Abbildung 7.7 ▶
Importierte Bitmap-Grafiken und
die eingestellte Komprimierung

Besonderes Augenmerk sollten Sie hierbei auf verwendete Bitmap-Grafiken und eingebettete Schriftzeichen legen.

◄ **Abbildung 7.8**
Der Größenbericht zeigt Ihnen auch, welche Schriftzeichen eingebettet wurden.

Hier finden sich häufig Speicherfresser: Bitmap-Grafiken können durch eine stärkere Komprimierung und eine damit verbundene unwesentliche Qualitätsreduzierung verkleinert werden. Gelegentlich werden auch alle Schriftzeichen einer Schrift eingebettet, obwohl nur einige davon verwendet werden. Wie Sie das ändern, erfahren Sie in Kapitel 6, »Text«, und in Kapitel 16, »Dynamischer Text«.

Vor Import schützen | Aktivieren Sie das Optionsfeld Vor Import schützen ❷, um den Import der erstellten SWF-Datei in Flash zu verhindern, so dass andere Benutzer und Entwickler Ihren Flash-Film nicht in Flash importieren können.

Beachten Sie dabei, dass diese Schutzmaßnahme über sogenannte *Decompiler* umgangen werden kann. Mit Decompilern lassen sich SWF-Dateien in Quelldateien (*.fla*) umwandeln – wenn auch nicht immer fehlerfrei; beispielsweise gehen meist Bezeichner und Variablennamen verloren.

Licht und Schatten
Decompiler sind ein nützliches Werkzeug, wenn eigene Quelldateien (*.fla*) verlorengegangen sind, um dann aus SWF-Dateien wieder bearbeitbare FLA-Dateien zu rekonstruieren. Andererseits werden Decompiler gelegentlich auch dazu verwendet, fremde Quelldateien zu reproduzieren und Teile davon zu kopieren.

Trace-Aktionen übergehen | Wenn Sie das Optionsfeld Trace-Aktionen übergehen ❸ aktivieren, wird die Ausführung der ActionScript-Anweisung `trace` ignoriert. Die Funktionsweise der `trace`-Funktion wird in Kapitel 8, »ActionScript-Grundlagen«, erläutert.

Debugging erlauben | Die Aktivierung des Optionsfelds Debugging erlauben ❹ bewirkt, dass bei der Veröffentlichung eine zusätzliche Datei mit der Endung .swd erstellt wird. Diese Datei wird zur Fehlersuche eines Remote-Flash-Films genutzt, z. B. zur Analyse eines Flash-Films, der auf einem Webserver liegt. Mit Hilfe des Kennworts können Sie das Remote-Debugging schützen.

Sicherheit bei lokaler Wiedergabe | Über das Listenfeld Sicherheit bei lokaler Wiedergabe ❺ bestimmen Sie, ob ein lokal abgespielter Flash-Film entweder ausschließlich auf lokale Daten bzw. Dateien oder exklusiv auf Daten bzw. Dateien im Netz (Intranet/Internet) zugreifen kann. Wenn Sie den lokalen Zugriff auswählen, kann der veröffentlichte Flash-Film nur mit Dateien, z. B. einer Bitmap-Grafik oder einem anderen Flash-Film (SWF), auf dem lokalen System kommunizieren. Wählen Sie den Netzwerkzugriff aus, kann der Flash-Film ausschließlich mit Daten bzw. Dateien aus dem Netz und nicht mit lokalen Daten bzw. Dateien kommunizieren. Aus Sicherheitsgründen lässt sich nur eine der Optionen auswählen.

Hardwarebeschleunigung | Die Hardwarebeschleunigung kann in einigen wenigen Fällen das Abspielen von Animationen und Videos beschleunigen, indem zum Rendern bzw. für Berechnungen die GPU (Graphics Processing Unit, ein Prozessor auf Grafikkarten) statt der CPU (Central Processing Unit, Hauptprozessor) genutzt wird. Um die Option sinnvoll einsetzen zu können, sollten Sie wissen, welche Operationen von einer GPU schneller als von einer CPU ausgeführt werden können. Sie können zwei unterschiedliche Einstellungen vornehmen:

▶ Stufe 1 – Direkt: Dieser Modus versucht, den schnellsten Weg zur Ausgabe auf dem Monitor zu finden. Er kann für die Videowiedergabe sinnvoll genutzt werden. Auf Windows-Rechnern werden in diesem Modus DirectDraw und Direct3D (Vista) genutzt. Auf Mac- und Linux-Rechnern wird OpenGL verwendet.

▶ Stufe 2 – GPU: In diesem Modus werden einige besondere Eigenschaften der GPU genutzt, um beispielsweise die Video-Skalierung nativ über die Grafikkarte zu nutzen und so die CPU zu entlasten.

Skript-Höchstzeit | Der Wert Skript-Höchstzeit ❻ bezieht sich ausschließlich auf Skripte, die in ActionScript 3 erstellt wurden. Über die Skript-Höchstzeit legen Sie die maximal zulässige Dauer der Ausführung eines Skripts fest. Das kann nützlich sein, um zu verhindern, dass mögliche Fehler in einem Skript das System für einige Zeit lahmlegen.

7.1.2   HTML-Export

Es gibt verschiedene Methoden, um Flash-Filme in HTML einzubetten. Durch Aktivierung des HTML-Formats ❶ in den Einstellungen für Veröffentlichungen können Sie die Einbettung Flash überlassen.

Hinweis

Grundsätzlich sollten Sie die Hardwarebeschleunigung nur einsetzen, wenn Sie genau wissen, was Sie tun. Ob die Hardwarebeschleunigung zu einer besseren Performance führt, hängt von den Hardware-Voraussetzungen des jeweiligen Rechners ab. So wird beispielsweise mindestens eine Grafikkarte mit DirectX 9-Unterstützung vorausgesetzt.

Skript-Höchstzeit

Wird die Skript-Höchstzeit überschritten, erscheint ein entsprechender Warnhinweis.

Wenn Sie das Optionsfeld aktiviert haben und den Film veröffentlichen, werden zwei Dateien erstellt:

▶ der Flash-Film im Format SWF
▶ das HTML-Dokument im Format HTML mit der Einbettung des Flash-Films mit Hilfe von JavaScript.

Nachdem Sie die Option HTML aktiviert haben, finden Sie über den Reiter HTML erweiterte Einstellungen für die Einbettung des Flash-Films in ein HTML-Dokument.

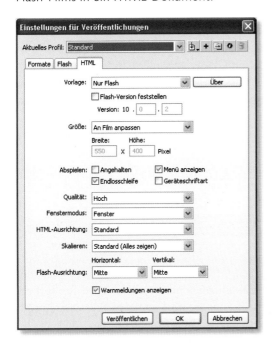

◄ **Abbildung 7.10**
HTML-Einstellungen

Vorlage | In dem Bereich VORLAGE können Sie eine HTML-Vorlage auswählen, die beim Veröffentlichen des Flash-Films verwendet wird. In den meisten Fällen wird die Option NUR FLASH verwendet. Für eine Anwendung (mit Video), die Sie im Fullscreen-Modus darstellen möchten, sollten Sie sich für die Option NUR FLASH – VOLLBILD ZULASSEN entscheiden.

Flash-Version feststellen | Aktivieren Sie die Option FLASH-VERSION FESTSTELLEN, um eine einfache Flash-Player-Erkennung in das HTML-Dokument zu integrieren. Wählen Sie anschließend unter VERSION die Flash-Version aus, die als Mindestvoraussetzung für den Flash-Film gelten soll. Die Flash Detection überprüft dann, ob der Betrachter über ein passendes Flash-Browser-Plugin verfügt oder nicht. Sollte für den verwendeten Browser kein passendes Flash-Plug-in installiert sein, wird eine entsprechende Meldung im Browser angezeigt.

Abbildung 7.11 ▶
Der Browser verfügt über kein passendes Flash-Plug-in.

Den Inhalt können Sie im HTML-Dokument ändern, um in einem solchen Fall beispielsweise einen alternativen Inhalt auszugeben. Zusätzlich können Sie auch einen alternativen Inhalt definieren für den Fall, dass der Benutzer JavaScript in seinem Browser ausgeschaltet hat.

Abbildung 7.12 ▶
Hier können Sie alternative Inhalte definieren.

Größe | Über die Einstellungen unter GRÖSSE legen Sie fest, in welcher Größe der Flash-Film im Browser dargestellt werden soll. Es stehen drei Auswahlmöglichkeiten zur Verfügung:

▶ AN FILM ANPASSEN: Der Flash-Film wird in seiner Originalgröße dargestellt.

▶ PIXEL: Legen Sie eine Größe in Pixel selbst fest. Der Flash-Film wird dann entsprechend skaliert.

▶ PROZENT: Der prozentuale Wert bezieht sich auf die Browser-Fenstergröße. Wählen Sie beispielsweise 100×100, um den Flash-Film auf die volle Fenstergröße des Browsers zu skalieren.

Abspielen | Aktivieren Sie unter ABSPIELEN die Option ANGEHAL-TEN ❶, wenn der Flash-Film zu Beginn nicht automatisch abge-spielt werden soll. Die Option ENDLOSSCHLEIFE ❷ sorgt dafür, dass die Hauptzeitleiste des Flash-Films geloopt wird. Ist die Option MENÜ ANZEIGEN ❸ ausgewählt, wird das erweiterte Kontextmenü des Flash Players aktiviert. Mit der Option GERÄTESCHRIFTART ❹ werden in statischen Textfeldern Geräteschriftarten verwendet, selbst dann, wenn eine andere Schriftwiedergabe für das jewei-lige Textfeld gewählt wurde.

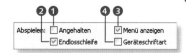

▲ **Abbildung 7.13**
Abspiel-Einstellungen

Qualität | In dem Bereich QUALITÄT legen Sie die Darstellungs-qualität des Flash-Films fest. In der Regel ist die Standardeinstel-lung HOCH die richtige Wahl.

Fenstermodus | Über die Option FENSTERMODUS legen Sie das HTML-Attribut wmode in den <object>- bzw. <embed>-Tags fest. Der Modus bestimmt, auf welche Weise der Flash-Film im Be-zug auf andere HTML-Inhalte dargestellt wird. Der Bereich des Flash-Films im HTML-Dokument wird diesbezüglich auch als vir-tuelles Fenster bezeichnet. Es stehen folgende Optionen zur Aus-wahl:

▶ FENSTER (Standardeinstellung): Der Hintergrund des Flash-Films ist undurchsichtig. Als Hintergrund wird die HTML-Hin-tergrundfarbe verwendet. HTML-Inhalte können nicht über oder unter dem Flash-Film angezeigt werden.

▶ UNDURCHSICHTIG, OHNE FENSTER: Der Hintergrund des Flash-Films ist undurchsichtig. HTML-Inhalte können über dem Flash-Film angezeigt werden.

▶ DURCHSICHTIG MIT FENSTER: Der Hintergrund des Flash-Films ist durchsichtig, so dass HTML-Inhalte über und unter dem Flash-Film angezeigt werden. Beachten Sie, dass nicht alle Browser diesen Modus unterstützen und dass dieser Modus häufig zu unerwünschten Nebeneffekten führt. So kann bei-spielsweise in Eingabetextfeldern kein @-Zeichen mehr ein-gegeben werden.

HTML-Ausrichtung | Über die Einstellung HTML-AUSRICHTUNG legen Sie fest, wie der Inhalt an der entsprechenden Kante des Browserfensters ausgerichtet und gegebenenfalls beschnitten wird. Die Standardeinstellung ist LINKS.

Skalieren | Über die Einstellung SKALIEREN beeinflussen Sie die Skalierung des Flash-Films im Browser.

Flash-Ausrichtung | Unter FLASH-AUSRICHTUNG können Sie optional angeben, wie der Inhalt im Anwendungsfenster positioniert und bei Bedarf zugeschnitten werden soll.

Warnmeldungen anzeigen | Aktivieren Sie die Option WARN-MELDUNGEN ANZEIGEN, um zu gewährleisten, dass Fehlermeldungen angezeigt werden, wenn sich vorgenommene HTML-Einstellungen widersprechen.

W3C-Validator
HTML- und XHTML-Dokumente können über den W3C-Validator auf Konformität überprüft werden. *http://validator.w3.org/*

Die bessere Alternative? | Die integrierte Methode zur Einbettung eines Flash-Films in HTML bringt einige Nachteile mit sich. Einerseits ist die verwendete Einbettungsmethode von Adobe nicht W3C-konform, wie die folgende Abbildung zeigt.

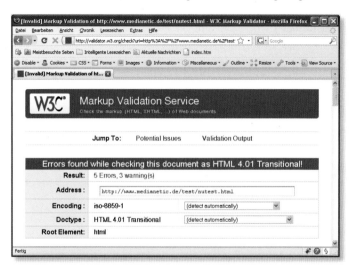

Abbildung 7.14 ▶
Die Validierung zeigt: Ein über Flash erstelltes HTML-Dokument ist nicht W3C-konform.

[W3C (World Wide Web Consortium)]
Das W3C ist das Gremium zur Standardisierung für Techniken im World Wide Web (WWW). Beispiele für W3C-standardisierte Techniken sind HTML, XHTML, XML, CSS und RSS.

Weiterhin sind die Beschriftungen der Einstellungen im Reiter HTML teilweise schlecht gewählt und nicht selbsterklärend. Einige Flash-Nutzer haben Probleme, die Auswirkungen der einzelnen Einstellungen nachzuvollziehen. Wenn es schnell gehen soll, ist die Einbettung über Flash durchaus in Ordnung. Sobald Sie den Flash-Film jedoch einer größeren Nutzerzahl zugänglich machen wollen, empfiehlt es sich, eine eigene Alternative zu wählen. Wie Sie einen Flash-Film W3C-konform einbetten können, wird später noch erläutert.

7.1.3 GIF-Export

Zeichnungen und einfache Animationen lassen sich als GIF oder animierte GIF-Datei exportieren. Nachdem Sie die Option GIF-BILD (.GIF) aktiviert haben, stehen Ihnen im Reiter GIF folgende Einstellungen zur Verfügung:

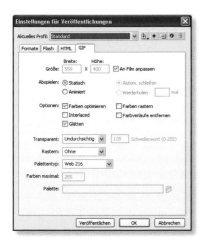

Größe | Geben Sie unter GRÖSSE die BREITE und die HÖHE der
zu exportierenden GIF-Grafik an. Wählen Sie die Option AN
FILM ANPASSEN, wenn Sie die Größe des Flash-Films beibehalten
möchten.

Abspielen | Über die Option ABSPIELEN legen Sie fest, ob Sie ein
Einzelbild (STATISCH) oder eine animierte GIF-Datei (ANIMIERT)
erzeugen wollen. Wenn Sie die Option ANIMIERT wählen, können
Sie rechts daneben bestimmen, ob die Animation automatisch
geloopt (AUTOM. SCHLEIFEN) oder x-mal wiederholt werden soll
(WIEDERHOLEN).

Optionen | Aktivieren Sie die Option FARBEN OPTIMIEREN, damit
alle nicht verwendeten Farben aus der Farbpalette der GIF-Grafik
entfernt werden. Dies reduziert die Dateigröße. Die Option INTER-
LACED sorgt dafür, dass die GIF-Grafik bereits beim Herunterladen
Schritt für Schritt angezeigt wird. Bei animierten GIF-Grafiken
sollte diese Option deaktiviert werden. Mit der Option GLÄTTEN
wird das Anti-Aliasing aktiviert. Dies führt meist zu einer höheren
Darstellungsqualität, im Besonderen für eine bessere Textdarstellung. Durch die Einstellung FARBEN RASTERN werden sowohl ein-
farbige Farbflächen als auch Farbverläufe gerastert. Dabei werden
Farbübergänge durch Zwischentöne simuliert. Aktivieren Sie die
Option FARBVERLÄUFE ENTFERNEN, damit Farbverläufe in einfar-
bige Flächen umgewandelt werden. Das kann sinnvoll sein, da
Farbverläufe in GIF-Grafiken meist schlecht dargestellt werden
und viel Speicher benötigen.

Transparent | Im Bereich TRANSPARENT legen Sie fest, ob Sie
einen transparenten Hintergrund verwenden möchten und wie

Alphaeinstellungen konvertiert werden sollen. Mit der Einstellung UNDURCHSICHTIG wird die Hintergrundfarbe des Flash-Films übernommen. Die Einstellung TRANSPARENT sorgt für einen transparenten Hintergrund. Über die Einstellung ALPHA können Sie einen SCHWELLENWERT definieren, der die Stärke der Transparenz steuert. Je niedriger Sie den Wert wählen, desto höher ist die Transparenz. Probieren Sie ruhig einmal verschiedene Werte aus.

Rastern | Über die Einstellung RASTERN legen Sie fest, wie Farbwerte, die nicht in der Farbpalette der GIF-Grafik sind, simuliert werden. Die Einstellung KEINE sorgt dafür, dass nicht vorhandene Farbwerte durch den nächstliegenden Farbwert ersetzt werden. Die Einstellung GEORDNET bewirkt eine einfache Rasterung (Mischung der Farbwerte), ohne die Dateigröße wesentlich zu erhöhen. Die Einstellung DIFFUS bietet die beste Qualität, führt allerdings je nach Bild zu einer entsprechend großen Datei. Diese Option kann nur mit der Palette WEB 216 verwendet werden.

Palettentyp | Unter PALETTENTYP wählen Sie die Farbpalette der GIF-Grafik. Die Einstellung beeinflusst die Farbwiedergabe und die resultierende Dateigröße. Wenn Sie die Option ADAPTIV oder WEB SNAP ADAPTIV wählen, können Sie im Feld FARBEN MAXIMAL bestimmen, wie viele Farben integriert werden. Eine größere Palette resultiert in einer besseren Farbwiedergabe, die Datei wird dementsprechend jedoch größer. Wählen Sie die Einstellung BENUTZERDEFINIERT, können Sie im Feld PALETTE eine Farbpalette im ACT-Format laden. Die Farben der Palette werden dann übernommen.

7.1.4 JPEG-Export

Aktivieren Sie die Option JPEG-BILD (.JPG) im Reiter FORMATE unter TYP:, wenn Sie das erste Bild eines Flash-Films als Einzelbild im JPEG-Format abspeichern möchten. Im Reiter JPEG stehen Ihnen anschließend folgende Einstellungen zur Auswahl:

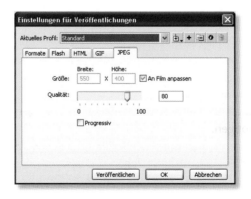

Abbildung 7.16 ▶
JPEG-Einstellungen

Größe | Hier bestimmen Sie die Grösse der zu exportierenden JPEG-Grafik. Aktivieren Sie die Option An Film anpassen, um die Größe des Flash-Films zu verwenden.

Qualität | Wählen Sie unter Qualität die Komprimierungsrate. Je höher der Wert ist, desto besser ist die Qualität. Als Richtwert sollten Sie einen Wert zwischen 50 und 80 wählen.

Progressiv | Die Option Progressiv ähnelt der Interlacing-Option von GIF-Grafiken. Wenn Sie die Option aktivieren, wird das Bild, während es heruntergeladen wird, in niedriger Qualität bereits dargestellt.

7.1.5 PNG-Export

Wenn Sie das erste Bild eines Flash-Films als Einzelbild exportieren möchten, aktivieren Sie die Option PNG-Grafik (.png). Im Reiter PNG stehen Ihnen dann folgende Einstellungen zur Verfügung:

◀ **Abbildung 7.17**
PNG-Einstellungen

Größe | Hier bestimmen Sie die Grösse der zu exportierenden PNG-Grafik. Aktivieren Sie die Option An Film anpassen, um die Größe des Flash-Films zu verwenden.

Farbtiefe | Die Farbtiefe legt fest, wie viele Bit pro Pixel – also wie viele Farben je Pixel – verwendet werden. Die Qualität und die Dateigröße erhöhen sich mit zunehmender Farbtiefe. Wählen Sie eine Farbtiefe von 24-Bit, können Sie optional einen Alphakanal (Transparenz) verwenden.

Filteroptionen | Über die Einstellung Filteroptionen können Sie die Methode zur Komprimierung wählen. Probieren Sie ruhig verschiedene Einstellungen aus, und vergleichen Sie die Qualität und die Dateigröße.

Weitere Einstellungen | Weitere Einstellungen in diesem Reiter sind mit den Einstellungen für GIF-Grafiken identisch.

7.2 Einbettung mit dem SWFObject

Buch-DVD: SWFObject
Sie finden die Quelldateien des SWFObjects, *swfobject_2_1.zip*, auf der beiliegenden DVD im Verzeichnis *07* in der Version 2.1 oder alternativ auf Google Code unter *http://code.google.com/p/ swfobject/*.

Eine gute Alternative für das Einbetten von Flash-Filmen bietet das sogenannte *SWFObject*. Bevor erläutert wird, wie sich das SWFObject zur Einbettung eines Flash-Films einsetzen lässt, folgt zunächst zum besseren Verständnis eine kurze Vorgeschichte zur Einbettung von Flash-Filmen.

Eolas-Patentverletzung und die Folgen | Im Jahre 2003 führte ein Patentstreit zwischen dem amerikanischen Unternehmen Eolas und Microsoft dazu, dass sich Microsoft dazu veranlasst sah, die Einbettung von Flash-Filmen im Internet Explorer 7 grundlegend zu ändern.

Das hatte zur Folge, dass Flash-Filme, die über die altbewährte Methode eingebunden wurden – die zwar nicht W3C-konform, aber funktiontüchtig war –, vom Nutzer per Mausklick erst aktiviert werden mussten. Auf den ersten Blick scheint das nicht allzu schwerwiegend zu sein. Viele nicht so erfahrene Computernutzer können mit der Meldung ❶ jedoch erst einmal nicht viel anfangen, was unter Umständen dazu führt, dass Flash-Filme einfach ignoriert (»weggeklickt«) werden.

<embed>-/<object>-Tag

Bis 2003 wurden Flash-Filme in HTML häufig direkt über das <object>- und <embed>-Tag eingebunden. Das <embed>-Tag gehört nicht zur HTML-Spezifikation und verhinderte von jeher eine W3C-konforme Syntax. Es gab zu dieser Zeit bereits einige alternative Methoden (z.B. Flash Satay), die jedoch nicht durchgehend browserkompatibel waren.

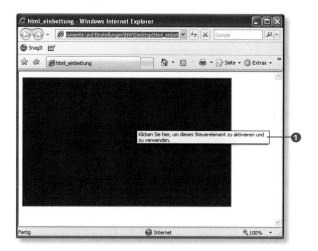

Abbildung 7.18 ▶
Ein mit Flash 8 eingebetteter Flash-Film im Internet Explorer 7

Obwohl die Änderungen nur den Internet Explorer 7 betrafen, suchten viele Flash-Anwender damals nach neuen Methoden, um Flash-Filme browserkompatibel, W3C-konform und ohne die nötige Aktivierung im Internet Explorer 7 einzubetten. Das Ergebnis war u. a. die Einbettung mittels JavaScript, die auch jetzt noch von Adobe in Flash CS3 übernommen wurde und auch in Flash CS4 genutzt wird. Diese Einbettung von Adobe umgeht das zuvor genannte Problem mit Hilfe von JavaScript – die von Adobe gewählte Methode ist allerdings nicht W3C-konform.

JavaScript-Dokument einbetten | Eine W3C-konforme, valide Lösung bietet der Einsatz des sogenannten *SWFObjects*. Der erste Schritt zur Einbettung eines Flash-Films mit Hilfe des SWFObjects ist die Einbettung des JavaScript-Dokuments zur Integration des SWFObjects. Dazu wird im <head>-Bereich des HTML-Dokuments zunächst folgende Zeile eingefügt:

```
<script type="text/javascript" src="swfobject.js">
</script>
```

Das JavaScript-Dokument sollte in diesem Beispiel im selben Verzeichnis wie das HTML-Dokument liegen. Nach der Einbettung können Sie innerhalb des HTML-Dokuments auf Funktionen des JavaScript-Dokuments zugreifen.

<div>-Inhalt schreiben | Anschließend fügen Sie im <head>-Bereich des HTML-Dokuments folgenden JavaScript-Code ein:

```
1:    <script type="text/javascript">
2:        swfobject.embedSWF("flashfilm.swf",
          "flashinhalt", "550", "400", "10.0.0");
3:    </script>
```

In Zeile 2 wird die Methode embedSWF des SWFObjects aufgerufen. An die Methode werden folgende Argumente übergeben:

▸ Dateiname: flashfilm.swf
▸ ID-Selektor des <div>-Bereichs: flashinhalt, der im Folgenden noch definiert wird.
▸ Breite des Flash-Films in Pixel: 550
▸ Höhe des Flash-Films in Pixel: 400
▸ vorausgesetzte Flash-Version: 10.0.0

Diese Eigenschaften des Flash-Films müssen bei jeder Einbettung mit Hilfe des SWFObjects angegeben werden.

Adobe – Active Content
Adobe hat zu dem Thema eine eigene Seite eingerichtet, die Sie unter *http://www.adobe.com/devnet/activecontent/* erreichen.

HTML und JavaScript lernen
Wenn Sie bisher noch keinerlei Erfahrung mit HTML und JavaScript haben, ist SELFHTML von Stefan Münz ein guter Einstieg: *http://de.selfhtml.org/*.

Suchmaschinen-Indizierung

Der alternative Inhalt wird von Suchmaschinen indiziert. Sie können ihn dazu nutzen, den Inhalt des Flash-Films zu beschreiben und den Benutzer gegebenenfalls auf ein fehlendes Flash-Plug-in hinzuweisen.

07\SWFObject\SWFObjectEinbettung1.html

Browser-Kompatibilität

Die Einbettung über SWFObject wird von allen gängigen Browsern (Internet Explorer, Netscape, Firefox, Mozilla, Opera, Safari, Chrome, Konqueror etc.) unterstützt und entspricht den W3C-Spezifikationen für HTML und XHTML.

Größe des Flash-Films

Die Größe des Flash-Films kann sowohl in Pixeln als auch in Prozent angegeben werden. Um einen Flash-Film z. B. fensterfüllend im Browser darzustellen, lässt sich die Breite auf 100% und die Höhe auf 100% setzen.

\<div\>-Container erstellen | Im \<body\>-Bereich wird dann mittels eines \<div\>-Elements eine Stelle festgelegt, in der der Flash-Film ausgegeben wird. Das \<div\>-Element dient als Container. Der darin enthaltene Text wird durch den Flash-Film ersetzt, wenn der Benutzer über ein geeignetes Flash-Plug-in verfügt. Andernfalls wird der alternative Inhalt (in diesem Fall der im \<div\>-Container liegende Text) angezeigt.

```
<body>
   <div id="flashinhalt">
   Dieser Text wird durch den Flash-Film ersetzt.
   </div>
</body>
```

Warnung im Internet Explorer 7 | Wenn ein Flash-Film über das SWFObject eingebettet wurde, wird er im Internet Explorer 7 nicht direkt angezeigt, wenn das HTML-Dokument lokal geöffnet wird. Es erfolgt ein Warnhinweis ❶. Der Hinweis erscheint jedoch nicht, wenn die Dokumente auf einem Webserver liegen. Da Flash-Filme, die in ein HTML-Dokument eingebettet werden, üblicherweise immer auf einen Webserver gestellt und nur zu Testzwecken lokal geöffnet werden, ist diese Warnmeldung zu vernachlässigen.

▲ **Abbildung 7.19**
Warnung im Internet Explorer 7, wenn das HTML-Dokument lokal geöffnet wird

7.2.1 Express Install

Es gibt weitere optionale Argumente, die Sie an die Methode embedSWF des SWFObjects übergeben können. Standardmäßig wird der alternative Inhalt angezeigt, wenn der Benutzer nicht über das vorausgesetzte Flash-Plug-in verfügt. Wenn Sie möchten, dass der Benutzer automatisch einen Hinweis auf die erforderliche Flash-Player-Version erhält, können Sie »Express Install« verwenden. Zusammen mit dem SWFObject werden die Dateien *expressInstall.fla* und *expressInstall.as* geliefert. Öffnen Sie die *expressInstall.fla* in Flash, und veröffentlichen Sie den Flash-Film.

Anschließend verwenden Sie folgenden Code, um den Flash-Film einzubetten:

```
...
swfobject.embedSWF("Flash-Film.swf", "flashinhalt",
"550", "400", "10.0.0","expressInstall.swf");
...
```

Besitzt der Benutzer kein passendes Flash-Plug-in, erscheint im Browser ein Dialogfenster, über das er das passende Plug-in herunterladen kann, ohne die Seite zu verlassen.

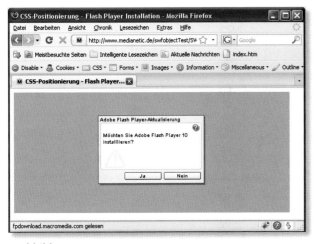

▲ **Abbildung 7.20**
Express Install im Firefox-Browser

Möchten Sie die Express-Install-Funktion nicht nutzen, übergeben Sie den Wert `false` als Argument. Das ist wichtig für den Fall, dass Sie noch weitere Argumente an die Methode übergeben möchten. Andernfalls können Sie das Argument auch einfach weglassen.

```
...
swfobject.embedSWF("Flash-Film.swf", "flashinhalt",
"550", "400", "10.0.0","false");
...
```

7.2.2 FlashVars

FlashVars können dazu genutzt werden, um Werte mit Hilfe im HTML-Dokument festgelegter Variablen an Flash zu übergeben. Die Daten werden einmalig übergeben, wenn der Flash-Film im Webbrowser geladen wird.

07\SWFObject\SWFObject-Einbettung2.html

Hinweis
Damit das Beispiel funktioniert, müssen Sie die erzeugte *express-Install.swf* zusammen mit dem HTML-Dokument, dem Java-Script-Dokument und Ihrem Flash-Film auf Ihren Webserver laden. Achten Sie darauf, dass die Pfade stimmen. Am einfachsten ist es, wenn Sie alle Dateien in einem Verzeichnis speichern.

Hinweis
Wenn Sie die Funktion lokal testen, erhalten Sie einen Sicherheitshinweis vom Flash Player. Die Funktion lässt sich lokal nicht direkt testen. Der Hinweis erscheint jedoch nicht, wenn Sie die Dateien auf einen Webserver hochladen und von dort aufrufen.

Tipp
Wenn Sie die Express-Installation testen möchten, setzen Sie die Flash-Player-Version einfach auf eine noch nicht veröffentlichte Version (z. B. 11.0.0).

Grundsätzlich ist es möglich,
Flash-Filme per JavaScript anzusteuern und umgekehrt. Das
ist über die Funktion `external-
Interface.call` möglich.

Mit Hilfe von FlashVars könnten Sie z. B. über variable Parameter, die im HTML-Dokument definiert werden, das Erscheinungsbild einer Flash-Anwendung steuern, oder Sie definieren Parameter, über die gesteuert wird, wie sich eine Anwendung verhält. Das können z. B. auch Eigenschaften wie Farbtöne und Größenangaben sein, nachdem bestimmte Elemente eingefärbt bzw. skaliert wurden.

Die Einrichtung bzw. Definition von FlashVars ist mit Hilfe des SWFObjects sehr einfach.

Angenommen, Sie möchten zwei Variablen `titel` und `beschreibung` mit entsprechenden Werten an den Flash-Film übergeben. Dazu könnten Sie den Flash-Film über das SWFObject wie folgt einbetten:

```
1:   …
2:   <script type="text/javascript">
3:   var flashvars = {
4:       titel: "Der Titel",
5:       beschreibung: "Die Beschreibung"
6:   };
7:   swfobject.embedSWF("Flash-Film.swf", "flashin-
     halt", "550", "400", "10.0.0",false,flashvars);
8:   </script>
9:   …
```

In Zeile 3 bis 5 wird ein sogenanntes *Array* mit zwei Feldern definiert. Über die Variable `titel` können Sie im Flash-Film später den Stringwert `Der Titel` ermitteln. Über die Variable `beschreibung` lässt sich der Stringwert `Die Beschreibung` erfragen. Das definierte Array `flashvars` wird als siebtes Argument an die Methode `embedSWF` übergeben. Die definierten Werte stehen dem Flash-Film dann auf der Hauptzeitleiste zur Verfügung.

Zugriff auf FlashVars aus Flash | Der Zugriff auf die Variablen bzw. deren Werte ist mit ActionScript 3 etwas komplizierter, als es in ActionScript 1 und 2 war. Um auf den Wert der Variable `titel` zuzugreifen, könnten Sie in der Hauptzeitleiste des Flash-Films einem Schlüsselbild folgenden Code zuweisen:

```
root.loaderInfo.parameters.titel
```

Dabei entspricht `root` in diesem Fall dem obersten Anzeigeobjekt in der Anzeigeliste des Flash-Films. Die `loaderInfo`-Eigenschaft des `root`-Objekts enthält Informationen zur geladenen Datei.

Über die Eigenschaft `parameters` des `loaderInfo`-Objekts können Sie die Variable dann referenzieren. Der Code würde jedoch zu einer Fehlermeldung führen, die im Ausgabe-Fenster angezeigt wird, wenn Sie den Flash-Film in Flash testen. Die folgende Abbildung zeigt den Grund dafür.

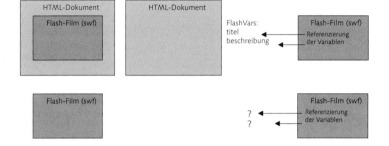

◄ **Abbildung 7.21**
Ohne das HTML-Dokument können die Variablen nicht referenziert werden.

Der Flash-Film bzw. der Compiler weiß ohne das HTML-Dokument nicht, dass die Variablen titel und beschreibung existieren bzw. Werte enthalten. Diese werden erst zur Laufzeit an den Flash-Film übergeben.

Um die Fehlermeldung zu vermeiden, wenn der Flash-Film ohne das HTML-Dokument abgespielt wird, können Sie eine sogenannte catch/try-Anweisung verwenden. Dazu folgendes Beispiel:

```
1:    try {
2:        titel_txt.text = root.loaderInfo.parameters.
          titel;
3:        beschreibung_txt.text = root.loaderInfo.para-
          meters.beschreibung;
4:    } catch(error:Error) {
5:        trace("FlashVars-Error");
6:        titel_txt.text = "";
7:        beschreibung_txt.text = "";
8:    }
```

Zunächst wird versucht (engl. »try«), die Werte der Variablen titel und beschreibung zu referenzieren (Zeile 2, 3) und hier entsprechenden Textfeldern zuzuweisen. Sollte es dabei zu einem Fehler kommen, wird der Fehler abgefangen (engl. »catch«), und die Anweisungen innerhalb des catch-Codeblocks werden ausgeführt (Zeile 5–7). Im folgenden Workshop werden Sie diese Möglichkeit, eine Fehlermeldung in Flash zu vermeiden, noch einmal in der Praxis anwenden.

07\FlashVars\FlashVars1.html

Schritt für Schritt: FlashVars einsetzen

In diesem Workshop erfahren Sie, wie Sie Variablen und Werte aus einem HTML-Dokument an einen Flash-Film übergeben.

1 HTML-Dokument öffnen

Öffnen Sie das HTML-Dokument *FlashVars1.html*, und speichern Sie es unter *FlashVars2.html* ab. Beachten Sie, dass der Flash-Film und das SWFObject im selben Verzeichnis liegen müssen. Der Flash-Film *Flash-Film.swf* wurde bereits mit Hilfe eines SWF-Objects in die HTML-Datei eingebettet.

2 Code zur Einbettung des Flash-Films anpassen

Den Code zur Einbettung des Flash-Films ändern Sie wie folgt:

```
...
<script type="text/javascript">
    var flashvars = {
        titel: "Blindtext",
        beschreibung: "Achtung! Dieser Blindtext wird
        gerade durch 130 Millionen Rezeptoren Ihrer
        Netzhaut erfasst. Die Zellen werden dadurch in
        einen Erregungszustand versetzt, der sich über
        den Sehnerv in dem hinteren Teil Ihres Gehirns
        ausbreitet."
    };
    swfobject.embedSWF("Flash-Film.swf", "flashin-
    halt", "270", "310", "10.0.0","expressInstall.
    swf",flashvars);
</script>
...
```

Wie zuvor erläutert, wurden zwei Array-Felder mit zwei Variablen `titel` und `beschreibung` und entsprechenden Werten definiert. Die Werte der Variablen sollen im Folgenden im Flash-Film ermittelt und ausgegeben werden.

3 Flash-Film öffnen

07\FlashVars\Flash-Film_original.fla

Öffnen Sie den Flash-Film *07\Beispiele\Flashvars\Flash-Film_original.fla*. In dem Flash-Film wurden zwei dynamische Textfelder angelegt, in denen die Werte ausgegeben werden sollen.

4 Instanznamen zuweisen

Wählen Sie das obere Textfeld aus, öffnen Sie das Eigenschaften-Fenster, und weisen Sie dem Textfeld den Instanznamen »titel_txt« zu. Markieren Sie dann das untere Textfeld, und weisen Sie ihm den Instanznamen »beschreibung_txt« zu.

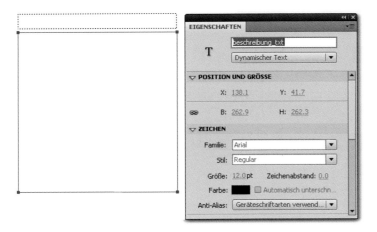

◄ **Abbildung 7.22**
Instanznamen zuweisen

5 ActionScript-Code erstellen

Wählen Sie das erste Schlüsselbild der Ebene »Actions« aus. Öffnen Sie das AKTIONEN-Fenster ([F9]), und weisen Sie dem Schlüsselbild folgenden Code zu:

```
1:   try {
2:       titel_txt.text = root.loaderInfo.parameters.
         titel;
3:       beschreibung_txt.text = root.loaderInfo.
         parameters.beschreibung;
4:   } catch(error:Error) {
5:       trace("FlashVars-Error");
6:       titel_txt.text = "";
7:       beschreibung_txt.text = "";
8:   }
```

Die Ausgabe der Variablenwerte in den Textfeldern erfolgt durch die Zeilen 2 und 3. Die Werte der beiden Variablen können Sie über das `loaderInfo`-Objekt des obersten Anzeigeobjekts `root` der Anzeigeliste des Flash-Films referenzieren. Das Objekt besitzt eine Eigenschaft `parameters`, über die Sie den Wert der jeweiligen Variable ermitteln können.

Wenn Sie nur diese beiden Zeilen verwenden würden, würde das Beispiel im Browser ebenfalls einwandfrei funktionieren. Wenn Sie das Beispiel jedoch in Flash selbst testen, würde im `Ausgabe`-Fenster eine entsprechende Fehlermeldung ausgegeben, da Flash zu diesem Zeitpunkt nicht weiß, dass die Eigenschaften `titel` und `beschreibung` existieren bzw. Werte besitzen. Um diese Fehlermeldung abzufangen, wird der Code über eine sogenannte `try/catch`-Block-Anweisung ausgeführt. Speichern Sie den Flash-Film unter *Flash-Film.fla* ab, und veröffentlichen Sie ihn über DATEI • VERÖFFENTLICHEN.

Ergebnis der Übung:
07\FlashVars\FlashVars2.html und
Flash-Film.swf

6 HTML-Dokument testen

Öffnen Sie das HTML-Dokument in einem Webbrowser. Die Werte der FlashVars-Variablen werden im Flash-Film ausgegeben.

Abbildung 7.23 ▶
Ausgabe des aus dem HTML-Dokument übergebenen Variablenwertes

7.2.3 Parameter

Bei der Einbettung eines Flash-Films mit Hilfe des SWFObjects können Sie optional weitere Parameter definieren, die das Verhalten des Flash-Films beeinflussen. So können Sie beispielsweise festlegen, dass nur ein eingeschränktes Kontextmenü angezeigt wird, wenn der Benutzer mit der rechten Maustaste auf den Flash-Film klickt. Dazu folgendes Code-Beispiel:

Argumentanzahl beachten

Wenn Sie keine FlashVars, jedoch beispielsweise Parameter definieren möchten, müssen Sie die Reihenfolge und die Argumentanzahl beachten. In diesem Beispiel wurde das Argument für FlashVars auf `false` gesetzt. Danach folgt das Parameter-Argument.

07\Parameter\Parameter.html

```
<script type="text/javascript">
    var params = {menu: "false"}
    swfobject.embedSWF("Flash-Film.swf",
    "flashinhalt", "270", "310", "10.0.0",
    "expressInstall.swf",false,params);
</script>
```

Die folgende Tabelle listet die wichtigsten Parameter auf.

Parameter	Zulässige Werte	Beschreibung
quality	▶ low ▶ autolow ▶ autohigh ▶ medium ▶ high (Standard) ▶ best	die Darstellungsqualität des Flash-Films
play	▶ true ▶ false	Legt fest, ob der Flash-Film am Anfang abgespielt (true) oder angehalten (false) werden soll.
menu	▶ true (Standard) ▶ false	Gibt an, ob das erweiterte Kontextmenü des Flash Players verfügbar sein soll (true) oder nicht (false).
loop	▶ true (Standard) ▶ false	Bestimmt, ob der Flash-Film geloopt werden soll (true) oder nicht (false).
scale	▶ showall (Standard) ▶ noborder ▶ exactfit ▶ noscale	Gibt an, wie der Flash-Film im Browser positioniert wird.
wmode	▶ window ▶ opaque ▶ transparent ▶ direct ▶ gpu	Darstellungsweise und Bereich des Flash-Films
align	▶ l (left) ▶ r (right) ▶ t (top) ▶ b (bottom)	Ausrichtung des Flash-Films im Fenster
salign	▶ l, r, t, b (left, right, top, bottom) ▶ tl, tr (top-left, top-right) ▶ bl, br (bottom-left, bottom-right)	Gibt an, wo ein Flash-Film in einem Bereich positioniert wird.
allow-full-screen	▶ true ▶ false	Gibt an, ob der Fullscreen-Modus des Flash Players zugelassen wird (true) oder nicht (false). Die Anwendung des Fullscreen-Modus wird in Kapitel 15, »Video«, erläutert.
bgColor	z. B. #FFFFFF (weiß)	Ein RGB-Farbwert in hexadezimaler Schreibweise. Der angegebene Farbwert Farbe wird als Hintergrundfarbe für den Flash-Film verwendet und überschreibt die Hintergrundfarbe, die im Flash-Film definiert wurde.

▲ **Tabelle 7.3**
SWFObject: Die wichtigsten Parameter auf einen Blick

Parameter	Zulässige Werte	Beschreibung
base	Beispiele: ▶ Keine Angabe: Standardmäßig ist die Ausgangsbasis für alle relativen Pfade der Pfad des HTML-Dokuments, in das der Flash-Film eingebunden wurde. ▶ . Ausgangsbasis für alle relativen Pfade ist der Pfad des Flash-Films (SWF) ▶ /project/assets/: Ausgangsbasis für alle im Flash-Film verwendeten relativen Pfade ist der angegebene Pfad. ▶ http://www.meineDomain.de: Ausgangsbasis ist die angegebene Domain. Falls es sich um eine andere Domain handelt als die, auf der der Flash-Film liegt, müssen Sie eine Cross-Domain-Policy definieren, um auf Inhalte der angegebenen Domain zugreifen zu können.	Über den Parameter können Sie ein Basis-Verzeichnis definieren. Das Verzeichnis wird bei der Auflösung von relativen Pfadangaben (URLs), die im Flash-Film verwendet wurden, eingesetzt. Die Verwendung des Parameters kann hilfreich sein, wenn Dateien, auf die ein Flash-Film zugreift, in einem anderen Verzeichnis liegen als der Flash-Film und Sie die Referenzierung vereinfachen möchten.

▲ Tabelle 7.3
SWFObject: Die wichtigsten Parameter auf einen Blick (Forts.)

Niedrige Qualität
Die Wiedergabegeschwindigkeit hat bei der Einstellung »niedrig« Vorrang vor der Darstellungsqualität. Die Kantenglättung wird bei dieser Einstellung deaktiviert.

quality | Ein hoher Wert für die quality führt zu einer hohen Darstellungsqualität. Bei einem niedrigen Wert ist die Darstellung entsprechend niedriger, die Abspielgeschwindigkeit bei rechenintensiven Flash-Filmen jedoch höher. Für die meisten Anwendungen ist der Standardwert high ausreichend.

Abbildung 7.24 ▶
Qualitätseinstellung – links: low, rechts: high

▲ **Abbildung 7.25**
Links: Standard-Kontextmenü, rechts: eingeschränktes Kontextmenü

menu | Wird der Wert des Parameters menu auf false gesetzt, ist nur ein eingeschränktes Kontextmenü verfügbar. Das Kontextmenü wird im Flash Player wie üblich über die rechte Maustaste geöffnet.

scale | Mit dem Parameter `scale` beeinflussen Sie die Skalierung des Flash-Films im Browser. Folgende vier Einstellungen stehen Ihnen zur Auswahl:

- ▶ `showall` (Standard): Zeigt das ganze Dokument im angegebenen Bereich an.
- ▶ `noborder`: Füllt den festgelegten Bereich vollständig mit dem Dokument aus. Das Seitenverhältnis bleibt erhalten – es kann jedoch vorkommen, dass einige Teile abgeschnitten werden und nicht mehr zu sehen sind.
- ▶ `exactfit`: Der Inhalt wird passend auf den festgelegten Bereich skaliert. Das Seitenverhältnis bleibt nicht erhalten, was zu Verzerrungen führen kann.
- ▶ `noscale`: Der Flash-Film wird unter keinen Umständen skaliert, sondern in der Originalgröße angezeigt.

align (HTML-Ausrichtung) | Mit dem Parameter `align` legen Sie fest, wie der Inhalt an der entsprechenden Kante des Browserfensters ausgerichtet und gegebenenfalls beschnitten wird. Sie können zwischen folgenden Einstellungen wählen:

- ▶ `left`: linksbündig
- ▶ `right`: rechtsbündig
- ▶ `top`: oben
- ▶ `bottom`: unten

wmode | Sie können zwischen drei Einstellungen für den `wmode` wählen:

- ▶ `window`: Der Hintergrund des Flash-Films ist deckend.
- ▶ `opaque`: Der Hintergrund des Flash-Films ist deckend. HTML-Elemente, die über dem Flash-Film liegen, werden angezeigt.

[!] wmode

Der transparente Modus (`wmode` = transparent) wird häufig bei Werbebannern eingesetzt. Er wird jedoch nicht von allen Webbrowsern fehlerfrei unterstützt und bewirkt meist noch viele andere negative Effekte. Zum Beispiel lässt sich in Eingabetextfeldern kein @-Zeichen eingeben – es erscheint ein q. Der Modus sollte also wenn möglich nicht verwendet werden.

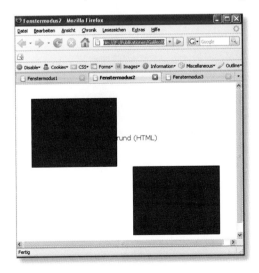

◀ **Abbildung 7.26**
Die Vordergrund-HTML-Ebene ist sichtbar, die Hintergrund-Ebene aber nicht.

Beispiele mit unterschiedlichen Einstellungen des wmode-Parameters finden Sie unter 07\Fenstermodus

▶ transparent: Der Hintergrund des Flash-Films ist transparent. HTML-Elemente, die vor und hinter dem Flash-Film liegen, werden dargestellt.

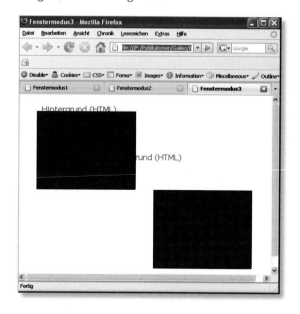

Abbildung 7.27 ▶
Vorder- und Hintergrund-HTML-Ebenen sind sichtbar.

7.3 Ladeverhalten von Flash-Filmen

HTML-Ladeverhalten
Das Ladeverhalten eines Flash-Films, der z. B. in ein HTML-Dokument eingebettet wurde, unterscheidet sich vom Ladeverhalten bei HTML-Inhalten. Ein HTML-Dokument wird vollständig heruntergeladen, vom Browser interpretiert und dann ausgegeben. Verknüpfte externe Inhalte (wie Bilder) werden dann üblicherweise während der Ausgabe nachgeladen.

Flash-Filme werden von sich aus erst einmal grundsätzlich progressiv heruntergeladen und abgespielt, das heißt, Inhalte des Flash-Films werden nach und nach bildweise geladen und dargestellt, sobald sie verfügbar sind – sozusagen »on the fly«. Das Ladeverhalten lässt sich in Flash, im Gegensatz zu HTML, sehr fein steuern. Dazu werden häufig sogenannte *Preloader* eingesetzt, die Teile oder ganze Flash-Filme vorausladen, idealerweise nur dann, wenn dies notwendig ist.

Mit Hilfe von Preloadern kann sichergestellt werden, dass Inhalte verfügbar sind, sobald sie abgespielt werden sollen.

Die Möglichkeit, Inhalte progressiv herunterzuladen und abzuspielen, hängt im Wesentlichen von der verfügbaren Bandbreite des Internetanschlusses des Benutzers ab. Die Frage, die Sie sich stellen sollten, ist, ob Inhalte schnell genug geladen werden können, um sie direkt darzustellen. Sollte die Bandbreite zu niedrig sein, hält der Flash-Film an, bis die nächsten Bilder verfügbar sind und abgespielt werden können.

[Preloader (»pre« = voraus), (»loader« = Lader)]
Preloader sorgen dafür, dass Inhalte für eine reibungslose Darstellung im Voraus geladen werden.

Viele Nutzer verbinden Flash grundsätzlich mit langen Ladezeiten, was jedoch nicht an der Technik, sondern meist an einer schlechten Anwendung liegt. Bei einigen Anwendungen sind Preloader nicht notwendig – was der Idealfall ist, da Inhalte direkt ohne Wartezeit dargestellt werden können.

Um das Ladeverhalten eines Flash-Films einschätzen zu können und zu optimieren, steht ihnen in Flash der sogenannte *Bandbreiten-Profiler* zur Verfügung.

Bandbreiten-Profiler | Der Bandbreiten-Profiler zeigt Ihnen zunächst die Datenmenge des Flash-Films an, verteilt auf die einzelnen Bilder. Sie sehen so auf einen Blick, in welchem Bild kleinere Datenmengen und in welchem Bild größere Datenmengen liegen, was die Ladezeit der entsprechenden Bilder beeinflusst.

▲ **Abbildung 7.28**
Den Bandbreiten-Profiler öffnen

Der Bandbreiten-Profiler steht Ihnen nur im Testmodus von Flash zur Verfügung. Nachdem Sie einen Flash-Film in der Entwicklungsumgebung über ⌨Strg/⌘+↵ gestartet haben, können Sie den Bandbreiten-Profiler über das Menü Ansicht • Bandbreiten-Profiler öffnen.

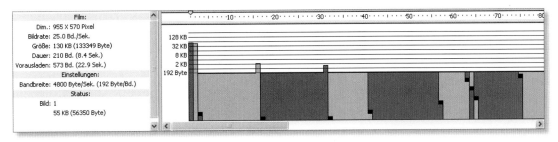

▲ **Abbildung 7.29**
Der Bandbreiten-Profiler

Im Bandbreiten-Profiler werden Ihnen folgende Informationen angezeigt:

▶ Breite und Höhe des Flash-Films
▶ Bildrate des Flash-Films
▶ Grösse des Films (in KB)
▶ Dauer der Hauptzeitleiste in Bildern und die benötigte Download-Zeit
▶ Anzahl der Bilder, die vorausgeladen werden müssen, und die dafür benötigte Zeit
▶ die aktuell eingestellte Bandbreite
▶ das aktuell ausgewähltes Bild
▶ die Datengröße der Inhalte des ausgewählten Bildes
▶ die Verteilung der Daten auf die Bilder des Flash-Films

Im Menü Ansicht können Sie zwischen zwei Darstellungsweisen wählen. In der Streaming-Grafik-Ansicht sehen Sie pro Bild

Bild wechseln

Durch Verschieben des Anfassers ❶ in der Zeitleiste können Sie das Bild wechseln, um beispielsweise festzustellen, wie hoch die Datenmenge in diesem Bild ist.

▲ **Abbildung 7.30**
Über den Anfasser wählen Sie das Bild aus.

abwechselnd hell- und dunkelgraue Balken. Die Länge der Balken zeigt die Größe des jeweiligen Bildes in Bytes an. Per Mausklick auf einen der Balken springt der Lesekopf zum jeweiligen Bild.

▲ **Abbildung 7.31**
STREAMING-GRAFIK-Ansicht

In der BILD-FÜR-BILD-GRAFIK-Ansicht werden nur die Daten der einzelnen (Schlüssel-)Bilder und nicht das mögliche Streaming zwischen ihnen angezeigt.

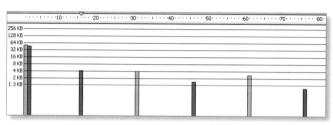

▲ **Abbildung 7.33**
BILD-FÜR-BILD-GRAFIK-Ansicht

Optimierung des Ladeverhaltens | Die rote Linie in der Grafik zeigt an, ob die eingestellte Bandbreite für das Streaming des Bildes ausreichend ist. Balken, die über die rote Linie hinausgehen, weisen darauf hin, dass diese Bilder nicht direkt angezeigt werden könnten – der Flash-Film würde an diesen Stellen anhalten, um weitere Daten nachzuladen.

Durch die Analyse der Datenverteilung haben Sie die Möglichkeit, einen Flash-Film so zu optimieren, dass er optimal gestreamt werden kann. So könnten Sie zum Beispiel, falls möglich, umfangreiche Daten auf verschiedene Bilder verteilen, zunächst gegebenenfalls ausblenden und erst an der Stelle einblenden, an der sie genutzt werden.

7.4   Positionierung per CSS

Über *CSS* (Cascading Stylesheets) lassen sich HTML-Elemente formatieren. So können z. B. Eigenschaften von HTML-Elementen

▲ **Abbildung 7.32**
Download-Einstellungen

Download-Einstellungen

Über das Menü ANSICHT • DOWNLOAD-EINSTELLUNGEN können Sie die simulierte Bandbreite festlegen. Berücksichtigen Sie dabei, dass sich die Werte an der maximalen (theoretischen) Download-Rate der eingestellten Bandbreite orientieren. Es kann natürlich sein, dass sich die Bandbreite des Nutzers neben dem Download des Flash-Films parallel anderweitig belastet wird – so dass die tatsächliche Download-Rate unter Umständen weit unterhalb der maximalen Bandbreite liegt.
Nachdem Sie eine Bandbreite ausgewählt haben, können Sie das Streaming-Verhalten und die zeitliche Abfolge der Darstellung über das Menü ANSICHT • DOWNLOAD SIMULIEREN testen.

wie Textformatierungen, Farben, Abstände und Linien über CSS gesteuert werden. CSS eignen sich ebenfalls sehr gut, um Elemente, wie einen Flash-Film, in einem HTML-Dokument zu positionieren.

Hinweis

CSS bieten sehr viele Möglichkeiten und werden hier ausschließlich hinsichtlich der Positionierung von Flash-Filmen behandelt.

7.4.1 CSS erstellen

Grundsätzlich können Sie CSS-Formatierungen entweder im HTML-Dokument selbst definieren oder in einer separaten Datei, die dann mit dem HTML-Dokument verknüpft wird.

Um CSS innerhalb eines HTML-Dokuments zu definieren, bietet es sich an, einen Abschnitt im `<head>`-Bereich wie folgt festzulegen (alternativ können auch sogenannte Inline-CSS-Formatierungen erstellt werden, die wird an dieser Stelle jedoch nicht verwenden):

```
<head>
   ...
   <style type="text/css">
   <!-- Hier kommt die CSS-Formatierung
   -->
   </style>
   ...
</head>
```

7.4.2 Flash-Film mittig positionieren

Wenn ein Flash-Film, wie z. B. eine Webseite, für sich allein in einem HTML-Dokument steht, also keine weiteren Elemente im HTML-Dokument integriert werden, möchte man den Film häufig einfach im Browserfenster zentrieren. Wenn Sie den Flash-Film über ein SWFObject eingebettet haben, liegt er bereits in einem `<div>`-Element, das mit CSS formatiert werden kann.

Separate CSS-Datei

Wenn Sie vorzugsweise eine separate Datei, z. B. *meineStyles.css*, verwenden möchten, können Sie diese alternativ wie folgt mit dem HTML-Dokument verknüpfen:

```
<head>
...
<link href="meineStyles.css"
rel="stylesheet" type="text/
css" />
...
<head>
```

Schritt für Schritt: Flash-Film im Browser zentrieren

1 **HTML-Dokument öffnen**

In diesem Workshop erfahren Sie, wie Sie einen Flash-Film mittig im Browserfenster positionieren können.

Öffnen Sie das HTML-Dokument *07\Beispiele\CSS-Positionierung\center1.html*.

Ausgangsbasis ist der Flash-Film *flashfilm.swf*, der mittels eines SWFObjects eingebettet wurde und dann innerhalb des `<div>`-Elements mit der ID `flashinhalt` platziert wird.

07\FlashVars\center1.html

2 CSS-Formatierung erstellen

Erstellen Sie im `<head>`-Bereich des HTML-Dokuments folgenden CSS-Bereich:

```
1:   <style type="text/css">
2:   #flashinhalt {
3:       position: absolute;
4:       width: 550px;
5:       height: 400px;
6:       top: 50%;
7:       left: 50%;
10:  }
11:  </style>
```

Über den sogenannten ID-Selektor wird das `<div>`-Element mit der ID `flashinhalt` formatiert. Zunächst wird die Position auf `absolute` gesetzt, was zur Folge hat, dass das `<div>`-Element unabhängig von anderen HTML-Elementen positioniert wird. Die Größe des `<div>`-Bereichs wird mit der Breite und der Höhe des Flash-Films angegeben. Über die `top`- und `left`-Eigenschaften wird der `<div>`-Bereich mittig positioniert.

3 HTML-Dokument testen

Öffnen Sie das HTML-Dokument in einem Webbrowser. Sie sehen, dass der Flash-Film tatsächlich in der Mitte des Browserfensters positioniert wird, allerdings bisher auf Basis der linken oberen Ecke.

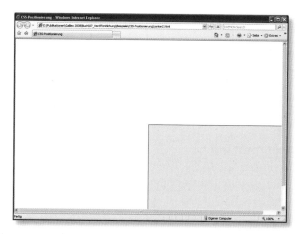

Abbildung 7.34 ▶
Das Ergebnis im Internet Explorer

4 `<div>`-Bereich nach links und oben verschieben

Damit der Flash-Film tatsächlich mittig positioniert wird, muss er um die Hälfte seiner Breite nach links und um die Hälfte seiner Höhe nach oben verschoben werden. Ergänzen Sie den Code dazu wie folgt:

```
1:   …
2:   top: 50%;
3:   left: 50%;
4:   margin-left: -275px;
5:   margin-top: -200px;
6:   }
7:   </style>
```

Diese Verschiebung erfolgt über die Eigenschaften `margin-left` und `margin-top`.

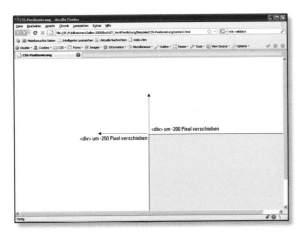

◄ **Abbildung 7.35**
`<div>`-Bereich verschieben

5 HTML-Dokument testen

Öffnen Sie das HTML-Dokument im Browser; der Flash-Film wird zentriert positioniert.

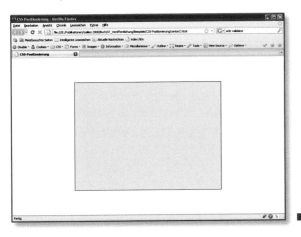

◄ **Abbildung 7.36**
Der Flash-Film ist zentriert.

07\CSS-Positionierung\
topmid.html

7.4.3 Flash-Film am oberen und unteren Rand mittig positionieren

Ähnlich wie die horizontale und vertikale mittige Positionierung eines Flash-Films lässt sich ein Flash-Film auch am oberen Rand des Browserfensters mittig positionieren. Der CSS-Code dazu lautet wie folgt:

```
1:    <style type="text/css">
2:    #flashinhalt {
3:        position: absolute;
4:        width: 550px;
5:        height: 400px;
6:        top: 0px;
7:        left: 50%;
8:        margin-left: -275px;
9:    }
10:   </style>
```

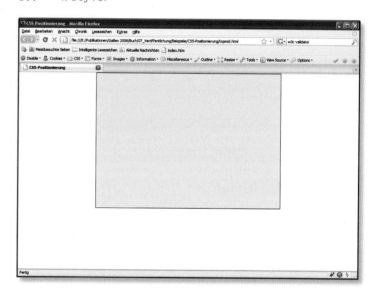

Das `<div>`-Element wird zunächst über `position:absolute;` absolut positioniert. Die Größe des `<div>`-Bereichs wird auf die Größe des Flash-Films gestellt. Über die Eigenschaft `top: 0px;` wird der Flash-Film am oberen Rand des Browserfensters positioniert. Horizontal mittig wird er dann in den Codezeilen 7 und 8 ausgerichtet.

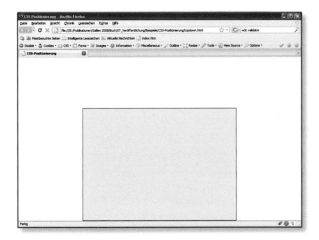

◄ **Abbildung 7.38**
Am unteren Rand mittig
positionieren

Auf ähnliche Weise können Sie den Film auch am unteren Rand mittig positionieren. Ändern Sie dazu die Zeile 6 einfach in:

*07\CSS-Positionierung\
topdown.html*

```
bottom: 0px;
```

7.5   Export

Über das Menü DATEI • EXPORTIEREN • BILD EXPORTIEREN haben Sie die Möglichkeit, Einzelbilder des Flash-Films in ein Bitmap- oder Vektorformat zu exportieren. Interessanter als der Export eines Einzelbildes ist jedoch der Befehl DATEI • EXPORTIEREN • FILM EXPORTIEREN, über den Sie einen Teil oder den gesamten Film in verschiedene Formate exportieren können.

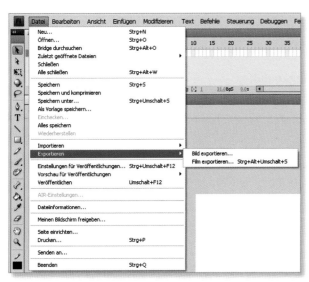

◄ **Abbildung 7.39**
Das Menü EXPORTIEREN

Dateiformat	Dateiendung	Bedeutung
Flash (SWF)	.swf	Standardformat für Flash-Filme
Windows AVI (unter Windows)	.avi	Animationen werden im Windows-Video-Format gespeichert.
QuickTime	.mov	Der Flash-Film wird als QuickTime-Video gespeichert.
Animiertes GIF	.gif	GIF-Grafik mit mehreren Bildern (Standardformat für Werbebanner)
WAV-Audio (unter Windows)	.wav	Der Sound der Zeitleisten wird als WAV-Datei gespeichert.
EMF-Sequenz (unter Windows)	.emf	Die Bilder der Zeitleiste werden als Bildsequenz im Vektorgrafikformat EMF gespeichert.
WMF-Sequenz	.wmf	Die Bilder der Zeitleiste werden als Bildsequenz im Vektorgrafikformat WMF gespeichert.
Bitmap-Sequenz	.bmp	Die Bilder der Zeitleiste werden als durchnummerierte Bildsequenz im BMP-Format (Pixelformat) gespeichert.
JPEG-Sequenz	.jpg	Die Bilder der Zeitleiste werden als durchnummerierte Bildsequenz im JPEG-Format (Pixelformat) gespeichert.
GIF-Sequenz	.gif	Die Bilder der Zeitleiste werden als durchnummerierte Bildsequenz im GIF-Format (Pixelformat) gespeichert.
PNG-Sequenz	.png	Die Bilder der Zeitleiste werden als durchnummerierte Bildsequenz im PNG-Format (Pixelformat) gespeichert.

▲ **Tabelle 7.4**
Film exportieren: Dateiformate

7.6   Eingabehilfen

[Barrierefreiheit]
Unter *Barrierefreiheit* versteht man die Möglichkeit, Inhalte Menschen mit Behinderungen uneingeschränkt bereitstellen zu können. Anstelle des Begriffs Barrierefreiheit wird häufig auch der Begriff *Zugänglichkeit* verwendet (engl. »accessibility«).

Sehbehinderte Menschen setzen häufig sogenannte Bildschirmleseprogramme (engl. »screenreader«) ein, die ihnen Inhalte mittels Sprachausgabe wiedergeben. Damit Bildschirmleseprogramme bildliche Inhalte erkennen können, müssen diese entsprechend aufbereitet werden, was auf den folgenden Seiten erläutert wird.

7.6.1   Eingabehilfen
Über das Fenster EINGABEHILFEN, das sich in Flash im Menü FENSTER • ANDERE BEDIENFELDER • EINGABEHILFEN findet, haben Sie die Möglichkeit, Inhalte so bereitzustellen, dass Sie für Bildschirmleseprogramme besser lesbar sind.

Standardmäßig ist das Optionsfeld FILM MIT EINGABEHILFEN VERSEHEN aktiviert. So werden Informationen über Eingabehilfen automatisch an ein Bildschirmleseprogramm übergeben. Unter NAME ❶ und BESCHREIBUNG ❷ können Sie dem Flash-Film einen Namen und eine Beschreibung zuweisen, die an das Bildschirmleseprogramm weitergegeben werden.

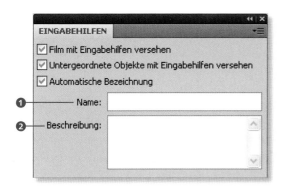

◄ **Abbildung 7.40**
Das Fenster EINGABEHILFEN

Durch Aktivierung bzw. Deaktivierung der Option UNTERGEORD-
NETE OBJEKTE MIT EINGABEHILFEN VERSEHEN legen Sie fest, ob Informationen von untergeordneten Elementen des Flash-Films an das
Leseprogramm übergeben werden. Das können z. B. Infos zu Textfeldern sein, die etwa in einem Movieclip verschachtelt sind. Die
dritte Option – AUTOMATISCHE BEZEICHNUNG – bewirkt, dass Elementen automatisch ein Name zugewiesen wird, der dann vom
Leseprogramm vorgelesen wird. Bei einer Schaltfläche würde über
diese automatische Bezeichnung nur »Schaltfläche« ausgegeben.

7.6.2 Eingabehilfe für Symbole

In Flash besteht die Möglichkeit, jedes Symbol mit einer Eingabehilfe zu versehen. Um eine Eingabehilfe für ein Symbol zu
definieren, wählen Sie dieses aus und öffnen das Fenster EINGA-
BEHILFEN.

Weitere Informationen
Weiterführende Informationen
zur Barrierefreiheit finden Sie
unter *http://www.adobe.com/
accessibility/*.

◄ **Abbildung 7.41**
Die Eingabehilfe für eine
Navigation

Folgende Optionen sind im Fenster verfügbar:

▶ OBJEKT MIT EINGABEHILFEN VERSEHEN: Aktivieren Sie diese
Option, wenn Sie ein Objekt mit einer Eingabehilfe versehen
möchten. Deaktivieren Sie sie für Objekte, die für ein Bildschirmleseprogramm nicht geeignet sind, wie z. B. eine Animation.

- ▶ UNTERGEORDNETE OBJEKTE MIT EINGABEHILFE VERSEHEN: Führt dazu, dass untergeordnete Objekte von Movieclips berücksichtigt werden oder nicht. Deaktivieren Sie die Option, wenn untergeordnete Objekte störend auf die Wiedergabe eines Bildschirmleseprogramms wirken können.
- ▶ NAME und BESCHREIBUNG: Die Beschreibung des Elements. Geben Sie dem Objekt einen möglichst eindeutigen Namen, und beschreiben Sie das Objekt.
- ▶ KURZBEFEHL: Sie können hier einen Hinweis auf einen Tastaturkurzbefehl eingeben. Beachten Sie dabei, dass hier nur der Kurzbefehl genannt wird – er wird jedoch nicht funktional eingerichtet. Tastaturkurzbefehle müssen zusätzlich über ActionScript (Ereignisse, Ereignis-Listener und Ereignisprozeduren) eingerichtet werden.
- ▶ REIHENFOLGENPOSITION: Sie können dem Objekt einen Index zuweisen. Über die ⇆-Taste können Objekte in der angegebenen Reihenfolge angesteuert werden.

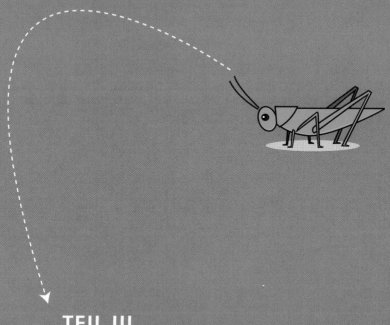

TEIL III
ActionScript

8 ActionScript-Grundlagen

ActionScript (kurz: AS) ist die integrierte Skriptsprache von Flash. ActionScript ist eine Skriptsprache, die u. a. in der Entwicklungsumgebung von Flash erzeugt werden kann und vom Flash Player beim Abspielen des Films interpretiert wird.

Dieses Kapitel soll Ihnen die Grundlagen der Skriptsprache vermitteln, so dass Sie ActionScript nutzen können, um eigene Projekte umzusetzen, und Sie sich anschließend mit konkreten Anwendungsbereichen von ActionScript beschäftigen können.

> **Ausschließlich ActionScript 3**
>
> Wie bereits im Vorwort erläutert, wird in diesem Buch ausschließlich ActionScript 3, die aktuelle Version, behandelt, da inzwischen abzusehen ist, dass ActionScript 1 und 2 nicht mehr weiterentwickelt werden.

8.1 ActionScript-Versionen

Bevor wichtige Grundbausteine und die Syntax der Sprache erläutert werden, folgt ein kurzer Überblick über die Entwicklung von ActionScript.

Es gibt aktuell drei verschiedene ActionScript-Versionen, die alle in der Praxis auch heute immer noch angewandt werden. Für Einsteiger sind die Unterschiede oft nicht zu durchschauen. Die folgende zeitliche Entwicklung von ActionScript soll Ihnen die Unterschiede näherbringen.

Aktionen | Die Skriptsprache von Flash wurde parallel zu Flash von Beginn an ständig weiterentwickelt. Mit Flash 2 wurde eine frühe Version der Skriptsprache eingeführt, die ausschließlich einfache Befehle zur Steuerung der Zeitleiste wie play, stop etc. unterstützte.

In den Versionen 3 und 4 wurden grundlegende Skriptmerkmale, wie Variablen, Bedingungen, Schleifen und das Laden von Flash-Filmen, eingeführt. Bis hierhin waren die Skriptmöglichkeiten nicht unter dem Begriff ActionScript geführt, sondern als »Aktionen« bezeichnet worden.

ActionScript 1 | Die erste echte ActionScript-Version, ActionScript 1, wurde mit Flash 5 eingeführt. ActionScript 1 basiert auf

Hinweis
Statistiken zur Verbreitung des
Flash Players sind grundsätzlich
mit der nötigen Skepsis zu betrachten, besonders, wenn sie ursprünglich von Adobe (Hersteller)
kommen. Die Verbreitung hängt
meist von vielen Faktoren, wie
z. B. der Benutzergruppe, ab.

Statistiken zur Verbreitung
Aktuelle Statistiken von Adobe
zur Verbreitung von verschiedenen Flash-Player-Versionen finden Sie unter *http://www.adobe.
com/products/player_census/flash-
player/version_penetration.html*.

Tabelle 8.1 ▶
Weltweite Verbreitung des Flash
Players, Stand: Dezember 2008,
nach Herstellerangaben; Quelle:
Adobe

Verbreitung: Flash Player 10
Zum Zeitpunkt der Drucklegung
gab es noch keine Statistiken zur
Verbreitung des aktuellen Flash
Players in der Version 10

[API]
Application Programming Interface
(dt.: Programmierschnittstelle).
Eine Programmierschnittstelle ist
eine Schnittstelle, die von einer
Software zur Programmierung
bzw. zum Zugriff auf Funktionen
bereitgestellt wird.

dem ECMA-262-Standard, wie übrigens auch JavaScript. Action-
Script 1 unterstützte zum ersten Mal sogenannte Prototypen, die
als Vorstufe der objektorientierten Programmierung bezeichnet
werden können. Die Skriptsprache wurde mit der Veröffentlichung von Flash 6 mit einigen Erweiterungen und Verbesserungen ausgestattet. So wurden z. B. erstmals Ereignisprozeduren
eingeführt. ActionScript 1 besitzt bereits viele nötige Grundfunk-
tionen einer einfachen Skriptsprache und wird vom Flash Player
5/6 und allen nachfolgenden Versionen unterstützt.

Da es viele Anwender gibt, die Flash vorzugsweise kreativ einsetzen, ohne größeren Gebrauch von ActionScript zu machen,
und da ältere Flash Player aufgrund der längeren Verfügbarkeit
weiter verbreitet sind, werden einige Flash-Projekte auch heute
noch mit ActionScript 1 für Flash 6 entwickelt. Stets unter der
Voraussetzung, dass auf neuere Funktionen, die mit ActionScript
2 und 3 eingeführt wurden, verzichtet werden kann.

Region	Flash Player 7	Flash Player 8	Flash Player 9	Flash Player 10
USA/Kanada	99,1 %	99,1 %	98,9 %	54,5 %
Europa	99,1 %	98,9 %	98,2 %	56,5 %
Japan	99,0 %	98,8 %	98,3 %	55,3 %

ActionScript 2 | Mit steigenden Anforderungen an Flash, die
über die Erstellung von einfachen Animationen weit hinausgin-
gen, wurde mit Flash MX 2004 und dem dazugehörigen Flash
Player 7 schließlich ActionScript 2 eingeführt. ActionScript 2 ist
eine konsequente Weiterentwicklung von ActionScript 1 und
leistungsfähiger als seine Vorgängerversionen. So bietet Action-
Script 2 zum ersten Mal die Möglichkeit, objektorientiert zu programmieren. Die Version wurde mit dem Erscheinen von Flash
8 durch weitere Funktionen erweitert, wie Klassenbibliotheken,
APIs für den Zugriff auf Bitmaps und Upload-Funktionen. Action-
Script 2 basiert auf dem ECMAScript-4-Standard und ist der Programmiersprache Java ähnlich.

ActionScript 3 | ActionScript 3 wurde im Juni 2006 für den Flash
Player 9 erstmals mit Flex 2 eingeführt und anschließend auch in
Flash CS3 implementiert. ActionScript 3 wurde grundlegend neu
aufgebaut und bietet neben zahlreichen Verbesserungen eine opti-
mierte Leistungsfähigkeit. Da sich die neue Version stark von ihren
Vorgängerversionen unterscheidet und einem strengen objektorientierten Konzept folgt, wird ihr teilweise nachgesagt, sie sei für

Einsteiger ohne grundlegende Programmierkenntnisse vergleichsweise schwer zu erlernen. In vielen Internetforen und Blogs gab es vor allem zur Einführung von ActionScript 3 viele Diskussionen darüber, ob dies tatsächlich so sei. Eine abschließende Beurteilung dessen gibt es vermutlich nicht. Allerdings scheint die Lernkurve von ActionScript 3 bei Benutzern, die zuvor noch nicht mit ActionScript gearbeitet haben, deutlich flacher auszufallen als bei Benutzern, die zuvor schon mit ActionScript 1 und 2 gearbeitet haben und darauf aufbauend ActionScript 3 erlernen möchten.

Damit ActionScript 3 verwendet werden kann, wurde im Flash Player 9 eine neue Virtual Machine (AVM2) integriert; sie übertrifft die Leistungsfähigkeit der Vorgängerversion (AVM1), die für ActionScript 1 und 2 eingesetzt wird, deutlich. Da im Flash Player 9 und 10 sowohl die alte als auch die neue Virtual Machine integriert sind, können Flash-Filme, die ActionScript 1 oder 2 verwenden, auch weiterhin in neuen Versionen des Flash Players abgespielt werden und sind dementsprechend immer noch weit verbreitet, jedoch mit abnehmender Tendenz.

Neue Funktionen des Flash Players 9 und 10 und voraussichtlich auch neue Funktionen von kommenden Flash-Player-Versionen sind in zunehmenden Maße nur noch mit ActionScript 3 nutzbar. Wie bereits erwähnt, ist abzusehen, dass ActionScript 1 und 2 nicht mehr weiterentwickelt werden. Aus diesem Grund beziehen sich alle Erläuterungen dieses Kapitels und des gesamten Buchs auf ActionScript 3.

Neue Wege mit ActionScript 3
Adobe hat erkannt, dass die Weiterentwicklung von ActionScript 2 früher oder später an seine Leistungsgrenzen stoßen wird. Vermutlich deshalb, die Version Sie ursprünglich auf ActionScript 1 basierte und über einen langen Zeitraum »nur« an aktuelle Anforderungen angepasst wurde.

Meine Empfehlung für ActionScript-Einsteiger
Wenn Sie bisher noch nicht mit ActionScript gearbeitet habe, empfehle ich Ihnen, ActionScript 3 zu erlernen. ActionScript 3 bietet das breiteste Leistungsspektrum. Wie Sie im Folgenden sehen werden, kann ActionScript 3 auch ohne Grundkenntnisse der objektorientierten Programmierung angewendet werden.

8.2   ActionScript-Editor

Über den ActionScript-Editor können Sie Schlüsselbildern der Zeitleiste ActionScript zuweisen. Den Editor erreichen Sie über das Menü FENSTER • AKTIONEN (F9 bzw. ⌥ + F9 am Mac).

ActionScript-Referenz
Wenn Sie zu bestimmten Eigenschaften und Methoden oder zu einem Ereignis nähere Erläuterungen suchen, klicken Sie mit der rechten Maustaste auf den Eintrag in der Werkzeugleiste, und wählen Sie den Menüpunkt HILFE ANZEIGEN.

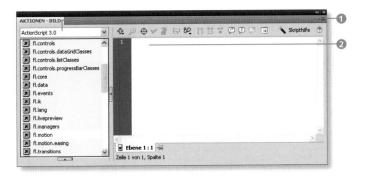

◄ **Abbildung 8.1**
ActionScript-Editor

Der Editor teilt sich in zwei Bereiche:

▲ **Abbildung 8.2**
Die integrierte Hilfe anzeigen

Abbildung 8.3 ▶
Der Code wird dem ersten Bild
auf der Ebene »Ebene 2«
zugewiesen.

Abbildung 8.4 ▶
Auswahl der Optionen und
Argumente

▶ Die Werkzeugleiste ➊, über die Sie Anweisungen auswählen
können, wenn Sie mit der Skripthilfe arbeiten. Per Doppelklick auf eine Anweisung wird diese zum Code hinzugefügt.
▶ Der Editor ➋; oben die Leiste mit Hilfswerkzeugen und unten
der Bereich zur Eingabe des ActionScript-Codes.

8.2.1 Skripthilfe und Experten-Modus

ActionScript lässt sich über zwei unterschiedliche Methoden
erzeugen:
▶ Durch Aktivierung der sogenannten *Skripthilfe* kann Code
durch Auswahl von Elementen mit der Maus erstellt werden.
▶ Im *Experten-Modus* wird der Code manuell über die Tastatur
eingegeben.

Wollen Sie mit der Skripthilfe arbeiten, sind zum Einfügen einer
ActionScript-Anweisung drei Schritte notwendig:
1. Wählen Sie ein Ziel für den Code aus, zum Beispiel ein Schlüsselbild der Zeitleiste. Die aktuell ausgewählte Bildnummer
wird übrigens auch im Editor unten angezeigt ➊.

2. In der Werkzeugleiste wählen Sie dann das gewünschte Code-
element aus ➋ und fügen es per Doppelklick ein. Alternativ
können Sie eine Anweisung auch über das Plus-Symbol ➌ einfügen. Im oberen Bereich ➍, der zur Skripthilfe gehört, lassen
sich dann weitere Optionen und Argumente zur jeweils ausgewählten Anweisung definieren.

Nachteile der Skripthilfe | Wie bereits erwähnt, kann die Skripthilfe für Einsteiger, die sich nicht weitergehend mit ActionScript beschäftigen möchten, und für Grafiker, die Flash vorzugsweise zum Designen nutzen, eine große Hilfe sein, um nicht gänzlich auf ActionScript verzichten zu müssen. Jedoch ist das Arbeiten mit der Skripthilfe besonders mit ActionScript 3 nur sehr eingeschränkt möglich. Teilweise ist es schwieriger, die Skripthilfe zu verwenden, als die Syntax für bestimmte einfache Anweisungen zu lernen – das ist besonders bei ActionScript 3 der Fall, da man die gewünschte Anweisung zunächst einmal in der Werkzeugleiste finden muss.

Wer ernsthaft daran interessiert ist, die Skriptsprache und die damit verbundenen Möglichkeiten kennenzulernen, sollte lieber von Anfang an auf die Skripthilfe verzichten. Im Folgenden wird deshalb zugunsten des größeren Lerneffekts bewusst auf die Skripthilfe verzichtet.

Nachteile der Skripthilfe
Der Umgang mit Programmcode wird mit der Skripthilfe nicht trainiert – die Möglichkeiten werden durch die Auswahl der Optionen und Argumente eingeschränkt. Das Schreiben von Programmcode mit über 100 Zeilen ist so sehr mühselig.

8.2.2 Funktionen des ActionScript-Editors

Im oberen Bereich des ActionScript-Editors stehen Ihnen verschiedene Hilfsfunktionen zur Verfügung, die Ihnen das Schreiben von ActionScript-Code erleichtern sollen.

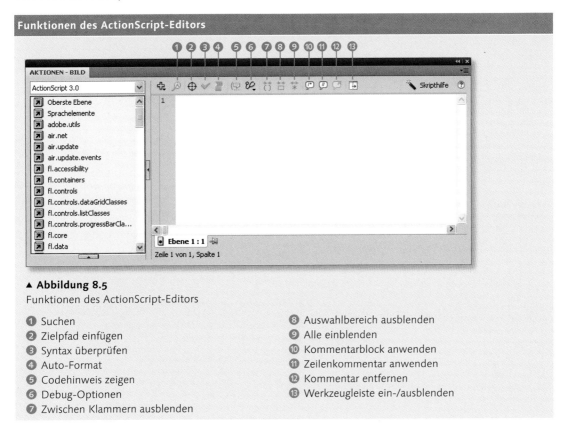

▲ **Abbildung 8.5**
Funktionen des ActionScript-Editors

❶ Suchen
❷ Zielpfad einfügen
❸ Syntax überprüfen
❹ Auto-Format
❺ Codehinweis zeigen
❻ Debug-Optionen
❼ Zwischen Klammern ausblenden

❽ Auswahlbereich ausblenden
❾ Alle einblenden
❿ Kommentarblock anwenden
⓫ Zeilenkommentar anwenden
⓬ Kommentar entfernen
⓭ Werkzeugleiste ein-/ausblenden

Suchen und Ersetzen | Per Mausklick auf das Suchen-Symbol öffnet sich ein Dialogfenster, über das Sie Codestellen suchen und gegebenenfalls ersetzen können. Es ist besonders nützlich, wenn Sie z. B. schnell einen Variablenbezeichner an verschieden Stellen des Codes durch einen anderen ersetzen möchten.

Abbildung 8.6 ▸
Code suchen und ersetzen

[!] Zielpfad

Gelegentlich kommt es vor, dass ein Zielpfad, der über ZIELPFAD EINFÜGEN erstellt wurde, nicht richtig ist. Sie sollten sich nicht immer auf die Funktion verlassen und den Pfad selbst noch einmal überprüfen.

Zielpfad einfügen | Über ZIELPFAD EINFÜGEN können Sie eine Symbolinstanz referenzieren. Diese Funktion hilft Ihnen dabei, den relativen oder absoluten Pfad einer Instanz, ausgehend von der aktuellen Position, zu ermitteln.

▲ **Abbildung 8.7**
Zielpfad einfügen

Schreibweise überprüfen

Die Syntax entspricht der formellen Schreibweise des Codes (ähnlich wie die Rechtschreibung und Grammatik einer Sprache) – logische Programmfehler gehören nicht zur Gruppe der Syntaxfehler und werden über den Befehl SYNTAX ÜBERPRÜFEN auch nicht gefunden.

Syntax überprüfen | Per Mausklick auf SYNTAX ÜBERPRÜFEN ❶ prüft Flash die Syntax des ActionScript-Codes. Sie sollten diese Funktion bei längeren Codeabschnitten nutzen, um die Syntax des Codes vor dem Testen des Flash-Films zu kontrollieren. Die Funktion kann so sehr viel Zeit sparen, da sich immer mal wieder Syntaxfehler einschleichen.

▲ **Abbildung 8.8**
Flash unterstützt Sie bei der Syntaxüberprüfung.

Auto-Format | Per Mausklick auf AUTO-FORMAT ❷ führt Flash eine automatische Formatierung des Codes durch.

Die Art und Weise der automatischen Formatierung lässt sich im Menü BEARBEITEN • VOREINSTELLUNGEN im Reiter AUTO-FORMAT einstellen.

Codebereiche ein- und ausblenden | Über ZWISCHEN KLAMMERN AUSBLENDEN ❸ klappen Sie den Codebereich innerhalb eines Codeblocks ❹ ein. Mit einem Mausklick auf AUSWAHLBEREICH AUSBLENDEN ❺ wird der ausgewählte Codebereich ❻ eingeklappt. Eingeklappte Bereiche lassen sich per Mausklick auf das Plus-Symbol ❼ einblenden oder mit ALLE EINBLENDEN ❽.

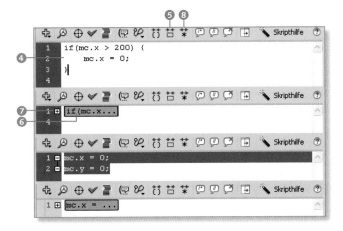

◄ **Abbildung 8.9**
Codebereiche ein- und ausblenden

Kommentarfunktionen | Es gibt zwei Möglichkeiten, Kommentare, die vom Compiler ignoriert werden, in den Code zu integrieren. Über ZEILENKOMMENTAR ANWENDEN ❾ erstellen Sie eine Kommentarzeile ❿ und über KOMMENTARBLOCK ANWENDEN ⓫ einen mehrzeiligen Kommentarbereich ⓬.

Debug-Optionen
Erfahren Sie mehr zum Debuggen und den zur Verfügung stehenden Optionen in diesem Kapitel in Abschnitt 8.15, »Fehlersuche«.

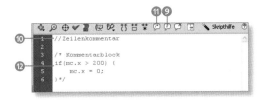

◄ **Abbildung 8.10**
Kommentarbereiche

Einen einzeiligen Kommentar erkennen Sie an dem doppelten Schrägstrich // am Anfang der Codezeile. Mehrzeilige Kommentare beginnen mit /* und werden mit */ abgeschlossen. Code, der auskommentiert wurde, wird vom Interpreter nicht erkannt. Sie können so beispielsweise schnell einen Code-Bereich auskommentieren, wenn Sie vermuten, dass ein Fehler in diesem Teil des Skripts ist. Tritt der Fehler dann nicht mehr auf, stehen die Chancen gut, dass der Fehler im auskommentierten Teil liegt.

8.3 Mein erstes Skript

Bei der Programmierung in ActionScript werden Sie unabhängig davon, wie gut Sie die Sprache beherrschen, immer wieder auf Hürden stoßen – ein Skript funktioniert nicht so, wie es sollte, die Ausgabe des Skripts ist unerwartet etc.

Ein wichtiges Hilfsmittel, um Fehler zu finden und Code zu testen, ist das AUSGABE-Fenster, das Sie über FENSTER • AUSGABE [F2] öffnen können. Das AUSGABE-Fenster lässt sich wie folgt nutzen.

Erstellen Sie einen neuen Flash-Film über DATEI • NEU • FLASH-DATEI (ACTIONSCRIPT 3.0). Wählen Sie das leere Schlüsselbild in Bild 1 aus, und öffnen Sie das Fenster AKTIONEN. Durch die Auswahl des Bildes wird der darauf geschriebene Code automatisch dem ersten Schlüsselbild zugewiesen. Fügen Sie folgende Zeile ein:

```
trace("Willkommen in der Welt von ActionScript 3");
```

Testen Sie den Film über [Strg]/[⌘]+[↵]. Flash begrüßt Sie nun im AUSGABE-Fenster.

Abbildung 8.11 ▶
Das erste Skript ist fertiggestellt.

8.4 Variablen

Variablen sind eine Referenz auf ein Element oder einen Inhalt. Sie brauchen sich den Inhalt einer Variablen nicht zu merken, sondern nur die Variable selbst. Der Vorteil einer Variablen ist, dass der Inhalt, wie der Name bereits sagt, variabel ist. Sie können also unterschiedliche Werte mit Variablen referenzieren und darauf zugreifen, vergleichbar mit einer Tasche, die verschiedene Dinge enthalten kann.

Nehmen Sie das erste Skript aus Abschnitt 0, »Mein erstes Skript«, und ändern Sie es wie folgt:

```
var msg:String = "Willkommen in der Welt von Action-
Script";
trace(msg);
```

Die Variable msg ist eine Referenz auf den Text Willkommen in der Welt von ActionScript. Die Referenz wird in der zweiten Zeile verwendet, um den Text auszugeben.

Anwendung | Variablen gehören zur Grundausstattung jeder Skript- oder Programmiersprache und werden verwendet, um auf Inhalte zu referenzieren, die sich während eines Prozesses verändern können.

Stellen Sie sich ein Kontaktformular vor, in dem ein Benutzer seine Kontaktdaten einträgt. In einem Eingabefeld »Name« gibt der Nutzer z. B. seinen Namen ein. Damit der eingetragene Name weiterverarbeitet werden kann – beispielsweise, um eine Mail zu versenden –, wird er einer Variablen zugewiesen. Der Wert der Variablen ist der eingegebene Name.

Vor der Eingabe des Namens besaß die Variable übrigens keinen Wert – in Flash entspricht der Wert der Variablen dann null. Testen Sie dazu den folgenden Code:

```
var msg:String;
trace(msg);
```

Die Variable msg wurde initialisiert – ihr wurde aber kein Wert zugewiesen; dementsprechend erscheint im AUSGABE-Fenster null. null ist ein Sonderwert, der einen fehlenden Wert darstellt.

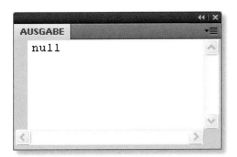

Variablenwerte

Eine Variable kann eine Referenz auf sehr viele unterschiedliche Elemente sein. Im Beispiel ist es ein String (eine Zeichenkette). Einer Variablen kann jedoch z.B. auch eine Referenz auf einen Movieclip, ein Textfeld, eine Zahl etc. zugewiesen werden.

[Initialisierung]
Unter Initialisierung versteht man den Teil des Ladevorgangs eines Computerprogramms, in dem der zur Ausführung benötigte Speicherplatz (z.B. Variablen, Code) für das Programm reserviert und mit Startwerten gefüllt wird.

◄ **Abbildung 8.12**
Die Variable msg besitzt keinen Wert.

undefined

Eigenschaften von dynamischen Objekten, denen kein Wert zugewiesen wurde, besitzen ebenfalls den Sonderwert undefined.

Ein weiterer Sonderwert ist undefined. Der Sonderwert ist einer nicht typisierten Variablen zugewiesen, die keinen Wert besitzt. Typisierung wird später noch näher erläutert. Ein Code-Beispiel dazu:

```
var msg;
trace(msg);
```

Abbildung 8.13 ▶
Der Wert der nicht typisierten Variable ist undefined.

Unterschied zwischen »null« und »undefined«

Grundsätzlich repräsentieren beide Sonderwerte das Fehlen eines Variablenwerts. Der Unterschied zwischen den beiden Sonderwerten ist, dass null der Wert einer typisierten Variablen ist und undefined der Wert einer untypisierten Variablen, die keinen Wert besitzt.

Groß- und Kleinschreibung | ActionScript unterscheidet grundsätzlich zwischen Groß- und Kleinschreibung. Bei den Variablen myVar und myvar handelt sich also um zwei verschiedene Variablen.

8.5 Datentypen

Sogenannte *Datentypen* definieren die Art des Inhalts einer Variablen. Die Variable msg des folgenden Beispiels ist vom Datentyp String:

```
var msg:String = "Willkommen in der Welt von Action-
Script";
trace(msg);
```

[!] **Beispiel: Telefonnummern**
Eine Telefonnummer könnte beispielsweise mit einer 0 beginnen, z. B. 0307629273723. Sie können diese Ziffernfolge nicht als Number, uint oder int definieren, da die 0 am Anfang entfernt würde. Sie müssen eine solche Ziffernfolge als String definieren.

Der Datentyp String ist nur einer von nahezu unzähligen Datentypen in ActionScript 3. In der folgenden Tabelle sind beispielhaft einige wichtige Datentypen aufgeführt.

Datentyp	Zuweisung	Beschreibung
String	var myName:String = "Johnny";	Zeichenkette

Number	var dx:Number = -0.48;
	var friction:Number = 0.023;
	var step:Number = -1;
		Ganzzahlen, wie z. B. 5, und Gleitkommazahlen, wie z. B. 1.4444. Auch negative Werte sind zulässig.

uint	var numImages:uint = 203; var counter:uint = 0;	Abkürzung für Unsigned Integer; Ganzzahlen ohne negatives Vorzeichen, mit einem Wertebereich von 0 bis 4.294.967.295

Datentyp	Zuweisung	Beschreibung
int	`var counter:int = -500;` `var dx:int = -2;`	Integer; Ganzzahlen mit oder ohne negativem Vorzeichen mit einem Wertebereich von −2.147.483.648 bis 2.147.483.647
Boolean	`var isSet:Boolean = false;`	false (falsch) oder true (richtig)
MovieClip	`var myMovieClip:MovieClip = new MovieClip();`	MovieClip ist ein Anzeigeobjekt.
Sprite	`var mySprite:Sprite = new Sprite();`	Sprite ist ein Anzeigeobjekt.
Shape	`var myShape:Shape = new Shape();`	Shape ist ein Anzeigeobjekt.
Array	`var myArray:Array = new Array("1","2","3");`	eine Referenz auf ein Array mit den Feldwerten "1","2","3"
TextField	`var meinTextfeld:TextField = msg_txt;`	eine Referenz meinTextfeld auf das Textfeld msg_txt
Object	`var myObj:Object = meinObjekt;`	eine Referenz myObj auf ein Objekt meinObjekt

8.5.1 Strikte Typisierung und lose Typisierung

ActionScript wurde in den letzten Jahren parallel zu Flash stetig weiterentwickelt. Mit steigenden Anforderungen wurden neue Merkmale integriert, die dazu führen, dass ActionScript klassischen Programmiersprachen wie z.B. Java immer ähnlicher wird. Mit ActionScript 2 wurde erstmals das sogenannte strikte Typisieren (engl. »strong typing«) für Variablen eingeführt. In ActionScript 1 wurde eine Variable zum Vergleich ohne strikte Typisierung wie folgt initialisiert:

```
var active = true;
```

Man nennt diese Typisierung auch lose Typisierung (engl. »loose typing«).

Der Variablen `active` wurde der Wert `true` vom Datentyp `Boolean` zugewiesen. Dieser Datentyp wird hier jedoch nicht explizit angegeben, man kann ihn einzig und allein am Wert der Variablen erkennen: `true` ist einer der möglichen Werte einer Variablen vom Datentyp `Boolean`.

Typisierung in ActionScript 3 | In ActionScript 3 ist sowohl lose Typisierung als auch strikte Typisierung möglich. Ein Beispiel für eine lose Typisierung einer Variablen:

```
var inputString = "10";
```

▲ **Tabelle 8.2**
Wichtige Datentypen in Action-Script 3

Dynamische Variablen
Variablen, die ihren Datentyp ändern, werden auch als *dynamische Variablen* bezeichnet.

In der Praxis wird die lose Typisierung, wenn möglich, vermieden. Es mag wenige Anwendungsfälle geben, bei der eine lose Typisierung sinnvoll ist. Sollten Sie lose Typisierung einsetzen, können Sie dies auch explizit betonen, indem Sie die Syntax der strikten Typisierung verwenden und statt eines expliziten Datentyps ein *-Zeichen einfügen:

```
var inputString:* = "10";
```

Das Zeichen * steht dabei für einen beliebigen Datentyp. Sie betonen mit dieser Schreibweise, dass es sich um eine Variable ohne definierten Datentyp handelt.

Wie bereits erwähnt, sollten Variablen in ActionScript 3 möglichst typisiert werden. Der Datentyp sollte also bei der Initialisierung angegeben werden und lässt sich dann im Nachhinein nicht mehr ändern. Was zunächst als Einschränkung erscheinen mag, verhindert jedoch in vielen Fällen Fehler bei der Programmierung.

Sollte einer strikt typisierten Variable nach der Initialisierung ein Wert eines anderen Datentyps ❶ zugewiesen werden, wird beim Veröffentlichen des Flash-Films eine entsprechende Fehlermeldung ❷ im COMPILER-FEHLER-Fenster (Alt+F2) angezeigt.

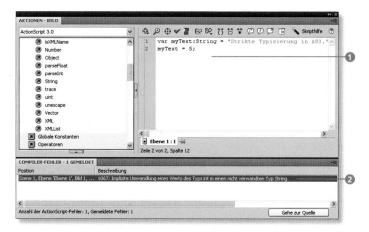

Abbildung 8.14 ▶
Typenkonflikt im COMPILER-FEHLER-Fenster

In Abbildung 8.14 wurde der Variablen myText zunächst ein Wert vom Datentyp String zugewiesen, anschließend jedoch ein Wert vom Datentyp Number, uint oder int, also eine Zahl.

8.5.2 Datentypen umwandeln

Gelegentlich kommt es vor, dass man einen Wert in einen anderen Datentyp umwandeln möchte. Wenn Sie beispielsweise einen Text in einem Textfeld eingeben, ist der Datentyp des Werts immer vom Typ String. Es könnte sein, dass Sie jedoch einen numerischen Wert eingeben, den Sie zum Beispiel für eine Kalkulation verwenden möchten. In diesem Fall ist eine Umwandlung des Datentyps von String zu Number, uint oder int notwendig. Das folgende Beispiel erläutert die Vorgehensweise.

String in Number umwandeln | In einem Eingabetextfeld wird eine Zahl eingegeben. Die eingebende Zahl wird der Variablen inputString vom Typ String zugewiesen.

Diese Zahl soll zum Wert der Variablen num addiert und das Resultat der Variablen result zugewiesen werden. Die Variablen num und result sind jedoch vom Datentyp Number. Der erste Gedanke führt zu folgendem Code:

```
var inputString:String = "10";
var num:Number = 5;
var result:Number = inputString+5;
```

Beachten Sie, dass die Variable inputString vom Datentyp String ist. Die vermeintliche Zahl 10 wird deshalb nicht als Zahl, sondern als String interpretiert. Das führt zu einem Typenkonflikt.

◄ **Abbildung 8.15**
Fehler im Compiler-Fehler-Fenster: Typenkonflikt

Die Lösung bietet folgender Code:

```
var inputString:String = "10";
var num:Number = 5;
var result:Number = Number(inputString)+5;
```

Der Wert der Variable inputString wird vor der Berechnung in den Datentyp Number umgewandelt: Der neue Datentyp, in den die Variable umgewandelt werden soll, wird vor die Variable geschrieben, die Variable selbst wird in Klammern dahintergesetzt.

Number in String umwandeln | Die Datentyp-Umwandlung lässt sich in vergleichbarer Weise, soweit das zulässig ist, mit jedem Datentyp vornehmen. So könnten Sie z. B. einen Wert vom Datentyp Number wie folgt auch in einen Stringwert umwandeln:

```
var myNum:Number = 5;
var myNumString:String = String(myNum);
```

Datentyp ermitteln

Sie können den Datentyp einer Variablen über die Methode typeof wie folgt ermitteln:

trace(typeof(active));

Die Methode wird auch verwendet, um eigene Fehlerroutinen zu schreiben.

Hinweis

In diesem Beispiel wurde tatsächlich kein Text eingegeben. Der Wert der Variablen inputString simuliert einen Wert, der in ein Textfeld eingegeben wurde.

Unzulässige Typumwandlung

Eine Typumwandlung ist jedoch nicht immer zulässig. Sie können beispielsweise einen MovieClip nicht in einen numerischen Wert umwandeln, was auch nicht sinnvoll wäre. Dazu folgendes Beispiel:

var mc:MovieClip = new MovieClip();
trace(Number(mc));

Die Ausgabe ergibt NaN (Not a Number).

**[!] Doppelte Variablen-
deklaration**

Innerhalb eines Geltungsbereichs
dürfen Sie eine Variable nicht
mehrmals über `var` deklarieren.
Folgender Code innerhalb eines
Geltungsbereichs führt zu einem
Compiler-Fehler:

```
var myText:String = "Halo";
var myText:String = "Hallo";
```

Wenn Sie einer bereits dekla-
rierten Variablen einen neuen
Wert zuweisen wollen, nutzen Sie
dazu folgenden Code.

```
var myText:String = "Halo";
myText = "Hallo";
```

8.5.3 Geltungsbereich

Jede Variable befindet sich in einem bestimmten Geltungsbereich. Der Geltungsbereich gibt an, in welchem Bereich eine
Variable existiert. Er hängt davon ab, wie und an welcher Stelle
diese definiert wurde. In ActionScript 3 gibt es im Gegensatz zu
Vorgängerversionen nur einen Geltungsbereich, den lokalen Geltungsbereich.

Über das Schlüsselwort var weisen Sie einer Variablen einen
lokalen Geltungsbereich zu. Lokale Variablen existieren nur innerhalb eines bestimmten Bereichs. Wenn Sie beispielsweise auf
der Hauptzeitleiste in einem Schlüsselbild eine Variable myText,
wie folgt definieren, existiert diese Variable nur im Bereich der
Hauptzeitleiste:

```
var myText:String = "Textbeispiel";
```

Versuchen Sie, den Wert der Variablen beispielsweise in einem
Schlüsselbild eines Movieclips direkt zu ermitteln mit:

```
trace(myText);
```

führt das zu einem Fehler, der im `Compiler-Fehler`-Fenster
angezeigt wird.

Abbildung 8.16 ▶
Die Variable myText existiert nicht
in der Zeitleiste des Movieclips.

Funktionen und Schleifen
Mehr zu Funktionen und Schlei-
fen erfahren Sie im Verlauf des
Kapitels.

Ein anderes Beispiel für den lokalen Geltungsbereich sind Variablen, die innerhalb einer Funktion oder einer Schleife definiert
werden. Der Wert einer solchen Variablen ist außerhalb der
Funktion oder der Schleife nicht existent.

8.6 Arrays

Arrays sind besondere Variablen, die im Gegensatz zu anderen
Variablen nicht nur einen Wert, sondern eine ganze Reihe von
Werten enthalten können. Stellen Sie sich ein Array wie einen
Schrank vor, der verschiedene Schubladen hat – der Schrank
würde als Array bezeichnet und die Schubladen als die Felder

des Arrays, in denen Inhalte abgelegt werden können. Ein Array initialisieren Sie wie folgt:

```
var myArray_arr:Array = new Array();
```

Es besitzt noch keinerlei Werte – folgende Initialisierung weist dem Array gleichzeitig drei Stringwerte zu:

```
var myNames_arr:Array = new Array("Sonja","Anja","Martin");
```

8.6.1 Indizierte Arrays

Nachdem Sie ein Array mit Werten gefüllt haben, können Sie über einen Index auf die entsprechenden Werte zugreifen:

```
trace(myNames_arr[0]);
```

Die vorangehende Anweisung würde zur Ausgabe Sonja führen. Der Index 0 verweist also auf den ersten Feldwert des Arrays. Analog dazu können Sie dem Array auf diese Weise auch einen Wert zuweisen:

```
myNames[0] = "Michael";
```

Falls das Feld des Arrays mit dem Index 0 bereits einen Wert besitzt, wird dieser Wert überschrieben.

8.6.2 Assoziative Arrays

Alternativ lassen sich auch sogenannte *assoziative Arrays* verwenden; dazu folgendes Beispiel:

```
var profil_arr = new Array();
profil_arr["name"] = "Michael";
profil_arr["alter"] = 22;
profil_arr["wohnort"] = "Hamburg";
```

Der Zugriff auf einen der Werte erfolgt dann durch Angabe des Feldbezeichners. Die Anweisung

```
trace(profil_arr["name"]);
```

würde zur Ausgabe Michael führen.

8.6.3 Mehrdimensionales Array

Sehr mächtig sind sogenannte *mehrdimensionale Arrays*, die z. B. Daten einer Tabelle mit mehreren Spalten und Zeilen abbilden können. Ein Beispiel für ein mehrdimensionales Array:

```
var adressbuch_arr = new Array({myname:"Klaus",alter:
22},{myname:"Fritz",alter:28});
```

Die Anweisung trace(adressbuch_arr[1].myname); führt zur Ausgabe Fritz. Wenn Sie sich die Struktur in tabellarischer Form vorstellen möchten, wäre das in diesem Fall eine zweispaltige Tabelle mit den Spalten »myname« und »alter«. Die erste Zeile besäße die Werte Klaus und 22, die zweite Zeile die Werte Fritz und 28.

▼ Tabelle 8.3
Methoden der Array-Klasse

Methode	Beispiel	Beschreibung

concat()	var a0:Array = new Array(0,1)
	var a1:Array = new Array(2,3)
	var a2:Array = new Array();
	a2 = a0.concat(a1);
	trace(a2);
	// Das Array "a2" [0,1,2,3] wird erstellt.
		Verkettet zwei Arrays miteinander und gibt ein neues Array mit den resultierenden Daten zurück.

join(Trennzeichen)	var a_arr:Array = new Array("Max","Moritz"); trace(a_arr.join(" und "));	Wandelt das Array in einen String um – die Feldwerte werden durch das angegebene Trennzeichen voneinander getrennt.

pop()	var a_arr:Array = new Array(0,1,2);
	var lastValue:Object = a_arr.pop();
	trace(lastValue);
		Entfernt das letzte Element eines Arrays und gibt es zurück.

push()	var a_arr:Array = new Array(0,1,2);
	a_arr.push(3,4);
	trace(a_arr[a_arr.length-1]);
		Fügt am Ende des Arrays ein oder mehrere Elemente hinzu.

reverse()	var a_arr:Array = new Array(0,1,2);
	a_arr.reverse();
	trace(a_arr);
	// Array [2,1,0]
		Kehrt die Reihenfolge des Arrays um.

shift()	var a_arr:Array = new Array(0,1,2);
	var firstValue:Object = a_arr.shift();
	trace(firstValue);
		Entfernt das erste Element des Arrays und gibt es zurück.

slice(a,b)	var a0_arr:Array = new Array(0,1,2,3,4,5);
	var aResult_arr:Array = a0_arr.slice(1,3);
	trace(aResult_arr);
	// Array [1,2]
		Gibt ein Array aus Elementen von Index a bis ausschließlich Index b zurück.

sort()	-	Sortieren, Erläuterung siehe unten

Methode	Beispiel	Beschreibung
sortOn()	-	Sortieren nach Feldwert, siehe unten

splice(startIndex: [deleteCount], [values])	Entfernen:
	`var a0_arr:Array = new Array(0,1,2);`
	`a0_arr.splice(1,1);`
	`trace(a0_arr);`
	`// Array [0,2]`
	Einfügen:
	`var a0_arr:Array = new Array(0,1,2);`
	`a0_arr.splice(1,0,5);`
	`trace(a0_arr);`
	`// Array [0,5,1,2]`
		Fügt einem Array Elemente hinzu bzw. entfernt diese.

toString()	`var a0_arr:Array = new Array(0,1,2);`
	`trace(a0_arr.toString());`
	`// String "1,2,3"`
		Wandelt ein Array in einen durch Kommata getrennten String um.

unshift()	`var a0_arr:Array = new Array(2,3,4);`
	`a0_arr.unshift(0,1);`
	`trace(a0_arr);`
	`// Array [0,1,2,3,4]`
		Fügt am Anfang des Arrays ein oder mehrere Werte hinzu.

▲ Tabelle 8.3
Methoden der Array-Klasse (Forts.)

8.6.4 Arrays sortieren

Für die Sortierung von Arrays stehen Ihnen die beiden Methoden `sort()` und `sortOn()` zur Verfügung.

Numerisch sortieren | Standardmäßig werden Feldwerte während der Sortierung vorübergehend in Stringwerte umgewandelt und nach ihren Unicode-Werten sortiert.

Die folgenden Anweisungen führen unerwartet zu dem »falschen« Ergebnis ("0,1,2,22,3"):

```
var myArray:Array = new Array(0,3,22,2,1);
myArray.sort();
```

Um ein Array numerisch zu sortieren, muss das Argument `Array.NUMERIC` oder `16` an die Methode übergeben werden:

```
myArray.sort(16);
```

oder

```
myArray.sort(Array.NUMERIC);
```

Das Array wird numerisch sortiert – Ergebnis: »0,1,2,3,22«.

Absteigend sortieren

Um ein Array numerisch in absteigender Reihenfolge zu sortieren, müssen Sie die Option 2 oder `Array.DESCENDING` verwenden. Mehrere Optionen werden durch ein | (= oder) voneinander getrennt.
Beispiel: `myArray.sort(16|2);`

Alphabetisch sortieren | Bei der alphabetischen Sortierung ist zu beachten, dass standardmäßig zwischen Groß- und Kleinbuchstaben unterschieden wird – »Z« kommt vor »a«. Der Code

```
var myArray:Array = new Array("anton","Klaus",
"Katrin","Fritz");myArray.sort();
```

führt zur Abfolge `Fritz, Katrin, Klaus, anton`.

Damit die Sortierung richtig funktioniert, muss das Argument `Array.CASEINSENSITIVE` oder 1 übergeben werden:

```
myArray.sort(1);
```

oder

```
myArray.sort(Array.CASEINSENSITIVE);
```

Der Code führt dann zur Abfolge `anton, Fritz, Katrin, Klaus`.

Option	Beschreibung
`Array.CASEINSENSITIVE` oder 1	Groß- und Kleinschreibung werden ignoriert.
`Array.DESCENDING` oder 2	absteigende Sortierung (10 kommt vor 9)
`Array.UNIQUESORT` oder 4	Das Array wird nicht sortiert, wenn zwei Felder denselben Wert enthalten.
`Array.RETURNINDEXEDARRAY` oder 8	Das Array selbst wird nicht geändert. Ein sortiertes Array wird zurückgegeben.
`Array.NUMERIC` oder 16	numerische Sortierung

Tabelle 8.4 ▶
Array-Sortierungsoptionen

Assoziatives mehrdimensionales Array sortieren | Über die Methode `sortOn()` können Sie ein assoziatives mehrdimensionales Array nach einem bestimmten Feld sortieren. Beispiel:

```
var adressbuch_arr = new Array({myname:"Klaus",
alter:22},{
myname:"Fritz",alter:28},{myname:"Anton",alter:26});
adressbuch_arr.sortOn("myname");
```

Das Array `adressbuch_arr` wird anhand der Feldwerte `myname` sortiert. Das Ergebnis ist: `Anton, Fritz , Klaus`.

Sie können auch mehrere Felder zur Sortierung verwenden. Dabei hat das erste Feld vor dem zweiten Vorrang etc.

```
var adressbuch_arr = new Array({myname:"Klaus",
alter:22,ort:"Kiel"},{myname:"Fritz",alter:28,ort
"Moskau"},{myname:"Anton",alter:28,ort:"Hamburg"});
adressbuch_arr.sortOn(["myname","ort"]);
```

Das Array wird zunächst über das Feld `myname` sortiert und anschließend über das Feld `ort`.

8.6.5 Typisiertes Array: Vector

Wenn Sie ein Array verwenden möchten, deren Feldwerte vom selben Datentyp sind, sollten Sie statt eines Arrays einen sogenannten Vector verwenden. `Vector` ist eine neue Klasse bzw. ein neuer Datentyp im Flash Player 10, benötigt weniger Speicher und lässt sich deutlich schneller verarbeiten als ein Array.

Die Klasse `Vector` verfügt über viele ähnliche oder gar gleiche Methoden und Eigenschaften wie die `Array`-Klasse. Dazu gehören beispielsweise Methoden, wie `join`, `pop`, `push`, `shift`, `splice`, etc. und die Eigenschaft `length`. Die Syntax, um ein `Vector`-Objekt zu initialisieren, unterscheidet sich von anderen Typen und ist ungewöhnlich. Dazu folgendes Beispiel:

```
var myVector:Vector.<String>;
```

Es wird eine Instanz `myVector` der `Vector`-Klasse initialisiert. Der Teil `.<String>` gibt an, dass die Feldwerte des Objekts ausschließlich vom Datentyp `String` sein dürfen. Um den Vector bei der Initialisierung verschiedene Werte zuzuweisen, könnten Sie folgende Syntax verwenden.

```
var myNames:Vector.<String> =
Vector.<String>(["John", "Jim", "Harry"]);
```

Der Zugriff auf Felder eines Vectors funktioniert analog zum Zugriff auf die Felder eines Arrays. Um beispielsweise auf das Feld mit dem Index 1 zuzugreifen, könnten Sie folgenden Code nutzen:

```
trace(myNames[1]);
```

Sortierungsoptionen

Eine Sortierungsoption wird bei `sortOn()` durch ein Komma getrennt hinter dem Feldnamen angegeben. Beispiel: `adressbuch_arr.sortOn(["myname","ort"],1);` sortiert die angegebenen Felder des Arrays mit der Option `CASE-INSENSITIVE` bzw. `1`.

Performance

Nach einem Test von Mike Chambers (*http://www.mikechambers.com/blog/2008/09/24/actioscript-3-vector-array-performance-comparison/*) ist die Verarbeitung eines Objekts der Klasse `Vector` um ca. 60% schneller als die Verarbeitung eines Objekts der Klasse `Array`.

Beispiel mit Datentyp: `int`

Um ein Objekt der Klasse `Vector` zu initialisieren, in dem ausschließlich Werte vom Datentyp `int` zulässig sind, würde folgender Code dienen:
`var myVector:Vector.<int>;`

8.7 Einfache Operatoren

Sogenannte *Operatoren* dienen dazu, Werte zu vergleichen, zu kombinieren und zu ändern.

8.7.1 Arithmetische Operatoren

Arithmetische Operatoren führen Berechnungen zwischen zwei oder mehreren Werten durch. Es gibt fünf solcher Operatoren:

Operator	Anwendung	Beschreibung
+	`var result:uint = 5+5;` `// 10`	Addition
-	`var result:uint = 10-5-2;` `//3`	Subtraktion
/	`var result:Number = 10/3;` `// 3.333...`	Division
*	`var result:uint = 2*2;` `// 4`	Multiplikation
%	`var result:Number = 10%4;` `// 2`	Modulo; gibt den Rest-wert einer Division zurück.

Tabelle 8.5 ▶
Arithmetische Operatoren

Der Modulo-Operator | Die vier ersten Operatoren der Tabelle sind Ihnen sicher geläufig – die Funktionsweise des Modulo-Operators ist jedoch nicht so bekannt, obwohl er auf jedem Taschenrechner zu finden ist. Über den Modulo wird der ganzzahlige Restwert einer Division berechnet.

```
trace(7%3);
```

Das Ergebnis ist 1, da 7/3 = 2 (+1) ist.

Anwendungsbeispiel | Ein Gästebuch wird in Seiten unterteilt. Auf einer Seite sollen maximal drei Einträge dargestellt werden. Bei neun Einträgen ergäben sich also drei Seiten à drei Einträge. Was passiert jedoch, wenn es zehn Einträge gibt? Das Ergebnis einer Division von 10 durch 3 würde zu 3,3333... führen. Für den letzten Eintrag wird eine Extraseite benötigt. Wie stellt man fest, ob eine Extraseite nötig ist? Die Aufgabe lässt sich mit Hilfe von Modulo lösen und würde wie folgt berechnet:

```
var anzahlDerEinträge:Number = 10;
var anzahlDerSeiten:Number = 10/3;
var restWert:Number = 10%3;
```

Wenn der Wert der Variablen `restWert` größer als 0 ist, muss zur Anzahl der Seiten (Variable `anzahlDerSeiten`) eine zusätzliche Seite für den letzten Eintrag bereitgestellt werden. Wie sich dann diese Abfrage gestalten lässt, erfahren Sie im nächsten Abschnitt.

Kurzschreibweise | Wenn Sie einen Variablenwert selbst um einen bestimmten Faktor verändern wollen, können Sie auch die Kurzschreibweise für diese Berechnung verwenden.

Kurzschreibweise	Entspricht ...
i++;	i = i+1;
i--;	i = i-1;
i*=10;	i = i*10;
i/=10;	i = i/10;

◀ **Tabelle 8.6**
Kurzschreibweise mit arithmetischen Operatoren

8.7.2 Vergleichsoperatoren und Fallentscheidung

Sie werden bei der Programmierung immer wieder auf Stellen stoßen, an denen Sie in Abhängigkeit von einer bestimmten Bedingung und deren Resultat eine bestimmte Anweisung ausführen wollen – man spricht hier auch von einer Fallentscheidung.

if-Anweisung | Die `if`-Anweisung wird dazu genutzt, zwei Werte zu vergleichen und – je nach Resultat – entsprechenden Code auszuführen. Eine einfache `if`-Anweisung hat folgenden formellen Aufbau:

```
if(Bedingung) {
  // Anweisung (Führe diesen Code aus)
}
```

Die Bedingung setzt sich in der Regel aus mindestens zwei Werten und einem Vergleichsoperator zusammen. Folgende Vergleichsoperatoren gibt es:

Kommentare

Kommentare können im Code integriert werden, um Codeabschnitte zu erläutern – sie werden vom Flash Player zur Laufzeit nicht interpretiert. Ein einzeiliger Kommentar wird durch ein vorangestelltes //-Zeichen gekennzeichnet. Mehrzeilige Kommentare können wie folgt formatiert werden:

```
/*
Kommentar Zeile 1
Kommentar Zeile 2
...
*/
```

▼ **Tabelle 8.7**
Übersicht der Vergleichsoperatoren

Operator	Anwendung	Erläuterung

==	`if(restWert == 0) {`
	`  // restWert ist gleich 0`
	`}`
		Gleich, wobei gegebenenfalls eine automatische Datentypumwandlung durchgeführt wird.

!=	`if(restWert !=0) {`
	`  // restWert ist ungleich 0`
	`}`
		Ungleich, wobei gegebenenfalls eine automatische Datentypumwandlung durchgeführt wird.

Operator	Anwendung	Erläuterung
| === | ```
if(restWert === 0) {
    // restWert ist gleich 0
}
``` | Sowohl die Werte als auch ihre Datentypen müssen übereinstimmen. |
| !== | ```
if(restWert !==0) {
    // restWert ist ungleich 0
}
``` | Sowohl die Werte als auch ihre Datentypen stimmen nicht überein. |
| > | ```
if(restWert >0) {
    // restWert ist größer 0
}
``` | größer als |
| < | ```
if(restWert <0) {
    // restWert ist kleiner 0
}
``` | kleiner als |
| >= | ```
if(restWert >= 0) {
    // restWert ist größer oder gleich 0
}
``` | größer gleich |
| <= | ```
if(restWert <=0) {
    // restWert ist kleiner oder gleich 0
}
``` | kleiner gleich |

▲ **Tabelle 8.7**
Übersicht der Vergleichsoperatoren (Forts.)

In dem zuvor genannten fiktiven Gästebuch wäre dann z. B. folgende if-Anweisung sinnvoll:

[!] Verwechslungsgefahr
Einer der häufigsten Anfängerfehler ist es, den Gleichheitsoperator == mit dem Zuweisungsoperator = zu verwechseln. Der Gleichheitsoperator == vergleicht zwei Werte, der Zuweisungsoperator = weist einer Variablen einen Wert zu.

```
var anzahlDerEinträge:Number = 10;
var anzahlDerSeiten:Number = 10/3;
var restWert:Number 10%3;
if(restWert >0) {
    anzahlDerSeiten = anzahlDerSeiten+1;
}
```

Der Wert der Variablen anzahlDerSeiten würde um 1 erhöht, wenn der Wert der Variablen restWert größer als 0 ist.

Falls... ansonsten... (if-else-Anweisung) | Eine if-Abfrage lässt sich auch noch erweitern. Zunächst wird eine Bedingung überprüft – wenn die Bedingung zutrifft, wird der darauffolgende Codeblock ausgeführt. Wenn die Bedingung nicht zutrifft, können Sie eine else-Bedingung nutzen, die dann alternativ greift. Formell sieht eine if-else-Anweisung so aus:

```
if(Bedingung) {
    // Die Bedingung ist erfüllt
```

```
} else {
    // Die Bedingung ist nicht erfüllt
}
```

Falls... falls... falls... ansonsten... | Wenn Sie mehrere Bedingungen überprüfen und gegebenenfalls entsprechend reagieren möchten, bietet sich eine if-Anweisung mit else if-Bedingungen an:

Hinweis
Sie können beliebig viele else if-Bedingungen verwenden.

```
if(Bedingung1) {
    // Bedingung 1 ist erfüllt
} else if(Bedingung2) {
    // Bedingung 1 ist nicht erfüllt, Bedingung 2 ist
    erfüllt
} else if(Bedingung3) {
    // Bedingungen 1 und 2 sind nicht erfüllt, Bedin-
    gung 3 ist erfüllt
} else {
    // Keine der Bedingungen ist erfüllt.
}
```

switch-Anweisung | Wenn Sie eine Variable auf verschiedene Einzelwerte überprüfen möchten, können Sie dazu die switch-Abfrage verwenden. Die Abfrage hat folgende Syntax.

```
switch(Variable) {
    case 0:
    // Anweisung 1
    break;
    case 1:
    // Anweisung 2
    break;
    default:
    // Default-Anweisung
}
```

Default

Die default-Anweisung wird ausgeführt, wenn keiner der vorhergehenden Werte übereinstimmt. Sie ist vergleichbar mit der letzten else-Anweisung einer if-Schleife. Die default-Anweisung ist optional.

Der Wert der Variablen wird hier jeweils mit dem Wert hinter dem Ausdruck case verglichen. Sind die Werte identisch, wird die dahinter folgende Anweisung ausgeführt. Um zu verhindern, dass die Überprüfung dann weiter fortgesetzt wird, kann die Überprüfung über die Anweisung break; unterbrochen werden.

Beispiel:

```
switch(myName) {
    case "Fritz":
    // Mein Name ist Fritz
    break;
    case "Jimmy":
    // Ich bin's, Jimmy
    break;
    default:
    // Ach, wie gut, dass niemand weiß...
}
```

8.7.3 Logische Operatoren

Mit logischen Operatoren lassen sich Bedingungen auf unterschiedliche Weise verknüpfen. Folgende logische Operatoren gibt es:

Tabelle 8.8 ▶
Logische Operatoren

Operator	Anwendung	Erläuterung

!	`if(!restWert == 0) {`
	`    ...`
	`}`
		NOT, ist nicht gleich – kehrt den booleschen Wert eines Ausdrucks um.

||	`if(restWert > 0 || restWert`
	`    < 0) {`
	`    ...`
	`}`
		ODER; wenn eine der Bedingungen erfüllt ist, wird der Codeblock ausgeführt.

&&	`if(restWert >0 && restWert`
	`    <5) {`
	`    ...`
	`}`
		UND; nur wenn beide Bedingungen erfüllt sind, wird der Codeblock ausgeführt.

Kurzschreibweise

Wenn Sie überprüfen möchten, ob einer Variablen ein Wert zugewiesen wurde oder nicht, können Sie dazu folgende Kurzschreibweisen verwenden:

```
if(myVar) {
// myVar besitzt einen Wert
}
```
oder
```
if(!myVar) {
// myVar ist gleich unde-
fined
}
```

Beispiel für eine NOT-Abfrage (!):

```
if(!restWert) {
    // Die Variable restWert besitzt keinen Wert oder
existiert nicht.
}
```

Beispiel für eine ODER-Abfrage (||):

```
if(username == "admin" || username == "root") {
// Die Variable "username" besitzt den Wert "admin"
    oder "root".
}
```

Beispiel für eine UND (&&)-Abfrage:

```
if(vorname != null && vorname != "") {
// Der Variablen "vorname" wurde ein Wert zugewiesen,
   und der Wert ist nicht gleich "".
}
```

8.8 Bitweise Operatoren

Bitweise Operatoren funktionieren im Prinzip ähnlich wie logische Operatoren – sie vergleichen jedoch die Bits eines gespeicherten Werts. Im Binärsystem entspricht die Zahl 65 z. B. dem Wert 1000001. Das *Binärsystem*, auch als Dualsystem bezeichnet, ist ein Zahlensystem, das nur zwei verschiedene Ziffern zum Darstellen von Zahlen verwendet (0 und 1). Das folgende Beispiel zeigt, wie Sie die Zahl 65 aus dem Dezimalsystem in das Binärsystem umwandeln können. Jede Stelle einer Zahl in einem Binärsystem entspricht einem bestimmten Wert. Beginnen Sie von rechts nach links. Die Stelle ganz rechts entspricht 2^0 (1), die Stelle davor entspricht 2^1 (2), die dritte Stelle ist 2^2 (4) usw.

In der folgenden Tabelle sehen Sie in der oberen Zeile die jeweilige Stelle und den entsprechenden Wert. Da gilt $64 + 1 = 65$, werden an den entsprechenden Stellen Einsen gesetzt.

Anwendungsbereich
Bitweise Operatoren werden z. B. für die Manipulation von Farbwerten oder Pixeln verwendet.

64	32	16	8	4	2	1
1	0	0	0	0	0	1

Folgende bitweise Operatoren stehen Ihnen in Flash zur Verfügung:

▶ **UND (&)**: Setzt das Ergebnisbit auf 1, wenn beide Bits an dieser Stelle 1 betragen. Beispiel mit 13 und 11:

13	1	1	0	1
11	1	0	1	1
Ergebnis	1	0	0	1

▶ **ODER (|)**: Setzt das Ergebnisbit auf 1, wenn eines der beiden Bits an dieser Stelle 1 beträgt.

13	1	1	0	1
11	1	0	1	1
Ergebnis	1	1	1	1

▶ **XOR (^), EXKLUSIVES ODER**: Setzt das Ergebnisbit auf 1, an denen einer der Bits an dieser Stelle 1 ist – sonst wird das Ergebnisbit auf 0 gesetzt.

13	1	1	0	1
11	1	0	1	1
Ergebnis	0	1	1	0

▶ **NICHT (~)**: Führt eine logische Negation jedes Bits durch.

13	1	1	0	1
Ergebnis	0	0	1	0

▶ **Bitverschiebung** (engl. »bitshifting«) **NACH LINKS (<<)**: Bits werden um x Stellen nach links verschoben. Dabei werden rechts automatisch 0-Werte eingefügt.

13	1	1	0	1
13 << 2	0	1	0	0

▶ **Bitverschiebung NACH RECHTS (>>)**: Bits werden um x Stellen nach rechts verschoben, wobei überflüssige Bits einfach nach rechts verschwinden.

13	1	1	0	1
13 >> 2			1	1

Bitweise Operatoren …
… werden meist in mathematischen Berechnungen benutzt, um Speicher zu sparen.

Sie fragen sich jetzt vielleicht, wofür Sie bitweise Operatoren einsetzen können. In der Regel werden sie für komplexere mathematische Berechnungen verwendet, u. a. weil bitweise Berechnungen vergleichsweise schnell sind und wenig Speicher benötigen. Das folgende Beispiel zeigt eine mögliche Anwendung. Angenommen, Sie haben eine Anwendung entwickelt, die verschiedene Einstellungsmöglichkeiten bietet. So könnte es z. B. drei Einstellungen in Form von Variablen vom Datentyp Boolean geben.

```
var fullscreen:Boolean = false;
var autoUpdate:Boolean = true;
var autoSave:Boolean = false;
```

Wie Sie sehen, müssten Sie für jede Einstellung eine Variable definieren, die Speicher benötigt. Alternativ könnten Sie jedoch auch eine dreistellige Binärzahl verwenden. Dabei könnte die erste Eigenschaft fullscreen der ersten Stelle, die zweite Eigenschaft `autoUpdate` der zweiten Stelle und die dritte Eigenschaft `autoSave` der dritten Stelle der Binärzahl entsprechen (von rechts nach links). Die folgende Tabelle zeigt zwei mögliche Einstellungskombinationen.

	autoSave	autoUpdate	fullscreen
Beispiel 1	1	1	1
Beispiel 2	0	1	0

Im ersten Beispiel sind alle drei Optionen aktiviert. Im zweiten Beispiel ist nur die Option `autoUpdate` aktiviert. Angenommen, Sie möchten alle drei Einstellungen in einer Variablen `einstellungen` speichern. Das sähe dann im Dezimalsystem wie in Beispiel 1 aus:

```
var einstellungen:Number = 0;
einstellungen+=1; // 2 hoch 0, entspricht der Zahl
ganz rechts im Binärsystem
einstellungen+=2; // 2 hoch 1, entspricht der Zahl
an der zweiten Stelle des Binärsystems
einstellungen+=4; // 2 hoch 2, entspricht der Zahl
an der dritten Stelle des Binärsystems
```

Der Wert der Variablen `einstellungen` wäre 7, was in binärer Schreibweise dem Wert 111 entspricht. Beispiel 2:

```
var einstellungen:Number = 0;
einstellungen +=2 // 2 hoch 1, entspricht der Zahl,
an der zweiten Stelle des Binärsystems
```

In diesem Fall wäre der Wert der Variablen `einstellungen` gleich 2 – das entspricht im Binärsystem dem Wert 010. Beispiel 3:

```
var einstellungen:Number = 7;
einstellungen -=2;
```

Alle drei Optionen sind aktiviert. Der Wert der Variable `einstellungen` ist 7. Um die Option `autoUpdate` zu deaktivieren, subtrahieren Sie von dem Wert 2. In dezimaler Schreibweise lautet der Wert dann 5, was im Binärsystem dem Wert 101 entspricht.

Dies sind nur einfache Beispiele dafür, wie das Binärsystem eingesetzt werden könnte. Bitweise Operatoren und Bitverschiebung werden in Flash u. a. häufig zur Manipulation von Farbwerten verwendet.

8.9 Schleifen

Sogenannte *Schleifen* dienen dazu, eine Anweisung auf Grundlage einer Bedingung mehrmals hintereinander auszuführen.

8.9.1 while-Schleife

Der formelle Aufbau einer `while`-Schleife ist wie folgt:

```
while(Bedingung) {
    // Anweisung
}
```

Schleifendurchlauf

Das wiederholte Ausführen des Codeblocks in einer Schleife wird auch als *Schleifendurchlauf* bezeichnet. Man sagt auch: »Eine Schleife wird zehnmal durchlaufen.«

In diesem Fall wird die Schleife so lange ausgeführt, wie die Bedingung erfüllt ist. Die Bedingung setzt sich dabei nicht, wie bei der `if`-Anweisung, aus einer einmaligen Abfrage zusammen, sondern wird üblicherweise mit einer sogenannten Zählervariablen gekoppelt. Folgendes Beispiel dazu:

```
var i:uint = 0;
while (i < 10) {
    trace(i);
    i = i+1;
}
```

▲ **Abbildung 8.17**
Im Ausgabe-Fenster sehen Sie das Ergebnis.

Zunächst wird der Variablen i vom Datentyp uint der Wert 0 zugewiesen. Anschließend überprüft die while-Schleife, ob i kleiner als 10 ist. In diesem Fall wird der Wert der Variablen i im Ausgabe-Fenster ausgegeben. Der Wert der Variablen i wird um 1 erhöht, die Schleife wird erneut durchlaufen – bis der Wert der Variablen i schließlich gleich 10 ist.

[!] Endlosschleifen

Wenn Sie feststellen, dass in einer Anwendung eine vermeintliche Endlosschleife existiert, sollten Sie Ihr Augenmerk zunächst auf die Zählervariable richten. Sie sollten beispielsweise überprüfen, ob die Zählervariable überhaupt erhöht wird und die Bedingung irgendwann erfüllt sein kann.

Endlosschleifen | Einer der häufigsten Fehler, der im Zusammenhang mit Schleifen auftritt, sind sogenannte Endlosschleifen. Wie der Name bereits sagt, handelt es sich um Schleifen, die endlos weiterlaufen. Endlosschleifen werden erzeugt, wenn die Bedingung der Schleife stets erfüllt bleibt. Folgender Code würde zu einer Endlosschleife führen:

```
var i:uint = 0;
while (i < 10) {
    trace(i);
}
```

Der Wert der Variablen i wird hier nicht erhöht, demnach bleibt die Bedingung i<10 erfüllt, und der Code innerhalb der Blockanweisung wird endlos wiederholt.

Wenn Sie einen Flash-Film mit einer Endlosschleife veröffentlichen, wird Ihr Rechner eine Zeitlang nicht reagieren – glücklicherweise fällt Flash das nach kurzer Zeit auf, und ein Dialogfenster mit einem Warnhinweis erscheint.

▲ **Abbildung 8.18**
Dialogfenster zur Unterbrechung der Skriptausführung

Klicken Sie auf Ja, um die Ausführung des Skripts abzubrechen. Wenn dieses Dialogfenster erscheint, prüfen Sie Ihren Code als Erstes auf eine vermeintliche Endlosschleife.

8.9.2 do-while-Schleife

Die do-while-Schleife funktioniert ähnlich wie eine while-Schleife, mit dem Unterschied, dass die Bedingung erst nach der Ausführung der Anweisung überprüft wird – die Anweisung wird in jedem Fall mindestens einmal ausgeführt. Die formelle Syntax lautet wie folgt:

```
do {
   // Anweisung
} while(Bedingung);
```

do-while-Schleife
Die do-while-Schleife wird vergleichsweise selten verwendet. Sie wird hier dennoch der Vollständigkeit halber erwähnt.

Vergleich mit while-Schleife | Die do-while-Schleife verhält sich in diesem Beispielfall genau wie eine vergleichbare while-Schleife. Wenn Sie die Bedingung jedoch in while(i >1) ändern und das Resultat mit einer entsprechenden while-Schleife vergleichen, sehen Sie den Unterschied – die Bedingung ist nicht und wird auch nie erfüllt sein, der Anweisungsblock wird dennoch einmal ausgeführt.

```
var i:Number = 0;
do {
   trace(i);
   i++;
}
while (i < 1);
```

8.9.3 for-Schleife

Im Prinzip dient die for-Schleife dem gleichen Zweck wie die while-Schleife. Allein die Syntax ist etwas anders. Eine for-Schleife sieht formell wie folgt aus:

```
for(Wert-Initialisierung; Bedingung; Wertänderung) {
    // Anweisung
}
```

Das ist noch nicht sehr aufschlussreich – ein praktisches Code-Beispiel sorgt für Erleuchtung:

```
for(var i:uint = 0;i<10;i++) {
    trace(i);
}
```

Leistungsvergleich

Solange Sie nicht an die Leistungsgrenzen von Flash stoßen, ist es Geschmackssache, ob Sie while- oder for-Schleifen verwenden. while-Schleifen verbrauchen in einigen Flash Playern jedoch weniger CPU-Leistung. Bei einer sehr CPU-lastigen Anwendung sollten Sie deswegen while-Schleifen bevorzugen.

Vergleichen Sie die Syntax ruhig einmal mit der Syntax einer while-Schleife. Die Bestandteile sind identisch, nur die Form ist eine andere. Im Beispiel wird zunächst einmalig eine Zählervariable i initialisiert und der Variablen der Wert 0 zugewiesen. Es folgt die Bedingung i<10 der Schleife, die bestimmt, unter welchen Voraussetzungen die Anweisung im Codeblock ausgeführt wird. Wenn die Bedingung erfüllt ist, wird die Anweisung ausgeführt, die Zählervariable i wird um 1 erhöht, und die Schleife wird erneut durchlaufen, bis die Bedingung nicht mehr erfüllt ist. In der Praxis werden for-Schleifen z. B. oft dazu genutzt, Arrays zu durchlaufen, um die Werte nach und nach weiterzuverarbeiten.

```
var highscore_arr:Array = new Array({myname:"Anton",
punkte:223},{myname:"Jimmy",punkte:173},{myname:
"Julie",punkte:384});
for(var i:uint = 0;i<highscore_arr.length;i++) {
    trace(highscore_arr[i].myname);
    trace(highscore_arr[i].punkte);
}
```

8.9.4 for-in-Schleife

Die for-in-Schleife wird in besonderen Fällen, vorzugsweise im Zusammenhang mit Arrays und Objekten, verwendet. Am Anfang werden Sie die for-in-Schleife eher selten benötigen – sie kann jedoch später sehr nützlich sein, um untergeordnete Elemente eines Objekts zu durchlaufen.

Anwendungsbeispiel | Stellen Sie sich eine große Box vor, in der sich viele kleine Boxen befinden. Wenn Sie mit den kleinen Boxen arbeiten möchten, obwohl Sie nicht wissen, wie viele es sind und wie Sie sie »ansprechen« sollen, kann Ihnen die `for-in`-Schleife dabei behilflich sein. Die formelle Syntax einer `for-in`-Schleife ist wie folgt:

```
for(Variable(als Iterator) in Object) {
    // Anweisung
}
```

Nehmen wir an, die große Box hat den Namen `bigBox`. Eine `for-in`-Schleife, um auf die kleinen Boxen zuzugreifen, sähe dann so aus:

```
for(smallBox in bigBox) {
    trace(smallBox);
}
```

Die `for-in`-Schleife durchläuft alle Elemente der `bigBox` – dabei wird der Variablen `smallBox` jeweils eine Referenz auf die jeweilige kleine Box zugewiesen, die innerhalb der `bigBox` liegt. Durch eine Anweisung könnten Sie jetzt also jede kleine Box, die innerhalb der großen Box liegt, in einem Schleifendurchlauf über die Variable `smallBox` ansprechen. Ein konkretes Beispiel mit einem dynamischen Objekt:

```
var myObject:Object = new Object();
myObject.name = "John";
myObject.age = "26";
myObject.location = "Chicago";
for(var prop in myObject) {
    trace(prop+":"+myObject[prop]);
}
```

8.9.5 for-each-in-Schleife

Ähnlich wie die `for-in`-Schleife funktioniert die `for-each-in`-Schleife. Im Zusammenhang mit einem Array lässt sich die `for-each-in`-Schleife wie folgt verwenden.

```
var names_arr:Array=new
Array("Anton","Jimmy","Julia");
var item:String;
for each (item in names_arr) {
```

Code-Beispiel mit einem Array

```
var names_arr:Array=new
Array("Anton","Jimmy",
"Julia");
var fieldIndex:Object;
for (fieldIndex in names_
arr) {
    trace(names_
    arr[fieldIndex]);
}
```

Die `for-in`-Schleife durchläuft die Elemente des Arrays `names_arr`. Dabei wird der jeweilige Feldindex über die Variable `fieldIndex` referenziert, und anschließend werden die Feldwerte über `trace()` ausgegeben.

▲ **Abbildung 8.19**
Die Ausgabe des Skripts

Anwendungsbereich: XML
`for-in`- und `for-each-in`-Schleifen werden häufig auch mit XML-Daten verwendet, um Elemente einer XML-Struktur zu durchlaufen.

```
    trace(item);
}
```

Im Gegensatz zur `for-in`-Schleife durchläuft eine `for-each-in`-Schleife Eigenschaftswerte von dynamischen Objekten und nicht die Eigenschaftsnamen. Ein Beispiel dazu mit einem dynamischen Objekt.

▲ **Abbildung 8.20**
Die Ausgabe des Skripts

```
var myObject:Object = new Object();
myObject.name = "John";
myObject.age = "26";
myObject.location = "Chicago";
var prop:String;
for each (prop in myObject) {
    trace(prop);
}
```

8.10 Funktionen

Funktionen sind in erster Linie dazu da, Codeblöcke, die Sie in einer Anwendung wiederholt einsetzen möchten, auszulagern. Ein weiterer Vorteil, der meiner Meinung nach zu selten erwähnt wird, ist, dass Code mit vielen Zeilen durch Funktionen deutlich übersichtlicher strukturiert werden kann. Ein Funktionsname kann benutzt werden, um zu beschreiben, wozu der Code innerhalb der Funktion dient. Eine Funktion wird formell folgendermaßen deklariert:

```
function Funktionsname():Rückgabewert {
    // Anweisungen
}
```

Über den Funktionsnamen rufen Sie die Funktion und damit die Anweisungen innerhalb des Codeblocks der Funktion auf.

void

Der Ausdruck `void` in der Funktionsdeklarierung gibt an, dass eine Funktion keinen Wert zurückgibt (siehe »Rückgabewert«). Beachten Sie, dass `void` in ActionScript 3 im Gegensatz zu ActionScript 2 mit einem Kleinbuchstaben beginnt.

Code-Beispiel

```
function showError():void {
    trace("Es ist ein Fehler aufgetreten.");
}
showError();
```

Nachdem die Funktion definiert wurde, können Sie sie beliebig oft aufrufen. Die zuvor genannte Funktion ist allerdings noch nicht sehr flexibel und gibt immer denselben Text im AUSGABE-Fenster aus.

Parameter und Argumente | Mit Parametern geben Sie einer Funktion die nötige Flexibilität. Folgendes Beispiel zeigt die Anwendungsweise:

```
function showError(myMessage:String):void {
    trace(myMessage);
}
showError("Fehler 101: Fehlende Benutzereingabe");
```

Der Parameter `myMessage` vom Datentyp `String` wird von der Funktion entgegengenommen, und der Wert wird im AUSGABE-Fenster ausgegeben. Als *Argument* wird der übergebene Wert bezeichnet, in diesem Fall also die Fehlermeldung.

Die Funktion erwartet als Argument einen Stringwert. Sollten Sie keinen Wert übergeben oder einen Wert eines anderen Datentyps, würde das zu einer Fehlermeldung führen. Die folgenden Codezeilen sind ungültig:

```
showError();
showError(10);
```

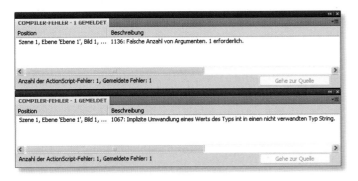

◄ **Abbildung 8.21**
Die entsprechenden Fehlermeldungen im COMPILER-FEHLER-Fenster

Mehrere Argumente | Sie können für eine Funktion auch mehrere Parameter definieren. Dazu folgendes Beispiel:

```
function showError(myMessage:String,myErrorCode:
Number) {...}
```

Auch in diesem Fall müssen Parameter- und Argumentenanzahl sowie Datentypen übereinstimmen.

Rückgabewert | Ein weiteres optionales Merkmal von Funktionen ist der sogenannte *Rückgabewert*. Eine Funktion kann immer nur einen Rückgabewert besitzen. Wie der Name bereits sagt, gibt die Funktion einen Wert zurück, nachdem sie aufgerufen wurde. Im folgenden Beispiel wird die Summe zweier Zahlenwerte berechnet und an den Funktionsaufruf zurückgegeben.

```
function sum(num0:Number,num1:Number):Number {
    return num0+num1;
}
var result:Number = sum(1,5);
trace(result);
```

Die Funktion erwartet zwei Argumente für die Parameter num0 und num1, in diesem Fall 1 und 5.

Die Funktion berechnet auf Basis der übergebenen Werte deren Summe und gibt das Resultat über die Anweisung return an den Funktionsaufruf zurück. Der zurückgegebene Wert wird der lokalen Variablen result zugewiesen. Der Wert der Variablen wird anschließend im AUSGABE-Fenster ausgegeben.

Sie können auf diese Weise eine Funktion mit verschiedenen Werten »füttern« und erhalten ein Ergebnis zurück. Das ist sehr praktisch z. B. wie in diesem Fall, wenn Sie die Summe von unterschiedlichen Werten berechnen wollen. Sie müssen die Berechnung dann nicht jedes Mal neu schreiben, sondern übergeben einfach die gewünschten Werte an die Funktion und erhalten das Ergebnis.

Unbekannte Parameteranzahl | Manchmal ist es sinnvoll, eine Funktion zu definieren, deren Parameteranzahl unbekannt sein soll. Es können dann beliebig viele Argumente an die Funktion übergeben werden. Das folgende Beispiel zeigt die Syntax einer solchen Funktion:

```
function sum(param0:Number,...params:Array):Number {
    var sum:Number = param0;
    for(var i:uint;i<params.length;i++) {
        sum +=params[i];
    }
    return sum;
}
trace(sum(5,6,2));
trace(sum(3,2,1,5.6,7.8));
```

Math-Klasse

Die Math-Klasse bietet die Möglichkeit, verschiedene mathematische Berechnungen durchzuführen. Erläuterungen zur Math-Klasse finden Sie in Kapitel 9, »Animationen mit ActionScript 3«.

Optionale Parameter werden zum Schluss innerhalb der Funktionsdeklaration mit drei vorangestellten Punkten definiert. Der Datentyp dieses Parameters muss vom Typ Array sein. Das Array kann beliebig viele Werte besitzen.

Rekursive Funktionen | Sogenannte *rekursive Funktionen* sind Funktionen, die sich selbst aufrufen. Sie werden vergleichsweise selten benötigt, können aber sehr hilfreich sein, um dieselbe Funktion mehrmals mit geänderten Argumenten aufzurufen. Ein gutes Beispiel für eine sinnvolle Anwendung einer rekursiven Funktion ist die Berechnung der Fakultät. Die Fakultät von 3 ist 6, da 3 * 2 * 1 gleich 6 ist. Folgendes Beispiel dazu:

```
function fac(n:Number):Number {
    if (n>1) {
        return n*fac(n-1);
    } else {
        return 1;
    }
}
trace(fac(3));
trace(fac(6));
```

Solange n größer als 1 ist, entspricht der Rückgabewert der Funktion n*fac(n-1). Die Funktion fac wird also n mal erneut aufgerufen, wobei n jeweils um eins kleiner wird. Im Fall von trace(fac(3)); wird die Funktion insgesamt dreimal aufgerufen.

8.11 Steuerung von Zeitleisten

Die Hauptzeitleiste eines Flash-Films oder eines Movieclips lässt sich gezielt über verschiedene einfache Befehle steuern. Sie können diese Steuerungsbefehle in Schlüsselbildern einer Zeitleiste integrieren, um diese oder eine andere Zeitleiste zu steuern. Wenn Sie den Abspielvorgang einer Zeitleiste an einer bestimmten Stelle anhalten möchten, könnten Sie dazu auf einer eigenen Ebene »Actions« an der Stelle ein Schlüsselbild über F7 erzeugen und dem Schlüsselbild die Zeile

```
stop();
```

zuweisen.

[!] Endlos-Ausführung

Rekursive Funktionen sind Schleifen sehr ähnlich und sind besonders anfällig für endlose Ausführungen. Wenn Sie eine rekursive Funktion schreiben, sollten Sie besonders darauf achten, eine endlose Ausführung zu vermeiden.

Zugriff auf die Hauptzeitleiste eines Flash-Films

Um die Hauptzeitleiste eines Flash-Films aus einem Movieclip steuern zu können, steuern Sie die Hauptzeitleiste entweder über einen relativen Pfad z. B. mit parent an, wenn der Movieclip auf der Hauptzeitleiste liegt, oder auch mit einem absoluten Pfad über root.
Der Datentyp des obersten Anzeigeobjekts ist DisplayObject und nicht MovieClip. Deshalb müssen Sie explizit angeben, dass das oberste Anzeigeobjekt wie ein MovieClip behandelt werden soll, damit auf die Zeitleiste zugegriffen werden kann. Dafür sorgt der fett gedruckte Teil in der Zeile

MovieClip(parent).gotoAndPlay(10);

oder

MovieClip(root).gotoAndPlay(10);

Wenn Sie den Lesekopf in einem Movieclip mit dem Instanznamen »mc« anhalten möchten, verwenden Sie die Punktsyntax wie folgt:

```
mc.stop();
```

Wenn per Mausklick auf einen Movieclip mit dem Instanznamen »mc«, der auf der Hauptzeitleiste liegt, der Lesekopf der Hauptzeitleiste auf Bild 10 springen soll, könnten Sie folgenden Code verwenden und ihn in einem Schlüsselbild auf der Zeitleiste des Movieclips platzieren:

```
this.addEventListener(MouseEvent.CLICK,clickHandler)
  function clickHandler(e:MouseEvent):void {
  MovieClip(parent).gotoAndPlay(10);
  }
```

Im Code wurde ein sogenannter Ereignis-Listener am Movieclip »mc« registriert. Mehr zu Ereignis-Listenern erfahren Sie in Abschnitt 8.15, »Ereignisse«.

Die folgende Tabelle zeigt die wichtigsten Steuerungsbefehle für Zeitleisten.

Methoden	Beispiel	Parameter	Beschreibung
stop	stop();	–	Der Lesekopf der Zeitleiste wird gestoppt.
nextFrame	nextFrame();	–	Der Lesekopf springt auf das nächste Bild der Zeitleiste.
prevFrame	prevFrame();	–	Der Lesekopf springt auf das vorige Bild der Zeitleiste.
gotoAndStop	gotoAndStop(10); gotoAndStop("home");	Bildnummer oder Bildbezeichner	Der Lesekopf springt auf das Bild mit der angegebenen Bildnummer oder dem Bildbezeichner und hält dann an.
gotoAndPlay	gotoAndPlay(10); gotoAndPlay("in");	Bildnummer oder Bildbezeichner	Der Lesekopf springt auf das Bild mit der angegebenen Bildnummer oder dem Bildbezeichner und spielt die Zeitleiste von da an weiter ab.

▲ **Tabelle 8.8**
Methoden zur Steuerung
des Abspielvorgangs

8.12 Anzeigeliste

Sie haben jetzt viele wichtige Grundlagen der Programmierung kennengelernt. In diesem Abschnitt werfen wir einen Blick hinter die Kulissen der Bühne eines Flash-Films. Die Struktur eines Flash-Films nachzuvollziehen, ist wichtig, wenn Sie mit dynamischen Objekten, die zur Laufzeit erstellt werden, arbeiten möchten.

Jeder auf ActionScript 3 basierte Flash-Film besitzt eine Hierarchie von sogenannten *Anzeigeobjekten*. Die Hierarchie wird auch als *Anzeigeliste* bezeichnet. Bei der sichtbaren Anzeigeliste ist die Bühne (Stage) der oberste sogenannte *Anzeigeobjektcontainer* dieser Anzeigeliste. Darunter können sich weitere Anzeigeobjektcontainer oder Anzeigeobjekte befinden. Anzeigeobjektcontainer verhalten sich grundsätzlich wie Anzeigeobjekte, mit dem Unterschied, dass Sie zusätzlich weitere Anzeigeobjektcontainer und/oder Anzeigeobjekte enthalten können. Die folgende Abbildung zeigt eine beispielhafte Hierarchie eines Flash-Films.

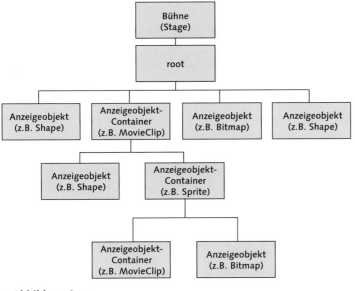

▲ **Abbildung 8.22**
Eine mögliche Anzeigeliste eines Flash-Films

8.12.1 Anzeigeklassen

Eine Anzeigeliste enthält Objekte von Anzeigeklassen. Anzeigeklassen werden Ihnen neben anderen Klassen im AKTIONEN-Fenster in der Werkzeugleiste unter FLASH.DISPLAY angezeigt.

Ein Anzeigeobjekt gehört zur Klasse bzw. ist eine Unterklasse von `DisplayObject`. Ein Anzeigeobjektcontainer gehört zur Klasse bzw. ist eine Unterklasse von `DisplayObjectContainer`. Die folgende Abbildung zeigt die Klassenhierarchie von Anzeigeobjekten und Anzeigeobjektcontainern.

▲ **Abbildung 8.23**
Anzeigeklassen in der Werkzeugleiste

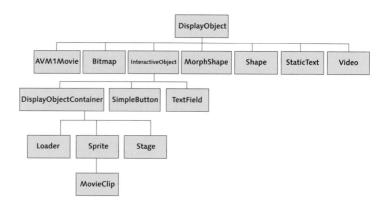

Abbildung 8.24 ▶
Klassenhierarchie von Anzeigeobjekten und Anzeigeobjektcontainern

Anzeigeobjektcontainer
Klassen, die die `DisplayObject-
Container`-Klasse erweitern, kön-
nen neben eigenen grafischen Elementen auch untergeordnete
Anzeigeobjekte enthalten. Sie
werden auch als Anzeigeobjektcontainer bezeichnet. So können
einem Objekt der Klasse `Sprite`
z. B. mehrere Objekte der Klasse
`Shape` als untergeordnete Objekte
zugewiesen werden.

Alle Anzeigeklassen erweitern die sogenannte `DisplayObject`-Klasse. So werden auch Eigenschaften und Methoden der `DisplayObject`-Klasse vererbt. Das bedeutet zum Beispiel, dass alle Anzeigeobjekte Eigenschaften besitzen wie x, y und z, über die die Position des Anzeigeobjekts innerhalb seines Anzeigeobjektcontainers (z. B. der Bühne) gesteuert werden kann.

In ActionScript 3 gibt es neben Movieclips und Bitmaps, mit denen Sie bereits in der Entwicklungsumgebung gearbeitet haben, viele weitere Anzeigeobjekte, die sich über ActionScript erstellen und steuern lassen.

▶ **MovieClip (Anzeigeobjektcontainer)**: Ein Objekt der Klasse `MovieClip` entspricht einer Instanz eines Movieclip-Symbols.

▶ **Shape:** Ein Objekt der `Shape`-Klasse kann Vektorformen wie Kreise, Rechtecke etc. enthalten. Ein `Shape`-Objekt besitzt im Gegensatz zu einem Movieclip keine Zeitleiste. Da `Shape`-Objekte grundsätzlich einfacher strukturiert sind als Movie-clips, benötigen sie dementsprechend weniger Speicher. `Shape`-Objekte können nicht auf Maus- oder Tastaturereig-nisse reagieren.

▶ **Loader (Anzeigeobjektcontainer):** Mit Hilfe der `Loader`-Klasse lassen sich externe Inhalte wie Flash-Filme (SWF) oder Bitmaps laden.

▶ **SimpleButton**: Ein Objekt der `SimpleButton`-Klasse ähnelt einem Schaltflächensymbol. Es besitzt drei Zustände: auf, gedrückt und darüber.

▶ **Sprite (Anzeigeobjektcontainer)**: Ein `Sprite`-Objekt kann Grafiken und untergeordnete Anzeigeobjekte enthalten. Ein `Sprite`-Objekt besitzt keine Zeitleiste. `Sprite`-Objekten kön-nen Maus- und Tastaturereignisse zugewiesen werden.

▶ **Bitmap**: Mit Hilfe eines `Bitmap`-Objekts lassen sich sowohl externe Bitmaps als auch über ActionScript erzeugte Bitmaps darstellen und steuern.

- **TextField**: Eine Klasse zur Darstellung von Text. Ein Objekt der Klasse `TextField` kann ein dynamisches oder ein Eingabetextfeld sein. Statische Textfelder gehören zur Klasse `StaticText`. Statische Textfelder können übrigens nicht mit ActionScript erstellt werden.
- **Video**: Die `Video`-Klasse zur Darstellung von Videos.
- **AVM1Movie**: Die Klasse `AVM1Movie` dient zur Darstellung von geladenen Flash-Filmen, die auf ActionScript 1 oder 2 basieren.
- **Stage (Anzeigeobjektcontainer)**: Jeder Flash-Film besitzt eine Instanz der Klasse `Stage`, über die u. a. auf Eigenschaften der `DisplayObjekt`-Instanzen zugegriffen werden kann. Die Bühne ist der grundlegende Anzeigeobjektcontainer an oberster Stelle eines Flash-Films.
- **DisplayObjectContainer**: Eine Basisklasse, die als Container dient. Die Klasse `DisplayObjectContainer` wird von den Klassen `Loader`, `Sprite` und `Stage` sowie von der `MovieClip`-Klasse erweitert, das heißt, Eigenschaften und Methoden der `DisplayObjectContainer`-Klasse werden an die genannten Klassen vererbt.
- **InteractiveObject**: Eine Basisklasse, die zur Interaktion mit Maus und Tastatur verwendet wird. Zahlreiche Klassen erben von der `InteractiveObjekt`-Klasse. So z.B. die Klassen `MovieClip`, `TextField` und `Sprite`.
- **MorphShape**: Wenn Sie in der Entwicklungsumgebung ein Form-Tweening erstellen, lässt sich über ein Objekt der `MorphShape`-Klasse darauf zugreifen.

Die folgende Tabelle zeigt die wichtigsten Eigenschaften der `DisplayObject`-Klasse, die von allen Anzeigeobjekten geerbt werden und deshalb auch mit jedem einzelnen von ihnen verwendet werden können.

InteractiveObject-Klasse
Die `InteractiveObject`-Klasse wird von vielen anderen Klassen, wie z. B. der `Sprite`-Klasse, geerbt. Über Methoden der `InteractiveObject`-Klasse können dem Objekt dann Maus- und Tastaturereignisse zugewiesen werden.

▼ **Tabelle 8.9**
Eigenschaften von Anzeigeobjekten

Eigenschaft	Beispiel	Beschreibung
alpha	`myShape.alpha = 0.5;`	der Alphawert (Transparenz) des Anzeigeobjekts; Wertebereich 0 bis 1 (100 %).
height	`mc.height = 100;`	die Höhe des Anzeigeobjekts
width	`mc.width = 50;`	die Breite des Anzeigeobjekts

name	`var myShape:Shape = new Shape();`
	`myShape.name = "titleBG";`
	`trace(myShape.name);`
	Oder für ein Objekt, das auf einem Schlüsselbild einer Zeitleiste platziert wurde:
	`trace(getChildAt(0).name);`
		Der Instanzname des Anzeigeobjekts. Hinweis: Der Instanzname eines in die Zeitleiste eingefügten Objekts kann nicht über ActionScript geändert werden.

Eigenschaft	Beispiel	Beschreibung
parent	`trace(mc.parent);`	eine Referenz auf das übergeordnete `Display-ObjectContainer`-Objekt einer Anzeigeliste
rotation	`mySprite.rotation = 90;`	die Rotation (Drehung) des Anzeigeobjekts
scaleX	`mySprite.scaleX = 2;` (200 % Skalierung nach rechts, wenn der Registrierungspunkt links ist) `mySprite.scaleX = -2;` (200 % Skalierung nach links wenn der Registrierungspunkt links ist.)	die horizontale Skalierung des Anzeigeobjekts, ausgehend vom Registrierungspunkt
scaleY	`mySprite.scaleY = 2;` (200 % Skalierung nach unten, wenn der Registrierungspunkt oben ist) `mySprite.scaleY = -2;` (200 % Skalierung nach oben, wenn der Registrierungspunkt oben ist)	die vertikale Skalierung des Anzeigeobjekts, ausgehend vom Registrierungspunkt
scaleZ	`mySprite.scaleZ = 2;`	Die Skalierung des Anzeigeobjekts auf der z-Achse, ausgehend vom Registrierungspunkt.
stage	`trace(mySprite.stage)`	Das `Stage`-Objekt, in dem sich das Anzeigeobjekt befindet.
visible	`mc.visible = false;`	Gibt an, ob das Anzeigeobjekt sichtbar (`true`) oder unsichtbar (`false`) ist.
x	`mc.x = 100;`	die x-Koordinate des Anzeigeobjekts, relativ zum übergeordneten `DisplayObjectContainer`-Objekt
y	`mc.y = 200;`	die y-Koordinate des Anzeigeobjekts, relativ zum übergeordneten `DisplayObjectContainer`-Objekt
z	`mc.z = 100;`	Die z-Koordinate des Anzeigeobjekts, relativ zum übergeordneten `DisplayObject-Container`-Objekt

▲ **Tabelle 8.9**
Eigenschaften von Anzeige-objekten (Forts.)

[!] Anzeigeobjekt-Eigenschaften
Beachten Sie, dass Eigenschaften von Anzeigeobjekten in Action-Script 3 ohne den Unterstrich _ geschrieben werden. Der folgende Vergleich zeigt die unterschiedliche Schreibweise:
ActionScript 1 und 2:

`mc._x = 300;`

ActionScript 3:

`mc.x = 300;`

8.12.2 Anzeigeobjekte referenzieren

Grundsätzlich können Sie alle Anzeigeobjekte, die in der Entwicklungsumgebung erstellt wurden, auch über ActionScript ansteuern. Angenommen, Sie zeichnen in einem neuen Flash-Film ein Rechteck und möchten die Position des Rechtecks über Action-Script ändern. Zunächst können Sie dazu das Rechteck über die Methode `getChildAt` referenzieren.

Die Methode erwartet als Argument den Index des Objekts in der Anzeigeliste eines Anzeigeobjektcontainers. Der Index eines Objekts entspricht der Position bzw. Tiefe in der Hierarchie eines Anzeigeobjektcontainers.

Anschließend können Sie beispielsweise die Position eines Anzeigeobjekts über die x- und y-Eigenschaft ändern.

```
var myRect:DisplayObject = this.getChildAt(0);
myRect.x = 200;
myRect.y = 100;
```

Alternativ referenzieren Sie ein Anzeigeobjekt auch über die Methode `getChildByName`. Jedes Anzeigeobjekt besitzt eine `name`-Eigenschaft, die Sie selbst zuweisen können. Sollten Sie die Eigenschaft nicht definieren, wird dem Objekt automatisch ein Name wie z. B. »instance1« zugewiesen.

Angenommen, Sie haben einen Movieclip erstellt und ihm im EIGENSCHAFTEN-Fenster den Instanznamen »mc« zugewiesen. Anschließend können Sie den Movieclip wie folgt referenzieren:

```
var meinMovieClip:DisplayObject = this.
getChildByName("mc");
meinMovieClip.x = 300;
```

name-Eigenschaft
Der Wert der Eigenschaft `name` entspricht dem Instanznamen eines Objekts:

Sie können Ihn auch direkt über seinen Instanznamen ansprechen:

```
mc.x = 300;
```

Datentyp überprüfen | Über den `is`-Operator können Sie überprüfen, ob ein Anzeigeobjekt ein Objekt einer bestimmten Klasse ist und den entsprechenden Datentyp besitzt. Der folgende Code testet beispielsweise, ob das Element mit dem Index 0 in der Anzeigeliste vom Datentyp `MovieClip` ist – also einem Objekt der Klasse `MovieClip` entspricht:

```
if(this.getChildAt(0) is MovieClip) {
    trace("Das Anzeigeobjekt ist ein MovieClip");
}
```

8.12.3 Anzeigeobjekte hinzufügen und entfernen

Wenn Sie ein Anzeigeobjekt auf der Bühne platzieren möchten, müssen Sie es zur Anzeigeliste hinzufügen bzw. zu einem Anzeigeobjektcontainer, der bereits in der Anzeigeliste ist. Angenommen, Sie möchten auf der Bühne ein Textfeld erstellen. Zunächst müssen Sie dazu das Anzeigeobjekt initialisieren. Anschließend können Sie es über die Methode `addChild` zur Anzeigeliste eines Anzeigeobjektcontainers hinzufügen.

```
var meinTextfeld:TextField = new TextField();
meinTextfeld.text = "Hallo Welt";
this.addChild(meinTextfeld);
```

Index und visuelle Reihenfolge

Der Index einer Anzeigeliste lässt sich mit Ebenen vergleichen. Der unterste Index 0 lässt sich mit der untersten Ebene einer Zeitleiste vergleichen. Ein Objekt, das auf dem Index 1 liegt, überlagert das Objekt, das auf dem Index 0 liegt.

Wenn Sie ein initialisiertes Anzeigeobjekt nicht in die Anzeigeliste einfügen, existiert es zwar im Speicher, ist jedoch auf der Bühne des Flash-Films nicht sichtbar.

Über die Methode addChildAt fügen Sie ein Anzeigeobjekt an einem bestimmten Index in der Anzeigeliste eines Anzeigeobjektcontainers ein. Angenommen, Sie möchten ein Textfeld oberhalb eines Sprites, das z. B. einen Hintergrund für das Textfeld enthält, platzieren. Das Textfeld wurde allerdings als Erstes zur Anzeigeliste hinzugefügt. Sie können dann das Sprite-Objekt nachträglich auf dem Index des Textfeldes positionieren. Folgender Code sorgt dafür, dass das Sprite-Objekt meinSprite auf dem Index 0 positioniert wird. Das Textfeld wird dann automatisch auf dem Index 1 platziert. Es kann jeweils immer nur ein Objekt auf einem Index existieren, und die Index-Reihenfolge ist immer durchgängig.

```
var meinTextfeld:TextField = new TextField();
meinTextfeld.text = "Hallo Welt";
this.addChild(meinTextfeld);
var meinSprite:Sprite = new Sprite();
this.addChildAt(meinSprite,0);
```

Indexposition bestimmen

Über die Methode getChildIndex() bestimmen Sie den Index eines Elements in der Anzeigeliste eines AnzeigeObjekt-Containers. Über folgende Anweisung würden Sie den Index eines Sprite-Objekts meinSprite bestimmen:

```
trace(this.getChildIndex
(meinSprite));
```

Der Index einer Anzeigeliste ist immer durchgehend, das heißt, wenn in einer Anzeigeliste beispielsweise zwei Objekte liegen, deren Index 0 und 1 ist, können Sie über die Methode addChildAt kein Objekt auf dem Index 3 einfügen. Sie müssten das Objekt auf dem Index 2 platzieren. Andernfalls führt das zu einer Fehlermeldung.

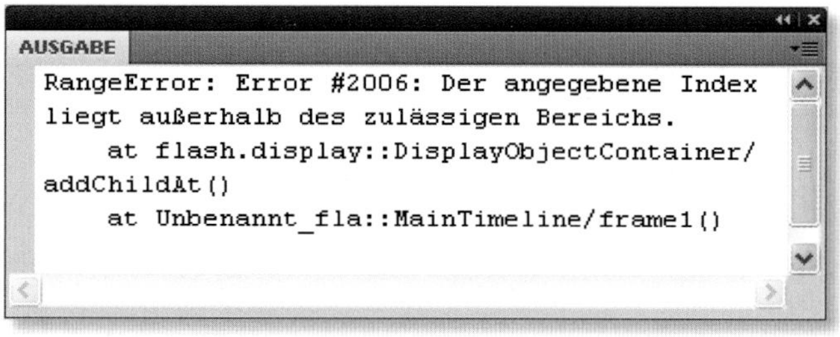

Abbildung 8.25 ▶
Es wurde versucht, ein Objekt auf einem nicht zulässigen Index der Anzeigeliste einzufügen.

Anzeigeobjekt entfernen | Über die Methode removeChild lässt sich ein Anzeigeobjekt aus einer Anzeigeliste auch wieder entfernen.

```
this.removeChild(meinTextfeld);
```

Dabei wird der Index jedes Elements der Anzeigeliste, das über dem entfernten Element liegt, automatisch um eins reduziert. Beachten Sie, dass ein Objekt, das aus einer Anzeigeliste entfernt wurde, immer noch im Speicher existiert und dementsprechend Speicher verbraucht. Um ein nicht mehr benötigtes Objekt tatsächlich zum Löschen aus dem Speicher freizugeben, müssen Sie die Referenz auf das Objekt auf `null` setzen. Beispiel: Auf der Bühne befindet sich ein Movieclip mit dem Instanznamen »mc«, der entfernt werden soll. Dazu dient folgender Code:

```
removeChild(mc);
mc = null;
```

Alternativ entfernen Sie ein Element an einem bestimmten Index über die Methode `removeChildAt`. Die folgende Anweisung löscht beispielsweise das Element mit dem Index 3:

```
this.removeChildAt(3);
```

[!] Durchgehenden Index beachten
Beachten Sie auch hier wieder, dass der Index einer Anzeigeliste durchgehend sein muss. Sie können in diesem Beispiel den Movieclip »mc0« also nicht auf den Index 2 setzen, wenn es nur diese beiden Movieclips in der Anzeigeliste gibt.

8.12.4 Reihenfolge in der Anzeigeliste ändern

Der Index eines Anzeigeobjekts in einer Anzeigeliste eines Anzeigeobjektcontainers bestimmt, ob das Objekt über oder unterhalb anderer Objekte der Anzeigeliste dargestellt wird. Angenommen, Sie haben zwei Movieclips »mc0« und »mc1« auf der Bühne platziert ❶ und möchten die Reihenfolge entsprechend ändern ❷.

Sie könnten die Reihenfolge über zwei Methoden entsprechend ändern:

▶ **setChildIndex:** Über die Methode `setChildIndex` setzen Sie den Index eines Elements neu. So führt folgende Anweisung dazu, dass der Movieclip »mc0« auf dem Index 1 positioniert wird. Dem Movieclip »mc1« wird dann automatisch der Index 0 zugewiesen.
`this.setChildIndex(mc0,1);`

▶ **swapChildren:** Mit der Methode `swapChildren` vertauschen Sie die Position in der Hierarchie (den Index) von zwei Objekten:
`this.swapChildren(mc0,mc1);`

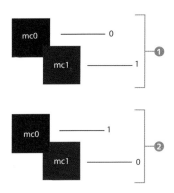

▲ **Abbildung 8.26**
Index-Reihenfolge ändern

8.12.5 Struktur einer Anzeigeliste

Wenn Sie dynamische Anwendungen mit Flash entwickeln, werden Sie Anzeigeobjekte hauptsächlich zur Laufzeit erzeugen. Wie bereits erwähnt, werden Anzeigeobjekte erst auf der Bühne sichtbar, wenn sie sie zur Anzeigeliste hinzufügen. So können Sie Strukturen von Anzeigeobjektcontainern und Anzeigeobjekten zunächst anlegen und dann durch Einfügen des obersten Anzeigeobjektcontainers die Struktur in die Anzeigeliste einfügen. Angenommen, es liegt ein leerer Flash-Film vor, und Sie möchten die Struktur aus Abbildung 8.27 erzeugen.

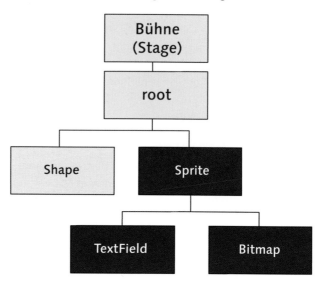

Abbildung 8.27 ▶
Die gewünschte Struktur der Anzeigeliste

Sie könnten jetzt damit beginnen, die Struktur von oben nach unten zu erstellen, also zunächst ein Shape- und ein Sprite-Objekt erstellen, diese dann zur Anzeigeliste hinzufügen und anschließend ein Textfeld- und Bitmap-Objekt zur Anzeigeliste des Sprite-Objekts hinzufügen. Alternativ können Sie auch zunächst die rot markierte Struktur anlegen und diese dann durch Einfügen des Sprite-Objekts zur Anzeigeliste hinzufügen. Dazu folgendes Code-Beispiel:

```
1:    var myText:TextField = new TextField();
2:    var myBitmap:Bitmap = new Bitmap();
3:    var mySpriteContainer:Sprite = new Sprite();
4:    mySpriteContainer.addChild(myText);
5:    mySpriteContainer.addChild(myBitmap);
6:    var myShape:Shape = new Shape();
7:    addChild(mySpriteContainer);
8:    addChild(myShape);
```

Zunächst wird die in der Abbildung 8.27 rot markierte Struktur angelegt (Zeile 1 bis 5). Anschließend wird noch ein Shape-Objekt (Zeile 6) erstellt, und schließlich werden das Sprite und das Shape-Objekt (Zeile 7, 8) zur Anzeigeliste hinzugefügt. Die gewünschte Struktur wurde damit erstellt.

8.12.6 Instanzen aus der Bibliothek erzeugen

Gelegentlich möchte man Symbole, die in der Bibliothek liegen, dynamisch zur Laufzeit über ActionScript ansteuern, um sie zur Laufzeit auf der Bühne zu platzieren.

Angenommen, Sie möchten einen Movieclip, der in der Bibliothek liegt, zur Laufzeit auf der Bühne positionieren. Wählen Sie dazu den Movieclip in der BIBLIOTHEK aus, öffnen Sie via Klick mit der rechten Maustaste das Kontextmenü, und wählen Sie den Menüpunkt EIGENSCHAFTEN.

Öffnen Sie gegebenenfalls über die Schaltfläche ERWEITERT zunächst die erweiterten Einstellungsmöglichkeiten. Aktivieren Sie anschließend die Option EXPORT FÜR ACTIONSCRIPT. Die Felder KLASSE und BASISKLASSE werden daraufhin automatisch aktiviert. Unter KLASSE geben Sie den Bezeichner der Klasse ein, die Sie mit dem Movieclip verknüpfen möchten, z. B. »Star«. Über die angegebene Klasse können Sie den Movieclip dann in ActionScript 3 referenzieren, indem Sie ein Objekt der Klasse erzeugen. Dazu mehr in Kürze.

▲ **Abbildung 8.28**
Eigenschaften eines Movieclip-Symbols wählen

◄ **Abbildung 8.29**
Die Klasse und die Basisklasse wurden definiert.

Unter BASISKLASSE wird automatisch der Wert »flash.display.MovieClip« eingetragen. Falls Sie die Zeitleiste des Movieclips nicht benötigen, können Sie hier auch alternativ »flash.display.Sprite« eingeben.

Sollten Sie alle Einstellungen so belassen, erscheint ein Warnhinweis. Die Meldung weist Sie darauf hin, dass es bisher keine Klasse mit dem angegebenen Namen gibt. Klicken Sie auf OK, um diesen Hinweis zu ignorieren. Es wird dann automatisch eine

Eigene Klasse verwenden
Zusätzlich könnten Sie hier auch eine eigene Klasse, die die Sprite- oder MovieClip-Klasse erweitert, eingeben. Durch eine eigene Klasse könnten Sie die Funktionalität der MovieClip- oder Sprite-Klasse beliebig erweitern. Mehr zu Klassen erfahren Sie in Kapitel 10, »Einführung in die objektorientierte Programmierung«.

entsprechende Klasse in den Flash-Film integriert, die entweder automatisch eine Unterklasse der MovieClip- oder Sprite-Klasse ist. Falls Sie unter BASISKLASSE »flash.display.MovieClip« eingegeben haben, wird beispielsweise automatisch folgende Klasse in den Flash-Film integriert; der Code der Klasse ist allerdings nicht einsehbar und kann auch nicht bearbeitet werden:

```
package {
    import flash.display.MovieClip;
    public class Star extends MovieClip {
        public function Star() {
        }
    }
}
```

Anschließend können Sie eine neue Movieclip-Instanz durch die Initialisierung eines Objekts der dazugehörigen Klasse erzeugen und wie folgt auf der Bühne platzieren:

```
var myStar:Star = new Star();
addChild(myStar);
```

08\Mehrere_Instanzen\Beispiel.fla

Darstellung eines mit einer Klasse verknüpften Symbols in der Bibliothek
In der Bibliothek wird ein Symbol, das mit einer Klasse verknüpft wurde, durch ein grünes Movieclip-Icon gekennzeichnet.

Mehrere Instanzen | Natürlich können Sie auch mehrere Instanzen einer Klasse zur Anzeigeliste hinzufügen. Im folgenden Beispiel werden mit Hilfe einer for-Schleife zehn Objekte der Klasse Star an zufälligen Koordinaten auf der Bühne platziert:

```
for (var i:uint; i<10; i++) {
    var myStar:Star = new Star();
    this.addChild(myStar);
    var stageWidth:int=myStar.stage.stageWidth;
    var stageHeight:int=myStar.stage.stageHeight;
    myStar.x=randomExt(myStar.width,stageWidth-myStar.
    width);
    myStar.y=randomExt(myStar.height,stageHeight-
    myStar.height);
}
function randomExt(minVal:uint,maxVal:uint):uint {
    return minVal + Math.floor(Math.random() * maxVal
    + 1 - minVal);
}
```

▲ **Abbildung 8.30**
Ein mit einer Klasse verknüpftes Movieclip-Symbol

Das Beispiel finden Sie auch auf der DVD unter *ActionScript\Mehrere_Instanzen\Beispiel.fla*.

8.13   Ereignisse

Ein wichtiger Bestandteil von ActionScript 3 ist das Freignismodell. Viele Anweisungen werden ereignisbasiert ausgeführt. So können Sie beispielsweise bestimmte Anweisungen ausführen, wenn der Benutzer mit der Maus auf ein Anzeigeobjekt, etwa einen Movieclip, klickt.

8.13.1   Ereignisse, Ereignis-Listener und Ereignisprozeduren

Um auf das Auftreten eines Ereignisses reagieren zu können, müssen Sie einen sogenannten Ereignis-Listener an dem Objekt registrieren, auf das sich das Ereignis bezieht. Im Falle des Mausklicks auf einen Movieclip wird ein Ereignis-Listener am Movieclip registriert. Wenn der Movieclip den Instanznamen »mc« besitzt, würde folgender Code dazu dienen, einen Ereignis-Listener am Movieclip-Objekt zu registrieren: `mc.addEventListener(MouseEvent.CLICK,clickHandler);`

   An die Methode `addEventListener` werden zwei Argumente übergeben. Das erste Argument, in diesem Fall `MouseEvent.CLICK`, setzt sich zusammen aus einer Ereignisklasse `MouseEvent` und dem konkreten Ereignis `CLICK`. Klickt der Benutzer auf dem Movieclip mit dem Instanznamen »mc«, wird eine sogenannte *Ereignisprozedur* aufgerufen. Die Ereignisprozedur ist das zweite Argument, das an die Methode `addEventListener` übergeben wird, in diesem Fall also `clickHandler`. Eine Ereignisprozedur ist ähnlich aufgebaut wie eine Funktion, wobei der Parameter dem Ereignis (`MouseEvent`) entspricht. Eine Ereignisprozedur, die aufgerufen wird, wenn der Benutzer auf den Movieclip »mc« klickt, könnte wie folgt aussehen:

Ereignisobjekte und Ereignisse
Es gibt eine Vielzahl von Ereignisobjekten und Ereignissen. Im Verlauf des Buches werden Sie noch weitere Ereignisobjekte und Ereignisse kennenlernen.

```
function clickHandler(e:MouseEvent):void {
    trace("Ein Mausklick wurde ausgeführt.");
}
```

Um innerhalb der Ereignisprozedur festzustellen, auf welches Objekt sich das Auftreten des Ereignisses bezieht, können Sie die Eigenschaft `currentTarget` des übergebenen Ereignisobjekts verwenden. Dazu folgendes Beispiel:

```
mc.addEventListener(MouseEvent.CLICK,clickHandler);
function clickHandler(e:MouseEvent):void {
    trace(e.currentTarget.name + " wurde angeklickt.");
}
```

▲ **Abbildung 8.31**
Der Movieclip mit dem Instanznamen »mc« wurde angeklickt.

8.13.2 target und currentTarget

Es ist sehr wichtig zu wissen, wie Sie ein Objekt innerhalb einer Ereignisprozedur referenzieren. Um ein Objekt zu referenzieren, können Sie grundsätzlich die Eigenschaften `target` und `currentTarget` des an die Ereignisprozedur übergebenen Ereignisobjekts nutzen. Dabei verweist `currentTarget` auf das Objekt, an dem der Ereignis-Listener registriert wurde. Die Eigenschaft `target` kann, aber muss nicht auf dasselbe Objekt verweisen. Die Eigenschaft zeigt auf das Objekt, an dem das Ereignis aufgetreten ist. Der Unterschied zwischen `target` und `currentTarget` lässt sich gut an einem einfachen Beispiel erläutern.

Angenommen, Sie erstellen ein `MovieClip`-Objekt und fügen innerhalb der Anzeigeliste des `MovieClip`-Objekts ein `TextField`-Objekt ein:

```
var mc:MovieClip = new MovieClip();
var myText:TextField = new TextField();
myText.text = "Beispieltext";
mc.addChild(myText);
addChild(mc);
```

An dem `MovieClip`-Objekt registrieren Sie einen Ereignis-Listener, der die Funktion `clickHandler` aufruft, wenn auf den Movieclip geklickt wird:

```
mc.addEventListener(MouseEvent.CLICK,clickHandler);
function clickHandler(e:MouseEvent):void {
}
```

Wenn Sie jetzt innerhalb der Ereignisprozedur auf die Eigenschaften `target` und `currentTarget` des übergebenen Ereignisobjekts (e) zugreifen, sehen Sie, dass `target` auf das `TextField`-Objekt verweist und `currentTarget` auf das `MovieClip`-Objekt.

Das liegt daran, dass das Ereignis `MouseEvent.CLICK` tatsächlich auf dem `TextField`-Objekt ausgelöst wurde. Über `target` greifen Sie also auf das Objekt zu, auf dem das Ereignis tatsächlich ausgelöst wurde, wohingegen `currentTarget` auf das Objekt verweist, an dem der Ereignis-Listener registriert wurde. Die folgende Ereignisprozedur ändert den Text des Textfeldes wie gewünscht:

```
function clickHandler(e:MouseEvent):void {
    e.target.text = "Neuer Text";
}
```

Die folgende Ereignisprozedur jedoch **nicht**, da `currentTarget` auf das Movieclip-Objekt verweist. Es erscheint in diesem Fall allerdings auch keine Fehlermeldung.

```
function clickHandler(e:MouseEvent):void {
    e.currentTarget.text = "Neuer Text";
}
```

In den meisten Fällen wird `currentTarget` genutzt, da man in der Regel auf das Objekt zugreifen möchte, an dem der Ereignis-Listener registriert wurde.

8.13.3 Ereignis-Listener entfernen

Wenn Sie nicht mehr auf das Auftreten eines Ereignisses reagieren möchten, können Sie einen auf einem Objekt registrierten Ereignis-Listener auch wieder entfernen. Dazu dient die Methode `removeEventListener`. Um beispielsweise nicht mehr auf das `MouseEvent.CLICK` Ereignis zu reagieren, entfernen Sie den Ereignis-Listener durch folgenden Code:

```
mc.removeEventListener(MouseEvent.CLICK,clickHandler);
```

Beachten Sie, dass Sie dabei sowohl das Objekt (`mc`), an dem der Ereignis-Listener registriert war, angeben müssen, als auch das Ereignis (`MouseEvent.CLICK`) und die Ereignisprozedur (`click-Handler`).

8.13.4 Häufig verwendete Ereignisse mit Anzeigeobjekten

Wie bereits erwähnt, gibt es eine Vielzahl von Ereignissen, die an dieser Stelle nicht alle erläutert werden können. Exemplarisch werden in der folgenden Tabelle Ereignisse aufgeführt, die sehr häufig mit Anzeigeobjekten verwendet werden. Im Verlauf des Buchs werden Sie dann noch viele andere Ereignisse kennenlernen.

[!] Speicher freigeben
Wenn Sie ein Objekt beispielsweise von der Anzeigeliste entfernen und die Referenz des Objekts auf `null` setzen, damit es aus dem Speicher entfernt wird, müssen Sie darauf achten, dass Sie auch an dem Objekt registrierte Ereignis-Listener über `remove-EventListener` entfernen. Ein Beispiel mit einem Movieclip, der den Instanznamen »mc« besitzt:

```
mc.addEventListener(Mouse
Event.CLICK,clickHandler);
function
clickHandler(e:MouseEvent):
void {
```

Ereignis	Beispiel	Beschreibung

MouseEvent.CLICK	myButton.addEventListener(MouseEvent.CLICK, clickHandler);
	function clickHandler(e:MouseEvent):void {
	    trace(e.currentTarget + "wurde ange-
	klickt.");
	}
		Wird ausgelöst, wenn der Benutzer die Haupttaste des Eingabegeräts (Maus) über dem InteractiveObject drückt.

▲ **Tabelle 8.10**
Häufig verwendete Ereignisse von Anzeigeobjekten

Ereignis	Beispiel	Beschreibung

MouseEvent.DOUBLE_CLICK	`myButton.doubleClickEnabled = true;`
	`myButton.addEventListener(MouseEvent.`
	`DOUBLE_CLICK, dbclickHandler);`
	`function dbclickHandler(e:MouseEvent):void {`
	`    trace(e.currentTarget + "wurde doppelt`
	`    angeklickt.");`
	`}`
		Wird ausgelöst, wenn der Benutzer einen Doppelklick über dem `InterActiveObject` ausführt. Zuvor muss die Eigenschaft `doubleClickEnabled` des Objekts auf `true` gesetzt worden sein.

MouseEvent.MOUSE_DOWN	`myButton.addEventListener(MouseEvent.`
	`MOUSE_DOWN, mouseDownHandler);`
	`function mouseDownHandler (e:MouseEvent):`
	`void {`
	`    trace("Maustaste gedrückt");`
	`}`
		Wird ausgelöst, wenn die Taste des Zeigegeräts über einem Anzeigeobjekt gedrückt wird.

MouseEvent.MOUSE_UP	`myButton.addEventListener(MouseEvent.`
	`MOUSE_UP, mouseUpHandler);`
	`function mouseUpHandler(e:MouseEvent):`
	`void {`
	`    trace("Maustaste los gelassen");`
	`}`
		Wird ausgelöst, wenn die Taste des Zeigegeräts über einem Anzeigeobjekt losgelassen wird.

MouseEvent.ROLL_OVER	`myButton.addEventListener(MouseEvent.`
	`ROLL_OVER, rollOverHandler);`
	`function rollOverHandler(e:MouseEvent):`
	`void {`
	`    trace("rollOver");`
	`}`
		Wird ausgelöst, wenn das Zeigegerät über eine Instanz der `InteractiveObject`-Klasse bewegt wird.

MouseEvent.ROLL_OUT	`myButton.addEventListener(MouseEvent.`
	`ROLL_OUT, rollOutHandler);`
	`function rollOutHandler(e:MouseEvent):`
	`void {`
	`    trace("rollOut");`
	`}`
		Wird ausgelöst, wenn das Zeigegerät aus einer Instanz der `InteractiveObject`-Klasse bewegt wird.

MouseEvent.MOUSE_MOVE	`mc.addEventListener(MouseEvent.`
	`MOUSE_MOVE, mouseMoveHandler);`
	`function mouseMoveHandler(e:`
	`MouseEvent):void {`
	`    trace("Maus wurde bewegt");`
	`}`
		Wird ausgelöst, wenn die Maus sich über dem Anzeigeobjekt befindet und bewegt wird.

KeyboardEvent.KEY_UP	`myText.addEventListener(KeyboardEvent.`
	`KEY_UP, keyUpHandler);`
	`function keyUpHandler(e:KeyboardEvent):`
	`void {`
	`    trace("Taste losgelassen");`
	`}`
		Wird ausgelöst, wenn eine Taste der Tastatur losgelassen wird und das Anzeigeobjekt, z. B. ein Textfeld, den Fokus besitzt.

▲ **Tabelle 8.10**
Häufig verwendete Ereignisse von Anzeigeobjekten (Forts.)

Ereignis	Beispiel	Beschreibung
KeyboardEvent.KEY_DOWN	```myText.addEventListener(KeyboardEvent.KEY_DOWN, keyDownHandler); function keyDownHandler(e:KeyboardEvent): void { trace("Taste gedrückt"); }```	Wird ausgelöst, wenn eine Taste der Tastatur gedrückt wird und das Anzeigeobjekt den Fokus besitzt.
Event.ENTER_FRAME	```mc.addEventListener(Event.ENTER_FRAME, enterFrameHandler); function enterFrameHandler(e:Event):void { trace("enterFrame"); }```	Wird ausgelöst, wenn der Abspielkopf ein neues Bild erreicht.
Event.ADDED_TO_STAGE	```var myText:TextField = new TextField(); myText.name = "myText"; myText.addEventListener(Event.ADDED_TO_STAGE, addedToStageHandler); addChild(myText); function addedToStageHandler(e:Event):void { trace(e.currentTarget.name +" wurde zur Anzeigeliste hinzugefügt."); }```	Wird ausgelöst, wenn das Anzeigeobjekt zur Anzeigeliste hinzugefügt wurde.
Event.REMOVED_FROM_STAGE	```var myText:TextField = new TextField(); myText.name = "myText"; myText.addEventListener(Event.REMOVED_FROM_STAGE, removedFromStageHandler); addChild(myText); removeChild(myText); function removedFromStageHandler(e:Event): void { trace(e.currentTarget.name +" wurde aus der Anzeigeliste entfernt."); }```	Wird ausgelöst, wenn das Anzeigeobjekt von der Anzeigeliste entfernt wurde.

▲ **Tabelle 8.10**
Häufig verwendete Ereignisse von Anzeigeobjekten (Forts.)

8.14 Loader-Klasse

Mit Hilfe der Loader-Klasse, die eine Unterklasse der Anzeige-objektcontainer-Klasse ist, können Sie externe Inhalte laden und darstellen. Folgende Inhalte können mit einem Objekt der Loader-Klasse geladen werden:

▶ Flash-Filme: Entweder ein auf ActionScript 1 und 2 basierender Flash-Film (SWF) oder ein auf ActionScript 3 basierender Flash-Film (SWF).

- Bitmap-Grafiken: Dazu gehören JPG-, PNG-, und GIF-Grafiken.
- Um eine Bitmap-Grafik oder einen Flash-Film zu laden, benötigen Sie zunächst ein Objekt der Klasse Loader. Anschließend definieren Sie einen sogenannten URLRequest, der an die Methode load des Loader-Objekts übergeben wird. Damit die Bitmap-Grafik oder ein Flash-Film im Flash-Film dargestellt wird, wird das Loader-Objekt zur Anzeigeliste hinzugefügt. Beispiel mit einer Bitmap-Grafik:

```
var picLoader:Loader = new Loader();
var picRequest:URLRequest = new URLRequest("image.
png");
picLoader.load(picRequest);
this.addChild(picLoader);
```

8.14.1 Ladevorgang kontrollieren

Der Ladevorgang kann über ein sogenanntes LoaderInfo-Objekt kontrolliert werden. Sobald der Ladevorgang gestartet wurde, wird automatisch ein sogenanntes LoaderInfo-Objekt erzeugt, das sich über die Eigenschaft contentLoaderInfo des Loader-Objekts ansprechen lässt. Über das LoaderInfo-Objekt kann mit Hilfe von Ereignis-Listenern auf verschiedene Ereignisse reagiert werden.

Angenommen, Sie möchten ein Bild auf der Bühne positionieren, sobald alle Eigenschaften bzw. Methoden des geladenen Objekts zur Verfügung stehen, so dass Sie beispielsweise auf die Größe einer zu ladenden Bitmap zugreifen können. Dazu lässt sich das Ereignis Event.INIT wie folgt nutzen:

```
var picLoader:Loader = new Loader();
var picRequest:URLRequest = new URLRequest("image.
png");
picLoader.contentLoaderInfo.addEventListener(Event.
INIT, posPic);
picLoader.load(picRequest);
function posPic(e:Event):void {
    this.addChild(picLoader);
    picLoader.content.x = 10;
    picLoader.content.y = 10;
}
```

Event.COMPLETE vs. Event.INIT
Das Ereignis Event.COMPLETE wird ausgelöst, wenn ein Inhalt vollständig geladen wurde. Das Ereignis Event.INIT wird ausgelöst, sobald alle Eigenschaften und Methoden des zu ladenden Objekts verfügbar sind. Um ein Objekt zu positionieren, zu skalieren etc., sollten Sie das Ereignis Event.INIT verwenden. Das Ereignis Event.COMPLETE wird nachdem Auftreten des Ereignisses Event.INIT ausgelöst.

Hinweis
Beachten Sie, dass Sie den Inhalt des Loader-Objekts, in diesem Fall die Bitmap-Grafik, über die Eigenschaft content referenzieren können. Alternativ könnten Sie z. B. auch ein Sprite-Objekt, das als Container dient, verwenden.

◀ **Abbildung 8.32**
Das Bild wurde positioniert.

Ein Beispiel dazu finden Sie auf der DVD unter *08\Bild_laden\Bild_laden.fla*.

08\Bild_laden\Bild_laden.fla

In der folgenden Tabelle werden die wichtigsten Ereignisse des LoaderInfo-Objekts, über die Sie den Ladestatus kontrollieren können, erläutert.

Ereignis	Beispiel	Beschreibung

complete	`myLoader.contentLoaderInfo.addEventListener(Event.COMPLETE, completeHandler);`
	`myLoader.load(picRequest);`
	`function completeHandler(e:Event):void {`
	`   trace("Inhalt geladen");`
	`}`
		Wird aufgerufen, wenn der Inhalt vollständig geladen wurde.

init	`myLoader.contentLoaderInfo.addEventListener(Event.INIT, initHandler);`
	`myLoader.load(picRequest);`
	`function initHandler(e:Event):void {`
	`   trace("Inhalt kann angesteuert werden");`
	`}`
		Wird aufgerufen, wenn auf Eigenschaften des zu ladenden Inhalts zugegriffen werden kann. Sollte dann z. B. zur Positionierung verwendet werden.

ioError	`myLoader.contentLoaderInfo.addEventListener(IOErrorEvent.IO_ERROR, errorHandler);`
	`myLoader.load(picRequest);`
	`function errorHandler(e:IOErrorEvent):void {`
	`   trace("Inhalt konnte nicht geladen werden");`
	`}`
		Wird aufgerufen, wenn ein Eingabe- oder Ausgabefehler auftritt, z. B. wenn der geladene Inhalt nicht existiert.

▲ **Tabelle 8.11**
Ereignisse des LoaderInfo-Objekts

Ereignis	Beispiel	Beschreibung
| open | ```
myLoader.contentLoaderInfo.addEventListener(Event.OPEN,
openHandler);
myLoader.load(picRequest);
function openHandler(e:Event):void {
    trace("Ladevorgang gestartet");
}
``` | Wird aufgerufen, sobald der Ladevorgang gestartet wird. |
| progress | ```
myLoader.contentLoaderInfo.addEventListener(ProgressEvent.
PROGRESS, progressHandler);
myLoader.load(picRequest);
function progressHandler(e:ProgressEvent):void {
    var geladen:uint = e.bytesLoaded;
    var total:uint = e.bytesTotal;
    var prozent:uint = Math.round((geladen/total)*100);
    trace(prozent + "% geladen");
}
``` | Wird regelmäßig aufgerufen, sobald Daten empfangen werden. |
| unload | ```
myLoader.contentLoaderInfo.addEventListener(Event.UNLOAD,
unloadHandler);
myLoader.contentLoaderInfo.addEventListener(Event.
COMPLETE, completeHandler);
myLoader.load(picRequest);
function unloadHandler(e:Event):void {
    trace("Inhalt wurde entfernt");
}
function completeHandler(e:Event):void {
    myLoader.unload();
}
``` | Wird aufgerufen, wenn der Inhalt des Loader-Objekts über die Methode unload entfernt wird oder wenn ein geladener Inhalt durch einen anderen ersetzt wird. |

▲ **Tabelle 8.11**
Ereignisse des LoaderInfo-Objekts (Forts.)

Schritt für Schritt: Navigation mit externen Flash-Filmen

In diesem Workshop lernen Sie, wie Sie eine Navigation erstellen, über die externe Flash-Filme geladen werden. Der Aufbau ist sehr einfach gehalten. Die Vorgehensweise lässt sich jedoch auch auf größere Webseiten in ähnlicher Art und Weise anwenden.

08\Navigation_Filme_laden\Nav01.fla

1 **Flash-Film öffnen**

Öffnen Sie den Flash-Film *08\Navigation_Filme_laden\Nav01. fla*. Auf der Ebene »Nav« befinden sich vier Movieclips mit den Instanznamen »nav0«, »nav1«, »nav2« und »nav3«. Wählen Sie einen Movieclip aus, und wechseln Sie über Strg/⌘+E in den Symbolbearbeitungsmodus. Schauen Sie sich die ZEITLEISTE an. Das Bild mit dem Bildbezeichner »in« wird später per ActionScript angesprungen, wenn der Benutzer den Mauszeiger über den Movieclip bewegt. Das Bild mit dem Bildbezeichner »out« wird angesprungen, wenn der Benutzer den Mauszeiger wieder aus dem Bereich des Movieclips bewegt.
```

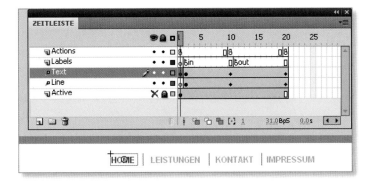

◀ Abbildung 8.33
Die ZEITLEISTE des Movieclips
»mc0«

2 Navigation initialisieren

Wechseln Sie wieder zurück zur Hauptzeitleiste des Flash-Films. Auf der Ebene »progressBar« befindet sich ein Movieclip mit dem Instanznamen »progressBar«. Dieser soll später den Ladefortschritt anzeigen. Wählen Sie das erste Schlüsselbild der Ebene »Actions« aus, öffnen Sie das AKTIONEN-Fenster (F9), und fügen Sie zunächst folgenden Code ein:

```
1:    var myMovies_arr:Array = new Array("home.swf",
      "leistungen.swf", "kontakt.swf", "impressum.
      swf");
2:    var loader:Loader;
3:    var container:MovieClip = new MovieClip();
4:    addChild(container);
5:    function initNav():void {
6:        progressBar.scaleX = 0;
7:        for (var i:uint = 0; i<myMovies_arr.length;
          i++) {
8:            var aktNav:MovieClip = this["nav"+i];
9:            aktNav.buttonMode = true;
10:           aktNav.myIndex = i;
11:           aktNav.addEventListener(MouseEvent.
              ROLL_OVER,rollOverHandler);
12:           aktNav.addEventListener(MouseEvent.
              ROLL_OUT,rollOutHandler);
13:           aktNav.addEventListener(MouseEvent.
              CLICK,loadMyMovie);
14:       }
15:   }
```

In Zeile 1 wird ein Array definiert, dem die Pfade zu den jeweiligen Flash-Filmen zugewiesen werden. In Zeile 2 wird ein Loader-Objekt initialisiert. Das Objekt wird außerhalb einer Funktion initialisiert, damit im Folgenden von jeder Funktion darauf zugegriffen werden kann. In Zeile 3 und 4 wird ein MovieClip erzeugt und zur Anzeigeliste hinzugefügt. In diesen MovieClip werden die Flash-Filme später geladen. Die Funktion `initNav` sorgt zunächst dafür, dass der Movieclip `progressBar` horizontal auf 0% skaliert wird. Anschließend werden mit Hilfe einer `for`-Schleife die Movieclips der Navigation referenziert (Zeile 8). Damit sich die Movieclips wie Buttons verhalten, wird die Eigenschaft `buttonMode` auf `true` gesetzt (Zeile 9). Da die `MovieClip`-Klasse eine dynamische Klasse ist, können Sie ihr eigene Eigenschaften zuweisen. Davon wird in Zeile 10 Gebrauch gemacht, damit später eine Zuordnung stattfinden kann zwischen angeklicktem Movieclip und dem zu ladenden Film. Dazu wird der dynamischen Eigenschaft `myIndex` des jeweiligen Movieclips der aktuelle Wert der Zählervariablen i zugewiesen, so dass beispielsweise der Wert der Eigenschaft `myIndex` des Movieclips »nav0« dem Wert 0 entspricht. In Zeile 11–13 werden Ereignis-Listener am jeweiligen Movieclip registriert.

3 Ereignisprozeduren definieren

Ergänzen Sie den Code nun um folgende Zeilen:

```
1:    function rollOverHandler(e:MouseEvent):void {
2:        e.target.gotoAndPlay("in");
3:    }
4:    function rollOutHandler(e:MouseEvent):void {
5:        e.target.gotoAndPlay("out");
6:    }
7:    function loadMyMovie(e:MouseEvent):void {
8:        progressBar.scaleX = 0;
9:        var myIndex:uint = e.currentTarget.myIndex;
10:       loader = new Loader();
11:       var myRequest:URLRequest = new
          URLRequest(myMovies_arr[myIndex]);
12:       loader.contentLoaderInfo.
          addEventListener(ProgressEvent.
          PROGRESS,progressHandler);
13:       loader.contentLoaderInfo.
          addEventListener(Event.INIT,imageLoaded);
14:       loader.load(myRequest);
15:    }
```

In Zeile 1 bis 6 werden zwei Ereignis-Listener für die Ereignisse `MouseEvent.ROLL_OVER` und `MouseEvent.ROLL_OUT` definiert. Wie zuvor erwähnt, wird je nach Mausaktion das Bild mit dem Bildbezeichner »in« oder »out« des jeweiligen Navigations-Movieclips angesprungen. Die Funktion `loadMyMovie` (ab Zeile 7) skaliert den Movieclip »progressBar« auf der x-Achse zunächst auf 0%. Falls zuvor bereits ein Flash-Film geladen wurde, wird die Skalierung des Movieclips also auf 0% zurückgesetzt. In Zeile 9 wird der Index des angeklickten Movieclips ermittelt. Anschließend werden ein `Loader`-Objekt und ein `URLRequest`-Objekt definiert. Dem `URLRequest`-Objekt wird mit Hilfe des Arrays `myMovies_arr` und dem ermittelten Index der Pfad zum jeweiligen Flash-Film übergeben. In Zeile 12 wird ein Ereignis-Listener registriert, der dafür sorgt, dass die Funktion `progressHandler` aufgerufen wird, während der Ladevorgang läuft. In Zeile 13 wird ein Ereignis-Listener definiert, der dafür sorgt, dass die Funktion `imageLoaded` aufgerufen wird, wenn ein Flash-Film geladen wurde und der geladene Flash-Film mit ActionScript angesteuert werden kann. In Zeile 14 wird schließlich der jeweilige Film über die Methode `load` des `Loader`-Objekts geladen.

4 Den geladenen Flash-Film zur Anzeigeliste hinzufügen und Ladefortschritt anzeigen

Ergänzen Sie den Code zum Schluss um folgende Zeilen:

```
1:    function imageLoaded(e:Event):void {
2:        if(container.numChildren >0) {
3:            var lastContent:MovieClip = container.
              removeChildAt(0);
4:            lastContent = null;
5:        }
6:        var myContent:MovieClip = container.
          addChild(e.target.content);
7:        myContent.gotoAndStop(2);
8:    }
9:    function progressHandler(e:ProgressEvent):void {
10:        var geladen:Number = e.target.bytesLoaded;
11:        var total:Number = e.target.bytesLoaded;
12:        var prozent:Number = geladen/total;
13:        progressBar.scaleX = prozent;
14:    }
15:    initNav();
16:    stop();
```

Ein geladener Flash-Film wird dem Movieclip »container« angehängt. Sollte vorher schon ein Flash-Film geladen sein, muss dieser zunächst aus der Anzeigeliste und dem Speicher entfernt werden. Dazu wird in Zeile 2 geprüft, ob der MovieClip »container« mehr als 0 Child-Elemente besitzt. In diesem Fall liegt ein bereits geladener Film schon im Movieclip. Er wird dann in Zeile 3 aus der Anzeigeliste entfernt und in Zeile 4 zum Löschen aus dem Speicher freigegeben. Anschließend wird der neu geladene Flash-Film zur Anzeigeliste im Container-Movieclip eingefügt (Zeile 6), und der Abspielkopf des Movieclips springt auf Bild 2 (Zeile 7). Beachten Sie, dass die zu ladenden Flash-Filme im ersten Schlüsselbild jeweils keinen Inhalt besitzen und ein stop(); dafür sorgt, dass die Zeitleiste nicht automatisch abgespielt wird. Sie können so sehr genau steuern, dass der Inhalt – das könnten auch Animationen sein – erst angezeigt wird, wenn der Ladevorgang vollständig abgeschlossen ist. In Zeile 9 bis 14 wird die Ereignisprozedur definiert, die während des Ladevorgangs mehrmalig aufgerufen wird. Die Funktion ermittelt die geladenen (Zeile 10) und die gesamten Bytes (Zeile 11) des Flash-Films und errechnet einen anteiligen Fortschrittswert (Zeile 12), der zwischen 0 und 1 liegt. Der Movieclip progressBar wird dann entsprechend skaliert, um den Ladefortschritt anzuzeigen. Beachten Sie, dass Sie die Skalierung des Movieclips lokal und auch vermutlich online nicht sehen werden, da die Flash-Filme sehr klein sind und die Daten sehr schnell geladen sind. Wären die Flash-Filme größer, sähen Sie den Fortschritt.

5 Fertig! Flash-Film testen

Testen Sie den Flash-Film über [Strg]/[⌘]+[↵].

Abbildung 8.34 ▶
Der fertiggestellte Flash-Film ■

8.15 Fehlersuche

Je intensiver Sie mit ActionScript arbeiten, desto komplexer werden meist die Aufgaben, die es zu lösen gilt. Da komplexe Anwendungen ein entsprechendes hohes Fehlerpotential mit sich bringen, bleiben Fehlersuche und Fehlerbeseitigung nicht aus. In diesem Abschnitt erfahren Sie, wie Sie den integrierten Debugger einsetzen können, um Fehler zu suchen und zu lokalisieren.

8.15.1 Debugger verwenden

Mit Hilfe des integrierten ActionScript 3.0-Debuggers können Sie Fehler in ActionScript 3 finden. Den Debugger starten Sie über das Menü DEBUGGEN • DEBUGGEN starten.

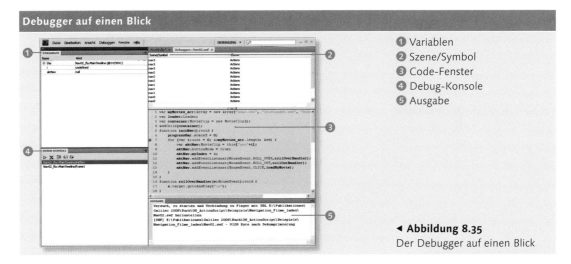

Debugger auf einen Blick

❶ Variablen
❷ Szene/Symbol
❸ Code-Fenster
❹ Debug-Konsole
❺ Ausgabe

◀ **Abbildung 8.35**
Der Debugger auf einen Blick

8.15.2 Haltepunkte einfügen und Code durchlaufen

Bevor Sie mit dem Debugger effektiv arbeiten können, müssen Sie im Code einen sogenannten Haltepunkt einfügen. Dazu öffnen Sie das AKTIONEN-Fenster und klicken auf der linken Seite neben die gewünschte Codezeile, an der Sie den Flash-Film anhalten möchten.

◀ **Abbildung 8.36**
Ein Haltepunkt wurde in Zeile 7 hinzugefügt.

Wenn Sie dann den Flash-Film über DEBUGGEN • DEBUGGEN starten, wird er an der Position des Haltepunkts angehalten.

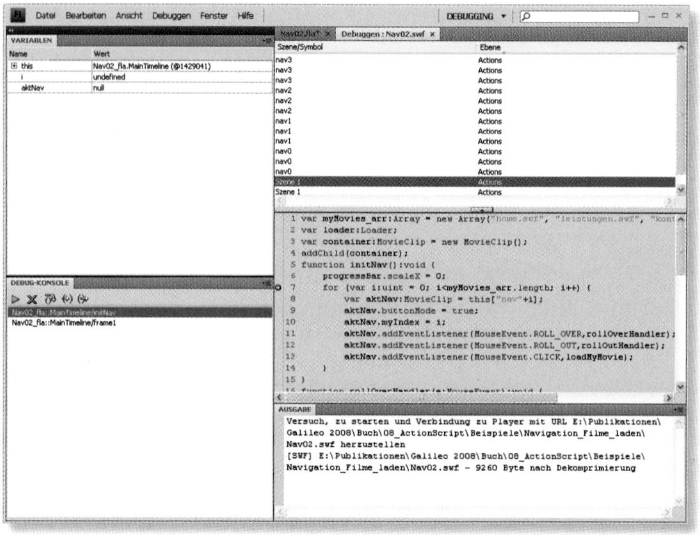

Abbildung 8.37 ▶
Der Flash-Film wurde am Haltepunkt angehalten.

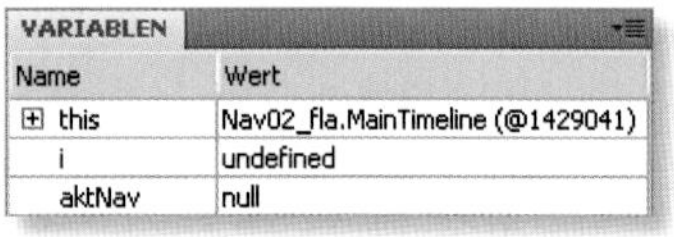

▲ Abbildung 8.38
Das VARIABLEN-Fenster

8.15.3 Variablen

Im Fenster VARIABLEN werden Ihnen die Variablen angezeigt, die zu diesem Zeitpunkt existieren. In diesem Beispiel sehen Sie etwa, dass der Wert der Variablen i zu diesem Zeitpunkt noch undefined lautet. Mit Hilfe des Fensters können Sie Variablenwerte zu unterschiedlichen Zeitpunkten überprüfen.

8.15.4 Debug-Konsole

Die Ausführung des Codes ab einem Haltepunkt können Sie über das DEBUG-KONSOLE-Fenster steuern. Via Mausklick auf die Schaltfläche WEITER ❶ springen Sie zum nächsten Haltepunkt oder setzen die Ausführung bis zum Ende fort.

Wenn sich ein Haltepunkt am Anfang einer Schleife befindet und Sie auf die Schaltfläche klicken, springt die Ausführung zum nächsten Durchlauf der Schleife weiter. Auf diese Weise können Sie jeden Schleifendurchlauf kontrollieren.

▲ Abbildung 8.39
Die DEBUG-KONSOLE

Debug-Konsole und Variablen-Fenster öffnen
Wenn Sie die DEBUG-KONSOLE oder das VARIABLEN-Fenster geschlossen haben, können Sie es über das Menü FENSTER • DEBUG-BEDIENFELDER wieder öffnen.

Um den Debugger zu verlassen, klicken Sie auf die Schaltfläche DEBUG-SITZUNG BEENDEN ❷. Eine Codezeile überspringen Sie mit einem Klick auf die Schaltfläche ÜBERSPRINGEN ❸. Per Mausklick auf die Schaltfläche HINEINSPRINGEN ❹ lassen Sie den Code innerhalb eines Codeblocks, z. B. innerhalb einer Schleife, ausführen. Nachdem Sie beispielsweise in den Code einer Schleife hineingesprungen sind, können Sie per Mausklick auf die Schaltfläche VERLASSEN ❺ den Code innerhalb des Codeblocks wieder verlassen.

Durch die Änderung eines Variablenwerts im Debugger können Sie sehr schnell alle Variablenwerte eines Flash-Films überprüfen und verschiedene Simulationen durchführen.

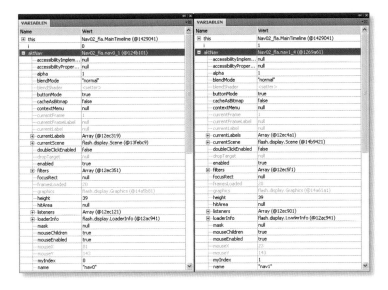

◄ Abbildung 8.40
Hier werden die Variablen und ihre Werte des ersten und zweiten Schleifendurchlaufs angezeigt.

8.15.5 Remote-Debug

Flash bietet über das sogenannte *Remote-Debug* die Möglichkeit, einen entfernten Flash-Film zu testen. Das kann sehr hilfreich sein, z. B. wenn ein Flash-Film zusammen mit serverseitigen Technologien verwendet wird, die nur auf dem Webserver laufen und nicht lokal getestet werden können. Dann können Sie die Flash-Entwicklungsumgebung bzw. den Debugger mit einem entfernten Flash-Film verbinden. Wie das funktioniert, erfahren Sie im folgenden Workshop.

Schritt für Schritt: Einen entfernten (remote) Flash-Film debuggen

In diesem Workshop lernen Sie, wie Sie einen Flash-Film, der auf einem Webserver liegt, mit Hilfe des Debuggers auf mögliche Fehlerquellen hin überprüfen.

1 **Film öffnen**

Öffnen Sie den Flash-Film *08\Debugger\Debugger.fla*. Im ersten Schlüsselbild wurde eine einfache Funktion zur Berechnung einer Summe aus zwei Zahlen definiert. Zusätzlich wurden vier Haltepunkte eingefügt.

08\Debugger\Debugger.fla

Abbildung 8.41 ▸
Code des ersten Schlüsselbildes

2 Debugging erlauben und Kennwort eingeben

Öffnen Sie über das Menü DATEI • EINSTELLUNGEN FÜR VERÖF-
FENTLICHUNGEN die Veröffentlichungseinstellungen, und aktivie-
ren Sie im Reiter FLASH das Optionsfeld DEBUGGING ERLAUBEN.
Klicken Sie auf OK, und wählen Sie anschließend DATEI • VERÖF-
FENTLICHEN.

Abbildung 8.42 ▸
Debugging erlauben

3 Dateien auf Webserver laden

Laden Sie den Flash-Film *Debugger.swf*, das HTML-Dokument
Debugger.html und das JavaScript-Dokument *AC_RunActiveCon-
tent.js* auf einen Webserver.

4 Remote-Debug-Sitzung beginnen

Damit Sie den Remote-Debug-Modus nutzen können, benötigen
Sie den Debug-Flash-Player, den Sie unter *http://www.adobe.com/
support/flashplayer/downloads.html* für unterschiedliche Browser
herunterladen können. Mit dem Firefox-Browser gibt es gelegentlich Probleme mit dem Debugger. Verwenden Sie im Zweifelsfall
einen anderen Browser.

Klicken Sie im Menü der Entwicklungsumgebung auf DEBUG-
GEN • REMOTE-DEBUG-SITZUNG BEGINNEN • ACTIONSCRIPT 3.0. Lassen Sie sich mit dem nächsten Schritt nicht allzu viel Zeit, da der
Versuch, eine Verbindung herzustellen, nach einiger Zeit automatisch abgebrochen wird.

◄ **Abbildung 8.43**
Remote-Debug-Sitzung beginnen

5 Flash-Film im Browser öffnen

Öffnen Sie einen Webbrowser, und geben Sie die URL des HTML-Dokuments ein. Es sollte ein Dialogfenster erscheinen.

Falls das Dialogfenster nicht automatisch erscheint, öffnen Sie es, indem Sie mit der rechten Maustaste auf den Flash-Film im Browser klicken und den Menüpunkt DEBUGGER wählen.

Klicken Sie auf LOKALER HOST, und bestätigen Sie die Auswahl durch Klick auf OK.

6 Film debuggen

Die Verbindung sollte jetzt hergestellt sein. Bei mir selbst konnte zwar eine Verbindung hergestellt werden, Haltepunkte wurden jedoch ignoriert, und die Debug-Sitzung wurde beendet. Dabei handelt es sich vermutlich um einen Fehler der Flash-Entwicklungsumgebung, der hoffentlich mit einem Update behoben wird. Sollte es bei Ihnen funktionieren, müssten Sie den entfernten Flash-Film wie gewohnt im lokalen Debugger testen können.

▲ **Abbildung 8.44**
Verbindung herstellen

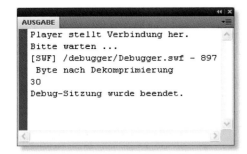

◄ **Abbildung 8.45**
Bei mir wurden Haltepunkte ignoriert, und die Debug-Sitzung wurde beendet.

8.15.6 Häufige Fehlerursachen

Wenn Sie mit ActionScript programmieren, werden Sie am Anfang häufig auf Fehlermeldungen treffen, die Ihnen auf den ersten Blick vielleicht nicht viel sagen. Um Ihren Blick für mögliche Fehlerursachen zu schärfen, finden Sie in der folgenden Tabelle einen Überblick über häufige Fehler und deren Ursache.

ActionScript-Code	Fehlermeldung/Ausgabe	Ursache
`var num0:Number = "5";`	1067: Implizite Umwandlung eines Werts des Typs String in einen nicht verwandten Typ `Number`.	Der Variablen `num0` vom Datentyp `Number` wurde fälschlicherweise ein Stringwert zugewiesen.
`var myArray:Array = new Array(1,2,3);` `trace(mYArray[0]);`	1120: Zugriff auf eine nicht definierte Eigenschaft `mYArray`.	Beachten Sie die Groß- und Kleinschreibung. Das Array `mYArray` existiert nicht.
`trace(mc.x);`	1120: Zugriff auf eine nicht definierte Eigenschaft `mc`.	Ein Movieclip »mc« wurde angelegt – ihm wurde jedoch kein gleichnamiger Instanznamen zugewiesen.

`var i:Number = 0;`
`if(i=0) {`
`    trace("Ok");`
`}`
	Warning: 1100: Zuweisung in Bedingung. Wollten Sie == statt = eingeben?	In der `if`-Schleife wurde fälschlicherweise der Zuweisungsoperator = statt des Vergleichsoperators == verwendet.

in einem Schlüsselbild in Bild 10: `trace(mc.alpha);`	Ausgabe: `undefined`	Hier gibt es einen Movieclip mit dem Instanznamen »mc«. Der Movieclip beginnt aber erst ab Bild 11 auf einem Schlüsselbild zu existieren. Zum Zeitpunkt des Aufrufs existierte er nicht.
`var 0num:Number = 0;`	1084: Syntaxfehler: identifier vor 0 erforderlich.	Der Variablenname ist ungültig. Das erste Zeichen eines Variablennamens darf keine Ziffer und kein Sonderzeichen sein. Auch Zeichenabstände in Variablennamen sind ungültig.

`function`
`showMessage():String {`
`    trace("meine Nachricht");`
`}`
`showMessage();`
	1170: Funktion gibt keinen Wert zurück.	In der Definition der Funktion wurde angegeben, dass ein Wert vom Datentyp `String` zurückgegeben wird. Es fehlt jedoch die notwendige `return`-Anweisung.

`function init():void {`
`    var myNum:Number = 5;`
`}`
`init();`
`trace(myNum);`
	1120: Zugriff auf eine nicht definierte Eigenschaft `myNum`.	Die Variable `myNum` hat einen lokalen Geltungsbereich und existiert außerhalb der Funktion nicht. Ein falscher Geltungsbereich (engl. »scope«) oder eine falsche Pfadangabe gehören zu den häufigsten Fehlerquellen.

In einem Schlüsselbild in Bild 1:
`var sum:Number = 100;`
In einem Schlüsselbild in Bild 10:
`var sum:Number = 200;`
	1151: In Definition sum im Namespace internal liegt ein Konflikt vor.
	Warning: 3596: Doppelte Variablendefinition.
		Eine Variable kann nicht zweimal in einer Zeitleiste initialisiert werden. Legitim wäre es jedoch, der bereits existierenden Variable einen neuen Wert in Bild 10 zuzuweisen:
		`sum =200;`

in einem Schlüsselbild eines Movieclips, der auf der Hauptzeitleiste liegt: `root.gotoAndPlay(10);`	1061: Aufruf für eine möglicherweise nicht definierte Methode gotoAndPlay über einen Verweis mit statischem Typ flash.display:DisplayObject.	Das `root`-Objekt verweist zwar auf das oberste Objekt der Anzeigeliste, es ist jedoch vom Datentyp `DisplayObject` und nicht vom Datentyp `MovieClip`. Sie müssen explizit angeben, dass es sich bei dem obersten Anzeigeobjekt um einen `MovieClip` handelt: `MovieClip(root).gotoAndPlay(10);`

▲ **Tabelle 8.12**
Häufige Fehlerursachen (Forts.)

9 Animation mit ActionScript 3

In Kapitel 5, »Animation«, haben Sie bereits verschiedene Techniken kennengelernt, um Objekte mit Hilfe von Werkzeugen der Entwicklungsumgebung zu animieren. In diesem Kapitel erfahren Sie, wie Sie Animationen mit ActionScript 3 entwickeln.

9.1 Eigenschaften von Anzeigeobjekten

Jedes Anzeigeobjekt, wie ein `Sprite`-, ein `MovieClip`- oder auch ein `Bitmap`-Objekt, besitzt spezifische Instanzeigenschaften, die sich über ActionScript 3 zur Laufzeit ändern lassen. So können Sie z. B. die Position auf der x-Achse eines `Sprite`-Objekts mit dem Instanznamen »mySprite« durch folgenden Aufruf ändern:

Kein Unterstrich in ActionScript 3
In ActionScript 1 und 2 wurde vor jeder Eigenschaft ein Unterstrich geschrieben. Dieser wird in ActionScript 3 nicht mehr verwendet.

```
mySprite.x = 200;
```

In der folgenden Tabelle sind die wichtigsten Instanzeigenschaften aufgelistet.

Eigenschaft	Datentyp	Beschreibung
alpha	Number	Alphawert von 0 bis 1 (Transparenz)
x	Number	Position auf der x-Achse
y	Number	Position auf der y-Achse
z	Number	Position auf der z-Achse
height	Number	Höhe des Movieclips
width	Number	Breite des Movieclips
scaleX	Number	Skalierung auf der x-Achse
scaleY	Number	Skalierung auf der y-Achse
scaleZ	Number	Skalierung auf der z-Achse

◀ **Tabelle 9.1**
Instanzeigenschaften von Anzeigeobjekten

Eigenschaft	Datentyp	Beschreibung
rotation	Number	Rotation (Drehung) in Grad
rotationX	Number	Rotation (Drehung) auf der x-Achse in Grad
rotationY	Number	Rotation (Drehung) auf der y-Achse in Grad
rotationZ	Number	Rotation (Drehung) auf der z-Achse in Grad

▲ **Tabelle 9.1**
Instanzeigenschaften von Anzeigeobjekten (Forts.)

[!] Ein falscher Ansatz: Schleifen

Sollten es Ihnen nicht anders gehen als mir, und Sie denken darüber nach, Schleifen direkt für Animationen einzusetzen, verwerfen Sie den Gedanken möglichst schnell! Schleifen sind zeitunabhängig. Animationen basieren jedoch immer auf Zeit bzw. Zeitleisten. Kein gutes Beispiel:

```
while(mc.x < 100) {
    mc.x +=10;
}
```

Sie werden nur das Ergebnis selbst, nicht aber die Zwischenschritte sehen.

Wenn Sie eine dieser Eigenschaften ändern, geschieht diese Änderung standardmäßig nur einmalig. Um Änderungen an Anzeigeobjekten für Animationen mehrmals bzw. über einen bestimmten Zeitraum durchzuführen, können Sie dafür *Ereignis-Listener*, *Ereignisse* und *Ereignisprozeduren* verwenden.

9.2 Ereignisse

Über bestimmte Ereignisse, Ereignis-Listener und Ereignisprozeduren können Sie Animationen mit ActionScript erstellen. Die wichtigsten werden im Folgenden vorgestellt.

9.2.1 ENTER_FRAME

Das ENTER_FRAME-Ereignis tritt wiederholt mit einem Intervall eines Bildes auf. Wie häufig es auftritt, hängt direkt mit der Bildrate des Flash-Films zusammen. Um auf das Auftreten eines Ereignisses zu reagieren, wird ein sogenannter Ereignis-Listener an dem Objekt, auf das sich das Ereignis bezieht, registriert. Wenn Sie beispielsweise ein Sprite-Objekt animieren möchten, ist es in den meisten Fällen sinnvoll, einen entsprechenden Ereignis-Listener an diesem Sprite-Objekt zu registrieren.

Bei der Registrierung eines Ereignis-Listeners wird eine Ereignisprozedur angegeben, die aufgerufen wird, wenn das Ereignis auftritt. Das ENTER_FRAME Ereignis tritt beim Abspielen jedes Bildes auf, also mit einem Intervall von je einem Bild. Eine mögliche Änderung, die Sie mit Hilfe des Ereignisses durchführen, wie z. B. eine Neupositionierung eines Anzeigeobjekts, wird dann anschließend beim Rendern des nächsten Bildes der Zeitleiste sichtbar. Abbildung 9.1 verdeutlicht den zeitlichen Ablauf.

```
mc.addEventListener(Event.ENTER_FRAME,enterFrameHandler);
function enterFrameHandler(e:Event):void {
    e.target.x +=5;
}
```

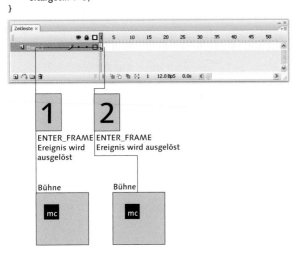

Damit Sie ein Anzeigeobjekt, das über die Entwicklungsumgebung erstellt wurde, über eine Ereignisprozedur steuern können, müssen Sie dem Anzeigeobjekt, im Beispiel einem Movieclip, zuvor einen Instanznamen ❶ im EIGENSCHAFTEN-Fenster zuweisen.

◄ Abbildung 9.2
Instanznamen zuweisen

Anschließend können Sie an dem Objekt einen Ereignis-Listener registrieren. Der Listener sorgt dafür, dass auf das Auftreten eines bestimmtes Ereignis »gewartet« und bei Auslösung des Ereignisses die definierte Ereignisprozedur aufgerufen wird.

Die formelle Schreibweise für das Registrieren eines Ereignis-Listeners für ein ENTER_FRAME-Ereignis und eine entsprechende Ereignisprozedur sieht wie folgt aus.

```
mc.addEventListener
(Event.ENTER_FRAME,enterFrameHandler);
function enterFrameHandler(e:Event):void {
    // Anweisung
}
```

Schritt für Schritt: Animation mit Event.ENTER_FRAME-Ereignis

In diesem Workshop erfahren Sie, wie Sie eine Movieclip-Instanz mit Hilfe eines ENTER_FRAME-Ereignisses animieren.

1 Flash-Film erstellen

Öffnen Sie einen neuen Flash-Film über das Menü DATEI • NEU. Wählen Sie im Reiter ALLGEMEIN den Dokumenttyp FLASH-DATEI (ACTIONSCRIPT 3.0) aus. Speichern Sie das Dokument über das Menü DATEI • SPEICHERN UNTER in ein beliebiges Verzeichnis unter dem Dateinamen *Animation01.fla* ab.

2 Kreis-Movieclip erstellen

Zeichnen Sie mit dem Ellipsen-Werkzeug ⬭ einen Kreis ein, und wandeln Sie den Kreis über `F8` in den Movieclip »ball_mc« um.

▲ **Abbildung 9.3**
In Movieclip konvertieren

3 Instanznamen zuweisen

Wählen Sie den Movieclip auf der Bühne aus, und verschieben Sie ihn nach links auf eine Position außerhalb der Bühne. Weisen Sie ihm im EIGENSCHAFTEN-Fenster den Instanznamen ball_mc zu.

▲ **Abbildung 9.4**
Instanznamen zuweisen

4 Aktion zuweisen

Erstellen Sie eine neue Ebene »Actions«, und weisen Sie dem ersten Schlüsselbild folgenden Code zu:

```
ball_mc.addEventListener(Event.ENTER_FRAME,moveBall);
function moveBall(e:Event):void {
    e.target.x +=5;
}
```

5 Film testen

Testen Sie den Film über Strg/⌘+↵. Der Kreis bewegt sich von links nach rechts. Mit jedem abgespielten Bild wird er um fünf Pixel nach rechts verschoben.

Ergebnis der Übung:
09\ENTER_FRAME\beispiel.fla

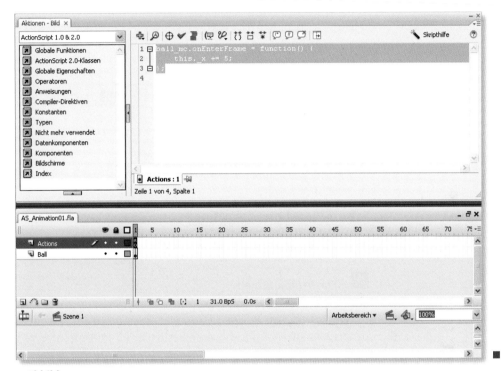

▲ **Abbildung 9.5**
Aktion zuweisen

9.2.2 MOUSE_MOVE-Ereignis

Mit dem Ereignis MOUSE_MOVE steht Ihnen eine weitere Möglichkeit für die Animation eines Objekts per ActionScript zur Verfügung. Das Ereignis wird aufgerufen, wenn die Maus bewegt wird. Dies geschieht unabhängig von der eingestellten Bildrate des Flash-Films. Das Ergebnis, z. B. eine Verschiebung eines Movieclips, ist allerdings erst zu sehen, wenn das nächste Bild des Flash-Films dargestellt wird. Einen Ereignis-Listener für das Ereignis sollten Sie an dem Stage-Objekt registrieren, da er nur aufgerufen wird, wenn sich der Mauszeiger über der Fläche des Objekts, an dem der Ereignis-Listener registriert wird, befindet.

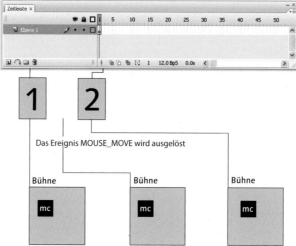

▲ **Abbildung 9.6**
Zeitlicher Ablauf und Darstellung des Ereignisses MOUSE_MOVE

09\Ereignisprozeduren\AS_Animation02.fla

Schritt für Schritt: Animation mit onMouseMove

In diesem Workshop lernen Sie, wie Sie das Ereignis MOUSE_MOVE für Animationen einsetzen.

1 Flash-Film öffnen

Öffnen Sie den Flash-Film *AS_Animation02.fla* aus dem Ordner *Ereignisprozeduren*. Ausgangsbasis ist der Movieclip mit dem Instanznamen »ball_mc«. Dieser besitzt einen mittig zentrierten Registrierungspunkt.

2 Aktion zuweisen

Weisen Sie dem ersten Schlüsselbild der Ebene »Actions« folgenden Code zu:

```
stage.addEventListener(MouseEvent.MOUSE_MOVE,moveBall);
function moveBall(e:MouseEvent):void {
    ball_mc.x = mouseX;
    ball_mc.y = mouseY;
    e.updateAfterEvent();
}
```

Immer dann, wenn die Maus bewegt wird, richtet sich der Movieclip anhand der x- und y-Koordinate des Mauszeigers aus.

---

updateAfterEvent

Verwenden Sie die Methode updateAfterEvent(); innerhalb der MOUSE_MOVE-Ereignisprozedur, um eine sofortige Aktualisierung der Anzeige (Bühne) zu erzwingen. Beachten Sie, dass die Methode eine Methode des übergebenen MouseEvent-Objekts ist. Beispiel:

```
function moveBall(e:Mouse
Event):void {
    ...
    e.updateAfterEvent();
}
```

Mauszeiger ausblenden

Verwenden Sie folgenden Aufruf, wenn Sie den Mauszeiger ausblenden möchten:

```
Mouse.hide();
```

Zum Einblenden verwenden Sie:

```
Mouse.show();
```

---

3 Film testen

Testen Sie den Flash-Film über Strg/⌘+↵. Wie Sie vielleicht bemerken, ist der Movieclip zu Beginn nicht zu sehen – erst, wenn Sie die Maus bewegen und die Ereignisprozedur aufgerufen wird, wird er positioniert.

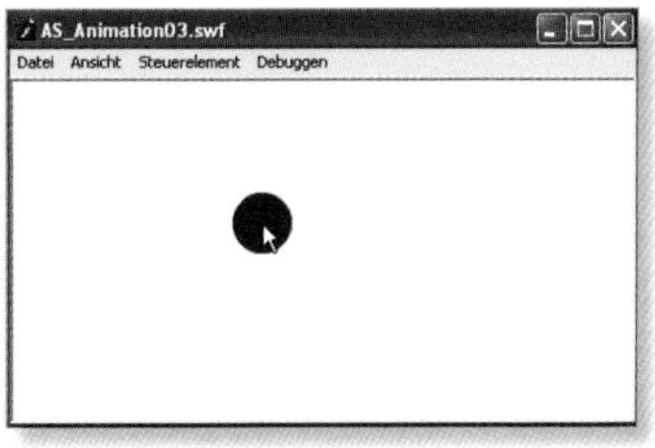

4 Movieclip zu Beginn positionieren

Um den Movieclip schon zu Beginn auf den Mauszeiger-Koordinaten zu positionieren, erweitern wir den Code dazu wie folgt:

```
ball_mc.x = mouseX;
ball_mc.y = mouseY;
function moveBall(e:MouseEvent):void {
    ...
}
```

5 Film erneut testen

Testen Sie den Film über Strg/⌘+↵. Der Movieclip wird jetzt zu Beginn einmalig ausgerichtet. ∎

▲ **Abbildung 9.7**
Der Movieclip richtet sich anhand der Maus aus.

🔘 **Ergebnis der Übung:**
09\Ereignisprozeduren\AS_Animation03.fla

9.3 Timer

Die dritte Möglichkeit, eine Instanzeigenschaft mehrmalig für Animationen zu ändern, bietet die sogenannte Timer-Klasse. Mit Hilfe der Klasse können Sie eine Funktion definieren, die in einem bestimmten zeitlichen Abstand mehrmalig aufgerufen wird. Auch die Anzahl der Wiederholungen lässt sich festlegen. Die formelle Syntax zur Initialisierung eines Timer-Objekts lautet wie folgt:

```
var myTimer:Timer = new Timer(Verzögerung:Number,Wiederholungen:int);
```

Über den Bezeichner myTimer können Sie das Objekt später ansprechen. Über den Parameter Verzögerung geben Sie an, in welchem zeitlichen Abstand (in Millisekunden) eine noch zu definierende Funktion wiederholt ausgeführt werden soll. Der Parameter Wiederholungen legt fest, wie oft die Funktion ausgeführt werden soll. Der Standardwert ist 0 und führt zu einer unendlichen Wiederholung.

Allein die Initialisierung eines Timer-Objekts hat keinerlei Auswirkung. Damit Sie Code über das Timer-Objekt ausführen können, müssen Sie einen entsprechenden Ereignis-Listener und eine Ereignisprozedur definieren. Dazu folgendes Beispiel:

Verzögerung und Bildrate

Die tatsächliche Verzögerung hängt auch von der Bildrate des Flash-Films ab. Wenn Sie beispielsweise eine Bildrate von 10 Bildern pro Sekunde eingestellt haben, was pro Bild einen zeitlichen Abstand von 100 Millisekunden entspricht, und Sie die Verzögerung eines Timer-Objekts auf 80 Millisekunden setzen, wird die tatsächliche Verzögerung in etwa auch bei 100 Millisekunden liegen.

```
myTimer.addEventListener(TimerEvent.
TIMER,timerHandler);
function timerHandler(e:TimerEvent):void {
    trace("Timer Event triggered");
}
```

Sobald ein `TimerEvent.TIMER`-Ereignis auftritt, wird die Ereignis-prozedur `timerHandler` aufgerufen. Um den Timer zu starten, können Sie die Methode `start` des Timer-Objekts verwenden:

```
myTimer.start();
```

Timer-Objekt löschen

Sollten Sie ein `Timer`-Objekt nicht mehr benötigen, z. B. nach-dem Sie den Timer über `stop` angehalten haben, sollten Sie zu-nächst den Ereignis-Listener ent-fernen und das Objekt dann auf `null` setzen. Es kann dann beim nächsten Durchlauf des Garbage Collectors aus dem Speicher ent-fernt werden. Beispiel:

```
...
myTimer.stop();
myTimer.
removeEventListener(Timer-
Event.TIMER,timerHandler);
myTimer = null;
```

Über die Methode `stop` können Sie das `Timer`-Objekt jederzeit wieder anhalten:

```
myTimer.stop();
```

Anwendung | Grundsätzlich können Sie ein `Timer`-Objekt ähn-lich wie mit einer Ereignisprozedur des Ereignisses `ENTER_FRAME` für Animationen nutzen. Der Hauptunterschied ist, dass die angegebene Ereignisprozedur nicht bildabhängig, sondern tat-sächlich zeitabhängig aufgerufen wird. Eine mögliche Änderung einer Instanzeigenschaft, die in der Ereignisprozedur stattfin-den könnte, wird allerdings standardmäßig erst angezeigt, wenn das nächste Bild der Zeitleiste gerendert wird (ähnlich wie bei dem Ereignis `MOUSE_MOVE`). Auch hier lässt sich die Methode `updateAfterEvent` nutzen, um eine sofortige Anzeige der Ände-rung zu erzwingen:

```
var myTimer:Timer = new Timer(100,100);
myTimer.addEventListener(TimerEvent.
TIMER,moveObject);
myTimer.start();
function moveObject(e:TimerEvent):void {
    ball_mc.x +=5;
    e.updateAfterEvent();
}
```

Realistische Animationen
Ein Ansatz, realistische Animatio-nen in Flash über ActionScript zu erstellen, ist die Orientierung an physikalischen Größen der wirk-lichen Welt.

9.4 Geschwindigkeit und Beschleunigung

Die Geschwindigkeit oder, allgemeiner formuliert, die Änderung einer Größe zur Zeit und die Beschleunigung lassen sich in Flash für Animationen einsetzen.

Geschwindigkeit | Die Geschwindigkeit ist eine relativ einfache Größe. Sie lässt sich in ActionScript wie folgt definieren:

```
var vx:uint = 5;
ball_mc.addEventListener(Event.ENTER_FRAME,moveBall);
function moveBall(e:Event):void {
    ball_mc.x +=vx;
}
```

In diesem Beispiel wird einmalig die Geschwindigkeit definiert und der Variablen vx (v = »Velocity«, x = x-Richtung) zugewiesen. Die Eigenschaft x wird je Bild mittels einer ENTER_FRAME-Ereignisprozedur um die Geschwindigkeit erhöht. Der Movieclip »ball_mc« bewegt sich also von links nach rechts.

09\Geschwindigkeit_Beschleunigung\AS_Animation01.fla

Beschleunigung | Eine beschleunigte Bewegung lässt sich in ActionScript wie folgt definieren:

```
var vx:uint = 5;
var ax:Number = 0.5;
ball_mc.addEventListener(Event.ENTER_FRAME,moveBall);
function moveBall(e:Event):void {
    ball_mc.x +=vx;
    vx+=ax;
}
```

Bewegungsrichtungen
von links nach rechts:
`ball_mc.x+=vx;`
von rechts nach links:
`ball_mc.x-=vx;`
von oben nach unten:
`ball_mc.y +=vy;`
von unten nach oben:
`ball_mc.y -=vy;`

Die Beschleunigung ax (a = »acceleration«, x = x-Richtung) wurde hier zu Beginn auf den Wert 0.5 festgelegt. Die Geschwindigkeit, mit der sich der Movieclip bewegt, wird je Bild durch die Beschleunigung erhöht. Je größer die Beschleunigung ist, desto schneller erhöht sich die Geschwindigkeit dementsprechend.

09\Geschwindigkeit_Beschleunigung\AS_Animation02.fla

Geschwindigkeit

Beschleunigung

Resultierende Geschwindigkeit (1. Durchlauf)

Resultierende Geschwindigkeit (2. Durchlauf)

...

Kurzschreibweise

Um mehreren Eigenschaften oder Variablen denselben Wert zuzuweisen, können Sie die Kurzschreibweise verwenden:

```
variable0 = variable1 = Wert;
```

Die entsprechende Langfassung wäre:

```
variable0 = Wert;
variable1 = Wert;
```

◄ **Abbildung 9.8**
Beschleunigung und Geschwindigkeit

*09\Geschwindigkeit_Beschleu-
nigung\AS_Animation03.fla*

Die Verwendung dieser beiden Größen lässt sich natürlich auch auf jede andere Instanzeigenschaft anwenden. So könnten Sie einen Movieclip über folgenden Code beschleunigt größer werden lassen:

```
var vx:uint = 1;
var ax:Number = 0.5;
ball_mc.addEventListener(Event.ENTER_FRAME,moveBall);
function moveBall(e:Event):void {
    ball_mc.scaleX = ball_mc.scaleY +=vx;
    vx+=ax;
}
```

9.5 Easing

Anwendungsbereich
Animationen, die Easing einsetzen, werden oft als sehr weich,
natürlich und rund (»smooth«)
empfunden.

Der Begriff *Easing* steht für eine besondere, nicht-lineare beschleunigte oder abgebremste Bewegung. Würde man die Bewegung auf einem Graphen mit zwei Achsen (y-Achse: Zeit, x-Achse: zurückgelegte Strecke) einzeichnen, wäre eine lineare Bewegung eine gerade Linie von links unten nach rechts oben ❶. Eine Kurvenform ❷ entspräche einer nicht-linearen Bewegung.

Es gibt verschiedene Methoden, um Easing für Animationen einzusetzen.

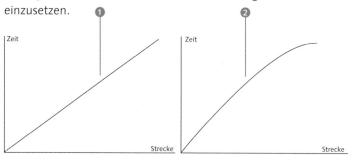

Abbildung 9.9 ▶
Lineare Bewegung ❶,
nicht-lineare Bewegung ❷

9.5.1 Bewegung

Eine Bewegung auf zwei Achsen (x, y) lässt sich in Flash in folgende Faktoren auflösen:

▶ die x- und y-Koordinaten des Startpunkts
▶ die x- und y-Koordinaten des Ziels

Wenn beispielsweise ein Movieclip das bewegte Objekt ist, entsprechen die x- und y-Koordinaten des Movieclips den Startkoordinaten. Die x- und y-Koordinaten des Ziels könnten z. B. eine fest definierte Position auf der Bühne sein, die Koordinaten eines anderen Anzeigeobjekts oder die Koordinaten des Mauszeigers.

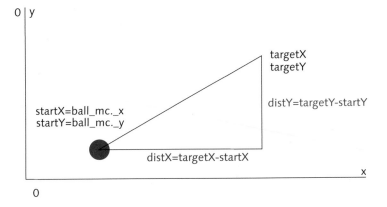

◄ **Abbildung 9.10**
Berechnung der Distanz zwischen
zwei Punkten

Aus den Koordinaten des Startpunkts und den Koordinaten des Zielpunkts lässt sich die Distanz zwischen den beiden Punkten wie folgt ermitteln:

```
var distX:Number = targetX-startX;
var distY:Number = targetY-startY;
```

Wenn sich das Objekt in Zielrichtung bewegt, wird die Distanz immer kleiner. In Flash bedeutet das, dass die Distanz von Bild zu Bild kleiner wird. Dieser Umstand lässt sich nutzen, um ein einfaches Easing für eine Bewegung zu erzielen.

mc._x+=distX/2;

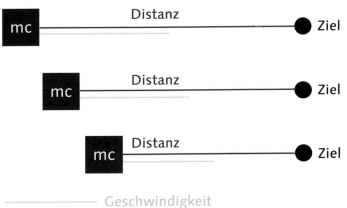

◄ **Abbildung 9.11**
Easing: Geschwindigkeit in
Abhängigkeit von der Distanz zum
Zielpunkt

Für ein solches Easing wird zur Änderung der Position des Movieclips ein festgelegter Teil der Distanz z. B. wie folgt verwendet. In diesem Beispiel wird die Distanz durch 4 geteilt, der Movieclip würde sich also je Bild um 1/4 der Distanz verschieben. Sie können hier auch andere Werte, wie z. B. 1/2 oder 1/3, verwenden, die erzielte Wirkung hängt von diesem Wert ab.

Hinweis
Damit die Änderungen nicht nur einmalig durchgeführt werden, können Sie eine der zuvor genannten Methoden verwenden (ENTER_FRAME, MOUSE_MOVE, Klasse Timer).

```
meinMovieClip_mc.x += distX/4;
meinMovieClip_mc.y += distY/4
```

09\Easing_01\AS_
Animation01.fla

Schritt für Schritt: Bewegung mit Easing

In diesem Workshop lernen Sie, wie Sie eine Movieclip-Instanz mit Hilfe eines Easings animieren.

1 **Film öffnen**

Öffnen Sie den Flash-Film *AS_Animation01.fla* aus dem Ordner *09\Easing_01*.

2 **Distanz ermitteln**

Zunächst wird aus den Startkoordinaten und den Zielkoordinaten, die in diesem Fall den Koordinaten der Maus entsprechen, die Distanz auf der x- und y-Achse berechnet und den Variablen distX und distY zugewiesen. Fügen Sie dazu auf der Ebene »Actions« folgenden Code ein:

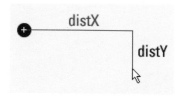

▲ **Abbildung 9.12**
Distanz auf der x- und y-Achse

```
ball_mc.addEventListener(Event.ENTER_FRAME,moveBall);
function moveBall(e:Event):void {
    var startX:Number = ball_mc.x;
    var startY:Number = ball_mc.y;
    var targetX:Number = stage.mouseX;
    var targetY:Number = stage.mouseY;
    var distX:Number = targetX-startX;
    var distY:Number = targetY-startY;
}
```

3 **Easing**

Sinn und Zweck des Easings ist es, die Bewegung in Abhängigkeit von der Distanz zum Ziel abzubremsen. Dazu ergänzen wir den Code innerhalb der Ereignisprozedur moveBall durch folgende Zeilen:

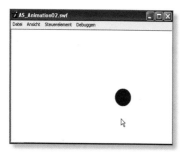

▲ **Abbildung 9.13**
Der Movieclip folgt dem Mauszeiger.

```
ball_mc.x +=distX/4;
ball_mc.y +=distY/4;
```

Der Movieclip wird um ein ¼ der Distanz verschoben; da die Distanz beim nächsten Aufruf der Ereignisprozedur kleiner ist, wird die Verschiebung ebenso immer kleiner.

Ergebnis der Übung:
09\Easing_01\AS_Animation02.fla

4 **Film testen**

Testen Sie den Film über ⌈Strg⌋/⌈⌘⌋+⌈↵⌋. ■

9.5.2 Weitere Instanzeigenschaften animieren

Das zuvor genannte Prinzip des Easings lässt sich in ähnlicher Weise auch für Animationen von anderen Instanzeigenschaften einsetzen. Durch eine allgemeingültigere Formulierung können Sie das Grundprinzip vielseitig verwenden.

Schritt für Schritt: FadeOut mit Easing

In diesem Workshop wird gezeigt, wie Sie eine Movieclip-Instanz mittels eines Easings ausblenden.

09\Easing_02\AS_Animation01.fla

1 Film öffnen

Öffnen Sie den Flash-Film *AS_Animation01.fla* aus dem Ordner *09\Easing_02*.

2 Code zuweisen

Weisen Sie dem ersten Schlüsselbild auf der Ebene »Actions« folgenden Code zu:

```
var easeFaktor:Number = 0.2;
var targetValue:Number = 0;
ball_mc.addEventListener(Event.ENTER_FRAME,
fadeBallOut);
function fadeBallOut(e:Event):void {
    var aktValue:Number = ball_mc.alpha;
    var difValue:Number = targetValue-aktValue;
    ball_mc.alpha += difValue*easeFaktor;
}
```

3 Flash-Film testen

Testen Sie den Film über ⌈Strg⌉/⌈⌘⌉+⌈↵⌉. Probieren Sie ruhig einmal verschiedene Werte für den easeFaktor aus. Sie bekommen so am besten ein Gefühl dafür, wie sich der Faktor auf die Animation auswirkt. ■

Ergebnis der Übung:
09\Easing_02\AS_Animation02.fla

9.5.3 Animation beenden oder loopen

Animationen, die über ActionScript entwickelt werden, sollten entweder geloopt oder, falls das nicht gewünscht ist, beendet werden. Wenn Animationen nicht explizit beendet werden, läuft die Animation, wenn auch vielleicht nicht sichtbar, weiter und benötigt weiterhin unnötigerweise CPU-Leistung und Speicher.

Ereignis-Listener entfernen

Ereignis-Listener, die Sie nicht mehr benötigen, sollten Sie idealerweise über die Methode `removeEventListener` entfernen.

[!] Werte sind oft nicht genau gleich 0

Flash rechnet häufig zwangsweise mit Näherungswerten, so dass Resultate nicht immer ganz exakt sind. Berücksichtigen Sie das, indem Sie statt des Gleichheitsoperators (==) besser kleiner gleich (<=) oder größer gleich (>=) verwenden.
Beispiel:

```
ball_mc.alpha = 1;
ball_
mc.addEventListener(Event.
ENTER_
FRAME,enterFrameHandler);
function
enterFrameHandler(e:Event):
void {
   e.target.alpha -= 0.1;
   trace(e.target.alpha);
}
```

▲ **Abbildung 9.14**
Näherungswerte – oft nicht exakt

*09\Animation_Beenden\AS_Animation01.fl*A

Um eine Animation zu beenden, müssen Sie die Ereignisprozedur entfernen bzw. abmelden. Eine Ereignisprozedur läuft so lange, bis der Movieclip selbst entfernt oder die Ereignisprozedur gelöscht wird. Auch wenn Sie das Ergebnis unter Umständen nicht mehr sehen, wird die Ereignisprozedur weiter aufgerufen und sorgt für eine entsprechende Systemauslastung.

Für den Fall, dass Sie einem Movieclip mit dem Instanznamen »mc« eine `ENTER_FRAME`-Ereignisprozedur zugewiesen haben, würde die Syntax wie folgt lauten:

```
mc.removeEventListener(Event.ENTER_
FRAME,enterFrameHandler);
```

Beachten Sie, dass Sie einen Ereignis-Listener auch innerhalb einer Ereignisprozedur entfernen können:

```
function enterFrameHandler(e:Event):void {
   e.target.removeEventListener(Event.ENTER_FRAME,
   enterFrameHandler);
}
```

Dabei referenziert `e.target` das Objekt, in diesem Fall den Movieclip, an dem der Ereignis-Listener registriert wurde.

Gewöhnlich ist das Beenden einer Ereignisprozedur an eine Bedingung geknüpft. So würde man z. B. eine Movieclip-Instanz entfernen, wenn ihr Alphawert kleiner oder gleich 0 ist. Die Ereignisprozedur sähe dann so aus:

```
function enterFrameHandler(e:Event):void {
   e.target.alpha -= 0.1;
   if(e.target.alpha <= 0) {
      e.target.removeEventListener(Event.ENTER_FRAME,
      enterFrameHandler);
      trace("end");
   }
}
```

Schritt für Schritt: Animation beenden

Dieser Workshop zeigt, wie Sie eine geskriptete Animation beenden.

1 **Film öffnen**

Öffnen Sie den Flash-Film *AS_Animation01.fla* aus dem Ordner *Animation_Beenden*.

2 Code zuweisen

Weisen Sie dem ersten Schlüsselbild der Ebene »Actions« folgenden Code zu:

```
1:   var easeFaktor:Number = 0.2;
2:   var targetXScale:Number = 0;
3:   var targetYScale:Number = 0;
4:   ball_mc.addEventListener(Event.ENTER_
     FRAME,scaleOut);
5:   function scaleOut(e:Event):void {
6:       var aktXScale:Number = e.target.scaleX;
7:       var aktYScale:Number = e.target.scaleY;
8:       var difX:Number = targetXScale-aktXScale;
9:       var difY:Number = targetYScale-aktYScale;
10:      ball_mc.scaleX += difX*easeFaktor;
11:      ball_mc.scaleY += difY*easeFaktor;
12:      if (ball_mc.scaleX<=0.01) {
13:          trace("Animation-Ende");
14:          e.target.removeEventListener(Event.ENTER_
             FRAME,scaleOut);
15:          removeChild(ball_mc);
16:          ball_mc = null;
17:      }
18:  }
```

In Zeile 12 wird geprüft, ob die x-Skalierung des Movieclips kleiner oder gleich 0,01 ist. Wenn das zutrifft, wird die Ereignisprozedur in Zeile 14 gelöscht. Damit Sie sehen können, dass die Bedingung erfüllt ist und die Ereignisprozedur tatsächlich gelöscht wird, wird in Zeile 13 eine Meldung im Ausgabe-Fenster ausgegeben. In Zeile 15 wird das Movieclip-Objekt aus der Anzeigeliste entfernt. In Zeile 16 wird die Referenz auf den Movieclip auf null gesetzt, so dass er vom Garbage Collector aus dem Speicher entfernt werden kann.

▲ **Abbildung 9.15**
Die Ereignisprozedur wurde gelöscht.

3 Film testen

Testen Sie den Film über ⌜Strg⌟/⌜⌘⌟+⌜↵⌟. ∎

Ergebnis der Übung:
*09\Animation_Beenden\AS_
Animation02.fla*

Animation loopen | Das Loopen von geskripteten Animationen ist nicht immer ganz einfach. Auch hier wird mindestens eine Bedingung benötigt, die den Animationsprozess dann jeweils umkehrt. Wenn Sie also z. B. einen Movieclip ausfaden möchten, müssen Sie ihn wieder einfaden, sobald er unsichtbar ist, und umgekehrt. Die formelle Syntax lautet wie folgt:

```
if(mc.alpha >= 1 || mc.alpha <= 0)
    // Kehre den Prozess um
}
```

09\Animation_Loopen\AS_Animation01.fla

Schritt für Schritt: Fading-Animation loopen

In diesem Workshop erfahren Sie, wie Sie eine geskriptete Animation loopen.

1 **Film öffnen**

Öffnen Sie den Flash-Film *AS_Animation01.fla* aus dem Ordner *Animation_Loopen*.

2 **Code zuweisen**

Weisen Sie dem ersten Schlüsselbild der Ebene »Actions« folgenden Code zu:

```
var speed:Number = 0.05;
ball_mc.addEventListener(Event.ENTER_FRAME,
enterFrameHandler);
function enterFrameHandler(e:Event):void {
    e.target.alpha -=speed;
    if(e.target.alpha >=1 || e.target.alpha <=0) {
        speed*=-1;
    }
}
```

Sobald der Alphawert des Movieclips größer als 1 oder kleiner als 0 ist, wird die Größenänderung mit –1 multipliziert, wodurch die Animation umgekehrt wird.

3 **Film testen**

Ergebnis der Übung:
09\Animation_Loopen\AS_Animation02.fla

Testen Sie den Film über Strg/⌘+↵. Die gefadete Animation loopt. ■

9.6 Trigonometrie

Wer eigene Animationsabläufe mit ActionScript entwickeln möchte, wird kaum um einige Grundlagen der Mathematik herumkommen. Viele Ansätze der Mathematik lassen sich sehr gut in die Flash-Welt übertragen, so z. B. auch im Besonderen die Trigonometrie.

Dieser Teilbereich der Geometrie lässt sich in Flash sehr vielseitig u. a. zur Entwicklung von eindrucksvollen Animationen nutzen. Einige Grundlagen der Trigonometrie und der praktische Einsatz in Flash werden im Folgenden erläutert.

Um die Gesetze der Trigonometrie in Flash praktisch einzusetzen, müssen Sie jedoch zunächst einige Besonderheiten beachten.

9.6.1 Koordinatensystem

In der Mathematik wird in der Regel das kartesische Koordinatensystem verwendet, das sich allerdings vom Koordinatensystem von Flash unterscheidet: Bei einem kartesischen Koordinatensystem liegt der Nullpunkt der x-Achse links und der Nullpunkt der y-Achse unten ❶. In Flash verläuft die y-Achse allerdings umgekehrt. So ist der Nullpunkt auf der y-Achse oben ❷. Diese Besonderheit müssen Sie grundsätzlich berücksichtigen, wenn Sie mathematische Regeln in Flash anwenden möchten.

Trigonometrie
Bei einer einfachen Anwendung der Trigonometrie, der sogenannten *planen Trigonometrie*, geht es darum, die Beziehung zwischen Seiten eines Dreiecks und dessen Winkeln zu ermitteln.

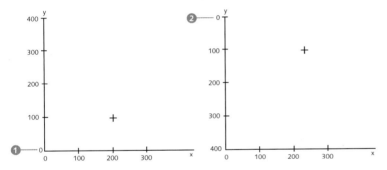

◀ **Abbildung 9.16**
Koordinatensystem in der Mathematik (links) und in Flash (rechts) mit einem Punkt auf den gleichen Koordinaten

9.6.2 Winkelangabe

Auch die Winkelangabe unterscheidet sich von der in der Mathematik. In der Mathematik wird der Winkel, ausgehend von der x-Achse, gegen den Uhrzeigersinn angegeben – in Flash hingegen im Uhrzeigersinn.

Position eines Movieclips
Ein Movieclip mit den Koordinaten x:0, y:0 befindet sich an der linken oberen Kante der Bühne bzw. seines übergeordneten Anzeigeobjektcontainers.

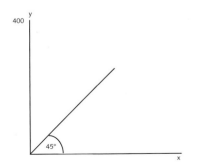
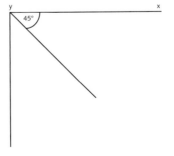

◀ **Abbildung 9.17**
45-Grad-Winkel in der Mathematik (links) und in Flash (rechts)

Rotationsrichtung | So wird ein Movieclip, sowohl in der Entwicklungsumgebung als auch in ActionScript, der um 45 Grad gedreht wird, nicht nach links, sondern nach rechts gedreht.

▲ **Abbildung 9.18**
Drehung um 45 Grad

9.6.3   Grad- und Bogenmaß – Umrechnung

Wir sind es gewohnt, Winkel im Gradmaß, also z. B. 90 Grad, anzugeben. Zur Berechnung von Winkeln und Größen wird in ActionScript hingegen das Bogenmaß mit der Maßeinheit »Radiant« verwendet. Keine Sorge – es handelt sich schlichtweg um eine andere Maßeinheit, die leicht umgerechnet werden kann – mehr steckt nicht dahinter.

Ein Winkel von 360 Grad entspricht im Bogenmaß 2 * Pi.

Sie können einen Winkel, der *im Bogenmaß* angegeben ist, wie folgt in ein *Gradmaß* umrechnen:

Grad = Radiant * (180 / Pi)

In ActionScript sieht die Umrechnung des Bogenmaß-Winkels 2*Math.PI dann wie folgt aus:

```
var radiant:Number = 2*Math.PI;
var grad:Number = radiant*(180/Math.PI);
```

Um einen Winkel, der *in Gradmaß* angegeben ist, *in Bogenmaß umzurechnen*, verwenden Sie folgende Formel:

Radiant = Grad * (Pi / 180)

In ActionScript sieht die Umrechnung des Beispielwinkels 360 Grad dann wie folgt aus:

```
var grad:Number = 360;
var radiant:Number = grad*(Math.PI/180);
```

[Pi]
Die Kreiszahl Pi entspricht in etwa einem Wert von 3,14159. Sie wird häufig in der Geometrie verwendet, um das Verhältnis zwischen dem Umfang und dem Durchmesser eines Kreises zu beschreiben.

Beispiel:
So wandeln Sie z. B. einen Winkel von 45 Grad in Bogenmaß um:

```
var radiant:Number =
45*(Math.PI/180);
trace(radiant);
```

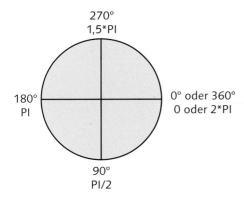

9.6.4 Das rechtwinklige Dreieck

Es ist oft hilfreich, den Abstand zwischen zwei Punkten zu ermitteln. Dazu lässt sich der Satz des Pythagoras einsetzen, nach dem gilt, dass das Quadrat der Hypotenuse ❶ (c), der längsten Seite des Rechtecks, gleich der Summe der Quadrate der jeweils anderen beiden Seiten ❷, ❸ (a, b) ist. Was in textlicher Form kompliziert aussieht, lässt sich mathematisch doch ganz einfach beschreiben durch die gute alte Pythagoras-Formel: $a^2 + b^2 = c^2$

Rechtwinkliges Dreieck
Ein rechtwinkliges Dreieck mit einem 90°-Winkel hat besondere Eigenschaften, die sich für viele verschiedene Animationen über ActionScript nutzen lassen.

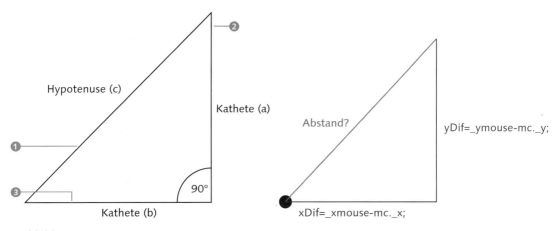

▲ **Abbildung 9.20**
Berechnung des Abstands zwischen zwei Punkten

Erinnern Sie sich noch? Die Formeln zum Berechnen der Länge der beiden Katheten haben Sie bereits im Abschnitt über Easing kennengelernt.

Wenn der Abstand zwischen einem Movieclip mit dem Instanznamen »mc« und der Mausposition zu ermitteln wäre, wäre demnach die Länge der Kathete a wie folgt zu errechnen:

```
var yDif:Number = stage.mouseY - mc.y;
```

Reihenfolge der Berechnung
Wie auch ein Taschenrechner der mathematischen Regel folgt, werden zuerst Multiplikationen (*) und Divisionen (/) und dann gegebenenfalls die Addition (+) und Subtraktion (–) durchgeführt. Sie brauchen hier also nicht extra Klammern zu setzen.

Und die Länge der Kathete b:

```
var xDif:Number = stage.mouseX - mc.x;
```

Stellt man den Satz des Pythagoras etwas um, lässt sich die Distanz zwischen zwei Punkten wie folgt berechnen:

```
var distanz:Number = Math.sqrt(xDif*xDif+yDif*yDif);
```

Dabei entspricht der Ausdruck `Math.sqrt` »der Wurzel aus« (sqrt = engl. »square root«).

Seiten und Winkel eines rechtwinkligen Dreiecks | Bei einem Dreieck ist die Summe der Winkel immer gleich 180°. Bei einem rechtwinkligen Dreieck ist der größte Winkel der 90°-Winkel, dem gegenüber die Hypotenuse liegt. Wenn Sie sich auf einen anderen der beiden Winkel beziehen, spricht man von der dem Winkel gegenüberliegenden Seite als *Gegenkathete* und von der am Winkel anliegenden Seite als *Ankathete*.

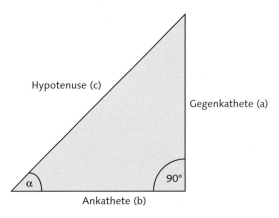

Abbildung 9.21 ▶
Seiten eines Dreiecks in Bezug auf den Winkel α

Die Seiten und Winkel eines rechtwinkligen Dreiecks stehen in einem besonderen Verhältnis zueinander, das sich in Flash, wie Sie später noch sehen werden, für Animationen nutzen lässt.

9.6.5 Schwingende Bewegung

Mit Hilfe der trigonomischen Kosinus- und Sinus-Funktion können Sie ein Objekt auf unterschiedliche Weise animieren. So können Sie ein Objekt über die Funktionen in eine schwingende Bewegung versetzen.

Richtung der Schwingung

Eine Schwingung in Richtung der x-Achse kann über die Kosinus-Funktion erreicht werden und eine Schwingung in Richtung der y-Achse über die Sinus-Funktion.

Kosinus | In einem rechtwinkligen Dreieck gilt die Formel:
cos α = Ankathete / Hypotenuse

Die Ankathete entspricht der Distanz auf der x-Achse eines Punktes zum Mittelpunkt eines Kreises. Für die x-Position muss also die Ankathete berechnet werden. Stellt man die Formel danach um, so erhält man:

Ankathete = cos α * Hypotenuse

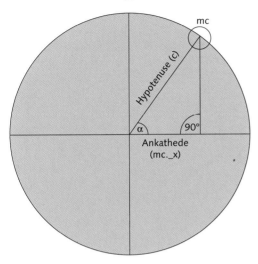

▲ Abbildung 9.22
Berechnung der x-Koordinate des Movieclips mit dem Instanznamen »mc«

Der Winkel verläuft in einem Kreis von 0 bis 360 Grad. Die Hypotenuse ist der Radius des Kreises. Bei einem Movieclip mit dem Instanznamen »mc«, der auf einem Kreis positioniert wird, könnte folgende Formel zur Berechnung der Position auf der x-Achse, in Abhängigkeit vom angegebenen Winkel, angewandt werden.

```
mc.x = Math.cos(winkel)*radius;
```

Schritt für Schritt: Schwingende Bewegung auf der x-Achse

In diesem Workshop lernen Sie, wie Sie eine schwingende Bewegung mit Hilfe der Kosinus-Funktion auf der x-Achse erzielen.

AS_Animation\SchwingungX\ SchwingungX_01.fla

1 Film öffnen

Öffnen Sie den Flash-Film *SchwingungX_01.fla* aus dem Ordner *09\SchwingungX*. Ausgangsbasis ist ein Kreis, der in einen Movieclip mit dem Instanznamen »kreis_mc« umgewandelt wurde. Der Registrierungspunkt der Kreises ist mittig. Der Movieclip wurde mittig auf der Bühne platziert.

Abbildung 9.23 ▶
Mittig registrierter Movieclip

2   Code zuweisen

Weisen Sie dem ersten Schlüsselbild auf der Ebene »Actions« folgenden Code zu:

```
var winkel:Number = 0;
var radius:Number = 200;
kreis_mc.addEventListener(Event.ENTER_FRAME,
moveBall);
function moveBall(e:Event):void {
    kreis_mc.x = Math.cos(winkel)*radius;
    winkel += 0.1;
};
```

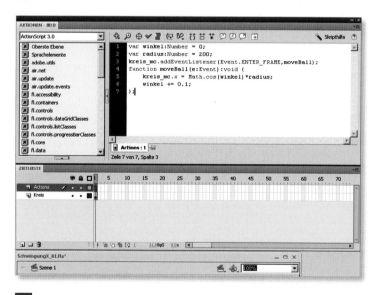

Abbildung 9.24 ▶
Aktionen zuweisen

🖸 **Zwischenergebnis
der Übung:** *09\SchwingungX\
SchwingungX_02.fla*

3   Film testen

Testen Sie den Film über ⎡Strg⎦/⌘ + ⏎ . Der Movieclip schwingt auf der x-Achse mit einem Radius von 200 Pixeln hin und her. Dabei ist der Mittelpunkt der Schwingung der linke Rand der Bühne (x:0), und das unabhängig davon, wo der Movieclip zunächst positioniert wurde.

4 **Mittelpunkt definieren**

Ändern Sie den Code wie folgt:

```
...
var startX:Number = stage.stageWidth/2;
function moveBall(e:Event):void {
    kreis_mc.x = startX+Math.cos(winkel)*radius;
    winkel += 0.1;
};
```

Der Mittelpunkt wurde in diesem Fall jetzt auf die Hälfte der Bühnebreite, d. h. auf die Mitte der Bühne, festgelegt.

5 **Film erneut testen**

Testen Sie den Film über ⌈Strg⌉/⌈⌘⌉+⌈↵⌉. Ändern Sie ruhig einmal die Werte für den Mittelpunkt (z. B. 100) und die Steigerung des Winkels (z. B. 0.5), und beobachten Sie die Auswirkungen.

Ergebnis der Übung:
*09\SchwingungX\SchwingungX_03.fl*A

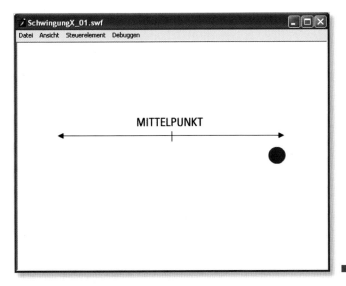

◄ **Abbildung 9.25**
Der Bewegungsbereich des Movieclips

■

Sinus | In einem rechtwinkligen Dreieck gilt die Formel:
sin α = Gegenkathete/Hypotenuse

Die Gegenkathete entspricht der Distanz auf der y-Achse eines Punktes zum Mittelpunkt eines Kreises. Für die y-Position muss also die Gegenkathete berechnet werden. Stellen wir die Formel dementsprechend um, erhalten wir:
Gegenkathete = sin α *Hypotenuse

Positionierung auf der y-Achse

Bei einem Movieclip »mc«, der auf einem Kreis positioniert wird, lässt sich demnach folgende Formel zur Positionierung auf der y-Achse anwenden:

```
mc.y = Math.
sin(winkel)*radius;
```

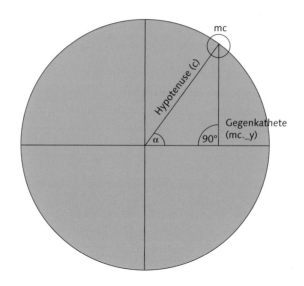

Abbildung 9.26 ▶
Berechnung der y-Koordinate des Movieclips mit dem Instanznamen »mc«

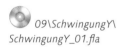
09\SchwingungY\ SchwingungY_01.fla

Schritt für Schritt: Schwingende Bewegung auf der y-Achse

In diesem Workshop wird gezeigt, wie Sie eine schwingende Bewegung auf der y-Achse erzielen.

1 **Film öffnen**

Öffnen Sie den Flash-Film *SchwingungY_01.fla* aus dem Ordner *SchwingungY*. Ausgangsbasis ist ein Kreis, der in einen Movieclip mit dem Instanznamen »kreis_mc« umgewandelt wurde. Der Registrierungspunkt des Kreises ist mittig.

2 **Code zuweisen**

Weisen Sie dem ersten Schlüsselbild auf der Ebene »Actions« folgenden Code zu:

```
var winkel:Number = 0;
var radius:Number = 150;
var startY:Number = stage.stageHeight/2;
kreis_mc.addEventListener(Event.ENTER_FRAME,moveBall);
function moveBall(e:Event):void {
    kreis_mc.y = startY+Math.sin(winkel)*radius;
    winkel += 0.1;
};
```

Ergebnis der Übung:
09\SchwingungY\SchwingungY_ 02.fla

3 **Film testen**

Testen Sie den Flash-Film über [Strg]/[⌘]+[↵]. Der Movieclip schwingt auf der y-Achse mit einem Radius von 150 Pixeln um den Mittelpunkt (startY).

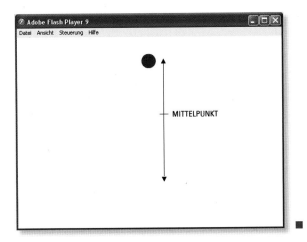

◀ **Abbildung 9.27**
Der Bewegungsbereich des
Movieclips

3D Bewegung mit Hilfe der z-Achse | Mit ActionScript 3 bzw.
Flash 10 wurde die z-Achse eingeführt. Früher musste man diese
Achse durch Skalierung selbst simulieren, um 3D-Animationen
annähernd realistisch abzubilden. Das ist jetzt nicht mehr notwendig. Sie müssen allerdings beachten, dass die z-Achse tatsächlich keine echte dritte Dimensionen ist, wie man es aus 3D-Pro-
grammen kennt, sondern eher als »2,5te Dimension« bezeichnet
werden kann, da keine automatische Tiefenverwaltung integriert
ist. Das bedeutet: Objekte die sich z. B. entgegengesetzt auf der
z-Achse bewegen, verändern nicht ihre Tiefe, nachdem sie aneinander vorbeigezogen sind.

```
mc2.addEventListener(Event.ENTER_FRAME,moveObject);
function moveObject(e:Event):void {
    e.target.z+=5;
}
```

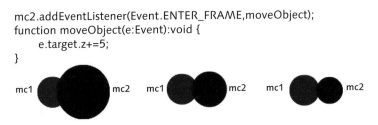

▲ **Abbildung 9.28**
Der Movieclip »mc2« bewegt sich auf der z-Achse nach hinten. Die Tiefe
des Movieclips »mc2« ändert sich nicht automatisch, wenn er den
Movieclip »mc1« passiert.

Eine Änderung der Tiefe, d. h. die Änderung des `childIndex`
eines Anzeigeobjekts in der Anzeigeliste, müssen Sie immer noch
selbst durchführen. Der folgende Workshop zeigt eine praktische
Anwendung der z-Achse und demonstriert, wie Sie die Tiefe eines
Objekts entsprechend ändern können, so dass der Eindruck einer
3D-Bewegung entsteht.

**[!] Registrierungspunkt
beachten**
Auch bei der z-Achse ist der Registrierungspunkt zu beachten. Wenn
Sie beispielsweise einen Kreis oder
ein Rechteck auf der z-Achse bewegen möchten, sollten Sie den
Registrierungspunkt des Movieclips auf mittig stellen. Ist der Registrierungspunkt eines Movieclips
links oben, bewirkt eine Änderung
der z-Eigenschaft eine Skalierung
und eine Verschiebung auf der
x- und y-Achse.

09\3D_Bewegung\3D_Bewe-gung_01.fla

Schritt für Schritt: 3D-Bewegung und Tiefenänderung

In diesem Workshop wird erläutert, wie Sie die z-Achse für eine 3D.Bewegung einsetzen und die Tiefe eines Movieclips passend zur Situation ändern.

1 Flash-Film öffnen

Öffnen Sie den Flash-Film *3DBewegung_01.fla* aus dem Verzeichnis *3D_Bewegung*. In dem Flash-Film wurden zwei Movieclips »erde_mc« und »mond_mc« und eine Hintergrundgrafik angelegt.

2 Variablen und Bewegung iniitieren

Abbildung 9.29 ▶
Die Ausgangssituation

Weisen Sie dem ersten Schlüsselbild der Ebene »Actions« zunächst folgenden Code zu:

```
1:   mond_mc.addEventListener(Event.ENTER_FRAME,
     moveObject);
2:   var winkel:Number = 0;
3:   var radius:uint = 200;
4:   var startX:Number = stage.stageWidth/2;
5:   var startY:Number = stage.stageHeight/2;
6:   function moveObject(e:Event):void {
7:       e.target.x = startX + Math.cos(winkel)
         *radius;
8:       e.target.y = startY+Math.sin(winkel)*20;
9:       e.target.z = Math.sin(winkel)*radius;
10:      winkel += 0.1;
11:  }
```

In Zeile 1 wird ein Ereignis-Listener registriert, der mit einem Intervall von einem Bild die Funktion moveObject aufruft. Anschließend wird in Zeile 2 die Variable winkel definiert, und ihr wird der Startwert 0 zugewiesen. Über die Variablen startX und startY definieren Sie den Mittelpunkt der kreisförmigen 3D-Bewegung (Zeile 4, 5). Innerhalb der Funktion moveObject wird der Movieclip »mond_mc« zunächst auf der x-Achse bewegt, siehe dazu auch den Abschnitt »Schwingung in x-Richtung«. Der Code in Zeile 8 sorgt für die Bewegung auf der y-Achse, siehe dazu auch den Abschnitt »Schwingung in y-Richtung«.

Der Mond kreist tatsächlich nicht ganz parallel zur Erdachse. Um eine entsprechende Bewegung auf der y-Achse zu simulieren, wird der Wert hier mit 20 multipliziert (Zeile 8). Der Faktor gibt die Auslenkung der Bewegung auf der y-Achse an. Um eine 3D-Bewegung zu simulieren, wird der Wert der Eigenschaft z des Movieclips größer und wieder kleiner, das heißt, der Movieclip wird größer und kleiner. Das geschieht mit einer Sinus-Funktion (Zeile 9). Der Wert der Variablen winkel wird je Durchlauf um 0.1 erhöht. Wenn Sie den Wert erhöhen, wird die Bewegung schneller; verringern Sie den Wert, erhalten Sie eine langsamere Bewegung.

3 Flash-Film testen

Testen Sie den Flash-Film über [Strg]/[⌘]+[↵]. Wie Sie sehen, wirkt die Animation noch nicht realistisch, da sich die Tiefe des Movieclips »mond_mc« bisher nicht verändert. Der Movieclip »mond_mc« bleibt visuell immer auf einer Ebene vor dem Movieclip »erde_mc«, auch dann, wenn er sich nach der z-Achse hinter dem Movieclip »erde_mc« befindet.

◄ **Abbildung 9.30**
Noch wirkt die Animation nicht realisitisch.

4 **Tiefe des Movieclips je nach Position ändern**

Ändern Sie den Code innerhalb der Funktion moveObject wie folgt (Änderungen sind fettgedruckt):

```
1:    function moveObject(e:Event):void {
2:        e.target.x = startX + Math.cos(winkel)
          *radius;
3:        e.target.y = startY+Math.sin(winkel)*20;
4:        e.target.z =-Math.sin(winkel)*radius;
5:        winkel += 0.2;
6:        if(winkel > Math.PI/4) {
7:            setChildIndex(DisplayObject(e.target),1);
8:        }
9:        if(winkel > Math.PI) {
10:           setChildIndex(DisplayObject(e.target),2);
11:       }
12:       if(winkel > Math.PI*2) {
13:           winkel = 0;
14:       }
15:   }
```

Wenn der Winkel größer ist als Math.PI/4, wird der Movieclip »mond_mc« auf dem ChildIndex 1 platziert (Zeile 6–8). Math.PI/4 entspricht dem Achtel von 360 Grad – also 1/8 einer Umdrehung. Dann befindet er sich auf dem Weg hinter die Erde (gestrichelte Linie). Er wird also auf die Ebene hinter die Erde platziert. Sobald der Winkel größer als Math.PI ist, wird der Movieclip auf den ChildIndex 2 platziert, eine Ebene vor der Erde (durchgezogene Linie). Nach einer Umrundung (entspricht Math.PI*2) wird der Wert der Variablen winkel wieder auf 0 gesetzt (Zeile 12–14).

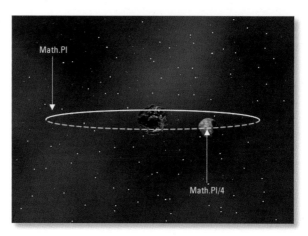

Abbildung 9.31 ▶
Die Tiefe wird situationsabhängig geändert.

5 **Film testen**

Testen Sie den Film über ⌜Strg⌟/⌜⌘⌟+⌜↵⌟.

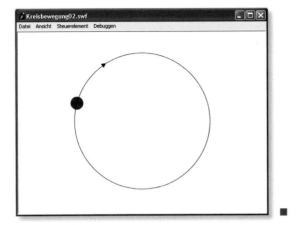

◀ **Abbildung 9.34**
Der Bewegungsbereich des
Movieclips

Ergebnis der Übung:
*09\Kreis_Elliptische_Bewegung\
Kreisbewegung02.fla*

Schritt für Schritt: Spiralenförmige Bewegung

In diesem Workshop lernen Sie, wie Sie eine spiralenförmige Bewegung eines Objekts erzielen.

09\Kreis_Elliptische_Bewegung\Spiralenbewegung01.fla

1 **Film öffnen**

Öffnen Sie den Flash-Film *Spiralenbewegung01.fla* aus dem Ordner *Kreis_Elliptische_Bewegung*. Ausgangsbasis ist eine geskriptete kreisförmige Bewegung.

2 **Code ergänzen**

Um aus der kreisförmigen Bewegung eine spiralenförmige zu machen, müssen Sie den Radius über die Zeit verkleinern. Fügen Sie dem Code die folgenden fettgedruckten Codezeilen hinzu:

```
function moveBall(e:Event):void {

...
if (radiusX<1) {
       kreis_mc.removeEventListener(Event.ENTER_
FRAME,moveBall);
}
radiusX--;
radiusY--;
}
```

3 **Film testen**

Testen Sie den Film über ⌜Strg⌟/⌜⌘⌟+⌜↵⌟. Sowohl der Radius der Bewegung auf der x-Achse als auch der Radius der Bewegung

Ergebnis der Übung:
09\Kreis_Elliptische_Bewegung
Spiralenbewegung02.fla

auf der y-Achse werden je Bild verkleinert. Sobald der x-Radius kleiner als 1 ist, wird die ENTER_FRAME-Ereignisprozedur entfernt, die Bewegung wird also gestoppt.

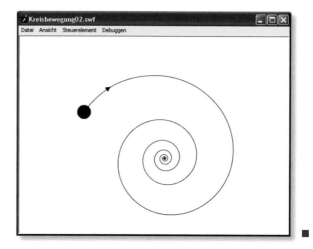

Abbildung 9.35 ▶
Der Bewegungsbereich des Movieclips

9.6.7 Winkel zwischen zwei Punkten berechnen

Gelegentlich möchte man den Winkel zwischen zwei Punkten ermitteln, z. B. um ein Objekt in die Richtung eines anderen Objekts zu drehen. Um den Winkel in Bogenmaß zwischen zwei Punkten zu berechnen, können Sie die Math-Methode atan2 nutzen. Zur Berechnung des Winkels zwischen zwei Punkten wird zunächst die Distanz auf der x- und auf der y-Achse ermittelt:

```
var difX:Number = stage.mouseX - mc.x;
var difY:Number = stage.mouseY - mc.y;
```

Math.atan2(y,x)
Beachten Sie die unübliche Reihenfolge der Parameter. Zuerst wird die y-Distanz, dann die Distanz auf der x-Achse angegeben.

Über die Methode atan2 der Math-Klasse lässt sich dann der Winkel im Bogenmaß (Radiant) wie folgt ermitteln:

```
var radiant:Number = Math.atan2(difY, difX);
```

09\Rotation\Rotation01.fla

Schritt für Schritt: Movieclip in Mausrichtung drehen
Der Workshop zeigt, wie Sie einen Movieclip in Mausrichtung drehen.

1 **Film öffnen**
Öffnen Sie den Flash-Film *Rotation01.fla* aus dem Ordner *Rotation*. Ausgangsbasis ist ein mittig registrierter Movieclip mit dem Instanznamen »car_mc«.

2 Code zuweisen

Weisen Sie dem ersten Schlüsselbild der Ebene »Actions« folgenden Code zu:

```
stage.addEventListener(MouseEvent.MOUSE_MOVE,
arrangeCar);
function arrangeCar(e:MouseEvent):void {
    var difX:Number = stage.mouseX-car_mc.x;
    var difY:Number = stage.mouseY-car_mc.y;
    var radiant:Number = Math.atan2(difY,difX);
    var grad:Number = radiant*(180/Math.PI);
    car_mc.rotation = grad;
    e.updateAfterEvent();
}
```

3 Film testen

Testen Sie den Film mit `Strg`/`⌘`+`↵`.

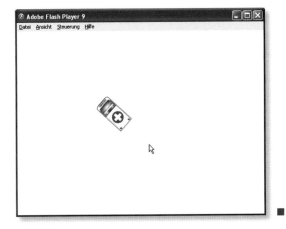

Ergebnis der Übung:
09\Rotation\Rotation02.fla

◀ **Abbildung 9.36**
Der Movieclip »car_mc« dreht
sich automatisch in die Richtung
des Mauszeigers.

Schritt für Schritt: Movieclip in Mausrichtung bewegen

Sie lernen in diesem Workshop, wie Sie einen Movieclip in die
Richtung des Mauszeigers bewegen.

09\Rotation\Rotation02.fla

1 Film öffnen

Öffnen Sie den Flash-Film *Rotation02.fla* aus dem Ordner *Rotation*. Sobald der User klickt, soll sich der Movieclip »car_mc« in
die Mausrichtung bewegen.

2 Zielkoordinaten festlegen

Ergänzen Sie den Code im ersten Schlüsselbild auf der Ebene
»Actions« hinter dem bereits vorhanden Code um folgende Zeilen:

```
var targetX:Number;
var targetY:Number;
stage.addEventListener(MouseEvent.MOUSE_DOWN,
initCarMove);
function initCarMove(e:MouseEvent):void {
    targetX = stage.mouseX;
    targetY = stage.mouseY;
    car_mc.addEventListener(Event.ENTER_FRAME,moveCar);
}
```

Damit Sie auch innerhalb einer anderen Funktion auf die Werte der Variablen targetX und targetY zugreifen können, werden diese zunächst außerhalb der folgenden Ereignisprozedur definiert. Wenn die Maustaste gedrückt wird, werden den Variablen targetX und targetY die Zielkoordinaten zugewiesen. Anschließend wird die Ereignisprozedur moveCar aufgerufen.

3 Bewegung initiieren

Ergänzen Sie den Code um folgende Zeilen:

```
function moveCar(e:Event):void {
    var difX:Number = targetX-car_mc.x;
    var difY:Number = targetY-car_mc.y;
        car_mc.x += difX/4;
        car_mc.y += difY/4;
        if (Math.abs(difX)<1 && Math.abs(difY)<1) {
            trace("Car reached position.");
            car_mc.removeEventListener(Event.ENTER_
            FRAME,moveCar);
        }
}
```

Der Movieclip wird über eine ENTER_FRAME-Ereignisprozedur mittels eines einfachen Easings in Zielrichtung bewegt. Sobald der Abstand zwischen Movieclip und Ziel kleiner als 1 ist, wird die Ereignisprozedur entfernt, und eine Meldung wird im Ausgabe-Fenster ausgegeben. Beachten Sie dabei, dass die Werte difX und difY auch negativ sein können. Sie werden deshalb vorher über Math.abs() in absolute Werte umgewandelt.

09\Rotation\Rotation03.fla

4 Film testen

Testen Sie den Film über ⌃Strg/⌘+↵. ∎

Methode	Beispiel	Beschreibung
abs	Math.abs(-2.1); Ergebnis: 2.1	Berechnet den absoluten Wert.
acos	Math.acos(-1); Ergebnis: 3.141...	Arkuskosinus (in Radiant)
asin	Math.asin(-1); Ergebnis: -1.570...	Arkussinus (in Radiant)
atan	Math.atan(1); Ergebnis: 0.78539	Arkustangens
atan2	Math.atan2(10,0); Ergebnis: 1.570...	Berechnet den Winkel des Punktes y/x im Bogenmaß.
ceil	Math.ceil(3.4); Ergebnis: 4	Rundet die Zahl auf.
cos	Math.cos(Math.PI/2)); Ergebnis: 6.123...^-17 (~0)	Berechnet den Kosinus (in Radiant) des angegebenen Winkels.
exp	Math.exp(2); Ergebnis: 7.380...	Berechnet die Basis des natürlichen Logarithmus des angegebenen Exponenten.
floor	Math.floor(3.7); Ergebnis: 3	Rundet die Zahl ab.
log	Math.log(2); Ergebnis: 0.693...	Berechnet den natürlichen Logarithmus einer Zahl.
max	Math.max(10,20); Ergebnis: 20	Wertet zwei oder mehr Werte aus und gibt den höheren Wert zurück.
min	Math.min(10,20); Ergebnis: 10	Wertet zwei oder mehr Werte aus und gibt den niedrigeren Wert zurück.
pow	Math.pow(2,3); Ergebnis: 8	Berechnet x hoch y.
random	Math.random(); Ergebnis: Zwischen 0 und 1.	Zufallszahl zwischen 0 und 1
round	Math.round(2.4); Ergebnis: 2 Math.round(2.5); Ergebnis: 3	Rundet den Wert auf die nächstliegende Zahl auf oder ab.
sin	Math.sin(Math.PI/2); Ergebnis: 1	Berechnet den Sinus des angegebenen Winkels.
sqrt	Math.sqrt(4); Ergebnis: 2	Berechnet die Quadratwurzel.
tan	Math.tan(Math.PI/2)); Ergebnis: 16331778728383844	Berechnet den Tangens des angegebenen Winkels.

▲ **Tabelle 9.2**
Die wichtigsten Methoden der Math-Klasse

Konstante	Beispiel	Beschreibung
PI	`trace(Math.PI);` Ergebnis: 3.141592653589793	ein gerundeter Wert der Kreiszahl Pi
E	`trace(Math.E);` Ergebnis: 2.718281828459045	Eine mathematische Konstante für die Basis des natürlichen Logarithmus.
LN10	`trace(Math.LN10);` Ergebnis: 2.302585092994046	Eine mathematische Konstante für den natürlichen Logarithmus von 10.
LN2	`trace(Math.LN2);` Ergebnis: 0.6931471805599453	Eine mathematische Konstante für den natürlichen Logarithmus von 2.
LOG10E	`trace(Math.LOG10E);` Ergebnis: 0.4342944819032518	Eine mathematische Konstante für den Logarithmus zur Basis 10 der Konstante e (Math.E).
LOG2E	`trace(Math.LOG2E);` Ergebnis: 1.4426950408889634	Eine mathematische Konstante für den Zweierlogarithmus der Konstante e.
SQRT1_2	`trace(Math.SQRT1_2);` Ergebnis: 0.7071067811865476	Eine mathematische Konstante für die Quadratwurzel von ½.
SQRT2	`trace(Math.SQRT2);` Ergebnis: 1.4142135623730951	Eine mathematische Konstante für die Quadratwurzel von 2.

▲ **Tabelle 9.3**
Die wichtigsten Konstanten der
`Math`-Klasse

9.7 Tween-Klassen

Es ist nicht immer sinnvoll, Animationen mit Hilfe von selbstgeschriebenen Funktionen zu erstellen. Wenn Sie beispielsweise sehr viele unterschiedliche Objekte auf unterschiedliche Weise animieren möchten, sind eigene Funktionen meist sehr aufwendig. Eine Alternative für Animationen in ActionScript bieten sogenannte Tween-Engines bzw. Tween-Klassen. In der Praxis werden aktuell noch sehr viele unterschiedliche Tween-Klassen verwendet. Das mag sich ändern, wenn sich die ein oder andere Klasse durchgesetzt hat und/oder eventuell von Adobe übernommen wird. Die Auswahl einer Tween-Engine ist aktuell einerseits Geschmackssache, hängt jedoch andererseits auch davon ab, welche Anforderungen Sie für Ihre Animationen an eine Tween-Engine stellen.

9.7.1 Adobes Tween-Klasse

Adobe bietet seit ActionScript 2 eine eigene Tween-Klasse an. In ActionScript 3 können Sie die Klasse `Tween`, die zum Paket `fl.transitions` gehört, verwenden. Kurz gesagt, wenn Sie eine zuverlässige Tween-Klasse benötigen, die auch mit mehreren gleichzeitig animierten Objekten funktionieren soll, sollten Sie um die `Tween`-Klasse von Adobe einen Bogen machen. Die `Tween`-Klasse von Adobe bietet nur sehr rudimentäre Möglichkeiten. Darüber hinaus gibt es Performance-Probleme, wenn Sie

Performance-Beispiel auf DVD

Auf der DVD finden Sie unter *09\Adobe_Tween_Bug\beispiel.fla* ein Beispiel, das sowohl die schlechte Performance als auch den angesprochenen Ereignis-Fehler zeigt. Wie Sie sehen, bleiben einige Schneeflocken nach einiger Zeit einfach stehen, und die Ereignisprozedur `motion-Started` wird nicht aufgerufen.

beispielsweise 50 Objekte nahezu gleichzeitig animieren möchten. Fast nebensächlich, dennoch erwähnenswert ist ein Fehler, der im Zusammenhang mit dem Ereigniss `TweenEvent.MOTION_` `START` auftritt: Die Ereignisprozedur, die über einen entsprechenden Ereignis-Listener definiert wird, wird nicht aufgerufen, was das Ereignis obsolet macht.

9.7.2 Tween-Engines

Glücklicherweise gibt es mehrere unterschiedliche freie Tween-Engines von Drittanbietern, die sich bewährt haben und von vielen Entwicklern in der Praxis verwendet werden. In der folgenden Tabelle finden Sie einen Auszug aktueller Tween-Engines.

Tween-Engine	Eigenschaften	Quelle
Tweener	Tweener ist eine solide Tween-Engine, die es u.a. ermöglicht, auf einfachste Weise mehrere Eigenschaften zu animieren. Auch Bitmap-Filter lassen sich mit Tweener animieren.	*http://code.google.com/p/tweener/*
TweenLite	TweenLite ist eine sehr leistungsfähige und kleine (3 KB) Tween-Engine, erhältlich für ActionScript 2 und 3.	*http://blog.greensock.com/tweenliteas3/*
TweenFilterLite	TweenFilterLite ist eine Ergänzung zu TweenLite, mit der sich auch Bitmap-Filter und Bildeffekte animieren lassen.	*http://blog.greensock.com/tweenfilter-liteas3/*
TweenMax	TweenMax (11 KB) basiert auf TweenLite, bietet allerdings noch weitere Möglichkeiten, wie z.B. Bézier-Tweenings und einen Sequenzer.	*http://blog.greensock.com/tween-maxas3/*
GTween	GTween wird von Grant Skinner entwickelt und bietet eine leichte und schnelle Tween-Engine mit sehr vielen Einstellungsmöglichkeiten.	*http://www.gskinner.com/blog/archives/2008/11/gtween_beta_3_a.html*
Tweensy	Tweensy ist zum Zeitpunkt der Drucklegung noch im Beta-Status und sieht auf den ersten Blick sehr vielsprechend aus. Die Tween-Engine wird als Open Source unter der MIT-Lizenz veröffentlicht und verspricht, eine leistungsstarke und schlanke Tween-Engine zu sein.	*http://code.google.com/p/tweensy/*

▲ **Tabelle 9.4**
Bewährte, frei verfügbare und gute Tween-Engines von Drittanbietern

9.7.3 TweenLite

Für die meisten Animationszwecke ist die sehr kleine und leistungsfähige TweenLite-Engine von Jack Doyle ausreichend. Die Anwendung der Engine wird auf den folgenden Seiten erläutert. Kopieren Sie zunächst das Verzeichnis *gs* der gewünschten ActionScript Version, in diesem Fall das Verzeichnis *gs* aus dem

Version

Verzeichnis *AS3*, in ein beliebiges Verzeichnis. Auf der DVD finden Sie die TweenLite-Engine unter *Software\TweenLite*.

Erstellen Sie einen neuen Flash-Film, und speichern Sie den Film ebenfalls in das Verzeichnis. Anschließend importieren Sie die Paket über folgende Zeile:

```
import gs.TweenLite;
```

Methoden der TweenLite-Klasse | Sie können die Klasse `Tween-Lite` auf unterschiedliche Weise verwenden. Einerseits können Sie statische Methoden der Klasse benutzen. In diesem Fall müssen Sie kein Objekt der Klasse initialisieren. Das hat den Vorteil, dass Sie sich um die Entfernung des Objekts aus dem Speicher nicht kümmern müssen. Der folgende Code führt dazu, dass ein Movieclip mit dem Instanznamen »mc« innerhalb von 1 Sekunde auf die x-Koordinate 300 bewegt wird.

```
TweenLite.to(mc, 1, {x: 300});
```

Nutzungsrechte

TweenLite kann für private als auch, eingeschränkt, für kommerzielle Anwendungen genutzt werden. Weitere Informationen zu Nutzungsrechten finden Sie in der beiligenden *readme.txt*.

Diese Methode wird im Folgenden bevorzugt verwendet. Andererseits können Sie auch ein Objekt der `TweenLite`-Klasse initialisieren. Das hat den Vorteil, dass Sie so mehrere Tweens erstellen können und das Tween einen Bezeichner besitzt, den Sie zur Steuerung oder Entfernung des Objekts verwenden können. Das gleiche Beispiel mit einem explizit definierten `TweenLite`-Objekt:

```
var myTween:TweenLite = new TweenLite(mc, 1, {x:300});
```

Die Klasse verfügt über weitere Methoden, die in der folgenden Tabelle aufgelistet sind.

Methode	Beispiel	Beschreibung
`from`	`import gs.TweenLite;` `TweenLite.from(mc,1,{x:500});`	Tweent die Werte der Eigenschaften des Objekts von den angegebenen Werten zu den Werten, die es im Moment besitzt.

`delayedCall`	`import gs.TweenLite;`
	`TweenLite.to(mc,1,{x:500});`
	`TweenLite.delayedCall(1, moveDone, [mc])`
	`function moveDone(target:MovieClip):void {`
	`    trace(target +" wurde bewegt.");`
	`}`
		Ruft die angegebene Funktion nach x Sekunden auf. Dabei können beliebige Argumente als Array an die Funktion übergeben werden.

▲ **Tabelle 9.5**
Methoden der `TweenLite`-Klasse

Methode	Beispiel	Beschreibung

killTweensOf	`import gs.TweenLite;`
	`TweenLite.to(mc,1,{x:500});`
	`TweenLite.killTweensOf(mc,true);`
		Entfernt unverzüglich alle Tweens des angegebenen Objekts. Dabei können Sie angeben, ob das Objekt unverzüglich auf die Zielwerte gesetzt werden soll (`true`) oder nicht (`false`).

killDelayedCallsTo	`...`
	`TweenLite.delayedCall(1, moveDone, [mc])`
	`function moveDone(target:MovieClip):void {`
	`    trace(target +" wurde bewegt.");`
	`}`
	`TweenLite.killDelayedCallsTo(moveDone);`
		Entfernt alle Aufrufe einer Funktion, die über die Methode `delayedCall` eingerichtet wurde.

removeTween	`import gs.TweenLite;`
	`var myTween:TweenLite = new TweenLite(mc,`
	`1, {x:300});`
	`TweenLite.removeTween(myTween);`
		Entfernt eine Tween-Instanz.

▲ **Tabelle 9.5**
Methoden der TweenLite-Klasse (Forts.)

Mehrere Eigenschaften und Sequenzen animieren | Natürlich können Sie auch mehrere Eigenschaften gleichzeitig animieren. In dem folgenden Beispiel wird der Movieclip mit dem Instanznamen »mc« auf die x-Koordinate 300 bewegt und zeitgleich ausgeblendet:

```
TweenLite.to(mc, 1, {x: 300,alpha:0});
```

Sequenzierte Animationen, d. h. Animationen, die Sie in mehrere Sequenzen aufteilen möchten, sind ebenso möglich. Dazu folgendes Beispiel:

```
TweenLite.to(mc, 1, {y: 200});
TweenLite.to(mc,3,{alpha:0,delay:1,overwrite:0});
```

Zunächst wird der Movieclip auf die y-Koordinate 200 verschoben. Nachdem er die Position erreicht hat, wird er ausgeblendet. Über die Eigenschaft delay geben Sie die Verzögerung (in Sekunden) an. Da die erste Sequenz 1 Sekunde benötigt, wird bei der zweiten Sequenz eine Verzögerung von einer Sekunde eingestellt. Standardmäßig werden Tweens überschrieben. Das bedeutet, dass ein Tween, das aktuell läuft, überschrieben wird, sobald ein neues Tween über die Methode to ausgeführt wird. Um das zu vermeiden, setzen wir hier die Eigenschaft overwrite auf 0. Es gibt noch weitere gültige Werte für die Eigenschaft, die in der folgenden Tabelle aufgelistet sind. Beachten Sie, dass in der Lite-Version standardmäßig ausschließlich die Werte 0 und 1 eingestellt werden können.

Um auch die anderen Werte in der Lite-Version verwenden zu können, müssen Sie zusätzlich die Klasse `OverwriteManager` importieren und durch Aufruf der Klassen-Methode `init` initialisieren. Anschließend können Sie auch die anderen Werte verwenden.

OverwriteManager
Wenn Sie den OverwriteManager verwenden, wird der Flash-Film ca. 1 Kilobyte größer.

```
import gs.OverwriteManager;
OverwriteManager.init();
```

Overwrite-Eigenschaftswert	Beispiel/Beispiel-Beschreibung	Beschreibung
0 (NONE)	`TweenLite.to(mc, 1, {y: 200});` `TweenLite.to(mc,3,{y:0,delay: 1, overwrite:0});`	Kein Tween wird überschrieben – die schnellste Methode. Sie müssen jedoch selbst darauf achten, dass keine überlappenden Eigenschaften eines Objekts animiert werden.
1 (ALL)	`TweenLite.to(mc, 1, {x: -100});` `TweenLite.to(mc,1,{x:550, overwrite:1});` Der Movieclip bewegt sich sofort zu x:550.	Alle Tweens eines Objekts werden sofort überschrieben.
2 (AUTO)	`TweenLite.to(mc, 1, {x: -100,y:200});` `TweenLite.to(mc,1,{x:550, overwrite:2});` Nur die x-Position des ersten Tweens wird überschrieben.	Sucht und überschreibt nur individuelle Eigenschaften, die sich überlappen.
3 (CONCURRENT)	`TweenLite.to(mc, 1, {x: -100,y:200});` `TweenLite.to(mc,1,{x:550, overwrite:3});` Das erste Tween wird vom zweiten überschrieben. Sollte im zweiten eine Verzögerung (»delay«) von 1 Sekunde eingestellt werden, würde der erste nicht überschrieben.	Überschreibt alle aktiven Tweens eines Objekts, wenn das Tween gestartet wird.

▲ Tabelle 9.6
Eigenschaftswerte für die `overwrite`-Eigenschaft

Easing-Equations von Robert Penner

Die mitgelieferten Easing-Funktionen wurden von Robert Penner entwickelt und unter der Open-Source-Lizenz BSD veröffentlicht. Für weitere Informationen zu Nutzungsrechten lesen Sie die *easing_readme.txt* im Verzeichnis *TweenLite/gs/easing*.

Easing mit TweenLite | Wie fast jede aktuell verwendete Tween-Engine bietet auch TweenLite Easing an. Um ein Tween mit einer Easing-Gleichung zu versehen, müssen Sie zunächst die mitgelieferten Klassen importieren. Dazu dient folgende Zeile.

```
import gs.easing.*;
```

Anschließend können Sie die Eigenschaft `ease` mit einer der verfügbaren Easing-Funktionen definieren.

```
TweenLite.to(mc, 3, {scaleX:"2", ease:Quad.easeOut});
```

Folgende Easing-Typen stehen Ihnen zur Verfügung.

▶ Back
▶ Bounce
▶ Circ
▶ Cubic
▶ Elastic
▶ Expo
▶ Linear
▶ Quad
▶ Quart
▶ Quint
▶ Sine
▶ Strong

Bis auf den Typ Linear unterstützen alle Typen folgende Easing-Methoden.

▶ easeIn: Die Werte erhöhen sich am Anfang nur wenig und mit zunehmender Dauer dann mehr (beschleunigte Bewegung).
▶ easeOut: Die Werte erhöhen sich am Anfang sehr stark und mit zunehmender Dauer dann weniger (abbremsende Bewegung).
▶ easeInOut: Die Werte erhöhen sich sowohl am Anfang wenig als auch dann am Ende wieder wenig (beschleunigte und abgebremste Bewegung).

Typ: Linear

Bei dem Typ Linear stehen Ihnen genau genommen vier Methoden zur Auswahl, die jedoch keinen Einfluß auf die Bewegung haben. Es handelt sich dabei um eine lineare Bewegung. Der Easing-Typ ist damit überflüssig.

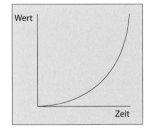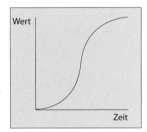

▲ **Abbildung 9.37**
Links: Circ.easeIn, Mitte: Circ.easeOut, Rechts: Circ.easeInOut

Tween-Ereignisse | An der TweenLite-Klasse können keine Ereignis-Listener registriert werden. Sie können jedoch über spezielle Eigenschaften Funktionen angeben, die aufgerufen werden, wenn ein Tween startet, läuft und beendet ist. Dazu dienen die Eigenschaften onStart, onUpdate und onComplete vom Datentyp Function. Dazu folgendes Beispiel.

```
import gs.TweenLite;
TweenLite.to(mc,1,{rotationY:360,onStart:hasStarted,
onUpdate:isTweening,onComplete:hasFinished});
function hasStarted():void {
    trace("Tween wurde gestartet.");
}
function isTweening():void {
    trace("Tween läuft.");
}
function hasFinished():void {
    trace("Tween wurde beendet.");
}
```

Optional können Sie über die Eigenschaften onStartParams, onUpdateParams und onCompleteParams vom Datentyp Array eigene Argumente an die Funktionen übergeben. Dazu folgendes Beispiel für die Eigenschaft onStartParams:

```
import gs.TweenLite;
TweenLite.to(mc,1,{rotationY:360,onStart:hasStarted,on
StartParams:[mc,"Startmeldung:"]});
function hasStarted(target:MovieClip,msg:String):void {
    trace(msg+target);
}
```

Schritt für Schritt: 3D-Flip mit TweenLite

In diesem Workshop lernen Sie, wie Sie TweenLite einsetzen, um einen Movieclip auf der y-Achse zu rotieren und so einen 3D-Effekt (Flip) zu erzielen..

1 **Flash-Film öffnen**

09\FlipPlane\flipPlane_01.fla

Öffnen Sie den Flash-Film *flipPlane_01.fla* aus dem Verzeichnis *FlipPlane*. Auf der Hauptzeitleiste liegen zwei Movieclips mit den Instanznamen »plane_mc« und »flip_mc«. Der Movieclip »flip_mc« dient als Schaltfläche. Wählen Sie den Movieclip »plane_mc«, aus und wechseln Sie mit `Strg`/`⌘`+`E` in den Bearbeitungsmodus. Auf der Ebene »Rahmen« ist ein Rechteck ohne Füllung eingezeichnet. Die darunterliegenden Ebenen »content0« und »content1« enthalten jeweils einen Movieclip mit dem Instanznamen »content0_mc« bzw. »content1_mc« mit jeweils einem Bitmap. Beide Movieclips sind mittig innerhalb des Movieclips »plane_mc« positioniert. Wechseln Sie zurück zur Hauptzeitleiste.

2 Movieclip rotieren

Wählen Sie das erste Schlüsselbild der Ebene »Actions« aus, und fügen Sie zunächst folgenden Code ein:

```
1:    import gs.TweenLite;
2:    flip_mc.addEventListener(MouseEvent.CLICK,
      rotatePlane);
3:    plane_mc.content1_mc.visible=false;
4:    var targetRotation:Number=180;
5:    var planeWidth:Number=plane_mc.width;
6:    function rotatePlane(e:MouseEvent):void {
7:        TweenLite.to(plane_mc,1,{rotationY:
          targetRotation,onUpdate:checkRotation,
          onComplete:changeDirection});
8:    }
```

Zunächst wird in Zeile 1 die TweenLite-Klasse importiert. In Zeile 2 wird ein Ereignis-Listener am Objekt »flip_mc« registriert, der die Ereignisprozedur rotatePlane aufruft, wenn der Movieclip angeklickt wird. Der Inhalt des Movieclips »content1_mc«, der im Movieclip »plane_mc« liegt wird zu Beginn in Zeile 3 ausgeblendet. Zunächst soll sich die Fläche samt Inhalt auf der y-Achse um 180 Grad drehen. Dazu wird in Zeile 4 eine entsprechende Variable definiert. Die Breite des Movieclips »plane_mc« wird der Variablen planeWidth zugewiesen. Sie wird später benötigt, um das gespiegelte Bild zu positionieren.

Klickt der Benutzer auf den Button, wird der Movieclip »plane_mc« auf der y-Achse zunächst auf 180 Grad gedreht. Während das Tween ausgeführt wird, wird die Funktion checkRotation mehrmalig aufgerufen. Sobald das Tween abgeschlossen ist, wird die Funktion changeDirection aufgerufen.

3 Inhalte ein- bzw. ausblenden und Movieclip positionieren

Ergänzen Sie den Code um folgende Zeilen:

```
1:    function checkRotation():void {
2:        if (plane_mc.rotationY>=90 && targetRotation==
          180) {
3:            plane_mc.content1_mc.scaleX=-1;
4:            plane_mc.content1_mc.x=planeWidth/2;
5:            plane_mc.content0_mc.visible=false;
6:            plane_mc.content1_mc.visible=true;
```

```
7:        } else if (plane_mc.rotationY >= 270 &&
          targetRotation == 360) {
8:            plane_mc.content1_mc.scaleX=1;
9:            plane_mc.content0_mc.visible=true;
10:            plane_mc.content1_mc.visible=false;
11:        }
12:    }
```

Sobald die Rotation auf der y-Achse 90 Grad überschreitet und das Ziel der Drehung 180 Grad ist, wird der Movieclip »content0_mc« aus- und der Movieclip »content1_mc« eingeblendet (Zeile 5, 6). Zusätzlich wird in Zeile 3 und 4 der Movieclip »content1_mc« auf der x-Achse auf −1 skaliert (gespiegelt) und neu positioniert.

Klickt der Benutzer nach einer halben Drehung wieder auf den Button, wird die Fläche von 180 Grad auf 360 Grad gedreht. In diesem Fall wird der Movieclip »content0_mc« aus- (Zeile 9) und der Movieclip »content1_mc« wieder eingeblendet (Zeile 10), wenn die Rotation in y-Richtung den Wert 270 überschreitet. Zusätzlich wird die Skalierung in x-Richtung des Movieclips »content1_mc« in Zeile 8 wieder auf 1 zurückgesetzt.

4 **Den Zielwert für die Rotation ändern**
Ergänzen Sie den Code um folgende Zeilen.

```
1:    function changeDirection():void {
2:        if (targetRotation==180) {
3:            targetRotation=360;
4:        } else {
5:            plane_mc.rotationY=0;
6:            targetRotation=180;
7:        }
8:    }
```

Sobald eine Rotation abgeschlossen ist, wird die Funktion changeDirection aufgerufen. Falls der bisherige Zielwert für die Rotation 180 beträgt, wird der Wert auf 360 geändert (Zeile 2, 3). Sollte der bisherige Zielwert einen anderen Wert (360) besitzen, wird der Zielwert auf 180 gesetzt (Zeile 6). Zusätzlich wird die Rotation des Movieclips »plane_mc« in y-Richtung dann auf 0 gesetzt. Tatsächlich besitzt der Movieclip zu diesem Zeitpunkt eine y-Rotation von 360 Grad. Der Wert muss auf 0 zurückgesetzt werden, damit die if-Bedingung in der Funktion checkRotation weiterhin funktioniert.

5 **Fertig! Flash-Film testen.**

Testen Sie den Flash-Film mit $\boxed{\text{Strg}}$/$\boxed{\mathbb{H}}$+$\boxed{\leftarrow}$. ■

Ergebnis der Übung:
09\FlipPlane_02.fla

Weitere Eigenschaften eines Tweens | Jedem Tween können Sie weitere besondere Eigenschaften zuweisen, die in der folgenden Tabelle aufgelistet sind.

▼ **Tabelle 9.7**
Die wichtigsten zusätzlichen Eigenschaften eines Tweens

Eigenschaft	Datentyp	Beispiel	Beschreibung

autoAlpha	Number	`import gs.TweenLite;`
		`TweenLite.to(mc,1,{autoAlpha:0});`
		`TweenLite.to(mc,1,{delay:1,`
		`autoAlpha:1,overwrite:0});`
			Ähnlich wie die Eigenschaft `alpha`, mit dem Unterschied, dass ein Objekt, dessen Alphawert 0 erreicht hat, durch Setzen der Eigenschaft `visible` auf false tatsächlich inaktiviert wird. Analog dazu wird der Wert der Eigenschaft `visible` auf true gesetzt, wenn das Objekt einen größeren Alphawert als 0 erhält. Ein Objekt, dessen Eigenschaft auf `visible=false` gesetzt ist, reagiert nicht mehr auf Maus- oder Tastaturereignisse.

visible:
Boolean
	Boolean	`import gs.TweenLite;`
		`TweenLite.to(mc,1,{alpha:0.1,`
		`visible:false});`
			Setzt die `visible`-Eigenschaft eines Objektes am Ende eines Tweens auf den angegebenen Wert.

volume	Number	`var sndLoop:SoundLoop = new`
		`SoundLoop();`
		`var soundChannel:SoundChannel;`
		`soundChannel = sndLoop.`
		`play(0,1000);`
		`import gs.TweenLite;`
		`TweenLite.to(soundChannel,5,`
		`{volume:0.1});`
			Tweent die Lautstärke eines Objektes mit einer `SoundTransform`-Eigenschaft (Movieclip/SoundChannel/NetStream etc.) Siehe dazu auch Kapitel 14, »Sound«.

tint	uint	`import gs.TweenLite;`
		`TweenLite.`
		`to(mc,1,{tint:0x99CC00});`
			Färbt das Objekt mit der angegebenen Farbe.

removeTint	Boolean	`import gs.TweenLite;`
		`TweenLite.`
		`to(mc,1,{tint:0x99CC00});`
		`TweenLite.to(mc,1,{delay:2,`
		`overwrite:0,removeTint:true});`
			Entfernt eine Färbung des Objekts, wenn der Wert der Eigenschaft auf true gesetzt wird.

frame	int	`import gs.TweenLite;`
		`TweenLite.to(mc,5,{delay:`
		`2,tint:0x99CC00,frame:50});`
			Bewegt den Abspielkopf eines Movieclips Bild für Bild bis hin zum angegebenen Bild der Zeitleiste des Movieclips.

persists	Boolean	`import gs.TweenLite;`
		`var myTween:TweenLite = new`
		`TweenLite(mc, 1,`
		`{x:300,persists:true});`
			Wird der Wert auf true gesetzt, wird eine TweenLite-Instanz nach der Beendigung des Tweens nicht automatisch vom GarbageCollector entfernt.

Eigenschaft	Datentyp	Beispiel	Beschreibung
renderOnStart	Boolean	import gs.TweenLite; TweenLite. from(mc,5,{alpha:0,delay: 2,renderOnStart:true}); TweenLite. from(mc2,5,{alpha:0,delay: 2}); (Tipp: Testen Sie das mit zwei Movie- clip-Instanzen.)	Falls Sie die Methode from (die Eigen- schaft runBackwards mit dem Wert true) mit einer Verzögerung verwenden und Sie verhindern wollen, dass das Tween ge- rendert wird, bevor es tatsächlich startet, setzen Sie diese Eigenschaft auf true.
runBackwards	Boolean	import gs.TweenLite; TweenLite.to(mc,1,{x:0, runBackwards:true});	Tauscht die Start- und Zielwerte eines Tweens aus (true). (Bei Verwendung der Methode from wird die Eigenschaft automatisch auf true ge- setzt.)

▲ **Tabelle 9.7**
Die wichtigsten zusätzlichen
Eigenschaften eines Tweens
(Forts.)

Schritt für Schritt: Schneeflockensimulation mit TweenLite

In diesem Workshop lernen Sie, wie Sie mit der TweenLite-Klasse und einem Timer-Objekt eine Schneeflocken simulieren. Zusätzlich lernen Sie eine sinvolle Anwendung der Eigenschaft onCompleteParams der TweenLite-Klasse kennen.

09\Schneeflocken_Simulation
step_01.fla

1 Flash-Film öffnen

Öffnen Sie den Flash-Film *step_01.fla* im Verzeichnis *Schneeflo-cken_Simulation*. In der BIBLIOTHEK finden Sie einen Movieclip, dem die Klasse Snowflake zugewiesen wurde.

[!] **Eigenschaftskonflikte**
Es gibt einige Eigenschaften, bei denen Konflikte auftreten können. Wenn Sie beispielsweise die Eigenschaft autoAlpha verwenden, hat die zusätzliche Verwendung der Eigenschaft visible keinen Einfluss.

2 Timer-Objekt initialisieren

Wählen Sie das erste Schlüsselbild der Ebene »Actions« aus, und weisen Sie dem Schlüsselbild zunächst folgenden Code zu:

```
import gs.TweenLite;
var myTimer:Timer=new Timer(200,int.MAX_VALUE);
myTimer.addEventListener(TimerEvent.TIMER,initFlake);
myTimer.start();
```

Es wird ein Timer-Objekt initialisiert. Das Objekt sorgt dafür, dass die Ereignisprozedur initFlake mit einem zeitlichen Abstand von 200 Millisekunden aufgerufen wird.

3 Snowflake-Objekte erstellen, positionieren, skalieren und Animation starten

Ergänzen Sie den Code um folgende Zeilen.

```
1:    function initFlake(e:TimerEvent):void {
2:        trace("Anzahl Flakes: "+numChildren);
3:        var anzahl:uint = 3;
4:        for(var i:uint = 0;i<anzahl;i++) {
5:            var mySnowflake:Snowflake = new
                Snowflake();
6:            mySnowflake.x=randomExt(0,550);
7:            mySnowflake.y=-10;
8:            var destX:Number=randomExt(mySnowflake.
                x-250,mySnowflake.x+250);
9:            var destY:Number=stage.stageHeight+10;
10:           var scaling:Number=Math.random();
11:           var time:Number=randomExt(5,9);
12:           mySnowflake.scaleX=mySnowflake.
                scaleY=scaling;
13:           addChild(mySnowflake);
14:           TweenLite.to(mySnowflake,time,{x:destX,y:
                destY,onComplete:killFlake,onCompletePara
                ms:[mySnowflake]});
15:       }
16:   }
```

Ab Zeile 4 werden mit Hilfe einer for-Schleife drei Schneeflocken erstellt (Zeile 5), zufällig skaliert (Zeile 10, 12), positioniert
(Zeile 6, 7) und in die Anzeigeliste (Zeile 13) eingefügt. Die Dauer
eines Tweens wird ebenfalls zufällig gewählt (Zeile 11). Sollten
Sie auf diese Weise mehrere Objekte erstellen, empfiehlt es sich,
während der Laufzeit zu überprüfen, wie viele Objekte auf der
Bühne aktuell platziert sind. Dazu können Sie die Eigenschaft
numChildren nutzen, die angibt, wie viele Anzeigeobjekte sich
in der Anzeigeliste befinden. Später werden Objekte, die außerhalb der Bühne liegen, wieder entfernt, so dass ein Volllaufen
des Speichers verhindert wird. Sie sehen, dass das Löschen der
Objekte funktioniert, da die Anzahl der Objekte auf der Bühne
nach einiger Zeit stagniert. Beachten Sie, dass die Funktion kill-
Flake aufgerufen wird, sobald ein Tween beendet wurde (Zeile
14). Damit das Objekt, das das Tween beendet hat, entfernt werden kann, wird es über die Eigenschaft onCompleteParams (Zeile
14) an die Funktion übergeben.

4 **Zufallsfunktion definieren und Objekt nach dem Tween
aus der Anzeigeliste entfernen**
Ergänzen Sie den Code um folgende Zeilen:

```
function randomExt(minVal:Number,maxVal:Number):
Number {
    return Math.floor(Math.random() *
    (1+maxVal-minVal)) + minVal;
}
function killFlake(target:MovieClip):void {
    removeChild(target);
}
```

Die Funktion `randomExt` erwartet zwei Werte und gibt eine zufällige Zahl aus dem angegebenen Wertebereich zurück. Wenn Sie beispielsweise die Zahlen 0 und 10 an die Funktion übergeben, gibt die Funktion eine zufällige Zahl zwischen 0 und 10 zurück. Wie bereits erwähnt, wird die Funktion `killFlake` aufgerufen, wenn ein Tween beendet wurde. Über die Methode `removeChild` wird der Movieclip aus der Anzeigeliste entfernt.

5 Fertig! Flash-Film testen

Ergebnis der Übung:
09\Schneeflocken_Simulation\ step_02.fla

Testen Sie den Flash-Film über Strg/⌘+↵. Ändern Sie den Wert der Variablen `anzahl` vor der `for`-Schleife, wenn Sie mehr oder weniger Flocken möchten. Probieren Sie ruhig auch andere Wertebereiche für die zufällige Skalierung und für die zufällige Animationszeit aus. ■

10 Einführung in die objektorientierte Programmierung

Bei der bisherigen Anwendung von ActionScript haben Sie bewusst oder unbewusst schon einige grundlegende Merkmale der objektorientierten Programmierung genutzt. Der Aufbau von ActionScript 3 ist strikt objektorientiert. Dieses Kapitel bietet Ihnen eine kurze Einführung in die objektorientierte Programmierung und die Anwendung mit ActionScript 3.

Ziel des Kapitels ist es, Ihnen einen ersten Einblick in bzw. eine Übersicht über die objektorientierte Programmierung mit ActionScript 3 zu geben, so dass Sie die Grundstruktur der Skriptsprache und einige Zusammenhänge besser nachvollziehen können. So werden unter anderem Begriffe wie Klasse und Objekt erläutert.

Flexibilität und Wiederverwendbarkeit

Die objektorientierte Programmierung, kurz OOP, basiert auf einem Konzept, das Merkmale von Objekten nutzt, um Programmteile sehr flexibel und wiederverwendbar zu gestalten.

Kein Ziel des Kapitels

Ziel dieses Kapitels ist es nicht, Ihnen einen tiefen Einblick in die objektorientierte Programmierung mit ActionScript zu geben. Um dies zu erreichen, wäre ein eigenes Buch notwendig. Da ActionScript 3 jedoch bereits strikt objektorientiert ist und sich zukünftige Versionen daran orientieren werden, ist dieses Kapitel für Sie wertvoll, wenn Sie sich weitergehend mit dieser Thematik beschäftigen möchten.

10.1 Die Welt der Objekte

Blicken Sie sich in Ihrer jetzigen Umgebung einmal um. Versuchen Sie alles, was Sie sehen, als ein Objekt anzusehen. Vielleicht fällt Ihr Blick gerade auf eine leere Kaffeetasse, ein leeres Blatt Papier, eine Pflanze, oder Sie sitzen auf einer Parkbank und sehen einen Vogel vorbeifliegen. Vielleicht lesen Sie das Buch auch gerade in der Bahn und sehen Menschen, Sitzbänke, Fenster oder eine Tür.

Sie sind vermutlich nicht gerade auf dem Weg zum Mars, also atmen Sie natürliche Luft und damit für uns unsichtbare Sauerstoffpartikel – all diese Dinge können als Objekte bezeichnet werden. Sogar Dinge, die wir mit einem oder mehreren Sinnesorganen nicht wahrnehmen, können vereinfacht als Objekte bezeichnet werden. In der objektorientierten Programmierung sind viele Objekte meist noch deutlich abstrakter, so wie z. B. ein Objekt der `MovieClip`-Klasse.

Anmerkung

Viele der im Folgenden beschriebenen Beispiele sind theoretischer Natur und ohne weiteres Zutun nicht direkt praktisch anzuwenden. Im Vordergrund steht die Erläuterung von Konzepten der objektorientierten Programmierung.

Übrigens …

… ist auch dieses Buch in Ihren Händen ein Objekt.

Welche Merkmale zeichnen Objekte aus? | Ein Objekt besitzt Eigenschaften: Ein blauer Kugelschreiber hat eine Farbe und wiegt in der Regel zwischen 5 und 20 Gramm. Ein Mensch besitzt Eigenschaften wie Haut- und Haarfarbe, Größe und Gewicht.

Ein Objekt besitzt Methoden; ein Mensch kann zum Beispiel laufen, springen, sich hinsetzen, ein Buch lesen und noch viele Dinge mehr. Fragen Sie mich jetzt bitte nicht nach Methoden von Sauerstoffpartikeln.

Ohne darüber nachzudenken, haben Sie jetzt bereits zwei wesentliche Merkmale kennengelernt, um Objekte zu beschreiben: Objekteigenschaften und -methoden. Beide Merkmale finden sich auch in der objektorientierten Programmierung wieder.

Klasse und Objekte | Über einem Objekt steht immer die Klasse des Objekts. Klassen können Sie sich wie übergeordnete Entwürfe oder Muster von Objekten vorstellen. Ein Vergleich wäre z. B. ein Muster zur Erstellung eines Autos. Ein Objekt der Klasse könnte dann ein ganz bestimmtes Auto sein.

Man spricht bei einem Objekt auch von einer Instanz der Klasse, demnach könnte die Instanz einer Klasse Auto z. B. ein ganz bestimmter Sportwagen sein. Die Erzeugung eines Objekts, wie die des Sportwagens, wird auch als *Instanzierung* der Klasse bezeichnet.

Nicht jedes Objekt einer Klasse Auto besitzt zwangsläufig die gleichen Eigenschaftswerte und hat dieselben Fähigkeiten – Sportwagen z. B. sind meist deutlich schneller als Familienautos und besitzen weniger Türen. Dies ist eine weitere Analogie zu Objekten aus unserer Umgebung. Objekte einer Klasse können sich also durch individuelle Eigenschaften (Instanzeigenschaften) unterscheiden.

Sie haben jetzt bereits eine abstrakte Vorstellung davon, was eine Klasse ist und was ein Objekt ist – wie könnte die Syntax einer entsprechenden Klasse in ActionScript 3 aussehen? Das zuvor erwähnte Beispiel lässt sich einfach wie folgt in ActionScript übertragen:

```
package {
   public class Auto {
      public var maxSpeed:Number = 150;
      public var color:String = "red";
      public function fahren():void {
         // Eine Methode, die dem Objekt die
            Möglichkeit gibt zu fahren.
      }
   }
}
```

Natürlich fehlt hier noch die ein oder andere Eigenschaft und Methode, damit diese Klasse eine sinnvolle Anwendung erlaubt. Den grundsätzlichen Aufbau zeigt sie jedoch schon einmal. Um ein spezielles Auto, z.B. einen Sportwagen, der Klasse Auto zu erstellen, müssten Sie ein Objekt der Klasse initialisieren. Dazu würde dann folgender Code dienen:

```
var meinSportwagen:Auto = new Auto();
```

Es wurde ein Objekt meinSportwagen der Klasse Auto erzeugt. Innerhalb der Klasse Auto wurden Methoden definiert. Methoden, die dazu dienen, dem Objekt Fähigkeiten wie das »Fahren« zu geben. Eigenschaften wie die Farbe und die maximale Geschwindigkeit sind ebenfalls vorgesehen.

Nach der Initialisierung des Objekts könnten Sie dem Objekt z.B. eine neue maximale Geschwindigkeit zuweisen. Was im wirklichen Leben nicht so einfach möglich ist, lässt sich in Action-Script über folgende Codezeile realisieren:

```
meinSportwagen.maxSpeed = 200;
```

10.2 Klassen und Objekte

Eine Klasse wird in ActionScript in einer separaten ActionScript-Datei mit der Dateiendung *.as* definiert. Wählen Sie den Menüpunkt DATEI • NEU aus und anschließend im Reiter ALLGEMEIN den Dokument-Typ ACTIONSCRIPT-DATEI, um eine ActionScript-Datei zu erzeugen.

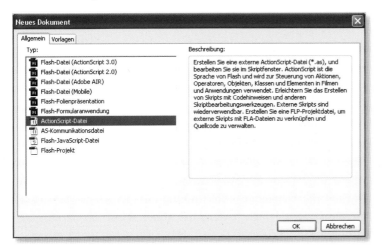

◄ **Abbildung 10.1**
ActionScript-Datei erstellen

ActionScript-Dateien bestehen ausschließlich aus ActionScript-Code und haben keine sonstigen Elemente, wie Elemente auf der Zeitleiste, Elemente in der Bibliothek o. Ä.

10.2.1 Klassenbezeichner und Dateiname

Speichern Sie die Datei als Erstes in ein beliebiges Verzeichnis ab. Der Dateiname muss dem Klassennamen entsprechen, das heißt, wenn Sie eine Klasse `Auto` erstellen, müssen Sie die ActionScript-Datei unter dem Dateinamen *Auto.as* abspeichern.

Schreibweisen | Es gilt als gängige Regel, dass das erste Zeichen eines Klassenbezeichners immer ein Großbuchstabe (`Auto`) ist – das erste Zeichen des Dateinamens muss dementsprechend auch großgeschrieben werden. Objektnamen werden hingegen generell durch einen anfänglichen Kleinbuchstaben (`meinSportwagen`) gekennzeichnet. Diese Schreibweise betont das Verhältnis zwischen Klasse und Objekt.

10.2.2 Klassendefinition und Konstruktor

Die Definition einer Klasse in ActionScript 3 beginnt immer mit dem Schlüsselwort `package`. Das Paket gibt an, in welchem Unterverzeichnis sich die Klasse befindet. Pakete werden in Abschnitt 10.5, »Pakete und Klassenpfad«, näher erläutert. Für ein erstes Beispiel ist ein Paket ohne Name ausreichend. Nach dem `package`-Schlüsselwort folgt die Klassendefinition.

[!] Rückgabewert

Im Gegensatz zu anderen Methoden einer Klasse darf der Konstruktor keinen Rückgabewert besitzen. Selbst der Datentyp `void`, der dafür steht, dass die Funktion oder Methode keinen Wert zurückgibt, sollte nicht verwendet werden.

```
package {
    public class Auto {
    }
}
```

Im Anschluss daran können Sie Eigenschaften der Klasse definieren, wie z. B. `color`.

```
package {
    public class Auto {
        public var color:String = "red";
    }
}
```

Es folgt der sogenannte Konstruktor, eine Methode der Klasse, die denselben Namen hat wie die Klasse selbst. Es gilt als guter Stil, den Konstruktor immer zu definieren, auch wenn er optional ist. Sie sollten den Konstruktor definieren, auch wenn keine Anweisungen innerhalb der Methode ausgeführt werden:

```
package {
   public class Auto {
      public var color:String = "red";
      public function Auto() {
         // Konstruktor             }
   }
}
```

Der Konstruktor wird immer automatisch aufgerufen, wenn ein Objekt der Klasse initialisiert wird. Er wird häufig z. B. dazu genutzt, Eigenschaften des Objekts zu initialisieren oder andere Methoden des Objekts zu Beginn aufzurufen.

10.2.3 Objekt initialisieren

Über das Schlüsselwort new lässt sich in ActionScript ein Objekt einer Klasse initialisieren. Sie müssen dabei beachten, dass der Flash-Film, in dem das Objekt initialisiert wird, die Klasse korrekt referenziert. Am einfachsten ist es, wenn Sie die Action-Script-Datei, in der die Klasse definiert ist, im selben Verzeichnis speichern wie den Flash-Film. Sie könnten ein Objekt dann auf einem Schlüsselbild der ZEITLEISTE des Flash-Films wie folgt initialisieren:

```
var meinAuto:Auto = new Auto();
```

Schritt für Schritt: Klasse und Objekt erstellen

1 **ActionScript-Datei erstellen**

Dieser Workshop zeigt, wie Sie eine Klasse erstellen und ein Objekt der Klasse initialisieren.

Erstellen Sie über DATEI • NEU eine neue ActionScript-Datei, und speichern Sie die Datei unter *Uhr.as* ab.

2 **Klasse erstellen**

Erstellen Sie folgenden ActionScript-Code, um eine Klasse Uhr zu erzeugen. Die Klasse enthält die minimalen Voraussetzungen – die Klassendefinition und den Konstruktor. Sobald ein Objekt der Klasse initialisiert wird, wird der Konstruktor aufgerufen und im AUSGABE-Fenster über trace eine Meldung ausgegeben.

[!] Regelmäßig speichern

Wenn Sie in Flash objektorientiert programmieren, haben Sie in der Regel mindestens einen Flash-Film und eine ActionScript-Datei geöffnet. Damit Änderungen in der ActionScript-Datei (Klasse) sich entsprechend auf das im Flash-Film initialisierte Objekt auswirken, muss die ActionScript-Datei gespeichert werden. Sie müssen die ActionScript-Datei also nach jeder Änderung speichern, wenn Sie den Flash-Film dann testen möchten.

Alternative: Pakete und Ordnerstrukturen

Die Speicherung von Klassen in dasselbe Verzeichnis, in dem auch der Flash-Film liegt, ist legitim. Jedoch werden bei komplexeren objektorientierten Anwendungen sogenannte Pakete und Klassenpfade verwendet, um Klassen zu strukturieren und zu vermeiden, dass nachher vielleicht viele hunderte Klassen in einem Verzeichnis gespeichert werden. Mehr dazu erfahren Sie in Abschnitt 10.5, »Pakete und Klassenpfad«.

```
package {
    public class Uhr {
        public var stunden:uint;
        public function Uhr(){
            trace("Ein Objekt von mir wurde erzeugt.");
        }
    }
}
```

3 Flash-Datei erstellen

10\Objekt_Initialisierung
Uhr.as

Erstellen Sie über DATEI • NEU im Reiter ALLGEMEIN eine neue Flash-Datei (ActionScript 3.0). Speichern Sie den Flash-Film in dasselbe Verzeichnis wie die ActionScript-Datei.

4 Objekt initialisieren

Weisen Sie dem ersten Schlüsselbild der ZEITLEISTE folgenden Code zu:

```
var meineUhr:Uhr = new Uhr();
```

Ein Objekt `meineUhr` der Klasse `Uhr` wird initialisiert.

Ergebnis der Übung:
10\Objekt_Initialisierung\Beispiel.fla

5 Fertig! Film testen

Testen Sie den Film über ⌜Strg⌝/⌜⌘⌟+⌜↵⌟. Im AUSGABE-Fenster erscheint die Meldung, sobald das Objekt erzeugt wurde.

Abbildung 10.2 ►
Der Konstruktor wurde
aufgerufen.

10.3 Eigenschaften

Sowohl die Klasse selbst als auch ein Objekt der Klasse kann Eigenschaften besitzen. Damit ein Objekt eine Eigenschaft besitzt, die gesteuert werden kann, muss die Eigenschaft üblicherweise in der Klasse definiert werden. Beispiel: Sie definieren eine Klasse Uhr wie folgt:

```
package {
    public class Uhr {
        public function Uhr(){
            trace("Ein Objekt von mir wurde erzeugt.");
        }
    }
}
```

Anschließend initialisieren Sie ein Objekt meineUhr der Klasse Uhr:

```
var meineUhr:Uhr = new Uhr();
```

Die Klasse und das Objekt besitzen bisher keine definierten Eigenschaften. Der folgende Aufruf wäre demnach ungültig:

```
meineUhr.stunden = 20;
```

▲ **Abbildung 10.3**
Compiler-Fehler: Das Objekt besitzt keine Eigenschaft stunden.

Damit dem Objekt ein entsprechender Eigenschaftswert zugewiesen werden kann, muss die angegebene Eigenschaft in der Klasse definiert werden.

```
package {
    public class Uhr {
        public var stunden:uint;
        public function Uhr(){
            trace("Ein Objekt von mir wurde erzeugt.");
        }
    }
}
```

Beachten Sie, dass der Eigenschaft stunden in der Klasse kein Wert zugewiesen wurde. Wenn ein Objekt der Klasse erzeugt wird, besitzt das Objekt in diesem Fall zwar eine entsprechende Eigenschaft, die Eigenschaft hat jedoch keinen Wert.

Sie können der Objekteigenschaft jedoch auch zu Beginn einen Wert zuweisen, z. B.:

Dynamische Klasse

Sie können eine Klasse auch als dynamische Klasse kennzeichnen. Objekten einer dynamischen Klasse können zur Laufzeit Eigenschaften zugewiesen werden, die nicht in der Klasse definiert wurden. Über das Schlüsselwort dynamic kennzeichnen Sie eine Klasse als dynamisch. Die MovieClip-Klasse ist beispielsweise eine dynamische Klasse. Auch wenn dynamische Klassen auf den ersten Blick viele Vorteile mit sich bringen, sollten sie möglichst vermieden werden, weil sie ähnlich wie untypisierte Variablen leicht zu unerwarteten Programmfehlern führen können. Ein Code-Beispiel zur Definition einer dynamischen Klasse:

```
package {
    public dynamic class Uhr {
        public var stunden:uint;
        public function Uhr(){
            trace("Ein Objekt von mir
            wurde erzeugt.");
        }
    }
}
```

Der Wert der Eigenschaft stunden ist gleich null, wenn der Eigenschaft kein Wert zugewiesen wurde. Da der Wert der Eigenschaft vom Typ uint ist, wird er jedoch automatisch in den Datentyp uint umgewandelt, so dass der Wert der Eigenschaft tatsächlich gleich 0 ist. Das liegt daran, dass der Wert null, wenn er in einen uint-Wert umgewandelt wird, 0 entspricht. Falls möglich, führt der Compiler in einem solchen Fall automatisch eine Datentypumwandlung durch.

```
public var stunden:uint = 20;
```

Natürlich können Sie einem Objekt der Klasse zur Laufzeit einen Eigenschaftswert zuweisen:

```
var meineUhr:Uhr = new Uhr();
meineUhr.stunden = 30;
```

Sollte der Eigenschaft bereits ein Wert zugewiesen sein, wird dieser überschrieben.

10.4 Methoden

Methoden sind ähnlich aufgebaut wie Funktionen, die Sie bereits kennengelernt haben. Methoden haben jedoch im Vergleich zu Funktionen, die für sich selbst stehen, immer einen Bezug zur Klasse oder zum Objekt einer Klasse. Methoden sollten immer nach dem Konstruktor definiert werden.

```
package {
    public class Uhr {
        public function Uhr() {
            // Konstruktur
        }
        public function getTime():void {
            // Methode
        }
    }
}
```

Ähnlich wie Funktionen können Methoden einen Rückgabewert an den Aufruf der Methode zurückgeben. Die folgende Methode ist so definiert, dass sie einen Wert vom Datentyp String zurückgibt:

```
public function getTime():String {
    var myTime:String = "16 Uhr";
    return myTime;
}
```

Der dazugehörige Methodenaufruf eines Objekts meineUhr wäre dann wie folgt:

```
var myTime:String = meineUhr.getTime();
```

10.5 Pakete und Klassenpfad

Ein Merkmal der objektorientierten Programmierung und der Strukturierung einer Anwendung mit Klassen und Objekten ist die Wiederverwendbarkeit. Dabei können Klassen gleichzeitig sehr flexibel und damit für unterschiedliche Zwecke geeignet sein. In unterschiedlichen Projekten ist es sehr häufig notwendig, ähnliche oder sogar die gleichen Aufgaben zu lösen.

Bisher haben Sie Klassen immer direkt in das Verzeichnis abgespeichert, in dem der Flash-Film, der auf die Klasse zugreift, liegt. Diese Vorgehensweise ist legitim, birgt jedoch einige potentielle Probleme in sich:

▶ Namenskonflikte: Sie haben bereits beispielsweise eine Klasse MathExt erstellt, die Ihnen verschiedene Funktionen bereitstellt, die Sie häufig nutzen. Jetzt möchten Sie diese Klasse in einem Projekt einsetzen, an dem mehrere Entwickler arbeiten, oder Sie möchten die Klasse anderen zur Verfügung stellen. Es wäre möglich, dass ein anderer Entwickler eine ähnliche Klasse mit dem gleichen Klassenbezeichner geschrieben hat und in einem Projekt bereits einsetzt. Der Entwickler wird sich vielleicht wundern, warum ein bereits geschriebener Teil einer Anwendung nicht mehr wie gewohnt funktioniert, wenn Klassen ausgetauscht und überschrieben wurden.

▶ Fehlerbehebung: Wenn Sie z. B. eine oder mehrere Klassen in mehreren Projekten nutzen möchten, müssen Sie die ActionScript-Dateien in jedes Projektverzeichnis kopieren. Finden Sie dann innerhalb einer Klasse einen Fehler, können Sie den Fehler beseitigen und müssen dann jedoch alle ActionScript-Dateien in den verschiedenen Projektverzeichnissen aktualisieren.

Um unter anderem solche Probleme zu vermeiden, werden sogenannte *Pakete* (engl. »packages«) und *Klassenpfade* verwendet.

10.5.1 Pakete und Klassen importieren

Wie bereits erwähnt, können Sie mehrere Klassen mit Hilfe von sogenannten Klassenpaketen strukturieren. Alle existierenden Klassen von ActionScript 3 sind mit solchen Paketen strukturiert. Sie sehen die Paketstruktur im AKTIONEN-Fenster in der Werkzeugleiste. So gehören die Klassen Bitmap, DisplayObject, MovieClip, Sprite, Shape etc. beispielsweise zum Paket flash.display. Um eine dieser Klassen **in einer eigenen Klasse** verwenden zu können, müssen Sie dazu zunächst das Paket und die gewünschte Klasse importieren.

Wiederverwendbarkeit

Sie können Klassen so definieren, dass Sie sie für verschiedene Flash-Projekte nutzen können und den Code nicht immer wieder neu schreiben müssen.

Zugriffsbeschränkung

Ein weiterer Vorteil von Paketen ist, dass sich der Zugriffsbereich auf Klassen, Eigenschaften und Methoden von Klassenpaketen steuern lässt. So könnten Sie beispielsweise eine Methode definieren, auf die nur innerhalb eines bestimmten Pakets zugegriffen werden kann. Näheres dazu wird in Abschnitt 10.6, »Sichtbarkeit«, erläutert.

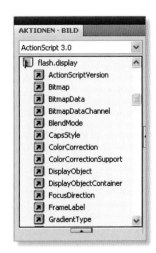

▲ **Abbildung 10.4**
Klassen des Pakets flash.display in der Werkzeugleiste des AKTIONEN-Fensters

Ein Objekt einer Klasse lässt sich nicht direkt erzeugen, ohne die Klasse oder das gesamte Paket, in dem die Klasse liegt, zu importieren, da der Compiler die Klasse ohne das angegebene Paket nicht finden kann.

Wenn Sie ActionScript-Code ausschließlich in Schlüsselbildern einer Zeitleiste einsetzen, also nicht objektorientiert mit ActionScript-Dateien arbeiten, müssen Sie Standard-Klassen von ActionScript **nicht** importieren, um diese nutzen zu können. Eigene Klassen müssen Sie hingegen auch importieren.

Automatische Importierung mit ActionScript-Editoren

In der Praxis ist das explizite Importieren von Klassen sehr zeitaufwendig. ActionScript-Editoren wie beispielsweise FDT importieren die notwendigen Klassen automatisch, wenn Sie ein Objekt der Klasse oder die Klasse selbst im Code nutzen.

Dazu dient die import-Anweisung. Um beispielsweise einen MovieClip in einer eigenen Klasse erzeugen zu können, müssen Sie die MovieClip-Klasse über den Pfad des Pakets wie folgt importieren:

```
package {
    import flash.display.MovieClip;
    public class DemoClass {
        public function DemoClass() {
            var mc:MovieClip = new MovieClip();
        }
    }
}
```

Wenn Sie mehrere Klassen eines Pakets verwenden möchten, können Sie auch folgende Schreibweise wählen; in diesem Beispiel werden alle Klassen des Pakets flash.display importiert:

```
package {
    import flash.display.*;
    public class DemoClass {
...
```

Das gilt für alle Klassen, die Sie in einer eigenen Klasse verwenden möchten. So müssten Sie beispielsweise das Paket flash.events importieren, wenn Sie Ereignis-Listener innerhalb einer eigenen Klasse an Objekten registrieren möchten. Ein Beispiel dazu:

```
package {
    import flash.display.*
    import flash.events.*;
    public class DemoClass {
        public function DemoClass() {
            var mc:MovieClip = new MovieClip();
            mc.addEventListener(MouseEvent.CLICK,
            clickHandler);
        }
        private function clickHandler(e:MouseEvent):void
        {
            trace("Mausklick registriert.");
        }
    }
}
```

10.5.2 Eigene Pakete und Klassenpfade

Sie können selbst auch Klassenpakete anlegen. Üblich ist es beispielsweise, dass Sie erstellte Klassen in Paketen strukturieren, die eindeutig mit Ihnen selbst in Verbindung gebracht werden können.

Wenn Sie eine eigene Firma und oder eine Internetseite haben, könnten Sie z. B. den Firmennamen oder die Domain dazu verwenden. Angenommen, Sie sind Besitzer der Domain *example. org* und möchten die Domain zukünftig auch für die Paketstruktur Ihrer eigenen Klassen nutzen.

Dazu würden Sie zunächst auf Ihrer Festplatte ein Verzeichnis *org* erstellen, in dem Sie dann ein Verzeichnis *example* anlegen. Diese Struktur würde Sie als Urheber bereits eindeutig identifizieren, und Namenskonflikte wären ausgeschlossen.

Innerhalb des Verzeichnisses *org* könnten Sie dann verschiedene Verzeichnisse erstellen, deren Name bereits ein Hinweis darauf ist, wofür die Klassen im jeweiligen Verzeichnis geeignet sind bzw. in welche Kategorie sie einzuordnen sind. Das könnten Verzeichnisse sein wie z. B. *utils*, *ui*, *data*.

Innerhalb des jeweiligen Verzeichnisses erstellen Sie dann Klassen, die zu den Paketen gehören, also beispielsweise eine Klasse org.example.utils.MathExt. Die Definition der Klasse könnte wie folgt aussehen:

```
package org.example.utils {
   public class MathExt {
         public function MathExt() {
         // Konstruktor             }
      ...
      }
}
```

Damit Sie dann ein Objekt der Klasse in einem Schlüsselbild der Zeitleiste in Flash erzeugen können, müssen Sie das Paket zunächst importieren:

```
import org.example.utils.*;
var myMath:MathExt = new MathExt();
```

Der Compiler sucht so ausgehend vom Pfad des Flash-Films nach einem Verzeichnis *org*, einem Unterverzeichnis *example*, einem Unterverzeichnis *utils* und importiert dann alle Klassen (*) aus diesem Verzeichnis, so dass Sie anschließend, ohne das Paket erneut angeben zu müssen, direkt auf die Klassen zugreifen können.

10.5.3 Objektorientierte Projekte mit dem Projekt-Fenster verwalten

Wenn Sie ein Projekt objektorientiert programmieren, erzeugen Sie in der Regel viele unterschiedliche Klassenpakete und Klassen. Zur Verwaltung eines Projekts können Sie dafür das PROJEKT-Fenster nutzen. Das PROJEKT-Fenster öffnen Sie über FENSTER • ANDERE BEDIENFELDER • PROJEKT. Klicken Sie anschließend auf das Dropdown-Menü ❶ und auf den Menüpunkt NEUES PROJEKT ❷, um ein neues Projekt anzulegen.

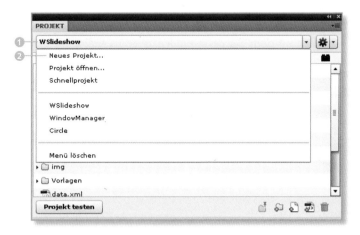

Abbildung 10.5 ▶
Ein neues Projekt erstellen

Geben Sie im darauffolgenden Fenster einen Projektnamen und das Stammverzeichnis/Quellverzeichnis des Projekts ein. Anschließend werden Ihnen alle Dateien und Verzeichnisse des Quellverzeichnisses angezeigt. Via Mausklick auf eine Action-Script-Datei können Sie diese schnell öffnen.

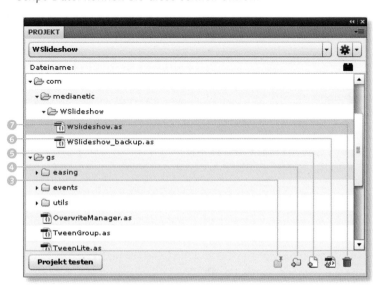

Abbildung 10.6 ▶
Ordnerstrukturen und Klassen im
PROJEKT-Fenster

Rechts unten im Fenster finden Sie einige Schaltflächen, über die Sie unterschiedliche Funktionen aufrufen können:

► FIXIERUNG ANWENDEN/AUFHEBEN ❸: Klicken Sie auf diese Schaltfläche, wenn Sie ausschließlich Klassen des ausgewählten Pakets (Verzeichnisses) anzeigen möchten und nicht die gesamte Ordnerstruktur.

► NEUER ORDNER ❹: Via Mausklick auf die Schaltfläche legen Sie in dem aktuell ausgewählten Verzeichnis einen neuen Ordner an.

► NEUE DATEI ❺: Nachdem Sie auf die Schaltfläche geklickt haben, können Sie im darauffolgenden Fenster einen Dateinamen und einen Dateityp festlegen. Die Datei wird dann per Mausklick auf OK im zuvor ausgewählten Verzeichnis erstellt.

▲ **Abbildung 10.7**
Datei erstellen

► KLASSE ERSTELLEN ❻: Über diese Schaltfläche erstellen Sie eine neue Klasse. Dabei können Sie die neue Klasse optional an ein Symbol, das bereits angelegt wurde, oder an ein neues Symbol binden. Siehe dazu auch Abschnitt 10.9, »Symbole als Klasse«.

◄ **Abbildung 10.8**
Klasse erstellen

► LÖSCHEN ❼: Wählen Sie eine Datei oder einen neuen Ordner im PROJEKT-Fenster aus, und klicken Sie auf diese Schaltfläche, um die Datei oder den Ordner zu löschen.

Es kann vorkommen, dass Sie den Flash-Film selbst nicht in dem Ursprungsverzeichnis, in dem auch all Ihre Pakete liegen, speichern möchten. In diesem Fall können Sie das Ursprungsverzeichnis, in dem der Compiler nach Ihren Paketen und Klassen suchen soll, den sogenannten Quellpfad, über zwei Methoden festlegen:

► Film-basierte Angabe des Quellpfads: Klicken Sie im Menü auf DATEI • EINSTELLUNGEN FÜR VERÖFFENTLICHUNGEN. Wählen Sie den Reiter FLASH aus, und klicken Sie anschließend im

Hinweis
Sie können den Quellpfad, auch als *Klassenpfad* bezeichnet, global für alle Flash-Filme festlegen oder für jeden Flash-Film separat.

Bereich SKRIPT: ACTIONSCRIPT 3.0 auf EINSTELLUNGEN. Klicken Sie dann auf das ORDNER-SYMBOL ❶, um einen QUELLPFAD hinzuzufügen. Dieser Pfad wird dann für diesen Flash-Film als Quelle verwendet, um nach Klassenpaketen und Klassen zu suchen.

Abbildung 10.9 ▶
Quellpfad hinzufügen

Quellpfad anpassen
Wenn Sie mit anderen Flash-Anwendern zusammenarbeiten und eine Anwendung erhalten, deren Programmierung objektorientiert ist, sollten Sie den Quellpfad eines einzelnen Flash-Films oder global gegebenenfalls kontrollieren und anpassen oder den Entwickler nach dem Quellpfad fragen.
Zum Beispiel könnte es sein, dass ein Flash-Entwickler den Quellpfad global bei sich auf *C:\AS_Klassen* eingestellt hat, Sie selbst die erhaltenen Dateien jedoch unter *C:\Projekt_XXX* speichern. In diesem Fall würde der Quellpfad nicht übereinstimmen; eine fehlerfreie Kompilierung wäre nicht möglich, ohne dass Sie den Quellpfad bei Ihnen anpassen.

▶ Globale Angabe des Quellpfads: Alternativ können Sie auch einen globalen Quellpfad angeben, der für alle erstellten Flash-Filme verwendet wird. Klicken Sie dazu auf das Menü BEARBEITEN • VOREINSTELLUNGEN. Wählen Sie die Kategorie ACTIONSCRIPT aus, und klicken Sie unter SPRACHE auf ACTIONSCRIPT 3.0 EINSTELLUNGEN. Klicken Sie unter QUELLPFAD auf das Ordner-Symbol ❷, um einen globalen Quellpfad auszuwählen.

Abbildung 10.10 ▶
Globalen Quellpfad definieren

10.6 Sichtbarkeit

Der Sichtbarkeitsbereich sowohl von Klassen als auch von Eigenschaften und Methoden einer Klasse lässt sich über Attributschlüsselwörter festlegen. Bisher haben Sie Klassen, Eigenschaften und Methoden kennengelernt, die Sie nicht nur innerhalb einer Klasse, sondern auch von außerhalb der Klasse ansteuern können, z. B. in einem Schlüsselbild der Hauptzeitleiste eines Flash-Films.

Das Attributschlüsselwort für solche Klassen, Methoden oder Eigenschaften ist public. Im folgenden Beispiel können Sie den Eigenschaftswert der Eigenschaft color innerhalb einer Methode der Klasse und auch von außerhalb der Klasse ändern:

```
package {
    public class Auto {
        public var color:String = "red";
        public function Auto():void {
            // Konstruktor            }
    }
}
```

Um den Zugriff auf eine Klasse, Methode oder Eigenschaft einzuschränken, stehen Ihnen folgende Attributschlüsselwörter zur Verfügung:

- public: Der Zugriff auf Klassen, Eigenschaften und Methoden ist von jedem Objekt zulässig.
- protected: Der Zugriff auf Klassen, Eigenschaften und Methoden ist innerhalb der Klasse und allen Unterklassen zulässig.
- private: Der Zugriff auf Klassen, Eigenschaften und Methoden ist innerhalb der Klasse selbst, jedoch nicht in Unterklassen zulässig.
- internal: Der Zugriff auf Klassen, Eigenschaften und Methoden ist innerhalb von Klassen eines Pakets zulässig. Wird kein Attributschlüsselwort angegeben, wird internal verwendet (Standardwert).

Das folgende Beispiel soll den Unterschied zwischen public und private erläutern.

Eine Eigenschaft stunden, auf die nur innerhalb der Klasse Uhr zugegriffen werden kann, wird wie folgt definiert:

```
private var stunden:Number = 20;
```

Unterklassen
Unterklassen erweitern ihre übergeordneten Klassen. Mehr dazu erfahren Sie in Abschnitt 10.11, »Vererbung«.

Tipp
Die Möglichkeit der Zugriffsbeschränkung dient in vielen Fällen dazu, logische Programmierfehler zu vermeiden. Ähnlich wie beim Geltungsbereich einer Variablen empfiehlt es sich, Eigenschaften und Methoden einer Klasse zunächst als private zu definieren. Nur wenn der Zugriff außerhalb der Klasse notwendig ist, sollten Sie ein anderes Attributschlüsselwort verwenden.

Diese Eigenschaft ließe sich dann nicht außerhalb der Klasse ansprechen. Würden Sie ein Objekt meineUhr in einem Flash-Film initialisieren, könnten Sie also nicht auf die Eigenschaft stunden des Objekts zugreifen. Folgende Anweisung würde zu einer Fehlermeldung führen:

```
trace(meineUhr.stunden);
```

▲ Abbildung 10.11
Der Zugriff auf die private-Eigenschaft außerhalb der Klasse ist ungültig.

Auch wenn Sie die Eigenschaft über protected, private oder internal definieren würden, können Sie so nicht auf die Eigenschaft zugreifen.

Innerhalb der Klasse können Sie dagegen auch auf private-Eigenschaften und Methoden zugreifen. Folgendes Beispiel zeigt einen gültigen Zugriff auf eine private-Eigenschaft:

```
package {
    public class Uhr {
        private var stunden:uint = 20;
        public function Uhr() {
            trace(stunden);
        }
    }
}
```

10.7 Instanz- und Klassenmitglieder

Sie haben bisher ausschließlich sogenannte Instanzmitglieder, z. B. Instanzeigenschaften und -methoden, kennengelernt. Die bisher vorgestellten Eigenschaften und Methoden beziehen sich immer auf ein initialisiertes Objekt.

Instanzmitglied | Sie initialisieren zwei Objekte einer Klasse Uhr z. B. wie folgt:

```
var uhr0:Uhr = new Uhr();
var uhr1:Uhr = new Uhr();
```

Anschließend weisen Sie der Eigenschaft stunden des Objekts
uhr0 den Wert 20 zu:

```
uhr0.stunden = 20;
```

Die Eigenschaft stunden des Objekts uhr0 ist gleich 20. Die
Eigenschaft stunden des Objekts uhr1 besitzt keinen oder den
Anfangswert, der gegebenenfalls in der Klasse definiert wurde.
Sie haben also eine sogenannte Instanzeigenschaft eines Objekts
geändert. Eine solche Eigenschaft wird auch als *Instanzmitglied*
bezeichnet, weil sie sich auf die Instanz (ein Objekt einer Klasse)
bezieht.

Klassenmitglied | Ein Klassenmitglied hingegen, das sich auf
eine Klasse bezieht und nicht auf eine Instanz (Objekt) der
Klasse, lässt sich unter Angabe des Attributschlüsselworts static
wie folgt definieren:

```
package {
    public class Uhr {
        public static var stunden:Number = 20;
        ...
    }
}
```

Wenn Sie die Eigenschaft stunden der Klasse Uhr ändern, würde
sich die Änderung auf die Klasse und nicht auf eine Instanz der
Klasse auswirken:

```
var uhr0:Uhr = new Uhr();
var uhr1:Uhr = new Uhr();
Uhr.stunden = 20;
trace(Uhr.stunden);
```

**Referenzierung von Klassen-
mitgliedern**
Ein Klassenmitglied wird im Gegensatz zu Instanzmitgliedern mit
Hilfe des Klassenbezeichners referenziert.

Im Ausgabe-Fenster würde der Wert 20 erscheinen. Der Zugriff
auf ein Klassenmitglied ist nur über die Klasse selbst möglich und
nicht über eine Instanz der Klasse. Folgende Anweisung würde
also zu einer Fehlermeldung führen:

```
trace(uhr0.stunden);
```

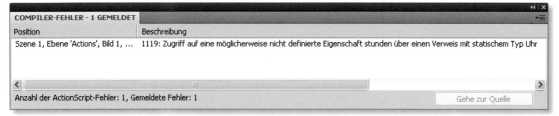

▲ Abbildung 10.12
Der Zugriff über eine Instanz der Klasse auf das Klassenmitglied ist unzulässig.

Methoden und Eigenschaften einer Klasse, die ausschließlich Klasseneigenschaften und -methoden definiert, können ohne eine Instantiierung genutzt werden. Ein gutes Beispiel dafür ist die Math-Klasse. Um beispielsweise den Wert von Pi zu ermitteln, referenzieren Sie die Klasseneigenschaft PI wie folgt:

```
trace(Math.PI);
```

Eine sinnvolle Anwendung eines Klassenmitglieds wäre z. B., die Anzahl der erzeugten Objekte einer Klasse zu ermitteln. Eine entsprechende Klasse könnte wie folgt aussehen:

```
package {
    public class Uhr {
        public static var anzObj:uint=0;
        public function Uhr() {
            anzObj++;
        }
    }
}
```

So könnten Sie dann über folgende Anweisung die Anzahl der erzeugten Objekte ermitteln:

```
var uhr0:Uhr = new Uhr();
var uhr1:Uhr = new Uhr();
trace(Uhr.anzObj);
```

Beachten Sie, dass die Eigenschaft anzObj sowohl als Klassenmitglied als auch als öffentlich zugänglich deklariert wurde. Der Zugriff außerhalb der Klasse ist also zulässig. Sie könnten ein Klassenmitglied jedoch beispielsweise auch wie folgt als private deklarieren:

```
package {
    public class Uhr {
        private static var anzObj:uint=0;
...
```

In diesem Fall wäre der Zugriff außerhalb der Klasse nicht gültig.

◀ **Abbildung 10.13**
Das Klassenmitglied ist `private`.
Ein Zugriff von außerhalb der
Klasse ist unzulässig.

10.8 Dokumentklasse

In ActionScript 3 können Sie einem Flash-Film eine Klasse in der obersten Ebene der Hierarchie zuordnen. Eine solche Klasse wird als die *Dokumentklasse* des Flash-Films bezeichnet. Sie brauchen keine Instanz dieser Klasse zu initialisieren. Wird ein Flash-Film vom Flash Player geladen, wird automatisch eine Instanz der Klasse erzeugt.

Sie können einem Flash-Film eine benutzerdefinierte Dokumentklasse zuzuweisen. Öffnen Sie dazu das EIGENSCHAFTEN-Fenster, und geben Sie im Feld KLASSE ❶ den gewünschten Klassenbezeichner ein.

Die Hauptzeitleiste eines Flash-Films entspricht der Zeitleiste des instantiierten Objekts der Dokumentklasse. Aus diesem Grund muss die Dokumentklasse die Klasse `flash.display.MovieClip` erweitern, wenn Sie mehrere Bilder der Zeitleiste eines Flash-Films verwenden möchten, was normalerweise der Fall ist.

Sollten Sie nur ein Bild der Hauptzeitleiste benötigen, könnte die Dokumentklasse auch die Klasse `flash.display.Sprite` erweitern. Nähere Erläuterungen zur Erweiterung von Klassen finden Sie in Abschnitt 10.11, »Vererbung«.

Eine Dokumentklasse wird in der objektorientierten Programmierung mit ActionScript häufig dazu verwendet, Objekte zu initialisieren bzw. Ereignis-Listener zu registrieren.

Der grundsätzliche Aufbau einer Dokumentklasse gleicht dem jeder anderen Klasse. Sie kann beispielsweise Methoden und Eigenschaften besitzen.

Beispiel-Code einer Dokumentklasse:

Wenn Sie keine Dokument-klasse definieren …

… erstellt Flash standardmäßig automatisch, für Sie nicht sichtbar, eine Dokumentklasse. Diese Dokumentklasse erweitert standardmäßig die `MovieClip`-Klasse. Die Hauptzeitleiste entspricht also der Zeitleiste des instantiierten Objekts der Dokumentklasse.

▲ **Abbildung 10.14**
Die Dokument-Klasse `MainClass` wurde dem Flash-Film zugewiesen.

```
package {
    import flash.display.*;
    import flash.events.*;
    public class MainClass extends MovieClip {
        public function MainClass() {
            trace("Der Flash-Film wurde initialisiert");
            init();
        }
        private function init():void {
            stage.addEventListener(MouseEvent.MOUSE_
            MOVE,mouseMoveHandler);
        }
        private function mouseMoveHandler(e:MouseEvent):
void {
            trace("Die Maus wurde bewegt.");
        }
        private function getStageSize():String {
            return stage.stageWidth+"x"+stage.
            stageHeight;
        }
    }
}
```

Beachten Sie, dass der Geltungsbereich einer Dokumentklasse identisch ist mit dem Geltungsbereich der Hauptzeitleiste eines Flash-Films. Das bedeutet beispielsweise, dass auf Eigenschaften und Methoden einer Dokumentklasse auch direkt von Schlüsselbildern der Zeitleiste zugegriffen werden kann. Sie könnten so z. B. die Methode des zuvor gezeigten Beispiels getStageSize in einem Schlüsselbild der ZEITLEISTE aufrufen:

```
trace(getStageSize());
```

Weiterhin hat das zur Folge, dass Sie keine gleichnamigen Variablen in der Hauptzeitleiste bzw. Eigenschaften in der Dokumentklasse definieren können. Dasselbe gilt für Funktionen in der Hauptzeitleiste bzw. für Methoden in der Dokumentklasse.

Sollten Sie keine Dokumentklasse definieren, erstellt Flash automatisch eine Dokumentklasse. Tatsächlich ist es so, dass beispielsweise eine in der Hauptzeitleiste definierte Variable myText als definierte Eigenschaft der Dokumentklasse eingerichtet wird. Wenn Sie eine solche Variable bzw. Eigenschaft mehrfach initialisieren, führt das zu einem Compiler-Fehler.

Beispiel: Würden Sie die Variable `myText` in einem Schlüsselbild der Hauptzeitleiste wie folgt definieren …

```
var myText:String = "Beispiel";
```

… entspräche dies in einer eigenen Dokumentklasse der folgenden Deklaration:

```
package {
    ...
    internal var myText:String= "Beispiel";
    public class MainClass extends MovieClip {
    ...
    }
}
```

Eigenschaften ohne Attributschlüsselwort
Das Standard-Attributschlüsselwort, beispielsweise für Eigenschaften, die ohne Attributschlüsselwort definiert wurden, ist `internal`.

Sie könnten die Variable also nicht in der Zeitleiste des Flash-Films und in der Dokumentklasse definieren. Wie Sie bereits gelernt haben, ist eine doppelte Variablendefinition nicht zulässig. Aus diesem Grund erschiene in einem solchen Fall eine Fehlermeldung.

◀ **Abbildung 10.15**
Das Beispiel führt zu zwei Compiler-Fehlern.

10.9 Symbole als Klasse

In Flash haben Sie die Möglichkeit, ein Symbol in der Bibliothek als Klasse zu definieren. Sie können dann ein oder mehrere Instanzen der Klasse über ActionScript erzeugen und beispielsweise zur Anzeigeliste hinzufügen. Darauf wurde bereits in Kapitel 8, »ActionScript-Grundlagen«, eingegangen. Darüber hinaus können Sie jedoch die Klasse, die Sie einem Symbol zuweisen, auch selbst definieren. Sie können einem Symbol also individuelle Eigenschaften und Methoden zuweisen.

Dazu wählen Sie zunächst das Symbol in der BIBLIOTHEK aus, öffnen per Klick auf die rechte Maustaste das Kontextmenü und wählen den Menüpunkt EIGENSCHAFTEN. Im darauffolgenden Fenster aktivieren Sie die Option EXPORT FÜR ACTIONSCRIPT und

Basisklasse

Die Basisklasse ist die Klasse, von der Ihre Klasse erbt, bzw. die Klasse, die Ihre Klasse erweitert. Ihre Klasse ist eine Unterklasse der Basisklasse. Das Prinzip der Vererbung wird in Abschnitt 10.11, »Vererbung«, näher erläutert.

weisen dem Symbol unter KLASSE den gewünschten Klassenbezeichner zu. Sollten Sie ein Paket verwenden, müssen Sie das Paket mit eingeben.

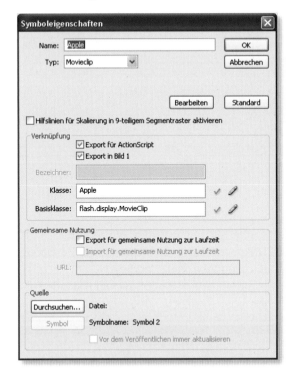

In dem Beispiel wurde dem Movieclip-Symbol die Klasse Apple zugewiesen. Die Klasse Apple erweitert die Basisklasse, die in diesem Fall flash.display.MovieClip ist. Sie können jetzt eine neue Klasse Apple erstellen und so dem Symbol eigene Eigenschaften und Methoden aneignen. Ein Beispiel für eine sinnvolle Anwendung dessen wird im folgenden Workshop erläutert.

Schritt für Schritt: Eine analoge Uhr erstellen

1 **Flash-Film öffnen**

Dieser Workshop zeigt, wie Sie einem Movieclip-Symbol eine Klasse zuweisen und die Klasse selbst definieren, um eine analoge Uhr, objektorientiert, in Flash entwickeln.

Öffnen Sie den Flash-Film *10\Analog_Uhr\Uhr_01.fla*, und speichern Sie die Datei in einem anderen Verzeichnis ab.

Die BIBLIOTHEK des Flash-Films enthält vier Movieclip-Symbole. Dem MovieClip »Uhr« wurde die Klasse Uhr zugewiesen.

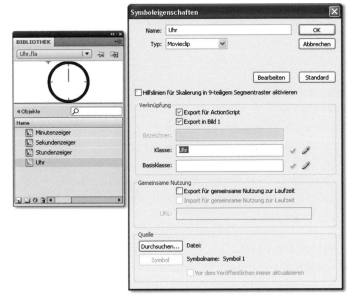

◄ **Abbildung 10.17**
Die BIBLIOTHEK und die SYMBOL-
EIGENSCHAFTEN des Movieclips
»Uhr«

Innerhalb des Movieclips »Uhr« befinden sich vier Ebenen, auf der Elemente einer analogen Uhr platziert sind. Es gibt drei Zeitzeiger für die Stunden, die Minuten und die Sekunden. Dabei handelt es sich jeweils um einen Movieclip, dem ein entsprechender Instanzname zugewiesen wurde: »stundenzeiger«, »minutenzeiger« und »sekundenzeiger«.

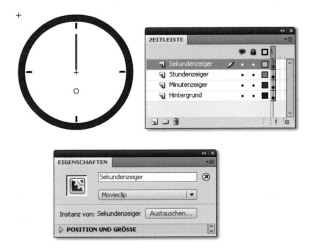

◄ **Abbildung 10.18**
Die ZEITLEISTE und Elemente des
Movieclips »Uhr«.

2 Instanz der Klasse erzeugen

Wechseln Sie gegebenenfalls zurück zur Hauptzeitleiste, wählen Sie das erste Schlüsselbild auf der Ebene »Actions« aus, und weisen Sie dem Schlüsselbild im AKTIONEN-Fenster folgenden Code zu.

```
1:    var meineUhr:Uhr = new Uhr();
2:    meineUhr.x = (stage.stageWidth-meineUhr.
      width)/2;
3:    meineUhr.y = (stage.stageHeight-meineUhr.
      height)/2;
4:    addChild(meineUhr);
```

In Zeile 1 wird ein Objekt der Klasse Uhr initialisiert, das in Zeile 2 und 3 mittig auf der Bühne ausgerichtet wird. Beachten Sie, dass die Position des Objekts festgelegt wird, bevor es überhaupt in die Anzeigeliste eingefügt wird. Das Objekt wird erst in Zeile 4 zur Anzeigeliste hinzugefügt. Testen Sie den Flash-Film über Strg/⌘+↵.

▲ **Abbildung 10.19**
Ein Objekt der Klasse Uhr wurde zur Anzeigeliste hinzugefügt und mittig auf der Bühne positioniert.

3 Klasse erzeugen

Bisher besitzt die Uhr noch keinerlei Funktionalität. Erstellen Sie über DATEI • NEU eine ActionScript-Datei, und speichern Sie die Datei unter *Uhr.as* in dem Verzeichnis ab, in dem auch der Flash-Film liegt. Fügen Sie dann zunächst folgenden Code ein:

```
1:    package {
2:        import flash.display.*;
3:        import flash.utils.*;
4:        import flash.events.*;
5:        public class Uhr extends Sprite {
6:            private var stunden:Number;
7:            private var minuten:Number;
8:            private var sekunden:Number;
9:            private var myTimer:Timer;
10:           public function Uhr() {
11:               init();
12:           }
13:       }
14:   }
```

In Zeile 2 bis 4 werden verschiedene Pakete importiert, von denen einige Klassen verwendet werden. Da in diesem Beispiel die Zeitleiste des Movieclips nicht benötigt wird, erweitert die Klasse Uhr die Klasse Sprite und nicht die MovieClip-Klasse (Zeile 5). Für die Aktualisierung der Zeit wird ein sogenanntes Timer-Objekt verwendet. Dazu wird in Zeile 9 die Eigenschaft myTimer definiert. Im Konstruktor wird die Methode init aufgerufen. An dieser Stelle sei erwähnt, dass Code im Konstruktor etwas langsamer ausgeführt wird als in anderen Methoden.

Aus diesem Grund lagert man Code, den man zu Beginn aufrufen möchte, meist in eine andere Methode, hier init, aus.

4 Timer-Objekt initialisieren

Ergänzen Sie den Code nach dem Konstruktor (ab Zeile 13) um folgende Zeilen:

```
1:    private function init():void {
2:         myTimer = new Timer(100,int.MAX_VALUE);
3:         myTimer.addEventListener(TimerEvent.TIMER,
           setTime);
4:         myTimer.start();
5:         setTime(null);
6:    }
```

In der Methode init wird ein Timer-Objekt initialisiert (Zeile 2). Mit Hilfe eines Timer-Objekts ist es möglich, eine Funktion oder Methode x-mal in einem bestimmten zeitlichen Intervall aufzurufen. Dem Konstruktor der Timer-Klasse werden zwei Argumente übergeben: die Verzögerung in Millisekunden, die angibt, in welchem zeitlichen Abstand eine Methode aufgerufen werden soll, und die Anzahl der Wiederholungen. Der Einfachheit halber wurde hier der Wert int.MAX_VALUE verwendet, was dem Wert 2.147.483.647 entspricht. In ActionScript gibt es leider bisher keinen Wert für unendlich. In Zeile 3 wird am Timer-Objekt ein Ereignis-Listener registriert, der dafür sorgt, dass die Methode setTime im Abstand von 100 Millisekunden mehrmals aufgerufen wird. Anschließend wird der Timer über die Methode start gestartet. Zu Beginn wird die Methode setTime zusätzlich einmalig aufgerufen, da der Timer die Methode erst nach 100 Millisekunden aufrufen wird. An die Methode wird null übergeben. Später wird die Methode als Ereignisprozedur aufgerufen. Die Methode erwartet einen Wert vom Datentyp TimerEvent. Die Übergabe von null ist in diesem Fall ebenso zulässig.

5 Uhrzeit ermitteln und ausgeben

Ergänzen Sie die Klasse wie folgt um die Methode setTime:

```
1:    private function setTime(e:TimerEvent):void {
2:      var myDate:Date = new Date();
3:      sekunden = myDate.seconds;
4:      minuten = myDate.minutes;
5:      stunden = myDate.hours;
6:      if(stunden > 12) {
```

```
7:              stunden -=12;
8:           }
9:        var secDegree:Number = (sekunden/60)*360;
10:        sekundenzeiger.rotation = secDegree;
11:        var minDegree:Number = (minuten/60)*360;
12:        minutenzeiger.rotation = minDegree;
13:        var hourDegree:Number = (stunden/12+(minuten
           /60/12))*360;
14:        stundenzeiger.rotation = hourDegree;
15:     }
```

▲ **Abbildung 10.20**
Die analoge Uhr zeigt jetzt die lokale Zeit des Client-Rechners an.

 **Ergebnis der Übung:**
10\Analog_Uhr\Uhr_02.fla

In Zeile 2 wird ein `Date`-Objekt initialisiert. Ein `Date`-Objekt, das erzeugt wird, besitzt standardmäßig das System-Datum und die System-Zeit. Anschließend werden den Eigenschaften `sekunden`, `minuten` und `stunden` mit Hilfe des `Date`-Objekts die entsprechenden Werte der lokalen Zeit des Clients zugewiesen. Da eine analoge Uhr die Zeit im 12-Stunden-Format angibt, wird vom Wert der Eigenschaft `stunden` 12 subtrahiert, wenn der Wert der Eigenschaft größer als 12 ist. 15 Uhr entspricht beispielsweise auf einer analogen Uhr 3 Uhr (15–12 ist gleich 3). Anschließend werden die Movieclips mit den Instanznamen `sekundenzeiger`, `minutenzeiger` und `stundenzeiger`, die im Movieclip `Uhr` liegen, der Uhrzeit entsprechend rotiert. Dabei wird beispielsweise die Sekundenanzahl durch 60 dividiert. So erhalten Sie zum Beispiel bei 30 Sekunden den Wert 0,5. Das Resultat, in diesem Fall 0,5, wird mit 360 multipliziert, da eine Umdrehung 360 Grad entspricht. So würde der Zeiger bei 0,5 also auf 180 Grad gedreht.

6   **Fertig! Flash-Film testen**
Testen Sie den Flash-Film. Die analoge Uhr ist fertiggestellt. ■

10.10 Getter-/Setter-Methoden

Schreibweise: private Eigenschaften
Private Eigenschaften einer Klasse werden häufig auch mit einem vorangehenden Unterstrich _ geschrieben. Sie betonen damit, dass es sich um eine private Eigenschaft handelt.

Eine goldene Regel der Objektorientierung ist: Eigenschaften grundsätzlich als `private` zu deklarieren. Ein Beispiel dafür, warum es sinnvoll ist, dieser Regel zu folgen, wird in Kürze noch erläutert. Wenn Sie von außen einen Eigenschaftswert definieren oder abfragen möchten, können Sie dazu Getter- und Setter-Methoden verwenden.

10.10.1 Getter-Methode
Angenommen, Sie definieren in einer Klasse `Uhr` eine private Eigenschaft `_stunden`:

```
private var _stunden:Number = 16;
```

Standardmäßig könnten Sie den Wert der Variable von außen nicht abfragen und auch nicht festlegen. Wenn Sie jedoch innerhalb der Klasse eine Getter-Methode definieren, lässt sich der Wert auch von außen ermitteln. Eine entsprechende Getter-Methode sähe wie folgt aus:

```
public function get stunden():Number {
    return _stunden;
}
```

So könnten Sie jetzt von außen, z. B. in einem Schlüsselbild der Zeitleiste, den Wert der Eigenschaft wie folgt ermitteln:

```
var meineUhr:Uhr = new Uhr();
trace(meineUhr.stunden);
```

10.10.2 Setter-Methode

Analog dazu können Sie eine Setter-Methode definieren, die es erlaubt, den Wert einer privaten Eigenschaft von außen zu ändern. Eine entsprechende Setter-Methode sieht wie folgt aus:

```
public function set stunden(value:Number):void {
    _stunden = par;
}
```

Von außen könnten Sie jetzt den Wert der Eigenschaft _stunden wie folgt festlegen:

```
var meineUhr:Uhr = new Uhr();
meineUhr.stunden = 18;
```

Diese Anwendung einer Getter- oder Setter-Methode ist stilistisch gut. Grundsätzlich könnten Sie die Eigenschaften jedoch auch als public definieren und Eigenschaftswerte dann direkt von außen abfragen und/oder definieren – auch wenn das nicht so stilvoll ist.

Der Einsatz von Getter- und Setter-Methoden kann jedoch tatsächlich auch einen funktionalen Vorteil bieten. Am einfachsten lässt sich das an einem konkreten Beispiel erläutern.

Angenommen, Sie haben eine Klasse geschrieben, die ein visuelles Element repräsentiert. Als Beispiel soll ein Rechteck dienen, dass Sie mit Hilfe der Zeichnungs-API von ActionScript zeichnen. Die Klasse könnte wie folgt aussehen:

Private Eigenschaften

Sie haben unter anderem bereits private (private) und öffentliche (public) Eigenschaften kennengelernt. Eigenschaften als private zu deklarieren ist sinnvoll, um z. B. zu verhindern, dass Eigenschaftswerte von außerhalb der Klasse definiert werden können, was unter Umständen zu unerwarteten Ergebnissen führen kann.

Position von Setter-/Getter-Methoden
Üblicherweise werden Setter- und Getter- Methoden am Ende des Codes einer Klasse definiert, da Setter- und Getter-Methoden meist vergleichsweise sehr kurz sind und es innerhalb einer Klasse viele von Ihnen geben kann. Das dient jedoch ausschließlich der Übersichtlichkeit.

Zeichnungs-API
Mehr zur Zeichnungs-API erfahren Sie in Kapitel 11, »Zeichnungs-API«.

```
package {
    import flash.display.*;
    public class Rechteck extends Sprite{
        private var _size:Number = 10;
        public function Rechteck() {
            draw();
        }
        private function draw():void {
            graphics.clear();
            graphics.moveTo(0,0);
            graphics.beginFill(0x000000);
            graphics.lineTo(_size,0);
            graphics.lineTo(_size,_size);
            graphics.lineTo(0,_size);
            graphics.lineTo(0,0);
            graphics.endFill();
        }
    }
}
```

Ein Objekt der Klasse könnten Sie dann beispielsweise in einem Schlüsselbild der Zeitleiste wie folgt initialisieren und zur Anzeigeliste hinzufügen:

```
var meinRechteck:Rechteck = new Rechteck();
addChild(meinRechteck);
```

Angenommen, Sie möchten die Größe des Rechtecks anpassen, nachdem Sie das Rechteck zur Anzeigeliste hinzugefügt haben. Natürlich könnten Sie dafür eine öffentliche Methode schreiben; der erste Gedanke wäre jedoch, einfach den Eigenschaftswert von size zu ändern. Würden Sie die Eigenschaft als öffentlich (public) deklarieren und den Wert der Eigenschaft von außen ändern, hätte das jedoch keinen Einfluss auf die Größe. Allein der Wert der Eigenschaft würde damit geändert. Mit einer Setter-Methode erreichen Sie dies jedoch wie gewünscht. Die Setter-Methode könnte wie folgt aussehen:

```
public function set size(par:Number):void {
    _size = par;
    draw();
}
```

Nachdem der Wert der privaten Eigenschaft `_size` festgelegt wurde, wird die Methode `draw` aufgerufen, die das Rechteck neu zeichnet.

So könnten Sie die Größe des Rechtecks z. B. durch folgenden Aufruf innerhalb des Schlüsselbildes ändern:

```
meinRechteck.size = 100;
```

Das Beispiel finden Sie auch auf der DVD im Verzeichnis *10\Setter_Beispiel*.

 *10\Setter_Beispiel*

10.11 Vererbung

Sie haben jetzt bereits viele Merkmale der objektorientierten Programmierung kennengelernt. Eine besondere Vorgehensweise, die zur Objektorientierung gehört, ist die sogenannte *Vererbung*. Mit Hilfe von Vererbung lässt sich eine Klassen-Hierarchie herstellen.

Sie können beispielsweise eine vorhandene Klasse, auch als Basis- oder Superklasse bezeichnet, durch eine sogenannte *Unterklasse* erweitern. Eine solche Unterklasse besitzt alle Merkmale der Basisklasse und kann zusätzlich weitere Merkmale besitzen. Eine Unterklasse könnte auch bestimmte Merkmale der Basisklasse überschreiben.

Grundsätzlich fördert Vererbung die Wiederverwendbarkeit von Code. Die folgenden Beispiele sollen Ihnen die grundsätzliche Funktionsweise und grundlegende Anwendung in Action-Script beispielhaft erläutern. Angenommen, Sie erstellen eine Klasse `Uhr`:

```
package {
   public class Uhr {
      private var _stunden:Number=15;
      private var _minuten:Number=32;
      private var _sekunden:Number=35;
      public function Uhr() {
         // Konstruktor
      }
      ...
      public function getTime():String {
         return _stunden+":"+_minuten+":"+_sekunden;
      }
   }
}
```

Grundsätzlich können Sie auch bereits existierende ActionScript-Klassen, wie z. B. die Sprite-Klasse, durch eigene Klassen erweitern. Tatsächlich wurde davon bereits in einigen Beispielen Gebraucht gemacht. Beachten Sie jedoch, dass sich nicht jede Klasse erweitern lässt. Die Math-Klasse beispielsweise lässt sich nicht erweitern. Eine Klasse oder auch eine Methode, die nicht erweitert werden soll, wird mit dem Attributschlüsselwort final versehen:

```
package {
    final class Unextendable
Class {
    ...
    }
}
```

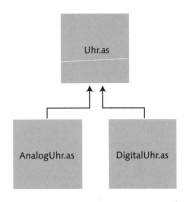

▲ **Abbildung 10.21**
Beispiel einer Klassenhierarchie

Die Klasse besitzt verschiedene Eigenschaften und könnte zusätzlich verschiedene Methoden besitzen, die die Uhrzeit bestimmen, um diese dann mit Hilfe der Methode getTime zurückzugeben.

Es gibt bekanntermaßen digitale und analoge Uhren, die sich allein durch ihr Äußeres unterscheiden. Wenn Sie sowohl eine analoge als auch eine digitale Ausgabe der Uhrzeit bereitstellen möchten, könnten Sie dafür für jede Ausgabe zwei separat agierende Klassen erstellen. Viele der Methoden zur Bestimmung der Zeit müssten dann jedoch in beide Klassen integriert werden.

Sinnvoller wäre es, wenn Sie sowohl für die analoge als auch für die digitale Ausgabe der Zeit zusätzlich zur Klasse Uhr zwei weitere Klassen erzeugen, die nur zur Ausgabe der Zeit dienen. Diese könnten dann die Methoden und Eigenschaften zur Ermittlung der Zeit der Klasse Uhr übernehmen (erben). Das Definitionsschlüsselwort, um eine Klasse zu erweitern, ist extends und wird wie folgt in die Klassendefinition integriert:

```
package {
    public class AnalogUhr extends Uhr {
    ...
    }
}
package {
    public class DigitalUhr extends Uhr {
    ...
    }
}
```

Würden Sie jetzt ein neues Objekt myAnalogUhr der Klasse AnalogUhr initialisieren, wäre folgender Methodenaufruf gültig, da die Klasse AnalogUhr alle Methoden und Eigenschaften der Klasse Uhr geerbt hat:

```
var myAnalogUhr:AnalogUhr = new AnalogUhr();
var time:String = myAnalogUhr.getTime();
trace(time);
```

In der Klasse AnalogUhr könnten Sie natürlich zusätzlich eigene Eigenschaften und Methoden definieren, z. B.:

```
package {
    public class AnalogUhr extends Uhr {
        public var x:Number = 20;
        public var y:Number = 40;
```

```
    ...
    }
}
```

Diese Eigenschaften (im Beispiel x und y) beziehen sich dann nur auf Objekte der Klasse AnalogUhr. Ein Zugriff von einem Objekt der Klasse Uhr wäre also ungültig.

▶ Gültig:
```
var myAnalogUhr:AnalogUhr = new AnalogUhr();
trace(myAnalogUhr.x);
```

▶ Ungültig (die Klasse Uhr des Objekts myUhr besitzt keine Eigenschaft x):
```
var myUhr:Uhr = new Uhr();
trace(myUhr.x);
```

10.11.1 Methoden und Eigenschaften der Superklasse ansteuern

Über die Anweisung super lässt sich eine Methode oder Eigenschaft der Superklasse aus einer Unterklasse ansprechen. Im folgenden Beispiel wird die Methode getTime der Superklasse Uhr aufgerufen:

```
package {
    public class AnalogUhr extends Uhr {
        ...
        private function refreshTime():void {
            var myTime:String = super.getTime();
        }
    }
}
```

super im Konstruktor
Wenn Sie eine Klasse A durch eine Klasse B erweitern, wird im Konstruktor der Klasse B automatisch der Konstruktor der Klasse A aufgerufen. Sie können das auch selbst explizit »betonen«, indem Sie im Konstruktor der Klasse B die Anweisung super(); verwenden. Das gilt als guter Stil, denn damit unterstreichen Sie, für jeden erkenntlich, dass der Konstruktor der Superklasse aufgerufen wird bzw. dass die Klasse B eine andere Klasse erweitert.

10.11.2 Methoden und -eigenschaften einer Basisklasse überschreiben

Sowohl Methoden als auch Eigenschaften einer Basisklasse können in einer Unterklasse überschrieben werden. Wenn Sie in einer Unterklasse eine Eigenschaft oder Methode der Basisklasse überschreiben möchten, müssen Sie das Attributschlüsselwort override verwenden. Im folgenden Code-Beispiel überschreibt die Klasse AnalogUhr die Methode setTime der Superklasse Uhr. Beispiel-Code der Klasse Uhr:

10\Klassen_Methoden_Überschreiben\Uhr.as, AnalogUhr.as und Beispiel.fla

```
package {
    public class Uhr {
```

```
    ...
    public function setTime():void {
        trace("Uhr.setTime wurde aufgerufen");
    }
  }
}
```

Beispiel-Code der Klasse `AnalogUhr`:

```
package {
    public class AnalogUhr extends Uhr {
        ...
        public override function setTime():void {
            trace("AnalogUhr.setTime wurde aufgerufen");
        }
    }
}
```

Die Klasse `AnalogUhr` besitzt jetzt also eine eigene Methode `setTime`. Der folgende Aufruf führt deshalb zur Ausgabe »AnalogUhr.setTime wurde aufgerufen«:

```
var myAnalogUhr:AnalogUhr = new AnalogUhr();
myAnalogUhr.setTime();
```

11 Zeichnungs-API

Mit Hilfe der sogenannten Zeichnungs-API (»**A**pplication **P**rogramming **I**nterface«/Programmierschnittstelle) können Sie Linien und Formen mit ActionScript zur Laufzeit erstellen. Sie lernen in diesem Kapitel die grundlegenden Merkmale der Zeichnungs-API kennen.

11.1 Graphics-Klasse

Über die Zeichnungs-API lassen sich Vektorgrafiken über ActionScript zur Laufzeit erzeugen. Zur Erzeugung von Vektorgrafiken können Sie in ActionScript 3 die sogenannte `Graphics`-Klasse nutzen. Jedes `Shape-`, `Sprite-`, und `MovieClip`-Objekt besitzt eine Eigenschaft `graphics`, bei der es sich um eine Instanz (Objekt) der `Graphics`-Klasse handelt.

11.2 Anzeigeobjekt erstellen

Bevor Sie innerhalb eines Anzeigeobjekts zeichnen, müssen sie dieses zunächst erstellen. Dabei müssen Sie sich zunächst für ein Anzeigeobjekt entscheiden. Die folgende Übersicht hilft Ihnen dabei.

> ▶ **Shape**: Verwenden Sie ein `Shape`-Objekt, wenn Sie nur eine Form zeichnen möchten. Ein `Shape`-Objekt belegt nur sehr weniger Speicher. Im Gegensatz zu einem `Sprite`-Objekt ist ein `Shape`-Objekt kein Anzeigeobjektcontainer und kann deshalb keine untergeordneten Elemente besitzen. Ein `Shape`-Objekt besitzt nur sehr rudimentäre Ereignisse. Benutzerinteraktionen, wie z. B. das Abfragen eines Mausklicks, sind nicht möglich.

> ▶ **Sprite**: Verwenden Sie ein `Sprite`-Objekt, wenn Sie in dem Objekt untergeordnete Elemente einfügen und/oder Sie auf Ereignisse reagieren möchten. In den meisten Fällen ist ein

---

Anzeigeobjekt erstellen

Ein Anzeigeobjekt können Sie über die Anweisung new erzeugen. Beachten Sie, dass das Anzeigeobjekt erst dargestellt wird, wenn Sie es über addChild der Anzeigeliste hinzugefügt haben. Beispiel:

```
var mySprite:Sprite = new
Sprite();
addChild(mySprite);
```

Sprite-Objekt die richtige Wahl, wenn Sie mit der Zeichnungs-API arbeiten.

▶ **MovieClip**: Verwenden Sie ein `MovieClip`-Objekt, wenn Sie untergeordnete Elemente einfügen, auf Ereignisse reagieren möchten und eine Zeitleiste benötigen. Das wäre beispielsweise der Fall, wenn Sie eine in der Entwicklungsumgebung erstellte Animation innerhalb des Movieclips abspielen wollen.

11.2.1 Linien zeichnen

Bevor Sie in einem Anzeigeobjekt eine Linie zeichnen können, müssen Sie den Linienstil über die Methode `lineStyle` definieren. Die Methode hat folgenden vereinfachten formellen Aufbau:

```
lineStyle(Strichstärke, Farbe, Alpha)
```

Angenommen, Sie möchten in einem `Shape`-Objekt `myShape` eine schwarze Linie mit einer Transparenz von 50 % und einer Strichstärke von drei Pixeln zeichnen. Zunächst initialisieren Sie dazu ein `Shape`-Objekt und setzen die Eigenschaft des Linienstils entsprechend:

```
var myShape:Shape = new Shape();
myShape.graphics.lineStyle(3,0x000000,0.5);
```

Anschließend können Sie über die Methode `moveTo` die Anfangsposition eines fiktiven Zeichenstifts, der die Linie zeichnet, bestimmen. Über die Methode `lineTo` zeichnen Sie dann eine Linie, ausgehend von der Anfangsposition bis hin zu den angegebenen Koordinaten.

Damit das `Shape`-Objekt bzw. die Linie auf der Bühne dargestellt wird, müssen Sie das Objekt zur Anzeigeliste hinzufügen. Die Position des `Shape`-Objekts können Sie dann nachträglich über die x- und y-Eigenschaft des Objekts festlegen.

```
myShape.graphics.moveTo(0,0);
myShape.graphics.lineTo(100,0);
addChild(myShape);
myShape.x = 20;
myShape.y = 20;
```

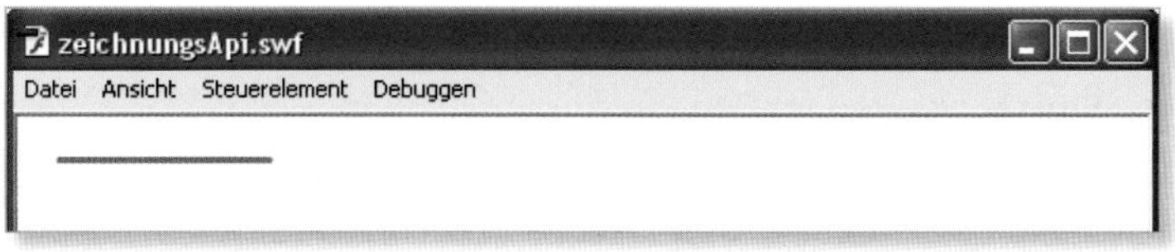

Vereinfachte Schreibweise

Wenn Sie viele Methoden auf die Eigenschaft `graphics` eines Anzeigeobjekts anwenden, können Sie die Eigenschaft auch referenzieren. Dadurch wird Ihr Code übersichtlicher. Beispiel:

```
var myShape:Shape = new Shape();
var g:Graphics = myShape.graphics;
g.lineStyle(1,0x000000,0.5);
g.moveTo(0,0);
g.lineTo(100,0);
addChild(myShape);
```

Gezeichnete Formen löschen

Um alle über ActionScript gezeichneten Formen innerhalb eines Anzeigeobjekts zu löschen, können Sie die Methode `clear` der Graphics-Klasse nutzen. Angenommen, Sie haben Linien in einem Shape-Objekt `myShape` erstellt und möchten diese entfernen. Dazu folgender Beispielcode:

```
myShape.graphics.clear();
```

Abbildung 11.1 ▶
Die über ActionScript erzeugte Linie

Neben den bereits genannten Parametern lassen sich noch feinere Einstellungen für das Zeichnen einer Linie festlegen. Zu den optionalen Parametern, die Sie an die Methode `lineStyle` übergeben können, gehören:

▶ **pixelHinting**: Ein boolescher Wert, der angibt, ob Linien als ganze Pixel gezeichnet werden sollen (`true`) oder nicht (`false`). Setzen Sie den Parameter auf `true`, wenn Sie verschwommene Linien oder Kanten sehen.

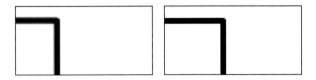

◀ **Abbildung 11.2**
Links: eine vergrößerte Linie ohne `pixelHinting`, rechts: die Linie mit `pixelHinting`

▶ **scaleMode**: Ein Wert vom Datentyp `String`, der angibt, auf welche Weise die erzeugte Linie skaliert werden soll, wenn das Objekt skaliert wird. Der Standard entspricht dem Wert `LineScaleMode.NORMAL`. Sollten Sie die Linie bei einer Skalierung des Anzeigeobjekts überhaupt nicht mitskalieren wollen, setzen Sie den Parameter auf `LineScaleMode.NONE`. Wenn Sie den Wert auf `LineScaleMode.VERTICAL` setzen, wird die Linie nur horizontal skaliert. Analog dazu wird die Linie nur vertikal skaliert, wenn Sie die Einstellung `LineScaleMode.HORIZONTAL` gewählt haben.

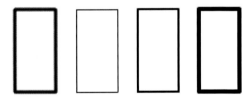

◀ **Abbildung 11.3**
Ein Rechteck, das auf `scaleX = 2` und `scaleY = 4` hochskaliert wurde; von links nach rechts: `LineScaleMode.NORMAL`, `LineScaleMode.NONE`, `LineScaleMode.VERTICAL` und `LineScaleMode.HORIZONTAL`

▶ **caps**: Ein Wert vom Datentyp `String`, der die Form der Linienenden angibt. Mögliche Werte sind: `CapsStyle.NONE`, `CapsStyle.ROUND` und `CapsStyle.SQUARE`.

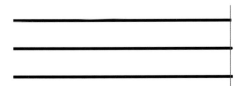

◀ **Abbildung 11.4**
Von oben nach unten: `CapsStyle.NONE`, `CapsStyle.ROUND` und `CapsStyle.SQUARE`

▶ **joints**: Ein Wert vom Datentyp `String`, der die Form (Winkel) definiert, nach der zwei Linien miteinander verbunden werden. Mögliche Werte sind: `JointStyle.BEVEL` (schräg),

JointStyle.MITER (abgeschliffen) und JointStyle.ROUND (rund, Standardwert).

Abbildung 11.5 ▶
Von links nach rechts:
JointStyle.BEVEL, JointStyle.
MITER und JointStyle.ROUND

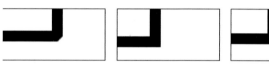

▶ **mitterLimit**: Ein Wert vom Datentyp Number, der eine Grenze angibt, ab wann der Winkel zweier verbundener Linien abgeschnitten wird, wenn der Parameter joints den Wert Joint-Style.MITER besitzt. Der Wertebereich geht von 0 bis 255.

Abbildung 11.6 ▶
Von oben nach unten besitzt der
Parameter mitterLimit folgende
Werte: 1, 10 und 20.

Schritt für Schritt: Interaktive Linie zeichnen

In diesem Workshop lernen Sie, wie Sie eine Verbindungslinie zwischen zwei verschiebbaren Objekten zeichnen.

1   **Flash-Film öffnen**

11\Linien_zeichnen\Linien_
01.fla

Öffnen Sie den Flash-Film *Linien_01.fla* aus dem Verzeichnis *Linien_zeichnen*. Der Flash-Film enthält zwei Kreise, die in Movieclips umgewandelt und denen die Instanznamen »circle0« und »circle1« zugewiesen wurden.

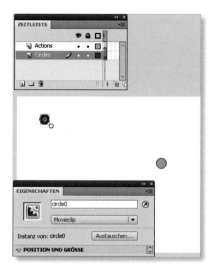

Abbildung 11.7 ▶
Die Ausgangsbasis

2 Movieclips per Benutzerinteraktion verschiebbar machen

Klickt der Benutzer auf einen der Movieclips und hält die Maus-taste gedrückt, sollen die Movieclips verschiebbar sein. Weisen Sie dazu dem ersten Schlüsselbild auf der Ebene »Actions« fol-genden Code zu:

```
1:   circle0.buttonMode=true;
2:   circle1.buttonMode=true;
3:   circle0.addEventListener(MouseEvent.MOUSE_DOWN,
     initDrag);
4:   circle1.addEventListener(MouseEvent.MOUSE_DOWN,
     initDrag);
5:   circle0.addEventListener(MouseEvent.MOUSE_UP,
     endDrag);
6:   circle1.addEventListener(MouseEvent.MOUSE_UP,
     endDrag);
7:   function initDrag(e:MouseEvent):void {
8:       e.target.startDrag();
9:   }
10:  function endDrag(e:MouseEvent):void {
11:      e.target.stopDrag();
12:  }
```

Zunächst wird der Wert der Eigenschaft buttonMode der beiden Movieclips in Zeile 1 und 2 auf true gesetzt. Die Folge ist, dass ein Handsymbol angezeigt wird, wenn der Benutzer den Maus-zeiger über die Movieclips bewegt. Anschließend werden in Zeile 3–6 Ereignis-Listener an beiden Movieclips registriert. Bewegt der Benutzer den Mauszeiger über den Movieclip und hält die Maustaste gedrückt, wird das Ereignis MouseEvent.MOUSE_DOWN ausgelöst.

Daraufhin wird die Funktion initDrag aufgerufen, die den Drag-Vorgang des jeweiligen Movieclips über die Methode startDrag startet. Innerhalb der Ereignisprozedur können Sie den jeweiligen Movieclip über e.target referenzieren. Lässt der Benutzer die Maustaste wieder los, wird die Ereignisprozedur endDrag aufgerufen und der Drag-Vorgang über die Methode stopDrag beendet.

3 Flash-Film testen

Testen Sie den Flash-Film über ⌈Strg⌉/⌘+⏎. Die Movieclips lassen sich wie beschrieben beliebig verschieben.

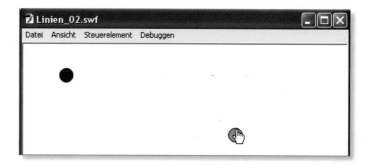

Abbildung 11.8 ►
Die Movieclips lassen sich per
Drag & Drop verschieben.

Zum Schluss zeichnen wir mit einer ENTER_FRAME-Ereignisproze-
dur eine Linie zwischen den Movieclips. Der Registrierungspunkt
der Movieclips ist mittig, so dass die Position der Movieclips dem
Mittelpunkt der Kreise entspricht. Ergänzen Sie den Code um
folgende Zeilen:

```
1:    var drawStage:Sprite = new Sprite();
2:    addChildAt(drawStage,0);
3:    drawStage.addEventListener(Event.ENTER_FRAME,
      drawLine);
4:    function drawLine(e:Event):void {
5:        drawStage.graphics.clear();
6:        drawStage.graphics.lineStyle(1,0x000000,1);
7:        drawStage.graphics.
          moveTo(circle0.x,circle0.y);
8:        drawStage.graphics.
          lineTo(circle1.x,circle1.y);
9:    }
```

In Zeile 1 wird ein Sprite-Objekt initialisiert, das in Zeile 2
zur Anzeigeliste hinzugefügt wird. Damit die Linie unterhalb
der Movieclips dargestellt werden kann, wird die Methode
addChildAt verwendet, um das Sprite-Objekt auf die unterste
Stufe zu platzieren. Die bereits vorhandenen Movieclips werden
dann automatisch auf die beiden nächsthöheren Stufen verschoben.

In Zeile 3 wird ein Ereignis-Listener registriert, der dafür sorgt,
dass die Funktion drawLine mehrmals pro Sekunde (abhängig
von der eingestellten Bildrate) aufgerufen wird. Die Funktion
drawLine zeichnet eine Linie zwischen beiden Kreisen. Dazu wird
ein fiktiver Zeichenstift zunächst auf die Koordinaten des ersten
Movieclips »circle0« positioniert (Zeile 7) und dann die Linie zur
Position des zweiten Movieclips »circle1« gezeichnet (Zeile 8).

4 Flash-Film testen

Testen Sie den Flash-Film über ⌈Strg⌉/⌈⌘⌉+⌈↵⌉. Sie können beide Movieclips beliebig bewegen. Es wird automatisch eine Verbindungslinie zwischen beiden Movieclips gezeichnet.

Ergebnis der Übung:
11\Linien_zeichnen\Linien_02.fla

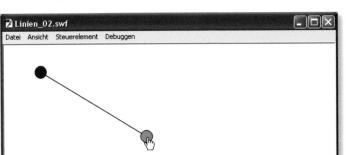

◄ **Abbildung 11.9**
Eine Verbindungslinie wird automatisch zwischen den beiden Movieclips gezeichnet.

11.2.2 Kurven zeichnen

Mit Hilfe der Methode curveTo können Sie sogenannte quadratische Bézierkurven zeichnen. Die Methode erwartet vier Argumente:

▶ controlX, die x-Koordinate des Kontrollpunktes
▶ controlY, die y-Koordinate des Kontrollpunktes
▶ anchorX, die x-Koordinate des zweiten Ankerpunkts
▶ anchorY, die y-Koordinate des zweiten Ankerpunkts

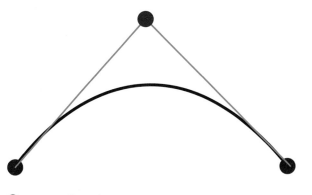

● Kontrollpunkt

● Ankerpunkt

◄ **Abbildung 11.10**
Über zwei Ankerpunkte und einen Kontrollpunkt definieren Sie eine quadratische Bézier-Kurve.

Eine quadratische Bézier-Kurve lässt sich mit zwei Ankerpunkten und einem Kontrollpunkt definieren (siehe Abbildung 11.10). Die Position des ersten Kontrollpunktes legen Sie fest, indem Sie den fiktiven Zeichenstift mit der Methode moveTo auf die gewünschten Koordinaten setzen. Dazu folgendes Beispiel:

Die erzeugte Bézier-Kurve

📀 *11\Kurven_zeichnen\Kurven_01.fla*

```
var myShape:Shape = new Shape();
myShape.graphics.lineStyle(2,0x000000,1);
myShape.graphics.moveTo(0,50);
myShape.graphics.curveTo(50,0,100,50);
this.addChild(myShape);
```

Schritt für Schritt: Interaktive Kurve zeichnen

In diesem Workshop wird erläutert, wie Sie eine Kurve in Abhängigkeit von der Mausposition zeichnen.

1 **Flash-Film öffnen**

Öffnen Sie den Flash-Film *Kurven_01.fla* aus dem Verzeichnis *Kurven_zeichnen*.

2 **Sprite-Objekt erstellen und Ereignis-Listener registrieren**

Weisen Sie dem ersten Schlüsselbild der Ebene »Actions« zunächst folgenden Code zu:

```
var drawStage:Sprite = new Sprite();
addChild(drawStage);
stage.addEventListener(MouseEvent.MOUSE_MOVE,drawCurve);
```

Es wird ein `Sprite`-Objekt erstellt und zur Anzeigeliste hinzugefügt. Am Objekt wird ein Ereignis-Listener registriert, der die Ereignisprozedur `drawCurve` immer dann aufruft, wenn die Maus bewegt wird.

3 **Kurve in Abhängigkeit von der Mausposition zeichnen**

Ergänzen Sie den Code auf dem ersten Schlüsselbild nun um folgende Zeilen:

```
1:    function drawCurve(e:MouseEvent):void {
2:        drawStage.graphics.clear();
3:        drawStage.graphics.lineStyle(2,0x000000,1);
4:        drawStage.graphics.moveTo(0,stage.
          stageHeight/2);
5:        var controlX:Number = stage.mouseX;
6:        var controlY:Number = stage.mouseY;
7:        drawStage.graphics.
          curveTo(controlX,controlY,stage.
          stageWidth,stage.stageHeight/2);
8:        e.updateAfterEvent();
9:    }
```

Die Funktion `drawCurve` löscht bei jedem Aufruf zunächst alle bisher gezeichneten Elemente (Zeile 2). Anschließend wird die Stricheigenschaft definiert (Zeile 3), und der fiktive Zeichenstift wird horizontal links und vertikal in der Mitte positioniert (Zeile 4). In Zeile 5 und 6 werden anhand der Mauszeigerposition die x- und y-Koordinate für den Kontrollpunkt definiert und entsprechenden Variablen zugewiesen. Der zweite Kontrollpunkt wird auf den rechten Rand der Bühne, vertikal mittig, gesetzt.

In Zeile 7 wird die Kurve dann gezeichnet. Anschließend wird über den Aufruf der Methode `updateAfterEvent` die Bildschirm-Anzeige sofort aktualisiert.

4 **Fertig! Film testen**

Testen Sie den Flash-Film über Strg/⌘ + ↵. Durch Bewegen der Maus beeinflussen Sie die Position des Kontrollpunktes und somit die Form der Kurve interaktiv.

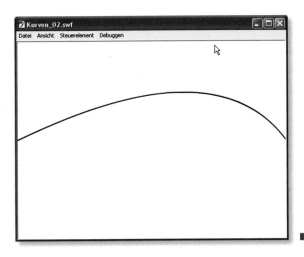

◀ **Abbildung 11.12**
Das Ergebnis im Flash Player

11.2.3 Füllungen erzeugen

Über die Methode `beginFill` versehen Sie eine Form mit einer einfarbigen Füllung. Dazu müssen Sie, ähnlich wie bei `line-Style`, zunächst entsprechende Eigenschaften definieren, bevor Sie dann anschließend eine gefüllte Form zeichnen können. Angenommen, Sie möchten eine Form mit einer roten Farbe mit einem Alphawert von 70 % füllen. Zunächst definieren Sie dafür entsprechende Eigenschaften:

```
var myShape:Shape = new Shape();
addChild(myShape);
myShape.graphics.beginFill(0xCC0000,0.7);
```

Nicht geschlossene Form

Wenn Sie über `lineTo` eine Form erstellen und diese nicht schließen, schließt Flash die Form automatisch für Sie, in dem es den fiktiven Zeichenstift zur Ausgangsposition bewegt. Die Ausgangsposition entspricht den Koordinaten, die Sie über die Methode `moveTo` zu Beginn festgelegt haben.

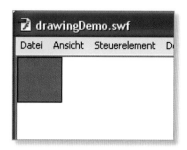

▲ Abbildung 11.13
Das Ergebnis im Flash Player

Anschließend können Sie beispielsweise mit Hilfe der Methoden moveTo und lineTo ein 50×50 Pixel großes Rechteck zeichnen:

```
myShape.graphics.lineStyle(1,0x000000,1);
myShape.graphics.moveTo(0,0);
myShape.graphics.lineTo(50,0);
myShape.graphics.lineTo(50,50);
myShape.graphics.lineTo(0,50);
myShape.graphics.lineTo(0,0);
```

Nachdem die Form abgeschlossen ist, müssen Sie die Methode endFill aufrufen, um die Füllung abzuschließen:

```
myShape.graphics.endFill();
```

11.2.4 Rechteck zeichnen

ActionScript 3 bietet Ihnen verschiedene Methoden, um häufig genutzte geometrische Formen zu zeichnen. Sie müssen also nicht jedes Rechteck über moveTo und lineTo selbst zeichnen. Um ein Rechteck zu zeichnen, können Sie alternativ auch die Methode drawRect verwenden, die vier Parameter besitzt:

▶ x-Koordinate, an der das Rechteck beginnen soll
▶ y-Koordinate, an der das Rechteck beginnen soll
▶ Breite des Rechtecks
▶ Höhe des Rechtecks

▲ Abbildung 11.14
Die erzeugte Rechteckform

Bevor Sie ein Rechteck zeichnen, legen Sie wie gewohnt die Eigenschaften für die Strichlinie und gegebenenfalls Eigenschaften für die Füllung fest. Denken Sie daran, die Füllung über end-Fill abzuschließen. Der folgende Code zeichnet ein 100×100 Pixel großes Rechteck mit einer blauen Füllfarbe und einer hellblauen Strichfarbe:

```
var myShape:Shape = new Shape();
myShape.graphics.beginFill(0x000099,1);
myShape.graphics.lineStyle(1,0x0098FF,1);
myShape.graphics.drawRect(0,0,100,100);
myShape.graphics.endFill();
addChild(myShape);
```

Schritt für Schritt: Interaktives Zeichnen von Rechtecken
In diesem Workshop lernen Sie, wie Sie mit der Maus Rechtecke zur Laufzeit zeichnen.

1 Flash-Film öffnen

Öffnen Sie den Flash-Film *11\Rechteck_Zeichnen\Rechteck_01.fla*. Der Flash-Film enthält einen Movieclip »rect_mc«, der als Button dient und zwei Schlüsselbilder besitzt, die den Status des Buttons darstellen. Der Button kann aktiviert oder deaktiviert sein. Der jeweilige Status zeigt den Zustand an.

Außerdem gibt es zwei `ColorPicker`-Komponenten mit den Instanznamen »fill_mc« und »line_mc« sowie eine Button-Komponente mit dem Instanznamen »reset_mc« und der Beschriftung »Zurücksetzen«, die per Mausklick alle gezeichneten Objekte zurücksetzt.

11\Rechteck_zeichnen\Rechteck_01.fla

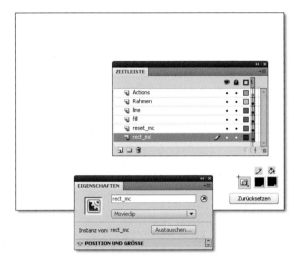

◄ **Abbildung 11.15**
Die Zeitleiste und der als Button agierende Movieclip mit dem Instanznamen »rect_mc«

2 Zeichenmodus aktivieren bzw. deaktivieren

Weisen Sie dem ersten Schlüsselbild auf der Ebene »Actions« dazu zunächst folgenden Code zu:

```
1:   var drawMode:Boolean=false;
2:   rect_mc.addEventListener(MouseEvent.CLICK,
     activateDrawMode);
3:   rect_mc.buttonMode=true;
4:   function activateDrawMode(e:MouseEvent):void {
5:     if (drawMode==false) {
6:       e.target.gotoAndStop(2);
7:       drawMode=true;
8:     } else {
9:       e.target.gotoAndStop(1);
10:      drawMode=false;
11:    }
12:  }
```

In Zeile 1 wird eine Variable `drawMode` vom Datentyp `Boolean` definiert, die angibt, ob der Zeichenmodus aktiviert ist (`true`) oder nicht (`false`). In Zeile 2 wird an dem Movieclip ein Ereignis-Listener registriert, der die Funktion `activateDrawMode` aufruft, sobald der Benutzer auf den Movieclip klickt. In Zeile 3 wird die Eigenschaft `buttonMode` des Movieclips auf `true` gesetzt, so dass der Mauszeiger in ein Handsymbol wechselt, wenn der Benutzer den Mauszeiger über den Movieclip bewegt.

Die Funktion `activateDrawMode` prüft, ob der Zeichenmodus aktiviert ist oder nicht und ändert den Wert der Variablen `draw-Mode` entsprechend. Zusätzlich springt der Lesekopf bei Aktivierung auf Bild 2 und bei Deaktivierung auf Bild 1.

3 **Sprite-Objekt erzeugen und Mausposition ermitteln**

Ergänzen Sie den Code im ersten Schlüsselbild um folgende Zeilen:

```
1:    stage.addEventListener(MouseEvent.MOUSE_DOWN,
      mouseDownHandler);
2:    stage.addEventListener(MouseEvent.MOUSE_UP,
      mouseUpHandler);
3:    var startX:Number;
4:    var startY:Number;
5:    var drawStage:Sprite;
6:    var drawStages:Array = new Array();
7:    function mouseDownHandler(e:MouseEvent):void {
8:        if (drawMode==true) {
9:          drawStage = new Sprite();
10:         addChild(drawStage);
11:         drawStages.push(drawStage);
12:         startX=stage.mouseX;
13:         startY=stage.mouseY;
14:         drawStage.addEventListener(Event.ENTER_
            FRAME,drawRect);
15:       }
16:    }
17:    function mouseUpHandler(e:MouseEvent):void {
18:        if (drawMode==true) {
19:         drawStage.removeEventListener(Event.
            ENTER_FRAME,drawRect);
20:       }
21:    }
```

In Zeile 1 und 2 werden an der Bühne zwei Ereignis-Listener registriert, die die Funktionen mouseDownHandler bzw. mouseUpHandler aufrufen, wenn der Benutzer die Maustaste drückt oder wieder loslässt. Drückt der Benutzer die Maustaste und wurde der drawMode aktiviert, wird ein neues Sprite-Objekt drawStage initialisiert und zur Anzeigeliste hinzugefügt (Zeile 9, 10). Eine Referenz des erzeugten Sprite-Objekts wird zu dem Array drawStages hinzugefügt (Zeile 11). Durch Iteration des Arrays können Sie Objekte später wieder entfernen.

Als Nächstes werden die Maus-Koordinaten ermittelt und den Variablen startX und startY zugewiesen. Anschließend wird die Funktion drawRect, die im folgenden Schritt definiert wird, mehrmals pro Sekunde aufgerufen, abhängig von der eingestellten Bildrate des Flash-Films. Lässt der Benutzer die Maustaste wieder los, wird der zuvor registrierte Ereignis-Listener wieder entfernt (Zeile 18), wenn der Zeichnungsmodus aktiviert war.

4 Rechteck zeichnen

Ergänzen Sie den Code nun um folgende Zeilen:

```
1:    function drawRect(e:Event):void {
2:        e.target.graphics.clear();
3:        e.target.graphics.beginFill(fillColor);
4:        e.target.graphics.lineStyle(1,lineColor,1);
5:        var myWidth:Number=stage.mouseX-startX;
6:        var myHeight:Number=stage.mouseY-startY;
7:        e.target.graphics.drawRect(startX,startY,
          myWidth,myHeight);
8:        e.target.graphics.endFill();
9:    }
```

▲ **Abbildung 11.16**
In der fertigen Anwendung wird ein Rechtecke gezeichnet.

Die Funktion drawRect zeichnet das Rechteck ausgehend von der Position, an der die Maus war, als der Benutzer die Maustaste gedrückt hat (startX, startY). Zur Bestimmung der Breite und Höhe werden die Werte der Variablen startX und startY von den aktuellen Koordinaten der Mausposition abgezogen (Zeile 5, 6). Beachten Sie, dass die Zeichenfläche über die Methode clear (Zeile 1) bei jedem Aufruf der Funktion gelöscht wird. Andernfalls würden mehrere Rechtecke auf die Zeichenfläche gezeichnet, so lange bis der Benutzer die Maustaste wieder loslässt.

5 Erzeugte Sprite-Objekte von der Bühne entfernen

Ergänzen Sie den Code um folgende Zeilen:

```
reset_mc.addEventListener(MouseEvent.CLICK,resetStage);
function resetStage(e:MouseEvent):void {
    for(var i:uint = 0;i<drawStages.length;i++) {
        removeChild(drawStages[i]);
    }
    drawStages = new Array();
}
```

Klickt der Benutzer auf die Button-Komponente, wird die Ereignisprozedur resetStage aufgerufen. Mit Hilfe einer for-Schleife werden alle Sprite-Objekte über die Methode removeChild aus der Anzeigeliste gelöscht, und die Referenzierung wird entfernt. Das Array drawStages wird anschließend neu initialisiert, um alle Felder des Arrays zurückzusetzen.

6 Strich- und Füllfarbe definieren

Fügen Sie folgenden Code am Ende des Listings ein:

```
1:   var lineColor:Number = 0x000000;
2:   var fillColor:Number = 0xCC0000;
3:   fill_mc.selectedColor = fillColor;
4:   line_mc.selectedColor = lineColor;
5:   import fl.events.ColorPickerEvent;
6:   line_mc.addEventListener(ColorPickerEvent.
     CHANGE,changeLineColor);
7:   function changeLineColor(e:ColorPickerEvent):
     void {
8:       lineColor = e.color;
9:   }
10:  fill_mc.addEventListener(ColorPickerEvent.
     CHANGE,changeFillColor);
11:  function changeFillColor(e:ColorPickerEvent):
     void {
12:      fillColor = e.color;
13:  }
```

In Zeile 1 und 2 werden Standardfarben für die Strich- und Füllfarbe entsprechenden Variablen zugewiesen. Die Anfangswerte der Eigenschaft selectedColor beider ColorPicker-Komponenten werden in Zeile 3 und 4 auf die definierten Werte gesetzt. Wenn der Benutzer eine Farbe über eine der ColorPicker-Komponenten auswählt, wird das Ereignis ColorPickerEvent.CHANGE ausgelöst. Um das Ereignis nutzen zu können, müssen Sie das Paket zunächst importieren (Zeile 5). Anschließend werden für beide `ColorPicker`-Komponenten entsprechende Ereignis-Listener registriert. Ändert der Benutzer Strich- oder Füllfarbe, werden den entsprechenden Variablen `lineColor` und `fillColor` die Werte der jeweilige Komponente zugewiesen (Zeile 8, 12).

7 Fertig! Flash-Film testen

Testen Sie den Flash-Film über ⌈Strg⌉/⌈⌘⌉+⌈↵⌉.

 **Ergebnis der Übung:**
11\Rechteck_zeichnen\Rechteck_ 02.fla

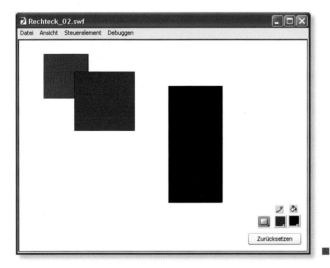

◀ **Abbildung 11.17**
Der fertige Flash-Film

11.2.5 Rechteck mit abgerundeten Ecken zeichnen

Wenn Sie ein Rechteck mit gerundeten Ecken zeichnen möchten, erreichen Sie das über die Methode `drawRoundRect`. Die Methode erwartet mindestens fünf, optional sechs Argumente.

▸ x-Koordinate, an der das Rechteck beginnen soll
▸ y-Koordinate, an der das Rechteck beginnen soll
▸ Breite des Rechtecks
▸ Höhe des Rechtecks
▸ Breite der Ellipse, die zum Zeichnen der Eckrundung verwendet wird
▸ Optional: Höhe der Ellipse, die zum Zeichnen der Eckrundungen verwendet wird. Wird kein Wert angegeben, wird der Wert der Breite der Ellipse übernommen.

Dazu folgendes Code-Beispiel:

```
var myShape:Shape = new Shape();
myShape.graphics.lineStyle(2,0x000000,1,true);
myShape.graphics.beginFill(0x990000,1);
myShape.graphics.drawRoundRect(5,5,100,100,20);
```

▲ **Abbildung 11.18**
Das erzeugte Rechteck mit Eckrundungen

```
myShape.graphics.endFill();
this.addChild(myShape);
```

Sowohl die Breite als auch die Höhe der Ellipse zur Zeichnung der Eckrundung wurden hier auf 20 Pixel festgelegt.

11.2.6 Kreis zeichnen

Auf ähnliche Weise können Sie über die Methode `drawCircle` einen Kreis zeichnen. Die Methode erwartet drei Argumente:

- ▶ x-Koordinate, an der der Kreis (Mittelpunkt) beginnen soll
- ▶ y-Koordinate, an der der Kreis (Mittelpunkt) beginnen soll
- ▶ Radius des Kreises
- ▶ Durch folgenden Code würde ein Kreis mit einem Radius von 50 Pixeln, einer schwarzen Strichfarbe und einer grünen Füllfarbe erzeugt. Beachten Sie, dass sich die x- (`100`) und y-Koordinaten (`100`) auf den Mittelpunkt des Kreises beziehen.

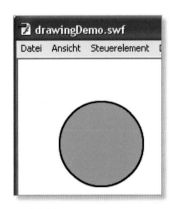

```
var myShape:Shape = new Shape();
myShape.graphics.lineStyle(2,0x000000,1);
myShape.graphics.beginFill(0x00CC00,1);
myShape.graphics.drawCircle(100,100,50);
myShape.graphics.endFill();
this.addChild(myShape);
```

11.2.7 Ellipse zeichnen

Mit Hilfe der Methode `drawEllipse` können Sie sehr einfach auch Ellipsen zeichnen. Die Methode erwartet vier Argumente:

- ▶ x-Koordinate des rechteckigen Begrenzungsrahmens der Ellipse (linke obere Ecke des Begrenzungsrahmens)
- ▶ y-Koordinate des rechteckigen Begrenzungsrahmens der Ellipse (linke obere Ecke des Begrenzungsrahmens)
- ▶ Breite der Ellipse
- ▶ Höhe der Ellipse

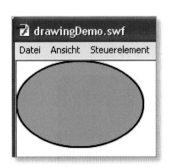

▲ **Abbildung 11.20**
Die erzeugte Ellipsenform

Durch folgenden Code zeichnen Sie beispielsweise eine 150 × 100 Pixel große Ellipse, deren rechteckiger Begrenzungsrahmen auf der x- und y-Koordinate 0 positioniert wird:

```
var myShape:Shape = new Shape();
myShape.graphics.lineStyle(2,0x000000,1);
myShape.graphics.beginFill(0x00CC00,1);
myShape.graphics.drawEllipse(0,0,150,100);
myShape.graphics.endFill();
this.addChild(myShape);
```

11.2.8 Farbverlaufslinien und -füllungen erzeugen

Die Erzeugung einer Farbverlaufslinie oder -füllung ist vergleichsweise etwas komplizierter. Über die Methode `lineGradientStyle` legen Sie Eigenschaften für eine Farbverlaufslinie fest. Über die Methode `beginGradientFill` bestimmen Sie Eigenschaften für einen Farbverlauf fest. Beide Methoden erwarten mindestens folgende Argumente:

▶ **Fülltyp:** Legt fest, ob ein linearer Farbverlauf (`GradientType.LINEAR`) oder ein radialer (kreisförmiger) Farbverlauf (`GradientType.RADIAL`) verwendet wird.

▶ **Farben:** Ein Array mit hexadezimalen RGB-Farbwerten, die im Farbverlauf verwendet werden, wie z. B. `0x000000` (Schwarz) und `0xFFFFFF` (Weiß)

▶ **Alphas:** Ein Array mit Alphawerten für die unter FARBEN angegebenen Farbwerte

▶ **Ratios:** Ein Array mit Farbverteilungsverhältnissen der angegebenen Farbe. Der Wertebereich liegt zwischen 0 und 255. Der Wert 0 entspricht der linken Seite des Farbfeldes. Der Wert 255 entspricht der rechten Seite des Farbfeldes (siehe Abbildung 1.20).

▶ **Matrix:** Eine Transformationsmatrix, die sich vereinfacht über die Methode `createGradientBox` der `Matrix`-Klasse erzeugen lässt. Über die Matrix bestimmen Sie u. a. die Ausrichtung (Winkel) des Farbverlaufs.

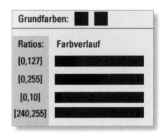

▲ **Abbildung 11.21**
Lineare Farbverläufe und entsprechende Ratios

Matrix für Farbverläufe

Um eine Matrix für Farbverläufe zu erzeugen, müssen Sie über die Methode `createGradientBox` einen Matrixstil erstellen, der sich für Farbverläufe eignet. Die Methode erwartet mindestens folgende Argumente:

▶ Breite des Farbverlaufsfelds
▶ Höhe des Farbverlaufsfelds
▶ Rotation des Farbverlaufs, optional (im Bogenmaß [Radiant], Standard ist 0)

Führen Sie folgende Schritte durch, um einen Matrixstil für einen Farbverlauf zu erstellen:

1. Initialisieren Sie ein Objekt der Matrix-Klasse:
```
var myMatrix:Matrix = new Matrix();
```

2. Erzeugen Sie einen Matrixstil über die Methode `createGradientBox`. Im Folgenden wird ein Matrixstil für einen 200 × 100 Pixel großen Farbverlauf erzeugt. Dabei wird der Farbverlauf um 90 Grad gedreht.
```
var radiant:Number = 90*(Math.PI/180);
myMatrix.createGradientBox(200,100,radiant);
```

Angenommen, Sie möchten ein 200×100 Pixel großes Rechteck mit einem linearen Farbverlauf füllen. Der Verlauf soll sich aus einem Rot-Ton (0x990000) und einem Blau-Ton (0x3300CC) zusammensetzen. Das Farbverteilungsverhältnis stellen Sie so ein, dass beide Farben den gleichen Anteil besitzen (0, 255). Über die Matrix soll der Farbverlauf um 90 Grad gedreht werden, so dass er von oben (Rot) nach unten (Blau) verläuft. Folgender Code würde ein Rechteck erzeugen und es mit dem genannten Farbverlauf füllen:

```
var typ:String = GradientType.LINEAR;
var colors:Array = new Array(0x990000, 0x3300CC);
var alphas:Array = new Array(1, 1);
var ratios:Array = new Array(0, 255);
var myMatrix:Matrix = new Matrix();
var radiant:Number = 90*(Math.PI/180);
myMatrix.createGradientBox(200,100,radiant);
var myShape:Shape = new Shape();
myShape.graphics.beginGradientFill(typ,colors,alphas,
ratios,myMatrix);
myShape.graphics.drawRect(0,0,200,100);
myShape.graphics.endFill();
this.addChild(myShape);
```

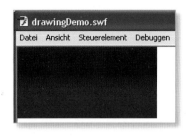

▲ **Abbildung 11.22**
Die erzeugte Farbverlaufsfüllung

Auf ähnliche Weise können Sie auch eine Strichlinie einer Form mit einem Farbverlauf versehen. Dazu folgendes Beispiel:

```
var typ:String = GradientType.LINEAR;
var colors:Array = new Array(0xCC0000, 0xFFFF00);
var alphas:Array = new Array(1, 1);
var ratios:Array = new Array(0, 255);
var myMatrix:Matrix = new Matrix();
var radiant:Number = 90*(Math.PI/180);
myMatrix.createGradientBox(100,100,radiant);
var myShape:Shape = new Shape();
myShape.graphics.beginFill(0x0000FF);
myShape.graphics.lineStyle(1);
myShape.graphics.lineGradientStyle(typ,colors,alphas,
ratios,myMatrix);
myShape.graphics.drawRect(5,5,100,100);
myShape.graphics.endFill();
this.addChild(myShape);
```

▲ **Abbildung 11.23**
Das erzeugte Rechteck mit einem Farbverlauf in der Strichlinie

Hier wird ein 100×100 Pixel großes Rechteck gezeichnet, dessen Strichlinie einen Farbverlauf von Rot zu einem Gelbton besitzt.

12 Komponenten

Komponenten bieten Ihnen die Möglichkeit, Benutzeroberflächen in Flash zu erstellen, die einem einheitlichen Gestaltungs- und Verhaltensmuster folgen.

In diesem Kapitel erfahren Sie, wie Sie grundsätzlich mit Komponenten in der Entwicklungsumgebung von Flash und in ActionScript 3 arbeiten. Weiterhin lernen Sie, wie Sie das äußere Erscheinungsbild von Komponenten an Ihre Bedürfnisse anpassen und Komponenten in der Praxis einsetzen.

> **Kurzreferenz**
>
> Im Anhang dieses Buches finden Sie eine Kurzreferenz über Komponenten, die auf ActionScript 3 basieren. Die Kurzreferenz bietet Ihnen einen Überblick über Funktionen der unterschiedlichen Komponenten.

12.1 Einführung

Viele der in Flash verfügbaren Komponenten sind standardisierte Interface-Elemente, die sich sehr einfach in eigene Projekte integrieren lassen. Komponenten bieten Ihnen die Möglichkeit, häufig genutzte Steuerelemente für die Benutzeroberfläche eines Flash-Films, wie z. B. einen Button oder ein Optionsfeld, einzurichten, ohne dass Sie dabei die grundlegende Funktionalität des jeweiligen Steuerelements selbst programmieren müssen.

Adobe Exchange
Im Adobe-Exchange-Forum (*http://www.adobe.com/cfusion/exchange/*) im Bereich FLASH finden Sie u. a. weitere freie und kommerzielle Komponenten von Third-Party-Entwicklern.

Eigenschaften von auf ActionScript 3 basierten Komponenten | Grundsätzlich benötigen Komponenten, die auf ActionScript 3 basieren, im Vergleich zu Vorgängerversionen weniger Speicher. Da viele Komponenten die gleichen Elemente verwenden, steigt die Dateigröße nicht proportional zur Anzahl der verwendeten unterschiedlichen Komponenten an.

Ein Beispiel: Wenn Sie eine Button-Komponente verwenden, die ca. 16 Kilobyte benötigt, und eine Checkbox-Komponente, die ebenfalls ca. 16 Kilobyte benötigt, beträgt die Dateigröße des Flash-Films mit beiden Komponenten nicht zwangsläufig 32 Kilobyte. Die Dateigröße liegt dann, soweit keine anderen Elemente verwendet werden, bei ca. 20 Kilobyte. Das liegt daran, dass verschiedene Elemente dieser zwei Komponenten gemeinsam genutzt werden.

Skinning | Das Erscheinungsbild von Komponenten anzupassen, die auf ActionScript 3 basieren, ist sehr einfach. Mit Hilfe des sogenannten *Skinnings*, auf das wir später noch eingehen, lässt sich z. B. die Farbe oder die Form eines grafischen Elements einer Komponente ändern.

Komponenten von Drittanbietern

Neben den von Adobe entwickelten Komponenten bieten einige kommerzielle Anbieter weitere Komponenten für Flash CS4 und Vorgängerversionen an. In der folgenden Tabelle finden Sie eine kleine Auswahl von professionellen Anbietern.

▸ **Flashloaded** (*http://www.flashloaded.com*): Flashloaded bietet neben Templates, Video-Loops, Flash-Filmen, Sound und Pixelfonts auch viele hochwertige Komponenten zu fairen Preisen an.

▸ **GhostWire** Studios (*http://www.ghostwire.com*): Viele der Komponenten dieses Anbieters sind für ältere Flash-Versionen geeignet und basieren zum größten Teil auf ActionScript 1.

▸ **JumpEye** Components (*http://www.jumpeyecomponents.com*): Neben einigen UI-Komponenten bietet JumpEye Menüs und Animationseffekte an. Der Anbieter stellt Komponenten sowohl für ActionScript 2 als auch für ActionScript 3 zur Verfügung.

▸ **Ultrashock** (*http://www.ultrashock.com*): Ultrashock ist eine Plattform, auf der sowohl selbstentwickelte Ressourcen als auch Entwicklungen von Drittanbietern bereitgestellt werden. Sie finden hier eine große professionelle Auswahl von Flash-Komponenten, Vektor-Grafiken/ -Animationen, Bitmap-Grafiken und Sounds.

12.2 Anwendung

Grundsätzlich gibt es zwei verschiedene Möglichkeiten, Komponenten in einem Flash-Film zu nutzen: Sie können eine Komponenteninstanz entweder in der Entwicklungsumgebung auf die Bühne ziehen oder zur Laufzeit über ActionScript erzeugen. Zunächst wird die Erstellung und Einrichtung in der Entwicklungsumgebung erläutert.

12.2.1 Komponenten in der Entwicklungsumgebung

Als Erstes müssen Sie die Komponente auf die Bühne ziehen. Öffnen Sie dazu das KOMPONENTEN-Fenster über das Menü FENSTER • KOMPONENTEN oder über das Tastenkürzel Strg/ ⌘ + F7 .

Nachdem Sie das Fenster geöffnet haben, wählen Sie eine Komponente aus, z. B. die BUTTON-Komponente, und ziehen Sie sie per Drag & Drop auf die Bühne.

Live-Vorschau

Die sogenannte Live-Vorschau ist bei der Nutzung von Komponenten, die auf ActionScript 3 basieren, standardmäßig aktiviert. Die aktivierte Option sorgt dafür, dass Sie Änderungen an Einstellungen einer Komponente direkt in der Entwicklungsumgebung sehen. Für ältere Komponenten können Sie diese Option im Menü unter STEUERUNG • LIVE-VORSCHAU AKTIVIEREN ein bzw. ausschalten.

◀ **Abbildung 12.1**
Eine BUTTON-Komponente wurde
auf der Bühne platziert.

Nachdem Sie die Komponente eingefügt haben, können Sie ihr
über das KOMPONENTEN-INSPEKTOR-Fenster (FENSTER • KOMPO-
NENTEN-INSPEKTOR) Eigenschaften zuweisen.

◀ **Abbildung 12.2**
Der Button-Komponente wurde
ein neues Label zugewiesen.

Instanznamen zuweisen | In den meisten Fällen, wie z. B. bei
der Button-Komponente, werden Funktionen der Komponente
über ActionScript angesteuert. Um eine Komponente, die auf der
Bühne des Flash-Films platziert wurde, einfach per ActionScript
ansteuern zu können, sollten Sie ihr im EIGENSCHAFTEN-Fenster
einen Instanznamen zuweisen.

▲ **Abbildung 12.3**
Der Komponente wurde der
Instanzname »myButton«
zugewiesen.

12.2.2 Komponenten mit ActionScript erzeugen

In einer dynamischen Anwendung ist es häufig erforderlich, Komponenten zur Laufzeit über ActionScript zu erstellen und gegebenenfalls wieder zu entfernen. Damit Sie per ActionScript in der
Flash-Entwicklungsumgebung eine Komponente erzeugen kön-

nen, müssen Sie die Komponente zunächst aus dem KOMPONEN-
TEN-Fenster in die BIBLIOTHEK des Flash-Films ziehen.

Abbildung 12.4 ▶
Die BUTTON-Komponente wurde
in die BIBLIOTHEK des Flash-Films
eingefügt.

Anschließend können Sie eine Instanz der Komponente per
ActionScript erzeugen. Dazu müssen Sie zunächst die entspre-
chende Klasse oder das gesamte Paket über import importieren.
Anschließend initialisieren Sie ein Objekt der entsprechenden
Komponenten-Klasse wie folgt. Den folgenden Code könnten
Sie beispielsweise dem ersten Schlüsselbild eines Flash-Films
zuweisen.

```
import fl.controls.*;
var myButton:Button = new Button();
addChild(myButton);
```

Über die Methode removeChild entfernen Sie eine Komponenten-Instanz, die sich auf der Bühne befindet, wie folgt:

```
removeChild(myButton);
```

Wenn Sie das Objekt myButton nicht mehr benötigen, sollten Sie
es anschließend auf den Wert null setzen, um das automatische
Entfernen des Objekts aus dem Speicher zu erlauben:

```
myButton = null;
```

12.2.3 Komponenten über ActionScript ansteuern

Wenn Sie eine Komponenten-Instanz auf der Bühne platziert
haben, können Sie sie per ActionScript über ihren Instanznamen ansprechen. Sollten Sie eine Komponente per ActionScript
erzeugt haben, sprechen Sie die Komponenteninstanz über ihren
Objektbezeichner an. Beispiel:

Eine Button-Komponente, der Sie den Instanznamen »myButton« zugewiesen haben oder die per ActionScript erzeugt wurde und den Objektbezeichner »myButton« besitzt, positionieren Sie wie folgt per ActionScript:

```
myButton.x = 200;
myButton.y = 10;
```

Der Instanzname und der Objektbezeichner sind zwar nicht das Gleiche, die Ansteuerung, sei es über einen Instanznamen oder über einen Objektbezeichner, ist jedoch gleich. In den folgenden Erläuterungen wird zur Vereinfachung der Ausdruck »Instanzname« sowohl für den Instanznamen als auch für den Objektbezeichner verwendet.

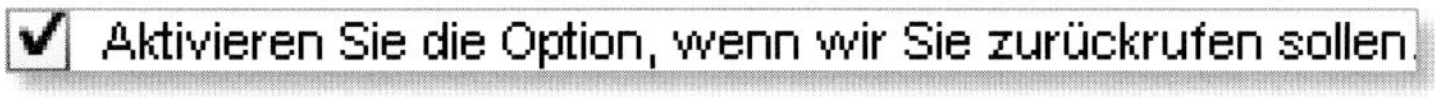

☑ Aktivieren Sie die Option, wenn wir Sie zurückrufen sollen.

▲ **Abbildung 12.5**
Die Größe der Checkbox wurde angepasst.

Das Verhalten und das äußere Erscheinungsbild einer Komponente lassen sich grundsätzlich über drei verschiedene Gruppen steuern:

- **Eigenschaften**: Über steuern können Sie das Verhalten und einige Bereiche des Erscheinungsbildes. Einstellungen, die Sie im KOMPONENTEN-INSPEKTOR-Fenster vornehmen können, gehören zur Gruppe der Eigenschaften.
- **Methoden**: Über Methoden können Sie z.B. Inhalte, die in Komponenten dargestellt werden, zur Laufzeit hinzufügen oder entfernen. Zu den Methoden gehören auch die Methoden addEventListener und removeEventListener zur Registrierung bzw. Entfernung eines sogenannten Ereignis-Listeners, der für die folgende Gruppe verwendet wird.
- **Ereignisse**: Über Ereignisse reagieren Sie mit Hilfe von Ereignis-Listenern und Ereignisprozeduren auf bestimmte Ereignisse, wie z.B. einen Mausklick.

12.2.4 Eigenschaften
Eigenschaften lassen sich wie gewohnt über die Punktsyntax referenzieren und zuweisen. Angenommen, Sie möchten überprüfen, ob eine Checkbox-Komponente, der Sie den Instanznamen myBox zugewiesen haben, aktiviert oder deaktiviert ist. Über die Eigenschaft selected ließe sich das wie folgt herausfinden:

Größe der Komponente

Die Größe einer Komponente stellen Sie wahlweise in der Entwicklungsumgebung mit Hilfe des Frei-transformieren-Werkzeugs, des TRANSFORMIEREN-Fensters oder über das EIGENSCHAFTEN-Fenster ein. Per ActionScript können Sie die Größe einer Komponente über die Methode setSize ändern. Angenommen, Sie fügen eine Checkbox-Komponente mit einer langen Textbezeichnung, wie z.B. »Aktivieren Sie die Option, wenn wir Sie zurückrufen sollen«, ein. Standardmäßig ist der Bereich der Komponente nicht groß genug, um den Text vollständig dazustellen. Sie könnten die Methode setSize dann wie folgt verwenden:

```
import fl.controls.*;
var myBox:CheckBox = new
CheckBox();
myBox.label = "Aktivieren
Sie die Option, wenn wir Sie
zurückrufen sollen."
myBox.setSize(350,30);
addChild(myBox);
```

Dabei entspricht das erste Argument der Breite und das zweite Argument der Höhe der Komponente.

Komponenten-Referenz
Eine Komponenten-Referenz mit Erläuterungen und Beispielen zu den wichtigsten Eigenschaften, Methoden und Ereignisse von Komponenten finden Sie auf der Buch-DVD.

```
if(myBox.selected) {
   trace("Checkbox aktiviert");
} else {
   trace("Checkbox deaktiviert");
}
```

Analog dazu können Sie den Wert einer Eigenschaft einer Komponente ändern. Im folgenden Beispiel wird der Textbezeichner einer Checkbox-Komponente mit dem Instanznamen myBox geändert:

```
myBox.label = "Option 1";
```

12.2.5 Methoden

Methoden dienen u. a. dazu, Inhalte einer Komponente zu definieren. Die List-Komponente bietet die Möglichkeit, eine auswählbare, scrollbare Liste zu erstellen. Jeder Eintrag der List-Komponente setzt sich aus zwei Werten zusammen – einem Bezeichner, der in der List-Komponente dargestellt wird, und einem Feldwert, der von einem beliebigen Datentyp sein kann. Dieses Feld kann z. B. dazu genutzt werden, eine Variable, einen Movieclip o. Ä. mit einem Eintrag zu verknüpfen.

Angenommen, Sie möchten einer List-Komponente, die den Instanznamen myList besitzt, zehn Einträge zur Laufzeit hinzufügen. Dazu lässt sich die Methode addItem wie folgt nutzen:

▲ **Abbildung 12.6**
Oben: der veröffentlichte Flash-Film; unten: die List-Komponente auf der Bühne in der Entwicklungsumgebung

```
for (var i:uint = 0; i<10; i++) {
   var myLabel:String="Eintrag "+i;
   var myData:MovieClip=this["mc"+i];
   myList.addItem({label:myLabel,data:myData});
}
```

12.2.6 Ereignisse

Komponenten lassen sich über sogenannte Ereignisse steuern. Angenommen, Sie möchten auf die Auswahl eines Eintrags einer List-Komponente reagieren. Zunächst müssen Sie an der Komponenten-Instanz über die Methode addEventListener einen Ereignis-Listener registrieren:

Datentyp von Ereignissen
Welcher Ereignistyp für einen entsprechenden Ereignis-Listener für ActionScript-3-basierte Komponenten einzusetzen ist, können Sie der Komponenten-Referenz auf der Buch-DVD entnehmen.

```
myList.addEventListener(Event.CHANGE,changeHandler);
```

Der Ereignis-Listener gibt an, dass beim Auftreten des Ereignisses Event.CHANGE die Ereignisprozedur changeHandler aufgerufen werden soll. Definieren Sie jetzt eine entsprechende Ereignisprozedur, um auf das Auftreten des Ereignisses zu reagieren:

```
function changeHandler(e:Event):void {
   trace(e.currentTarget.selectedIndex);
}
```

In diesem Beispiel wird der Index des ausgewählten Elements ausgegeben. Dazu wird über `e.currentTarget` das Objekt referenziert, an dem der Ereignis-Listener registriert wurde (`myList`). Der Wert der Eigenschaft `selectedIndex` ist der Index des ausgewählten Elements.

Über die Methode `removeEventListener` können Sie einen Ereignis-Listener jederzeit entfernen, was dazu führt, dass nicht mehr auf das entsprechende Ereignis reagiert wird.

```
myList.removeEventListener(Event.CHANGE,changeHandler);
```

[!] Datentyp beachten
Der Datentyp des Wertes, der als Parameter in der Ereignisprozedur angegeben wird (`e:Event`), muss mit dem Datentyp des Ereignisses, das im Ereignis-Listener spezifiziert wurde (`Event`), übereinstimmen.

Schritt für Schritt: Gallery mit Slideshow-Funktion mit Hilfe von Komponenten

In diesem Workshop lernen Sie, wie Sie Komponenten praktisch einsetzen können, um eine Gallery mit Slideshow-Funktion zu entwickeln.

12\Gallery\Gallery_01.fla

1 Flash-Film öffnen

Öffnen Sie den Flash-Film *12\Gallery\Gallery_01.fla*. Der Flash-Film besitzt keinerlei Elemente – allein die Größe des Flash-Films wurde bisher angepasst.

2 Komponenten auf der Bühne platzieren und Instanznamen zuweisen

Öffnen Sie das KOMPONENTEN-Fenster, und ziehen Sie eine UILOADER-Komponente, eine TILELIST-Komponente, eine PROGRESSBAR-Komponente, eine LABEL-Komponente und zwei RADIOBUTTON-Komponenten auf die Bühne. Weisen Sie den Komponenten, bis auf der LABEL-Komponente, nacheinander folgende Instanznamen im EIGENSCHAFTEN-Fenster zu: »myUILoader«, »myTileList«, »myProgressBar«, »chk_on« und »chk_off«.

◄ **Abbildung 12.7**
Einem der RadioButtons wurde der Instanzname »chk_on« zugewiesen.

Wählen Sie zunächst die UILOADER-Komponente aus, stellen Sie die Größe im INFO-Fenster auf 480×318 Pixel, und positionieren Sie die Komponente links am oberen Rand der Bühne. Wählen Sie die TILELIST-Komponente aus, stellen Sie ihre Größe auf 480×180 Pixel, und positionieren Sie sie unterhalb der UILOADER-Komponente.

Ändern Sie anschließend die Größe der PROGRESSBAR-Komponente auf 480×20 Pixel, positionieren Sie die Komponente unterhalb der TILELIST-Komponente, und stellen Sie den Wert `visible` im KOMPONENTEN-INSPEKTOR auf `false`. Wählen Sie die LABEL-Komponente aus, und stellen Sie den Wert der Eigenschaft `text` im KOMPONENTEN-INSPEKTOR auf SLIDESHOW-MODE.

Selektieren Sie den RadioButton »chk_on«, und weisen Sie der Eigenschaft `label` der Komponente den Wert ON zu. Analog dazu wählen Sie den RadioButton »chk_off« aus und weisen der Eigenschaft `label` den Wert OFF zu. Zusätzlich stellen Sie die Eigenschaft `selected` der RADIOBUTTON-Komponente »chk_off« auf `true`. Beiden Komponenten-Instanzen weisen Sie den gleichen Gruppennamen (GROUPNAME) »myGroup« zu. Dadurch sind die beiden RadioButtons aneinander gebunden. Die Aktivierung eines RadioButtons führt zur Deaktivierung des anderen. Positionieren Sie die Komponenten Abbildung 12.8 entsprechend.

Abbildung 12.8 ▶
Anordnung der Komponenten

3 Gallery-Initialisierung

Wählen Sie das erste Schlüsselbild der Ebene »Actions« aus, öffnen Sie das AKTIONEN-Fenster, und weisen Sie dem Schlüsselbild zunächst folgenden Code zu:

```
1:   import fl.controls.*;
2:   import fl.events.*;
3:   import flash.utils.*;
```

```
4:    var numImages:uint = 9;
5:    var imageCounter:uint = 0;
6:    var thumbArray:Array = new Array();
7:    var slideshowMode:Boolean = false;
8:    var myTimer:Timer = new Timer(0,0);
9:    function init():void {
10:       loadThumbs(0);
11:       chk_on.addEventListener(MouseEvent.MOUSE_
          DOWN,switchSlideshowMode);
12:       chk_off.addEventListener(MouseEvent.MOUSE_
          DOWN,switchSlideshowMode);
13:    }
14:    init();
15:    stop();
```

In Zeile 1–3 werden benötige Klassenpakete importiert. Anschließend werden in Zeile 4–8 einige Variablen initialisiert, auf die in
mehreren Funktionen zugegriffen werden soll. Aus diesem Grund
definieren wir sie außerhalb einer Funktion. Die Beispiel-Gallery
umfasst 9 Bilder. Wenn Sie eigene Bilder verwenden möchten,
passen Sie den Wert der Variablen numImages (Zeile 4) einfach
entsprechend an. Die Funktion init wird zu Beginn aufgerufen.
Die Funktion ruft wiederum die Funktion loadThumbs auf, die im
Folgenden definiert wird, und übergibt ihr 0 als Argument (Zeile
10). Anschließend werden zwei Ereignis-Listener an den Radio-
Buttons registriert, die dafür sorgen, dass die Funktion switchS-
lideshowMode aufgerufen wird, wenn auf einen der RadioButton
geklickt wird.

4 **Vorschaubilder laden**
Ergänzen Sie den Code nach der Funktion init um folgende
Zeilen:

```
1:    function loadThumbs(myIndex:uint):void {
2:       var myLoader:Loader = new Loader();
3:       var myRequest=new URLRequest("thumbs/image"
          +myIndex+".jpg");
4:       myLoader.contentLoaderInfo.
          addEventListener(Event.INIT,thumbLoaded);
5:       myLoader.load(myRequest);
6:    }
7:    function thumbLoaded(e:Event):void {
8:       thumbArray.push(e.target.content);
9:       imageCounter++;
```

```
10:        if (imageCounter<numImages) {
11:          loadThumbs(imageCounter);
12:        } else {
13:          arrangeImages();
14:        }
15:      }
```

Zu Beginn wird die Funktion loadThumbs mit dem Argument 0 aufgerufen. Die Funktion sorgt dafür, dass das erste Vorschaubild *thumbs/image0.jpg* geladen wird. Sobald das Bild vollständig geladen wurde, wird die Funktion thumbLoaded (Zeile 7) aufgerufen. Zunächst wird die Referenz auf die geladene Bitmap-Grafik zum Array thumbArray hinzugefügt. Die einzelnen Bitmaps können dann später sehr einfach über das Array referenziert werden. Als Nächstes wird die Zählervariable imageCounter um eins erhöht (Zeile 9). Zeile 10 prüft, ob der Wert der Variablen imageCounter kleiner ist als der Wert der Variablen numImages. In diesem Fall gibt es noch Bilder, die geladen werden sollen, und die Funktion loadThumbs wird mit dem Wert der zuvor um eins erhöhten Zählervariable als Argument aufgerufen (Zeile 11). Sollten alle Bilder geladen sein, wird die Funktion arrangeImages (Zeile 13) aufgerufen.

5 Die Vorschaubilder zur TileList-Komponente hinzufügen

Ergänzen Sie den Code um folgende Zeilen:

```
1:    function arrangeImages():void {
2:      myTileList.columnWidth=120;
3:      myTileList.rowHeight=80;
4:      for (var i:uint = 0; i<numImages; i++) {
5:        myTileList.addItem({label:"Bild "+String(i+
          1),source:thumbArray[i],data:i});
6:      }
7:      myTileList.direction=ScrollBarDirection.
        VERTICAL;
8:      myTileList.columnCount=4;
9:      myTileList.rowCount=2;
10:      myTileList.scrollPolicy=ScrollPolicy.AUTO;
11:      myTileList.addEventListener(ListEvent.ITEM_
        CLICK,thumbSelected);
12:      myTileList.selectedIndex=0;
13:      showImage(0);
14:    }
```

Die Funktion `arrangeImages` legt die Breite einer Spalte der TileList-Komponente auf 120 Pixel fest (Zeile 2). Die Höhe einer Zeile wird auf 80 Pixel gesetzt (Zeile 3); das entspricht der Größe eines Vorschaubildes. Anschließend werden mit Hilfe einer for-Schleife über die Methode `addItem` die Bilder zur TileList-Komponente hinzugefügt. Jeder Eintrag einer TileList-Komponente ist vom Datentyp `Array` und kann die Felder `label`, `source` und `data` besitzen. Das Feld `label` ist ein Bezeichner, der zusammen mit dem Bild, das im Feld `source` angeben wird, in der TileList-Komponente dargestellt wird. Das Feld `data` kann ein Wert eines beliebigen Datentyps sein. Dem Feld wird der Index des Bildes, beim ersten Bild also 0, zugewiesen. Die Scrollrichtung des Scrollers der Komponente wird in Zeile 7 auf vertikal gesetzt. In Zeile 8, 9 wird die Anzahl der Spalten (4) und Zeilen (2) festgelegt. In Zeile 11 wird ein Ereignis-Listener an der TileList-Komponente registriert, der dafür sorgt, dass die Funktion `thumbSelected` aufgerufen wird, wenn ein Vorschaubild ausgewählt wurde. Zu Beginn wird das erste Bild innerhalb der TileList-Komponente ausgewählt (Zeile 12). Anschließend wird die Funktion `showImage` mit dem Argument 0 aufgerufen.

6 **Bild laden und in UILoader-Komponente darstellen**

Fügen Sie nach der Funktion `arrangeImages` nun folgenden Code ein:

```
1:    function thumbSelected(e:ListEvent):void {
2:        showImage(e.item.data);
3:    }
4:    function showImage(imageIndex:uint):void {
5:        myUILoader.graphics.lineStyle(1,0x000000);
6:        myUILoader.graphics.drawRect(0,0,myUILoader.
          width,myUILoader.height);
7:        myProgressBar.source=myUILoader;
8:        myProgressBar.visible=true;
9:        myUILoader.source="images/
          image"+imageIndex+".jpg";
10:   }
```

Die Funktion `thumbSelected` wird aufgerufen, wenn ein Vorschaubild selektiert wurde. Die Funktion ruft wiederum die Funktion `showImage` auf, wobei dieser als Argument der Wert `e.item.data` übergeben wird. Der Wert entspricht dem Index des ausgewählten Bildes.

Die Funktion `showImage` zeichnet zunächst in Zeile 5, 6 einen Rahmen für das Bild. Dazu wird die Methode `drawRect` der Zeichnungs-API verwendet. Anschließend wird der ProgressBar-Komponente als Quelle die UILoader-Komponente zugewiesen (Zeile 7). Das führt dazu, dass der Ladefortschritt eines Bildes, das über die UILoader-Komponente geladen und dargestellt wird, über die ProgressBar-Komponente dargestellt wird. Zeile 8 blendet die ProgressBar-Komponente ein. Anschließend weist Zeile 9 der UILoader-Komponente als Quelle ein Bild zu, dessen Pfad sich u. a. aus dem Index des Bildes zusammensetzt.

7 **Slideshow-Funktion integrieren**

Ergänzen Sie den Code abschließend um folgende Zeilen:

```
1:    function switchSlideshowMode(e:MouseEvent):void {
2:        if (e.currentTarget.name=="chk_on") {
3:            startSlideshow();
4:        } else {
5:            stopSlideshow();
6:        }
7:    }
8:    function startSlideshow():void {
9:        slideshowMode=true;
10:       myTimer=new Timer(3000,int.MAX_VALUE);
11:       myTimer.addEventListener(TimerEvent.TIMER,
          showNextImage);
12:       myTimer.start();
13:   }
14:   function stopSlideshow():void {
15:       if (slideshowMode==true) {
16:           slideshowMode=false;
17:           myTimer.stop();
18:       }
19:   }
20:   function showNextImage(e:TimerEvent):void {
21:       if (myTileList.selectedIndex+1<myTileList.
          length) {
22:           showImage(myTileList.selectedIndex+1);
23:           myTileList.selectedIndex=myTileList.
              selectedIndex+1;
24:       } else {
25:           myTileList.selectedIndex=0;
26:           showImage(0);
27:       }
28:   }
```

Zur Erinnerung: Die Funktion `switchSlideshowMode` wird aufgerufen, wenn einer der RadioButtons angeklickt wird. Es wird dann über den Instanznamen überprüft, welcher RadioButton angeklickt wurde (Zeile 2). Falls der RadioButton »chk_on« angeklickt wurde, wird die Funktion `startSlideshow` aufgerufen, andernfalls die Funktion `stopSlideshow`.

Wird die Funktion `startSlideshow` aufgerufen, wird der Wert der Variable `slideshowMode` auf `true` gesetzt (Zeile 9). Anschließend wird ein Timer-Objekt initialisiert, das die Funktion `showNextImage` in einem Intervall von drei Sekunden aufruft.

Sollte die Slideshow-Funktion aktiviert sein und der Benutzer klickt auf den RadioButton »chk_off«, wird die Funktion `stopSlideshow` aufgerufen. Diese prüft, ob die Slideshow-Funktion tatsächlich aktiv ist (Zeile 15) und stoppt den Timer (Zeile 17).

Die Funktion `showNextImage`, die über das `Timer`-Objekt aufgerufen wird, prüft, ob das nächste auszuwählende bzw. zu ladende Bild die Anzahl der gesamten Bilder nicht überschreitet (Zeile 21). In diesem Fall wird dann das nächste Bild geladen (Zeile 22) und in der TILELIST ausgewählt (Zeile 23). Andernfalls wird das erste Bild ausgewählt (Zeile 25) und geladen (Zeile 26).

8 Die Gallery ist fertiggestellt!
Testen Sie den Flash-Film über Strg / ⌘ + ↵ .

Ergebnis der Übung:
12\Gallery\Gallery_02.fla

◀ **Abbildung 12.9**
Die Gallery mit Slideshow-Funktion

Sie haben jetzt an einem Beispiel gelernt, wie Sie Komponenten in der Praxis einsetzen können. Der nächste Abschnitt erläutert, wie Sie das äußere Erscheinungsbild von Komponenten ändern können, um Farben und Formen an das Design Ihrer Anwendung anzupassen.

12.3 Erscheinungsbild anpassen

Das Erscheinungsbild von Komponenten lässt sich auf zwei Arten anpassen:

▶ **Stile**: Über Stile legen Sie Farb- und Textformatierungen für Komponenten-Instanzen oder für einen Komponenten-Typ fest.

▶ **Skins**: Komponenten setzen sich aus verschiedenen grafischen Elementen zusammen. Eine solche Gruppe wird auch als *Skin* bezeichnet. Durch Veränderung eines Skins ändern Sie z. B. die Farbe und die Form eines grafischen Elements einer Komponente.

12.4 Stile

Grundsätzlich lassen sich Stile für bestimmte Instanzen einer Komponente, für einen bestimmten Komponenten-Typ oder für alle Komponenten festlegen. Stile, die für eine Instanz einer Komponente festgelegt wurden, werden vorrangig vor Stilen verwendet, die für einen Typ oder für alle Komponenten definiert wurden.

12.4.1 Komponenten-Instanzen anpassen

Über die Methode setStyle lassen sich Stileigenschaften für Komponenten-Instanzen festlegen. Komponenten besitzen grundsätzlich viele unterschiedliche spezifische Stileigenschaften. Alle Komponenten verwenden gemeinsam den TextFormat-Stil, über den Texteigenschaften wie Schriftart, -farbe, -größe etc. definiert werden können.

Um dem Textbezeichner einer Button-Komponente mit dem Instanznamen »myButton« z. B. eine Schriftgröße von 14 Pixel, Fettdruck und eine rote Schriftfarbe zuzuweisen, erstellen Sie zunächst ein TextFormat-Objekt und vergeben für das Objekt entsprechende Eigenschaften:

```
var format:TextFormat = new TextFormat();
format.size = 14;
format.color = 0x990000;
format.bold = true;
```

Anschließend übergeben Sie das TextFormat-Objekt als Argument an die Methode setStyle der Button-Komponente:

```
myButton.setStyle("textFormat",format);
```

▲ **Abbildung 12.10**
Textgröße, -farbe und Fettdruck wurden angepasst.

12.4.2 Komponenten-Typ anpassen

Wenn Sie eine Stileigenschaft für alle Komponenten eines Typs, z. B. einer Button-Komponente, definieren möchten, können Sie dazu die sogenannte `StyleManager`-Klasse verwenden.

Für die Anwendung müssen Sie zunächst die entsprechenden Klassen importieren. Anschließend initialisieren Sie ein `Text-Format`-Objekt und definieren Eigenschaften des `TextFormat`-Objekts. Zum Schluss verknüpfen Sie die gewünschte Komponenten-Klasse über die Methode `setComponentStyle` der `StyleManager`-Klasse mit dem `TextFormat`-Objekt. Dazu folgendes Beispiel:

```
import fl.managers.StyleManager;
import fl.controls.*;
var format:TextFormat = new TextFormat();
format.color = 0xFF0000;
StyleManager.setComponentStyle(Button,
"textFormat", format);
var myButton:Button = new Button();
addChild(myButton);
```

Die folgende Tabelle zeigt `TextFormat`-Eigenschaften, die sich auf alle Komponenten anwenden lassen.

Stil für alle Komponenten festlegen

Wenn Sie einen Stil für alle Komponenten festlegen möchten, können Sie die Methode `setStyle` der `StyleManager`-Klasse verwenden. Beispiel:

```
import fl.managers.Style-
Manager;
var format:TextFormat = new
TextFormat();
format.color = 0xFF0000;
StyleManager.
setStyle("textFormat",
format);
```

Eigenschaft	Beispiel	Beschreibung
bold	format.bold = true;	Fettdruck: an: true aus: false
color	format.color = 0xCC0000;	Textfarbe (hexadezimal)
font	format.font="Verdana";	Schriftart
italic	format.italic = true;	kursiv: an: true aus: false
size	format.size = 20;	Schriftgröße
underline	format.underline = true;	unterstrichen: an: true aus: false
letterSpacing	format.letterSpacing = 5;	Zeichenabstand in Pixel

◀ **Tabelle 12.1**
Von Komponenten unterstützte `TextFormat`-Eigenschaften

12.5 Skins

Jede Komponente besitzt einen sogenannten Skin, der aus mehreren Symbolen besteht und das äußere Erscheinungsbild der Komponente bildet. Durch Ändern der Elemente des Skins beeinflussen Sie das Erscheinungsbild der Komponente.

12.5.1 Skin eines Komponenten-Typs anpassen

Die Bearbeitung von Skins von Komponenten, die auf Action-Script 3 basieren, ist einfach. Um den Skin einer Komponente zu bearbeiten, wählen Sie diese im KOMPONENTEN-Fenster aus, ziehen sie auf die Bühne und wechseln per Doppelklick auf die Komponente in den Symbol-Bearbeitungsmodus.

Im zweiten Schlüsselbild auf der Ebene »assets« befinden sich die grafischen Elemente der Komponente.

Abbildung 12.11 ▶
Die einzelnen Elemente des Skins der Button-Komponente

9-teiliges Segmentraster
Die meisten Symbole eines Skins besitzen ein sogenanntes 9-teiliges Segmentraster, über das Bereiche der Form unproportional skaliert werden können. Mehr zum 9-teiligen Segmentraster erfahren Sie in Kapitel 3, »Zeichnen«.

Für jeden Zustand der Komponente finden Sie ein entsprechendes Symbol, das Sie per Doppelklick bearbeiten können. Sie können sowohl die Form als auch die Farben ändern, sollten aber darauf achten, dass es sich grundsätzlich um eine skalierbare Form handelt und dass Sie das 9-teilige Segmentraster gegebenenfalls ebenfalls entsprechend anpassen. Die Registrierung der Movieclips ist links oben – Sie sollten auch die Position der Elemente danach ausrichten.

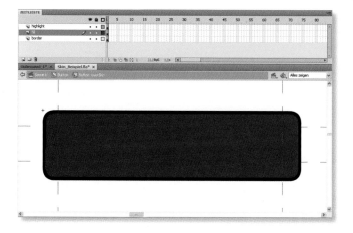

Abbildung 12.12 ▶
Die Füll- und Strichfarbe der Form des »Button_overSkin«-Movieclips wurden geändert.

Der Skin, den Sie auf diese Weise anpassen, wird innerhalb des Flash-Films für alle Komponenten dieses Typs verwendet.

12.5.2 Skin einer Komponenten-Instanz anpassen

Das Ändern eines Skins für eine einzelne Komponenten-Instanz, also nicht für alle Instanzen auf einmal, ist vergleichsweise sehr mühselig. Die Vorgehensweise wird im Folgenden für ein Element eines Skins beispielhaft beschrieben.

Ziehen Sie zunächst eine Komponente auf die Bühne, öffnen Sie das BIBLIOTHEK-Fenster über [Strg]/[⌘]+[L], und klappen Sie den Ordner COMPONENT ASSETS ❶ auf.

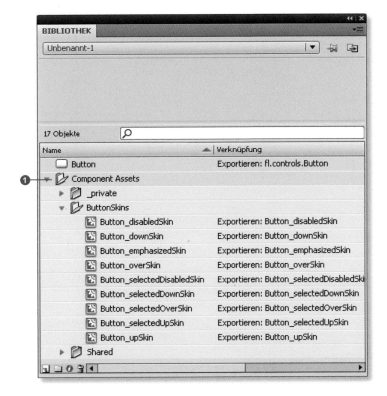

◀ **Abbildung 12.13**
Symbole des Skins der Button-Komponente

In einem Unterordner, z. B. BUTTONSKINS, finden Sie die einzelnen Symbole des Skins der Komponente. Wählen Sie ein Symbol aus, öffnen Sie per Klick mit der rechten Maustaste das Kontextmenü, und wählen Sie den Menüpunkt DUPLIZIEREN. Weisen Sie dem Symbol einen eindeutigen Namen ❶ zu, und aktivieren Sie die Option EXPORT FÜR ACTIONSCRIPT ❷. Die Felder KLASSE ❸ und BASISKLASSE ❹ werden automatisch aktiviert. Wichtig ist der Wert des Feldes KLASSE, über den Sie später diesen Teil des Skins einer Komponente zuweisen können.

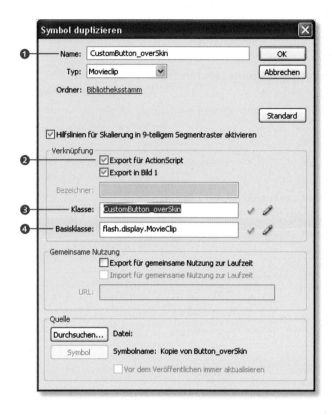

Abbildung 12.14 ▶
Symbol duplizieren

Klicken Sie auf OK, um das Symbol zu duplizieren. Es erscheint ein Warnhinweis, den Sie jedoch per Mausklick auf OK ignorieren können. Er weist daraufhin, dass keine Klasse mit dem angegebenen Klassenbezeichner existiert und automatisch eine entsprechende Klasse angelegt wird. Anschließend passen Sie das Symbol im Symbolbearbeitungsmodus, wie zuvor schon erläutert, an. Dann können Sie einer Komponenten-Instanz (myButton) den Teil des Skins über die Methode setStyle der Komponente wie folgt zuweisen:

```
myButton.setStyle("overSkin",CustomButton_overSkin);
```

Das erste Argument, das an die Methode setStyle übergeben wird, ist die Stileigenschaft, in diesem Fall ein Wert (overSkin), der für das Skin-Element des »Darüber«-Zustands der Komponente steht.

Der zweite Parameter (CustomButton_overSkin) ist der Klassenbezeichner der Klasse, die mit dem Symbol verbunden werden soll. Nach dem gleichen Prinzip können Sie die anderen Teile der Komponente entsprechend ändern und einer bestimmten Komponenten-Instanz zuweisen.

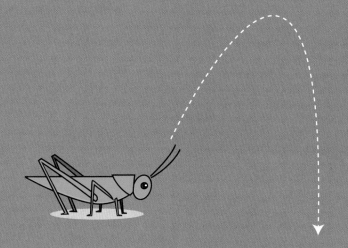

TEIL IV
Multimedia und
dynamische Inhalte

13 Bitmap-Grafiken

Bitmap-Grafiken – auch als Rastergrafiken oder Pixelgrafiken bezeichnet – werden zur Darstellung von komplexen Bildern wie z. B. Fotografien oder Grafiken mit Farbverläufen verwendet. In diesem Kapitel lernen Sie, welche unterschiedlichen Möglichkeiten es gibt, Bitmap-Grafiken in Flash zu importieren und zu nutzen. Sie lernen, wie Sie Mischmodi und Bitmap-Filter einsetzen und diese mit ActionScript zur Laufzeit modifizieren.

13.1 Bitmap-Grafiken importieren

Sie können Bitmap-Grafiken auf zweierlei Arten importieren:

1. Wählen Sie DATEI • IMPORTIEREN • IN BÜHNE IMPORTIEREN ([Strg]/[⌘]+[R]), wenn Sie die Bitmap direkt auf der Bühne einsetzen möchten – die Bitmap wird dann zusätzlich in die Bibliothek aufgenommen.
2. Wählen Sie den MENÜPUNKT DATEI • IMPORTIEREN • IN BIBLIOTHEK IMPORTIEREN, wenn Sie die Bitmap erst zur Laufzeit verwenden und nicht sofort auf der Bühne platzieren möchten.

Import per Drag & Drop
Alternativ können Sie eine Bitmap-Grafik auch per Drag & Drop aus dem Datei-Browser in Flash ziehen, um die Grafik in die Bühne zu importieren.

Die folgende Tabelle gibt einen Überblick über die wichtigsten Bitmap-Formate, die Sie in Flash importieren können.

Format	Farben	Alphakanal (Transparenz)	Komprimierung
BMP	16,7 Millionen	–	keine oder verlustfrei
JPG	16,7 Millionen	–	verlustbehaftet
GIF	256 Farben	Eingeschränkt – eine Farbe der Farbpalette wird als transparent definiert. Transparente Farbverläufe sind nicht möglich.	verlustfrei
PNG	16,7 Millionen	ja	verlustfrei
TIFF	16,7 Millionen	ja	verlustfrei/ verlustbehaftet

◄ **Tabelle 13.1**
Bitmap-Formate im Vergleich

▲ **Abbildung 13.1**
Sie können auch auf das i-Symbol
❶ klicken, um die BITMAP-EIGEN-
SCHAFTEN zu öffnen.

Abbildung 13.2 ▶
BITMAP-EIGENSCHAFTEN

Bitmap-Komprimierung | Nachdem Sie eine Bitmap-Grafik importiert haben, können Sie die Komprimierung dieser Bitmap-Grafik in der Bibliothek einstellen. Wählen Sie dazu die Bitmap-Grafik in der BIBLIOTHEK aus, öffnen Sie mit der rechten Maustaste das Kontextmenü, und klicken Sie auf EIGENSCHAFTEN. Es öffnet sich das Fenster BITMAP-EIGENSCHAFTEN.

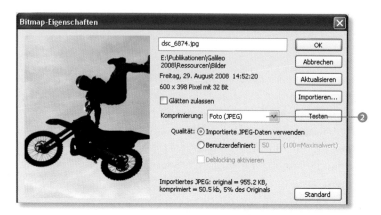

Unter KOMPRIMIERUNG ❷ können Sie zwischen den Einstellungen VERLUSTFREI (PNG/GIF) und FOTO (JPEG) wählen. Benutzen Sie die Einstellung VERLUSTFREI (PNG/GIF), wird die Bitmap-Grafik nicht oder, falls es sich um eine bereits komprimierte Bitmap-Grafik handelt, nicht erneut komprimiert.

Wenn Sie die Einstellung FOTO (JPEG) wählen, hängen die verfügbaren Komprimierungseinstellungen davon ab, ob es sich bei der Bitmap-Grafik um eine Grafik im JPEG-Format handelt oder nicht. Bei einer JPEG-Grafik stehen Ihnen unter QUALITÄT zwei Einstellungsmöglichkeiten zur Verfügung:

▶ IMPORTIERTE JPEG-DATEN VERWENDEN: Grundsätzlich besitzt eine JPEG-Grafik bereits eine verlustbehaftete Komprimierung. Die Stärke der Komprimierung hängt davon ab, wie Sie diese im Grafikprogramm eingestellt haben, über das Sie die Grafik abgespeichert haben, bzw. wie Sie die Komprimierung in Ihrer Foto-Kamera eingestellt haben. Die Komprimierung wird bei dieser Einstellung übernommen – die JPEG-Grafik wird also nicht weiter bzw. nicht noch einmal komprimiert.

▶ BENUTZERDEFINIERT: Geben Sie einen Wert zwischen 0 und 100 ein, um die Stärke der Komprimierung festzulegen. Für JPEG-Grafiken ist diese Einstellung, wenn möglich, zu vermeiden, da diese dann nochmals komprimiert werden. Mit jeder Komprimierung nimmt die Bildqualität ab.

▲ **Abbildung 13.3**
Komprimierungseinstellungen bei einer JPEG-Grafik

Tipps: Vorschau der Komprimierung

Wenn Sie die Komprimierung im Bitmap-Eigenschaften-Fenster ändern, sehen Sie die Änderungen nicht sofort im Vorschaufenster auf der linken Seite. Klicken Sie auf OK, um das Fenster zu schließen, und öffnen Sie es erneut, wird das Resultat der zuvor eingestellten Komprimierung im Vorschaufenster angezeigt.
Um das Resultat einer Komprimierung zu sehen, können Sie auch den Flash-Film über Strg/ ⌘ + ⏎ testen.
Übrigens können Sie den Ausschnitt, der im Vorschaubereich sichtbar ist, verschieben, wenn Sie die Maus in diesen Bereich bewegen. Es erscheint dann ein Handsymbol, und Sie können den Ausschnitt bei gedrückter Maustaste verschieben.

Sollte es sich bei der Grafik nicht um eine JPEG-Grafik handeln und wählen Sie unter KOMPRIMIERUNG: FOTO (JPEG) aus, stehen Ihnen ebenfalls zwei Einstellungsmöglichkeiten zur Verfügung:

▶ VERÖFFENTLICHUNGSEINSTELLUNG VERWENDEN: Wählen Sie diese Einstellung, so wird die Bitmap-Grafik mit der Standard-Komprimierungsstärke des Flash-Films komprimiert. Die Standardqualität für die Komprimierung lässt sich über das Menü DATEI • EINSTELLUNGEN FÜR VERÖFFENTLICHUNGEN im Reiter FLASH unter JPEG-QUALITÄT einstellen.

▶ BENUTZERDEFINIERT: Wenn Sie diese Einstellung wählen, können Sie erneut eine Komprimierungsstärke zwischen 0 und 100 festlegen. Diese Komprimierungsstärke gilt dann nur für diese eine Bitmap-Grafik.

◀ **Abbildung 13.4**
Allgemeine JPEG-Qualitätseinstellungen

Grundsätzlich empfiehlt es sich, die Komprimierung für jede Bitmap-Grafik separat festzulegen, auch wenn das entsprechend zeitaufwendiger ist. Die Dateigröße eines Flash-Films, der viele Bitmap-Grafiken einsetzt, kann so deutlich reduziert werden.

JPEG-Deblocking aktivieren | Bei einer geringen Qualität empfiehlt es sich, die Option JPEG-Deblocking zu aktivieren (ab Flash Player 10), mit der Sie das häufige Auftreten von Fragmenten etwas reduzieren können.

◀ **Abbildung 13.5**
Links: JPEG mit 30 % Qualität, rechts: JPEG mit 30 % Qualität und aktiviertem JPEG-Deblocking

13.2 Photoshop-Import

Viele Designer entwerfen Layouts für Flash-Projekte in Photoshop. In älteren Flash-Versionen mussten jedoch Elemente auf unterschiedlichen Ebenen immer separat abgespeichert werden, um sie auf unterschiedlichen Ebenen in Flash nutzen zu können. In Flash CS3 und CS4 ist der Import von Photoshop-Dateien hingegen sehr komfortabel.

Nachdem Sie ein Photoshop-Dokument (*.psd*) über DATEI • IMPORTIEREN und IN BÜHNE IMPORTIEREN entweder in die Bühne oder über IN BIBLIOTHEK IMPORTIEREN in die Bibliothek importiert haben, erscheint ein Dialogfenster.

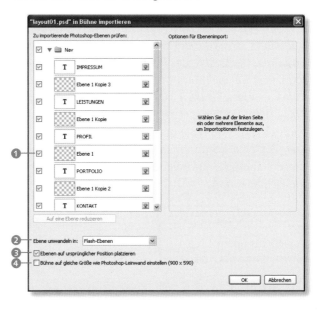

Abbildung 13.6 ▶
Dialogfenster für den Photoshop-Import

Zunächst sehen Sie auf der linken Seite alle Ebenen des Photoshop-Dokuments. Per Mausklick auf die Checkbox ❶ neben der jeweiligen Ebene legen Sie fest, ob die Ebene beim Import berücksichtigt wird oder nicht. Im unteren Bereich stellen Sie die folgenden grundlegenden Import-Eigenschaften ein:

EBENE UMWANDELN IN: Hier ❷ legen Sie fest, ob Sie die Ebenen in FLASH-EBENEN oder in Schlüsselbilder umwandeln möchten. Die Einstellung gilt für alle Ebenen.

▶ EBENE AUF URSPRÜNGLICHER POSITION PLATZIEREN: Aktivieren Sie diese Option ❸, um sicherzustellen, dass die Ebenenreihenfolge beibehalten wird.

▶ BÜHNE AUF GLEICHE GRÖSSE WIE PHOTOSHOP-LEINWAND EINSTELLEN: Wenn Sie die Option ❹ aktivieren, passt sich die Bühne an die Leinwand des importierten Photoshop-Dokuments an.

Je nachdem, ob Sie auf der linken Seite eine Bildebene oder eine Textebene ausgewählt haben, stehen Ihnen unterschiedliche Optionen für diese Ebene auf der rechten Seite zur Verfügung.

13.2.1 Bildebenen

Bei Bildebenen stehen Ihnen folgende Optionen zur Auswahl:

Bildebene importieren als | Wählen Sie die Option BITMAPBILD MIT BEARBEITBAREN EBENENSTILEN, wenn Sie Ebenenstile in Flash, soweit das möglich ist, übernehmen und bearbeiten wollen. Das kann z. B. ein SCHLAGSCHATTEN sein. Bei einem Schlagschatten würden in Flash zwei Ebenen angelegt. Eine Bitmap mit dem Schlagschatten wird auf einer eigenen Ebene platziert. Wählen Sie die Option FLACHES BITMAPBILD, wenn die Grafik und alle Ebenenstile zusammengefügt werden sollen.

Masken

Masken werden beim Import übrigens angewandt, lassen sich dann in Flash jedoch leider nicht bearbeiten. Es wird nur der maskierte Bildausschnitt in Flash verwendet.

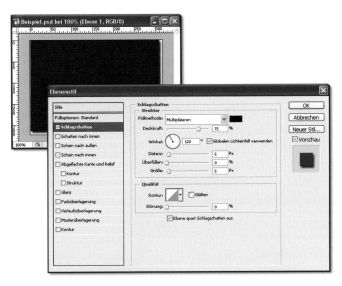

◀ **Abbildung 13.7**
Der EBENENSTIL in Photoshop

◀ **Abbildung 13.8**
Das Resultat des Import-Vorgangs in Flash

Movieclip für diese Ebene erstellen | Aktivieren Sie diese Option, wenn Sie möchten, dass Elemente der Ebene in einen Movieclip umgewandelt werden sollen. Nachdem Sie die Option aktiviert haben, können Sie darunter einen Instanznamen und die REGISTRIERUNG des Movieclips auswählen.

Gruppen

Ebenen, die in Photoshop in einer Gruppe platziert sind, werden übrigens ebenso angezeigt. Klicken Sie auf das Ordner-Symbol, um die untergeordneten Ebenen anzuzeigen und so gegebenenfalls Einstellungen für die jeweilige Ebene vorzunehmen.

▲ **Abbildung 13.9**
Untergeordnete Ebenen einer
Gruppe im IMPORT-Dialogfenster

Einstellungen für Veröffentlichungen | Hier können Sie die Komprimierung der Bitmap einstellen, die im Flash-Film verwendet wird. Die Einstellungsmöglichkeiten sind den Einstellungen aus der Bibliothek sehr ähnlich. Per Mausklick auf die Schaltfläche BIT-MAPGRÖSSE BERECHNEN können Sie die Dateigröße unter Berücksichtigung der vorgenommenen Einstellungen ermitteln lassen.

13.2.2 Textebenen

Sollten Sie eine Textebene auf der linken Seite ausgewählt haben, stehen Ihnen auf der rechten Seite folgende Optionen für den Import zur Auswahl:

Textebene importieren als ❶ | Wählen Sie die Einstellung BEAR-BEITBARER TEXT, wenn Sie den Text in Flash weiterbearbeiten möchten. Es wird ein statisches Textfeld mit den verwendeten Texteigenschaften erzeugt. Wählen Sie VEKTORKONTUREN, wenn der Text in Vektoren umgewandelt werden soll. Das ist praktisch, wenn Sie die einzelnen Zeichen eines Textes animieren möchten. Wenn sich für die Option FLACHES BITMAPBILD entscheiden, wird der Text in eine Bitmap umgewandelt.

Weitere Einstellungen | Im unteren Bereich ❷ können Sie, wie bei Bildebenen auch, wählen, ob Sie den Text in einen Movieclip umwandeln wollen. Zusätzlich können Sie unter EINSTELLUNGEN FÜR VERÖFFENTLICHUNGEN ❸ die KOMPRIMIERUNG ❹ einstellen. Diese Einstellungen werden genutzt für den Fall, dass Sie den Text in ein flaches Bitmapbild umwandeln.

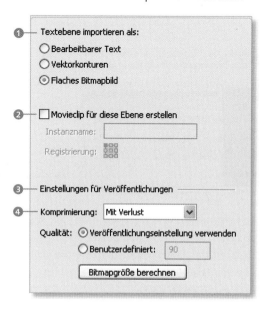

Abbildung 13.10 ▶
Optionen für eine Textebene

13.3 Illustrator-Import

Ebenso wie Photoshop wird Illustrator für Layouts verwendet, dabei jedoch vorzugsweise für vektorbasierte Illustrationen, z. B. Comic-Zeichnungen. Wie auch bei Photoshop ist das Importieren von Dokumenten in Flash CS4 sehr komfortabel. Nachdem Sie ein Illustrator-Dokument (.ai) über DATEI • IMPORTIEREN und IN BÜHNE IMPORTIEREN entweder in die Bühne oder über IN BIBLIOTHEK IMPORTIEREN in die Bibliothek importiert haben, erscheint ein Dialogfenster.

◄ **Abbildung 13.11**
Dialogfenster für den Illustrator-Import

Auf der linken Seite werden Elemente des Illustrator-Dokuments in Gruppen unterteilt, dazu gehören z. B. Bild- und Textebenen. Hervorzuheben ist die Schaltfläche INKOMPATIBILITÄTSBERICHT ❶, die erscheint, wenn nicht alle Elemente eines Illustrator-Dokuments 1 zu 1 in Flash übernommen werden können. Per Mausklick auf die Schaltfläche werden weitere Details angezeigt.

◄ **Abbildung 13.12**
Inkompatibilitätsbericht

Falls Sie Option EMPFOHLENE IMPORTEINSTELLUNGEN ANWENDEN ❷ aktivieren, wendet Flash automatisch alle empfohlenen Import-Optionen auf nicht kompatible Elemente an, sobald das Fenster über SCHLIESSEN geschlossen wird.

Im unteren Bereich des Dialogfensters für den Import stehen Ihnen die folgenden grundlegenden Einstellungsmöglichkeiten zur Auswahl:

▶ EBENEN KONVERTIEREN IN: Wählen Sie hier die Option FLASH-EBENEN, um alle Illustrator-Ebenen jeweils in eine Flash-Ebene umzuwandeln. Wenn Sie die Option SCHLÜSSELBILDER aktivieren, wird jede Illustrator-Ebene in einem Schlüsselbild platziert. Über die Option EINE FLASH-EBENE werden alle Illustrator-Ebenen zu einer Flash-Ebene zusammengefügt.

Abbildung 13.13 ▶
Einstellungsmöglichkeiten für den Import

▶ OBJEKTE AUF URSPRÜNGLICHER POSITION PLATZIEREN: Aktivieren Sie diese Option, um sicherzustellen, dass alle Elemente auf der ursprünglichen Position (z. B. x=100, y=100 in der Illustratordatei) positioniert werden.

▶ BÜHNE AUF DIE GLEICHE GRÖSSE WIE DIE ILLUSTRATOR-ZEICHEN-FLÄCHE EINSTELLEN: Wählen Sie diese Option, wenn die Bühnengröße des Flash-Films automatisch an die Zeichenfläche des importierten Illustrator-Dokuments angepasst werden soll.

▶ NICHT VERWENDETE SYMBOLE IMPORTIEREN: Aktivieren Sie diese Option, um auch alle nicht verwendeten Elemente aus der Illustrator-Bibliothek in die Flash-Bibliothek zu übernehmen.

▶ ALS EIN BITMAPBILD IMPORTIEREN: Sollten Sie diese Option aktivieren, werden alle Elemente des Illustrator-Dokuments zu einem Bitmapbild zusammengefügt.

13.3.1 Bildebenen

Sollten Sie auf der linken Seite eine Bildebene auswählen, können Sie auf der rechten Seite folgende Einstellungen vornehmen:

▶ BITMAP ABFLACHEN, UM ERSCHEINUNGSBILD BEIZUBEHALTEN: Einige in Illustrator verwendete Bitmap-Effekte stehen in Flash nicht zur Verfügung und können nicht ohne Weiteres 1 zu 1 übernommen werden. Aktivieren Sie diese Option, falls im unteren Bereich eine Inkompatibilitätsmeldung erscheint. Der Bitmap-Effekt wird dann abgeflacht oder gerastert, wodurch das Erscheinungsbild erhalten werden kann.

▶ MOVIECLIP ERSTELLEN: Aktivieren Sie diese Option, wenn Sie möchten, dass Elemente der Ebene in einen Movieclip umgewandelt werden. Nachdem Sie die Option aktiviert haben, können Sie darunter einen Instanznamen und die REGISTRIE-RUNG des Movieclips auswählen.

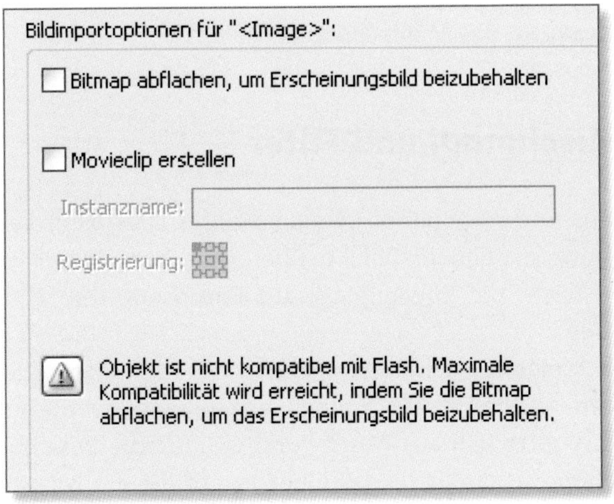

◀ **Abbildung 13.14**
BILDIMPORTOPTIONEN

13.3.2 Textebenen

Wenn Sie eine Textebene auf der linken Seite ausgewählt haben, stehen Ihnen auf der rechten Seite folgende Optionen für den Import zur Auswahl:

▶ IMPORTIEREN ALS: Wählen Sie die Einstellung BEARBEITBARER TEXT, wenn Sie den Text in Flash weiterbearbeiten möchten. Es wird ein statisches Textfeld mit den entsprechenden Textei-genschaften erzeugt. Wählen Sie VEKTORKONTUREN, wenn der Text in Vektoren umgewandelt werden soll. Das ist praktisch, wenn Sie die einzelnen Zeichen eines Textes animieren möch-ten. Wenn Sie die Option BITMAP wählen, wird der Text in eine Bitmap umgewandelt.

▲ **Abbildung 13.15**
TEXTIMPORTOPTIONEN

▶ MOVIECLIP ERSTELLEN: Im unteren Bereich wählen Sie, ob Sie den Text in einen Movieclip umwandeln wollen. Sie können dem Movieclip dann einen Instanznamen zuweisen und die REGISTRIERUNG des Movieclips festlegen.

13.3.3 Pfade

Ein Pfad ist eine Linie, die in Illustrator durch Zeichnen erzeugt wird. Sollten Sie auf der linken Seite des IMPORT-Dialogfensters eine Pfadebene auswählen, stehen Ihnen auf der rechten Seite folgende Optionen zur Auswahl.

▶ IMPORTIEREN ALS: Wählen Sie BEARBEITBARER PFAD, wenn Sie den Pfad in Flash weiterbearbeiten möchten. Wenn Sie die Option BITMAP wählen, wird der Pfad in eine Bitmap-Grafik umgewandelt.

▲ **Abbildung 13.16**
PFADIMPORTOPTIONEN

▶ MOVIECLIP ERSTELLEN: Aktivieren Sie die Option, wenn Sie die Elemente der ausgewählten Pfadebene in einen Movieclip umwandeln möchten. Nachdem Sie die Option aktiviert haben, können Sie darunter einen Instanznamen und die REGISTRIERUNG des Movieclips auswählen.

13.4 Mischmodi und Filter

Über sogenannte Mischmodi können Sie die Darstellung einer Symbolinstanz, die andere Objekte überlagert, beeinflussen – Sie kennen vielleicht die Ebenenmodi aus Photoshop, die ähnlich funktionieren.

In Flash können Mischmodi hingegen nur auf einzelne Symbolinstanzen und nicht auf Ebenen angewendet werden. Ein Mischmodus setzt sich aus Misch- und Grundfarbe zusammen. Die Mischfarbe ist die Farbe des Objekts, auf die der Mischmodus angewendet wird. Die Grundfarbe ist die Farbe der Objekte, die sich unterhalb der Mischfarbe befindet.

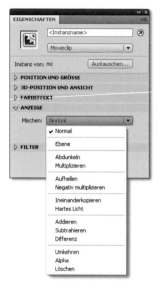

▲ **Abbildung 13.17**
Die verfügbaren Mischmodi im EIGENSCHAFTEN-Fenster

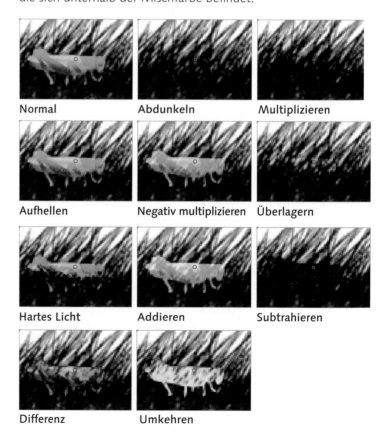

Abbildung 13.18 ▶
Verschiedene Mischmodi

Folgende Mischmodi stehen Ihnen im EIGENSCHAFTEN-Fenster zur Auswahl:

▶ NORMAL: Die Farben werden nicht gemischt (Standard).

▶ EBENE: Der Modus nimmt keinen Einfluss auf die Darstellung des Objekts – er ist notwendig, um die Modi ALPHA und LÖSCHEN anwenden zu können.

▶ ABDUNKELN: Bereiche, die heller sind als die Mischfarbe, werden ersetzt. Bereiche, die dunkler als die Mischfarbe sind, bleiben unverändert, was insgesamt zu einer Abdunklung führt.

▶ MULTIPLIZIEREN: Grundfarbe und Mischfarbe werden multipliziert, was zu dunkleren Farbtönen führt.

▶ AUFHELLEN: Bereiche, die dunkler sind als die Mischfarbe, werden ersetzt. Hellere Bereiche bleiben unverändert.

▶ NEGATIV MULTIPLIZIEREN: Die Umkehrfarbe der Mischfarbe wird mit der Grundfarbe multipliziert. Dies führt zu helleren Farbtönen.

▶ ÜBERLAGERN: Die Farben werden je nach Grundfarbe multipliziert oder gefiltert.

▶ HARTES LICHT: Die Farben werden abhängig von der Mischfarbe multipliziert oder gefiltert. Der erzielte Effekt ist vergleichbar mit einem Strahler, der das Objekt beleuchtet.

▶ ADDIEREN: Grund- und Mischfarbe werden addiert.

▶ SUBTRAHIEREN: Die Mischfarbe wird von der Grundfarbe subtrahiert.

▶ DIFFERENZ: Die Farbe mit dem größeren Helligkeitswert wird von der anderen Farbe abgezogen.

▶ UMKEHREN: Kehrt die Grundfarbe um.

▶ ALPHA: Die überlagernde Instanz wird als Alphamaske auf die untere Instanz angewendet.

▶ LÖSCHEN: Alle Pixel, die mit der Grundfarbe eingefärbt sind, werden gelöscht.

13.4.1 Bitmap-Filter anwenden

Bitmap-Filter bieten Ihnen die Möglichkeit, Text, Movieclips und Schaltflächen mit visuellen Bitmap-Effekten zu versehen und zu animieren.

Um ein Objekt mit einem Filter zu versehen, wählen Sie das Objekt aus, öffnen Sie das EIGENSCHAFTEN-Fenster, und klicken Sie im Reiter FILTER auf FILTER HINZUFÜGEN.

Experimentieren Sie
Das Resultat einer Mischung fällt je nach Farbe des überlagernden Objekts und je nach Farbe des darunterliegenden Objekts sehr unterschiedlich aus, da es zusätzlich von der Transparenz eines Objekts abhängig ist. Probieren Sie einfach verschiedene Modi aus.

»Alpha« und »Löschen«
Bei diesen Modi muss für die untenliegende Instanz jeweils der Mischmodus EBENE aktiviert sein.

[!] Filter benötigen CPU-Leistung
Bitmap-Filter benötigen verhältnismäßig viel CPU-Leistung. Sie können zwar beliebig viele Filter auf ein Objekt anwenden, sollten die Auswahl jedoch in Hinsicht auf die CPU-Last sorgfältig treffen.

Abbildung 13.19 ▶
Filter hinzufügen

Folgende Filter stehen Ihnen in Flash CS4 zur Verfügung:

- ▶ SCHLAGSCHATTEN
- ▶ WEICHZEICHNEN
- ▶ GLÜHEN
- ▶ ABSCHRÄGEN
- ▶ FARBVERLAUF – GLÜHEN
- ▶ FARBVERLAUF – GESCHLIFFEN
- ▶ FARBE ANPASSEN (Helligkeit, Kontrast, Sättigung, Farbton)

▲ **Abbildung 13.20**
Filtereffekte in Flash CS4

Nachdem Sie einen Filter hinzugefügt haben, können Sie im Reiter FILTER unter dem entsprechenden Filter spezifische Filter-Einstellungen vornehmen.

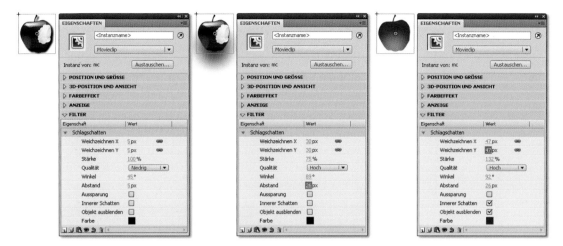

▲ Abbildung 13.21
Verschiedene Filter-Einstellungen des SCHLAGSCHATTEN-Filters

13.4.2 Bitmap-Filter animieren

Filter können Sie sowohl auf nicht-animierte als auch auf ani-mierte Objekte anwenden. Des Weiteren verhalten sich Filterein-stellungen wie Instanzeigenschaften und lassen sich auf dieselbe Weise animieren.

13\BitmapFilter
BitmapFilter.fla

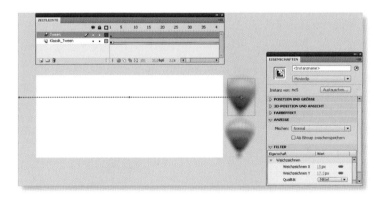

◀ Abbildung 13.22
Klassisches Tween und Tween mit Bitmap-Filter

13.5 Mischmodi und Filter mit Action-Script

Sie haben bereits gelernt, wie Sie Mischmodi und Filter auf Objekte über die Entwicklungsumgebung anwenden. In die-sem Abschnitt wird erläutert, wie Sie Mischmodi und Filter per ActionScript zuweisen.

13.5.1 Mischmodi

Jedes Anzeigeobjekt (DisplayObject) besitzt die Eigenschaft blendMode, über die Sie einem Anzeigeobjekt einen Mischmodus zuweisen können. Um einem Sprite-Objekt beispielsweise den Mischmodus Multiplizieren zuzuweisen, würde folgender Code dienen:

```
mySprite.blendMode = BlendMode.MULTIPLY;
```

Die folgende Tabelle listet entsprechende Konstanten für die verschiedenen Mischmodi auf.

BlendMode-Konstante	Bezeichnung
BlendMode.NORMAL	Normal
BlendMode.LAYER	Ebene
BlendMode.MULTIPLY	Multiplizieren
BlendMode.SCREEN	Negativ multiplizieren
BlendMode.LIGHTEN	Aufhellen
BlendMode.DARKEN	Abdunkeln
BlendMode.DIFFERENCE	Addieren
BlendMode.ADD	Hinzufügen
BlendMode.SUBTRACT	Subtrahieren
BlendMode.INVERT	Umkehren
BlendMode.ALPHA	Alpha
BlendMode.ERASE	Löschen
BlendMode.OVERLAY	Überlagern
BlendMode.HARDLIGHT	Hartes Licht
BlendMode.SHADER	(Passt die Farbe mit einer benutzerdefinierten Shader-Routine an.)

Tabelle 13.2 ▶
BlendMode-Konstanten

13.5.2 Bitmap-Filter

Jeder Bitmap-Filter entspricht in ActionScript einer eigenen Klasse. Die verschiedenen Bitmap-Filter, wie z. B. der Blur-Filter, erweitern alle die Bitmap-Filter-Klasse. Um einen Bitmap-Filter auf ein Objekt anzuwenden, initialisieren Sie zunächst ein entsprechendes Objekt – im folgenden Beispiel ein BlurFilter-Objekt:

```
var blurX:Number = 30;
var blurY:Number = 10;
var myBlurFilter:BlurFilter = new BlurFilter(blurX,
blurY, BitmapFilterQuality.MEDIUM);
```

Bitmap-Filter entfernen
Um alle Bitmap-Filter, die auf ein Objekt angewendet wurden, wieder zu entfernen, können Sie die Eigenschaft filters eines Anzeigeobjekts auf null setzen:

```
mc.filters = null;
```

Anschließend initialisieren Sie ein Array, dem Sie beliebig viele zuvor definierte Filter zuweisen können. Das Array weisen Sie dann der Eigenschaft `filters` eines Anzeigeobjekts zu, um einen oder mehrere zuvor definierte Filter auf das Objekt anzuwenden:

```
var filterArray:Array = new Array(myBlurFilter);
mc.filters = filterArray;
```

Anmerkung
Um jeden Filter zu erläutern, wäre ein sehr umfangreiches Kapitel, wenn nicht sogar ein eigenes Buch, notwendig. In diesem Abschnitt wird exemplarisch auf die Anwendung von Filtern mit ActionScript eingegangen.

Neben dem `BlurFilter` gibt es viele weitere Filter, die Sie per ActionScript steuern können und die wir im Folgenden zur Vervollständigung aufführen.

- ▶ `BevelFilter`
- ▶ `BlurFilter`
- ▶ `ColorMatrixFilter`
- ▶ `ConvolutionFilter`
- ▶ `DisplacementMapFilter`
- ▶ `DropShadowFilter`
- ▶ `GlowFilter`
- ▶ `GradientBevelFilter`
- ▶ `GradientGlowFilter`
- ▶ `ShaderFilter`

Schritt für Schritt: Bitmap-Filter mit ActionScript steuern
In diesem Workshop wird erläutert, wie Sie einen Bitmap-Filter an die Mausposition koppeln können und Filtereinstellungen mit ActionScript zur Laufzeit verändern.

1 **Flash-Film öffnen**
Öffnen Sie den Flash-Film *Bitmaps\BitmapFilter_AS\step01.fla*. In dem Flash-Film wurde ein statisches Textfeld in einen Movieclip umgewandelt, dem der Instanzname »text_mc« zugewiesen wurde. Beachten Sie, dass die Registrierung des Movieclips mittig ist, so dass die x und y-Koordinate des Textmittelpunkts den Koordinaten des Movieclips entspricht.

 *13\BitmapFilter_AS\step01.fla*

2 **Glow-Filter initialisieren**
Öffnen Sie das Aktionen-Fenster, und weisen Sie dem ersten Schlüsselbild auf der Ebene »Actions« zunächst folgenden Code zu:

```
1:   var myGlowFilter:GlowFilter = new GlowFilter();
2:   myGlowFilter.color = 0xFF0000;
3:   myGlowFilter.alpha = .8;
```

```
4:    myGlowFilter.blurX = 10;
5:    myGlowFilter.blurY = 10;
```

In Zeile 1 wird ein neues GlowFilter-Objekt initialisiert, dem in Zeile 2–5 Eigenschaftswerte zugewiesen werden.

3 Stärke des Filters anhängig von der Mausposition steuern

Ergänzen Sie den Code nun um folgende Zeilen:

```
1:    text_mc.addEventListener(Event.ENTER_
      FRAME,enterFrameHandler);
2:    function enterFrameHandler(e:Event):void {
3:        var dx:Number = e.currentTarget.x - stage.
          mouseX;
4:        var dy:Number= e.currentTarget.y -stage.mouseY;
5:        var distanz:Number = Math.
          sqrt(dx*dx+dy*dy)/40;
6:        myGlowFilter.strength = distanz;
7:        var filterArray:Array = new
          Array(myGlowFilter);
8:        e.currentTarget.filters = filterArray;
9:    }
```

In Zeile 1 wird am Movieclip »text_mc« ein Ereignis-Listener registriert, der dafür sorgt, dass die Ereignisprozedur enter-FrameHandler mit einem Intervall von einem Bild aufgerufen wird. Innerhalb der Funktion wird der Abstand vom Mittelpunkt des Textes zur Maus auf x- und y-Achse ermittelt (Zeile 3, 4). Anschließend wird auf Grundlage der ermittelten Werte die Distanz zwischen Textmittelpunkt und Mausposition berechnet und durch den Faktor 40 dividiert (Zeile 5). Der Faktor 40 passt in diesem Beispiel gut, lässt sich natürlich aber auch ändern. Der Eigenschaft strength des GlowFilter-Objekts wird der Wert der Variable distanz zugewiesen (Zeile 6). Zum Schluss wird der definierte Bitmap-Filter zu einem Array hinzugefügt (Zeile 7), und das Array wird der Eigenschaft filters des Movieclips »text_mc« zugewiesen.

4 Fertig! Flash-Film testen.

Testen Sie den Flash-Film über ⌐Strg⌐/⌐⌘⌐+⌐↵⌐. Je weiter Sie die Maus vom Mittelpunkt des Textes wegbewegen, desto stärker wird der Glow-Effekt.

13.6 Bitmaps mit ActionScript

Flash war ursprünglich ein vektorbasiertes Werkzeug. Mit der Zeit wurden jedoch immer mehr Funktionen integriert, um Bitmaps auf Pixelebene zu erstellen und zu modifizieren. Sie haben beispielsweise bereits Bitmap-Filter und Blendmodi kennengelernt, die Sie sowohl über die Entwicklungsumgebung von Flash als auch über ActionScript auf Objekte anwenden können.

Neben den Laden von Bitmaps über ActionScript ist es darüber hinaus möglich, Bitmaps zur Laufzeit zu erstellen und auf unterschiedlichste Weise zur Laufzeit zu verändern. In diesem Abschnitt lernen Sie einige grundlegende Möglichkeiten kennen, um Bitmaps mit ActionScript zu erzeugen und zu verändern.

13.6.1 Bitmap-Klasse

Die sogenannte Bitmap-Klasse repräsentiert Anzeigeobjekte, die Bitmaps darstellen. Mit Hilfe der Bitmap-Klasse bzw. einem Objekt der Klasse können Sie Bitmaps zur Laufzeit erstellen und auf Pixelebene modifizieren. Die Bitmap-Klasse selbst besitzt nur drei explizite Eigenschaften:

▶ bitmapData: Dieser Eigenschaft eines Bitmap-Objekts kann ein sogenanntes BitmapData-Objekt zugewiesen werden. Ein BitmapData-Objekt repräsentiert die Daten einer Bitmap-Grafik. Manipulationen auf Pixelebene werden auf ein BitmapData-Objekt angewendet.

▶ pixelSnapping: Eine Eigenschaft vom Datentyp String, die angibt, ob das Bitmap-Objekt am nächsten Pixel ausgerichtet werden soll.
Der Wert PixelSnapping.NEVER führt dazu, dass das Bitmap-Objekt nicht am nächsten Pixel ausgerichtet wird. Die Position der Bitmap könnte also beispielsweise auch auf x: 10.2 und y: 15.4 liegen. Der Wert PixelSnapping.ALWAYS gibt an, dass das Bitmap-Objekt immer an ganzzahligen Pixel ausgerichtet werden soll.

[!] Bitmap-Grafiken in der Entwicklungsumgebung
Beachten Sie, dass eine Bitmap-Grafik, die über die Entwicklungsumgebung in einen Flash-Film eingefügt ist, nicht, wie man vielleicht erwarten würde, vom Datentyp Bitmap ist, sondern vom Datentyp Shape. Eine über ActionScript geladene Bitmap-Grafik ist hingegen jedoch vom Datentyp Bitmap.

Der Wert `PixelSnapping.AUTO` legt fest, dass das `Bitmap`-Objekt an ganzzahligen Pixeln ausgerichtet wird, wenn es nicht gedreht, geneigt oder skaliert wurde. Wenn eine Bitmap nicht auf ganzzahligen Pixelkoordinaten positioniert wird, kann das dazu führen, dass die Ränder der Bitmap-Grafik nicht korrekt dargestellt werden.

Abbildung 13.24 ▶
Links: eine Bitmap-Grafik, die nicht auf ganzzahligen Koordinaten positioniert wurde; rechts: Die Bitmap-Grafik wurde auf ganzzahligen Koordinaten positioniert.

▶ `smoothing`: Ein Wert vom Datentyp `Boolean`, der angibt, ob die Bitmap beim Skalieren geglättet werden soll (`true`) oder nicht (`false`). Wenn Sie eine Bitmap-Grafik größer skalieren müssen, als die ursprüngliche Bitmap-Grafik ist, empfiehlt es sich, diese Einstellung zu aktivieren (`true`).

Bitmap-Klasse
Die Bitmap-Klasse gehört zum Paket `flash.display`. Sie erweitert die Klasse `DisplayObject` und gehört demnach zu den Anzeigeobjekten. Sie können also Eigenschaften, wie z. B. x, y und z, mit jedem `Bitmap`-Objekt verwenden.

Abbildung 13.25 ▶
Links: eine skalierte Bitmap mit der Eigenschaft `smoothing = false`; rechts: eine skalierte Bitmap mit der Eigenschaft `smoothing = true`

13.6.2 BitmapData-Klasse
Ein Objekt der `BitmapData`-Klasse repräsentiert die Daten einer Bitmap-Grafik. Mit Hilfe eines Objekts der Klasse können Sie über ActionScript zur Laufzeit Bitmap-Grafiken erzeugen und auf Pixelebene verändern. Um ein Objekt der `BitmapData`-Klasse zu erzeugen, dient folgende formelle Syntax:

```
var bmpData:BitmapData = new BitmapData(Breite:int,
Höhe:int,Transparenz:Boolean,füllFarbe:uint);
```

Hinweis: Füllfarbe als ARGB-Wert
Beachten Sie, dass die Füllfarbe im ARGB-Format (Alpha, Rot, Grün, Blau) angegeben wird. Der Alphawert entspricht der Transparenz der Füllung. In hexadezimaler Schreibweise entspricht FF einer Deckung von 100 % und 00 einer Deckung von 0 %.

Um beispielsweise eine Bitmap zu erzeugen, deren Bildfläche 400×400 Pixel groß ist, deren Pixel Transparenz unterstützen und deren Hintergrundfarbe Schwarz ist, könnten Sie folgende Anweisungen verwenden:

```
var bmpData:BitmapData = new BitmapData(400,400,true,
0xFF000000);
var bmp:Bitmap = new Bitmap(bmpData);
addChild(bmp);
```

13.6.3 Pixel einer Bitmap auslesen und setzen

Zwei grundlegende Methoden der BitmapData-Klasse sind get-Pixel und setPixel, deren Anwendung wir im Folgenden erläutern.

Pixel auslesen | Um einen Farbton eines Pixels einer Bitmap zu ermitteln, können Sie die Methode getPixel verwenden. An die Methode übergeben Sie die x- und y-Koordinaten eines Pixels einer Bitmap. Um beispielsweise den Farbton des Pixels eines Bitmap-Objekts bmp auf den Koordinaten x: 50 und y: 100 zu ermitteln, könnten Sie folgenden Code verwenden:

```
var selectedColor:uint = bmp.bitmapData.getPixel
(50,100);
trace(selectedColor);
```

Anmerkung
Die BitmapData-Klasse besitzt neben getPixel und setPixel eine Vielzahl von weiteren Methoden, um Bitmaps auf Pixelebene auf unterschiedliche Weise zu modifizieren und um unterschiedliche Bitmap-Effekte zu erzeugen. Für die Erläuterung der vielen Methoden wäre ein umfangreiches Kapitel, wenn nicht sogar ein eigenes Buch notwendig. Im Folgenden gehen wir nur auf die einfachsten und grundlegenden Methoden ein.

Schritt für Schritt: Farbwerte einer Bitmap-Grafik auslesen

1 Neues Dokument erstellen
In diesem Workshop wird erläutert, wie Sie Farbwerte einer geladenen Bitmap-Grafik per Mausklick ermitteln.

2 Flash-Film öffnen
Öffnen Sie den Flash-Film *13\getPixel\step_01.fla*. Auf der Bühne wurde eine ColorPicker-Komponente platziert. Der Komponente wurde der Instanznamen »myPicker« zugewiesen.

 13\getPixel\step_01.fla

3 Bitmap-Grafik laden
Wählen Sie das Schlüsselbild auf der Ebene »Actions« aus, öffnen Sie das AKTIONEN-Fenster, und weisen Sie dem Schlüsselbild zunächst folgenden Code zu:

```
1:    var container:Sprite = new Sprite();
2:    addChild(container);
3:    var loader:Loader = new Loader();
4:    var myURLRequest:URLRequest = new
      URLRequest("beispiel.png");
```

```
5:    loader.contentLoaderInfo.addEventListener(Event.
      INIT,initHandler);
6:    loader.load(myURLRequest);
7:    var bmpData:BitmapData;
8:    var bmp:Bitmap;
```

Zunächst wird in Zeile 1 ein Sprite-Objekt erstellt, das in Zeile 2 zur Anzeigeliste des Flash-Films hinzugefügt wird. Das Sprite-Objekt dient als Container. Anschließend wird über ein Loader-Objekt die Bitmap-Grafik »beispiel.png« geladen. In Zeile 5 wird ein Ereignis-Listener registriert, der dafür sorgt, dass die Ereignisprozedur initHandler aufgerufen wird, wenn die Bitmap-Grafik vollständig geladen wurde. In Zeile 6 wird der Ladevorgang gestartet. In Zeile 7 und 8 werden ein BitmapData-Objekt und ein Bitmap-Objekt initialisiert.

4 **Zuweisung des Bitmap-Objekts und BitmapData-Objekts**
Ergänzen Sie den Code nun um folgende Zeilen:

```
1:    function initHandler(e:Event):void {
2:        bmp = e.currentTarget.content;
3:        bmpData = bmp.bitmapData;
4:        container.addChild(bmp);
5:        container.addEventListener(MouseEvent.CLICK,
          getColor);
6:    }
```

Zunächst wird in Zeile 2 die geladene Bitmap-Grafik dem Bitmap-Objekt bmp zugewiesen. Zeile 3 weist dann dem BitmapData-Objekt bmpData die Daten der geladenen Bitmap-Grafik zu. Anschließend wird das Bitmap-Objekt in die Anzeigeliste des Sprite-Objekts container eingefügt. In Zeile 5 wird ein Ereignis-Listener an dem Sprite-Objekt registriert, der dafür sorgt, dass die Ereignisprozedur getColor aufgerufen wird, wenn der Benutzer über dem Sprite-Objekt die Maustaste drückt.

5 **Farbwert des Pixels ermitteln und der ColorPicker-Komponente zuweisen**
Ergänzen Sie den Code abschließend um folgende Zeilen:

```
function getColor(e:MouseEvent):void {
    var myColor:uint = bmpData.getPixel(container.
    mouseX,container.mouseY);
    myPicker.selectedColor = myColor;
}
```

Die `getPixel` ermittelt auf Basis der Mausposition innerhalb des `Sprite`-Objekts den Farbwert der geladenen Bitmap und weist ihn der Variablen `myColor` zu. Der Eigenschaft `selectedColor` wird dann der Farbwert des Pixels zugewiesen.

6 Fertig! Flash-Film testen

Testen Sie den Flash-Film. Mit der Maus können Sie jetzt Pixelwerte der Bitmap ermitteln, die dann über die `ColorPicker`-Komponente dargestellt werden.

Ergebnis der Übung:
13\getPixel\step02.fla

◄ **Abbildung 13.26**
Der Farbwert des Pixels wurde ermittelt.

Neben der Methode `getPixel` gibt es weitere Methoden, um Pixeldaten auszulesen:

▶ `getPixel32(x:int,y:int)`: Im Gegensatz zur Methode `get-Pixel` ermittelt `getPixel32` den ARGB-Wert eines Pixels. Dabei steht ARGB für Alpha, Rot, Grün und Blau. Der Rückgabewert ist vom Datentyp `uint`.

▶ `getPixels(rect:Rectangle)`: Die Methode gibt ein sogenanntes Byte-Array aus einem rechteckigen Bereich von Pixelwerten zurück.

▶ `getVector(rect:Rectangle)`: Die Methode gibt ein typisiertes Array (`Vector`-Objekt) aus einem rechteckigen Bereich von Pixelwerten zurück.

Pixel setzen | Das Pendant zu `getPixel` ist die Methode `setPixel`, über die Sie den Farbwert eines Pixels einer Bitmap festlegen können. Um beispielsweise über die Methode `setPixel` eine 50 Pixel breite Linie mit einem gelben Farbton zu zeichnen, könnten Sie folgenden Code verwenden:

```
var bmpData:BitmapData = new BitmapData(200,200,true,
0xFF000000);
var startX:uint = 50;
```

▲ Abbildung 13.27
Die über ActionScript erzeugte
Linie

```
var startY:uint = 50;
for(var i:uint=0;i<50;i++) {
    bmpData.setPixel(startX+i,startY,0xFFFFFF00);
}
var bmp:Bitmap = new Bitmap(bmpData);
addChild(bmp);
```

Die `BitmapData`-Klasse besitzt neben `setPixel` weitere Methoden, um Pixel zu setzen:

▶ `setPixel32(x:int,y:int,color:uint)`: Ähnelt der Methode `setPixel`, mit dem Unterschied, dass als Eingabe ein Farbwert im ARGB-Format (Alpha, Rot, Grün, Blau) erwartet wird.

▶ `setPixels(rect:Rectangle, inputByteArray:ByteArray)`: Die Methode setzt mit Hilfe eines Byte-Arrays die Pixelwerte innerhalb eines definierten Rechtecks.

▶ `setVector(rect:Rectangle, inputVector:Vector.<uint>)`: Die Methode setzt mit Hilfe eines typisierten Arrays (Vector-Objekt) die Pixelwerte innerhalb eines definierten Rechtecks.

Schritt für Schritt: Kreispunkt-Muster mit setPixel erzeugen
Dieser Workshop erläutert, wie Sie die Methode `setPixel` einsetzen, um in Abhängigkeit von der Mausposition ein Kreispunkt-Muster zu erstellen.

1 Neues Dokument erstellen
Erstellen Sie einen neuen Flash-Film, und stellen Sie die BILDRATE des Flash-Films auf 31 Bilder pro Sekunde.

2 Bitmap erzeugen und Ereignis-Listener registrieren
Nennen Sie die bereits vorhandene Ebene »Actions«, und weisen Sie dem ersten Schlüsselbild zunächst folgenden Code zu:

```
1:    var bmpData:BitmapData=new BitmapData(stage.
      stageWidth,stage.stageHeight,false,0xFF000000);
2:    var bmp:Bitmap=new Bitmap(bmpData);
3:    addChild(bmp);
4:    stage.addEventListener(Event.ENTER_FRAME,
      drawCircleDots);
5:    var counter:uint = 0;
```

In Zeile 1 wird ein `BitmapData`-Objekt erzeugt, dessen Bildfläche auf die Größe der Bühne festgelegt wird. Die Hintergrundfarbe ist schwarz. Anschließend wird in Zeile 2 ein `Bitmap`-Objekt initialisiert, dem Objekt wird das `BitmapData`-Objekt übergeben, und anschließend wird das `Bitmap`-Objekt zur Anzeigeliste hinzugefügt (Zeile 3). In Zeile 4 wird an der Bühne des Flash-Films ein Ereignis-Listener registriert, der die Ereignisprozedur `drawCircleDots` in einem Intervall von einem Bild aufruft. In Zeile 5 wird eine Zählervariable `counter` initialisiert, die später dazu dient, die Bildfläche nach einer bestimmten Anzahl von Durchläufen zurückzusetzen.

3   Ereignisprozedur und Zufalls-Hilfsfunktion definieren

Ergänzen Sie den Code nun um folgende Zeilen:

```
1:    function drawCircleDots(e:Event):void {
2:        if (counter<400) {
3:            counter++;
4:            var rndColor:Number=randomExt(0,0xFFFFFF);
5:            var rndRadius:Number=randomExt(0,50);
6:            var angle:Number=0;
7:            var density:Number = 50;
8:            for (var i:Number = 0; i<density; i+=Math.
              PI*2/density) {
9:                angle=i;
10:               var xPos:Number=stage.mouseX+Math.
                  cos(angle)*rndRadius;
11:               var yPos:Number=stage.mouseY+Math.
                  sin(angle)*rndRadius;
12:               bmpData.setPixel(xPos,yPos,rndColor);
13:           }
14:       } else {
15:           counter=0;
16:           bmpData=new BitmapData(stage.stageWidth,
                  stage.stageHeight,true,0xFF000000);
17:           bmp.bitmapData=bmpData;
18:       }
19:   }
20:   function randomExt(minVal:Number,
          maxVal:Number):Number {
21:       return Math.floor(Math.random() *
              (1+maxVal-minVal)) + minVal;
22:   }
```

Zunächst prüft die Funktion `drawCircleDots`, ob der Wert der Zählervariable `counter` kleiner als 400 ist. Sollte der Wert gleich oder größer als 400 sein, wird der Wert der Zählvariable zurück-gesetzt (Zeile 15), das BitmapData-Objekt neu definiert (Zeile 16) und der Bitmap zugewiesen (Zeile 17).

Falls der Wert kleiner als 400 ist, wird der Wert der Zählerva-riablen counter zunächst um 1 erhöht (Zeile 3). Anschließend werden einige Variablen initialisiert (Zeile 4–7), wie z. B. rndCo-lor (Zeile 4), der ein zufälliger Farbwert zugewiesen wird.

In Zeile 8 wird eine for-Schleife definiert, die 50 Mal durch-laufen wird. Dabei wird die Zählervariable i um jeweils 1/50 von Math.PI*2 erhöht. Math.PI*2 entspricht 360 Grad oder einer Umdrehung. Auf Basis der aktuellen Mausposition, dem aktu-ellen Wert von i bzw. angle und dem zuvor zufällig festgelegten Radius wird ein gepunkteter Kreis über die Methode setPixel gezeichnet (Zeile 10–12).

4 Fertig! Flash-Film testen

Ergebnis der Übung:
13\setPixel\setPixel.fla

Testen Sie den Flash-Film über ⌜Strg⌝/⌘+⌜↵⌝. Probieren Sie ruhig einmal einige Parameter – ändern Sie z. B. den zufälligen Wert für rndRadius –, und beobachten Sie die Auswirkungen.

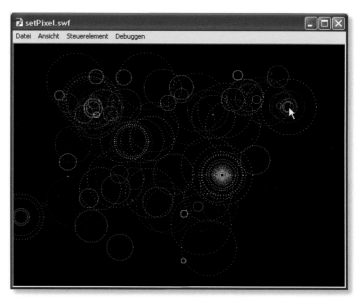

Abbildung 13.28 ▶
Das erzeugte Kreispunkt-Muster ■

14 Sound

In diesem Kapitel lernen Sie alles, was Sie wissen sollten, um Sound in Flash zu nutzen. Sie erfahren, wie Sie Sounds in der Entwicklungsumgebung über die Zeitleiste in einen Flash-Film einbetten und wie Sie Sounds mit Hilfe von ActionScript 3 nutzen und steuern können.

14.1 Hintergrundwissen: Audio

Töne, die wir wahrnehmen, sind analog und können beschrieben werden als sich kontinuierlich ausbreitende Schallwellen.

Ein Beispiel: Ein Lautsprecher sorgt dafür, dass elektrische Eingangssignale in Schallwellen umgewandelt und ausgegeben werden (sich ausbreiten). Unser Ohr bzw. das Trommelfell des Ohrs empfängt diese Wellen und wird in Schwingung versetzt – unser Gehirn wandelt diese Impulse anschließend um, wodurch wir diese Schwingungen letzten Endes als Töne interpretieren. Bei der Umwandlung von analogen Signalen in digitale Signale werden Schallwellen in maschinell interpretierbare Werte umgewandelt. Dabei werden Näherungswerte der Schwingung verwendet. Ähnlich wie beim Scannen eines Bildes mit einem Scanner wird bei der Audio-Digitalisierung die Schwingung abgetastet und in Werte umgewandelt. Die Genauigkeit der Abtastung, die Auflösung, entscheidet darüber, wie genau die digitale Abbildung dem analogen Original entspricht.

Samplingrate | Die Anzahl der Messungen pro Sekunde wird als *Samplingrate* oder *Abtastrate* bezeichnet. Die Samplingrate bestimmt, in welchem Abstand die Welle abgetastet wird und wie häufig entsprechende Werte zur Beschreibung der Welle gespeichert werden. Je höher die Samplingrate ist, desto exakter entspricht die digitale Beschreibung dem analogen Original.

Abtastrate
Wenn möglich, sollten Sie Sounds mit einer Abtastrate von 11 kHz oder einem Vielfachen davon verwenden. Sounds, deren Abtastrate keinem Vielfachen von 11 kHz entsprechen, werden beim Import in Flash auf einen entsprechenden Wert neu umgerechnet.

Eine Schwingung lässt sich mit Hilfe der Frequenz und der Amplitude (Lautstärke), der Auslenkung der Schwingung, beschreiben. Die Samplingrate wird in kHz (Kilohertz) angegeben, z. B. 22 kHz.

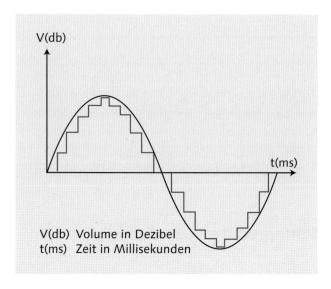

Abbildung 14.1 ▶
Samplingrate

Samplingtiefe | Die sogenannte *Samplingtiefe* entspricht der Anzahl der Abstufungen der Amplitude. Je größer die Samplingtiefe eines digitalen Audio-Signals ist, desto präziser sind die Abstufungen der Lautstärke. Ebenso wie die Samplingrate ist die Samplingtiefe ein Qualitätsmerkmal. Die Samplingtiefe wird in Bit angegeben, z. B. 16 Bit.

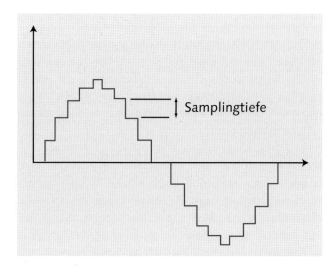

Abbildung 14.2 ▶
Samplingtiefe

14.2 Import und Veröffentlichung

Bevor Sie Sounds in Flash über die Zeitleiste einsetzen können, müssen Sie den jeweiligen Sound zunächst in Flash importieren. Wählen Sie dazu den Menübefehl DATEI • IMPORTIEREN • IN BIBLIOTHEK IMPORTIEREN.

Import-Formate | Sounds, die direkt in der Zeitleiste eines Flash-Films integriert werden sollen, werden üblicherweise im WAV- (Windows) oder AIFF-Format (Mac) importiert.

Komprimierung
Unkomprimierte Soundformate, wie WAV oder AIFF, sind in der Regel sehr groß, Flash wandelt sie jedoch bei der Veröffentlichung des Flash-Films standardmäßig in das komprimierte MP3-Format um.

Format	Dateiendung	Beschreibung
WAV	.wav	Standard-Soundformat (unter Windows), unkomprimiert
AIFF	.aiff, .aif	Standard-Soundformat (unter Mac), unkomprimiert
MP3	.mp3	(MPEG-1 Audio Layer 3), komprimiert
Adobe Sound Document	.asnd	Das in Adobe Soundbooth verwendete Format.
SUN AU	.au	Soundformat von Sun, unkomprimiert/komprimiert

▲ **Tabelle 14.1**
Die wichtigsten importfähigen Soundformate

14.2.1 Veröffentlichungseinstellungen

In welchem Format und in welcher Qualität ein Sound standardmäßig in den Flash-Film eingebunden wird, lässt sich im Menü DATEI • EINSTELLUNGEN FÜR VERÖFFENTLICHUNGEN im Reiter FLASH unter AUDIO-STREAM und AUDIO-EREIGNIS global für den jeweiligen Soundtyp einstellen.

◄ **Abbildung 14.3**
Audio-Einstellungen für die Veröffentlichung

Wie auch bei der Komprimierung von Bitmap-Grafiken können Sie diese Einstellungen in der BIBLIOTHEK darüber hinaus auch individuell für jeden Sound festlegen. Wählen Sie dazu die Sounddatei in der BIBLIOTHEK aus, öffnen Sie das Kontextmenü, und wählen Sie den Menüpunkt EIGENSCHAFTEN.

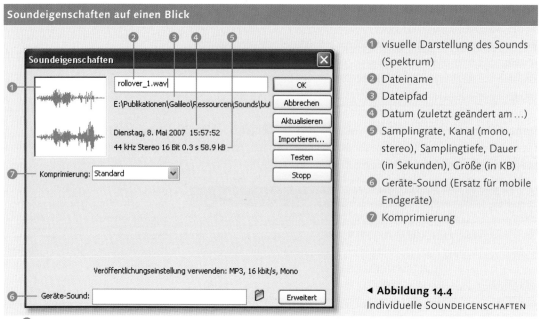

① visuelle Darstellung des Sounds (Spektrum)

② Dateiname

③ Dateipfad

④ Datum (zuletzt geändert am …)

⑤ Samplingrate, Kanal (mono, stereo), Samplingtiefe, Dauer (in Sekunden), Größe (in KB)

⑥ Geräte-Sound (Ersatz für mobile Endgeräte)

⑦ Komprimierung

◄ **Abbildung 14.4**
Individuelle SOUNDEIGENSCHAFTEN

▲ **Abbildung 14.5**
Auswahl der Komprimierung

[!] Variable Bitrate (VBR)
Einige MP3s werden mit einer dynamischen Datenrate (VBR-Modus, »Variable Bitrate«) kodiert. Bei einigen VBR-komprimierten MP3-Dateien kann es zu Fehlern beim Abspielen in Flash kommen. Häufig tritt das Problem bei gestreamten Sounds auf. Wandeln Sie VBR-kodierte MP3-Dateien vorher mit einem geeigneten Audio-Programm in WAV, AIFF oder in MP3 ohne VBR um.

Zunächst können Sie unter KOMPRIMIERUNG ❽ das gewünschte Export-Format und die damit verbundene Komprimierung wählen.

ADPCM | ADPCM nutzt ein Verfahren zur Komprimierung, über das versucht wird, ausgehend von einem Signal den weiteren Verlauf des Signals vorherzusagen. So müssen weniger Bits zur Beschreibung des Signals gespeichert werden. Das Verfahren führt meist zu schlechteren Ergebnissen als MP3.

MP3 | Das bevorzugte Export-Format ist MP3. Das MP3-Format nutzt ein verlustbehaftetes Komprimierungsverfahren, das sich der Psychoakustik bedient. Die Psychoakustik hat das Ziel, ausschließlich für den Menschen bewusst hörbare Audio-Signale zu nutzen. Es bietet in der Regel das beste Qualitäts-Größen-Verhältnis.

RAW | Mit der Einstellung RAW werden Sounds ohne jegliche Komprimierung exportiert, was selbstverständlich zur bestmöglichen Qualität führt. Durch die fehlende Komprimierung werden Flash-Filme jedoch entsprechend groß, was besonders bei Onlineproduktionen inakzeptabel ist.

Sprache | Die Einstellung SPRACHE bietet eine speziell für Sprachausgaben optimierte Komprimierung.

Erweiterte MP3-Einstellungen | Nachdem Sie eine Komprimie-
rung gewählt haben, stehen Ihnen, je nach Komprimierung, weitere Einstellungen zur Verfügung. Für die MP3-Komprimierung
zum Beispiel haben Sie folgende Auswahlmöglichkeiten:

◀ **Abbildung 14.6**
Erweiterte MP3-Einstellungen

▶ Vorverarbeitung ❶: Durch Aktivierung dieser Option werden Stereo-Aufnahmen in Mono-Aufnahmen umgewandelt.
Bei einer Bitrate von 16 kbit/s oder geringer ist die Option
automatisch aktiviert. In Stereo exportierte Aufnahmen benötigen geringfügig mehr Speicher.

▶ Bitrate ❷: Wenn Sie die Komprimierung MP3 gewählt haben,
können Sie über die Bitrate die Stärke der Komprimierung
festlegen. 16 kbit/s (Kilobit pro Sekunde) ist meist zu niedrig.
Es empfiehlt sich, Werte zwischen 48 kbit/s und 128 kbit/s
(annähernd CD-Qualität) zu wählen.

▶ Qualität ❸: Diese Einstellung beeinflusst die Geschwindigkeit, mit der die Komprimierung durchgeführt wird. Der Wert
Schnell sorgt für eine schnelle Komprimierung mit entsprechend geringerer Qualität. Zum Testen sollten Sie die Option
Schnell wählen – wenn Sie den Flash-Film finalisieren, empfiehlt es sich, die Einstellung in Optimal zu ändern.

Bitrate
Die Bitrate ist einerseits ein Quali-
tätsmerkmal. Andererseits gibt sie
gleichzeitig die Bandbreite an, die
erforderlich ist, um den Sound zu
streamen. Eine Kodierung mit 48
kbit/s bedeutet, dass 48 Kilobit
pro Sekunde gestreamt werden
müssten. Die theoretische Bandbreite von ISDN beträgt 64 Kilobit
pro Sekunde. In der Praxis kann
die Bandbreite etwas geringer
ausfallen.
Die Bandbreite eines Standard-
DSL-Anschlusses ist 768 Kilobit
pro Sekunde.

Weitere Funktionen des Soundeigenschaften-Fensters | Im
Dialogfenster Soundeigenschaften stehen Ihnen auf der rechten Seite zusätzliche Funktionen zur Verfügung:

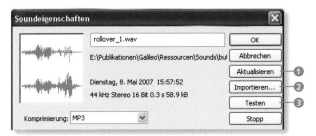

◀ **Abbildung 14.7**
Funktionen des Soundeigen-
schaften-Fensters

▶ Aktualisieren ❶: Nachdem Sie eine Sounddatei importiert
und sie nachträglich in einem externen Audio-Editor bearbeitet haben, können Sie die Änderungen der Sounddatei im

Wenn Sie eine Flash-Quelldatei (FLA) erhalten und einen Sound, der in der Bibliothek, jedoch nicht mitgeliefert wird, anderweitig benötigen, wählen Sie den Sound in der BIBLIOTHEK aus, öffnen Sie das Kontextmenü, und wählen Sie den Menüpunkt BEARBEITEN MIT. Wählen Sie anschließend ein geeignetes Soundbearbeitungsprogramm aus, wie z. B. Audacity.

Flash-Film per Klick auf AKTUALISIEREN übernehmen. Änderungen an Sounddateien werden, wie bei Bitmaps auch, nicht automatisch übernommen.

▶ IMPORTIEREN ➋: Über die Schaltfläche IMPORTIEREN ersetzen Sie eine Sounddatei durch eine andere. Das ist sehr praktisch, wenn Sie einen Sound in den Flash-Film integriert haben und ihn schnell durch einen anderen austauschen möchten. TESTEN ➌: Über die Schaltfläche TESTEN können Sie das Resultat der eingestellten Komprimierung prüfen. Die Sounddatei wird mit der eingestellten Komprimierung exportiert und abgespielt.

Falls Sie Audio-Material professionell herstellen und bearbeiten wollen, benötigen Sie spezielle Audio-Software. Einen Überblick über die bekanntesten Audio-Programme gibt Ihnen die folgende Tabelle.

Audio-Editor	Hersteller/Bezugsquelle	System	Lizenz
Sound Forge	http://www.sonycreativesoftware.com	Windows	kommerziell
Audacity	http://www.audacity.de/	Windows, Mac, Linux	Open Source
Adobe Soundbooth	http://www.adobe.de	Windows, Mac	kommerziell
Adobe Audition	http://www.adobe.de	Windows	kommerziell
Audio Editor Plus	http://www.awlmedia.com	Windows	Shareware
GarageBand	http://www.apple.com/de/ilife/garageband/	Mac	standardmäßig bei Mac OS dabei.
ProTools	http://www.digidesign.com/	Windows, Mac	kommerziell

▲ **Tabelle 14.2**
Audio-Editoren

14.2.2 Tipps für den Import

Wenn Sie Sounds in der Zeitleiste eines Flash-Films oder einer Symbolinstanz verwenden möchten, sollten Sie den Sound in der bestmöglichen Qualität in Flash importieren. Nehmen Sie dabei keine Rücksicht auf die Dateigröße, da Flash den Sound standardmäßig selbst komprimiert.

Sollte Ihnen die Sounddatei ausschließlich in einem komprimierten Format vorliegen, bleibt Ihnen folgende Möglichkeit: Öffnen Sie die komprimierte Sounddatei in einem externen Soundeditor, und speichern Sie sie in ein unkomprimiertes Format ab, z. B. in das WAV-Format. Diese Version können Sie dann nutzen, um Änderungen an der Sounddatei vorzunehmen. Die Qualität des Originals bleibt so auch bei Änderungen und wiederholtem Speichern erhalten. Importieren Sie dann die unkomprimierte Version in Flash. Wie bereits erwähnt, wird sie standardmäßig beim Veröffentlichen des Films komprimiert.

Gutes Ausgangsmaterial
Grundsätzlich gilt: Je besser das Ausgangsmaterial ist, desto besser ist das Endergebnis. Besitzen Sie einen Sound in einem unkomprimierten Format, wie z. B. WAV oder AIF, nutzen Sie dieses Format für den Import in Flash.

14.3 Sound in der Zeitleiste

Um einen Sound auf der Zeitleiste zu integrieren, müssen Sie ihn einem Schlüsselbild zuweisen. Wählen Sie dazu das Schlüsselbild aus, öffnen Sie das EIGENSCHAFTEN-Fenster, und wählen Sie den zuvor importierten Sound im Listenfeld unter SOUND ❶ aus.

Hinweis
Für eine bessere Übersicht empfiehlt es sich, auf der ZEITLEISTE eine oder mehrere Ebenen speziell für Sounds anzulegen.

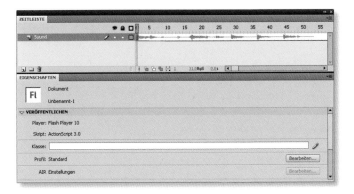

◀ **Abbildung 14.8**
Einem Schlüsselbild Sound zuweisen

14.3.1 Soundtypen

Im EIGENSCHAFTEN-Fenster im Reiter SOUND ❷ stehen Ihnen weitere Einstellungen zur Verfügung, die das Verhalten des Sounds beeinflussen. Unter SYNCHRONISATION ❸ können Sie zwischen vier Einstellungsmöglichkeiten wählen:

Mehrere Sounds gleichzeitig abspielen

Um mehrere Sounds parallel abzuspielen, müssen Sie für jeden Sound eine eigene Ebene und ein Schlüsselbild anlegen.

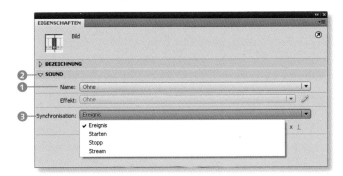

◀ **Abbildung 14.9**
Synchronisationseinstellungen

▶ EREIGNIS: Ereignissounds müssen vor dem Abspielen vollständig heruntergeladen werden. Sie eignen sich für kurze Soundeffekte, die parallel zu bestimmten Ereignissen, wie z. B. dem Erscheinen eines Textes, abgespielt werden.

▶ STARTEN: Ein Anfangssound verhält sich ähnlich wie ein Ereignissound. Der Sound wird allerdings nur erneut abgespielt, wenn sein vorheriger Abspielvorgang bereits abgeschlossen ist. Die Einstellung eignet sich z. B. für Button-Ereignisse, wie `MouseEvent.CLICK`, `MouseEvent.ROLL_OVER` usw., die nicht mehrfach parallel abgespielt werden sollen.

► STOPP: Über STOPP beenden Sie den Abspielvorgang eines zuvor eingestellten Sounds mit der Einstellung EREIGNIS oder ANFANG.

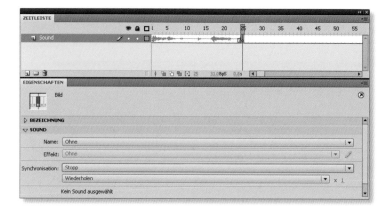

Abbildung 14.10 ►
Der Sound wird ab Bild 25 gestoppt.

► STREAM: Streaming-Sounds werden abgespielt, sobald ausreichend Daten für die ersten Bilder heruntergeladen wurden. Diese Einstellung lässt sich für längere Sounds nutzen, z. B. für Hintergrundmusik. Hierbei sollten Sie darauf achten, dass die Bandbreite des Betrachters ausreicht, um den Sound zu streamen. Da Sounds mit der Einstellung STREAM synchron zur Zeitleiste abgespielt werden, eignen sie sich besonders gut, um Animationen und Sound exakt parallel (synchron) abzuspielen. Sollte der Flash-Film nicht schnell genug geladen werden, werden Bilder des Flash-Films übersprungen.

Wiederholungen | Unterhalb des Soundtyps stellen Sie ein, wie oft ein Sound abgespielt werden soll. Wahlweise können Sie mit der Einstellung WIEDERHOLEN ❶ einen Sound x-mal wiederholen. Die Anzahl der Wiederholungen geben Sie dann rechts im Feld ANZAHL DER SCHLEIFEN ❸ an. Wenn Sie einen Sound unendlich oft wiederholen möchten, wählen Sie die Einstellung SCHLEIFE ❷.

Abbildung 14.11 ►
Wiederholungen oder Schleife einstellen

14\Button\step01.fla, klick_1.
wav und rollover_2.wav

Schritt für Schritt: Eine Schaltfläche mit Sounds versehen
In diesem Workshop lernen Sie, wie Sie einen Sound mit einer Schaltfläche verknüpfen.

1 **Flash-Film öffnen**

Öffnen Sie den Flash-Film *05\Button\step01.fla*. Im Flash-Film wurde eine Schaltfläche angelegt. Für die Zustände AUF und DARÜBER integrieren wir im Folgenden jeweils ein Sound.

2 **Symbol-Bearbeitungsmodus**

Wählen Sie die Schaltflächen-Symbolinstanz auf der Bühne aus, und wechseln Sie über ⌈Strg⌉/⌈⌘⌉+⌈E⌉ in den Symbol-Bearbeitungsmodus. Erstellen Sie eine neue Ebene »Sounds«.

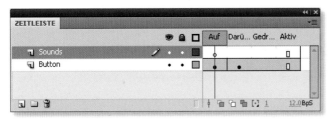

▲ **Abbildung 14.12**
Eine neue Ebene »Sounds« wurde angelegt.

3 **Sounddateien importieren**

Importieren Sie über das Menü DATEI • IMPORTIEREN • IN BIBLIO-THEK IMPORTIEREN die WAV-Dateien *klick_1.wav* und *rollover_2. wav*. Erstellen Sie auf der Ebene »Sounds« im Bild DARÜBER und GEDRÜCKT über ⌈F6⌉ jeweils ein leeres Schlüsselbild.

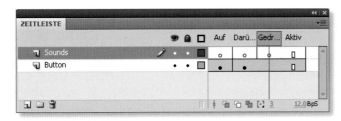

◄ **Abbildung 14.13**
Schlüsselbilder erstellen

4 **Sounds zuweisen**

Wählen Sie zunächst das Schlüsselbild im Feld DARÜBER aus, und weisen Sie dem Schlüsselbild über das EIGENSCHAFTEN-Fenster im Reiter SOUND den Sound *rollOver_2.wav* zu. Stellen Sie im Feld SYNCHRONISATION die Einstellung auf STARTEN, und stellen Sie WIEDERHOLEN auf »0«.

Wählen Sie anschließend das Schlüsselbild im Bild GEDRÜCKT aus, und weisen Sie dem Schlüsselbild den Sound *klick_1.wav* zu. Stellen Sie im Feld SYNCHRONISATION die Einstellung auf STARTEN, und stellen Sie WIEDERHOLEN auf »0«.

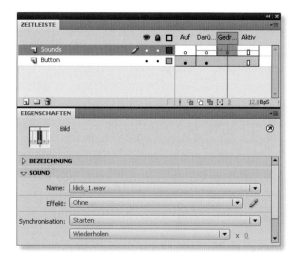

 Ergebnis der Übung:
14\Button\step02.fla

▲ **Abbildung 14.15**
Soundeffekte

5 **Film testen**

Testen Sie den Film über [Strg]/[⌘]+[↵], und vergessen Sie nicht, Ihre Lautsprecher anzustellen. ∎

14.3.2 Soundeffekte

Im Feld EFFEKT können Sie in einem Listenfeld zwischen verschiedenen Einstellungen wählen:

▶ OHNE: Der Sound wird ohne Effekt abgespielt.

▶ LINKER/RECHTER KANAL: Der jeweils angegebene Kanal wird abgespielt – der andere Kanal ist deaktiviert.

▶ NACH RECHTS/NACH LINKS: Der Sound verläuft in die angegebene Kanal-Richtung. NACH RECHTS bedeutet, dass der Sound zunächst links abgespielt wird und nach und nach zum rechten Kanal übergeht.

▶ EINBLENDEN/AUSBLENDEN: Die Lautstärke des Sounds steigert sich von 0 auf 1 (Einblenden) bzw. fällt von 1 auf 0 (Ausblenden).

▶ BENUTZERDEFINIERT: Es erscheint das Dialogfenster HÜLLKURVE BEARBEITEN, das sich auch über die Schaltfläche BEARBEITEN öffnen lässt. Die Möglichkeiten werden im Folgenden näher erläutert.

Gefüllter Anfasser
Sobald Sie den Anfasser ausgewählt haben, wird er durch ein gefülltes Rechteck ersetzt.

Benutzerdefinierte Soundeffekte | Im Dialogfenster HÜLLKURVE BEARBEITEN wählen Sie unter EFFEKT ❶ einen der bereits vorgestellten Effekte aus. Auswirkungen des Effekts sehen Sie auf dem linken ❷ und rechten ❸ Kanal dann im unteren Bereich. Alternativ können Sie die Lautstärke des linken und des rechten Kanals auch selbst steuern. Wählen Sie dazu unter EFFEKT die Einstellung BENUTZERDEFINIERT.

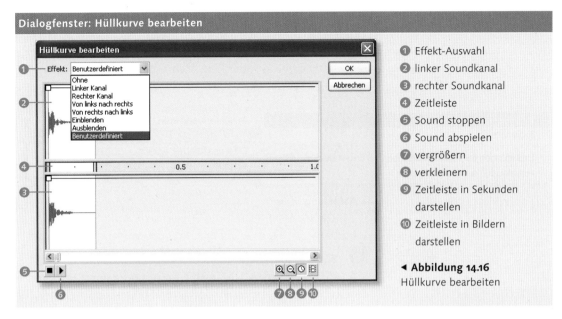

Dialogfenster: Hüllkurve bearbeiten

Hüllkurve bearbeiten

Effekt: Benutzerdefiniert

Ohne
Linker Kanal
Rechter Kanal
Von links nach rechts
Von rechts nach links
Einblenden
Ausblenden
Benutzerdefiniert

OK
Abbrechen

0.5   1.0

① Effekt-Auswahl
② linker Soundkanal
③ rechter Soundkanal
④ Zeitleiste
⑤ Sound stoppen
⑥ Sound abspielen
⑦ vergrößern
⑧ verkleinern
⑨ Zeitleiste in Sekunden darstellen
⑩ Zeitleiste in Bildern darstellen

◀ **Abbildung 14.16**
Hüllkurve bearbeiten

Klicken Sie einen der Anfasser ⑪, ⑫ im gewünschten Kanal an, halten Sie die Maustaste gedrückt, und verschieben Sie ihn. Um einen neuen Anfasser zu erstellen, klicken Sie mit der Maus auf einen Punkt auf der Linie ⑬.

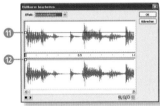

▲ **Abbildung 14.17**
Der Lautstärke-Pegel des linken Kanals wurde reduziert.

Ein- und Ausblenden
Mit Hilfe von vier Anfassern können Sie so z. B. einen Ein- und Ausblenden-Effekt erstellen.

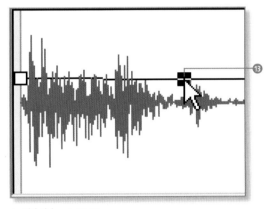

▲ **Abbildung 14.18**
Ein neuer Punkt wurde erstellt.

Schritt für Schritt: Einen Streaming-Sound ein- und ausblenden
In diesem Workshop wird gezeigt, wie Sie einen gestreamten Sound ein- und ausblenden.

🔘 *14\StreamingSound\comx_fast_loop.wav*

1 Flash-Film erstellen

Öffnen Sie über DATEI • NEU im Reiter ALLGEMEIN eine neue FLASH-DATEI (ACTIONSCRIPT 3.0). Importieren Sie den Sound *comx_fast_loop.wav* über das Menü DATEI • IMPORTIEREN • IN BIBLIOTHEK IMPORTIEREN.

▲ **Abbildung 14.19**
IN BIBLIOTHEK IMPORTIEREN

2 Sound einstellen

Wählen Sie das erste Schlüsselbild aus, und weisen Sie ihm im EIGENSCHAFTEN-Fenster den Sound zu. Stellen Sie die Einstellung unter SYNCHRONISATION auf STREAM.

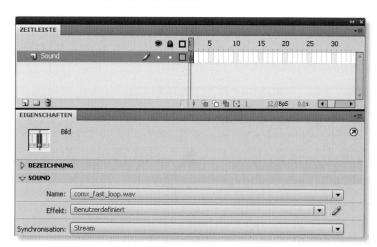

Abbildung 14.20 ▶
Dem Schlüsselbild Sound
zuweisen

3 Soundeigenschaften festlegen

Öffnen Sie die BIBLIOTHEK, wählen Sie den Sound aus, und öffnen Sie per Klick mit der rechten Maustaste das Kontextmenü. Wählen Sie den Menüpunkt EIGENSCHAFTEN. Stellen Sie die KOMPRIMIERUNG auf MP3 und die BITRATE auf 64 KBIT/S, was in etwa der Bandbreite von ISDN entspricht. Unter QUALITÄT stellen Sie den Wert OPTIMAL ein. Bestätigen Sie die Komprimierung durch Klick auf OK.

◀ **Abbildung 14.21**
Soundeigenschaften einstellen

4 Bilder einfügen

Damit der Sound abgespielt wird, müssen Sie die Zeitleiste durch weitere Bilder ergänzen. Wählen Sie in der ZEITLEISTE Bild 280 aus, und fügen Sie über F5 in Bild 2 bis 280 Bilder ein.

◀ **Abbildung 14.22**
Bilder einfügen

5 Sound einblenden

Wählen Sie das Schlüsselbild in Bild 1 aus, und klicken Sie auf die Stiftsymbol-Schaltfläche SOUNDUMHÜLLUNG BEARBEITEN im EIGENSCHAFTEN-Fenster. Erstellen Sie zunächst per Mausklick einen weiteren Anfasser ❶ nach einer Sekunde, und verschieben Sie den ersten Anfasser ❷ jedes Kanals nach unten, so dass der Sound am Anfang eingeblendet wird.

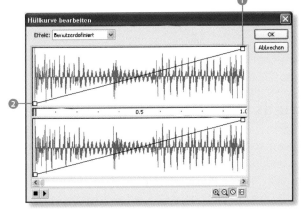

◀ **Abbildung 14.23**
Sound einblenden

6 Sound ausblenden

Nutzen Sie den horizontalen Scroller ❸, um an das Ende des Sounds, bei ca. 23,3 Sekunden, zu scrollen. Erstellen Sie zwei weitere Anfasser, und verschieben Sie den letzten Anfasser jedes Kanals am Ende des Sounds nach unten, um diesen auszublenden.

Abbildung 14.24 ▶
Sound ausblenden

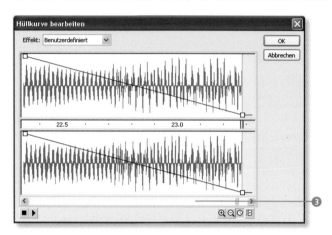

7 Veröffentlichungseinstellungen anpassen

Klicken Sie im Menü auf DATEI • EINSTELLUNGEN FÜR DIE VERÖFFENTLICHUNGEN, und wählen Sie den Reiter FLASH aus. Klicken Sie unter AUDIO-STREAM auf die Schaltfläche EINSTELLUNGEN, und wählen Sie unter BITRATE 80 kbit/s aus.

Abbildung 14.25 ▶
SOUND-EINSTELLUNGEN

Ergebnis der Übung:
14\StreamingSound\streaming-Sound.fla

Ausnahme: stopAll

Die einzige Ausnahme ist der Aufruf der Methode `stopAll` der `SoundMixer`-Klasse (`SoundMixer.stopAll():`), mit der Sie den Abspielvorgang aller aktuell abgespielten Sounds gleichzeitig stoppen können.

---

8 Film testen

Testen Sie den Film über ⌨Strg/⌘+⏎. ■

14.4 Sounds mit ActionScript

Häufig möchte man Sounds nicht einfach nur in einen Flash-Film integrieren, sondern die Möglichkeit haben, Sounds zu steuern. Sounds, die nicht über ActionScript eingebunden werden, können auch nicht über ActionScript gesteuert werden.

14.4.1 Sound-Objekt

Sounds können über das sogenannte *Sound-Objekt* mit Hilfe von ActionScript 3 integriert werden. Grundsätzlich haben Sie zwei Möglichkeiten, einen Sound mit einem Sound-Objekt zu verknüpfen:

- ▶ Für jeden Sound aus der Bibliothek erstellen Sie eine Klasse. Ein Objekt der Klasse kann dann initialisiert werden, und der Sound wird über das Objekt gesteuert. Diese Methode wird im direkten Anschluss erläutert.
- ▶ Über die Methode load der Sound-Klasse laden Sie eine externe MP3-Datei. Diese Möglichkeit wird später noch erläutert.

Um einen Sound aus der Bibliothek verwenden zu können, müssen Sie dem Sound-Element zunächst eine eigene Klasse zuweisen. Wählen Sie dazu den Sound in der BIBLIOTHEK aus, öffnen Sie das Kontextmenü, und wählen Sie den Menüpunkt EIGENSCHAFTEN. Klicken Sie gegebenenfalls auf die Schaltfläche ERWEITERT, und aktivieren Sie das Optionsfeld EXPORT FÜR ACTIONSCRIPT im Bereich VERKNÜPFUNG. Weisen Sie dem Sound im Feld KLASSE einen eindeutigen Klassenbezeichner zu. Beachten Sie, dass Klassennamen üblicherweise mit einem Großbuchstaben beginnen sollten. Wählen Sie zum Beispiel als Klassenbezeichner »FXSound1«, und klicken Sie auf OK.

◀ **Abbildung 14.26**
Klassenbezeichner zuweisen

Es erscheint ein Warnhinweis, dass keine Definition der Klasse gefunden wurde. Sie können den Warnhinweis ignorieren; klicken Sie dazu auf OK. In diesem Fall legt Flash dann automatisch eine Klasse mit dem Namen an.

Länge des Sounds ermitteln

Über das Sound-Objekt können Sie auf den Sound zugreifen. So ermitteln Sie z. B. über die Eigenschaft length die Länge des Sounds (in Millisekunden):

`trace(mySound1.length);`

◀ **Abbildung 14.27**
Ignorieren Sie den Hinweis durch Mausklick auf OK.

Anschließend können Sie ein Objekt `mySound1` der Klasse `FXSound1` wie folgt definieren:

```
var mySound1:FXSound1 = new FXSound1();
```

Der Sound wird nicht automatisch abgespielt. Um den Abspielvorgang zu starten, können Sie die Methode `play` der Sound-Klasse wie folgt nutzen:

SoundChannel-Objekt
Die Methode `play` eines Sound-Objekts gibt ein `SoundChannel`-Objekt zurück, über das Sie beispielsweise die Lautstärke der Kanäle steuern können. Mehr dazu später.

```
mySound1.play();
```

Optional übergeben Sie der Methode drei Argumente:

▶ `startTime:Number` – die Position in Millisekunden, ab der der Sound abgespielt werden soll. Der Standardwert ist 0.

▶ `loops:int` gibt an, wie oft der Sound wiederholt werden soll. Der Standardwert ist 0 und führt zu einem einmaligen Abspielen.

▶ `sndTransform:SoundTransform`, ein `SoundTransform`-Objekt, das dem Soundkanal zugewiesen wurde. Über ein `SoundTransform`-Objekt können Sie beispielsweise die Lautstärke und die Kanäle steuern. Dazu später mehr.

14.4.2 Externe Sounddatei laden und abspielen

Alternative Schreibweise
Alternativ können Sie das `URL-Request`-Objekt auch direkt an die Konstruktor-Funktion des Sound-Objekts übergeben. Sie Methode `load` wird dann automatisch aufgerufen. Beispiel:

```
var myRequest:URLRequest =
new URLRequest("sample.mp3");
var mySound:Sound = new
Sound(myRequest);
```

Über die Methode `load` eines Sound-Objekts laden Sie eine externe MP3-Datei zur Laufzeit. Dazu definieren Sie zunächst ein Sound-Objekt und ein `URLRequest`-Objekt definiert und rufen anschließend die Methode `load` auf:

```
var mySound:Sound = new Sound();
var myRequest:URLRequest = new URLRequest("sample.
mp3");
mySound.load(myRequest);
```

Über das Ereignis `Event.COMPLETE` können Sie feststellen, wann die Sounddatei vollständig geladen ist, und diese dann über eine entsprechende Ereignisprozedur wie folgt abspielen:

```
mySound.addEventListener(Event.
COMPLETE,completeHandler);
function completeHandler(e:Event):void {
    e.target.play();
}
```

Dabei können Sie innerhalb der Ereignisprozedur `completeHandler` das Sound-Objekt über `e.target` referenzieren und über die Methode `play` abspielen.

Ein Beispiel, wie Sie ID3-Tags auslesen, finden Sie auch auf der DVD unter 14\Sound_ID3\demo_id3.fla.

ID3-Tags auslesen

ID3-Tags sind ein Format für Zusatzinformationen, die in Sounddateien des MP3-Formats integriert sein können. ID3 steht für »Identify an MP3«. Es gibt verschiedene Versionen des ID3-Formats, dazu gehören ID3v1, ID3v1.1 und ID3v2.0, ID3 v2.2, ID3v2.3 und ID3v2.4. Action-Script 3 unterstützt ID3 2.0- und insbesondere 2.3- und 2.4-Tags. ID3-Tags können Sie wie folgt auslesen:

Zunächst registrieren Sie einen Ereignis-Listener am Sound-Objekt für das Ereignis `Event.ID3`; die Ereignisprozedur wird ausgeführt, sobald ID3-Informationen zur Verfügung stehen.

```
mySound.addEventListener(Event.ID3,id3Available);
```

Anschließend greifen Sie innerhalb der Ereignisprozedur über `e.target` auf das Sound-Objekt zu und lesen die ID3-Tags aus:

```
function id3Available(e:Event):void {
    trace("Comment: "+e.target.id3.comment);
    trace("Genre: "+e.target.id3.genre);
    trace("Titel: "+e.target.id3.songName );
    trace("Künstler: "+e.target.id3.artist);
}
```

Bedeutung	ActionScript 3-Eigenschaft
ein Kommentar	`mySound.id3.comment`
das Album	`mySound.id3.album`
das Genre	`mySound.id3.genre`
der Titel des Tracks	`mySound.id3.songName`
der Künstler	`mySound.id3.artist`
die Tracknummer	`mySound.id3.track`
das Jahr, in dem Sound produziert wurde	`mySound.id3.year`

◄ **Tabelle 14.3**
Die wichtigsten ID3-Tags
(ID3 v2.0)

Ladefehler abfragen | Für den Fall, dass die Sounddatei nicht geladen werden kann, sollten Sie einen möglichen Fehler mit Hilfe des Ereignisses `IOErrorEvent.IO_ERROR` abfragen:

```
mySound.addEventListener(IOErrorEvent.IO_ERROR,
ioErrorHandler);
function ioErrorHandler(e:IOErrorEvent):void {
    trace("Sound konnte nicht geladen werden.");
}
```

Ladefortschritt ermitteln | Über das Ereignis `ProgressEvent.`
`PROGRESS` und eine entsprechende Ereignisprozedur können Sie
den Ladefortschritt wie folgt ermitteln:

```
mySound.addEventListener(ProgressEvent.
PROGRESS,progressHandler);
function progressHandler(e:ProgressEvent):void {
    var geladen:Number = e.target.bytesLoaded;
    var total:Number = e.target.bytesTotal;
    var prozent:uint = Math.round((geladen/total)*100);
    trace(prozent);
}
```

14.4.3 Sound abspielen

Wie bereits erwähnt, können Sie einen Sound, der einem Sound-
Objekt zugewiesen wurde, über die Methode `play()` abspielen.
Dabei können Sie sowohl den Einstiegspunkt (in Millisekunden)
angeben als auch die Anzahl der Wiederholungen.

Sekunden in Millisekunden
1 Sekunde entspricht 1.000
Millisekunden.

Wenn Sie z. B. einen Sound mit einer Länge von 20 Sekunden
ab der Mitte (10 Sekunden) abspielen wollen, könnten Sie den
folgenden Code nutzen:

```
mySound.play(10000);
```

Die folgende Anweisung spielt den Sound von Anfang an ab und
wiederholt ihn zwei weitere Male:

```
mySound.start(0,2);
```

int.MAX_VALUE
Der Wert der Eigenschaft `int.`
`MAX_VALUE` entspricht der Zahl
2.147.483.647, was in der Regel
ausreichen sollte.

Endloswiederholungen | In einigen Fällen, z. B. bei Soundloops,
möchte man den Sound unendlich oft wiederholen lassen. Leider gibt es in ActionScript 3 keinen Wert und keine Variable für
»unendlich«. Wenn Sie es sich einfach machen möchten, verwenden Sie einfach die statische Klasseneigenschaft `int.MAX_VALUE`:
`mySound.start(0,int.MAX_VALUE);`
Alternativ nutzen Sie das Ereignis `Event.SOUND_COMPLETE`
eines `SoundChannel`-Objekts. Das Ereignis wird aufgerufen, wenn
der Sound vollständig abgespielt wurde. Zunächst benötigen Sie
ein `SoundChannel`-Objekt. Dieses wird Ihnen beim Aufruf der
Methode `play` eines `Sound`-Objekts zurückgegeben:

```
var mySoundChannel:SoundChannel  = new
SoundChannel();
mySoundChannel=mySound.play();
```

Anschließend registrieren Sie am SoundChannel-Objekt den Ereignis-Listener und definieren eine Ereignisprozedur, die den Sound erneut abspielt:

```
mySoundChannel.addEventListener(Event.SOUND_COMPLETE,
soundCompleteHandler);
```

Der Ereignis-Listener ist nur für dieses SoundChannel-Objekt registriert. Damit der Sound unendlich oft wiederholt wird, müssen Sie innerhalb der Ereignisprozedur erneut den Ereignis-Listener am SoundChannel-Objekt registrieren:

```
function soundCompleteHandler(e:Event):void {
    mySoundChannel=mySound.play();
    mySoundChannel.addEventListener(Event.SOUND_
    COMPLETE,soundCompleteHandler);
}
```

14.4.4 Sound-Streaming steuern

Bisher haben Sie die Möglichkeit kennengelernt, einen Sound zu laden und nach dem vollständigen Laden abzuspielen. Eine weitere Möglichkeit ist das Streamen eines Sounds; dabei wird zunächst nur ein Teil der Sounddaten in den Soundpuffer geladen. Der Sound wird dann abgespielt, während zeitgleich weitere Daten empfangen werden.

Die Größe des Soundpuffers legen Sie mit Hilfe eines sogenannten SoundLoaderContect-Objekts fest:

```
var myContext:SoundLoaderContext = new SoundLoader-
Context(5000, false);
```

Anmerkung: Progressiver Download

Streng genommen handelt es sich bei den hier beschriebenen Erläuterungen nicht um ein echtes Streaming. Tatsächlich findet ein progressiver Download statt, der sich jedoch ähnlich verhält. Da aber in Flash selbst der Ausdruck »Streaming« verwendet wird, wird dieser auch hier verwendet.

Es werden zwei Argumente übergeben. Das erste Argument, hier 5000, gibt die Zeit in Millisekunden an, die für den Soundpuffer verwendet werden soll. Das bedeutet, in diesem Fall wird so lange gewartet, bis 5 Sekunden des Sounds in den Puffer geladen sind, bevor der Sound gestreamt bzw. abgespielt wird.

Das zweite Argument, hier false, bestimmt, ob beim Laden des Sounds die Domain, in der der Sound liegt, auf eine URL-Policy überprüft werden soll. Eine solche Policy wäre notwendig, wenn Sie einen Sound von einer anderen Domain als der des Flash-Films laden würden. Um einen externen Sound als Streaming-Sound abzuspielen, könnten Sie folgenden Code verwenden:

Beim Streaming werden Mediendaten gleichzeitig empfangen und wiedergegeben. Da die Wiedergabe der Daten beim Streaming gleichzeitig mit dem Empfang stattfindet, muss beim Empfänger eine ausreichende Datenübertragungsrate zur Verfügung stehen. Um Unterbrechungen zu vermeiden, verwendet der Flash Player einen Puffer mit einer bestimmten Größe, dessen Einsatz eine kurze zeitliche Verzögerung bewirkt.

```
var mySound:Sound = new Sound();
var myRequest:URLRequest = new URLRequest("sample.
mp3");
var myContext:SoundLoaderContext = new
SoundLoaderContext
(5000, false);
mySound.load(myRequest, myContext);
mySound.play();
```

Soundloops als MP3 | Unter *Gapless-Playback* versteht man den pausenlosen Übergang von einem Sound auf den anderen. Wenn ein Sound geloopt wird, sollte das Gapless-Playback unterstützt werden, damit beim Übergang vom Ende des ersten Sounds zum Anfang des nächsten Sounds keine Pause zu hören ist. Nicht jedes Format unterstützt das Gapless-Playback. Der erste MP3-Codec vom Fraunhofer Institut unterstützt es leider auch nicht; so können Loops, die auf diesem Codec basieren, nur schwer realisiert werden. Grund dafür ist die sogenannte feste Frame-Größe – damit ein Übergang flüssig wäre, müsste der letzte Frame genau ausgefüllt werden, was in der Praxis nur selten vorkommt. Wenn der letzte Frame nicht gänzlich ausgefüllt wird, wird automatisch am Anfang eine entsprechende Stille eingefügt. Der Open-Source-MP3-Encoder von LAME besitzt eine Funktion, die Metadaten integriert, die angeben, bis wohin die Nutzdaten der Sounddatei gehen. Einige Player können diese Metadaten interpretieren und so ein Gapless-Playback erreichen.

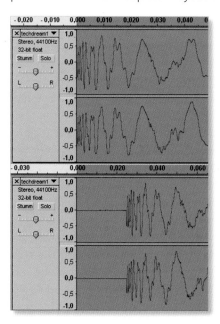

Abbildung 14.28 ▶
Sound vor (oben) und nach (unten) der Kodierung in MP3

Wenn Sie also einen Sound loopen möchten, empfiehlt es sich, den Sound, z. B. als WAV oder AIFF, entweder direkt auf der Zeitleiste zu positionieren oder ihn in der Bibliothek des Flash-Films abzulegen und über die Instantiierung der zugewiesenen Klasse zu nutzen. Obwohl Flash selbst den Sound intern auch als MP3 kodiert, tritt dieser Fehler dann nicht auf. Das bedeutet also, dass Sie einen externen Sound, der im MP3-Format vorliegt und geloopt werden soll, erst in ein anderes Format umwandeln und eventuell die Stille am Anfang entfernen müssen, um ihn dann in Flash zu importieren.

Schritt für Schritt: Mehrere Sounds zuweisen, abspielen und stoppen

In diesem Workshop erfahren Sie, wie Sie mehrere Sounds parallel abspielen und über ActionScript steuern.

14\MultiSound\step01.fla

1 Film öffnen

Öffnen Sie den Flash-Film *Sound\MultiSound\step01.fla*. Es wurden zwei Movieclips, die als Button dienen, mit den Instanznamen »loop1_mc« und »loop2_mc« angelegt. Zusätzlich befinden sich in der Bibliothek zwei Sounddateien.

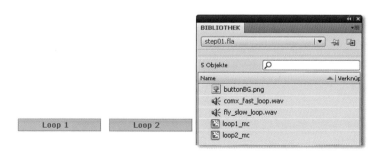

◄ **Abbildung 14.29**
Die Ausgangsbasis

2 Klassenbezeichner zuweisen

Wählen Sie den Sound »comx_fast_loop.wav« in der BIBLIOTHEK aus, öffnen Sie das Kontextmenü, und wählen Sie den Menüpunkt EIGENSCHAFTEN. Klicken Sie gegebenenfalls auf die Schaltfläche ERWEITERT, um die erweiterten Einstellungen anzuzeigen.

Aktivieren Sie das Optionsfeld EXPORT FÜR ACTIONSCRIPT, und weisen Sie dem Sound unter KLASSE den Klassenbezeichner »SoundLoop1« zu.

Wiederholen Sie den Vorgang für den Sound »fly_slow_loop. wav«, wobei Sie diesem Sound den Klassen-Bezeichner »SoundLoop2« zuweisen.

▲ **Abbildung 14.30**
Klassenbezeichner zuweisen

3 | Sound-Objekte initialisieren

Weisen Sie dem Schlüsselbild auf der Ebene »Actions« zunächst folgenden Code zu:

```
1:    var sndLoop1:SoundLoop1 = new SoundLoop1();
2:    var sndLoop2:SoundLoop2 = new SoundLoop2();
3:    var soundChannel1:SoundChannel;
4:    var soundChannel2:SoundChannel;
5:    var sndState1:Boolean = false;
6:    var sndState2:Boolean = false;
7:    loop1_mc.addEventListener(MouseEvent.CLICK,
      clickHandler1);
8:    loop2_mc.addEventListener(MouseEvent.CLICK,
      clickHandler2);
```

Es werden zwei Objekte initialisiert (Zeile 1, 2). Die Objekte sind vom Datentyp Soundloop1 und Soundloop2. Beide Klassen erweitern (erben) von der Sound-Klasse und besitzen aus dem Grund gleichnamige Methoden und Eigenschaften und können wie ein Sound-Objekt selbst verwendet werden. In Zeile 3, 4 werden zwei SoundChannel-Objekte initialisiert, die zum Stoppen der Sounds benötigt werden, da das Sound-Objekt selbst keine Methode stop besitzt. Die Variablen sndState1 und sndState2 geben den Status des Abspielvorgangs wieder. In Zeile 7, 8 werden Listener an den zwei bereits erstellten Movieclips registriert.

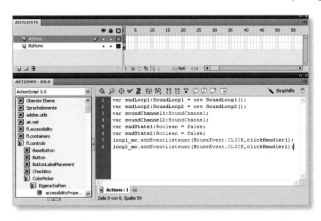

Abbildung 14.31 ▶
Aktionen zuweisen

4 | Steuerung der Sounds

Ergänzen Sie den Code um folgende Zeilen:

```
function clickHandler1(e:MouseEvent):void {
    if (sndState1 == false) {
        sndState1 = true;
```

```
      soundChannel1 = sndLoop1.play();
   } else {
      soundChannel1.stop();
      sndState1 = false;
   }
}
function clickHandler2(e:MouseEvent):void {
   if (sndState2 == false) {
      sndState2 = true;
      soundChannel2 = sndLoop2.play();
   } else {
      soundChannel2.stop();
      sndState2 = false;
   }
}
```

Der Code dient zum Starten bzw. Stoppen der Sounds. Je nachdem, ob der Sound bereits abgespielt wird oder nicht, wird er über die Methode stop gestoppt oder über die Methode play des SoundChannel-Objekts abgespielt.

5 **Film testen**

Testen Sie den Film über ⌷Strg⌷/⌘+⌷↵⌷.

Ergebnis der Übung:
14\SoundAttachen\step02.fla

◄ **Abbildung 14.32**
Die Buttons zum Steuern der Sounds

14.4.5 Sound pausieren

Vorweg sei erwähnt, dass ein Sound-Objekt und ein SoundChannel-Objekt keine eigene Methode besitzen, um einen Sound zu pausieren. Mit einer eigenen Methode lässt sich dies jedoch erreichen.

Wenn ein Sound abgespielt wird, können Sie die Position des Abspielvorgangs über die Eigenschaft `position` des SoundChannel-Objekts bestimmen:

```
var lastPos:uint = mySoundChannel.position;
```

Nachdem Sie die Position ermittelt haben, stoppen Sie den Sound über die Methode `stop`:

```
mySoundChannel.stop();
```

Falls der Sound fortgesetzt werden soll, lässt sich nun die ermittelte Position verwenden, um den Sound an dieser Stelle wieder abzuspielen:

```
mySound.play(lastPos);
```

14\SoundPause\step01.fla

Schritt für Schritt: Sound pausieren und abspielen
In diesem Workshop lernen Sie, wie Sie einen Sound über zwei Buttons pausieren und wieder abspielen.

1 **Flash-Film öffnen**
Öffnen Sie den Flash-Film *Sound\SoundPause\step01.fla*. In dem Flash-Film wurden zwei Movieclips mit den Instanznamen »play_mc« und »pause_mc«, die als Button dienen, angelegt.

2 **Verknüpfungsbezeichner zuweisen**
Öffnen Sie die BIBLIOTHEK, und weisen Sie dem Sound den Klassenbezeichner »SoundLoop« zu.

3 **Sound-Objekt und SoundChannel-Objekt initialisieren**
Weisen Sie dem Schlüsselbild auf der Ebene »Actions« zunächst folgenden Code zu:

```
var mySound:SoundLoop = new SoundLoop();
var mySoundChannel:SoundChannel;
var lastPos:int;
```

Als Erstes wird eine Instanz (ein Objekt) der Klasse `SoundLoop` initialisiert. Außerdem wird ein `SoundChannel`-Objekt definiert und eine Integer-Variable, in der die letzte Position des Sounds gespeichert werden wird.

4 **Steuerung: Abspielen**

Ergänzen Sie den Code um folgende Zeilen:

```
1:   play_mc.addEventListener(MouseEvent.CLICK,
     playSound);
2:   function playSound(e:MouseEvent):void {
3:      if(lastPos) {
4:         mySoundChannel = mySound.
            play(lastPos,1000);
5:      } else {
6:         mySoundChannel = mySound.play(0,1000);
7:      }
8:   }
```

Wenn der Benutzer auf den Movieclip »play_mc« klickt, wird zunächst geprüft, ob die Variable `lastPos` einen Wert besitzt (Zeile 3). In diesem Fall wurde der Sound zuvor bereits einmal angehalten. Der Sound wird dann an der zuvor gespeicherten Stelle fortgesetzt (Zeile 4). Sollte die Variable `lastPos` keinen Wert besitzen, wird der Sound von Anfang an abgespielt (Zeile 6).

5 **Steuerung: Pausieren**

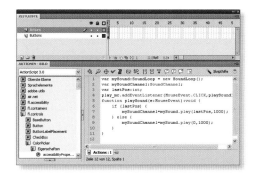

◄ **Abbildung 14.33**
Code zuweisen

Ergänzen Sie den Code zum Schluss um folgende Zeilen:

```
1:   pause_mc.addEventListener(MouseEvent.
     CLICK,pauseSound);
2:   function pauseSound(e:MouseEvent):void {
3:      lastPos = mySoundChannel.position;
4:      mySoundChannel.stop();
5:   }
```

Klickt der Benutzer auf den Movieclip »pause_mc«, wird die aktuelle Position des Sounds der Variablen `lastPos` zugewiesen (Zeile

3). Der Sound kann dann mit Hilfe der gespeicherten Position später fortgesetzt bzw. an dieser Position neu gestartet werden. Danach wird der Sound gestoppt (Zeile 4).

Ergebnis der Übung:
14\SoundPause\step02.fla

6 **Film testen**
Testen Sie den Film über Strg/⌘+↵. ■

14.4.6 Soundlautstärke

Die Lautstärke eines Sounds können Sie über die Eigenschaften volume eines SoundTransform-Objekts abfragen und einstellen. Dabei steht der Wert 0 für stumm und 1 für die maximale Lautstärke. Wenn Sie z. B. die Lautstärke eines Sounds auf 50 % reduzieren möchten, könnten Sie dazu folgende Anweisung verwenden:

```
var mySound:Sound = new Sound();
var myRequest:URLRequest=new URLRequest("sample.mp3");
mySound.load(myRequest);
var mySoundChannel:SoundChannel  = new SoundChannel();
mySoundChannel=mySound.play(0,1000);
var myTransform:SoundTransform = new SoundTransform();
myTransform.volume = .5;
mySoundChannel.soundTransform = myTransform;
```

Auf der beiliegenden DVD finden Sie im Verzeichnis 14\SoundEinAusblenden jeweils ein Beispiel zum Einblenden und ein Beispiel zum Ausblenden von Sounds per ActionScript.

Um einen Sound über ActionScript ein- bzw. auszublenden, können Sie die Ereignisprozedur onEnterFrame eines Anzeige-Objekts, wie beispielsweise eines Sprite-Objekts, nutzen. Das Display-Objekt muss dafür nicht zur Anzeigeliste hinzugefügt werden. Folgende Anweisung würde einen Sound zu Beginn einblenden:

```
var mySound:Sound = new Sound();
var myRequest:URLRequest=new URLRequest("sample.mp3");
mySound.load(myRequest);
var mySoundChannel:SoundChannel = new SoundChannel();
mySoundChannel=mySound.play(0,1000);
var myTransform:SoundTransform = new SoundTransform();
myTransform.volume=0;
mySoundChannel.soundTransform=myTransform;
var sndController:Sprite = new Sprite();
sndController.addEventListener(Event.ENTER_FRAME,
fadeSoundIn);
function fadeSoundIn(e:Event):void {
    if (myTransform.volume<1) {
        myTransform.volume+=0.01;
```

```
    mySoundChannel.soundTransform=myTransform;
  } else {
    sndController.removeEventListener(Event.ENTER_
    FRAME,fadeSoundIn);
  }
}
```

In den meisten Fällen ist es sinnvoll, dem Benutzer die Möglichkeit zu geben, die Lautstärke eines Sounds selbst zu steuern, da
Sie nicht wissen, wie die Lautstärke des Benutzersystems eingestellt ist. Wie Sie einen Lautstärkeregler integrieren, erfahren Sie
im folgenden Workshop.

Schritt für Schritt: Soundlautstärke über einen Slider steuern

Dieser Workshop zeigt Ihnen, wie Sie einen eigenen Sound-Slider
zur Steuerung der Lautstärke eines Sounds erstellen.

14\SoundSlider\step01.fla

1 **Flash-Film öffnen**

Öffnen Sie den Flash-Film *Sound\SoundSlider\step01.fla*.

2 **Hintergrund für den Slider zeichnen**

Zeichnen Sie mit dem Rechteckwerkzeug auf der Ebene »Slider«
ein beliebig breites und ca. 10 Pixel hohes Rechteck ein. Wählen
Sie das Rechteck aus, und stellen Sie als Füllfarbe einen grünen
Farbton ein.

◀ **Abbildung 14.34**
Slider zeichnen

3 **In Movieclip konvertieren**

Wandeln Sie das Rechteck über F8 in einen Movieclip »sliderFill_
mc« um. Achten Sie darauf, dass die Registrierung des Movieclips links oben ist ❶. Weisen Sie dem Movieclip anschließend im
Eigenschaften-Fenster den Instanznamen »sliderFill_mc« zu.

Abbildung 14.35 ▶
Form in Movieclip konvertieren

4 Movieclip in Movieclip verschachteln

Wandeln Sie den Movieclip dann erneut über F8 in einen Movieclip »slider_mc« um, wechseln Sie zur Hauptzeitleiste, und weisen Sie dem Movieclip den Instanznamen »slider_mc« zu.

5 Slider erzeugen

Abbildung 14.36 ▶
Movieclip in Movieclip verschachteln

Wechseln Sie per Doppelklick auf den Movieclip in den Symbol-Bearbeitungsmodus, benennen Sie die bereits vorhandene Ebene in »SliderFill« um, und erstellen Sie eine neue Ebene »SliderBG«.

Wählen Sie nun den Movieclip auf der Ebene »SliderFill« aus, kopieren Sie ihn über Strg/⌘+C in die Zwischenablage, und fügen Sie ihn auf der Ebene »SliderBG« über das Menü BEARBEITEN • AN POSITION EINFÜGEN ein. Drücken Sie die Tastenkombination Strg+B, um den Movieclip in eine Form zurückzuwandeln, und weisen Sie dem Rechteck einen hellen Grauton als Füllfarbe zu.

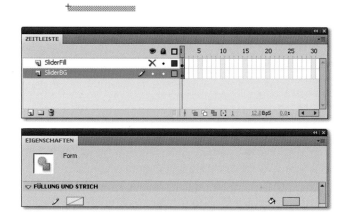

Abbildung 14.37 ▶
Der Hintergrund des Sliders

6 Sound-Objekt initialisieren

Wechseln Sie zurück zur Hauptzeitleiste, öffnen Sie die Bibliothek mit Strg+L, wählen Sie den Sound aus, und klicken Sie
im Kontextmenü auf den Menüpunkt Eigenschaften. Aktivieren
Sie das Optionsfeld Export für ActionScript, und weisen Sie
dem Sound unter Klasse den Klassenbezeichner »SoundLoop«
zu. Wählen Sie das erste Schlüsselbild der Ebene »Actions« aus,
und fügen Sie zunächst folgenden Code ein:

```
var mySound:SoundLoop = new SoundLoop();
var myChannel:SoundChannel=mySound.play(0,int.MAX_
VALUE);
```

Ein Objekt der Klasse SoundLoop wird initialisiert. Der Sound
wird über die Methode play gestartet. Die Methode gibt einen
SoundChannel zurück und weist ihn der Variablen myChannel zu.

7 Ereignis-Listener registrieren

Ergänzen Sie den Code um folgende Zeilen:

```
slider_mc.addEventListener(MouseEvent.MOUSE_DOWN,
initSlider);
stage.addEventListener(MouseEvent.MOUSE_UP,
stopSlider);
function initSlider(e:MouseEvent):void {
   slider_mc.addEventListener(Event.ENTER_FRAME,
   setVolume);
}
function stopSlider(e:MouseEvent):void {
   slider_mc.removeEventListener(Event.ENTER_FRAME,
   setVolume);
}
```

Drückt der Benutzer die Maustaste über dem Movieclip »slider_
mc«, wird die Ereignisprozedur initSlider aufgerufen, die
wiederum einen Ereignis-Listener am Movieclip »slider_mc«
registriert, so dass mit einem Intervall von einem Frame die Ereignisprozedur setVolume, die im nächsten Schritt erläutert wird,
aufgerufen wird. Lässt der Benutzer die Maustaste wieder los,
wird der Ereignis-Listener für das Ereignis Event.ENTER_FRAME
vom Movieclip entfernt.

8 Lautstärke und Skalierung des Movieclips steuern

Ergänzen Sie den Code um folgende Zeilen:

```
1:    function setVolume(e:Event):void {
2:        var xMouse:Number=slider_mc.mouseX;
3:        var total:Number=slider_mc.width;
4:        var prozent:Number=xMouse/total;
5:        if(prozent >=0 && prozent <=1) {
6:            var myTransform:SoundTransform=new
             SoundTransform(prozent);
7:              myChannel.soundTransform=myTransform;
8:            slider_mc.sliderFill_mc.scaleX=prozent;
9:            }
10:    }
```

▲ **Abbildung 14.38**
Lautstärkesteuerung per Maus

 **Ergebnis der Übung:**
14\SoundSlider\step02.fla

Auf der beiliegenden DVD finden Sie im Verzeichnis audio-Player ein Beispiel für einen Multitrack-Audioplayer. Hinweis: Die verwendete Schriftart (»uni 05_53«) können Sie unter http:// www.miniml.com/ herunterladen (rechts unten unter FREE FONTS.)

In Zeile 2 wird die Mausposition auf der x-Achse innerhalb des Movieclips »slider_mc« ermittelt. Befindet sich die Maus beispielsweise an der linken Seite des Movieclips, entspricht die Mausposition auf der x-Achse gleich 0. Die Breite des Movieclips wird der Variablen `total` zugewiesen (Zeile 3). Anschließend wird in Zeile 4 ermittelt, an welcher relativen Position sich der Mauszeiger befindet, ähnlich einem prozentualen Wert, wobei 0% dem Wert 0 entspricht und 100% dem Wert 1. Sollte der Wert zwischen 0 oder 1 liegen, werden die folgenden Anweisungen ausgeführt: Es wird ein `SoundTransform`-Objekt erstellt, dem der Anteil als Lautstärke zugewiesen wird (Zeile 5). Das `SoundTransform`-Objekt wird auf das `SoundChannel`-Objekt angewendet (Zeile 6), und der Movieclip »sliderFill_mc« wird in x-Richtung entsprechend skaliert (Zeile 7).

9 **Film testen**
Testen Sie den Flash-Film über ⌈Strg⌉/⌈⌘⌉+⌈↵⌉. Per Mausklick auf den Slider können Sie jetzt die Lautstärke regeln. ∎

Sie haben jetzt bereits viele Methoden, Ereignisse und Eigenschaften von verschiedenen Objekten, über die Sie Sound steuern können, in der Praxis kennengelernt. Die folgenden Tabellen zeigen noch einmal die wichtigsten Methoden, Ereignisse und Eigenschaften von soundrelevanten Objekten.

Methode	Anwendung	Beschreibung
close	mySound.close();	Beendet das laufende Streaming eines Sounds.
load	var myRequest:URLRequest = new URLRe-quest("sample.mp3"); mySound.load(myRequest);	Lädt den angegebenen Sound.
play	var myChannel:SoundChannel = mySound.play(0,int.MAX_VALUE);	Spielt den Sound ab 0 Millisekunden ab, wiederholt ihn int. MAX_VALUE mal und gibt ein SoundChannel-Objekt zurück.

▲ **Tabelle 14.4**
Die wichtigsten Methoden der Sound-Klasse

Eigenschaft	Beispiel	Beschreibung
bytesLoaded	trace(mySound.bytesLoaded);	die Anzahl der geladenen Bytes
bytesTotal	trace(mySound.bytesTotal);	die Gesamtanzahl der Bytes
id3	trace(mySound.id3.songName);	eine Referenz auf ein ID3Info-Objekt, das ID3 Meta-infos (MP3), wie z. B. den Songtitel, enthalten kann
length	trace(mySound.length);	die Abspieldauer des Sounds (in Millisekunden)
url	trace(mySound.url);	die URL, von der aus der Sound geladen wurde

▲ **Tabelle 14.5**
Die wichtigsten Eigenschaften der Sound-Klasse

Ereignis	Beispiel	Beschreibung
Event.COMPLETE	mySound.addEventListener(Event.COMPLETE,soundLoaded); function soundLoaded(e:Event):void { trace("Sound wurde geladen."); }	Wird aufgerufen, wenn ein Sound vollständig geladen wurde.
Event.ID3	mySound.addEventListener(Event.ID3,infoAvailable); function infoAvailable(e:Event):void { trace("ID3-Infos verfügbar."); }	Wird aufgerufen, wenn ID3-Infos des Sounds zur Verfügung stehen.
IOErrorEvent. IO_ERROR	mySound.addEventListener(IOErrorEvent.IO_ ERROR,ioErrorHandler); function ioErrorHandler(e:IOErrorEvent):void { trace("Sound konnte nicht geladen werden."); }	Wird aufgerufen, wenn ein Sound nicht geladen werden konnte.
ProgressEvent. PROGRESS	mySound.addEventListener(ProgressEvent. PROGRESS,progressHandler); function progressHandler(e:ProgressEvent):void { trace(e.target.bytesLoaded); trace(e.target.bytesTotal); }	Wird mehrmalig während des Ladeprozesses aufgerufen.

▲ **Tabelle 14.6**
Die wichtigsten Ereignisse der Sound-Klasse

Methode	Beispiel	Beschreibung
stop	myChannel.stop();	Stoppt den Sound, der mit dem SoundChannel-Objekt verknüpft ist.

▲ **Tabelle 14.7**
Die wichtigsten Methoden der SoundChannel-Klasse

Eigenschaft	Beispiel	Beschreibung
position	trace(myChannel.position);	die aktuelle Abspielposition des Sounds (in Millisekunden)
soundTransform	var myTransform:SoundTransform=new SoundTransform(0.5); myChannel.soundTransform=myTransform;	eine Referenz auf das SoundTransform-Objekt, das mit dem SoundChannel-Objekt verknüpft ist

▲ **Tabelle 14.8**
Die wichtigsten Eigenschaften der SoundChannel-Klasse

Ereignis	Beispiel	Beschreibung
Event.SOUND_COMPLETE	myChannel.addEventListener(Event.SOUND_COMPLETE,soundFinished); function soundFinished(e:Event):void { trace("Der Sound wurde abgespielt."); }	Wird aufgerufen, wenn der Sound vollständig abgespielt wurde.

▲ **Tabelle 14.9**
Die wichtigsten Ereignisse der SoundChannel-Klasse

Eigenschaft	Beispiel	Beschreibung
pan	myTransform.pan = -1;	Gibt die Verteilung der Lautstärke auf die beiden Kanäle wieder. Der Wert -1 setzt die vollständige Lautstärke auf den linken Kanal. Der Wert 0 (Standardwert) führt zu einer Gleichverteilung. Der Wert 1 setzt die vollständige Lautstärke auf den rechten Kanal.
volume	myTransform.volume = 0.5;	die Lautstärke des Sounds (0 bis 1)

▲ **Tabelle 14.10**
Die wichtigsten Eigenschaften der SoundTransform-Klasse

14.5 Sound-Spektrum

Mit ActionScript 3 ist es möglich, das Spektrum eines abspielenden Sounds zu ermitteln und darzustellen. Dazu dient die sogenannte SoundMixer-Klasse, die die Methode computeSpectrum besitzt. Die Methode schreibt die Werte des Sound-Spektrums in ein ByteArray. Standardmäßig werden dabei 512 Werte ausgelesen und in das ByteArray geschrieben. Die ersten 256

Werte entsprechen dem Spektrum des linken Soundkanals, die darauf folgenden 256 Werte dem Spektrum des rechten Soundkanals. Die Methode besitzt drei Parameter:

- ▶ `byteArray`: Ein `ByteArray`, das mit den Werten des Spektrums gefüllt werden soll.

- ▶ `FFTMode`: Ein Wert vom Datentyp `Boolean`, der angibt, ob eine sogenannte Fourier-Transformation auf das Spektrum angewendet werden soll (`true`) oder nicht (`false`). Wird die Transformation angewendet, werden niedrige Frequenzen auf der linken Seite und hohe Frequenzen auf der rechten Seite abgebildet.

- ▶ `stretchFaktor`: Gibt die Auflösung an, mit der das Spektrum abgetastet werden soll. Standardmäßig (`0`) ist die Samplingrate 44,1 KHz. Mit jedem Erhöhen des Werts wird die Samplingrate halbiert. So entspricht der Wert `1` einer Samplingrate von 22,05 KHz, der Wert `2` entspricht 11,025 KHz usw. Je niedriger der Eigenschaftswert, desto höher ist die Samplingrate, und desto präziser ist die Abtastung.

Um das Sound-Spektrum auszulesen, gehen Sie wie folgt vor: Als Erstes definieren Sie ein `ByteArray`, in das die Werte des Sound-Spektrums geschrieben werden.

```
var bytes:ByteArray = new ByteArray();
```

Anschließend füllen Sie das `ByteArray` mit den Werten des Spektrums.

```
SoundMixer.computeSpectrum(bytes,false,0);
```

Über eine `for`-Schleife und die Methode `readFloat` lesen Sie jeden Wert des Spektrums aus:

```
for (var i:uint=0; i<512; i++) {
   var val:Number=bytes.readFloat();
   trace(val);
}
```

Das Sound-Spektrum eines abspielenden Sounds auslesen und graphisch darstellen

In diesem Workshop wird erläutert, wie Sie das Sound-Spektrum beider Kanäle auslesen und visualisieren.

> **Wertebereich**
>
> Der Wertebereich der ermittelten Werte des Spektrums geht von −1 bis 1. Es handelt sich um Fließkommazahlen. Aus diesem Grund sollten Sie den Datentyp `Number` verwenden.

14\SoundSpektrum\ step_01.fla

1 Flash-Film öffnen

Öffnen Sie den Flash-Film *Sound\SoundSpektrum\step_01.fla*. In der Bibliothek befindet sich ein Movieclip »Bar«, der ein 1×60 Pixel großes Rechteck enthält.

Abbildung 14.39 ▶
Der Movieclip »Bar«

2 Klasse mit Movieclip verknüpfen

▲ **Abbildung 14.40**
Klassenbezeichner zuweisen

Wählen Sie den Movieclip in der Bibliothek aus, öffnen Sie das Kontextmenü, und wählen Sie den Menüpunkt Eigenschaften. Aktivieren Sie das Optionsfeld Export für ActionScript, und weisen Sie dem Movieclip unter Klasse den Klassenbezeichner »Bar« zu.

3 Sound abspielen und ByteArray definieren

Wählen Sie das erste Schlüsselbild der Ebene »Actions« aus, und fügen Sie zunächst folgenden Code ein:

```
1:   var mySound:Sound=new Sound();
2:   var myRequest:URLRequest=new URLRequest
     ("techdream1_loop.mp3");
3:   mySound.load(myRequest);
4:   mySound.play(0,1000);
5:   var bytes:ByteArray = new ByteArray();
6:   addEventListener(Event.ENTER_FRAME, drawSpectrum);
```

In Zeile 1 wird ein Sound-Objekt initialisiert, das in Zeile 3 geladen und in Zeile 4 abgespielt wird. Zeile 5 definiert ein Byte-Array, das später mit den Werten des Spektrums gefüllt wird. Über die Methode addEventListener wird in Zeile 6 ein Listener registriert, der die Funktion drawSpektrum in einem Intervall von einem Frame aufruft.

4 Movieclips erzeugen und positionieren

Ergänzen Sie den Code um folgende Zeilen:

```
1:   var leftBarArray:Array = new Array();
2:   var rightBarArray:Array = new Array();
3:   for (var i:uint = 0; i<256; i++) {
```

```
4:      var leftBar:Bar = new Bar();
5:      var rightBar:Bar = new Bar();
6:      addChild(leftBar);
7:      addChild(rightBar);
8:      leftBar.x=i*2;
9:      leftBar.y=100;
10:     rightBar.x=i*2;
11:     rightBar.y=200;
12:     leftBarArray.push(leftBar);
13:     rightBarArray.push(rightBar);
14:  }
```

Zunächst werden zwei Arrays initialisiert, die später Referenzen auf die Movieclips enthalten. Mit Hilfe einer for-Schleife werden 256 Mal jeweils zwei Instanzen der Klasse Bar erstellt. Die beiden Instanzen verwenden wir später, um einen Wert des Spektrums für den linken Kanal und für den rechten Kanal abzubilden. Im oberen Bereich der Bühne werden die Bar-Objekte für den linken Kanal und im unteren Bereich für den rechten Kanal positioniert. Die Objekte werden in den Zeilen 12, 13 den Arrays leftBarArray und rightBarArray hinzugefügt. Sie lassen sich dann später einfach über das Array referenzieren.

5   Das Sound-Spektrum visualisieren

Ergänzen Sie den Code im ersten Schlüsselbild um folgende Zeilen:

```
1:   function drawSpectrum(e:Event):void {
2:      SoundMixer.computeSpectrum(bytes,false,0);
3:      for (var i:uint=0; i<512; i++) {
4:         if (i<256) {
5:            var val_left:Number= bytes.
               readFloat()*2;
6:            if (val_left<0) {
7:               val_left=val_left*-1;
8:            }
9:            leftBarArray[i].scaleY=val_left;
10:        } else {
11:           var val_right:Number= bytes.
               readFloat()*2;
12:           if (val_right<0) {
13:              val_right=val_right*-1;
14:           }
```

```
15:                    rightBarArray[i-256].scaleY=val_
                       right;
16:            }
17:
18:            }
19:    }
```

Die Funktion drawSpectrum wird mit einem Intervall von einem Frame ständig aufgerufen. Eine for-Schleife durchläuft den Schleifencode 512 Mal. Die ersten 256 Werte enthalten die Werte des Spektrums für den linken Kanal. Linker und rechter Kanal werden unabhängig voneinander visualisiert. Für die Unterscheidung sorgt die if-else-Bedingung in den Zeilen 4 und 10. Über die Methode readFloat (Zeile 5, 11) lesen Sie die Werte als Fließkommazahl des ByteArrays aus. Bei jedem Aufruf der Methode erhöht sich intern ein Zähler, so dass beim nächsten Aufruf automatisch der nächste Wert ausgelesen wird; deshalb müssen Sie an die Methode keine eigene Zählervariable übergeben. Zeile 6 bzw. 12 prüfen, ob der Wert kleiner gleich 0 ist. Da die Visualisierung nur in eine Richtung (nach oben) gehen soll, wird ein negativer Wert in einen positiven umgewandelt (Zeile 7, 13). Damit der Ausschlag der Balken noch etwas deutlicher wird, wird der ermittelte Wert zusätzlich mit 2 multipliziert. Im letzten Schritt (Zeile 9 und 15) wird der jeweilige Balken, der den Wert visuell repräsentiert, in y-Richtung entsprechend skaliert.

6 Fertig! Film testen

Ergebnis der Übung:
14\SoundSpektrum\step_02.fla

Testen Sie den Flash-Film über [Strg]/[⌘]+[↵]. Beachten Sie, dass die Kalkulation relativ rechenintensiv ist. Eventuell wirkt sie im Testmodus in der Flash-Umgebung nicht ganz synchron zur Musik. Öffnen Sie dann die SWF-Datei direkt im Flash Player, um das Resultat zu begutachten.

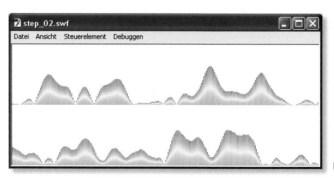

Abbildung 14.41 ▶
Die Darstellung des Sound-Spektrums im Flash Player

15 Video

In diesem Kapitel lernen Sie, wie Sie Videos für Flash vorbereiten und Videos in Flash-Filme integrieren. Sie erfahren, wie Sie Cue-Points für Videos anlegen und wie Sie Videos mit ActionScript 3 steuern.

15.1 Adobe Media Encoder

Bevor Sie Videos in Flash einsetzen können, sollten Sie das jeweilige Video zunächst in eines der beiden Flash-Video-Formate konvertieren. Für die Kodierung können Sie den Adobe Media Encoder nutzen, der zusammen mit Flash ausgeliefert wird. Es handelt sich um ein eigenständiges Programm. Die folgenden Video-Formate lassen sich im Adobe Media Encoder importieren:

Flash als Video-Player
Aufgrund der hohen Verbreitung des Flash-Browser-Plug-ins und der leistungsfähigen integrierten Video-Codecs finden sich im Internet viele Flash-basierte Video-Player. Eines der bekanntesten Beispiele dafür ist YouTube (*http://www.youtube.de*).

Dateiformat	Dateiendung	Bedeutung
Audio Video Interleaved	*avi*	Video-Containerformat für Windows von Microsoft
Digital Video	*dv, dvi*	Speicherverfahren von digitalen Video-Kameras (DV-Standard)
MPEG (Motion Picture Expert Group)	*mpg, m1v, m2p, m2t, m2ts...*	verlustbehaftetes, weitverbreitetes Video-Format
MPEG (Motion Picture Expert Group) 4	*mp4, m4v, avc*	verlustbehaftetes, weitverbreitetes Video-Format
QuickTime-Video	*mov, qt*	Standard-Video-Format von Apple
Windows-Media-Datei	*wmv, asf*	Video-Format für den Media Player von Microsoft (unter Windows)
Flash Video	*flv*	Flash-Video-Format, das vom Flash Player unterstützt wird

▲ **Tabelle 15.1**
Unterstützte Video-Dateiformate

Export: Videoformat-Auswahl | Verwenden Sie das FLV-Format (Flash Video), wenn Sie das Video direkt in die Zeitleiste eines Flash-Films integrieren oder Cue-Points direkt in das Video einbetten möchten. Für ältere Flash Player (von Flash Player 6 bis 8)

[Video-Containerformat]
In einem Video-Containerformat können mehrere Video-, Audio- und Textuntertiteldatenströme vorhanden sein, die mit unterschiedlichen Codecs kodiert wurden. Im Gegensatz zu einem Videoformat gibt ein Video-Containerformat also nicht die Kodierung an. So ist das Standard-Video-Containerformat für H.264 beispielsweise MP4. Zum Abspielen eines Video-Containerformats wird grundsätzlich neben der Unterstützung des Formats auch die Unterstützung des verwendeten Codecs vorausgesetzt.

ist das FLV-Format, das es in verschiedenen Versionen gibt (siehe dazu die nachfolgende Tabelle), die richtige Wahl.

Das neuere F4V (Video for Flash, lesen Sie die Abkürzung von rechts nach links) wird ab dem Flash Player 9.0.115 unterstützt und erzeugt mit dem H.264-Standard (MPEG-4 AVC) im Vergleich zum FLV-Format bei gleicher Dateigröße eine bessere Qualität, lässt sich allerdings bisher nicht direkt in die Zeitleiste eines Flash-Films integrieren und unterstützt auch keine integrierten Cue-Points. Cue-Points können nur über XMP-Metadaten eingerichtet werden. Videoqualität ist das Argument, das für den Einsatz des F4V-Formats spricht. Wenn möglich, sollten Sie deshalb grundsätzlich das F4V-Format dem älteren FLV-Format vorziehen.

Flash Player	Format/Standard
ab 6	FLV-Format (nur über RTMP-Streaming): Sorenson-Codec/Screen-Capture-Codec
ab 7	FLV-Format (auch über http): Sorenson-Codec/Screen-Capture-Codec
ab 8	FLV-Format, VP6-Codec (entspricht einer H.263-Variante)
ab 9 (ab 9.0.115)	F4V-Format, H.264/MPEG-4-AVC-Standard
ab 10	F4V-Format, H.264/MPEG-4-AVC-Standard

▲ **Tabelle 15.2**
Flash Player und verwendete Videoformate/Videostandards im Überblick

▲ **Abbildung 15.1**
Adobe Media Encoder

FLV- und F4V-Video-Player

Für das lokale Abspielen von FLV- und F4V-kodierten Videos können
Sie einen der vielen frei erhältlichen Video-Player verwenden. Die mei-
sten Player bieten sowohl gängige Abspielfunktionen als auch Funktio-
nen, um Daten des Videos zu ermitteln, wie die Größe, Framerate etc.
Die folgende Tabelle zeigt einige kostenlose Video-Player, die FLV und
F4V unterstützen.

▲ **Abbildung 15.2**
FLV-Media Player

Video-Player	Hersteller/Quelle	Unterstützte Betriebssysteme
FLV-Media Player	*http://www.flv-media-player.com/*	Windows Vista, Windows XP, Windows 2003, Windows 2000
FLV Player	*http://www.martijndevisser.com/blog/flv-player/*	Windows 2000, Windows XP, Windows Vista
VLC Media Player	*http://www.videolan.org/*	Windows, Mac OS X, Linux
Perian	*http://perian.org/*	Max OS X

▲ **Tabelle 15.3**
Video-Player, die FLV und F4V unterstützen

15.1.1 Video kodieren

Um ein Video in das F4V-Format zu kodieren, ziehen Sie es per
Drag & Drop in die Warteschlange oder fügen es per Mausklick
auf HINZUFÜGEN in die Warteschlange ein.

▲ **Abbildung 15.3**
Unter FORMAT können Sie zwischen FLV|F4V und H.264 wählen.

Videos mit Adobe Flash CS4
Theoretisch ist es möglich, ver-
schiedene Videoformate in Flash
CS4 direkt zu importieren. Im
Gegensatz zu Vorgängerversionen
akzeptiert Flash CS4 dabei jedoch
nur noch sehr wenige Formate.
Aus diesem Grund ist eine voraus-
gehende Kodierung mit dem
Media Encoder die bevorzugte
Herangehensweise.

Batch-Verfahren

Der Media Encoder bietet u.a. den Vorteil, mehrere Videos nach und nach im Batch-Verfahren kodieren zu können. Wenn Sie viele Videos hintereinander kodieren möchten, spart Ihnen das Batch-Verfahren viel Zeit. Ziehen Sie einfach mehrere Videos in die Warteschlange, editieren Sie die Einstellungen, und klicken Sie dann auf WARTESCHLANGE STARTEN, um den Batch-Vorgang zu starten. Die Videos werden dann nacheinander kodiert. Sie können die Kodierung auch im Hintergrund laufen lassen.

Abbildung 15.4 ▶
Der Adobe Media Encoder bietet Ihnen für verschiedene Zwecke bereits passende Ausgabevorlagen an.

Vorlage duplizieren

Wenn Sie ein Video mit unterschiedlichen Einstellungen bzw. Videoformaten exportieren möchten, klicken Sie auf die Schaltfläche DUPLIZIEREN, und passen Sie dann die Einstellungen für das Duplikat an.

Nachdem die Videodatei eingefügt wurde, bestimmen Sie unter Format das Ausgabeformat: FLV|F4V oder H.264. Beachten Sie, dass Sie bei der Auswahl nur das Dateiformat (Videocontainer-Format) selbst auswählen und nicht unbedingt den verwendeten Codec, denn wie bereits erwähnt verwendet das F4V-Format ebenfalls den H.264-Standard. Wählen Sie hier H.264 aus, wird das Video als MPEG-4 (Videocontainer-Format) gespeichert.

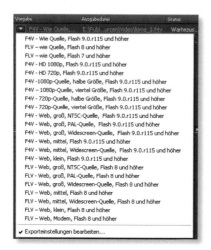

Anschließend können Sie im Bereich VORGABE unter verschiedenen Vorlagen auswählen.

15.1.2 Exporteinstellungen

Wenn Sie beispielsweise die Größe des Videos anpassen möchten, klicken Sie auf den letzten Menüpunkt, EXPORTEINSTELLUNGEN BEARBEITEN.

Abbildung 15.5 ▶
Das Fenster EXPORTEINSTELLUNGEN

Es öffnet sich ein neues Fenster EXPORTEINSTELLUNGEN, über das Sie viele unterschiedliche Einstellungen vornehmen können.

15.1.3 Video beschneiden

Im linken oberen Bereich ❷ können Sie das Video auf eine gewünschte Größe beschneiden, z. B. um etwas am Rand abzuschneiden, wie in Abbildung 1.6 zu sehen ist. Es stehen Ihnen verschiedene Methoden zur Verfügung, um ein Video zu beschneiden. Eine Möglichkeit bietet der Beschneidungsmodus. Klicken Sie auf das Beschneiden-Symbol 🔲, um den Modus zu aktivieren.

Qualität des Ausgangsmaterials
Wie auch bei Sounds gilt grundsätzlich: Je besser das Ausgangsmaterial ist, desto besser ist das Endergebnis. Besitzen Sie Videomaterial ohne verlustbehaftete Komprimierung oder mit einer möglichst geringen verlustbehafteten Komprimierung, sollten Sie es als Ausgangsmaterial verwenden.

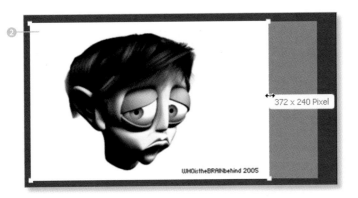

◄ **Abbildung 15.6**
Der exportierte Bereich wird auf der rechten Seite verkleinert.

Anschließend bestimmen Sie den zu exportierenden Bereich des Videos durch Ziehen der vier Anfasser ❸, ❹, ❺, ❻.

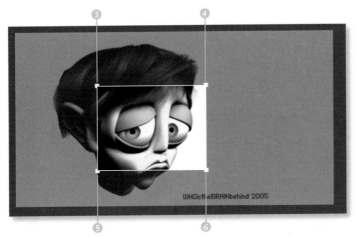

◄ **Abbildung 15.7**
Hier wurde nur ein kleiner Bereich des Videos für den Export ausgewählt.

Wie sich der Beschnitt auswirkt, können Sie im Bereich AUSGABE erkennen und über die drei Einstellungen im Menü beeinflussen:

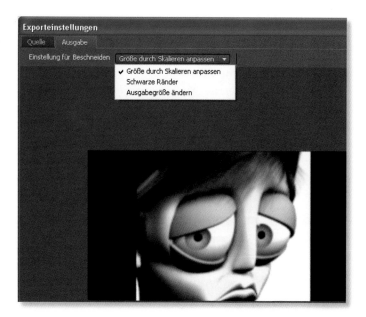

Abbildung 15.8 ▶
Im Bereich Ausgabe sehen Sie eine Vorschau und können Einstellungen für den Beschnitt auswählen.

▶ GRÖSSE DURCH SKALIEREN ANPASSEN: Der definierte Bereich wird so skaliert, dass er in das gewählte Videocontainerformat passt. Ungenutzte Bereiche werden im späteren Video schwarz.

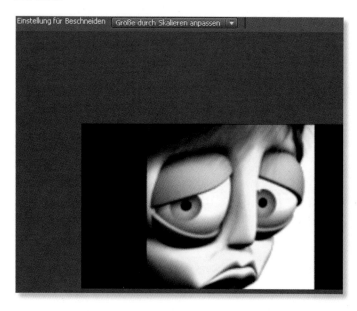

Abbildung 15.9 ▶
Vorschau der Einstellung GRÖSSE DURCH SKALIEREN ANPASSEN

▶ SCHWARZE RÄNDER: Der Bereich, der abgeschnitten wurde, wird als schwarzer Bereich dargestellt. Das Video wird nicht verzerrt, und der Bereich wird nicht skaliert.

◀ **Abbildung 15.10**
Vorschau der Einstellung
SCHWARZE RÄNDER

▶ AUSGABEGRÖSSE ÄNDERN: Die Größe des Videos wird an die Größe des definierten Bereichs angepasst. Beachten Sie, dass nach Auswahl der Einstellung die Option ÄNDERN DER VIDEO-GRÖSSE im Bereich VIDEO • GRUNDLEGENDE VIDEOEINSTELLUNGEN aktiviert wird und auch nach Auswahl einer anderen Beschnitteinstellung aktiv bleibt. Gegebenenfalls müssen Sie die Option dann selbst wieder deaktivieren.

Quadratische Pixel

Im Menü der Bereiche QUELLE und AUSGABE finden Sie zwei Einstellungen, KORRIGIERTE SEITENVERHÄLTNIS-VORSCHAU und 1:1-PIXEL-VORSCHAU. Auf Fernsehbildschirmen können bestimmte Videos etwas in der Breite skaliert werden. Bei solchen Ausgabegeräten werden sogenannte »nicht quadratische Pixel« verwendet. Mit der Einstellung KORRIGIERTE SEITENVERHÄLTNIS-VORSCHAU wird das Bild so angezeigt, dass die Unterschiede zwischen Originaldatei und Computerbildschirm korrigiert sind. 1:1-PIXEL-VORSCHAU zeigt das Bild mit einem quadratischen Pixel-Seitenverhältnis an.

◀ **Abbildung 15.11**
Vorschau der Einstellung AUSGABEGRÖSSE ÄNDERN

Alternativ definieren Sie den Bereich durch die Eingabe entsprechender Werte im oberen Bereich ❶, oder Sie wählen unter ZUSCHNEIDEPROPORTIONEN ❷ ein fest definiertes Seitenverhältnis aus.

15.1.4 Zeitleiste bearbeiten

Im Bereich unterhalb des Beschneidungsbereichs sehen Sie die Zeitleiste des Videos.

▲ Abbildung 15.13
Über den In- und den Out-Punkt bestimmen Sie den zu exportierenden Abschnitt des Videos.

Durch Verschieben des Anfassers unten links ❶ können Sie festlegen, an welcher Stelle das exportierte Video beginnen soll. Klicken Sie auf Symbol OUT-POINT SETZEN ❷, um einen weiteren Anfasser einzufügen ❸, über den Sie durch Verschieben des Anfassers dann das Ende des Videos bestimmen können.

Wenn Sie In- bzw. Out-Points sehr genau setzen müssen, ziehen Sie den oberen Anfasser (für den Abspielkopf) zunächst per Maus ungefähr in den gewünschten Anfangs- bzw. Endbereich ziehen und passen die Position mit den Tasten ← und → in kleinen Abständen (Einzelbildern) exakt an. Anschließend klicken Sie oberhalb der Zeitleiste auf das In- oder Out-Point-Symbol.

▲ **Abbildung 15.14**
Oberhalb der Zeitleiste finden Sie die Symbole für das Setzen eines In- bzw. Out-Points.

15.1.5   Exporteinstellungen

◄ **Abbildung 15.15**
Der Bereich EXPORTEINSTELLUNGEN

Im Bereich EXPORTEINSTELLUNGEN sehen Sie im unteren Bereich ➍ eine Zusammenfassung, die u. a. die wichtigsten gewählten Einstellungen zusammenfasst. Die gewählten Einstellungen können Sie durch Mausklick auf das Speichern-Symbol 🖫 für andere Videos als Vorlage abspeichern. Gespeicherte Vorlagen können Sie durch Mausklick auf das Papierkorb-Symbol 🗑 wieder entfernen. Unter KOMMENTARE können Sie zu dem Profil einen beschreibenden Text abspeichern. Durch Mausklick auf das Ordner-Symbol 🗀 laden Sie eine Vorlage.

Video-/Sound-Export | Wenn Sie nur das Video ohne Sound oder nur den Sound eines Videos exportieren möchten, aktivieren bzw. deaktivieren Sie dazu die entsprechenden Optionsfelder ➎, ➏.

Gaußscher Weichzeichner | Bei Videos mit vielen Bildstörungen kann es hilfreich sein, das Video mit dem Gaußschen Weichzeichner leicht weichzuzeichnen. Das Videobild wird dadurch zwar etwas unscharf, Bildstörungen müssen dann jedoch nicht kodiert werden, was gegebenenfalls auch eine etwas kleinere Dateigröße zur Folge haben kann. Probieren Sie ruhig verschiedene Stärken aus, um ein gutes Verhältnis zwischen Bildqualität und Dateigröße zu finden.

Videoqualität
Grundsätzlich bietet der H.264-Standard die beste Videoqualität. Danach folgt der im FLV-Format (ab Flash Player 8) verwendete Codec VP6 und dann der ältere Sorenson-Spark-Codec.

Aktivieren Sie dazu im Bereich Filter das Optionsfeld GAUSSSCHER
WEICHZEICHNER. Unter STÄRKE DES WEICHZEICHNERS stellen Sie
die Stärke des Filters ein, und unter ABMESSUNG DES WEICHZEICH-
NERS legen Sie fest, in welche Richtung das Video weichgezeich-
net werden soll. Um das Ergebnis zu sehen, klicken Sie links oben
auf den Reiter AUSGABE. Stellen Sie den Zoomfaktor im AUSGABE-
Fenster auf 100 %, um die Schärfe beurteilen zu können.

Videoeinstellungen | Abhängig davon, welches Video-Ausgabe-
format (FLV oder F4V) Sie vorher gewählt haben, stehen Ihnen
im Reiter VIDEO weitere Videoeinstellungsmöglichkeiten zur Verfügung.

Multiplexer

Im Reiter MULTIPLEXER können
Sie das Ausgabeformat einstellen. Wählen Sie FLV (Flash for
Video), wenn Sie das Video für
den Flash Player 8 (oder frühere
Versionen) verwenden möchten
oder wenn Sie das Video direkt
in die Zeitleiste eines Flash-Films
integrieren möchten. Aktivieren
Sie F4V (Video for Flash), wenn
Sie das Video als F4V für Flash
Player ab Version 9.0.115 exportieren möchten.

Tooltipp

Eine kurze Beschreibung wird Ihnen im unteren Bereich angezeigt,
wenn Sie den Mauszeiger über die
jeweilige Einstellung bewegen.

Die Einstellungsmöglichkeiten sind sehr umfangreich und hängen vom gewählten Videoausgabeformat ab. Die meisten Einstellungen sind nur für erfahrene Videobenutzer relevant. In der
Regel können Sie die Standardeinstellungen so belassen. Mit der
Einstellung VBR, 2-PASS kann die Videoqualität etwas gesteigert
werden, allerdings dauert die Kodierung etwas länger.

Die Extensible Metadata Plattform (XMP) ist ein von Adobe entwickelter Standard, um Metadaten in digitale Medien einzubetten. XMP basiert auf RDF (Resource Description Framework) bzw. XML (Extensible Markup Language) und wird u. a. von allen gängigen Adobe-Produkten unterstützt, so beispielsweise auch von der Dateiverwaltung Adobe Bridge. Die Einbettung von Metadaten, wie einer Beschreibung des Inhalts eines Videos, bringt zwei wesentliche Vorteile: Zum einen bietet es den Erstellern und Entwicklern verschiedene Informationen zum Inhalt bzw. zur Erstellungsweise des Inhalts, ohne dazu ein Video betrachten zu müssen. Zum anderen vereinfacht es die Erfassung von Inhalten, z. B. durch Suchmaschinen, wenn diese entsprechende Metadaten überprüfen. Grundsätzlich lassen sich XMP-Daten auch mit ActionScript lesen. Im Adobe Media Encoder erstellen Sie Metadaten im XMP-Standard über das Menü DATEIINFORMATIONEN ❶.

◄ **Abbildung 15.18**
XMP-Metadaten über das Menü erstellen

◄ **Abbildung 15.19**
Mit Hilfe von XMP lassen sich unzählige Metadaten für ein Video einrichten.

Anschließend öffnet sich ein neues Fenster, in dem Sie zahlreiche Informationen beispielsweise über den Inhalt eines Videos hinterlegen können. Nachdem Sie die Daten eingegeben haben, erzeugen Sie eine XMP-Datei über die Schaltfläche EXPORTIEREN. Sie können die Datei dann zusammen mit dem Video in einem Verzeichnis speichern.

Audioeinstellungen | Auch für die Audiospur eines Videos können Sie die Kodierung und die Qualität festlegen. Entsprechende Einstellungsmöglichkeiten finden Sie im Reiter AUDIO.

Abbildung 15.20 ▶
Einstellungen für die Audiospur

FTP-Zugang einrichten

Im Bereich, den Sie über den Reiter ANDERE erreichen, können Sie einen FTP-Zugang einrichten, über den es möglich ist, das exportierte Video direkt aus dem Adobe Media Encoder via FTP auf einen Server zu laden.

Falls das Video keine Audiospur besitzt, sollten Sie im oberen Bereich das Optionsfeld AUDIO EXPORTIEREN deaktivieren.

Abbildung 15.21 ▶
Optional richten Sie einen FTP-Zugang ein, über den Sie das Video direkt auf einen Server laden können.

15.2   Video-Import in Flash CS4

Nachdem Sie ein Video mit Hilfe des Adobe Media Encoder in das FLV- oder F4V-Format kodiert haben, können Sie es in Flash nutzen. Es gibt unterschiedliche Anwendungsmöglichkeiten, die im Folgenden erläutert werden. Um ein Video in Flash zu verwenden, öffnen Sie zunächst über das Menü DATEI • IMPORTIEREN • VIDEO IMPORTIEREN das entsprechende Dialogfenster. Im Dialogfenster wählen Sie aus, auf welche Weise Sie das Video nutzen möchten.

Video importieren

Video auswählen

Wo befindet sich Ihre Videodatei?

◉ Auf Ihrem Computer:

    Dateipfad: [Durchsuchen…]

      ◉ Externes Video mit Playback-Komponente laden
      ○ FLV in SWF einbetten und in Zeitleiste abspielen
      ○ Als Video für Mobilgeräte in SWF zusammengefasst importieren

○ Bereits auf einem Webserver, Flash Video Streaming Service oder Flash Media Server:

    URL: [ ]

    Beispiele: http://mydomain.com/directory/video.flv
                 rtmp://mydomain.com/directory/video.xml

◄ **Abbildung 15.22**
Das Dialogfenster VIDEO
AUSWÄHLEN

Im Fenster wählen Sie zunächst, ob das Video auf Ihrem Computer liegt oder von einem Flash Media Server abgespielt werden soll. Wenn das Video auf Ihrer Festplatte liegt, klicken Sie zunächst auf die Schaltfläche DURCHSUCHEN, um es auszuwählen. Anschließend haben Sie drei Auswahlmöglichkeiten:

▶ EXTERNES VIDEO MIT PLAYBACK-KOMPONENTE LADEN: Mit dieser Einstellung richten Sie anschließend eine Video-Playback-Komponente ein, über die das Video abgespielt wird.

▶ FLV IN SWF EINBETTEN UND IN ZEITLEISTE ABSPIELEN: Das Video wird in die Zeitleiste eines Flash-Films integriert.

▶ ALS VIDEO FÜR MOBILGERÄTE IN SWF ZUSAMMENGEFASST IMPORTIEREN: Wenn Sie eine Anwendung für ein Mobilgerät entwickeln, erlaubt diese Einstellung die Integration des Videos in den Flash-Film. Der Flash-Film sollte dann als Flash-Lite-Film exportiert werden. Mehr zu Flash Lite erfahren Sie in Kapitel 21, »Ein Blick über den Tellerrand«.

15.2.1 Video-Playback-Komponente

Wenn Sie das Video mit Hilfe eines Video-Players bereitstellen möchten, ist die erste Einstellung, EXTERNES VIDEO MIT PLAYBACK-KOMPONENTE LADEN, die richtige Wahl. Nachdem Sie das Video ausgewählt und die entsprechende Option aktiviert haben, klicken Sie auf die Schaltfläche WEITER. Es öffnet sich ein weiteres Fenster, in dem Sie das Erscheinungsbild (SKIN) und die FARBE des Players auswählen. Über die Auswahl des Skins legen Sie auch fest, über welche Funktionen der Player verfügen soll. Der Skin »SkinOverPlaySeekMute« gibt beispielsweise an, dass der Player bei einem Roll-over über dem Video eingeblendet wird und über

Flash Media Server
Flash Media Server sind spezielle Server, die u. a. Live-Streaming in Echtzeit erlauben. Flash Media Server werden von einigen speziellen Hosting-Anbietern (z. B. *http://www.influxis.com/*) angeboten oder können auch selbst betrieben werden. Weitere Informationen zu Flash Media Servern finden Sie unter *http://www.adobe.com/de/products/flashmediaserver/*.

Funktionen zum Abspielen (Play), zum Navigieren auf der Zeit-leiste (Seek) und zum Stummstellen der Soundspur des Videos (Mute) verfügt.

Eigene Steuerungsfunktionen

Wenn Sie eigene oder keine Steuerungsfunktionen für ein Video bereitstellen möchten, wählen Sie unter Skin die Ein-stellung Keine wählen. In diesem Fall werden keine Bedienele-mente erstellt. Das Video wird dann dennoch mit Hilfe der FLV-Playback-Komponente integriert und abgespielt.

Wenn Sie einen Skin ausgewählt haben, folgen Sie den Anwei-sungen durch Mausklick auf Weiter. Klicken Sie im letzten Fen-ster abschließend auf Beenden, um die Video-Komponente in einen Flash-Film zu integrieren.

15.2.2 FLV in Zeitleiste integrieren und abspielen

Nachdem Sie die Option FLV in SWF einbetten und in Zeitlei-ste abspielen aktiviert haben, folgt ein weiteres Dialogfenster, über das Sie einstellen, wie das Video in den Flash-Film integriert wird.

Im Feld Symboltyp wählen Sie aus, ob Sie das Video direkt auf der Hauptzeitleiste als eingebettetes Video platzieren oder in einem Movieclip- bzw. Grafiksymbol verschachteln möchten. Die Option INSTANZ AUF BÜHNE PLATZIEREN sorgt dafür, dass das Video direkt auf der Bühne platziert und nicht nur in die Bibliothek aufgenommen wird. Die Option ZEITLEISTE BEI BEDARF ERWEITERN fügt automatisch für das Video ausreichende Bilder in die Zeitleiste ein. Aktivieren Sie die Option AUDIO EINSCHLIESSEN, wenn das Video eine Audiospur besitzt.

Soundsynchronisation
Beachten Sie, dass es bei längeren Videos mit einer Audiospur bei eingebetteten Videos Probleme mit der Soundsynchronisation geben kann.

◀ **Abbildung 15.25**
Einstellungen der Option FLV IN SWF EINBETTEN UND IN ZEITLEISTE ABSPIELEN

15.3   Video-Anwendungen

Sie haben jetzt bereits die wichtigsten Einstellungen für den Import von Videos kennengelernt. Es wird höchste Zeit, sich mit den unterschiedlichen Anwendungsmöglichkeiten von Videos in Flash zu beschäftigen.

15.3.1   Eingebettete Videos

Eingebettete Videos werden in der Zeitleiste eines Flash-Films abgespielt. Wenn Sie ein Video in einen Movieclip verschachteln, können Sie das Video über den Movieclip steuern. So könnten Sie z. B. innerhalb des Movieclips ein leeres Schlüsselbild am Anfang einfügen und die Zeitleiste über die Anweisung stop(); zu Beginn stoppen. Wenn Sie das Video abspielen möchten, lassen Sie den Lesekopf über gotoAndPlay(2); einfach auf das zweite Bild springen.

Schritt für Schritt: Ein eingebettetes Video über die Zeitleiste steuern

In diesem Workshop wird gezeigt, wie Sie ein eingebettetes Video über die Zeitleiste eines Movieclips steuern.

 15\EmbedVideo\step01.fla

1 Film öffnen

Öffnen Sie den Flash-Film *step01.fla* aus dem Ordner *EmbedVideo*. In dem Movieclip mit dem Instanznamen »video_mc« ist in einem Schlüsselbild in Bild 2 das Video eingebettet.

Abbildung 15.26 ▶
Die ZEITLEISTE des Movieclips
»video_mc«

2 Video starten

Per Mausklick auf den Movieclip mit dem Instanznamen »start_mc« soll das Video abgespielt werden. Öffnen Sie das AKTIONEN-Fenster über FENSTER • AKTIONEN oder über das Tastaturkürzel F9 bzw. ⌥ + F9, und weisen Sie dem ersten Schlüsselbild der Ebene »Actions« dazu folgenden Code zu:

```
1:    var playState:Boolean=false;
2:    start_mc.addEventListener(MouseEvent.CLICK,
      playVideo);
3:    start_mc.buttonMode=true;
4:    function playVideo(e:MouseEvent):void {
5:        if (playState==false || video_mc.currentFrame
          == 1) {
6:            video_mc.gotoAndPlay(2);
7:            playState=true;
8:        }
9:    }
```

In Zeile 1 wird die Variable playState definiert, die angibt, ob das Video abgespielt wird (true) oder gestoppt (false) wurde. Zeile 2 registriert einen Ereignis-Listener am Movieclip »start_mc«, der die Ereignisprozedur playVideo aufruft, wenn der Benutzer auf den Movieclip klickt. Damit sich der Movieclip wie ein Button verhält, wird die Eigenschaft buttonMode des Movieclips in Zeile 3 auf true gesetzt. Die Funktion playVideo überprüft zunächst, ob der Wert der Variablen playState gleich false ist oder sich der Lesekopf innerhalb des Movieclips video_mc auf Bild 1 befindet. In beiden Fällen wird das Video abgespielt (Zeile 6), und der Wert der Variablen playState wird auf true gesetzt (Zeile 7).

3 Video stoppen und weiter abspielen

Per Mausklick auf den Movieclip mit dem Instanznamen »pause_mc« soll das Video entweder angehalten oder weiter abgespielt

werden, je nachdem, ob es zuvor angehalten wurde oder gerade
abgespielt wird. Ergänzen Sie den Code dazu wie folgt:

```
1:   pause_mc.addEventListener(MouseEvent.CLICK,
     pausePlayVideo);
2:   pause_mc.buttonMode=true;
3:   function pausePlayVideo(e:MouseEvent):void {
4:       if (playState==true) {
5:           video_mc.stop();
6:           playState=false;
7:       } else {
8:           video_mc.play();
9:           playState = true;
10:      }
11:  }
```

Die Funktion pausePlayVideo wird aufgerufen, wenn der Benutzer auf den Movieclip »pause_mc« klickt. Die Funktion überprüft,
ob der Wert der Variablen playState gleich true ist. In diesem
Fall wird der Abspielkopf des Movieclips »video_mc« gestoppt
(Zeile 5), und der Wert der Variablen playState wird auf false
gesetzt (Zeile 6). Sollte der Wert der Variablen playState nicht
gleich true sein – in diesem Fall wurde das Video angehalten –,
wird der Clip wieder abgespielt (Zeile 8) und die Variable play-
State auf true gesetzt (Zeile 9).

4 Film testen

Testen Sie den Film über ⌨Strg/⌘+↵.

Ergebnis der Übung:
15\EmbedVideo\step02.fla

◄ **Abbildung 15.27**
Über die beiden Movieclip-Buttons lässt sich der Abspielvorgang
steuern.

15.3.2 Externe Videos progressiv herunterladen

Um ein externes Video im Flash-Video-Format (*.flv*) oder im Video-for-Flash-Format (*.f4v*) ansteuern zu können, müssen Sie zunächst ein Video-Symbol in der Bibliothek erstellen. Das Video-Symbol dient als Container für das externe Video.

Öffnen Sie das BIBLIOTHEK-Fenster (Strg/⌘+L), und wählen Sie den Menüpunkt NEUES VIDEO, um ein Video-Symbol zu erstellen.

Abbildung 15.28 ▶
NEUES VIDEO erstellen

Aktivieren Sie im sich daraufhin öffnenden Dialogfenster die Option VIDEO (VON ACTIONSCRIPT GESTEUERT), und weisen Sie dem Video-Symbol einen Symbolbezeichner, z. B. »videoContainer«, zu.

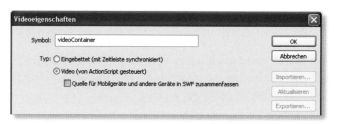

Abbildung 15.29 ▶
VIDEOEIGENSCHAFTEN

Wählen Sie das Video aus, und ziehen Sie es auf die Bühne. Um das Video über ActionScript ansteuern zu können, müssen Sie ihm im EIGENSCHAFTEN-Fenster einen Instanznamen zuweisen.

Abbildung 15.30 ▶
Dem Video wurde der Instanzname »videoContainer«
zugewiesen.

Videogröße festlegen | Sie sollten dem Video-Container die Größe des externen Videos zuweisen. Geben Sie dazu die Breite und die Höhe im EIGENSCHAFTEN- oder im INFO-Fenster ein. Andernfalls wird das Video auf die Größe des Video-Containers skaliert.

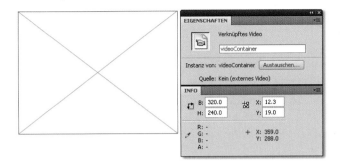

◀ **Abbildung 15.31**
Die Größe des Videos wurde auf
320×240 Pixel gestellt.

NetStream- und NetConnection-Objekt | Um das externe Video über ActionScript abspielen und steuern zu können, müssen Sie ein `NetConnection`-Objekt und ein `NetStream`-Objekt initialisieren. Die Methode `connect` des `NetConnection`-Objekts öffnet eine Verbindung, über die ein externes Video abgespielt werden kann. Das `NetConnection`-Objekt wird bei der Initialisierung des `NetStream`-Objekts an das `NetStream`-Objekt übergeben.

```
var connect_nc:NetConnection = new NetConnection();
connect_nc.connect(null);
var stream:NetStream=new NetStream(connect_nc);
```

client-Eigenschaft des Net-Stream-Objekts

Damit Flash keine Compiler-Fehler anzeigt, weisen Sie der Eigenschaft `client` des `NetStream`-Objekts das Objekt `myClient` zu. Die Eigenschaft wird verwendet, um auf bestimmte Datenereignisse reagieren zu können. Um diese Eigenschaft nutzen zu können, wird Hintergrundwissen zu OOP vorausgesetzt. Aus diesem Grund gehen wir hier nicht näher darauf ein.

Schritt für Schritt: Ein Video über ActionScript abspielen und steuern

In diesem Workshop erfahren Sie, wie Sie ein externes Video integrieren und steuern.

 15\ExtVideo\ExtVideo_01.fla

1 **Film öffnen**

Öffnen Sie den Flash-Film *ExtVideo_01.fla* aus dem Ordner *Ext-Video*. Auf der Bühne befinden sich zwei Movieclips mit den Instanznamen »start_mc« und »pause_mc« sowie ein Video-Container mit dem Instanznamen »videoContainer«.

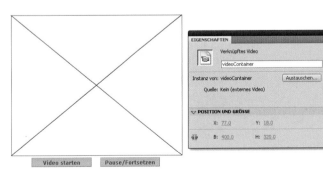

◀ **Abbildung 15.32**
Die Ausgangsbasis

2 **NetConnection- und NetStream-Objekt initialisieren**

Weisen Sie dem ersten Schlüsselbild auf der Ebene »Actions« zunächst folgenden Code zu:

```
var connect_nc:NetConnection = new NetConnection();
connect_nc.connect(null);
var stream:NetStream=new NetStream(connect_nc);
var myClient:Object = new Object();
stream.client=myClient;
videoContainer.attachNetStream(stream);
```

Per Mausklick auf den Movieclip mit dem Instanznamen »start_mc« soll das Video im Video-Container abgespielt werden.

3 **Video abspielen**

Ergänzen Sie den Code im Schlüsselbild auf der Ebene »Actions« dazu um folgende Zeilen:

```
start_mc.addEventListener(MouseEvent.CLICK,startVideo);
start_mc.buttonMode=true;
function startVideo(e:MouseEvent):void {
    stream.play("lautsprecher.f4v");
}
```

4 **Video pausieren/fortsetzen**

Per Mausklick auf den Movieclip mit dem Instanznamen »pause_mc« soll das Video angehalten bzw. – wenn es zuvor angehalten wurde – fortgesetzt werden. Ergänzen Sie den Code dazu wie folgt:

```
pause_mc.addEventListener(MouseEvent.CLICK,pauseVideo);
pause_mc.buttonMode=true;
function pauseVideo(e:MouseEvent):void {
    stream.togglePause();
}
```

Über die Methode togglePause setzen Sie ein Video fort bzw. halten es an, je nachdem ob es gerade gestoppt ist oder abgespielt wird. Die Methode erkennt das selbst und führt eine entsprechende Aktion aus.

Ergebnis der Übung:
15\ExtVideo\ExtVideo_02.fla

5 **Film testen**

Testen Sie den Film über [Strg]/[⌘]+[↵].

◄ **Abbildung 15.33**
Das externe Video kann über die
Movieclip-Buttons gestartet,
gestoppt bzw. fortgesetzt werden.

15.3.3 NetStream-Ereignisse

An einem Objekt der NetStream-Klasse können Sie verschiedene
Ereignis-Listener registrieren, um damit über Ereignisprozeduren
auf verschiedene Ereignisse zu reagieren. Zu den wichtigsten
Ereignissen für die Ermittlung von Fehlern gehören die Ereignisse
IOErrorEvent.IO_ERROR und NetStatusEvent.NET_STATUS. Das
IOErrorEvent.IO_ERROR Ereignis wird ausgelöst, wenn ein Ein-
oder Ausgabefehler aufgetreten ist. Um auf das Ereignis zu reagieren, müssen Sie am NetStream-Objekt einen Ereignis-Listener
registrieren:

```
var stream:NetStream=new NetStream(connect_nc);
stream.addEventListener(IOErrorEvent.IO_ERROR,
ioErrorHandler);
function ioErrorHandler(e:IOErrorEvent):void{
    trace("IO ERROR");
}
```

Das Ereignis NET_STATUS wird aufgerufen, wenn das NetStream-
Objekt einen Status meldet; das kann ein Fehler, aber auch eine
Statusmeldung sein, die z. B. auftritt, wenn ein Video gestartet
wurde. Über die Eigenschaft info.code des an die Ereignisprozedur übergebenen Ereignisses können Sie ermitteln, welcher Status gemeldet wurde, und gegebenenfalls darauf reagieren.

```
var stream:NetStream=new NetStream(connect_nc);
stream.addEventListener(NetStatusEvent.NET_STATUS,
netStatusHandler);
```

```
function netStatusHandler(e:NetStatusEvent):void{
    trace("Status: "+e.info.code);
    if(e.info.code == "NetStream.Play.Start") {
        trace("Video wurde gestartet");
    }
}
```

15.3.4 Vollbild-Modus

Einen Vollbild-Modus gab es bereits in früheren Flash-Versionen, allerdings nur für den Stand-alone-Player und den Projektor. Ab dem Flash Player 9.0.28.0 ist es möglich, einen echten Vollbild-Modus auch im Browser zu nutzen. Das ist besonders – aber nicht nur – für Video-Anwendungen interessant, da Nutzer ein Video bei einer entsprechend hohen Qualität sehr gerne im Vollbildmodus betrachten.

Die folgende Anleitung zeigt die Vorgehensweise, um einen Vollbild-Modus zu realisieren:

1. Bevor Sie einen Flash-Film im Browser im Vollbild-Modus darstellen können, müssen Sie den Parameter `allowFullScreen` im HTML-Dokument auf `true` setzen.

   Am schnellsten aktivieren Sie den Modus, indem Sie in Flash im Menü DATEI • EINSTELLUNGEN FÜR VERÖFFENTLICHUNGEN unter FORMATE die Option HTML und anschließend im Reiter HTML die Vorlage NUR FLASH – VOLLBILD ZULASSEN wählen. Der Parameter wird dann automatisch integriert.

2. Der Vollbild-Modus kann nur über eine Maus- oder Tastatureingabe aktiviert werden. Angenommen, Sie möchten den Vollbild-Modus optional per Mausklick auf einen Movieclip mit dem Instanznamen »fullscreen_mc« aktivieren bzw. deaktivieren. Dazu würde folgender Code dienen:

▲ **Abbildung 15.35**
Flash-Vorlage auswählen

[!] Im Browser testen
Wenn Sie das Beispiel in Flash testen, werden Sie keine Veränderung feststellen. Sie müssen das Beispiel in einem Browser öffnen.

```
var fullScreenState:Boolean=false;
fullscreen_mc.buttonMode=true;
fullscreen_mc.addEventListener(MouseEvent.CLICK,
switchState);
function switchState(e:MouseEvent):void {
    if (fullScreenState==false) {
        stage.displayState=StageDisplayState.FULL_SCREEN;
        fullScreenState=true;
    } else {
        stage.displayState=StageDisplayState.NORMAL;
        fullScreenState=false;
    }
}
```

Fullscreen an/aus

◀ **Abbildung 15.36**
Video im Browser: Fullscreen-Modus

Ein passendes Beispiel finden Sie auf der beiliegenden DVD unter *Video\Vollbild-Modus*.

15\Vollbild-Modus\Vollbild. fla, Vollbild.html und Vollbild_swf-Object.html

15.3.5 Audio-Spur eines Videos steuern

Wenn Sie ein externes Video abspielen, kann es nützlich sein, auf die Audio-Spur des Videos zuzugreifen, z. B. um die Lautstärke zu regeln.

Dazu weisen Sie der Eigenschaft soundTransform eines NetStream-Objekts ein SoundTransform-Objekt zu. Das folgende Code-Beispiel zeigt die Vorgehensweise:

```
1:   var connect_nc:NetConnection = new
     NetConnection();
2:   connect_nc.connect(null);
3:   var stream:NetStream=new NetStream(connect_nc);
4:   var myClient:Object = new Object();
5:   stream.client=myClient;
6:   videoContainer.attachNetStream(stream);
7:   stream.play("lautsprecher.f4v");
8:   var myTransform:SoundTransform = new
     SoundTransform();
9:   myTransform.volume = .1;
10:    stream.soundTransform = myTransform;
```

Wie bereits erläutert, wird ein NetConnection- und ein NetStream-Objekt initialisiert, über die dann eine Verbindung zum Video hergestellt wird. Das Video wird abgespielt. Anschließend wird in Zeile 8 ein SoundTransform-Objekt erstellt, und dessen Eigenschaft volume wird in Zeile 9 der Wert 0,1 (10 %) zugewiesen. Der zulässige Wertebereich der Eigenschaft volume ist 0 bis 1 (100%). Zeile 10 weist das definierte SoundTransform-Objekt der Eigenschaft soundTransform des NetStream-Objekts zu.

15\ExtVideo\ExtVideo_03.fla

15.3.6 Lautstärkeregler

Abbildung 15.37 ▶
Sound eines Videos über einen
Lautstärkeregler steuern

Wie Sie einen Lautstärkeregler erstellen können, haben Sie bereits in Kapitel 14, »Sound«, kennengelernt. Auf der beiliegenden DVD wurde dieser Lautstärkeregler mit dem Sound eines Videos verknüpft. Sie finden das Beispiel unter *Video • ExtVideo • ExtVideo_03.fla*.

Wie sich ein NetStream-Objekt einsetzen lässt, haben Sie jetzt gelernt. Die folgende Tabelle fasst noch einmal die wichtigsten Methoden der NetStream-Klasse zusammen.

Methode	Beispiel	Beschreibung
close	stream.close()	Stoppt die Wiedergabe der Daten des Streams und setzt die Eigenschaft time auf 0. Dadurch wird der Stream zurückgesetzt.
pause	stream.pause();	Hält den Abspielvorgang an.
play	stream.play("video.flv");	Spielt das angegebene Flash-Video ab.
resume	stream.resume();	Setzt einen angehaltenen Videostream fort.
seek	stream.seek(30);	Sucht das Schlüsselbild, das dem angegebenen Zeitpunkt (in Sekunden) am nächsten kommt, und springt zu diesem Punkt.
togglePause	stream.togglePause();	Hält die Wiedergabe eines Streams an oder setzt sie fort.

▲ **Tabelle 15.4**
Methoden der NetStream-Klasse

15.3.7 Eigenschaften der NetStream-Klasse

Die `NetStream`-Klasse verfügt über einige interessante Eigenschaften. So können Sie z. B. den Ladefortschritt eines gestreamten Videos ermitteln. Dazu könnten Sie einen Ereignis-Listener für das Ereignis `Event.ENTER_FRAME` an einem Anzeigeobjekt registrieren, um den Fortschritt regelmäßig zu kontrollieren und gegebenenfalls auszugeben. Das folgende Beispiel zeigt die Vorgehensweise:

15\NetStreamEigenschaften\VideoProgress.fla

```
var connect_nc:NetConnection = new NetConnection();
connect_nc.connect(null);
var stream:NetStream=new NetStream(connect_nc);
var myClient:Object = new Object();
stream.client=myClient;
videoContainer.attachNetStream(stream);
stream.play("lautsprecher.f4v");
var videoController:Sprite = new Sprite();
videoController.addEventListener(Event.ENTER_FRAME,
controlLoading);
function controlLoading(e:Event):void {
    var geladen:uint=stream.bytesLoaded;
    var total:uint=stream.bytesTotal;
    var prozent:Number = geladen/total;
    trace(prozent);
    if (prozent>=1) {
        trace("Video vollständig geladen");
        videoController.removeEventListener(Event.
        ENTER_FRAME,controlLoading);
        videoController=null;
    } else {
        trace("Video lädt...");
    }
}
```

In diesem Fall würde über die Eigenschaft `bytesLoaded` des `NetStream`-Objekts `stream` die aktuell geladene Datenmenge (in Bytes) ermittelt und der Wert der Variablen `geladen` zugewiesen.

Analog dazu wird die gesamte Datenmenge über die Eigenschaft `bytesTotal` ermittelt und der Wert der Variablen `total` zugewiesen. Anhand dieser beiden Werte lässt sich dann der prozentuale Fortschritt leicht berechnen, und Sie können feststellen, wann ein Video vollständig geladen wurde.

Video auf Webserver laden

Laden Sie das Video und den Flash-Film am besten auf einen Webserver hoch, um den Fortschrittprozess zu sehen. Wenn Sie das Beispiel lokal testen, ist das Video sofort geladen, und Sie sehen den Ladefortschritt nicht.

Abspielzeit anzeigen | Über die Eigenschaft time der NetStream-Klasse können Sie die Position des Abspielkopfes (in Sekunden) des Videos bestimmen. So geben Sie z. B. die aktuelle Position im Format Stunden:Minuten:Sekunden wie folgt aus:

15\NetStreamEigenschaften\VideoTime.fla

```
var videoController:Sprite = new Sprite();
videoController.addEventListener(Event.ENTER_FRAME,
controlLoading);
function controlLoading(e:Event):void {
    var time:Number = stream.time;
    var stunden:uint = Math.floor(time/3600);
    var minuten:uint = Math.floor(time/60);
    var sekunden:uint = Math.floor(time);
    trace(stunden+":"+minuten+":"+sekunden);
}
```

In der folgenden Tabelle sind noch einmal die wichtigsten Eigenschaften der NetStream-Klasse aufgelistet.

Eigenschaft	Datentyp	Beschreibung
bufferLength	Number	die derzeit im Datenpuffer befindliche Datenmenge (in Sekunden)
bufferTime	Number	Legt fest, wie viel des Videos (Zeit, in Sekunden) im Puffer gespeichert werden soll, bis das Video anfängt abzuspielen.
bytesLoaded	uint	die aktuell geladene Datenmenge (in Bytes)
bytesTotal	uint	die gesamte Datenmenge (in Bytes)
client	Object	Ein Objekt, für das Rückrufmethoden aufgerufen werden können, um Videodateidaten zu empfangen bzw. zu verarbeiten.
currentFPS	Number	Bildrate: die Anzahl der pro Sekunde angezeigten Bilder
soundTransform	SoundTransform	ein SoundTransform-Objekt, über das sich der Sound eines NetStream-Objekts steuern lässt.
time	Number	die aktuelle Position des Abspielkopfes in Sekunden

▲ **Tabelle 15.5**
Die wichtigsten Eigenschaften der NetStream-Klasse

15.3.8 Cue-Points

Mit Hilfe sogenannter *Cue-Points* können Sie Stellen im Video festlegen, die entweder ein bestimmtes Ereignis aufrufen, wie z. B. die Steuerung eines Movieclips, oder zur Navigation genutzt werden können.

Im Adobe Media Encoder richten Sie Cue-Points im linken unteren Bereich unterhalb der Zeitleiste des Videos ein.

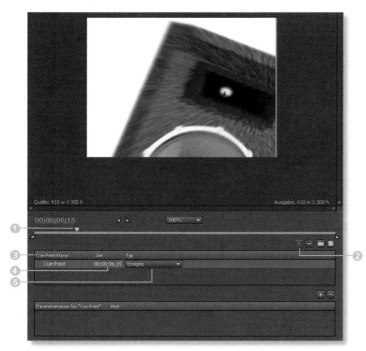

▲ Abbildung 15.38
Cue-Point hinzufügen

Um einen Cue-Point an einer bestimmten Stelle einzufügen, verschieben Sie den oberen Pfeil-Anfasser ❶ zunächst an die gewünschte Stelle. Klicken Sie dann auf das Plus-Symbol ❷, um einen Cue-Point einzufügen. Anschließend können Sie dem Cue-Point in der Spalte Cue-Point-Name ❸ einen Bezeichner zuweisen, der beispielsweise eine Beschreibung der Videostelle angibt. Sie können diesen Wert dann später auslesen. In der Spalte Zeit ❹ sehen Sie den genauen Zeitpunkt des Cue-Points. Unter Typ ❺ wählen Sie, ob der Cue-Point zum Auslösen eines Ereignisses oder zur Navigation genutzt werden soll.

Zugriff auf Cue-Points | Im Bereich Parameter weisen Sie dem Cue-Point Variablen und Werte zu, die Sie dann beim Abspielen des Videos an der Position des Cue-Points weiterverarbeiten können. Um zu ermitteln, wann ein Cue-Point im Video auftaucht, verwenden Sie die `client`-Eigenschaft eines `NetStream`-Objekts. Dazu folgender Beispielcode:

```
1:   var connect_nc:NetConnection = new
     NetConnection();
2:   connect_nc.connect(null);
3:   var stream:NetStream=new NetStream(connect_nc);
```

[!] Cue-Points nur im FLV-Format

Beachten Sie, dass Cue-Points, die über den Adobe Media Encoder eingerichtet werden, nur vom FLV-Format und nicht vom F4V-Format unterstützt werden. Wenn Sie Cue-Points benötigen und Ihr Video in das F4V-Format exportieren möchten, müssen Sie Cue-Points über XMP-Metadaten festlegen.

```
4:      videoContainer.attachNetStream(stream);
5:      var listener:Object = new Object();
6:      listener.onCuePoint = function(e:Object):void {
7:        trace("Cue-Point-Name: "+e.name);
8:        trace("Zeitpunkt: "+e.time);
9:        trace("Typ: "+e.type);
10:     };
11:     stream.client = listener;
12:     stream.play("lautsprecher.flv");
```

Ungewöhnliche Syntax
Die Syntax für den Zugriff auf er-
reichte Cue-Points ist für Action-
Script 3 sehr ungewöhnlich. Die
Syntax ist hier eine seltene Ausnahme; gewöhnlich würde für
einen solchen Anwendungsfall
das Ereignis-System (mit Ereignis-
Listener und Ereignisprozeduren)
verwendet.

Zunächst wird in Zeile 5 eine Variable vom Datentyp `Object` initialisiert. Für das Objekt wird in Zeile 6 die Methode `onCuePoint`
eingerichtet. Die Methode wird aufgerufen, wenn ein Cue-Point
erreicht wird. An die Methode wird eine Variable vom Datentyp `Object` übergeben, die Informationen über einen erreichten
Cue-Point besitzt:

▶ `name`: Bestimmt den Namen des Cue-Points.
▶ `time`: Der Zeitpunkt (in Sekunden), an dem der Cue-Point
  erreicht wird. Die letzten zwei Stellen hinter dem Semikolon
  geben Einzelbilder an, z. B. 10 Sekunden und 20 Bilder.
▶ `type`: Übergibt den Typ des Cue-Points (`event` oder `naviga-
  tion`).

Assoziatives Array
Was ein assoziatives Array ist, er-
fahren Sie in Kapitel 8, »Action-
Script-Grundlagen«.

Zugriff auf Parameter von Cue-Points | Um auf eingerichtete
Parameter eines Cue-Points zuzugreifen, können Sie die Eigenschaft `parameter` des Objekts verwenden, das an die Methode
`onCuePoint` übergeben wird. Der Wert der Eigenschaft `parame-
ter` ist ein assoziatives Array. Angenommen, Sie erstellen einen
Cue-Point und richten zwei Parameter »param0« und »param1«
mit den Werten »Parameter-0« und »Parameter-1« ein.

Abbildung 15.39 ▶
Cue-Point-Parameter einrichten

Um die Werte der Parameter zu ermitteln, könnten Sie dann folgenden Code verwenden:

```
var connect_nc:NetConnection = new NetConnection();
connect_nc.connect(null);
var stream:NetStream=new NetStream(connect_nc);
videoContainer.attachNetStream(stream);
var listener:Object = new Object();
listener.onCuePoint = function(e:Object):void {
  trace(e.parameters.param0);
  trace(e.parameters.param1);
};
stream.client=listener;
stream.play("lautsprecher.flv");
```

Schritt für Schritt: Ereignis-Cue-Points einsetzen

In diesem Workshop wird gezeigt, wie Sie Ereignis-Cue-Points nutzen können.

15\CuePoints_Ereignis\laut-sprecher.mov und CuePoints_01.fla

1 **Video auswählen**

Öffnen Sie den Adobe Media Encoder, und klicken Sie auf HIN-ZUFÜGEN, um das Video *lautsprecher.mov* aus dem Ordner *Cue-Points_Ereignis* in die Warteschlange einzufügen.

▲ **Abbildung 15.40**
Video hinzufügen

2 **FLV-Format auswählen**

Klicken Sie auf das Pfeil-Symbol ❶ unter VORGABE, und wäh-len Sie den Menüpunkt EXPORTEINSTELLUNGEN BEARBEITEN aus. Wechseln Sie auf der rechten Seite in den Reiter MULTIPLEXER, und stellen Sie das Ausgabeformat auf FLV. Beachten Sie, dass Cue-Points, die Sie im Adobe Media Encoder einrichten, nur vom FLV-Format unterstützt werden.

▲ **Abbildung 15.41**
FLV-Format auswählen

3 Cue-Point einfügen

Klicken Sie auf das Plus-Symbol im oberen Bereich ❶, um einen Cue-Point zu Beginn einzufügen. Weisen Sie dem Cue-Point den Namen »Anfang« zu, und klicken Sie unten auf das Plus-Symbol ❷, um einen Parameter »name« mit dem Wert »Szene 1 – Intro« einzufügen.

4 Einen weiteren Cue-Point einfügen

Verschieben Sie den Pfeil-Anfasser ❸ auf ca. 7 Sekunden und 20 Bilder, und fügen Sie einen weiteren Cue-Point namens »Sprachgesang« ein. Diesem Cue-Point weisen Sie den Parameter »name« und den Wert »Szene 2 – Sprachgesang« zu.

Abbildung 15.43 ▶
Den zweiten Cue-Point einfügen

5 Videogröße ändern

Wählen Sie auf der rechten Seite den Reiter VIDEO aus, und ändern Sie die Videogröße auf 320×240 Pixel. Klicken Sie auf OK, um die Kodierungseinstellung zu übernehmen, und kodieren Sie das Video per Mausklick auf WARTESCHLANGE STARTEN.

Abbildung 15.44 ▶
Videogröße ändern

6 **Flash-Film öffnen und Code zuweisen**

Öffnen Sie in Flash den Flash-Film *CuePoints_01.fla* aus dem Ordner *CuePoint_Ereignis*, und speichern Sie den Flash-Film in das Verzeichnis, in dem das kodierte Video liegt, ab. Weisen Sie dem ersten Schlüsselbild auf der Ebene »Actions« folgenden Code zu:

```
1:   var connect_nc:NetConnection = new
     NetConnection();
2:   connect_nc.connect(null);
3:   var stream:NetStream=new NetStream(connect_nc);
4:   videoContainer.attachNetStream(stream);
5:   var listener:Object = new Object();
6:   listener.onCuePoint = function(e:Object):void {
7:     ausgabe_txt.text = e.parameters.name;
8:   };
9:   stream.client=listener;
10:  start_mc.addEventListener(MouseEvent.CLICK,
     startVideo);
11:  start_mc.buttonMode = true;
12:  function startVideo(e:MouseEvent):void {
13:    stream.play("lautsprecher.flv");
14:  }
15:  pause_mc.buttonMode = true;
16:  pause_mc.addEventListener(MouseEvent.CLICK,
     pauseVideo);
17:  function pauseVideo(e:MouseEvent):void {
18:    stream.togglePause();
19:  }
```

Sobald ein Cue-Point erreicht ist, wird die in Zeile 6 definierte Methode `onCuePoint` aufgerufen. Diese sorgt dafür, dass das Textfeld »ausgabe_txt« den Wert des Parameters `name` anzeigt.

▲ **Abbildung 15.45**
Ausgabe des Cue-Point-Parameters

7 **Film testen**

Testen Sie den Film über ⌜Strg⌝/⌜⌘⌝+⌜↵⌝. ∎

 Ergebnis der Übung:
15\CuePoints_Ereignis\CuePoints_02.fla

Navigation-Cue-Points | Cue-Points vom Typ Navigation werden zur Navigation des Videos verwendet. Nachdem Sie entsprechende Cue-Points bei der Kodierung angegeben haben, können Sie alle Cue-Points über die Methode `onMetaData` eines Objekts, das der Eigenschaft `client` eines `NetStream`-Objekts zugewiesen wurde, auslesen. Danach können Sie die Position der Cue-Points nutzen, um über die Methode `seek` des `NetStream`-Objekts an die entsprechende Stelle zu springen, z. B. wenn der Nutzer auf eine bestimmte Schaltfläche klickt.

Die Ereignisprozedur onMetaData lässt sich wie folgt einsetzen, um alle Cue-Points eines Videos auszulesen:

```
1:    var connect_nc:NetConnection = new
      NetConnection();
2:    connect_nc.connect(null);
3:    var stream:NetStream=new NetStream(connect_nc);
4:    videoContainer.attachNetStream(stream);
5:    var listener:Object = new Object();
6:    listener.onMetaData =
      function(eObject:Object):void {
7:      var myProperty:String;
8:      for (myProperty in eObject) {
9:        if (myProperty == "cuePoints") {
10:        var cuePointArr:Array = eObject
           ["cuePoints"];
11:          for (var i:uint = 0; i<cuePointArr.
             length; i++) {
12:            var currentCuePoint:Object =
               eObject[myProperty][i];
13:            trace("name: "+currentCuePoint.
               name);
14:            trace("time: "+currentCuePoint.time);
15:          }
16:        }
17:      }
18:    };
19:    stream.client=listener;
20:    stream.play("lautsprecher.flv");
```

Dabei werden alle Eigenschaften des Objekts eObject mit Hilfe einer for-in-Schleife durchlaufen. Falls die Eigenschaft den Namen cuePoints hat, handelt es sich um einen Cue-Point. Sie können dann anschließend den Namen (Zeile 13) des Cue-Points und die Position in Sekunden (Zeile 14) ermitteln.

Schritt für Schritt: Navigation-Cue-Points einsetzen

15\CuePoints_Nav\CuePoints_01.fla und lautsprecher.mov

In diesem Workshop lernen Sie, wie Sie mit Hilfe von Cue-Points bestimmte Positionen eines Videos anspringen.

1 Video hinzufügen

Öffnen Sie den Adobe Media Encoder, und klicken Sie auf Hinzufügen, um das Video *lautsprecher.mov* aus dem Ordner *Cue-
Points_Nav* in die Warteschlange einzufügen.

▲ **Abbildung 15.46**
Video der Warteschlange hinzufügen

2 FLV-Format auswählen

Klicken Sie auf Pfeil-Symbol ❶ unter Vorgabe und dann auf den
Menüpunkt Exporteinstellungen bearbeiten. Wählen Sie auf
der rechten Seite den Reiter Multiplexer aus, und stellen Sie
das Ausgabeformat auf FLV. Beachten Sie, dass Cue-Points, die
Sie im Adobe Media Encoder einrichten, nur vom FLV-Format
unterstützt werden.

◄ **Abbildung 15.47**
FLV-Format auswählen

3 Videogröße ändern

Wählen Sie auf der rechten Seite den Reiter Video aus, und
ändern Sie die Videogröße auf 320×213 Pixel. Klicken Sie auf
OK, um die Kodierungseinstellung zu übernehmen, und kodieren
Sie das Video per Mausklick auf Warteschlange starten.

◄ **Abbildung 15.48**
Videogröße ändern

4 Cue-Points einrichten

Richten Sie im linken unteren Bereich folgende drei Cue-Points ein: »start« (0 Sekunden), »rap« (0,7 Sekunden und 20 Bilder), »keyboard« (11 Sekunden und 18 Bilder). Weisen Sie den Cue-Points jeweils den Typ NAVIGATION zu.

▲ **Abbildung 15.49**
Cue-Points einrichten

5 Video kodieren

Klicken Sie auf OK, um die Kodierungseinstellung zu übernehmen, und kodieren Sie das Video per Mausklick auf WARTE-SCHLANGE STARTEN.

6 Flash-Film öffnen/speichern

Öffnen Sie den Flash-Film *CuePoints_01.fla* aus dem Ordner *Cue-Points_Nav*, und speichern Sie ihn in das Verzeichnis, in dem das kodierte Video liegt, ab. In dem Flash-Film wurden drei Movieclips mit den Instanznamen »p0«, »p1« und »p2« angelegt. Per Mausklick auf einen der drei Movieclips soll die Position des entsprechenden Cue-Points angesprungen werden.

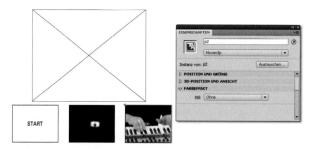

Abbildung 15.50 ▶
Die Bühne mit dem ausgewählten Movieclip »p2«

7 NetConnection-/NetStream-Objekt und Array initialisieren

Weisen Sie dem ersten Schlüsselbild auf der Ebene »Actions« zunächst folgenden Code zu:

```
1:   var connect_nc:NetConnection = new
     NetConnection();
2:   connect_nc.connect(null);
3:   var stream:NetStream=new NetStream(connect_nc);
```

```
4:    videoContainer.attachNetStream(stream);
5:    var listener:Object = new Object();
6:    var cueArray:Array = new Array();
```

Zeile 6 initialisiert ein Array `cueArray`, dem nachher sowohl der Name als auch der Zeitpunkt des jeweiligen Cue-Points als Feldwert zugewiesen werden.

Ergänzen Sie den Code im ersten Schlüsselbild um folgende Zeilen:

```
1:    listener.onMetaData = function(eObject:Object):
      void {
2:        var myProperty:String;
3:        for (myProperty in eObject) {
4:          if (myProperty == "cuePoints") {
5:            var cuePointArr:Array = eObject
               ["cuePoints"];
6:            for (var i:uint = 0; i<cuePointArr.
               length; i++) {
7:              var currentCuePoint:Object = eObject
                 [myProperty][i];
8:              cueArray.push({name:currentCuePoint.
                 name,time:currentCuePoint.time});
9:            }
10:         }
11:       }
12:       p0.addEventListener(MouseEvent.CLICK,seekTo);
13:       p0.buttonMode = true;
14:       p0.myIndex = 0;
15:       p1.addEventListener(MouseEvent.CLICK,seekTo);
16:       p1.buttonMode = true;
17:         p1.myIndex = 1;
18:       p2.addEventListener(MouseEvent.CLICK,seekTo);
19:       p2.buttonMode = true;
20:         p2.myIndex = 2;
21:    };
22:    stream.client=listener;
23:    stream.play("lautsprecher.flv");
```

Die Methode `onMetaData` wird aufgerufen, wenn der Flash-Film Metadaten – dazu gehören Cue-Point-Informationen – empfangen hat. Zu diesem Zeitpunkt werden alle Eigenschaften des Objekts `eObject` mit Hilfe einer `for-in`-Schleife durchlaufen. Falls die Eigenschaft den Namen »cuePoints« besitzt, wird eine

Liste der Cue-Points der Array-Variablen `cuePointArray` zugewiesen (Zeile 5). Anschließend wird das Array mit Hilfe einer `for`-Schleife durchlaufen (Zeile 6–9), und sowohl der Name als auch der Zeitpunkt des Cue-Points werden als Feldwert dem assoziativen Array `cueArray` zugewiesen (Zeile 8). So können Sie durch Referenzierung eines Feldwertes sehr einfach auf den Namen und den Zeitpunkt eines Cue-Points zugreifen. Anschließend wird den drei Movieclips »p0«, »p1«, »p2« jeweils ein Index zugewiesen und ein Ereignis-Listener registriert, der per Mausklick auf einen der Movieclips die Funktion `seekTo` aufruft. Zum Schluss wird das Video gestartet (Zeile 23).

8 Videoposition anspringen

Ergänzen Sie den Code um folgende Zeilen:

```
1:    function seekTo(e:MouseEvent):void {
2:        var myTime:Number = cueArray[e.target.
          myIndex].time;
3:        var myName:String = cueArray[e.target.
          myIndex].name;
4:        stream.seek(myTime);
5:        trace(myName);
6:    }
```

Die Funktion `seekTo` ermittelt auf Basis des Index des Movieclips »e.target« sowohl den Zeitpunkt als auch den Namen des Cue-Points. Über die Methode `seek` des `NetStream`-Objekts wird dann die entsprechende Position im Video angesprungen.

9 Fertig! Film testen

Ergebnis der Übung:
15\CuePoints_Nav\CuePoints_02.fla

Testen Sie den Film über ⌨Strg/⌘+↵. Wenn Sie eines der Vorschaubilder anklicken, wird die entsprechende Position im Video angesprungen.

Abbildung 15.51 ▶
Der zweite Cue-Point mit dem Namen »rap« wurde via Mausklick angesprungen.

16   Dynamischer Text

In Kapitel 6, »Text«, haben Sie bereits den Umgang mit statischen Textfeldern kennengelernt. In diesem Kapitel lernen Sie, wie Sie dynamische Textfelder und Eingabetextfelder einsetzen.

Darüber hinaus erfahren Sie, wie Sie dynamisch erstellten Text formatieren, wie Sie die Scroller-Komponente nutzen, um Text zu scrollen und wie Sie reguläre Ausdrücke mit ActionScript einsetzen.

16.1   Dynamische Textfelder und Eingabetextfelder

Dynamische Textfelder eignen sich für Text, der zur Laufzeit generiert und ausgegeben wird – zum Beispiel ein Hinweis in einem Formular, der angezeigt wird, wenn der Benutzer ein erforderliches Formularfeld nicht ausgefüllt hat.

Eingabetextfelder eignen sich für Texte, die zur Laufzeit eingegeben werden, wie bei Formularfeldern zur Eingabe des Namens, der E-Mail-Adresse etc. Um ein dynamisches Textfeld oder ein Eingabetextfeld zu erstellen, aktivieren Sie das Textwerkzeug **T** und wählen im EIGENSCHAFTEN-Fenster den Texttyp DYNAMISCHER TEXT ❶ oder EINGABETEXT ❷ aus. Klicken Sie anschließend auf die Bühne, halten Sie die Maustaste gedrückt, und ziehen Sie das Textfeld auf.

Instanznamen zuweisen | Wenn Sie mit dynamischen Textfeldern oder Eingabetextfeldern arbeiten möchten, sollten Sie ihnen zunächst einen Instanznamen ❶ im EIGENSCHAFTEN-Fenster zuweisen (siehe Abbildung 16.3). Über diesen können Sie dann sowohl das Textfeld als auch den Text im Textfeld über ActionScript ansteuern.

Textbereich
Beim Aufziehen eines dynamischen oder eines Eingabetextfeldes bestimmen Sie automatisch den sichtbaren Bereich, in dem der Text dargestellt wird. Wenn der Text länger als der definierte Bereich ist, wird er unten abgeschnitten.

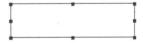

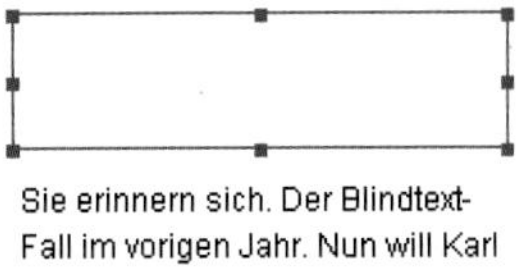

Sie erinnern sich. Der Blindtext-Fall im vorigen Jahr. Nun will Karl

▲ **Abbildung 16.1**
Oben: der definierte Textbereich, unten: die abgeschnittene Ausgabe des Textes

▲ **Abbildung 16.2**
Texttyp auswählen

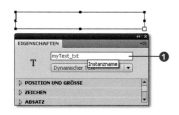

▲ **Abbildung 16.3**
Instanznamen zuweisen

Abbildung 16.4 ▶
Zeilentyp auswählen

Kennwort
Die Einstellung KENNWORT verhindert lediglich, dass der eingegebene Text von jemandem über Ihren Bildschirm mitgelesen wird. Sie schützt den Text darüber hinaus in keiner Weise.

Textfeld-Variable
Im Reiter OPTIONEN im Feld VARIABLE konnten Sie bei älteren Flash-Filmen in ActionScript 1 und 2 eine Variable definieren, deren Wert automatisch dem Textinhalt des Textfeldes entspricht. Das Feld ist in Flash-Filmen, die auf ActionScript 3 basieren, ausgegraut.

16.1.1 Textfeld-Eigenschaften

Zu den Ihnen bereits bekannten Textfeld-Eigenschaften lassen sich für dynamische Textfelder oder Eingabetextfelder zusätzliche Eigenschaften im EIGENSCHAFTEN-Fenster einstellen.

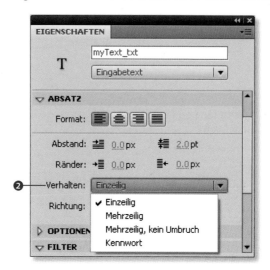

Zeilentyp | Im Reiter ABSATZ unter VERHALTEN ❷ stehen Ihnen je nach Texttyp drei bzw. vier Einstellungen zur Verfügung:

▶ EINZEILIG: Das Textfeld ist einzeilig – Sie können zwar mehrere Zeilen eingeben, bei der Veröffentlichung wird jedoch nur eine Zeile berücksichtigt.

▶ MEHRZEILIG: Das Textfeld ist mehrzeilig. Es erfolgt ein automatischer Zeilenumbruch, wenn eine Zeilenlänge des Texts die Breite des Textbereichs überschreitet.

▶ MEHRZEILIG, KEIN UMBRUCH: Wenn Sie Textfeldern dynamisch über ActionScript Text zuweisen, wird bei dieser Einstellung kein automatischer Zeilenumbruch durchgeführt. Der Text wird also standardmäßig abgeschnitten, wenn er die Breite des Textfeldes überschreitet. Sie können jedoch manuelle Zeilenumbrüche definieren.

▶ KENNWORT (NUR BEI EINGABETEXTFELDERN): Die Zeichen des Textfeldes werden bei der Eingabe automatisch durch Sternchen (»*«) ersetzt.

Maximale Zeichenanzahl | Im EIGENSCHAFTEN-Fenster im Reiter OPTIONEN können Sie im Feld maximale Zeichenanzahl (MAX. ZCH.) ❸ die Anzahl der maximal einzugebenden Zeichen bei Eingabetextfeldern festlegen. Eine solche Limitierung wäre z. B. bei einem Eingabetextfeld, das zur Eingabe einer Postleitzahl (fünf Zeichen) vorgesehen ist, sinnvoll.

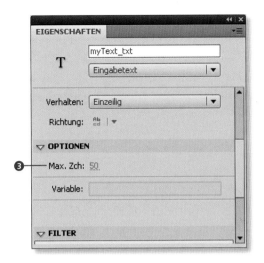

Rahmen um Text zeigen | Aktivieren Sie im Reiter Zeichen die Option Rahmen um Text zeigen ❶, um ein dynamisches oder ein Eingabetextfeld mit einer Hintergrundfarbe und einem Rahmen zu versehen. Die Hintergrundfarbe ist standardmäßig Weiß und der Rahmen schwarz.

Text als HTML wiedergeben
Aktivieren Sie die Option ❷, wenn Sie Text mittels HTML formatieren und ausgeben möchten. Die Anwendung erläutern wir später noch näher.

16.1.2 Zeicheneinbettung

Wie bei statischen Textfeldern können Sie auch bei dynamischen Textfeldern oder Eingabetextfeldern zunächst sowohl die Schriftart als auch die Schriftwiedergabe einstellen. Wenn Sie keine Geräteschriftarten verwenden möchten, müssen die Schriftkonturen der Schrift in den Flash-Film eingebettet werden. Welche

Zeicheneinbettung

Flash kann nicht wissen, welche Zeichen zur Laufzeit im Textfeld verwendet werden. Das können nur Sie selbst wissen. Deshalb müssen Sie die Zeicheneinbettung bei dynamischen Textfeldern und Eingabetextfeldern selbst übernehmen.

Schriftkonturen der Schrift eingebettet werden, legen Sie im Reiter ZEICHEN über die Schaltfläche ZEICHENEINBETTUNG ❸ fest. Klicken Sie auf die Schaltfläche, um das Dialogfenster ZEICHENEINBETTUNG zu öffnen.

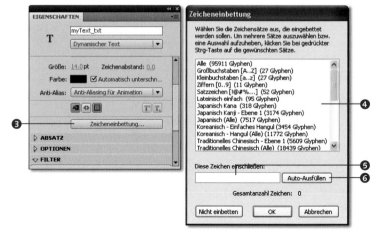

▲ **Abbildung 16.7**
Zeicheneinbettung

[!] Groß- und Kleinschreibung
Wenn Sie die Zeichen manuell eingeben, achten Sie auf die Groß- und Kleinschreibung. Wenn Sie das Zeichen »ü« einbetten, wird damit nicht gleichzeitig der Großbuchstabe »Ü« eingebettet.

Im Dialogfenster ZEICHENEINBETTUNG haben Sie verschiedene Möglichkeiten, Textzeichen zu definieren, die in den Flash-Film eingebettet werden:

▶ Sollte ein dynamisches Textfeld oder ein Eingabetextfeld bereits Text enthalten, können Sie auf AUTO-AUSFÜLLEN ❻ klicken, um die aktuell verwendeten Zeichen einzubetten. Das ist nur dann ausreichend, wenn Sie den Text im Textfeld nicht noch zur Laufzeit ändern bzw. ergänzen.

▶ Wählen Sie einen Zeichenbereich per Mausklick im Listenfeld ❹ aus. Halten Sie dabei ⌈Strg⌋ gedrückt, um mehrere Zeichenbereiche auszuwählen. Wählen Sie beispielsweise die Gruppe »Ziffern« aus, wenn Sie nur Zahlen der Schrift benötigen.

▶ Sie können auch einzelne Zeichen im Feld DIESE ZEICHEN EINSCHLIESSEN ❺ eingeben. Das ist z. B. sinnvoll, wenn Sie nur wenige Zeichen einer Schrift einsetzen. Benötigen Sie beispielsweise nur die Ziffern 0, 1 und 2, geben Sie »012« in das Textfeld ein.

Verfügbarkeit

Wenn Sie die Zeicheneinbettung für ein Textfeld festlegen, sind die eingebetteten Zeichen automatisch auch für andere Textfelder des Flash-Films verwendbar.

Bei der Auswahl müssen Sie alle Zeichen berücksichtigen, die im Textfeld verwendet werden könnten. Sollten Sie Zeichen verwenden, die nicht eingebettet wurden, erscheinen diese nicht, wenn Sie den Flash-Film veröffentlichen.

◀ **Abbildung 16.8**
Das Resultat – links ohne Einbettung von Großbuchstaben und ß, rechts mit Einbettung von Großbuchstaben und ß

Dennoch ist es sinnvoll, nicht wahllos alle verfügbaren Zeichen einzubetten, da die Datei des Flash-Films sonst dementsprechend groß würde. Für deutsche Texte bietet sich die folgende Kombination an: Wählen Sie LATEINISCH EINFACH (95 GLYPHEN), und betten Sie im Eingabefeld DIESE ZEICHEN EINBETTEN zusätzlich Umlaute und Sonderzeichen, wie z. B. ä, ü, ö, Ä, Ü, Ö, ß, €, ein. Diese Kombination reicht meist für deutsche Standardtexte aus.

Lateinisch einfach

Im Anhang finden Sie eine Unicode-8-Zeichentabelle mit allen Zeichen, die über die Einstellung LATEINISCH EINFACH (95 GLYPHEN) eingebettet werden. Auf die Zeichenkodierung gehen wir später noch einmal näher ein.

16.2 Text zuweisen und abfragen

Nachdem Sie ein dynamisches oder ein Eingabetextfeld auf der Bühne angelegt haben, können Sie dem Textfeld einen Text zur Laufzeit über die Eigenschaft `text` oder – falls Sie die Option TEXT ALS HTML WIEDERGEBEN aktiviert haben – über die Eigenschaft `htmlText` zuweisen. Damit Sie das Textfeld referenzieren können, sollten Sie ihm einen Instanznamen zuweisen.

Über folgende ActionScript-Anweisung könnten Sie einem Textfeld mit dem Instanznamen »ausgabe_txt« einen Text zuweisen:

```
ausgabe_txt.text = "Dies ist ein Beispiel";
```

HTML-Textfelder | Um einen Text mit HTML-Tags zu formatieren, müssen Sie den Text über die Eigenschaft `htmlText` zuweisen. Wenn Sie den Text inklusive der HTML-Formatierungen über die Eigenschaft text zuweisen, werden HTML-Tags nicht interpretiert. Die Anweisung könnte dann wie folgt lauten:

```
ausgabe_txt.htmlText = "Dies ist ein <b>fett
gesetztes</b> Beispiel.";
```

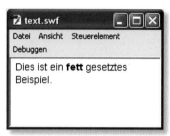

▲ **Abbildung 16.9**
Textfeld mit HTML-Formatierung

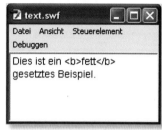

▲ **Abbildung 16.10**
Die Ausgabe über die Eigenschaft text führt nicht zum gewünschten Ergebnis.

In diesem Fall erscheint der Text »fett gesetztes« in fetten Buchstaben.

Die folgende Tabelle gibt Ihnen einen Überblick über die am häufigsten verwendeten HTML-Formatierungen, die von Flash unterstützt werden.

HTML-Tag	Beispiele	Beschreibung
a	ausgabe_txt.htmlText = "<a href='http://www.spiegel.de' target='_blank'>Spiegel.de</a>"	Anker-Tag, über das Sie einen Hyperlink setzen können, mit den Parametern url und target (Zielfenster im Browser)
b	ausgabe_txt.htmlText = "Fett gesetzt."	Fettdruck
i	ausgabe_txt.htmlText = "<i>Italic</i> gesetzt."	Italic (kursiv)
u	ausgabe_txt.htmlText = "<u>Unterstrichen</u> gesetzt."	Unterstreichung
br	ausgabe_txt.htmlText = "Zeile1 Zeile2"	Zeilenumbruch
font color	ausgabe_txt.htmlText = "<font color='#FF0000'>Roter</font> Text";	Textfarbe
font face	ausgabe_txt.htmlText = "<font face='Verdana'>In Verdana</font> und normal";	Schriftart
font size	ausgabe_txt.htmlText = "<font size='18'>groß</font> und klein";	Schriftgröße
p	ausgabe_txt.htmlText = "<p>Absatz 1</p>";	Erzeugt einen Textabsatz (mit automatischem Zeilenumbruch).

▲ **Tabelle 16.1**
Die wichtigsten unterstützten HTML-Tags

HTML-Tag	Beispiele	Beschreibung
li	ausgabe_txt.htmlText = "<li>Erstes Listenelement</li><li>Zweites Listenelement</li>"	Setzt vor dem Text ein Aufzählungszeichen. Flash unterstützt keine sortierten (<ol>) bzw. unsortierten (<ul>) Listen.
img	ausgabe_txt.htmlText = "Hunger. Stufe für Stufe schob sie sich die Treppe hinauf. Pizza Funghi Salami, Sternchen Salami gleich Blockwurst.<img width='100' height='75' vspace='5' hspace='5' src='image.jpg'/> Die Pilze hatten sechs Monate in einem Sarg aus Blech, abgeschattet vom Sonnenlicht, eingeschläfert in einer Soße aus Essig, billigem Öl und verschiedenen Geschmacksverstärkern, geruht. Es war nur ein Augenblick, in dem sie die Welt erblickt hatten, dann verschwanden sie wieder in einem 450° heißen Ofen."	Über das <img>-Tag integrieren Sie Bilder in ein Textfeld. Die Quelle kann sowohl eine externe Bitmap-Grafik (.jpg, .gif, .png) als auch ein Flash-Film (.swf) oder ein Movieclip sein. Dabei fließt Text automatisch um eine integrierte Bitmap-Grafik herum. Unterstützte Attribute sind u.a.: ▶ src: der Pfad einer externen Bitmap-Grafik/ eines externen Flash-Films oder der Klassenbezeichner eines Movieclips, der in der Bibliothek des Flash-Films liegt ▶ width/height: Breite und Höhe des Inhalts ▶ align: Ausrichtung des Inhalts (left oder right) ▶ hspace/vspace: der horizontale bzw. vertikale Abstand vom Bild zum Text

▲ **Tabelle 16.1**
Die wichtigsten unterstützten HTML-Tags (Forts.)

Zeilenumbruch einfügen | In einem dynamischen oder in einem Eingabetextfeld erzeugen Sie einen manuellen Zeilenumbruch über die sogenannte Escape-Sequenz \n:

```
ausgabe_txt.text="Zeile1\nZeile2";
```

In einem HTML-Textfeld erreichen Sie einen Zeilenumbruch über das HTML-Tag <br>:

```
ausgabe_txt.htmlText="Zeile1<br>Zeile2";
```

Text abfragen | Bisher haben Sie Möglichkeiten kennengelernt, wie Sie einem dynamischen oder einem Eingabetextfeld per ActionScript Text zuweisen. Im Besonderen bei Eingabetextfeldern werden Sie den eingegebenen Text abfragen wollen. Das funktioniert ebenso über die text- bzw. htmlText-Eigenschaft des Textfeldes.

Um den Text eines Textfeldes mit dem Instanznamen »vorname_txt« der Variablen vorname zuzuweisen und dann den Text im Ausgabe-Fenster anzuzeigen, wäre folgende Zeile nötig:

```
var vorname:String = vorname_txt.text;
trace(vorname);
```

Hunger. Stufe für Stufe schob sie sich die Treppe hinauf. Pizza Funghi Salami, Sternchen Salami gleich Blockwurst. Die Pilze hatten sechs Monate in einem Sarg aus Blech, abgeschattet vom Sonnenlicht, eingeschläfert in einer Sosse aus Essig, billigem Öl und verschiedenen Geschmacksverstärkern, geruht. Es war nur

▲ **Abbildung 16.11**
Eine externe Bitmap-Grafik wurde in einen Fließtext integriert.

[!] Datentyp
Beachten Sie, dass der Wert der Eigenschaft text immer vom Datentyp String ist. Auch wenn Sie eine Zahl eingeben, ist der Datentyp String. Wie Sie einen Wert vom Datentyp String in einen Wert vom Datentyp Number umwandeln, erfahren Sie in Kapitel 8, »ActionScript-Grundlagen«.

Schritt für Schritt: Texteingabe abfragen und ausgeben

In diesem Workshop lernen Sie, wie Sie den eingegebenen Text abfragen und in einem anderen Textfeld ausgeben.

1 Flash-Film öffnen

16\Text_Eingabe_Ausgabe\
EinAusgabe01.fla

Öffnen Sie den Flash-Film *EinAusgabe01.fla* aus dem Ordner *16_Eingabe_Ausgabe*. Im Beispiel wurden zwei Eingabetextfelder und ein mehrzeiliges dynamisches Textfeld mit der aktivierten Option TEXT ALS HTML WIEDERGEBEN erstellt.

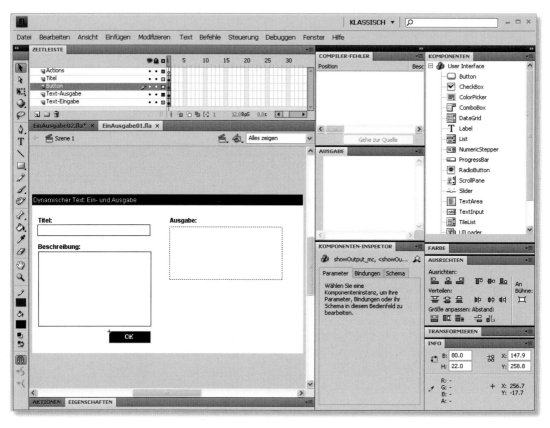

Abbildung 16.12 ▲
Die Ausgangsbasis

Ziel ist es, dass der eingegebene Text per Mausklick auf den Movieclip mit dem Instanznamen »showOutput_mc«, der als Button agiert, im dynamischen Textfeld erscheint.

2 Instanznamen zuweisen

Weisen Sie dem Eingabetextfeld ❶ den Instanznamen »*titel_txt*« im EIGENSCHAFTEN-Fenster zu. Dem zweiten Eingabetextfeld geben Sie den Instanznamen »desc_txt«und dem Ausgabetextfeld ❷ den Instanznamen »output_txt«.

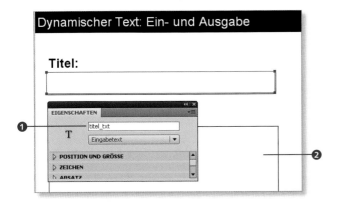

◀ **Abbildung 16.13**
Instanznamen zuweisen

3 Code zuweisen

Wählen Sie das erste Schlüsselbild auf der Ebene »Actions« aus, öffnen Sie das AKTIONEN-Fenster, und weisen Sie dem Schlüsselbild folgenden Code zu:

```
1:    showOutput_mc.buttonMode = true;
2:    showOutput_mc.addEventListener(MouseEvent.CLICK,
      clickHandler);
3:    function clickHandler(e:MouseEvent):void {
4:        var myOutput:String = "<font size='14'><b>";
5:        myOutput += titel_txt.text;
6:        myOutput += "</font></b><br>";
7:        myOutput += desc_txt.text;
8:        output_txt.htmlText = myOutput;
9:    }
```

Damit sich der Movieclip »showOutput_mc« wie eine Schaltfläche verhält, wird in Zeile 1 die Eigenschaft buttonMode auf true gesetzt. Zeile 2 registriert am Movieclip »showOutput_mc« einen Ereignis-Listener, der dafür sorgt, dass die Ereignisprozedur clickHandler ausgeführt wird, wenn der Benutzer auf den Movieclip klickt.

Innerhalb der Funktion clickHandler wird in Zeile 4 eine Variable vom Datentyp String initialisiert. Der Titel soll mit einer Schriftgröße von 14 Pixeln und fett dargestellt werden. Der Variablen myOutput werden entsprechende HTML-Tags zugewiesen. Anschließend wird an die Variable in Zeile 5 der Text des Textfeldes »titel_txt« angehängt. Die zuvor geöffneten HTML-Tags für die Formatierung des Titels werden wieder geschlossen (Zeile 6). Anschließend wird in Zeile 7 der Beschreibungstext an den String angehängt, und schließlich wird der Text in Zeile 8 im Textfeld »output_txt« ausgegeben.

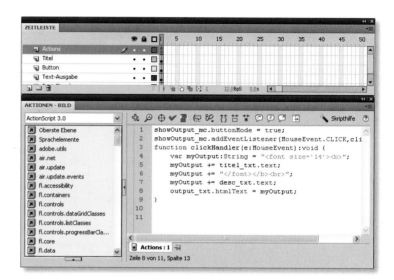

Abbildung 16.14 ▶
ActionScript zuweisen

Ergebnis der Übung:
16\Text_Eingabe_Ausgabe\EinAusgabe02.fla

4 Film testen

Testen Sie den Film über [Strg]/[⌘]+[↵]. Geben Sie einen Text für den TITEL und die BESCHREIBUNG ein, und klicken Sie auf OK. Der eingebende Text wird im Ausgabetextfeld formatiert ausgegeben.

Abbildung 16.15 ▶
Das Resultat: die dynamische
Ein- und Ausgabe

[Eingabefokus]
Wenn ein Eingabetextfeld zur Laufzeit angeklickt wird, kann der Nutzer eine Eingabe vornehmen. Man spricht bei diesem Aktivierungsvorgang des Textfeldes auch vom *Eingabefokus* oder sagt: »Das Textfeld erhält/besitzt den (Eingabe-)Fokus.«

16.2.1 tabIndex-Reihenfolge festlegen

Über ActionScript können Sie dynamischen und Eingabe-Textfeldern jeweils einen sogenannten `tabIndex` zuweisen. Über den Index legen Sie fest, in welcher Reihenfolge der Eingabefokus von Textfeldern wechselt, wenn die [⇥]-Taste gedrückt wird.

Standardmäßig wird die Reihenfolge automatisch von oben nach unten festgelegt. Liegen zwei Textfelder vertikal auf der gleichen Position, wird die Reihenfolge von links nach rechts festgelegt.

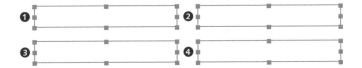

◄ **Abbildung 16.16**
Die von Flash festgelegte automatische Reihenfolge

Das bedeutet, dass ein Textfeld, das links oben auf der Bühne positioniert wird, in der Reihenfolge am Anfang steht und ein Textfeld, das rechts unten positioniert wird, in der Reihenfolge am Ende steht. Die manuelle Definition der tabIndex-Reihenfolge ist zu empfehlen, wenn Sie mehrere Eingabetextfelder, wie z. B. bei einem Kontaktformular, verwenden. Dies hat zwei Vorteile:

Standardwert
Soweit Sie den tabIndex eines Textfeldes nicht selbst festgelegt haben, ist der Standardwert der Eigenschaft tabIndex eines Textfeldes -1.

► Sie können genau festlegen, in welcher Reihenfolge der Benutzer die Textfeldern durch Drücken der ⇥-Taste anspringt.

► Wenn Sie den tabIndex von Textfeldern manuell festlegen, können Sie Textfelder ausschließen, die nicht über die (Tabulator)-Taste angesprungen werden können. Einem solchen Textfeld weisen Sie dazu einfach keinen tabIndex zu.

Über die Definition der tabIndex-Eigenschaft können Sie die Reihenfolge beliebig, unabhängig von der Position der Textfelder, anpassen. Wenn Sie vier Eingabetextfelder mit den Instanznamen »t0«, »t1«, »t2« und »t3« besitzen, könnten Sie Reihenfolge wie folgt definieren:

Benutzerdefinierte Tab-Reihenfolge
Sobald Sie einem Textfeld eines Flash-Films manuell ein tabIndex zugeordnet haben, wird die automatische Reihenfolge deaktiviert. Es werden dann nur noch Objekte berücksichtigt, deren tabIndex-Eigenschaft einem Wert zugewiesen wurde.

```
t0.tabIndex = 1;
t1.tabIndex = 2;
t2.tabIndex = 3;
t3.tabIndex = 4;
```

① t0   ③ t2
② t1   ④ t3

◄ **Abbildung 16.17**
Die manuell definierte Reihenfolge

So würde der Eingabefokus vom Textfeld »t0« zunächst auf »t1«, dann auf »t2« und anschließend auf »t3« wechseln.

16.2.2 Eingabefokus steuern

Es kann hilfreich sein, festzustellen, wann ein dynamisches oder ein Eingabe-Textfeld den Eingabefokus erhalten hat oder verliert. Hierfür bieten sich die Ereignisse FocusEvent.FOCUS_IN und FocusEvent.FOCUS_OUT an. Um Anweisungen auszuführen, sobald ein bestimmtes Textfeld den Eingabefokus erhält, registrieren Sie an dem Textfeld zunächst einen Ereignis-Listener, hier an einem Textfeld mit dem Instanznamen »myText1«:

```
myText1.addEventListener(FocusEvent.FOCUS_IN,
focusInHandler);
```

Anschließend definieren Sie die Ereignisprozedur focusInHandler wie folgt:

```
function focusInHandler(e:FocusEvent):void {
    trace(e.currentTarget.name+" hat den
    Eingabefokus.");
}
```

Analog dazu können Sie mit Hilfe des Ereignisses FocusEvent. FOCUS_OUT feststellen, wenn ein bestimmtes Textfeld den Eingabefokus verliert:

```
myText1.addEventListener(FocusEvent.FOCUS_OUT,
focusOutHandler);
function focusOutHandler(e:FocusEvent):void {
    trace(e.currentTarget.name+" hat den Eingabefokus
    verloren.");
}
```

Schritt für Schritt: FOCUS_IN und FOCUS_OUT zur Hervorhebung von Eingabetextfeldern nutzen

16\Text_Fokus\Text_Fokus_01.fla

In diesem Workshop lernen Sie, wie Sie die Focus-Ereignisse z. B. für ein Formular sinnvoll einsetzen, um Eingabetextfelder hervorzuheben, wenn diese den Eingabefokus erhalten.

1 **Flash-Film öffnen**

Öffnen Sie den Flash-Film *16\Fokus\onSetKillFocus01.fla*. Ausgangsbasis sind zwei Movieclips mit den Instanznamen »vorname_mc« und »nachname_mc«. Innerhalb der Movieclips liegt jeweils ein Eingabetextfeld mit dem Instanznamen »myText«. Außerdem enthält jeder Movieclip zwei Movieclips, die als Hintergrund für das Textfeld dienen. Auf der Ebene »Over« liegt der Movieclip, der den Hintergrund darstellt, wenn das Textfeld den Eingabefokus besitzt. Die Ebene »Normal« enthält den Movieclip, der als Hintergrund dient, wenn das Textfeld den Eingabefokus nicht besitzt. Sobald ein Textfeld den Eingabefokus bekommt, soll der Abspielkopf der Zeitleiste auf das Bild mit dem Bildbezeichner »in« springen, so dass der »Over«-Hintergrund eingeblendet wird. Hierzu wurde ein Tween angelegt.

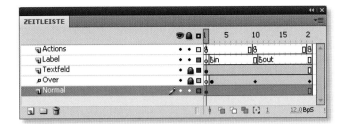

◀ **Abbildung 16.18**
Die Zeitleiste des Movieclips
»vorname_mc«

2 Ereignis-Listener registrieren

Wechseln Sie gegebenenfalls zur Hauptzeitleiste des Flash-Films zurück, wählen Sie das erste Schlüsselbild der Ebene »Actions« aus, öffnen Sie das Aktionen-Fenster, und weisen Sie dem Schlüsselbild zunächst folgenden Code zu:

```
1:   vorname_mc.myText.addEventListener(FocusEvent.
     FOCUS_IN,focusInHandler);
2:   nachname_mc.myText.addEventListener(FocusEvent.
     FOCUS_IN,focusInHandler);
3:   vorname_mc.myText.addEventListener(FocusEvent.
     FOCUS_OUT,focusOutHandler);
4:   nachname_mc.myText.addEventListener(FocusEvent.
     FOCUS_OUT,focusOutHandler);
```

Sobald eines der beiden Textfelder (»vorname_mc.myText« oder »nachname_mc.myText«) den Fokus bekommt, wird die Ereignisprozedur focusInHandler aufgerufen (Zeile 1, 2). Analog dazu wird die Ereignisprozedur focusOutHandler aufgerufen, wenn eines der beiden Textfelder den Fokus verliert (Zeile 3, 4).

3 Ereignisprozeduren definieren

Ergänzen Sie den Code auf dem ersten Schlüsselbild um folgende Zeilen:

```
function focusInHandler(e:FocusEvent):void {
    e.currentTarget.parent.gotoAndPlay("in");
}
function focusOutHandler(e:FocusEvent):void {
    e.currentTarget.parent.gotoAndPlay("out");
}
```

Sobald ein Textfeld den Fokus erhält, wird die Ereignisprozedur focusInHandler aufgerufen. Über e.currentTarget referenzieren Sie das Textfeld selbst. Um auf die dem Textfeld übergeordnete Zeitleiste zu referenzieren, hängen Sie ein parent an die

Pfadangabe an. Der Lesekopf der Zeitleiste springt auf das Bild mit dem Bildbezeichner »in«. Analog dazu bewegt sich der Lesekopf der Zeitleiste auf das Bild mit dem Bildbezeichner »out«, wenn ein Textfeld den Fokus verliert.

Ergebnis der Übung:
16\Text_Fokus\Text_Fokus_02.fla

4 Fertig! Flash-Film testen

Testen Sie den Flash-Film über `Strg`/`⌘`+`↵`. Auf dieselbe Art und Weise könnten Sie den Eingabefokus von Textfeldern beispielsweise auch in einem Formular mit vielen Textfeldern visuell hervorheben. ■

16.3 Textdokument laden und ausgeben

Dynamische Textfelder werden meistens dazu genutzt, Texte aus externen Datenquellen, wie Text- und XML-Dokumente, Datenbanken etc., auszugeben. So können z. B. Textbereiche einer Webseite dynamisch angelegt werden, Textinhalte lassen sich dann unabhängig vom Flash-Film ändern und aktualisieren.

16.3.1 Zeichenkodierung

Unicode-8 (UTF-8)
Es gibt verschiedene Unicode-Spezifikationen – dazu gehören z. B. UTF-7, UTF-8, UTF-16 und UTF-32. Flash unterstützt UTF-8 (empfohlen), UTF-16 LE und UTF-16 BE. Weitere Informationen zu Unicode finden Sie unter *http://www.unicode.org*.

Wenn Sie Texte aus externen Quellen laden, müssen Sie dabei beachten, dass Flash ab Version 7 Texte grundsätzlich als Unicode-kodierten Text interpretiert. Sie haben zwei Möglichkeiten, Texte aus externen Quellen in Flash zu nutzen:

▶ Die externen Texte werden als Unicode-8 kodiert. Flash stellt diese dann korrekt dar. Das ist die empfohlene Variante.

▶ Wenn Sie keinen Einfluss darauf haben, wie der externe Text kodiert ist – z. B., wenn Sie Text aus einer fremden Quelle laden –, können Sie Flash dazu veranlassen, nicht-Unicode-kodierte Texte mit Hilfe der herkömmlichen Zeichensatztabelle (engl. »codepage«) des Betriebssystems zu kodieren. Dazu dient folgende Anweisung, die vor dem Laden eines Textdokuments ausgeführt werden sollte:

```
System.useCodePage = true;
```

Beachten Sie jedoch, dass sich die Anweisung `System.useCodePage = true;` auf den gesamten Flash-Film auswirkt.

Wenn Sie einen Text in Unicode kodieren möchten, müssen Sie für die Erstellung einen Texteditor verwenden, der Unicode unterstützt.

◄ **Abbildung 16.19**
UTF-8 im Texteditor Notepad von
Windows XP

Editor	System	Hersteller/Bezugsquelle
Notepad	Windows (ab Windows 2000)	Microsoft
Dreamweaver	Windows, Mac	Adobe
UniRed (Freeware)	Windows 9x, NT, 2000, XP	http://www.esperanto.mv.ru/ UniRed/
Yudit	Windows, Linux	http://www.yudit.org/
SuperEdi	Windows	http://www.wolosoft.com

◄ **Tabelle 16.2**
Editoren, die Unicode
unterstützen

16.3.2 Textdokumente laden

Zum Laden eines Textdokuments lässt sich die URLLoader-Klasse einsetzen. Dabei stehen Ihnen grundsätzlich zwei Möglichkeiten zur Verfügung, auf die wir in Kürze noch eingehen.

Um ein Textdokument zu laden, müssen Sie ein Objekt der URLLoader-Klasse und ein Objekt der URLRequest-Klasse initialisieren:

Hinweis
Mehr zu URL-Loader erfahren Sie
in Kapitel 17, »Flash, PHP und
MySQL«.

```
var myRequest:URLRequest = new URLRequest("text.txt");
var myLoader:URLLoader = new URLLoader();
```

Der nächste Schritt hängt davon ab, wie das Textdokument strukturiert ist. Grundsätzlich können Sie ein Textdokument wie folgt aufbauen:

► Das Textdokument besteht aus einem einzigen Text, den Sie in Flash laden möchten. Beispiel: »Ein einfaches Textdokument.«

Textdokument laden

An den Konstruktor des `URLLoa-der`-Objekts könnten Sie auch direkt das `URLRequest`-Objekt übergeben, um den Ladevorgang sofort zu starten. Beispiel:

```
var myRequest:URLRequest =
new URLRequest("text.txt");
var myLoader:URLLoader = new
URLLoader(myRequest);
```

Sie können dann jedoch keinen Wert mehr für die Eigenschaft `dataFormat` festlegen. In einem solchen Fall würde der Standard-wert der Eigenschaft `dataFormat` (`URLLoaderDataFormat.TEXT`) verwendet.

▶ Das Textdokument enthält verschiedene Textvariablen – es beinhaltet also eine einfache Struktur bzw. verschiedene Elemente, die Sie in Flash separat voneinander ansteuern möchten. Beispiel: »titel=Dies ist der Titel&beschreibung=Dies ist die Beschreibung.«

Im ersten Fall ist es sinnvoll, den Wert der Eigenschaft `dataFor-mat` des `URLLoader`-Objekts auf den Wert `URLLoaderDataFor-mat.TEXT` zu setzen.

Im zweiten Fall sollten Sie den Wert der Eigenschaft `dataFor-mat` des `URLLoader`-Objekts auf den Wert `URLLoaderDataFor-mat.VARIABLES` festlegen.

Wenn Sie ein Textdokument, das einen einzigen Text enthält, laden möchten, könnten Sie dazu folgenden Code benutzen:

```
var myRequest:URLRequest = new URLRequest("text.txt");
var myLoader:URLLoader = new URLLoader(myRequest);
myLoader.dataFormat = URLLoaderDataFormat.TEXT;
myLoader.addEventListener(Event.COMPLETE,dataLoaded);
myLoader.load(myRequest);
function dataLoaded(e:Event):void {
    trace(e.target.data);
}
```

Den Text referenzieren Sie dann innerhalb der Ereignisprozedur über `e.target.data`.

Wenn Sie ein Textdokument laden möchten, das Textvariablen enthält, müssen Sie beachten, dass Flash erwartet, dass der Text URL-kodiert ist. Was das bedeutet, wird im folgenden Abschnitt erläutert.

URL-Kodierung | Eine sogenannte URL-Kodierung ist notwendig, wenn Sie Textvariablen in einem Text einsetzen möchten. Wenn Sie nur einen einzigen Text laden möchten und die Eigenschaft `dataFormat` dementsprechend auf `URLLoaderDataFormat.TEXT` stellen, müssen Sie Zeichen hingegen **nicht** URL-kodieren. Solange Texte mit Unicode-8 kodiert werden, sollte es in der Regel keine Probleme mit Umlauten, Sonderzeichen etc. geben. Einige besondere Zeichen müssen darüber hinaus jedoch URL-kodiert werden. Dazu werden die Zeichen durch Escape-Sequenzen ersetzt.

Angenommen, Sie definieren in einem Textdokument den Text »anzahl=5+5=1«, laden das Textdokument und geben den Text in Flash in einem dynamischen Textfeld aus. Das +-Zeichen wird nicht dargestellt; es muss URL-kodiert werden. Ersetzen Sie es im Textdokument einfach durch »%2A«. Die wichtigsten Zeichen und die entsprechende Kodierung finden Sie im Anhang in Abschnitt 16.4.3, »URL-Kodierung«. Beachten Sie, dass Sie nicht jedes Zeichen URL-kodieren müssen, sondern nur spezielle Zeichen, die in einer URL als Anweisung interpretiert werden.

▲ **Abbildung 16.20**
Der Text und die Ausgabe im Flash Player – links: ohne URL-Kodierung; rechts: mit URL-Kodierung

Text mit Textvariablen laden | Nachdem Sie einen Text mit Textvariablen URL-kodiert haben, können Sie ihn laden und auf die Textvariablen zugreifen. Dazu folgendes Beispiel: In einem Textdokument *text.txt* werden zwei Textvariablen `titel` und `beschreibung` wie folgt definiert:

```
titel=Dies ist der Titel.&beschreibung=Dies ist die
Beschreibung.
```

Sie können den Text jetzt wie folgt laden und auf die Textvariablen zugreifen:

```
1:  var myRequest:URLRequest = new URLRequest("text.
    txt");
2:  var myLoader:URLLoader = new
    URLLoader(myRequest);
3:  myLoader.dataFormat = URLLoaderDataFormat.
    VARIABLES
4:  myLoader.addEventListener(Event.COMPLETE,
    dataLoaded);
5:  myLoader.load(myRequest);
6:  function dataLoaded(e:Event):void {
7:      var titel:String = e.target.data.titel;
8:      var desc:String = e.target.data.beschreibung;
```

[!] Text-Variablen an Flash übergeben
Häufig wurden Textvariablen für Flash-Filme, die auf ActionScript 1 und 2 basierten, wie folgt formatiert:

`&titel=Titel&beschreibung=Beschreibung`

Beachten Sie das erste Zeichen, &. Dies führt in ActionScript 3 zu einer Fehlermeldung (Error #2101). ActionScript 3 akzeptiert diese Formatierung nicht mehr. Sie müssen das erste &-Zeichen entfernen.

Hinweis
In diesem Fall ist keine URL-Kodierung notwendig, da der Text keine entsprechenden Zeichen enthält.

```
 9:        trace("titel: "+titel);
10:         trace("beschreibung: "+desc);
11:    }
```

Innerhalb der Ereignisprozedur `dataLoaded` referenzieren Sie den Titel über `e.target.data.titel` und die Beschreibung über `e.target.data.beschreibung`.

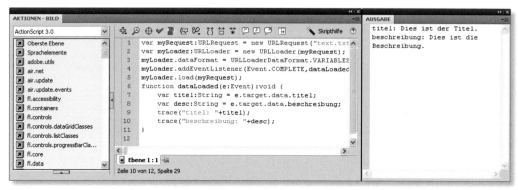

▲ **Abbildung 16.21**
Die Werte der Textvariablen werden im Ausgabe-Fenster angezeigt.

Schritt für Schritt: Textdokument laden und ausgeben

In diesem Workshop lernen Sie, wie Sie ein Textdokument laden und Werte von enthaltenen Textvariablen in formatierter Form ausgeben.

1 **Flash-Film öffnen**

16\Text_Laden\TextLaden01.fla

Öffnen Sie den Flash-Film *16\Text_Laden\TextLaden01.fla*.

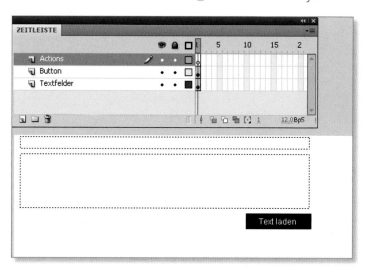

Abbildung 16.22 ▶
Die Ausgangssituation

2 Text laden

Weisen Sie dem ersten Schlüsselbild der Ebene »Actions« zunächst folgenden Code zu:

```
1:    loadText_mc.buttonMode = true;
2:    loadText_mc.addEventListener(MouseEvent.CLICK,
      loadText);
3:    function loadText(e:MouseEvent):void {
4:        titel_txt.text = "Text wird geladen…";
5:        var myLoader:URLLoader = new URLLoader();
6:        var myRequest:URLRequest = new URLRequest
          ("text.txt");
7:        myLoader.dataFormat = URLLoaderDataFormat.
          VARIABLES;
8:        myLoader.addEventListener(Event.COMPLETE,
          textLoaded);
9:        myLoader.load(myRequest);
10:   }
```

Per Mausklick auf den Movieclip »loadText_mc« wird die Funktion loadText aufgerufen. Zum Laden des Textdokuments werden ein URLLoader-Objekt und ein URLRequest-Objekt initialisiert (Zeile 5, 6). Der Wert der Eigenschaft dataFormat wird auf URLLoaderDataFormat.VARIABLES gesetzt (Zeile 7). In Zeile 8 wird ein Ereignis-Listener am URLLoader-Objekt registriert, der die Funktion textLoaded aufruft, sobald das Textdokument geladen wurde. In Zeile 9 wird das Textdokument über die Methode load geladen.

3 Textausgabe

Sobald der Text geladen wurde, soll der Titel im Textfeld »titel_txt« und die Beschreibung im Textfeld »desc_txt« ausgeben werden. Ergänzen Sie den Code dazu um folgende Zeilen:

```
function textLoaded(e:Event):void {
   titel_txt.text = e.target.data.titel;
   desc_txt.text = e.target.data.beschreibung;
}
```

4 Flash-Film testen

Testen Sie den Film über [Strg]/[⌘]+[↵].

Ergebnis der Übung:
16\Text_Laden\TextLaden02.fla

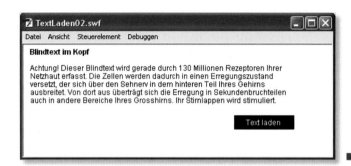

Abbildung 16.23 ▶
Der Text wurde per Mausklick auf
den Button geladen.

16.4 Textfelder mit ActionScript steuern

TextField-Klasse
Die `TextField`-Klasse gehört zum
Paket `flash.text` und erweitert
sowohl die `DisplayObject`-Klasse
als auch die `InteractiveObject`-
Klasse. Sie können also Eigenschaften, Methoden und Ereignisse von Anzeigeobjekten
(`DisplayObject`) als auch interaktive (`InteractiveObject`)
Eigenschaften, Methoden und
Ereignisse mit einem Textfeld verwenden. Sie können beispielsweise auf einen Mausklick reagieren, der über einem Textfeld ausgeführt wurde.

Über ActionScript können Sie Textfelder, ähnlich wie Movieclips,
Sprites etc., zur Laufzeit erzeugen. Um ein Textfeld zu erzeugen,
initialisieren Sie ein Objekt der `TextField`-Klasse wie folgt:

```
var myText:TextField = new TextField();
```

Anschließend fügen Sie das Textfeld wie gewohnt über `addChild`
zur Anzeigeliste des Flash-Films hinzu:

```
addChild(myText);
```

16.4.1 Textfelder entfernen

Um ein dynamisch erstelltes Textfeld von der Anzeigeliste zu entfernen, können Sie die Methode `removeChild` verwenden. Wenn
Sie das Textfeld darüber hinaus zur Entfernung aus dem Speicher freigeben wollen, sollten Sie die Referenz auf das Textfeld
anschließend auf `null` setzen:

```
removeChild(myText);
myText = null;
```

16.4.2 Textfeld-Eigenschaften steuern

Ein Textfeld besitzt viele Eigenschaften, die Sie nach Erzeugung
des Textfeldes über ActionScript ansteuern können. Um z. B.
die Höhe des Textfeldes zu ändern, definieren Sie den Wert der
Eigenschaft `height` wie folgt:

```
myText.height = 100;
```

In der folgenden Tabelle sind die wichtigsten Eigenschaften aus-
gelistet.

Eigenschaft	Beispiel	Beschreibung
x	myText.x = 100;	Position auf der x-Achse
y	myText.y = 100;	Position auf der y-Achse
z	myText.z = 50;	Position auf der z-Achse
height	myText.height = 100;	Höhe des Textfeldes
width	myText.width = 200;	Breite des Textfeldes

antiAliasType	var myFont:Font = new StandardFont();
	var myText:TextField = new TextField();
	myText.embedFonts = true;
	myText.antiAliasType = AntiAliasType.ADVANCED;
	addChild(myText);
	var myFormat_tf:TextFormat = new TextFormat();
	myFormat_tf.font = myFont.fontName;
	myFormat_tf.size = 20;
	myText.defaultTextFormat = myFormat_tf;
	myText.text = "Hallo Welt";
	(Für das Beispiel benötigen Sie in der Bibliothek ein Schrift-Symbol, das mit der Klasse StandardFont verknüpft wurde.)
		Der Anti-Aliasing-Typ, der für das Textfeld verwendet wird (gilt ausschließlich für Textfelder, die eine eingebettete Schriftart verwenden):
		▶ AntiAliasType.NORMAL (Standard): das normale Text-Anti-Aliasing
		▶ AntiAliasType.ADVANCED: erweitertes Anti-Aliasing (besonders bei kleinen Schriftgrößen [unter 48 Punkten] empfehlenswert)

autoSize	myText.autoSize = TextFieldAutoSize.LEFT;	Die automatische Ausrichtung und Größenänderung von Textfeldern: ▶ TextFieldAutoSize.NONE (Standard): Es erfolgt keine automatische Größenänderung. ▶ TextFieldAutoSize.LEFT: Der Text wird linksbündig ausgerichtet, und das Textfeld wird automatisch nach rechts vergrößert. ▶ TextFieldAutoSize.RIGHT: Der Text wird rechtsbündig ausgerichtet, und das Textfeld wird automatisch nach links vergrößert. ▶ TextFieldAutoSize.CENTER: Der Text wird zentriert ausgerichtet und das Textfeld zu beiden Seiten gleichermaßen vergrößert.
background	myText.background = true;	Gibt an, ob das Textfeld einen Hintergrund besitzen soll. ▶ true (ja) ▶ false (Standard, nein)
backgroundColor	myText.backgroundColor = 0xCCCCCC;	Die Farbe des Hintergrunds in hexadezimaler Schreibweise (0x000000 entspricht Schwarz), Standard: 0xFFFFFF (Weiß)

▲ **Tabelle 16.3**
Die wichtigsten Eigenschaften der TextField-Klasse

Eigenschaft	Beispiel	Beschreibung
border	myText.border = true;	Gibt an, ob das Textfeld einen Rahmen besitzen soll. ▶ true (ja) ▶ false (Standard, nein)
borderColor	myText.borderColor = 0xCCCCCC;	Die Farbe des Rahmens in hexadezimaler Schreibweise (0x000000 entspricht Schwarz, Standard)

defaultTextFormat	var myText:TextField = new TextField();
	var myFormat:TextFormat = new TextFormat();
	myFormat.font = "Arial";
	myFormat.size = 12;
	myText.defaultTextFormat = myFormat;
	myText.text = "hallo welt";
	addChild(myText);
		Gibt das Standard-TextFormat an, das auf neu zugewiesenen Text oder angehängten Text angewendet wird.

embedFonts	myText.embedFonts = true;	Gibt an, ob eine eingebettete Schriftart verwendet werden soll. ▶ true (ja) ▶ false (Standard, nein), in diesem Fall wird die Schrift als Geräteschriftart (ohne AntiAliasing) verwendet.

htmlText	var myText:TextField = new TextField();
	myText.htmlText = "Fett gesetzter Text.";
	addChild(myText);
		Entspricht dem Text des Textfeldes in HTML-formatierter Form.

length	trace(myText.length);	Die Anzahl der Zeichen des Textes
maxChars	myText.maxChars = 100;	Die maximale Anzahl von Zeichen, die das Textfeld enthalten darf.
multiline	myText.multiline = true;	Gibt an, ob das Textfeld mehrzeilig sein soll. ▶ true (ja) ▶ false (Standard, nein)
name	myText.name = "name_txt";	Der Instanzname des Textfeldes
numLines	trace(myText.numLines);	Die Anzahl der Textzeilen eines mehrzeiligen Textfeldes
tabIndex	myText.tabIndex = 1;	Der tabIndex des Textfeldes zur Definition der Tabulator-Reihenfolge
text	myText.text = "Textbeispiel";	Entspricht dem Text des Textfeldes.
textColor	myText.textColor = 0xCC0000;	Die Textfarbe in hexadezimaler Schreibweise

▲ **Tabelle 16.3**
Die wichtigsten Eigenschaften der TextField-Klasse (Forts.)

Eigenschaft	Beispiel	Beschreibung
textHeight	`trace(myText.textHeight);`	Die Höhe des Textes in Pixel (nicht zu verwechseln mit der Höhe des Textfeldes). Diese Eigenschaft ist schreibgeschützt und kann nur ausgelesen werden.
textWidth	`trace(myText.textWidth);`	Die Breite des Texts in Pixel (nicht zu verwechseln mit der Breite des Textfeldes). Diese Eigenschaft ist schreibgeschützt und kann nur ausgelesen werden.
type	`ausgabe_txt.type = "dynamic";`	Gibt an, ob das Textfeld als dynamisches Textfeld oder als Eingabetextfeld agieren soll. ▸ `TextFieldType.DYNAMIC`: dynamisches Textfeld ▸ `TextFieldType.INPUT`: Eingabetextfeld
restrict	`myText.restrict = "A-Z 0-9";`	Gibt die Zeichen (oder den Zeichenbereich an), die im Textfeld eingegeben werden können.
selectable	`myText.selectable = false;`	Gibt an, ob der Text bzw. ein Textteil des Textfeldes auswählbar sein soll (Standard, `true`) oder nicht (`false`).
visible	`myText.visible = false;`	Gibt an, ob das Textfeld sichtbar ist (`true`) oder nicht (`false`).
wordWrap	`myText.wordWrap = true;`	Gibt an, ob das Textfeld einen automatischen Zeilenumbruch verwenden soll. ▸ `true` (ja) ▸ `false` (Standard, nein)

▲ Tabelle 16.3
Die wichtigsten Eigenschaften der `TextField`-Klasse (Forts.)

16.4.3 TextFormat-Klasse

Das Erscheinungsbild eines Textes können Sie sowohl über Textfeld-Eigenschaften als auch über ein Objekt der TextFormat-Klasse beeinflussen. Um ein Textfeld mit Hilfe eines TextFormat-Objekts zu formatieren, müssen Sie zunächst ein TextFormat-Objekt initialisieren. Im folgenden Fall wird ein TextFormat-Objekt myFormat_tf erzeugt:

```
var myFormat_tf:TextFormat = new TextFormat();
```

Anschließend weisen Sie dem Objekt myFormat_tf Formatierungseigenschaften wie folgt zu:

```
myFormat_tf.font = "Courier";
myFormat_tf.size = 12;
myFormat_tf.color = 0xFF0000;
```

**Formatierungen über Style-
sheets (CSS)**

Eine weitere Möglichkeit, Textformatierungen zu definieren und anzuwenden, bieten sogenannte
Stylesheets (CSS), die auf Textfelder mit XML- oder HTML-Text
angewendet werden können. Für
die Anwendung wird ein Objekt
der StyleSheet-Klasse benötigt.
Dieses Kapitel geht nicht näher darauf ein, da die TextFormat-Klasse
für die überwiegende Zahl von Anwendungen besser geeignet ist und
sich sehr einfach verwenden lässt.

Nachdem Sie Objekt-Eigenschaften definiert haben, stehen Ihnen
zwei Möglichkeiten zur Auswahl, um das TextFormat-Objekt auf
ein Textfeld anzuwenden:

▶ **defaultTextFormat**: Legen Sie können die Eigenschaft defaultTextFormat eines Textfeldes ein Standard-Format festlegen, das, nachdem es dem Textfeld zugewiesen wurde, auf
alle zukünftigen zugewiesenen Texte oder angehängten Texte
angewendet wird. Beispiel:

```
var myText:TextField = new TextField();
var myFormat_tf:TextFormat = new TextFormat();
myFormat_tf.font = "Courier";
myFormat_tf.size = 12;
myFormat_tf.color = 0xFF0000;
myText.defaultTextFormat = myFormat_tf;
myText.text = "Hallo Welt";
addChild(myText);
```

▶ **setTextFormat**: Wenn Sie das Textfeld formatieren möchten,
nachdem Sie den Text zugewiesen haben, verwenden Sie die
Methode setTextFormat. Beispiel:

```
var myText:TextField = new TextField();
myText.text = "Hallo Welt";
addChild(myText);
var myFormat_tf:TextFormat = new TextFormat();
myFormat_tf.font = "Courier";
myFormat_tf.size = 12;
myFormat_tf.color = 0xFF0000;
myText.setTextFormat(myFormat_tf);
```

Über die Methode setTextFormat können Sie zusätzlich einen
bestimmten Textbereich mit einem definierten TextFormat auszeichnen. Dazu übergeben Sie der Methode nach der Angabe des
TextFormats zwei zusätzliche Argumente, die den Textbereich
angeben (Position der Zeichen, Anfangs- und Endwert). Wenn Sie
beispielsweise das Wort »Hallo« des vorangehenden Beispiels mit
einem gesonderten TextFormat auszeichnen wollen, verwenden
Sie dazu ergänzend folgenden Code:

```
var newFormat:TextFormat = new TextFormat();
newFormat.bold = true;
newFormat.size = 16;
myText.setTextFormat(newFormat,0,5);
```

Die TextFormat-Klasse besitzt viele Eigenschaften, über die Sie Textformatierungen vornehmen können. In der folgenden Tabelle sind die wichtigsten Eigenschaften aufgeführt.

Eigenschaft	Beschreibung
align	die Textausrichtung des Absatzes: ▶ TextFormatAlign.LEFT: linksbündig (Standard) ▶ TextFormatAlign.RIGHT: rechtsbündig ▶ TextFormatAlign.CENTER: mittig ▶ TextFormatAlign.JUSTIFY: Blocksatz
bold	Fettdruck ▶ true (ja) ▶ false (Standard, nein)
color	Textfarbe (in hexadezimaler Schreibweise, 0xFF0000 entspricht Rot)
font	Schriftart als String (Standard = Times New Roman)
indent	ganzzahliger Wert, der den Einzug vom linken Rand des Textfeldes zum Text angibt
italic	kursiv ▶ true (ja) ▶ false (Standard, nein)
kerning	Gibt an, ob Zeichen automatisch unterschnitten werden sollen (true) oder nicht (Standard, false). Die automatische Unterschneidung ist nur bei eingebetteten Schriften verfügbar.
leading	Zeilenabstand (in Pixel), Standard: null
leftMargin	der linke Rand des Absatzes; Standard: null
letterSpacing	Zeichenabstand in Pixel; Standard: null
rightMargin	der rechte Rand des Absatzes; Standard: null
size	Schriftgröße (in Pixel)
target	das Zielfenster, in dem ein Hyperlink geöffnet werden soll: ▶ _self (Standard) ▶ _blank ▶ _parent ▶ _top
underline	unterstrichen ▶ true (ja) ▶ false (Standard, nein)
url	Gibt die URL an, mit der der durch das TextFormat-Objekt formatierte Text verknüpft wird.

◀ **Tabelle 16.4**
Die wichtigsten Eigenschaften der TextFormat-Klasse

16.4.4 Eingebettete Schriften verwenden

Um in einem zur Laufzeit erzeugten Textfeld eine eingebettete Schriftart zu verwenden, sind mehrere Schritte notwendig. Set-

[!] **PHP-Skript wird nicht interpretiert**

Sie können ein lokal gespeichertes PHP-Skript nicht per Drag & Drop in das Browserfenster ziehen. In einem solchen Fall wird das PHP-Skript nicht von der laufenden PHP-Umgebung interpretiert. Die richtige Vorgehensweise wurde hier beschrieben.

[!] **Apache Server gestartet?**

Denken Sie daran, den Apache Server manuell zu starten, bevor Sie ein PHP-Skript lokal aufrufen.

Abbildung 17.9 ▶

Das Skript wurde im Browser aufgerufen und vom PHP-Modul interpretiert.

Mehr zu PHP

Auf der offiziellen Website zu PHP unter *http://www.php.net* finden Sie u. a. aktuelle Nachrichten zu neuen Versionen und eine umfangreiche Dokumentation.

[!] **Syntax**

Beachten Sie und merken Sie sich die unterschiedliche Schreibweise einer Variablenzuweisung. Wenn Sie viel mit ActionScript und PHP arbeiten, ist das eine häufige Fehlerquelle.

nen Sie eigene PHP-Skripte im Verzeichnis *C:\Xampp\htdocs* oder in Unterverzeichnissen speichern.

Angenommen, Sie erstellen ein PHP-Skript *test.php* mit folgendem Code und speichern es in das Verzeichnis *C:\Xampp\htdocs*:

```php
<?php
    echo "Hallo Welt!";
?>
```

Sie können das PHP-Skript dann mit einem beliebigen Browser über *http://localhost/test.php* aufrufen.

17.1.3   Sprachelemente und Syntax

Sie kennen bereits viele Sprachelemente und die Syntax von Action-Script. Viele der Sprachelemente gibt es auch in PHP, allein die Syntax und die Schreibweise unterscheiden sich in vielen Fällen. Im Folgenden werden einige wesentliche Sprachelemente vorgestellt.

Variablen | Variablen werden in PHP durch ein vorangehendes Dollarzeichen ($) gekennzeichnet. Jede Anweisung wird wie in ActionScript mit einem Semikolon beendet. Über folgenden Code weisen Sie der Variablen name z. B. den Stringwert Jim zu:

```php
<?php
    $name = "Jim";
?>
```

Der Datentyp eines Variablenwertes wird in PHP nicht explizit angegeben. PHP verwendet dynamische Datentypen, das heißt, einer Variablen können Sie Werte von unterschiedlichen Datentypen zuweisen.

```php
1:    <?php
2:        $name = "Jim";
3:        $name = 10;
4:    ?>
```

Die `TextFormat`-Klasse besitzt viele Eigenschaften, über die Sie Textformatierungen vornehmen können. In der folgenden Tabelle sind die wichtigsten Eigenschaften aufgeführt.

Eigenschaft	Beschreibung
align	die Textausrichtung des Absatzes: ▶ `TextFormatAlign.LEFT`: linksbündig (Standard) ▶ `TextFormatAlign.RIGHT`: rechtsbündig ▶ `TextFormatAlign.CENTER`: mittig ▶ `TextFormatAlign.JUSTIFY`: Blocksatz
bold	Fettdruck ▶ `true` (ja) ▶ `false` (Standard, nein)
color	Textfarbe (in hexadezimaler Schreibweise, `0xFF0000` entspricht Rot)
font	Schriftart als String (Standard = `Times New Roman`)
indent	ganzzahliger Wert, der den Einzug vom linken Rand des Textfeldes zum Text angibt
italic	kursiv ▶ `true` (ja) ▶ `false` (Standard, nein)
kerning	Gibt an, ob Zeichen automatisch unterschnitten werden sollen (`true`) oder nicht (Standard, `false`). Die automatische Unterschneidung ist nur bei eingebetteten Schriften verfügbar.
leading	Zeilenabstand (in Pixel), Standard: `null`
leftMargin	der linke Rand des Absatzes; Standard: `null`
letterSpacing	Zeichenabstand in Pixel; Standard: `null`
rightMargin	der rechte Rand des Absatzes; Standard: `null`
size	Schriftgröße (in Pixel)
target	das Zielfenster, in dem ein Hyperlink geöffnet werden soll: ▶ `_self` (Standard) ▶ `_blank` ▶ `_parent` ▶ `_top`
underline	unterstrichen ▶ `true` (ja) ▶ `false` (Standard, nein)
url	Gibt die URL an, mit der der durch das `TextFormat`-Objekt formatierte Text verknüpft wird.

◀ **Tabelle 16.4**
Die wichtigsten Eigenschaften der `TextFormat`-Klasse

16.4.4 Eingebettete Schriften verwenden

Um in einem zur Laufzeit erzeugten Textfeld eine eingebettete Schriftart zu verwenden, sind mehrere Schritte notwendig. Set-

Um in einem dynamisch erzeugten Textfeld eine Geräteschriftart einzusetzen, müssen Sie dem Textfeld ein `TextFormat`-Objekt zuweisen und die Eigenschaft `font` des `TextFormat`-Objekts auf die gewünschte Schriftart stellen:

```
var myText:TextField = new
TextField();
myText.text = "Hallo Welt";
addChild(myText);
var myFormat_tf:TextFormat =
new TextFormat();
myFormat_tf.font = "Arial";
myText.setTextFormat
(myFormat_tf);
```

zen Sie zunächst die Eigenschaft `embedFonts` des Textfeldes auf `true`. Außerdem müssen Sie sicherstellen, dass die Konturen der Schriftart in den Flash-Film integriert werden.

Dazu können Sie ein sogenanntes Schriftartensymbol in der Bibliothek erstellen. Öffnen Sie dazu das BIBLIOTHEK-Fenster Strg/⌘+L, und wählen Sie im Fenstermenü den Menüpunkt NEUE SCHRIFTART.

Abbildung 16.24 ▶
Neues Schriftartensymbol anlegen

Daraufhin öffnet sich das Dialogfenster SCHRIFTSYMBOL-EIGENSCHAFTEN.

Abbildung 16.25 ▶
SCHRIFTSYMBOL-EIGENSCHAFTEN

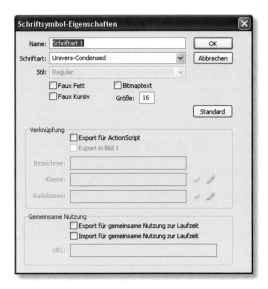

[!] Verwechslungsgefahr
Verwechseln Sie den Namen des Schriftsymbols nicht mit dem Klassenbezeichner, der im Folgenden noch erläutert wird.

Folgende Einstellungen stehen Ihnen zur Verfügung:

- NAME: Der Name des Schriftsymbols. Sie können einen beliebigen eindeutigen Namen, wie z. B. »myStandardFont«, wählen.
- SCHRIFTART: Wählen Sie hier die Schriftart aus, die in den Flash-Film eingebettet werden soll.
- STIL: Hier können Sie einen Schriftschnitt wählen, z. B. ITALIC oder BOLD. Beachten Sie dabei, dass Sie für jeden Schriftstil ein eigenes Schriftsymbol erstellen müssen. Das bedeutet: Wenn Sie eine Schrift sowohl ohne besonderen Schriftstil als auch mit dem Schriftstil BOLD verwenden wollen, müssen Sie zwei Schriftsymbole erstellen. Bei einem der Schriftsymbole stellen Sie dann den Stil auf BOLD. Durch Aktivierung des Optionsfeldes BITMAPTEXT wird die Schrift ohne Anti-Aliasing eingebettet und dargestellt.
- GRÖSSE: Geben Sie hier die Schriftgröße an (nur bei Pixelfonts von Bedeutung; Vektorschriftarten können beliebig skaliert werden).
- KLASSE: Damit Sie das Schriftartensymbol einem Textfeld zuweisen können, müssen Sie dem Symbol einen Klassenbezeichner geben. Aktivieren Sie dazu zunächst die Option EXPORT FÜR ACTIONSCRIPT **❶**, und geben Sie anschließend einen eindeutigen Bezeichner unter KLASSE ein. Standardmäßig wird der Name des Schriftsymbols eingetragen. Sie können den Bezeichner jedoch auch ändern.

Faux Fett und Faux Kursiv

Gibt es für die ausgewählte Schrift keinen Fett- oder Kursivstil, können Sie die Optionsfelder FAUX FETT und FAUX KURSIV aktivieren. »Faux« kommt aus dem Französischen und bedeutet »falsch«. Das ist plausibel, denn FAUX FETT und FAUX KURSIV sind Stile, die dem normalen Stil vom Betriebssystem hinzugefügt werden. Diese Faux-Stile sehen möglicherweise weniger gut aus als Schriftarten mit echten Fett- und Kursiv-Stilen.

Klicken Sie auf OK, um die Einstellungen zu bestätigen. Es erscheint ein Warnhinweis, den Sie per Mausklick auf OK jedoch ignorieren können.

◄ **Abbildung 16.26**
Klassenbezeichner definieren

Abbildung 16.27 ▶
Die Schrift mit einer verbundenen Klasse wird im Eigenschaften-Fenster angezeigt.

Hinweis
Eine verknüpfte Schriftart wird im EIGENSCHAFTEN-Fenster durch ein auf den Schriftnamen folgendes Sternchen (*) gekennzeichnet.

16\Text_Eingebettet\ Beispiel.fla

Sie können die eingebettete Schriftart jetzt sowohl im EIGENSCHAFTEN-Fenster ❶ als auch über ActionScript verwenden.

Um die mit einer Klasse verbundene Schrift in einem zur Laufzeit erzeugten Textfeld anzuwenden, müssen Sie zunächst eine Instanz der Schrift erzeugen:

```
var myFont:Font = new StandardFont();
```

Anschließend erstellen Sie ein Textfeld und weisen der Eigenschaft embedFonts des Objekts den Wert true zu:

```
var myText:TextField = new TextField();
myText.embedFonts = true;
addChild(myText);
```

Zum Schluss definieren Sie ein TextFormat-Objekt und weisen der Eigenschaft font über die Referenz myFont.fontName den Namen der Schrift zu:

```
var myFormat_tf:TextFormat = new TextFormat();
myFormat_tf.font = myFont.fontName;
myText.defaultTextFormat = myFormat_tf;
myText.text = "Hallo Welt";
```

16.4.5 Textfeld-Methoden

Die TextField-Klasse besitzt eine Vielzahl von Methoden, von denen Sie viele dazu nutzen können, Informationen über Textbereiche oder einzelne Zeichen zu ermitteln. Diese Methoden werden häufig speziell im Zusammenhang mit besonders textlastigen Anwendungen, wie z. B. einem Chat, eingesetzt. Die folgende Tabelle listet eine Auswahl von wichtigen Methoden der TextField-Klasse auf.

Methode	Beispiel	Beschreibung
appendText	```var myText:TextField = new TextField();
myText.appendText("Hallo");
myText.appendText(" Welt");
addChild(myText);```	Hängt den als Argument angegebenen String an den Text eines Textfeldes an. Sie sollten diese Methode bei umfangreichen Texten der Anweisung += vorziehen, also statt myText+=" Welt"; die Anweisung myText.appendText(" Welt"); verwenden.
getLineText	```var myText:TextField = new TextField();
myText.width = 100;
myText.multiline = true;
myText.wordWrap = true;
myText.text = "Hunger. Stufe für Stufe schob sie sich die Treppe hinauf. Pizza Funghi Salami, Sternchen Salami gleich Blockwurst.";
addChild(myText);
trace(myText.getLineText(3));
// Pizza Funghi```	Gibt den Text der angegebenen Textzeile zurück.
replaceText	```var myText:TextField = new TextField();
myText.width = 200;
myText.text = "Salami schmeckt gut";
addChild(myText);
myText.replaceText(0,6,"Thunfisch");
trace(myText.text);
// Thunfisch schmeckt gut.```	Ersetzt den angegebenen Textbereich durch den angegebenen Text.
setSelection	```var myText:TextField = new TextField();
myText.width=200;
myText.text="Salami schmeckt gut";
addChild(myText);
myText.addEventListener(MouseEvent.CLICK,selectText);
function selectText(e:MouseEvent):void {
myText.setSelection(0,6);
}```	Wählt die angegebene Textstelle des Textfeldes aus (markiert sie).
setTextFormat	```var myText:TextField = new TextField();
myText.text = "Hallo Welt";
addChild(myText);
var myFormat_tf:TextFormat = new TextFormat();
myFormat_tf.font = "Courier";
myFormat_tf.size = 12;
myFormat_tf.color = 0xFF0000;
myText.setTextFormat(myFormat_tf);```	Weist dem angegebenen Text oder einem Textbereich eines Textfeldes das angegebene TextFormat-Objekt zu.

▲ **Tabelle 16.5**
Grundlegende Methoden der TextField-Klasse

16.5 Textscroller – die UIScrollBar-Komponente

Mehr zu Komponenten

In diesem Abschnitt wird ausschließlich auf die Anwendung der UIScrollBar-Komponente eingegangen. Mehr zu Komponenten erfahren Sie in Kapitel 12, »Komponenten«.

In Flash-Filmen werden häufig Textscroller eingesetzt, um Text zu scrollen. Das ist notwendig, wenn der Textbereich innerhalb eines beschränkten Bereichs dargestellt werden muss. Reicht der zur Verfügung stehende Platz nicht aus, muss der Text mit einem Textscroller verknüpft werden, damit der Benutzer die Möglichkeit hat, den ganzen Text zu lesen.

Einen eigenen Textscroller zu entwickeln, der nicht nur zeilenweise scrollen kann, ist nicht ganz einfach. Adobe bietet jedoch mit der UIScrollBar-Komponente auch einen Scroller an, der sich sehr leicht einsetzen lässt.

16.5.1 Textbereich definieren

Mit der UIScrollBar-Komponente lassen sich sowohl dynamische Textfelder als auch Eingabetextfelder scrollen. Um einen scrollbaren Textbereich zu erstellen, müssen Sie zunächst den sichtbaren Textbereich definieren. Ziehen Sie dazu mit dem Textwerkzeug **T** zunächst ein Textfeld auf. Stellen Sie den TEXTTYP im EIGENSCHAFTEN-Fenster auf DYNAMISCHER TEXT oder EINGABETEXT, und weisen Sie dem Textfeld im EIGENSCHAFTEN-Fenster einen Instanznamen zu.

Statischer Text in dynamischem Textfeld

Grundsätzlich können Sie einen statischen Text, der sich zur Laufzeit nicht ändert, auch in einem dynamischen Textfeld eingeben – auch wenn dies nicht der Sinn und Zweck eines dynamischen Textfeldes ist. Sie müssen dann im Unterschied zu einem statischen Textfeld darauf achten, dass Sie die verwendeten Schriftzeichen einbetten. Bei einem statischen Textfeld macht Flash das automatisch.

16.5.2 Bildlauf aktivieren

Wenn Sie einen statischen Text in einem dynamischen Textfeld einfügen und diesen über die UIScrollBar-Komponente scrollbar machen wollen, müssen Sie zunächst den sogenannten Bildlauf aktivieren. Andernfalls würde sich das dynamische Textfeld automatisch an den eingegebenen Text anpassen.

Um den Bildlauf eines Textfeldes zu aktivieren, wählen Sie das Textfeld aus und klicken anschließend auf den Menüpunkt TEXT • BILDLAUF.

Abbildung 16.28 ▶
Bildlauf des Textfeldes aktivieren

Anschließend definieren Sie den sichtbaren Textbereich, indem Sie das Auswahlwerkzeug ![Pfeil] auswählen und dann per Drag & Drop einen der vier Anfasser des Textfeldes ❶, ❷, ❸, ❹ verschieben.

◄ **Abbildung 16.29**
Der sichtbare Bereich des Text-feldes wird verkleinert.

Diese Vorgehensweise ist ausschließlich bei statischen Texten, die mit dynamischen Textfeldern verwendet werden, notwendig. Bei Texten, die dynamischen Textfeldern zur Laufzeit zugewiesen werden, passen sich die Textfelder nicht automatisch an den Text an.

16\Bildlauf\Beispiel.fla

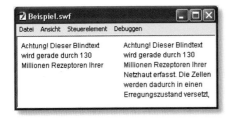

◄ **Abbildung 16.30**
Links: Der Text wurde per ActionScript zugewiesen. Rechts: Der Text wurde in der Entwick-lungsumgebung in das dynami-sche Textfeld eingegeben.

16.5.3 UIScrollBar-Komponente einfügen

Wählen Sie den Menüpunkt Fenster • Komponenten, um das Komponenten-Fenster ([Strg]/[⌘]+[F7]) zu öffnen. Wählen Sie im Bereich User Interface die Komponente UIScrollBar mit der Maus aus, und ziehen Sie sie auf die Bühne.

◄ **Abbildung 16.31**
UIScrollBar-Komponente auf der Bühne platzieren

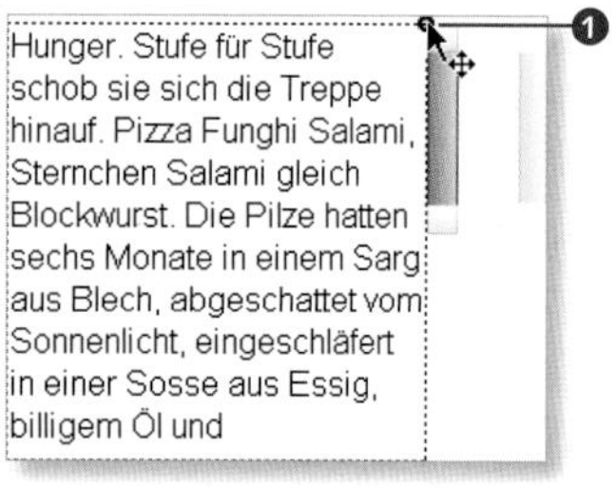

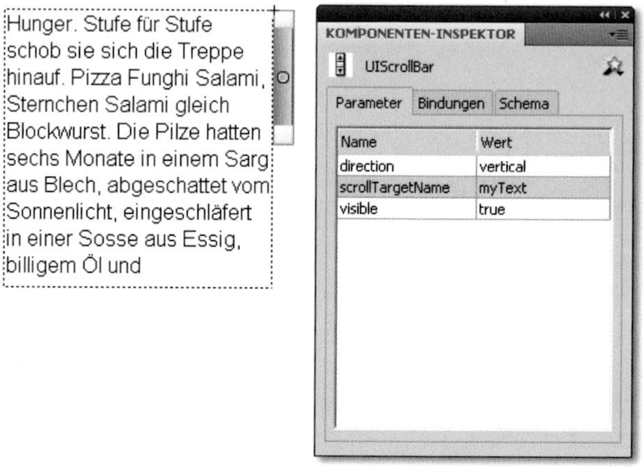

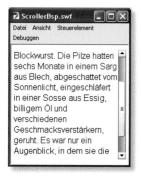

Hunger. Stufe für Stufe
schob sie sich die Treppe
hinauf. Pizza Funghi Salami,
Sternchen Salami gleich
Blockwurst. Die Pilze hatten
sechs Monate in einem Sarg
aus Blech, abgeschattet vom
Sonnenlicht, eingeschläfert
in einer Sosse aus Essig,
billigem Öl und

▲ **Abbildung 16.32**
UIScrollBar-Komponente am Textfeld ausrichten

Klicken Sie auf die linke obere Ecke der Komponente, und richten Sie sie so am Textfeld aus ❶.

16.5.4 Ziel der Scroller-Komponente festlegen

Damit die Scroll er-Komponente den Text im Textfeld scrollt, muss sie mit dem Textfeld verknüpft werden. Dazu weisen Sie dem Textfeld zunächst einen Instanznamen zu. Öffnen Sie dann das KOMPONENTEN-INSPEKTOR-Fenster über FENSTER • KOMPONENTEN-INSPEKTOR (⇧+F7). Wählen Sie die Komponente auf der Bühne aus, und geben Sie den Instanznamen des Textfeldes im Feld SCROLLTARGETNAME ein.

Abbildung 16.33 ▸
UIScrollBar mit dem Textfeld verbinden

Hunger. Stufe für Stufe
schob sie sich die Treppe
hinauf. Pizza Funghi Salami,
Sternchen Salami gleich
Blockwurst. Die Pilze hatten
sechs Monate in einem Sarg
aus Blech, abgeschattet vom
Sonnenlicht, eingeschläfert
in einer Sosse aus Essig,
billigem Öl und
KOMPONENTEN-INSPEKTOR
UIScrollBar
Parameter
Bindungen
Schema
Name
Wert
direction
vertical
scrollTargetName
myText
visible
true

16\UIScrollBar_statisch\Beispiel.fla

16\UIScrollBar_dynamisch\Beispiel.fla

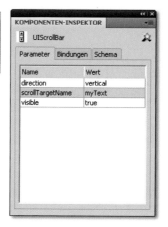

Danach ist die Komponente mit dem Textfeld verknüpft. Passen Sie die Größe der Komponente jetzt an das Textfeld an. Die Höhe der Komponente können Sie über das INFO-Fenster oder über das EIGENSCHAFTEN-Fenster im Reiter POSITION UND GRÖSSE einstellen. Veröffentlichen Sie den Film – der Text sollte sich jetzt im angegebenen Bereich scrollen lassen.

ScrollerBsp.swf
Datei
Ansicht
Steuerelement
Debuggen
Blockwurst. Die Pilze hatten
sechs Monate in einem Sarg
aus Blech, abgeschattet vom
Sonnenlicht, eingeschläfert
in einer Sosse aus Essig,
billigem Öl und
verschiedenen
Geschmacksverstärkern,
geruht. Es war nur ein
Augenblick, in dem sie die

▲ **Abbildung 16.34**
Textfeld und Textscroller im Flash Player

16.6 Reguläre Ausdrücke

Reguläre Ausdrücke (engl. »regular expressions« oder in Kurzform »RegEx«) sind ein mächtiges und komplexes Werkzeug, um Zeichenketten (Strings) basierend auf einem Muster zu ändern, zu überprüfen oder nach bestimmten Textstellen zu durchsuchen. Reguläre Ausdrücke sind Bestandteil fast jeder aktuellen Programmier- bzw. Skriptsprache. Die native Unterstützung von regulären Ausdrücken in ActionScript gibt es seit der Version 3. Die Verwendung von regulären Ausdrücken in ActionScript 3 erfolgt durch die Instantiierung eines Objekts der Klasse `RegExp`.

Dabei wird ein Muster definiert, auf das Sie eine Zeichenkette hin überprüfen können. Zwei unterschiedliche Schreibweisen sind zulässig:

- Über die Klasse (den Konstruktor):
  ```
  var pattern:RegExp = new RegExp("[0-5]");
  ```

  Bei dieser Schreibweise wird das Muster in Anführungszeichen eingeschlossen.
- Über eine direkte Zuordnungsschreibweise:
  ```
  var pattern:RegExp = /[0-5]/
  ```

  Bei dieser Schreibweise wird das Muster in Schrägstriche eingefasst.

Beispiel-Muster
Das Muster entspricht einer einstelligen Ziffer zwischen 0 und 5.

16.6.1 Methoden der RegExp-Klasse

Die RegExp-Klasse besitzt zwei Methoden, exec und test. Zunächst wird die Anwendung der Methode test erläutert. Mit der Methode test können Sie überprüfen, ob eine Zeichenkette (String) mit einem definierten Muster übereinstimmt. Das wäre z. B. sinnvoll in einem Formular, um zu testen, ob die Postleitzahl, die Telefonnummer, die E-Mail-Adresse etc. einem gültigen Muster entspricht. Um beispielsweise zu überprüfen, ob der Stringwert myText aus einer einstelligen Ziffer zwischen 0 und 5 besteht, könnten Sie folgenden Code verwenden:

```
var pattern:RegExp = /[0-5]/
var myText:String = "4";
trace(pattern.test(myText));
```

In diesem Fall würde der Wert true im Ausgabe-Fenster erscheinen.

Die Methode exec sucht einen String, der dem zuvor definierten Muster entspricht. Dazu folgendes Beispiel:

```
var pattern:RegExp = /[0-5]/
var myText:String = "c8ghcg4h";
var obj:Object = pattern.exec(myText);
if(obj != null) {
   trace(obj.index);
} else {
   trace("Keine Übereinstimmung");
}
```

▲ **Abbildung 16.35**
Die Ausgabe des test-Beispiels

Der String `myText` wird nach einer einstelligen Ziffer zwischen 0 und 5 durchsucht. Die Methode gibt ein Objekt zurück, das den Wert `null` besitzt, wenn das Muster nicht im String gefunden wurde. Andernfalls wird ein Objekt mit der Eigenschaft `index` zurückgeben. Der Wert der Eigenschaft `index` entspricht der Stelle, an der eine Übereinstimmung festgestellt wurde. In diesem Beispiel ist der Wert der Eigenschaft `index` gleich 6, da an der sechsten Stelle des Strings eine 4 steht. Beachten Sie, dass die Zählung mit 0 beginnt; das erste Zeichen hat also den Index 0.

Im vorigen Beispiel wurde nur die erste Stelle ausgegeben, an der das Muster passte. Um alle Stellen auszugeben, an der das Muster auftritt, könnten Sie folgenden Code verwenden:

▲ Abbildung 16.36
Die Ausgabe des Skripts: die Fundstellen

```
1:    var pattern:RegExp=/[0-5]/ig;
2:    var myText:String="c8ghcg4h2";
3:    var obj:Object=pattern.exec(myText);
4:    while(obj != null) {
5:        trace(obj.index,obj);
6:        obj = pattern.exec(myText);
7:    }
```

Im regulären Ausdruck wurde das sogenannte g-Flag (`ig` am Ende des Ausdrucks) gesetzt, so dass die Methode `exec` wiederholt aufgerufen werden kann. Das zurückgegebene Objekt `obj` entspricht dem Zeichen, das mit dem Muster übereinstimmt. Abbildung 1.36 zeigt die Ausgabe des Skripts. An der sechsten Stelle wurde die Ziffer 4 gefunden, an der achten Stelle die Ziffer 2.

▲ Abbildung 16.37
Die Ausgabe nach der Ersetzung

16.6.2 Text ersetzen

Interessant im Zusammenhang mit regulären Ausdrücken ist die Methode `replace` der `String`-Klasse. Über die Methode können Sie nach einem Muster suchen und den mit dem Muster übereinstimmenden String durch einen eigenen String ersetzen. Dazu folgendes einfaches Beispiel:

```
var pattern:RegExp = /Äpfel/;
var str:String = "Bananen, Äpfel und Orangen sind gesund.";
trace(str.replace(pattern, "Birnen"));
```

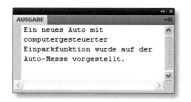

▲ Abbildung 16.38
Alle »Auto« wurden ersetzt

Im String `str` wird nach der Zeichenkette »Äpfel« gesucht. Die erste gefundene Übereinstimmung wird durch »Birnen« ersetzt. Wenn Sie nicht nur die erste Übereinstimmung, sondern alle Übereinstimmung ersetzen möchten, könnten Sie dazu das g-Flag wie folgt setzen:

```
var pattern:RegExp = /Motorrad/ig;
var str:String = "Ein neues Motorrad mit
computergesteuerter Einparkfunktion wurde auf der
Motorrad-Messe vorgestellt.";
trace(str.replace(pattern, "Auto"));
```

16.6.3 Beispiele für reguläre Ausdrücke

Reguläre Ausdrücke sind ebenso mächtig wie komplex. Die Schwierigkeit bei der Anwendung von regulären Ausdrücken ist die Definition des Musters. Es gibt zahlreiche Anweisungen, über die Sie Eingaben einschränken oder definieren können.

Kostenlose Alternative

Eine kostenlose Alternative, die für Windows und Linux bereitgestellt wird, ist Regex Coach von Dr. Edmund Weitz. Das Tool ist erhältlich unter *http://weitz.de/regex-coach/*.

RegexBuddy 3

Wie bereits erwähnt, sind reguläre Ausdrücke komplex. Es gibt nahezu unzählige Anweisungen (Steuerungszeichen), die Sie innerhalb eines regulären Ausdrucks verwenden können, um ein Muster zu erstellen. Aufgrund der Komplexität von regulären Ausdrücken gibt es zahlreiche freie und kommerzielle Werkzeuge, die Ihnen dabei helfen, reguläre Ausdrücke zu erstellen und Fehler zu vermeiden. Hervorhebenswert ist das Werkzeug RegexBuddy 3 von Jan Goyvaerts, das jedoch nur für Windows verfügbar ist. Leider gibt es auch keine Testversion. Die Vollversion kostet 29,95 Euro – das Preis-Leistungs-Verhältnis ist meinem Eindruck nach jedoch sehr gut.

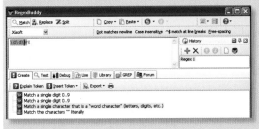

◀ **Abbildung 16.39**
Schritt für Schritt zeigt RegexBuddy die Bedeutung des regulären Ausdrucks an.

Mit Hilfe des Werkzeugs können Sie selbst reguläre Ausdrücke erstellen. Dabei zeigt RegexBuddy die Bedeutung jedes Zeichen des regulären Ausdrucks an. Darüber hinaus stellt das Programm eine Bibliothek bereit, aus der Sie zahlreiche bereits vorgefertigte Ausdrücke auswählen können.

◀ **Abbildung 16.40**
Aus der Bibliothek lassen sich vorgefertigte Ausdrücke auswählen.

Neben weiteren Funktionen können Sie RegexBuddy dazu verwenden, nach Mustern in Texten und Code zu suchen und Übereinstimmungen durch beliebigen Text oder Code zu ersetzen.

An dieser Stelle kann nicht jede Einzelheit von regulären Ausdrücken erläutert werden. Abschließend finden Sie im Folgenden einige Beispiele für reguläre Ausdrücke, die Sie direkt anwenden können.

▶ Buchstaben und Zahlen werden nicht besonders gekennzeichnet und stehen für sich:

```
var pattern:RegExp=/Hallo/trace(pattern.test
("Hallo Welt"));
```

▶ Eine Auswahl an Zeichen steht in eckigen Klammern:

```
var pattern:RegExp=/[abc]/trace(pattern.test
("Hallo Welt"));
```

▶ Sonderzeichen werden mit einem Backslash maskiert (*escaped*):

```
var pattern:RegExp=/meineDomain\.de/
trace(pattern.test("meineDomain.de"));
```

▶ Die Zeichenfolge \w steht für alle ASCII-Zeichen, und \d steht für alle Ziffern:

```
var pattern:RegExp=/\d\d\w/trace(pattern.test("01a"));
```

▶ Ein Punkt steht für ein beliebiges Zeichen:

```
var pattern:RegExp=/Hallo…./trace(pattern.test
("Hallo Welt"));
```

▶ Über das Zeichen ^ schließen Sie bestimmte Zeichen aus; geben Sie die Zeichen in eckigen Klammern an:

```
var pattern:RegExp=/[^1234]/trace(pattern.test
("56789"));
```

Die folgende Aufzählung zeigt einige konkrete Anwendungsbeispiele, um Zeichenketten zu überprüfen.

▶ Vor- und Nachname (z. B. »Max Mustermann«):

```
var pattern:RegExp=/[a-zA-ZäöüÄÖÜ]+ [a-zA-ZäöüÄÖÜ]+/;
```

▶ Straße und Hausnummer (z. B. »Musterstraße 11a«):

```
var pattern:RegExp=/[a-zA-ZäöüÄÖÜ \.]+ [0-9]+
[a-zA-Z]?/;
```

▶ E-Mail-Adresse (z. B. »max@mustermann.de«):

```
var pattern:RegExp=/^[a-z][\w.-]+@\w[\w.-]+\.[\w.-]*
[a-z][a-z]$/i;
```

▶ Deutsche Postleitzahl (z. B. »10115«):
```
var pattern:RegExp=/^([0]{1}[1-9]{1}|[1-9]{1}[0-9]
{1})[0-9]{3}$/;
```

▶ Telefonnummer (z. B. »030 17361313«, »(030) 32323232«,
»030-32323832«, »+49 30 2372323«):
```
var pattern:RegExp=/^((\+[0-9]{2,4}( [0-9]+? |
?\([0-9]+?\) ?))|(\(0[0-9 ]+?\) ?)|(0[0-9]+? ?(
|-|\/) ?))[0-9]+?[0-9 \/-]*[0-9]$/;
```

▶ Preisangabe (z. B. »10,99« oder »10.99«):
```
var pattern:RegExp=/^\d+([,.]\d+)?$/;
```

▶ Datum (z. B. »22.10.2009«, Format TT.MM.JJJJ):
```
var pattern:RegExp=/^\d\d[\.-]\d\d[\.-]\d\d\d\d$/;
```

Auf der beiliegenden DVD finden Sie die Beispiele unter *Dyna-mischer_Text • RegExp • beispiele.fla*.

16\RegExp\Beispiel.fla

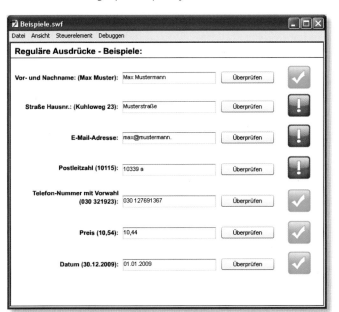

◀ **Abbildung 16.41**
Das beiliegende Beispiel im Flash Player

17 Flash, PHP und MySQL

Flash, die Skriptsprache PHP und das Datenbankverwaltungssystem MySQL bilden ein bewährtes Team, um dynamische Flash-Anwendungen zu entwickeln. Dieses Kapitel bietet Ihnen einen Einstieg in die Skriptsprache PHP und in MySQL. Sie lernen sowohl einige Grundlagen von PHP und MySQL als auch die praktische Anwendung mit Flash kennen.

17.1 PHP

PHP (**P**HP: **H**ypertext **P**reprocessor) ist eine weitverbreitete und beliebte serverseitige Skriptsprache. Die erste Version, PHP 1.0, wurde im Jahr 1995 veröffentlicht. Seitdem wurde die Skriptsprache stetig weiterentwickelt bis hin zur aktuellen Version 5. In der Praxis wird vorzugsweise PHP 5 eingesetzt, ältere Skripte basieren noch auf PHP 4.

Serverseitige Skriptsprachen
Neben PHP gibt es zahlreiche weitere serverseitige Skriptsprachen, wie z.B. Perl, Python, Ruby und VBScript (ASP).

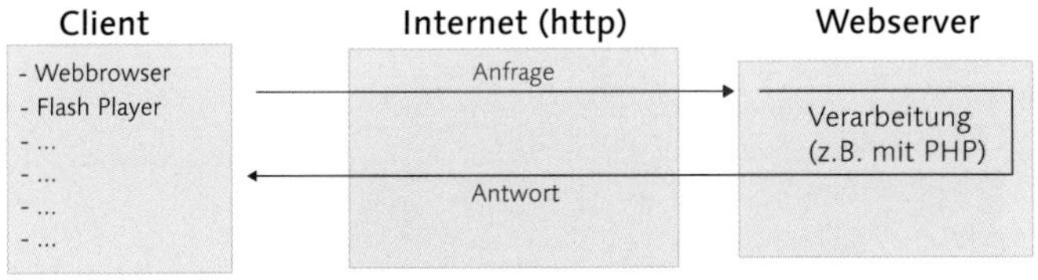

◀ **Abbildung 17.1**
Anfrage vom Client, Antwort vom Webserver

Der Datenaustausch bzw. die Weiterverarbeitung von Daten mit einer serverseitigen Skriptsprache verläuft wie folgt: Zunächst stellt der Client – z.B. ein Webbrowser oder der Flash Player, der im Webbrowser clientseitig ausgeführt wird – eine Anfrage. Die Anfrage wird von einer serverseitigen Skriptsprache, z.B. PHP, entgegengenommen und serverseitig weiterverarbeitet. Gegebenenfalls sendet das Skript nach der Verarbeitung eine Antwort zurück an den Client. Das kann etwa eine Fehlermeldung sein, falls die serverseitige Verarbeitung fehlgeschlagen ist, oder auch Daten, die an den Client zurückgegeben werden. Abbildung 17.1 illustriert eine übliche Anfrage und deren Verlauf.

17.1.1 Voraussetzungen

Für die Entwicklung von Flash-Anwendungen mit PHP benötigen
Sie einen Webserver der PHP unterstützt, wie z. B. Apache. PHP
ist Open-Source-Software und auf vielen Webservern bereits vorinstalliert. In der Regel werden PHP-Skripte mit der Dateiendung
.php gekennzeichnet und als solche vom Webserver entsprechend interpretiert.

Wenn Sie nicht wissen, ob PHP auf Ihrem Webserver eingerichtet ist, können Sie das mit Hilfe eines einfachen Skripts überprüfen. Öffnen Sie dazu einen beliebigen Editor, und verwenden
Sie folgende Anweisungen, um u. a. die verfügbare PHP-Version
zu ermitteln:

```
<?php
    phpinfo();
?>
```

Bereitstellung | Speichern Sie das Dokument z. B. unter *info.php*
ab. Sollten Sie im Internet einen Webserver mit PHP-Unterstützung haben, können Sie das Skript in der Regel z. B. mit einem
FTP-Client in ein beliebiges Verzeichnis hochladen und anschließend im Browser öffnen, z. B. über *http://www.meinedomain.de/
info.php*, falls Sie das Skript in das Root-Verzeichnis Ihrer Internetseite gespeichert haben.

Falls Ihr Webserver PHP unterstützt, erscheint eine entsprechende Ausgabe; ganz oben sehen Sie die Version ❶.

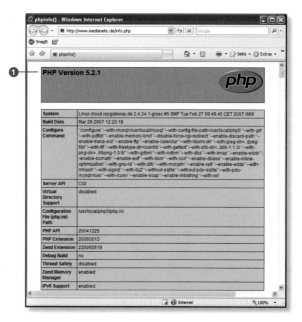

Abbildung 17.2 ▶
Die Ausgabe im Internet Explorer

Sollten Sie einen lokalen Webserver, wie z. B. Apache (im Zusammenhang mit XAMPP) eingerichtet haben, speichern Sie das Skript in ein bestimmtes Verzeichnis. In XAMPP lautet das Standardverzeichnis: *Laufwerk:\Xampp\htdocs*. Das ist das Root-Verzeichnis. Wenn Sie das Skript nicht direkt in das Root-Verzeichnis abspeichern möchten, richten Sie hier ein Unterverzeichnis ein.

◄ **Abbildung 17.3**
Verzeichnis in einem lokalen
Apache Server (XAMPP)

Wenn Sie das PHP-Skript im Root-Verzeichnis Ihres lokalen Webservers abgespeichert haben, können Sie es im Browser über *http://localhost/info.php* aufrufen.

◄ **Abbildung 17.4**
Ausführung des Skripts auf dem
lokalen Webserver

XAMPP – eigener Webserver mit PHP-Unterstützung | Falls Sie über keinen Webserver im Internet mit PHP verfügen oder Entwicklungen erst einmal lokal testen möchten, was gerade für Einsteiger empfehlenswert ist, können Sie auch einen eigenen Apache-Webserver lokal auf Ihrem System einrichten. Ein lokaler Server wird häufig zu Testzwecken genutzt, um mögliche Fehler, die bei der Entwicklung eines Projekts entstehen können, vor der Veröffentlichung abzufangen und um keine unnötigen Risiken durch potentiell fehlerhaften oder sicherheitsbedenklichen Code

Mac OS, MAMP

Unter Mac OS wird meist MAMP (*http://sourceforge.net/projects/mamp*) eingesetzt. MAMP ist ein Paket, das wie XAMPP einen Apache-Webserver, PHP und MySQL enthält.

einzugehen. Die Entwicklungsphase wird in vielen Fällen durch das lokale Arbeiten beschleunigt, da Skripte nur abgespeichert werden müssen und das Hochladen via FTP entfällt.

Einfach zu installieren ist XAMPP – ein Paket, das sowohl einen Apache-Webserver als auch PHP, Perl und MySQL bereitstellt. XAMPP ist verfügbar für Linux, Windows, Mac OS X und Solaris. Auf den folgenden Seiten wird erläutert, wie Sie XAMPP unter Windows installieren und nutzen.

17.1.2 XAMPP installieren

XAMPP unter Windows Vista

Wenn Sie XAMPP unter Windows Vista installieren möchten, sollten Sie nicht das Standardinstallationsverzeichnis *C:\Programme* oder *C:\Program Files* wählen, sondern ein alternatives Verzeichnis wie z. B. *C:\xampp*, da es aufgrund der Schreibrechte sonst zu Problemen kommen kann.

Zunächst laden Sie das XAMPP-Paket unter *http://www.apache-friends.org/de/xampp.html* herunter. Zum Zeitpunkt der Drucklegung ist die Version 1.7.0 aktuell. Vermutlich wird Ihnen eine aktuellere Version zur Verfügung stehen. Die folgenden Erläuterungen beziehen sich auf die Installer-Version.

Abbildung 17.5 ▶
XAMPP für Windows wird in drei Installationsversionen ausgeliefert.

Öffnen Sie den Installer, und folgen Sie den Installationshinweisen bis zum Fenster XAMPP OPTIONEN.

Abbildung 17.6 ▶
XAMPP-OPTIONEN einstellen

Sie können für sich entscheiden, ob die Module Apache2, MySQL und FileZilla FTPD als Dienste eingerichtet werden sollen. In diesem Fall werden sie dann automatisch beim Start des Systems als Dienste gestartet. Wenn Sie die Optionsfelder nicht aktivieren, müssen Sie die Dienste manuell starten, wenn Sie ein oder mehrere Dienste verwenden möchten.

XAMPP Control Panel Application | Nachdem die Installation abgeschlossen ist, starten Sie die XAMPP CONTROL PANEL APPLICATION über START • PROGRAMME • APACHE FRIENDS • XAMPP.

Dienste starten und beenden
Unter Windows lassen sich eingerichtete Dienste über die Systemsteuerung starten und gegebenenfalls auch wieder beenden. Um in den Bereich zu gelangen, klicken Sie auf START • EINSTELLUNGEN • SYSTEMSTEUERUNG • VERWALTUNG • DIENSTE.

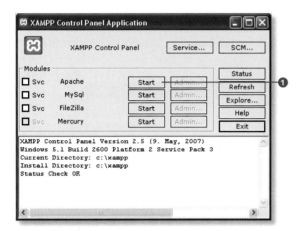

◄ **Abbildung 17.7**
Die XAMPP CONTROL PANEL APPLICATION

Über die XAMPP CONTROL PANEL APPLICATION können Sie Module starten und beenden. Klicken Sie dazu einfach auf die jeweilige Start-Schaltfläche ❶. Um PHP lokal auszuführen, muss der Apache-Webserver gestartet werden. Klicken Sie dazu auf die Schaltfläche START und anschließend auf die Schaltfläche ADMIN. Es öffnet sich ein Browserfenster, in dem Sie die gewünschte Sprache wählen. Darauf folgt ein Fenster, über das Sie viele unterschiedliche Funktionen steuern können. Unter STATUS beispielsweise sehen Sie, welche Module zurzeit laufen.

XAMPP 1.7.0 ohne PHP4-Unterstützung
XAMPP 1.7.0 bietet standardmäßig keine PHP 4-Unterstützung mehr. Es unterstützt nur noch PHP 5.

Komponente	Status	Hinweis
MySQL-Datenbank	DEAKTIVIERT	
PHP	AKTIVIERT	
HTTPS (SSL)	AKTIVIERT	
Common Gateway Interface (CGI)	AKTIVIERT	
Server Side Includes (SSI)	AKTIVIERT	
SMTP Server	DEAKTIVIERT	
FTP Server	DEAKTIVIERT	

◄ **Abbildung 17.8**
In diesem Fall läuft die PHP-Laufzeitumgebung, MySQL-Datenbanken sind jedoch deaktiviert.

Unter `phpinfo()` sehen Sie die momentanen Einstellungen für die PHP-Laufzeitumgebung. Um eigene PHP-Skripte auszuführen, müssen Sie diese im Root-Verzeichnis oder in einem Unterverzeichnis des Root-Verzeichnisses speichern. Wenn Sie XAMPP beispielsweise in das Verzeichnis *C:\Xampp* installiert haben, kön-

Abbildung 17.9 ▸
Das Skript wurde im Browser aufgerufen und vom PHP-Modul interpretiert.

nen Sie eigene PHP-Skripte im Verzeichnis *C:\Xampp\htdocs* oder in Unterverzeichnissen speichern.

Angenommen, Sie erstellen ein PHP-Skript *test.php* mit folgendem Code und speichern es in das Verzeichnis *C:\Xampp\htdocs*:

```php
<?php
    echo "Hallo Welt!";
?>
```

Sie können das PHP-Skript dann mit einem beliebigen Browser über *http://localhost/test.php* aufrufen.

17.1.3 Sprachelemente und Syntax

Sie kennen bereits viele Sprachelemente und die Syntax von Action-Script. Viele der Sprachelemente gibt es auch in PHP, allein die Syntax und die Schreibweise unterscheiden sich in vielen Fällen. Im Folgenden werden einige wesentliche Sprachelemente vorgestellt.

Variablen | Variablen werden in PHP durch ein vorangehendes Dollarzeichen ($) gekennzeichnet. Jede Anweisung wird wie in ActionScript mit einem Semikolon beendet. Über folgenden Code weisen Sie der Variablen name z. B. den Stringwert Jim zu:

```php
<?php
    $name = "Jim";
?>
```

Der Datentyp eines Variablenwertes wird in PHP nicht explizit angegeben. PHP verwendet dynamische Datentypen, das heißt, einer Variablen können Sie Werte von unterschiedlichen Datentypen zuweisen.

```php
1:    <?php
2:        $name = "Jim";
3:        $name = 10;
4:    ?>
```

Im Beispiel wird der Variablen `$name` in Zeile 2 zunächst ein Stringwert und anschließend in Zeile 3 ein Integerwert zugewiesen.

Zuweisung in PHP	Zuweisung in ActionScript	Datentyp in PHP	Datentyp in ActionScript
`$name="Jim";`	`name = "Jim";`	string	String
`$num = 5;`	`num = 5;`	integer	uint, int, Number
`$num = 5.4;`	`num = 5.4;`	double	Number
`$geladen = true;`	`geladen = true;`	boolean	Boolean

◄ **Tabelle 17.1**
Vergleich: Zuweisung und
Datentypen

Operatoren | Die meistverwendeten Operatoren, die arithme-
tischen Operatoren, gleichen denen in ActionScript. Beispiele:

```php
<?php
$sum = 5+5; // Ergebnis: 10
$dif = 10-5; // Ergebnis: 5
$multi = 10*2; // Ergebnis: 20
$div = 10/2; // Ergebnis: 5
$modulo = 10%2; // Ergebnis: 0
?>
```

Fallentscheidung: if-Anweisung | Die Schreibweise einer Fall-
entscheidung mit Hilfe einer `if`-Anweisung ist identisch zu
ActionScript. Ein Beispiel in PHP:

```php
<?php
    $anzahl = 10;
    if($anzahl == 10) {
        echo "Die Bedingung ist erfüllt.";
    }
?>
```

Wie auch in ActionScript können Sie eine `if`-Anweisung mit einer
oder mehreren `else-if`-Bedingungen und einer `else`-Bedingung
erweitern:

```php
<?php
...
if($vorname == "John") {
    echo "Ich bin´s, John.";
} else if($vorname == "Jim") {
    echo "Ich bin´s, Jim.";
```

[!] Stringwerte verketten
Im Gegensatz zu ActionScript (+)
werden Strings in PHP mit dem
String-Operator . verkettet. Beispiel:

```
$vorname ="Max";
$nachname = "Mustermann";
echo "Mein Name ist: ".
$vorname." ".$nachname;
```

Das +-Zeichen dient in PHP ausschließlich als arithmetischer
Operator.

Kommentare

Kommentare können Sie wie
bei ActionScript einzeilig durch
vorangestellte //-Zeichen kennzeichnen. Mehrzeilige Kommentare formatieren Sie ebenso über
einen Kommentarblock, wie
folgt:

```
/*
Kommentar Zeile 1
Kommentar Zeile 2
...
*/
```

```php
} else {
    echo "Gut, dass niemand weiß...";
}
?>
```

Fallentscheidung: switch-Anweisung | Wenn Sie den Wert einer Variablen auf mehrere bestimmte Werte hin überprüfen möchten, lässt sich dazu, wie in ActionScript, eine `switch`-Anweisung verwenden:

Ausgabe per echo
Über die Anweisung `echo` geben Sie Stringwerte aus. Die Ausgabe wird dann, falls das Skript im Browser geöffnet wird, im Browser angezeigt. Beispiel:
```php
<?php
    echo "Hallo Welt";
?>
```
Beachten Sie, dass `echo` keine Funktion ist und keine Werte zurückgibt. Folgende Schreibweise ist jedoch ebenso gültig:
```php
echo ("Hallo Welt");
```

```php
<?php
...
switch ($vorname) {
    case "John":
    echo "Ich bin´s, John.";
    break;
    case "Jim":
    echo "Ich bin´s, Jim.";
    break;
    default:
    echo "Gut, dass niemand weiß...";
}
?>
```

Schleifen | Wie in ActionScript gibt es in PHP zahlreiche Schleifen mit einer sehr ähnlichen Syntax. Im Folgenden werden nur die häufig genutzten Schleifen kurz vorgestellt.

▶ **while-Schleife**: Die Schreibweise einer `while`-Schleife ist sehr ähnlich: Zunächst initialisieren Sie eine Zählervariable. Anschließend definieren Sie die Bedingung der `while`-Schleife und erhöhen den Wert der Zählervariablen je Schleifendurchlauf:

[!] Variablen-Schreibweise beachten
Entwicklern, die vorzugsweise mit ActionScript arbeiten, passiert es gerade bei Schleifen in PHP des Öfteren, dass Sie das Dollarzeichen bei Variablenbezeichnern vergessen.

```php
<?php
$i = 0;
while($i < 10) {
    echo $i;
    $i++;
}
?>
```

▶ **for-Schleife**: Wie auch die `while`-Schleife ist die Schreibweise der `for`-Schleife derjenigen in ActionScript sehr ähnlich:

```php
<?php
for($i = 0;$i<10;$i++){
    echo $i;
}
?>
```

▶ **foreach-Schleife**: Die sogenannte `foreach`-Schleife ähnelt der `for-in`-Schleife in ActionScript. Mit Hilfe der Schleife lässt sich ein Array sehr einfach durchlaufen. Die Schleife kann in PHP übrigens nur mit Arrays verwendet werden. Dazu folgendes Beispiel:

```php
<?php
$names_arr = array ("Jim", "John", "Pete");
foreach($names_arr as $name) {
    echo "Ich bin´s ".$name."<br>";
}
?>
```

Funktionen | Die Syntax von Funktionen in PHP ist nahezu identisch mit der in ActionScript. Im folgenden Beispiel wird eine Funktion `getSum` definiert, die zwei Argumente für die Parameter `num0` und `num1` erwartet und das Ergebnis an den Funktionsaufruf zurückgibt:

Datentyp
Der Datentyp eines Werts, den die Funktion an den Funktionsaufruf zurückgibt, wird in PHP im Gegensatz zu ActionScript nicht explizit angegeben.

```php
<?php
function getSum($num0,$num1) {
        return $num0+$num1;
}
$result = getSum(5,10);
echo $result; // Ergebnis: 15
?>
```

17.1.4   Datums- und Zeitfunktion

Gelegentlich möchte man das Datum und die Zeit über PHP ermitteln und in Flash nutzen. Über die Funktion `date` ermitteln Sie sowohl das aktuelle Datum als auch die Zeit.

Dabei ist bemerkenswert, dass es sich um das Datum und die Zeit des Servers handelt, auf dem PHP läuft. Das hat gegenüber der clientseitigen Datums- und Zeitermittlung, z. B. in Flash, den Vorteil, dass die Angaben nicht von den eingestellten Benutzer-system-Einstellungen abhängen.

Über ein sogenanntes Format-Zeichen können Sie bestimmen, welche Daten an den Funktionsaufruf zurückgegeben werden

Server in einer anderen Zeitzone
Sollten Sie einen Webserver nutzen, der in einer anderen Zeitzone liegt, müssen Sie die Stunden und den Tag gegebenenfalls entsprechend anpassen.

sollen. Um das Datum zu ermitteln und im Format TT.MM.JJJJ (z. B. »09.07.2007«) auszugeben, könnten Sie folgende Anweisungen nutzen:

```php
<?php
    $tag=date("d");
    $monat=date("m");
    $jahr=date("Y");
    echo $tag.".".$monat.".".$jahr;
?>
```

Um die Zeit im Format hh:mm:ss (z. B. »13:32:20«) zu ermitteln, können Sie folgende Anweisungen nutzen:

```php
<?php>
    $stunden = date("H");
    $minuten = date("i");
    $sekunden = date("s");
echo $stunden.":".$minuten.":".$sekunden;
?>
```

Format-Zeichen	Beschreibung	Ausgabe
Y	Jahreszahl, 4-stellig	2007
z	Tag des Jahres	0 bis 365
y	Jahreszahl, 2-stellig	07
F	Monat als englisches Wort	January, February, March ... December
m	Monat als Zahl, 2-stellig	01 bis 12
n	Monat als Zahl	1 bis 12
d	Tag des Monats, 2-stellig	01 bis 31
j	Tag des Monats	1 bis 31
D	Tag der Woche, englisch, 3 Buchstaben	Mon, Tue, Wed, Thu, Fri, Sat, Sun
w	Tag der Woche, numerisch	0 = Sonntag 1 = Montag ...
t	Anzahl der Tage des angegebenen Monats	28 bis 31
G	Stunden (24-Stunden-Format)	0 bis 23
H	Stunden (24-Stunden-Format, 2-stellig)	00 bis 23
i	Minuten, 2-stellig	00 bis 59

Tabelle 17.2 ▶
Argumente der date-Funktion

Format-Zeichen	Beschreibung	Ausgabe
s	Sekunden, 2-stellig	00 bis 59
O	Zeitunterschied zur Greenwich-Zeit (GMT) in Stunden	+0200

◄ **Tabelle 17.2**
Argumente der date-Funktion (Forts.)

17.1.5 Daten in Flash empfangen

Sie haben jetzt bereits einige Sprachelemente und die Syntax von PHP kennengelernt. Es wird Zeit, sich mit der praktischen Anwendung vertraut zu machen. Bevor es aber so richtig losgeht, müssen Sie wissen, wie Sie Daten zwischen Flash und PHP austauschen können.

Wenn Sie Daten in Flash von einem PHP-Skript empfangen möchten, können Sie ein Objekt der URLLoader-Klasse verwenden. Dazu müssen Sie das PHP-Skript, das die Daten ermittelt, zunächst über die Initialisierung eines URLRequest-Objekts und eines URLLoader-Objekts aufrufen. Über folgende Anweisungen rufen Sie das PHP-Skript *getTime.php* mit Hilfe eines URLLoader-Objekts myLoader über Flash auf:

```
var myRequest:URLRequest = new URLRequest("http://
localhost/getTime.php");
var myLoader:URLLoader = new URLLoader(myRequest);
```

Load-Methode

Sie können auch explizit die load-Methode des URLLoader-Objekts verwenden. Der Code sähe dann so aus:

```
var myRequest:URLRequest =
new URLRequest("http://
localhost/getTime.php");
var myLoader:URLLoader =
new URLLoader();
myLoader.load(myRequest);
```

Wenn das PHP-Skript eine Ausgabe generiert und Sie die Ausgabe in Flash nutzen möchten, fragen Sie die Ausgabedaten des Skriptes ab, sobald die Datenübertragung beendet ist. Dazu können Sie das Ereignis COMPLETE des URLLoaders, wie folgt nutzen:

```
myLoader.addEventListener(Event.
COMPLETE,completeHandler);
function completeHandler(e:Event):void {
    trace(e.target.data);
}
```

Der Wert der Referenz e.target.data entspricht den Daten, die an das URLLoader-Objekt zurückgegeben wurden.

Zur Sicherheit sollten Sie immer auch mögliche Fehler beim Laden berücksichtigen. Dazu bieten sich die Ereignisse IO_ERROR und SECURITY_ERROR an. Zu diesem Zweck richten Sie entsprechende Ereignis-Listener wie folgt ein:

IOErrorEvent

Ein IOErrorEvent tritt beispielsweise auf, wenn das Skript nicht existiert oder ein falscher Pfad angegeben wurde.

SecurityErrorEvent

Ein `SecurityErrorEvent` tritt beispielsweise auf, wenn Sie versuchen, ein Skript in einer anderen Domain aufzurufen. Ein solcher Zugriff wird ohne eine sogenannte Cross-Domain-Policy nicht gestattet.

```
myLoader.addEventListener(IOErrorEvent.IO_ERROR,
ioErrorHandler);
function ioErrorHandler(e:IOErrorEvent):void {
    trace("IOError: "+e.text);
}
myLoader.addEventListener(SecurityErrorEvent.
SECURITY_ERROR, securityErrorHandler);
function securityErrorHandler(e:SecurityErrorEvent):
void {
    trace("Security-Error: "+e.text);
}
```

[!] Variablen an Flash übergeben

Üblicherweise wurden Ausgaben, die von PHP erzeugt werden, für Flash-Filme, die ActionScript 1 oder 2 verwendeten, wie folgt formatiert:

```
echo "&stunden=$stunden&
minuten=$minuten&sekunden=
$sekunden";
```

Beachten Sie das erste Zeichen, &. Dies führt in ActionScript 3 zu einer Fehlermeldung (Error #2101). ActionScript 3 akzeptiert diese Formatierung nicht mehr – Sie müssen das erste &-Zeichen entfernen.

URLLoaderDataFormat | Sie haben bereits gelernt, dass Sie die an den Flash-Film zurückgegebenen Daten innerhalb der Ereignisprozedur des Events `COMPLETE` beispielsweise über `e.target.data` ansprechen können. Darüber hinaus können Sie festlegen, wie die Daten, die an den Flash-Film zurückgegeben werden, interpretiert werden. Dazu dient die Eigenschaft `dataFormat` der `URLLoader`-Klasse. Für die Eigenschaft sind drei Werte gültig:

▶ `URLLoaderDataFormat.TEXT:` Die Daten werden als Text interpretiert.

▶ `URLLoaderDataFormat.VARIABLES`: die Daten werden als URL-kodierte Variablen interpretiert.

▶ `URLLoaderDataFormat.BINARY`: Die Daten werden als unformatierte Binärdaten interpretiert.

Standardmäßig ist der Wert der Eigenschaft `dataFormat` gleich `TEXT`. In vielen Fällen gibt man jedoch mehrere Variablen zurück, wie bei der Zeit die Stunde, die Minuten und die Sekunden. In diesen Fällen müssen Sie den Wert der Eigenschaft `dataFormat` auf `VARIABLES`" setzen.

Angenommen, das PHP-Skript *getTime.php* gibt die Stunde, die Minuten und die Sekunden der Server-Zeit per `echo` aus und damit an den Flash-Film zurück. Der Code des PHP-Skripts könnte wie folgt aussehen:

```
<?php
    $stunden = date("H");
    $minuten = date("i");
    $sekunden = date("s");
    echo "stunden=$stunden&minuten=$minuten&sekunden=
    $sekunden";
?>
```

Damit die Stunden, die Minuten und die Sekunden in Flash als einzelne Werte verarbeitet werden können, müssen Sie wie erwähnt den Wert der Eigenschaft dataFormat auf VARIABLES setzen. Der Code zur Ausgabe der Stunden, Minuten und Sekunden sähe wie folgt aus:

```
var myRequest:URLRequest = new URLRequest("http://
localhost/getTime.php");
var myLoader:URLLoader = new URLLoader(myRequest);
myLoader.dataFormat = URLLoaderDataFormat.VARIABLES;
myLoader.addEventListener(Event.COMPLETE,completeHandler);
function completeHandler(e:Event):void {
    trace("Stunden: "+e.target.data.stunden);
    trace("Minuten: "+e.target.data.minuten);
    trace("Sekunden: "+e.target.data.sekunden);
}
```

urlencode | ActionScript stellt grundsätzlich gewisse Anforderungen an externe Daten. Daten, die über ein URLLoader-Objekt empfangen werden, müssen das MIME-Format »application/x-www-urlformencoded« besitzen.

Schwierigkeiten gibt es z. B., wenn Sie in dem zurückgebenden String Zeichen verwenden, die nicht in einer URL vorkommen dürfen bzw. als Steuerungszeichen interpretiert werden, wie z. B. »&«, »=« und »?«. Diese würden zu einer Fehlermeldung in Flash führen – so wie die folgende Ausgabe:

```
<?php
    $myNames = "Hans&Fritz";
    echo "returnVal=$myNames";
?>
```

Damit Sie diese speziellen Zeichen verwenden können, müssen Sie die Werte, die an Flash übergeben werden, zunächst über die Methode urlencode() kodieren:

```
<?php
    $myNames = urlencode("Hans&Fritz");
    echo "returnVal=$myNames";
?>
```

Wenn Sie mehrere Werte an Flash übergeben möchten, sollten Sie nicht auf die Idee kommen, einfach die komplette Rückgabe zu kodieren. So sollten Sie es also **nicht** machen:

Statische Klasseneigenschaft
Streng genommen sind die möglichen Werte für die Eigenschaft dataFormat gleich TEXT, VARIABLES" und BINARY. Diese Werte erscheinen auch, wenn Sie den Wert der Eigenschaft über trace(); ausgeben. In diesen Beispielen werden der Eigenschaft anstatt der genannten Werte statische Klasseneigenschaften zugewiesen, die jedoch genau die genannten Werte besitzen. Die Vorgehensweise wird empfohlen. Alternativ könnten Sie der Eigenschaft jedoch auch direkt die Werte zuweisen. Beispiel:

```
myLoader.dataFormat =
"variables";
```

Lesen Sie mehr zu statischen Klasseneigenschaften in Kapitel 10, »Einführung in die objektorientierte Programmierung«.

Fehlermeldung

Besitzt die Eigenschaft data-Format den Wert VARIABLES, erscheint in Flash für dieses Beispiel folgende Fehlermeldung im Ausgabe-Fenster:
»Error: Error #2101: Der an URL-Variables.decode() übergebene String muss ein URL-kodierter Abfrage-String mit Name/Wert-Paaren sein.«

```php
<?php
    $vorname1 = "Hans";
    $vorname2 = "Jim";
    echo urlencode("vorname1=$vorname1&vorname2=
    $vorname2");
?>
```

Diese Vorgehensweise würde zu Fehlern führen. Kodieren Sie beide Werte jeweils **vor** der Ausgabe:

```php
<?php
    $vorname1 = urlencode("Hans");
    $vorname2 = urlencode("Jim");
    echo "vorname1=$vorname1&vorname2=$vorname2";
?>
```

Kodierung

In Kapitel 16, »Dynamischer Text«, sind wir bereits ausführlich auf die Kodierung von Text in Flash eingegangen.

utf8_encode und utf8_decode | Text wird in Flash grundsätzlich als Unicode-8-kodiert interpretiert. Dementsprechend müssen Sie Text, falls er nicht schon entsprechend kodiert wurde, vor der Übergabe an Flash in Unicode-8 kodieren, um ihn in Flash richtig darstellen zu können. Falls Sie also Text über ein PHP-Skript in Flash laden und Sonderzeichen bzw. Umlaute nicht richtig dargestellt werden, müssen Sie den Text vorher in Unicode kodieren.

Dazu können Sie die Methode utf8_encode verwenden. Beachten Sie dabei die **Reihenfolge der Kodierung**. Zunächst wird der Text in Unicode kodiert, dann erfolgt die Kodierung über urlencode. Mit dieser Vorgehensweise sollten Sie keine Schwierigkeiten mehr mit Sonderzeichen und Umlauten haben. Folgendes Beispiel dazu:

```php
<?php
    $angebot = utf8_encode("Regelmäßig neue Getränke
    auf Bestellung.");
    $angebot = urlencode($angebot);
    echo "ausgabe=$angebot";
?>
```

Für die Kodierung lohnt es sich, eine eigene Funktion zu schreiben, die die regelmäßige Kodierung vereinfacht. Die Funktion könnte z. B. so aussehen:

```php
<?php
function encode($str) {
    $str = utf8_encode($str);
```

```
    $str = urlencode($str);
    return $str;
}
$meinText = encode("Regelmäßig neue Getränke auf
Bestellung.");
echo "ausgabe=$meinText";
?>
```

Gelegentlich möchte man Unicode-kodierten Text, der von Flash kommt, z. B. für die Ausgabe in einem ISO-8859-1-kodierten HTML-Dokument umwandeln. Sie können dazu in PHP die Methode utf8_decode wie folgt nutzen:

```
<?php
$myName = utf8_decode($_POST['myname']);
...
?>
```

Browser-Caching verhindern

Gelegentlich werden Daten im Cache des Browsers oder Clients lokal zwischengespeichert und beim nächsten Aufruf aus dem Cache geladen. Das führt häufig zu unerwarteten Ergebnissen, da Daten dann eventuell nicht mehr aktuell sind. Das gilt auch für PHP-Skripte, die von Flash aus von einem lokalen Webserver aufgerufen werden. Dabei kann es passieren, dass das Skript selbst gecacht wird, so dass Änderungen am Skript nicht sofort berücksichtigt werden. In einem solchen Fall hilft es, Flash neu zu starten – das ist allerdings nur sehr bedingt praktikabel. Eine gängige Methode, um das Caching zu verhindern, wird im Folgenden erläutert.

Erstellen Sie im Flash-Film einen Zeitstempel durch folgenden Code:

```
var myDate:Date = new Date();
var timestamp:uint = myDate.getTime();
```

Hängen Sie den Zeitstempel wie folgt an die URL an:

```
var myURL:String = "http://localhost/meinScript.
php?"+timestamp;
```

Verwenden Sie die neue zusammengesetzte URL, z. B. mit einem URL-Loader-Objekt:

```
var myRequest:URLRequest = new URLRequest(myURL);
var myLoader:URLLoader = new URLLoader(myRequest);
```

Schritt für Schritt: Serverseitiges Datum und Zeit in Flash ausgeben

In diesem Workshop erfahren Sie, wie Sie serverseitig die Zeit und das aktuelle Datum bestimmen, an Flash übertragen und ausgeben.

17\ZeitDatum\getDateTime. php und step01.fla

Erstellen Sie ein neues PHP-Skript *getDateTime.php* mit folgendem Code:

```
1:   <?php
2:   function encode($str) {
3:       $str = utf8_encode($str);
4:       $str = urlencode($str);
5:       return $str;
6:   }
7:   // Zeit
8:   $stunden = encode(date("H"));
9:   $minuten = encode(date("i"));
10:  // Datum
11:  $tag=encode(date("d"));
12:  $monat=encode(date("m"));
13:  $jahr=encode(date("Y"));
14:  echo "tag=$tag&monat=$monat&jahr=$jahr&stunden=
     $stunden&minuten=$minuten";
15:  ?>
```

In Zeile 8 und 9 werden die aktuelle Stunde und Minute, in Zeile 11–13 der Tag, der Monat und das Jahr ermittelt.

Die Werte werden jeweils URL- und Unicode-8-kodiert. Anschließend werden sie über `echo` in Zeile 14 ausgegeben und damit an Flash übergeben.

2 **Flash-Film öffnen**

Öffnen Sie den Flash-Film *step01.fla* aus dem Ordner *ZeitDatum*, und speichern Sie ihn in das Verzeichnis, in dem das PHP-Skript liegt. Im Textfeld mit dem Instanznamen »ausgabe_txt« sollen das Datum und die Zeit ausgegeben werden.

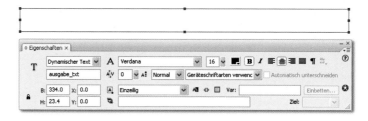

Abbildung 17.10 ▶
Das Textfeld »ausgabe_txt« zur Ausgabe

3 **Daten laden**

Weisen Sie dem ersten Schlüsselbild der Ebene »Actions« zunächst folgenden Code zu:

```
function init():void {
    var myTimer=new Timer(30000,0);
    myTimer.addEventListener(TimerEvent.TIMER,
    timerHandler);
    myTimer.start();
    loadDateTime();
}
function loadDateTime():void {
    var myDate:Date = new Date();
    var timestamp:uint=myDate.getTime();
    var myRequest:URLRequest=new URLRequest("http://
    localhost/datumZeit/getDateTime.php?"+timestamp);
    var myLoader:URLLoader=new URLLoader(myRequest);
    myLoader.dataFormat=URLLoaderDataFormat.VARIABLES;
    myLoader.addEventListener(Event.COMPLETE,
    completeHandler);
    myLoader.addEventListener(SecurityErrorEvent.
    SECURITY_ERROR, securityErrorHandler);
    myLoader.addEventListener(IOErrorEvent.IO_ERROR,
    ioErrorHandler);
}
```

Zunächst wird ein Timer-Objekt initialisiert, das dafür sorgt, dass die Funktion loadDateTime mit einem Intervall von 30 Sekunden regelmäßig aufgerufen wird. Die Funktion loadDateTime ermittelt die aktuelle Serverzeit.

4 **Daten ausgeben**

Ergänzen Sie den Code um folgende Zeilen:

```
function completeHandler(e:Event):void {
    var tag:String=e.target.data.tag;
    var monat:String=e.target.data.monat;
    var jahr:String=e.target.data.jahr;
    var stunden:String=e.target.data.stunden;
    var minuten:String=e.target.data.minuten;
    ausgabe_txt.text=tag+"."+monat+"."+jahr+",
    "+stunden+":"+minuten+" Uhr";
}
function timerHandler(e:TimerEvent):void {
    loadDateTime();
}
```

Die Funktion `completeHandler` weist die empfangenen Daten entsprechenden Variablen zu. Anschließend werden das Datum und die Zeit im Textfeld »ausgabe_txt« ausgegeben. Die Funktion `time-Handler`, die mithilfe des Timer-Objekts jede 30 Sekunden aufgerufen wird, sorgt dafür, dass die Zeit stetig neu ermittelt wird.

5 **Fehlerroutine erstellen**

Ergänzen Sie den Code um folgende Zeilen:

```
function securityErrorHandler(e:SecurityErrorEvent):
void {
    ausgabe_txt.text="Security-Fehler: Daten konnten
    nicht geladen werden.";
}
function ioErrorHandler(e:IOErrorEvent):void {
    ausgabe_txt.text="IO-Fehler: Daten konnten nicht
    geladen werden.";
}
init();
```

6 **Film testen**

Ergebnis der Übung:
*17_ZeitDatum_step02.fla auf der Bonus-Seite des Buches:
www.galileodesign.de/bonus-seite*

Die Funktionen `securityErrorHandler` und `ioErrorHandler` werden bei entsprechenden Fehlern aufgerufen und zeigen im Textfeld eine diesbezügliche Fehlermeldung an. In der letzten Zeile des Codes wird die Funktion `loadDateTime` einmalig aufgerufen, um den Prozess zu starten.

Laden Sie sowohl das PHP-Skript als auch den Flash-Film auf Ihren Webserver, und öffnen Sie den Flash-Film in einem Browser. Alternativ stellen Sie nur das PHP-Skript auf dem Webserver bereit; Sie müssten die URL im Flash-Film dann jedoch anpassen. So können Sie den Film auch lokal über die Entwicklungsumgebung testen.

Abbildung 17.11 ▶
Ausgabe des Datums und der Zeit

step02.swf
Datei Ansicht Steuerelement Debuggen
10.07.2007, 12:24 Uhr

17.1.6 Daten von Flash an PHP senden und wieder empfangen

Mit Hilfe eines `URLLoader`-Objekts können Sie Daten an ein PHP-Skript senden und nach der serverseitigen Verarbeitung des Skripts auch wieder Daten empfangen. Grundsätzlich gibt es zwei verschiedene Methoden, um Daten an ein PHP-Skript zu senden.

Daten versenden über GET | Über die HTTP-Methode GET werden Daten per Query-String an die URL angehängt. Sie haben das bereits kennengelernt, wenn Sie das clientseitige Zwischenspeichern von Daten mit Hilfe eines Zeitstempels verhindern. Angenommen, die Variable vorname mit dem Wert Max und die Variable nachname mit dem Wert Mustermann sollen per GET an ein PHP-Skript *sendForm.php* übergeben werden, so wird der Query-String "?vorname=Max&nachname=Mustermann" an die URL wie folgt angehängt:

```
"sendForm.php?vorname=Max&nachname=Mustermann"
```

Der Anfang einer entsprechenden GET-Anfrage eines Clients an den Server sieht ähnlich aus:

```
GET /..../sendForm.php?vorname=Max&nachname=Muster-
mann HTTP /1.1
```

Da die zulässige Zeichenlänge einer URL grundsätzlich limitiert ist, ist die GET-Methode nur in seltenen Fällen zu bevorzugen.

In PHP ab Version 4.1.0 können Sie Variablen und deren Werte, die an das Skript übergeben werden, über sogenannte superglobale Arrays referenzieren. Sie sollten diese Methode, die im Folgenden erläutert wird, bevorzugt einsetzen. Die Referenzierung über supergsuperglobale Arrays ist im Vergleich zur direkten Referenzierung (register_globals) sicherer.

Sollte die Einstellung register_globals aktiviert sein, können vom Benutzer übertragene Variablen deutlich leichter in den PHP-Code injiziert werden, da der Benutzer beliebige Variablen an das PHP-Skript übergeben kann, die eventuell intern im Skript eigentlich für andere Zwecke verwendet werden. Durch die Deaktivierung von register_globals und den Einsatz von superglobalen Arrays isolieren Sie die intern im Skript genutzten Variablen effektiv von den übergebenen Benutzervariablen.

Um die Werte der Variablen vorname und nachname aus einem superglobalen Array in PHP auszulesen, könnten Sie folgende Anweisungen nutzen:

```php
<?php
    $vorname = $_GET['vorname'];
    $nachname = $_GET['nachname'];
?>
```

In diesem Fall wird davon ausgegangen, dass die Variablen über die GET-Methode übertragen wurden.

Query-String

Der Name ist Programm. Über Query-Strings (GET) können Sie ausschließlich Strings (Zeichenketten) übertragen. Andere Datentypen, wie Dateien, lassen sich nicht per GET übermitteln.

register_globals

Bei einigen Webservern ist die PHP-Einstellung register_globals standardmäßig eingeschaltet. Über phpinfo können Sie feststellen, ob die Einstellung auf Ihrem Webserver aktiviert ist. Sollte sie aktiviert sein, können Daten, die per GET oder POST übertragen wurden, direkt über ihren Variablennamen angesprochen werden:

```php
<?php
echo $myname;
?>
```

statt

```php
<?php
echo $_GET['myname'];
?>
```

Die Einstellung bringt jedoch einige potentielle Sicherheitsprobleme mit sich – deaktivieren Sie die Option, falls möglich, und nutzen Sie vorzugsweise superglobale Arrays zur Referenzierung.

Viele Webserver, die PHP einsetzen, basieren auf einem UNIX- oder einem verwandten Betriebssystem, wie z. B. Linux. Wenn Sie mit PHP arbeiten, müssen Sie gegebenenfalls die Dateirechte der Skripte und der Verzeichnisse anpassen, zum Beispiel, wenn Sie über PHP eine Datei auf dem Server schreiben möchten.

Wenn Sie ein PHP-Skript über FTP auf Ihren Webserver laden, wird dem PHP-Skript der genutzte FTP-Account als Eigentümer der Datei zugewiesen. Zusätzlich wird der Datei eine Gruppe, in der sich der FTP-Account befindet, zugewiesen. Jede Datei gehört so zu einem Systembenutzer und zu einer Systemgruppe.

Grundsätzlich können Sie jeder Datei und jedem Verzeichnis bestimmte Rechte zuweisen, nämlich »Lesen«, »Schreiben« und »Ausführen«. Diese Rechte können Sie für den Besitzer, die Gruppe oder für alle anderen explizit festlegen. Berechtigungen werden als Ziffern angegeben. Dabei gilt:

1 = Ausführen
2 = Schreiben
4 = Lesen

Wenn der Eigentümer z. B. alle Rechte besitzen soll, würde das zur Abfolge 1 + 2 + 4 = 7 führen. Analog dazu werden für die Gruppe und die anderen Benutzer ebenfalls Rechte vergeben, so dass eine dreistellige Zahl entsteht. Der Zahlenabfolge wird immer eine 0 vorangestellt.

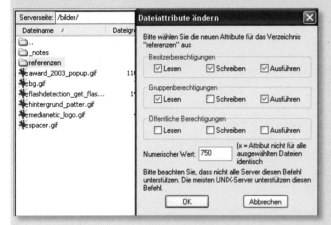

◄ **Abbildung 17.12**
Dateirechte zuweisen im FTP-Client FileZilla

Die Abfolge 0744 bedeutet z. B., dass der Eigentümer vollen Zugriff hat und alle anderen nur über einen Lesezugriff verfügen. Übrigens unterstützen auch viele FTP-Clients diese Rechtevergabe. Über die Konsole ändern Sie Dateirechte über den Befehl chmod (z. B. chmod 0714 /verzeichnis).

Daten versenden über POST | Die Übertragung über die HTTP-Methode POST bietet gegenüber der GET-Methode zwei wesentliche Vorteile.

▶ Da die Daten nicht wie bei GET an die URL angehängt werden, ist die Datenmenge, die über POST übertragen werden kann, grundsätzlich nicht limitiert.

▶ Außerdem können über POST andere Daten, wie z. B. binäre Daten, übertragen werden. Das ist über Query-Strings (GET) nicht möglich.

Der Anfang einer POST-Anfrage von einem Client an einen Server sieht wie folgt aus:

```
POST /.../sendForm.php HTTP/1.1
Request-Method: POST
```

Um die Werte der Variablen `vorname` und `nachname` in PHP mit einer POST-Anfrage auszulesen, könnten Sie folgende Anweisungen nutzen:

```
<?php
    $vorname = $_POST['vorname'];
    $nachname = $_POST['nachname'];
?>
```

Daten senden und empfangen: URLVariables | Mit Hilfe eines Objekts der Klasse `URLVariables` definieren Sie Variablen, die an eine URL, z. B. ein serverseitiges Skript, gesendet bzw. übertragen werden. Dabei können Sie explizit über ein `URLRequest`-Objekt definieren, ob die Anfrage per GET oder POST durchgeführt werden soll.

Um z. B. die Variablen `vorname` und `nachname` und entsprechende Werte an ein PHP-Skript *sendForm.php* explizit per POST zu übertragen, könnten Sie folgende Anweisung in Flash nutzen:

Standard ist POST
Standardmäßig und ohne explizite Angabe von Ihnen wird POST verwendet.

```
var myRequest:URLRequest = new URLRequest("http://
localhost/sendForm.php");
myRequest.method = URLRequestMethod.POST
var myLoader:URLLoader = new URLLoader();
var myVars:URLVariables = new URLVariables();
myVars.vorname = "John";
myVars.nachname = "Smith";
myRequest.data = myVars;
myLoader.load(myRequest);
```

Zunächst wird ein neues `URLRequest`-Objekt mit einer entsprechenden URL initialisiert. Der Eigenschaft `method` wird der Wert der statischen Klasseneigenschaft `URLRequestMethod.POST` zugewiesen. Wenn Sie Daten per GET übertragen möchten, müssen Sie der Eigenschaft den Wert `URLRequestMethod.GET` zuweisen.

Etwas später wird dann ein `URLVariables`-Objekt initialisiert. Dem Objekt werden Eigenschaften `vorname` und `nachname` zugewiesen und entsprechende Werte. Das Objekt wird dann der Eigenschaft `data` des `URLRequest`-Objekts zugewiesen. Zum Schluss initiiert die Methode `load` des `URLLoader`-Objekts die Übertragung.

[!] Die Eigenschaft data
Sowohl das `URLLoader`-Objekt als auch das `URLRequest`-Objekt besitzen die Eigenschaft `data`, über die Sie Daten empfangen und versenden können. Wenn Sie Daten senden möchten, empfehle ich, dazu die `data`-Eigenschaft des `URLRequest`-Objekts zu verwenden. In dem kommenden Formular-Beispiel kommt es zu einem Fehler (#2101), wenn versucht wird, Daten über die `data`-Eigenschaft des `URLLoader`-Objekts zu versenden.

URLVariables ist eine dynamische Klasse

In ActionScript 3 gibt es nur noch wenige dynamische Klassen. Dynamische Klassen sind Klassen, denen Sie zur Laufzeit Eigenschaften und Methoden zuweisen können. Neben der `URLVariables`-Klasse ist auch die `MovieClip`-Klasse (noch) ein dynamische Klasse.

Daten aus Flash sind immer UTF8-kodiert

Daten, die Sie an ein serverseitiges Skript von Flash aus übergeben, sind immer UTF8-kodiert. Das ist in der Regel kein Problem, da inzwischen viele Anwendungen auf UTF8-kodierten Zeichen basieren. Sollten Sie jedoch einmal Probleme damit haben, können Sie die empfangenen Zeichen mit `utf8_decode()` in PHP dekodieren.

Bisher wurden nur Daten an das Skript übertragen. Wenn Sie zusätzlich Daten empfangen möchten, müssen Sie den Code wie folgt abändern (Änderungen sind fett gedruckt):

```
var myRequest:URLRequest = new URLRequest("http://
localhost/sendForm.php");
myRequest.method = URLRequestMethod.POST
var myLoader:URLLoader = new URLLoader();
myLoader.dataFormat = URLLoaderDataFormat.VARIABLES;
var myVars:URLVariables = new URLVariables();
myVars.vorname = "John";
myVars.nachname = "Smith";
myRequest.data = myVars;
myLoader.load(myRequest);
myLoader.addEventListener(Event.COMPLETE,completeHandler)
function completeHandler(e:Event) {
    trace(e.target.data);
}
```

Wie gewohnt können Sie über einen Ereignis-Listener, der auf das Ereignis `Event.COMPLETE` reagiert, auf die empfangenen Daten zugreifen.

17.1.7 Ein Kontaktformular erstellen

Eine klassische Anwendung, in der Daten sowohl an ein PHP-Skript gesendet als auch Daten vom PHP-Skript empfangen werden, ist ein Kontaktformular. Bevor Sie jedoch die eingegebenen Daten an das PHP-Skript senden, sollten Sie die Daten überprüfen. Sonst kann es passieren, dass Sie Mails mit Spaßeinträgen oder fehlenden notwendigen Informationen erhalten.

HTTP-POST-/GET-Request kontrollieren

Um zur Laufzeit nachzuvollziehen, welche Daten per POST oder GET vom Client an den Server gesendet werden und vice versa, können Sie einen sogenannten Network Protocol Analyzer verwenden, wie z. B. Wireshark. Wireshark ist für Windows, Linux und Mac OS frei erhältlich unter *http://www.wireshark.org/*.
Um die Datenübertragung zu verfolgen, gehen Sie wie folgt vor: Öffnen Sie das Programm, und klicken Sie auf den Menüpunkt CAPTURE • OPTIONS. Unter INTERFACE sollten Sie die Netzwerkkarte auswählen, die Sie für den Internetzugang verwenden. Grundsätzlich zeichnet Wireshark den gesamten Datenverkehr auf. Für POST- und GET-Anfragen benötigen Sie jedoch nur die Daten, die per HTTP ausgetauscht werden. Klicken Sie auf die Schaltfläche CAPTURE FILTER ❶, und wählen Sie HTTP TCP PORT 80 aus. Klicken Sie auf die Schaltfläche START, um die Aufzeichnung zu beginnen. Jetzt können Sie beispielsweise ein Formular mit dem Browser öffnen und Daten eingeben und versenden. Danach sollten Sie den Aufzeichnungsmodus über CAPTURE • STOP ❷ wieder stoppen. Suchen Sie in der Liste nach der verwendeten URL und nach GET-/POST-Anfragen.

HTTP-POST-/GET-Request kontrollieren

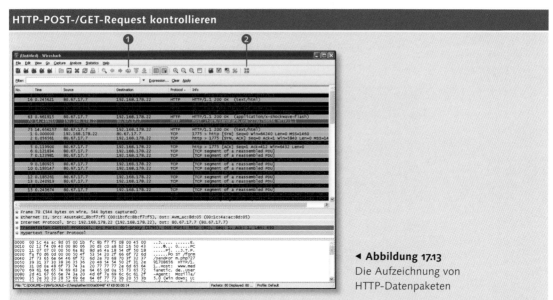

◀ **Abbildung 17.13**
Die Aufzeichnung von
HTTP-Datenpaketen

Klicken Sie mit der rechten Maustaste auf den Eintrag, und wählen Sie den Menüpunkt FOLLOW TCP STREAM. Sie sehen dann sowohl die Daten, die an das serverseitige Skript ❸ übergeben wurden, als auch die Daten, die vom Server an den Client geschickt wurden ❹.

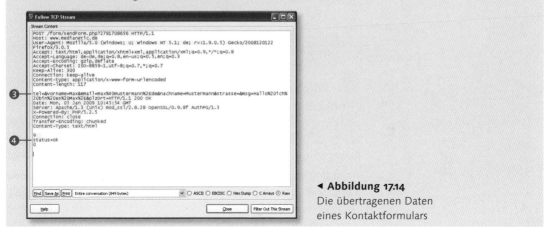

◀ **Abbildung 17.14**
Die übertragenen Daten
eines Kontaktformulars

Schritt für Schritt: Kontaktformular: Eingabe überprüfen und zurücksetzen

In diesem Workshop lernen Sie eine einfache Methode, um die Eingabedaten eines Kontaktformulars clientseitig zu überprüfen.

 *18\Formular\formular01.fla*

1 Film öffnen

Öffnen Sie den Flash-Film *17\Formular\formular01.fla*. In dem Flash-Film wurden bereits einige Eingabetextfelder angelegt, die in Movieclips verschachtelt wurden. Darüber hinaus gibt es ein

Abbildung 17.15 ▼

Das Formular in der Arbeitsumgebung von Flash

dynamisches Textfeld »status_txt«, das gegebenenfalls eine Fehlermeldung ausgibt oder auf den erfolgreichen Versand hinweist.
Zwei Button-Komponenten mit den Instanznamen »reset_mc«
und »send_mc« wurden ebenfalls bereits angelegt.

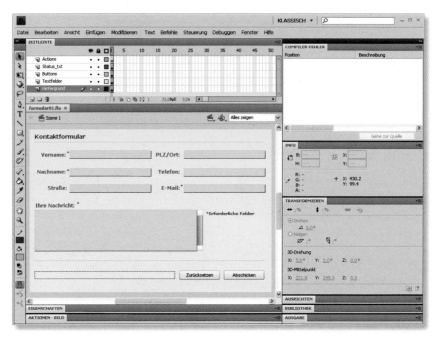

2 Eingabe überprüfen

Per Mausklick auf den Button »send_mc« soll zunächst überprüft
werden, ob die Textfelder für den Vornamen, den Nachnamen,
die E-Mail-Adresse und die Nachricht nicht leer sind. Diese Felder
sind Pflichtfelder und müssen ausgefüllt sein.

Ergänzen Sie den Code im ersten Schlüsselbild auf der Ebene
»Actions« dazu wie folgt:

```
1:    function checkForm(e:MouseEvent):void {
2:        if (vornameBG_mc.input_txt.
          text!=""&&nachnameBG_mc.input_
          txt.text!=""&&msgBG_mc.input_txt.
          text!=""&&emailBG_mc.input_txt.text!="") {
3:            status_txt.text = "";
4:            checkAdress();
5:        } else {
6:            status_txt.text="Bitte füllen Sie alle
              erforderlichen Felder aus.";
7:        }
8:    }
```

Zeile 2 überprüft zunächst, ob Eingaben in den Pflichtfeldern vorgenommen wurden. Wurden alle Eingabefelder ausgefüllt, wird anschließend die Funktion checkAdress aufgerufen. Diese testet dann die E-Mail-Adresse auf ein gültiges Format. Sollte eines der Felder nicht ausgefüllt sein, wird in Zeile 6 eine entsprechende Fehlermeldung im Textfeld »status_txt« ausgegeben.

3 E-Mail-Adresse prüfen

Ergänzen Sie den Code um folgende Zeilen:

```
1:    function checkAdress():void {
2:        var myRegExp:RegExp=/^[a-z][\w.-]+@\
          w[\w.-]+\.[\w.-]*[a-z][a-z]$/i;
3:        if (myRegExp.test(emailBG_mc.input_txt.text)) {
4:            status_txt.text = "";
5:            sendForm();
6:        } else {
7:            status_txt.text="Bitte geben Sie eine
              gültige E-Mail-Adresse an.";
8:        }
9:    }
```

▲ **Abbildung 17.16**
Unten links erscheint am Ende eine Fehlermeldung, weil die eingegebene Adresse der Prüfung nicht standgehalten hat.

Die Funktion checkAdress überprüft die E-Mail-Adresse auf ein gültiges Format. In jeder E-Mail-Adresse muss beispielsweise ein @-Zeichen vorkommen. Für den Test wird ein regulärer Ausdruck verwendet. Näheres zu regulären Ausdrücken erfahren Sie in Kapitel 16, »Dynamischer Text«. Über die Methode test wird der Inhalt des Textfeldes mit Hilfe des regulären Ausdrucks überprüft. Sollte das Format gültig sein, wird in Zeile 5 die Funktion sendForm aufgerufen. Andernfalls wird eine entsprechende Fehlermeldung in Zeile 7 ausgegeben.

4 Textfelder zurücksetzen

Per Mausklick auf die Button-Komponente mit dem Instanznamen »reset_mc« soll der Text der Textfelder zurückgesetzt werden. Ergänzen Sie den Code dazu wie folgt:

```
1:    function resetForm(e:MouseEvent):void {
2:      for (var i:uint = 0; i<textBG_arr.length; i++) {
3:          var aktBG:MovieClip = textBG_arr[i];
4:          aktBG.input_txt.text = "";
5:      }
6:      status_txt.text = "";
7:    }
```

Das Array `textBG_arr` besitzt Referenzen auf die Movieclips, die Textfelder enthalten. Mit Hilfe einer `for`-Schleife wird dann jeder Movieclip referenziert und der Inhalt des jeweiligen Textfeldes anschließend zurückgesetzt. Falls vorher eine Fehlermeldung angezeigt wurde, wird auch diese in Zeile 6 entfernt.

5 Aktionen vervollständigen

Damit das Beispiel bis hierhin eigenständig lauffähig ist, müssen Sie noch einige Code-Zeilen einfügen:

```
1:   function init():void {
2:       for(var i:uint = 0;i<textBG_arr.length;i++) {
3:           var aktBG:MovieClip = textBG_arr[i];
4:           aktBG.input_txt.addEventListener
             (FocusEvent.FOCUS_IN,focusInHandler);
5:           aktBG.input_txt.
             addEventListener(FocusEvent.FOCUS_OUT,
             focusOutHandler);
6:       }
7:       reset_mc.addEventListener(MouseEvent.CLICK,
         resetForm);
8:       send_mc.addEventListener(MouseEvent.CLICK,
         checkForm);
9:   }
10:  function focusInHandler(e:FocusEvent):void {
11:      e.target.parent.gotoAndPlay(2);
12:  }
13:  function focusOutHandler(e:FocusEvent):void {
14:      e.target.parent.gotoAndStop(1);
15:  }
16:  function sendForm():void {
17:  }
18:  var sentState:Boolean = false;
19:  var textBG_arr:Array = new Array(vornameBG_mc,
     nachnameBG_mc, strasseBG_mc, plzOrtBG_mc, telBG_
     mc, emailBG_mc, msgBG_mc);
20:  init();
```

Die Funktion `init` sorgt dafür, dass die Textfelder hevorgehoben werden, wenn die Eingabe aktiviert wird. Dazu dienen die Ereignisprozeduren `focusInHandler` und `focusOutHandler` (Zeile 10–15).

Außerdem werden Ereignis-Listener für die beiden Buttons definiert (Zeile 7, 8). Zeile 16 definiert eine Funktion ohne Code, sendForm, die im nachfolgenden Workshop weiter behandelt wird.

In Zeile 18 wird eine Variable sentState definiert, die angibt, ob das Formular schon einmal verschickt wurde (true) oder nicht (false). In Zeile 19 wird ein Array erstellt, das die Instanznamen der Textfelder enthält. Abschließend wird in Zeile 18 die Funktion init aufgerufen.

6 Film testen

Testen Sie den Film über $\boxed{Strg}$/$\boxed{⌘}$+$\boxed{↵}$, und probieren Sie ruhig ein paar ungültige Eingaben aus. Es sollte dann eine entsprechende Fehlermeldung ausgegeben werden.

17\Formular\formular02.fla

◄ **Abbildung 17.17**
Die E-Mail-Adresse ist ungültig.

Grundsätzlich sollten Sie Daten, die an ein serverseitiges Skript übergeben werden, vor der Übergabe prüfen. Dies haben Sie nun kennengelernt. Nachdem die Daten überprüft wurden, werden sie an ein serverseitiges Skript zur Weiterverarbeitung übergeben. Dies erläutert der folgende Workshop.

Schritt für Schritt: Kontaktformular: Kontaktdaten an PHP-Skript senden

In diesem Workshop erfahren Sie, wie Sie Eingabedaten eines Kontaktformulars an ein PHP-Skript übertragen.

1 Film öffnen

Öffnen Sie den Flash-Film *18\Formular\formular02.fla*.

2 Daten referenzieren und versenden

Die eingegebenen Daten werden über ein URLLoader-Objekt per POST an das PHP-Skript *sendForm.php* übergeben. Ergänzen Sie den vorhanden Code dazu um folgende Zeilen (beachten Sie, dass die Funktion sendForm bereits definiert wurde; Sie müssen die Funktion entsprechend ersetzen):

```
1:   function sendForm():void{
2:       if(sentState == false) {
3:           var myLoader:URLLoader = new URLLoader();
4:           myLoader.dataFormat = URLLoaderDataFormat.
             VARIABLES;
5:           var myDate:Date = new Date();
6:           var timestamp:uint = myDate.getTime();
7:           var myVars:URLVariables = new
             URLVariables();
8:           myVars.vorname = vornameBG_mc.input_txt.
             text;
9:           myVars.nachname = nachnameBG_mc.input_txt.
             text;
10:          myVars.strasse = strasseBG_mc.input_txt.
             text;
11:          myVars.plzOrt = plzOrtBG_mc.input_txt.text;
12:          myVars.tel = telBG_mc.input_txt.text;
13:          myVars.email = emailBG_mc.input_txt.text;
14:          myVars.msg = msgBG_mc.input_txt.text;
15:          var myRequest:URLRequest = new URLRequest
             ("http://www.ihreDomain.de/sendForm.php?"
             +timestamp);
16:          myRequest.method = URLRequestMethod.POST;
17:          myRequest.data = myVars;
18:          myLoader.load(myRequest);
19:          myLoader.addEventListener(Event.
             COMPLETE,formSubmitted);
20:          myLoader.addEventListener(SecurityError-
             Event.SECURITY_ERROR,securityErrorHandler);
21:          myLoader.addEventListener(IOErrorEvent.
             IO_ERROR,ioErrorHandler);
22:      } else {
23:          status_txt.text = "Ich habe Ihre Anfrage
             bereits erhalten.";
24:      }
25:   }
```

▲ Abbildung 17.18
Unten links erscheint ebenfalls eine Fehlermeldung, wenn das Formular bereits abgesendet wurde.

Wenn die Funktion sendForm aufgerufen wurde, wird über den Wert der Variablen sentState geprüft, ob die Daten vorher schon einmal übertragen wurden. Sollte der Nutzer bereits Daten verschickt haben, wird ein Hinweis (Zeile 23) ausgegeben, und die Daten werden nicht versandt. Andernfalls werden ein URLLoader-Objekt, ein URLRequest-Objekt und ein URLVariables-Objekt definiert. Dem URLVariables-Objekt werden in den Zeilen 8–14 Eigenschaften und Werte zugewiesen. Die Werte entsprechen den Inhalten der Textfelder. Der Eigenschaft data des URLRequest-Objekts weist Zeile 17 das URLVariables-Objekt zu.

Anschließend wird die Übertragung mit der Methode load gestartet (Zeile 18), und notwendige Ereignis-Listener werden registriert (Zeile 19 bis 21).

Wenn der Vorgang erfolgreich durchgeführt wurde, wird die Funktion formSubmitted aufgerufen. Sollte der Vorgang fehlgeschlagen sein, soll eine Fehlermeldung ausgegeben werden.

Ergänzen Sie den Code dafür um folgende Zeilen.

```
function securityErrorHandler(e:SecurityErrorEvent):
void {
    status_txt.text = "Fehler: Das Formular wurde
    nicht versandt!";
}
function ioErrorHandler(e:IOErrorEvent):void {
    status_txt.text="Fehler: Das Formular wurde nicht
    versandt!";
}
function formSubmitted(e:Event):void {
    resetForm(null);
    status_txt.text = "Danke! Ihre Anfrage wurde
    versandt.";
    sentState = true;
}
```

Die Funktion formSubmitted wird aufgerufen, wenn die Daten erfolgreich übertragen wurden. Die Textfelder werden durch Aufruf der Funktion resetForm zurückgesetzt, und eine entsprechende Erfolgsmeldung wird ausgegeben. Beachten Sie, dass das Argument null an die Funktion übergeben werden muss, da die Funktion einen Wert vom Datentyp MouseEvent erwartet. Der Datentyp ist hier nicht notwendig, null ist deshalb ausreichend.

Damit die Daten nicht noch einmal verschickt werden, weisen wir der Variablen sendState dann den Wert true zu.

3 Film testen

Damit ist die Übertragung der Daten von Flash an das PHP-Skript vorbereitet.

Ergebnis der Übung:
17\Formular\formular03.fla

Sie haben jetzt gelernt, wie Sie Daten eines Formulars von Flash an ein serverseitiges Skript übergeben. Im folgenden Workshop wird erläutert, wie Sie die Daten dann serverseitig weiterverarbeiten, um sie per E-Mail zu verschicken.

Beachten Sie, dass das Skript auf einem lokalen Webserver nur funktioniert, wenn ein entsprechender Mailserver eingerichtet ist. In XAMPP funktioniert das Skript deshalb standardmäßig nicht – laden Sie es im Zweifelsfall auf einen Live-Webserver hoch, um es zu testen. ■

Schritt für Schritt: Kontaktformular: PHP-Skript für den Mailversand erstellen

Dieser Workshop zeigt, wie Sie ein PHP-Skript zum Versand einer E-Mail erstellen können.

1 **PHP-Skript erstellen**

Erstellen Sie mit einem beliebigen Editor ein neues PHP-Skript, und speichern Sie es in das Verzeichnis, in dem der Flash-Film liegt, unter *sendForm_original.php* ab.

2 **Variablen überprüfen und E-Mail-Adresse angeben**

Fügen Sie zunächst folgenden Code ein:

```
1:   <?php
2:   if(isset($_POST['vorname']) &&
3:      isset($_POST['nachname']) &&
4:      isset($_POST['email']) &&
5:      isset($_POST['msg'])) {
6:   $vorname = utf8_decode($_POST['vorname']);
7:   $nachname = utf8_decode($_POST['nachname']);
8:   $strasse = utf8_decode($_POST['strasse']);
9:   $plzOrt = utf8_decode($_POST['plzOrt']);
10:  $tel = utf8_decode($_POST['tel']);
11:  $email = utf8_decode($_POST['email']);
12:  $msg = utf8_decode($_POST['msg']);
13:  $meineAdresse = "mail@meineDomain.de";
15:  $subject="Anfrage von $vorname, $nachname";
16:  $msg = str_replace("\r","\n",$msg);
```

Zunächst wird geprüft, ob die Pflichtangaben in den Feldern des superglobalen Arrays existieren (Zeile 2 bis 5). Dazu dient die Methode isset. Nur wenn das der Fall ist, wird der darauffolgende Code ausgeführt. Weisen Sie der Variablen in Zeile 13 Ihre E-Mail-Adresse zu, an die das Skript die Nachricht senden soll.

3 E-Mail-Versand

Ergänzen Sie den Code anschließend um folgende Zeilen:

```
1:    $myMessage = "Vorname: $vorname\n"."Nachname:
      $nachname\n"."Strasse: $strasse\n"."PLZ/Ort:
      $plzOrt\n"."Telefon: $tel\n"."E-Mail: $email\
      n"."Tel: $tel\n"."Nachricht:\n$msg\n";
2:    mail($meineAdresse,$subject,$myMessage,$header);
3:    echo "status=ok";
4:    }
5:    ?>
```

Die Methode `mail` sendet eine E-Mail mit den angegebenen Daten. Zum Schluss wird die Variable `status` mit dem Wert `ok` an den Flash-Film zurückgegeben.

4 Fertig!

Das Formular ist damit fertiggestellt. Bevor Sie es jedoch testen, sollten Sie noch die Hinweise zur Sicherheit auf den nächsten Seiten lesen und beachten.

◀ **Abbildung 17.19**
Die E-Mail wurde verschickt.

17.1.8   Sicherheit

Im bisherigen Skript wurden bereits einige sicherheitsrelevante Aspekte beachtet. So sollten Sie beispielsweise die E-Mail-Adresse, an die die Daten geschickt werden, nicht von Flash an das Skript übertragen. Die E-Mail-Adresse sollte, wenn möglich, im PHP-Skript selbst stehen. Ein möglicher Angreifer könnte sonst eventuell andere E-Mail-Adressen an das PHP-Skript übergeben, wodurch aus Ihrem Formular-Skript sehr schnell und einfach ein Skript zum Versenden von Spam-E-Mails an beliebige Adressen werden könnte.

Grundsätzlich sollte Ihnen bewusst sein, dass sowohl die Daten, die vom Client an den Server geschickt werden, als auch die Daten, die der Client vom Server zurückbekommt, standardmäßig unverschlüsselt sind. Es ist gar nicht schwierig, diese Daten zu ermitteln, da sie im Klartext übertragen werden.

E-Mail-Header-Injection | Die E-Mail-Header-Injection ist eine Technik, um E-Mail-Kopfzeilen an ein Versandskript zu übergeben. Ein E-Mail-Header besteht aus bestimmten zum Teil optionalen Zeilen, wie z. B. »From:«, »To:«, »Subject«. Darüber hinaus gibt es die optionalen Zeilen »Cc« und »Bcc«. »Cc« steht für »Carbon Copy« und »Bcc« für »Blind Carbon Copy«. Hinter dem Feld »Cc« werden E-Mail-Adressen angegeben, an die die E-Mail als Kopie geschickt werden soll. Diese E-Mail-Adressen sind für jeden Empfänger sichtbar. Im Feld »Bcc« werden E-Mail-Adressen angegeben, an die die E-Mail als unsichtbare Kopie geschickt werden soll. Diese Adressen sind für die Empfänger nicht sichtbar. Durch das Einschleusen eines veränderten E-Mail-Headers ist es möglich, aus einem PHP-Skript zum Versand einer E-Mail ein Skript zum Versenden von Spam-E-Mails zu machen.

Um E-Mail-Header-Injections zu verhindern, sollten Sie alle nicht erlaubten Zeichen sowie Header-Felder wie »Cc« und »Bcc« aus allen eingehenden Stringwerten entfernen. Dazu können Sie die Methode `preg_replace` nutzen. Am besten, Sie schreiben sich dafür eine Funktion, die einen String als Eingabe erwartet, den String bereinigt und ihn wieder zurückgibt. Dazu folgendes Beispiel.

```
function clearString($in) {
    $temp = $in;
    $temp = preg_replace("/[^a-z0-9 !?:;,.\/_\-=+@#$&
    \*\(\)]/im", "", $temp);
    $temp = preg_replace( "/(content-
    type:|bcc:|cc:|to:|from:)/im", "", $temp );
    return $temp;
}
```

Anschließend können Sie die empfangenen Daten an die Funktion übergeben und den zurückgegebenen Wert weiterverwenden:

Verschlüsselung mit HTTPS

Wie erwähnt, werden Daten vom Client zum Server standardmäßig unverschlüsselt übertragen. Eine Verschlüsselung ist grundsätzlich über HTTPS (Hypertext Transfer Protocol Secure) möglich. HTTPS ist HTTP ähnlich, wobei eine zusätzliche Verschlüsselung über SSL bzw. TLS stattfindet. Um HTTPS mit SSL nutzen zu können, benötigen Sie für Ihre Domain jedoch ein meist kostenpflichtiges digitales Zertifikat, das Ihre Domain gegenüber dem Client authentifiziert.

```
...
$msg = str_replace("\r","\n",$msg);
$msg = clearString($msg);
...
```

HTML und JavaScript-Tags entfernen | Zusätzlich sollten Sie HTML- und JavaScript-Tags aus jedem eingehenden Stringwert entfernen. HTML und besonders JavaScript-Code könnten eventuell im E-Mail-Client ausgeführt werden, um Sicherheitslücken des E-Mail-Clients auszunutzen und potentiell gefährlichen Code auszuführen. Um HTML- und JavaScript-Tags aus einem String zu entfernen, können Sie die Methode `strip_tags` verwenden. Die zuvor definierte Funktion wird einfach um eine weitere Zeile erweitert (Änderungen sind fett gedruckt):

```
function clearString($in) {
    $temp = $in;
    $temp = preg_replace("/[^a-z0-9 !?:;,.\/_\-=+@#$&
    \*\(\)]/im", "", $temp);
    $temp = preg_replace( "/(content-type:|bcc:|cc:
    |to:|from:)/im", "", $temp );
    $temp = strip_tags($temp);
    return $temp;
}
```

Sie haben jetzt zwei Methoden kennengelernt, die das unerwünschte Einschleusen von potentiell gefährlichen Daten verhindern. Im folgenden Workshop wird erläutert, wie Sie das bisherige PHP-Skript des Kontaktformulars entsprechend anpassen.

Schritt für Schritt: Kontaktformular: PHP-Skript mit Sicherheitsfunktionen versehen

In diesem Workshop geht es darum, das bisheriger PHP-Skript mit den erläuterten Sicherheitsfunktionen auszustatten, so dass übliche Angriffe, wie z. B. der Versand von Spammails über das Skript, verhindert werden.

17\Formular\sendForm_original.php

1 **PHP-Skript öffnen**
Öffnen Sie das PHP-Skript *PHP_MYSQL\Formular\sendForm_original.php*.

2 **Funktion definieren**
Fügen Sie hinter den Zeichen `<?php` folgenden Code ein:

```
function clearString($in) {
    $temp = $in;
    $temp = preg_replace("/[^a-z0-9 !?:;,.\/_\-=+@#$&
    \*\(\)]/im", "", $temp);
    $temp = preg_replace( "/(content-type:|bcc:|cc:
    |to:|from:)/im", "", $temp );
    $temp = strip_tags($temp);
    $temp = utf8_decode($temp);
    return $temp;
}
```

Die Funktion clearString erwartet einen String, entfernt potentiell gefährliche Zeichen, dekodiert die Zeichen über utf8_decode
und gibt den geänderten String an den Funktionsaufruf zurück.
Ändern Sie Zeile 14 bis 23 des Codes wie folgt:

```
14:    $vorname = clearString($_POST['vorname']);
15:    $nachname = clearString($_POST['nachname']);
16:    $strasse = clearString($_POST['strasse']);
17:    $plzOrt = clearString($_POST['plzOrt']);
18:    $tel = clearString($_POST['tel']);
19:    $email = clearString($_POST['email']);
20:    $msg = clearString($_POST['msg']);
21:    $meineAdresse = "mail@ihredomain.de";
22:    $subject="Anfrage von $vorname, $nachname";
23:    $msg = str_replace("\r","\n",clearString($msg));
```

Denken Sie daran, Ihre E-Mail-Adresse in Zeile 21 einzugeben.

Abbildung 17.20 ▶
Das Kontaktformular wurde
verschickt.

3 Fertig! Kontaktformular testen.

Speichern Sie das PHP-Skript unter *sendForm.php* ab. Achten Sie darauf, dass der Pfad im Flash-Film stimmt, und laden Sie dann das PHP-Skript, den Flash-Film und das HTML-Dokument, in dem der Flash-Film eingebettet ist, auf Ihren Server. Testen Sie jetzt das Kontaktformular. ■

17.1.9 PHP-Skripte testen und Fehlermeldungen

Je umfangreicher PHP-Skripte sind, desto leichter schleicht sich der eine oder andere logische Fehler oder Syntaxfehler ein. Grundsätzlich empfiehlt es sich, das PHP-Skript vor der Nutzung mit Flash separat zu testen. Dazu können Sie das Skript in Verwendung mit einem lokalen Webserver im Browser testen oder müssen es zunächst auf den Webserver hochladen und dann im Browser öffnen. Wenn das Skript Daten von Flash empfängt, können Sie diese Daten zunächst einfach simulieren, indem Sie testweise entsprechende Variablen und Werte definieren.

Angenommen, Sie wollen ein Formular-Skript mit verschiedenen Variablen testen. Normalerweise würden Sie den Variablen die entsprechenden Werte der superglobalen Arrays zuweisen, also zum Beispiel:

```php
$vorname = $_POST['vorname'];
```

Kommentieren Sie diese Stelle dann einfach aus, und weisen Sie der Variablen einen festen Wert zum Testen zu:

```php
// $vorname = $_POST['vorname'];
$vorname = "Jim";
```

So wird das Skript separat lauffähig. Sollte im Skript an einer anderen Stelle ein Fehler sein, wird Ihnen dieser Fehler im Browserfenster ausgegeben.

Erst wenn das Skript wie gewünscht funktioniert, sollten Sie die Änderungen zum Testen rückgängig machen und das Skript mit

Sicherheit
Nachdem Sie erste Tests fehlerfrei durchgeführt haben, empfiehlt es sich, verschiedene Eingaben zu simulieren und im gleichen Atemzug über potentielle Sicherheitslücken nachzudenken.

◀ **Abbildung 17.21**
Die Ausgabe weist auf einen Syntaxfehler hin.

Flash testen. Es können dann immer noch Fehler auftreten. Rückschlüsse auf isolierte Bereiche sind dann jedoch einfacher.

17.2 MySQL

[MySQL]
MySQL ist ein relationales Datenbankmanagementsystem. Es wurde ursprünglich von der schwedischen Firma MySQL AB entwickelt, die 2008 von Sun Microsystems übernommen wurde. MySQL wird frei unter der GPL-Lizenz (ohne Support) und kommerziell vertrieben und ist auf vielen Webservern vorinstalliert. Die offizielle Website zu MySQL finden Sie unter *http://www.mysql.com/*.

Es gibt eine Reihe von Datenbankmanagementsystemen, wie z. B. Microsoft SQL Server, Oracle Database, PostgreSQL. Im Folgenden wird MySQL vorgestellt, da MySQL sehr weit verbreitet ist und sich über PHP gut ansteuern lässt. Es ist gut geeignet, um einfache datenbankgestützte Anwendungen zu entwickeln.

Ein vermeintlicher Nachteil von MySQL ist, dass es standardmäßig ohne GUI (Graphical User Interface) ausgeliefert wird, was den Einstieg für viele Nutzer nicht einfach macht.

MySQL wird standardmäßig über Befehlszeilen mit Hilfe der Programmiersprache SQL (Structured Query Language) über eine Konsole administriert. Glücklicherweise gibt es jedoch einige frei verfügbare GUIs, die es auch Einsteigern ermöglichen, die vielen Funktionen von MySQL zu nutzen.

MySQL GUI Tools | Sun Microsystems bietet das Paket MySQL GUI Tools mit verschiedenen Anwendungen zur Verwaltung von MySQL-Datenbanken an. Die Software können Sie für Windows, Mac OS und Linux unter *http://dev.mysql.com/downloads/gui-tools/5.0.html* herunterladen. Das Paket enthält unter anderem:

▶ **MySQL Administrator**: Mit diesem Tool lassen sich MySQL-Datenbanken verwalten. So können Sie z. B. Benutzer anlegen, Backups erstellen sowie Statistiken und Informationen über den Server einsehen.

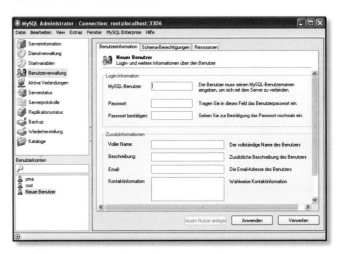

Abbildung 17.22 ▶
MySQL Administrator: einen neuen Benutzer anlegen

▶ **MySQL Query Browser**: Über den MySQL Query Browser können Sie SQL-Anweisungen per Mausklick erstellen und ausführen. Das Ergebnis der Anweisung wird anschließend angezeigt.

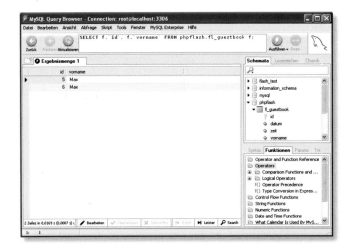

◀ Abbildung 17.23
MySQL Query Browser

17.2.1 phpMyAdmin

Weit verbreitet ist phpMyAdmin, ein freies, auf PHP basierendes GUI zur Administration von MySQL-Datenbanken. phpMyAdmin ist auf vielen Webservern, gerade bei größeren Providern, meist standardmäßig vorinstalliert. Auf den folgenden Seiten nutzen wir phpMyAdmin zur Verwaltung von MySQL-Datenbanken.

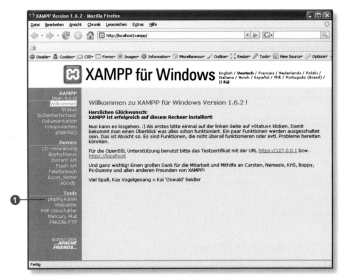

▲ Abbildung 17.24
Unter XAMPP für Windows ist phpMyAdmin direkt über das Menü ❶ erreichbar.

phpMyAdmin

Wenn Sie feststellen möchten, ob phpMyAdmin auf Ihrem Webserver installiert ist, sollten Sie die Benutzer-/Serverdaten Ihres Providers prüfen oder Ihren Provider fragen. Falls phpMyAdmin nicht installiert ist, können Sie es auch selbst installieren, wenn Ihr Webserver PHP und MySQL unterstützt. Die offizielle Website zu phpMyAdmin finden Sie unter *http://www.phpmyadmin.net*.

Rechte zur Erstellung

Bei vielen Providern wird Ihnen, je nach Tarif, nur eine begrenzte Zahl von Datenbanken zur Verfügung stehen. Oft ist auch nur eine einzige Datenbank erlaubt. Sie können diesen Absatz in diesem Fall überspringen, da Sie dann keine Rechte zu Erstellung einer eigenen Datenbank besitzen. Verwenden Sie stattdessen die bereits eingerichtete Datenbank.

▲ **Abbildung 17.25**
Keine Rechte zur Erstellung einer
Datenbank

17.2.2 Datenbank erstellen

Der erste Schritt, um mit MySQL zu arbeiten, ist das Erstellen
einer Datenbank. Öffnen Sie zunächst phpMyAdmin im Browser,
und klicken Sie auf DATENBANKEN ❷, um eine Übersicht der
bereits erstellten Datenbanken zu erhalten.

Abbildung 17.26 ▶
Startbildschirm von phpMyAdmin

Kollation

Durch die Kollation werden der
Zeichensatz und die Sortierungsreihenfolge beeinflusst. Für deutsche Texte mit Umlauten empfiehlt sich die Einstellung
LATIN1_GERMAN1_CI.
Danach werden Umlaute wie folgt
sortiert:
Ä → A
Ö → O
ß → s
…

[!] Lokaler Webserver

Bevor Sie in XAMPP mit phpMy-
Admin arbeiten können, müssen
Sie zunächst gegebenenfalls im
XAMPP Control Panel das Modul
MySQL starten. Sie erreichen ph-
pMyAdmin dann direkt unter
http://localhost/phpmyadmin/.

Geben Sie im ersten Eingabefeld den Namen der Datenbank ein
(z. B. »flash_test«) ein, und stellen Sie den Wert im Feld KOLLA-
TION ❸ auf LATIN1_GERMAN1_CI. Klicken Sie auf die Schaltfläche
ANLEGEN ❹, um die Datenbank zu erstellen.

▲ **Abbildung 17.27**
Neue Datenbank anlegen

17.2.3 Datenbanktabelle erstellen

Nachdem Sie eine Datenbank erstellt haben, wählen Sie sie auf
der linken Seite des Browserfensters aus ❺. Sollte die Datenbank
noch leer sein, richten Sie im sich anschließend öffnenden Fenster eine neue Datenbanktabelle ein.

Geben Sie im Feld NAME ➏ einen eindeutigen Bezeichner für die Tabelle und im Feld ANZAHL DER FELDER ➐ die Anzahl der Spalten ein. Klicken Sie auf OK, um eine entsprechende Tabelle zu erstellen.

▲ **Abbildung 17.29**
Tabelle erstellen

▲ **Abbildung 17.28**
Datenbank auswählen

Hinweis
Wenn Sie eine andere Version von phpMyAdmin einsetzen, unterscheiden sich Bedienfelder Ihrer phpMyAdmin-Version von den hier angegebenen Erläuterungen eventuell marginal.

17.2.4 Tabellenspalten definieren

◄ **Abbildung 17.30**
Tabellenspalten definieren

Im darauffolgenden Fenster stehen Ihnen einige Einstellungen für die Tabellenfelder zur Verfügung. Die wichtigsten Einstellungen sind:

▶ FELD: Geben Sie hier den Bezeichner des Feldes bzw. der Tabellenspalte ein, z. B. id, vorname oder nachname.

▶ TYP: Unter TYP wählen Sie den Datentyp des Feldes.

▶ LÄNGE/SET: In diesem Feld geben Sie die maximal zulässige Länge des Feldes ein, z. B. die Anzahl der Zeichen einer Zeichenkette.

▶ ATTRIBUTE: Gibt an, ob die angegebene Zahl mit Vorzeichen (UNSIGNED) und gegebenenfalls mit vorlaufenden Nullen formatiert wird.

▶ NULL: Bestimmt, ob in der Spalte Werte bei einem neuen Eintrag eingegeben werden müssen (NOT NULL) oder nicht (NULL, Standard).

▶ STANDARD: Hier können Sie einen Standardwert für das Feld eintragen, der verwendet wird, wenn ein neuer Eintrag eingegeben, das Feld jedoch nicht ausgefüllt wird.

▶ EXTRA: Wählen Sie AUTO_INCREMENT, wenn Sie das Feld als Zähler zur Indizierung verwenden möchten. Beim Einfügen eines neuen Datensatzes wird der Wert des letzten Datensatzes automatisch um 1 erhöht. Pro Tabelle können Sie nur einem Feld die Option AUTO_INCREMENT zuweisen.

Hinweis
Beachten Sie dabei, dass Felder mit Datentypen, die z. B. wenige Zeichen vorsehen, auch wenig Speicher benötigen und der Zugriff entsprechend schneller ist.

▶ PRIMÄRSCHLÜSSEL: Aktivieren Sie diese Option, um das Feld als eindeutig zu identifizieren. Ein Beispiel wäre eine ISBN-Nr. eines Buches, die einzigartig ist und das Buch eindeutig identifiziert. Sie können innerhalb einer Tabelle nur einen Primärschlüssel vorsehen.

17.2.5 Datentypen

Besonders wichtig ist die Einstellung des Datentyps. Die folgenden Tabellen zeigen Ihnen die wichtigsten Datentypen.

Datentyp	Anzahl der Zeichen
VARCHAR	Variable Zeichenkette mit bis zu 255 Zeichen. Es wird nur der Speicherplatz belegt, der zum Speichern der Zeichenkette notwendig ist.
CHAR	Eine Zeichenkette mit einer fest angegebenen Länge (maximal 255 Zeichen). Für CHAR-Felder werden immer n (je nach angegebener Länge) Bytes an Speicherplatz reserviert, auch wenn die Zeichenkette tatsächlich kürzer ist.
TEXT	bis zu 65.535 Zeichen
MEDIUMTEXT	bis zu 16.777.215 Zeichen

Tabelle 17.3 ▶
Datentypen für String

Datentyp	Format	Beispiel
DATE	JJJJ-MM-TT	2008-30-12
TIME	hh:mm:ss	20:10:14
DATETIME	JJJJ-MM-TT hh:mm:ss	2008-30-12 20:10:24
TIMESTAMP	JJJJMMTThhmmss	20083012201024
YEAR	JJJJ	2008

Tabelle 17.4 ▶
Datentypen für Datums- und Zeitangaben

Datentyp	Wertebereich (UNASSIGNED)
TINYINT	–127 bis 127
SMALLINT	–32.768 bis 32.767
MEDIUMINT	–8.388.608 bis 8.388.607
INT	–2.147.683.648 bis –.147.683.647
BIGINT	-2^{63} bis 2^{63}
FLOAT	Fließkommazahl, z. B. 2,567

Tabelle 17.5 ▶
Numerische Datentypen

17.2.6 Felder bearbeiten, löschen und hinzufügen

Nachdem Sie eine Tabelle angelegt haben, können Sie die Felder nachträglich bearbeiten, neue Felder hinzufügen oder Felder löschen. Wählen Sie dazu zunächst die Datenbank auf der linken Seite ❶ aus, und klicken Sie dann auf die Tabelle ❷.

Per Mausklick auf das Bearbeiten-Symbol ❸ können Sie Eigenschaften des Feldes bearbeiten. Mit einem Klick auf LÖSCHEN ❹ entfernen Sie das entsprechende Feld der Tabelle. Unterhalb der Tabelle sehen Sie die Option, ein Feld an einer bestimmten Position einzufügen. Wählen Sie die Position aus ❺, und klicken Sie anschließend auf OK ❻, um ein neues Feld zu erzeugen.

▼ **Abbildung 17.31**
Felder bearbeiten, löschen und hinzufügen

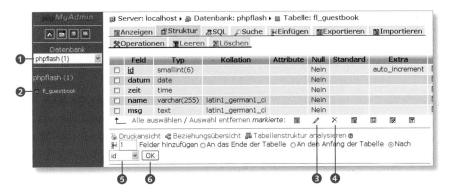

17.2.7 Datensätze einfügen

Um einen oder mehrere Datensätze in eine Datenbanktabelle einzufügen, wählen Sie zunächst die Tabelle aus und klicken dann im Menü auf EINFÜGEN ❼. Im folgenden Bereich weisen Sie den Tabellenfeldern im Bereich WERT dann entsprechende Werte zu. Nachdem Sie die Felder ausgefüllt haben, können Sie im unteren Bereich wählen, ob Sie, nachdem Sie den Eintrag mit einem Klick auf OK hinzugefügt haben, noch einen weiteren Eintrag einfügen möchten oder nicht ❽.

[Datensatz]
Ein Datensatz ist eine abgeschlossene Einheit innerhalb einer Datenbank. In der Regel besteht ein Datensatz aus mehreren Datenfeldern. Wenn die Datenbankstruktur einer Tabelle entspricht, dann entspricht ein Datensatz einer Tabellenzeile.

❼
Feld	Typ	Funktion	Null	Wert
id	smallint(6)			1
datum	date			2007-07-09
zeit	time			20:10
name	varchar(255)			johnny
msg	text			Meine Nachricht

Als neuen Datensatz speichern · und dann · zurück · ❽

OK · Zurücksetzen

⏻ Neues phpMyAdmin-Fenster

◀ **Abbildung 17.32**
Datensatz einfügen

Tabellen eines lokalen Web-servers auf einen Live-Server übertragen

Wenn Sie einen lokalen Webserver installiert, eine datenbankbasierte Anwendung geschrieben und getestet haben, möchten Sie die Daten einer lokalen Datenbank nach der Testphase auf einen Live-Server übertragen. Dazu müssen Sie die Tabelle auf dem lokalen Webserver zunächst exportieren und anschließend auf dem Live-Server importieren.

17.2.8 Tabellen exportieren

Gelegentlich möchte man Daten einer Tabelle im- oder exportieren, z. B. um eine Datensicherung durchzuführen oder Daten einer anderen Datenbank zu übernehmen. Um eine Tabelle zu exportieren, wählen Sie sie aus und klicken im oberen Bereich auf den Reiter EXPORTIEREN ❶.

▲ **Abbildung 17.33**
Tabelle exportieren

Im folgenden Bereich wählen Sie zunächst aus, in welches Format die Tabelle exportiert werden soll. Wenn Sie die Tabelle in eine andere MySQL-Datenbank übernehmen möchten, empfiehlt sich das Format SQL. Auf der rechten Seite bestimmen Sie, ob nur die STRUKTUR ❷ exportiert werden soll oder auch die DATEN ❸ der Tabelle.

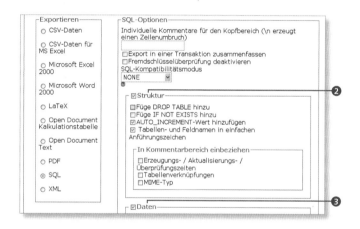

Abbildung 17.34 ▶
Export-Einstellungen

Tipp

Wenn Sie die Tabellenstruktur und die Daten der Tabelle von einem lokalen Webserver auf einen Live-Server übertragen möchten, sollten Sie an dieser Stelle die Option SENDEN aktivieren. Sie können dann anschließend die Datei für den Import-Vorgang auf dem Live-Server nutzen.

Wenn Sie die Tabelle im SQL-Format exportieren, können Sie im unteren Bereich wählen, ob die SQL-Anweisungen zur Erzeugung der Tabellenstruktur und gegebenenfalls die Inhalte im Plain-Text im Browser ausgegeben oder in einer Datei gespeichert werden sollen. Wenn Sie die Daten in einer Datei speichern wollen, aktivieren Sie das Optionsfeld SENDEN ❹.

▲ **Abbildung 17.35**
Export-Vorgang abschließen

Tabellenstruktur und -daten in eine neue Tabelle überneh-men | Sollten Sie eine Tabelle in das SQL-Format exportieren, können Sie die Datei mit der Erweiterung *.sql* mit einem belie-bigen Texteditor öffnen. Angenommen, Sie exportieren eine Tabelle »fl_data« und möchten zum Testen die Struktur und die Daten der Tabelle in eine neue Tabelle »fl_data2« übernehmen. Stellen Sie beim Exportieren sicher, dass unter DATEN die Opti-onen VOLLSTÄNDIGE ›INSERT‹S und ERWEITERTE ›INSERT‹S akti-viert sind. Stellen Sie als Export-Format SQL ein, und aktivieren Sie die Option SENDEN. Klicken Sie auf OK – Sie sollten jetzt die exportiere SQL-Datei erhalten.

Öffnen Sie sie mit einem Texteditor, der UTF-8 unterstützt, und verwenden Sie die Funktion Suchen & Ersetzen Ihres Editors, um nach dem String »fl_data« zu suchen, und ersetzen Sie ihn durch »fl_data2«, siehe Abbildung 17.34.

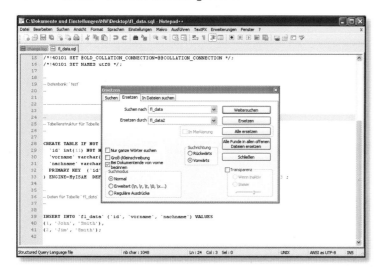

◄ **Abbildung 17.36**
Suchen & Ersetzen, hier mit Note-pad++ unter Windows

Speichern Sie die Datei anschließend unter einem neuen Datei-namen ab, und folgen Sie den Anweisungen des folgenden Ab-schnitts, um eine neue Tabelle »fl_data2« durch Importieren der SQL-Datei zu erzeugen.

17.2.9 Tabellen importieren

Um Tabellendaten zu importieren, wählen Sie die Datenbank aus, in die Sie die Daten importieren möchten, und klicken Sie anschließend im oberen Bereich auf IMPORTIEREN ❶ (siehe Abbil-dung 17.35). Benutzen Sie dann die Schaltfläche DURCHSUCHEN, um die Datei zum Importieren auszuwählen. Im unteren Bereich lässt sich das Dateiformat einstellen.

Abbildung 17.37 ▶
Tabelle importieren

Klicken Sie abschließend auf OK, um die Tabelle zu importieren.

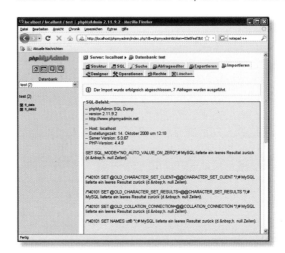

Abbildung 17.38 ▶
Der Importvorgang wurde erfolgreich abgeschlossen. Es wurde
eine neue Tabelle »fl_data2«
erzeugt.

17.3 PHP und MySQL im Team

Sie haben jetzt bereits die wichtigsten Funktionen kennengelernt, um Datenbanktabellen mit phpMyAdmin zu erzeugen. In diesem Abschnitt lernen Sie, wie Sie mittels PHP auf MySQL-Tabellen zugreifen, um Daten auszulesen, zu ändern und neue Datensätze zu erzeugen.

17.3.1 Datenbank-Log-in

Bevor Sie auf die Datensätze einer Datenbanktabelle zugreifen können, müssen Sie eine Verbindung zur Datenbank herstellen. Für einen Zugriff auf eine Datenbank benötigen Sie zunächst grundsätzlich folgende Daten:

▶ **Server**: Die Serveradresse, über die Sie den MySQL-Server ansprechen. In den meisten Fällen können Sie localhost verwenden. Einige Provider nutzen jedoch auch eine spezielle Adresse, wie z. B. *mysql.meineDomain.de*, oder auch eine versionsabhängige, z. B. *mysql4.meineDomain.de*. Konsultieren Sie gegebenenfalls Ihren Provider.

▶ **Log-in-Daten**: Für den Zugriff benötigen Sie sowohl einen Benutzernamen als auch ein Kennwort.

Da Sie diese Daten für jeden Zugriff benötigen, ist es sinnvoll, die Zugangsdaten in ein eigenes PHP-Skript auszulagern. Dazu könnten Sie z. B. ein PHP-Skript *dbdata.inc.php* mit folgendem Aufbau erstellen:

```php
<?php
    $server="localhost";
    $benutzer="db2642";
    $kennwort="6sfdzbhir";
?>
```

Wenn Sie PHP-Skripte in einem Verzeichnis *php* speichern, sollten Sie das PHP-Skript mit den Daten in einem Unterverzeichnis, z. B. *inc*, ablegen. Sie können dem Verzeichnis dann bestimmte Zugriffsrechte zuweisen, um den Zugang zu beschränken. Skripte, über die Sie auf die Datenbank zugreifen möchten, sollten das Skript mit den Zugangsdaten wie folgt integrieren:

Zugriffsrechte
Wie Sie Zugriffsrechte von Verzeichnissen und Dateien auf einem Apache Server über chmod steuern können, erfahren Sie in Abschnitt 17.1.6, »Daten von Flash an PHP senden und wieder empfangen«.

```php
include 'inc/dbdata.inc.php';
```

Sie können dann innerhalb des Skripts auf die Werte der Variablen $server, $benutzer, $kennwort zugreifen.

17.3.2 Datenbankverbindung herstellen

Nachdem Sie die Zugangsdaten vorbereitet haben, stellen Sie unter Angabe der Log-in-Daten über die Funktion mysql_connect eine Verbindung zur Datenbank her. Das folgende Beispiel zeigt die Vorgehensweise:

```php
<?php
include 'inc/dbdata.inc.php';
$conn = mysql_connect($server,$benutzer,$kennwort);
if (!$conn) {
    die("Verbindung konnte nicht hergestellt
    werden.");
}
?>
```

In diesem Fall wird eine Verbindung zur Datenbank hergestellt. Sollte die Verbindung nicht hergestellt werden, bricht die Funktion die die Ausführung des Skripts sofort ab. Es erscheint dann die Meldung, die als Argument an die Funktion übergeben wurde, in diesem Fall: »Verbindung konnte nicht hergestellt werden.«

Tabelle auswählen | Wenn die Verbindung erfolgreich war, können Sie über die Funktion `mysql_select_db` die Datenbank auswählen:

```php
<?php
...
$conn = mysql_connect($server,$benutzer,$kennwort);
$db = "phpflash";
$db_selected = mysql_select_db($db, $conn);
if(!$db_selected) {
    die("Datenbank konnte nicht ausgewählt werden.");
}
...
?>
```

Der Funktion werden zwei Argumente übergeben – der Name der Datenbank `$db` und eine Referenz auf die hergestellte Verbindung `$conn`. Auch hier wird geprüft, ob die Datenbank erfolgreich selektiert werden konnte. Andernfalls wird die Skriptausführung mit einer entsprechenden Fehlermeldung abgebrochen.

Datensätze auswählen: SELECT | Bevor Sie Datensätze ausgeben können, um sie z. B. an Flash zu übergeben, müssen Sie den Datensatz oder die gewünschten Datensätze auswählen. Dazu senden Sie über die Funktion `mysql_query` eine SQL-Abfrage (auch als Query bezeichnet) an die Datenbank. Der SQL-Befehl `SELECT` selektiert bestimmte Daten aus einer Tabelle. Die formelle Syntax des Befehls lautet:

```
SELECT spaltenname FROM tabelle [WHERE bedingung]
[LIMIT anzahl] [ORDER BY spaltenname Sortierungsrei-
henfolge (ASC | DESC)]
```

Dazu folgende Beispiele:
- Auswahl aller Felder der Tabelle `$table`:
  `$sql_query = "SELECT * FROM $table";`

- Auswahl der Felder `id`, `datum` der Tabelle `$table`:
  `$sql_query = "SELECT id,datum FROM $table";`

- Auswahl des Feldes `msg` der Tabelle $table des Datensatzes, in dem das Feld `id` den Wert 1 besitzt:
  `$sql_query = "SELECT msg FROM $table WHERE id=1";`

ORDER BY

Über die Option ASC oder DESC können Sie die Sortierungsreihenfolge festlegen. ASC steht für aufsteigend (A … Z, 0 … 9), DESC steht für absteigend (Z … A, 9 … 0). Beispiel:

```
SELECT * FROM $table ORDER
BY id DESC"
```

- Auswahl aller Felder, sortiert nach dem Feld `datum`:
  ```
  $sql_query = "SELECT * FROM $table ORDER BY
  datum";
  ```

- Auswahl der Felder von 0 bis 10, sortiert nach dem Feld `id`:
  ```
  $sql_query = "SELECT * FROM $table ORDER BY id
  LIMIT 0,10";
  ```

Wie Sie sehen, können Sie die Auswahl der Datensätze einer Tabelle durch verschiedene Kriterien einschränken. Nachdem Sie die Auswahl definiert haben, führen Sie die entsprechende SQL-Abfrage über die Funktion `mysql_query` aus:

```
...
$table = "fl_data";
$sql_query = "SELECT * FROM $table";
$result=mysql_query($sql_query,$conn);
if(!result) {
    die("Ungültige Abfrage");
}
...
```

Anzahl der zurückgegebenen Datensätze | Sollte die Abfrage gültig sein, können Sie über die Funktion `mysql_num_rows` die Anzahl der zurückgegebenen Datensätze ermitteln:

```
$num_rows = mysql_num_rows($result);
echo "$num_rows Einträge";
```

Datensätze in Array speichern | Über die Funktion `mysql_fetch_array` lassen sich die Datensätze in einem indizierten Array oder in einem assoziativen Array abbilden. Danach können Sie über das Array komfortabler auf die Daten zugreifen. Wenn die ersten beiden Spalten der Tabelle `id` und `datum` sind, würden Sie auf die Werte der Felder wie folgt zugreifen:

Indiziertes Array:

```
$sql_query = "SELECT * FROM $table";
    $result=mysql_query($sql_query,$conn);
    while($row=mysql_fetch_array($result,MYSQL_NUM)){
    echo "ID: $row[0]\n";
        echo "DATUM: $row[1]\n";
    }
```

SQL DISTINCT

Manchmal möchte man nur Datensätze anzeigen, die sich in einem bestimmten Feld unterscheiden. Zum Beispiel könnte eine Datenbanktabelle Informationen zu bestimmten Filialen eines Unternehmens enthalten. Eine Liste der Filialen soll erstellt werden. Es kann jedoch vorkommen, dass in der Tabelle Filialen mehrmals aufgeführt sind, z. B. weil in anderen Feldern noch andere Informationen gespeichert sind, die für die Ausgabe der Filialenliste jedoch nicht relevant sind. Möchten Sie nur die Filialen auflisten, verwenden Sie dazu die Anweisung DISTINCT. Dazu folgendes Beispiel:

```
SELECT ort DISTINCT ort FROM
Filialen
```

Die Anweisung würde zu zwei Ergebnissen führen: Berlin und München (jeweils nur einmal).

ort	umsatz	datum
Berlin	10000	01.01.2008
München	12400	04.01.2008
Berlin	5000	01.01.2009
München	13831	01.01.2009

▲ **Tabelle 17.6**
Tabelle Filialen

Assoziatives Array:

```
$sql_query = "SELECT * FROM $table";
$result=mysql_query($sql_query,$conn);
while ($row = mysql_fetch_array($result, MYSQL_
ASSOC)) {
    echo "ID: ".$row["id"]."\n";
    echo "DATUM: ".$row["datum"]."\n";
}
```

17.3.3 Daten an Flash übergeben

Nachdem die gewünschten Datensätze über ein indiziertes oder assoziatives Array referenziert wurden, besteht die nächste Aufgabe darin, die Daten an Flash zu übergeben. Die einfachste Methode, mehrere Datensätze an Flash zu übergeben, ist, die Datensätze zu einer Zeichenkette zu verbinden, die Sie dann per echo an Flash übermitteln. Leider funktioniert das nur mit Stringwerten und nicht mit Arrays.

Angenommen, Sie haben eine Tabelle mit den Feldern id, datum und msg, und Sie möchten alle Datensätze der Tabelle auslesen. Über eine while-Schleife lassen sich alle Datensätze nach und nach zeilenweise ermitteln. Zunächst wird eine Zählervariable $counter initialisiert (Zeile 1). Diese wird je Schleifen-Durchlauf um 1 (Zeile 13) erhöht und später an die jeweiligen Variablenbezeichner (Zeile 7, 9, 11, 12) angehängt, um jeden Datensatz eindeutig referenzieren zu können. Als Nächstes werden die Daten referenziert (Zeile 3 bis 5), und anschließend wird die Ausgabe generiert. Dazu wird jedem Feldwert ein eindeutiger Variablenname zugewiesen. Dieser setzt sich zusammen aus dem Feldnamen und dem Wert der Zählervariablen. Die Variablen und die Werte werden an eine Zeichenkette angehängt (Zeile 7, 9, 11, 12).

ActionScript 3 und URL-kodierte Variablen

In ActionScript 3 darf eine solche Ausgabe nicht mit einem &-Zeichen beginnen. Um dies zu verhindern, dient die if-Bedingung ab Zeile 6.

```
1:   $counter = 0;
2:   while ($row = mysql_fetch_array($result, MYSQL_
     ASSOC)) {
3:       $id = $row["id"];
4:       $datum = $row["datum"];
5:       $msg = $row["msg"];
6:       if($counter == 0) {
7:           $output = "id".$counter."=".$id;
8:       } else {
9:           $output.= '&id'.$counter.'='."$id";
10:      }
```

```
11:        $output.= '&datum'.$counter.'='."$datum";
12:        $output.= '&msg'.$counter.'='."$msg";
13:        $counter++;
14:    }
```

Anschließend wird an die Zeichenkette $output die Anzahl der Datensätze angehängt, und die Zeichenkette wird per echo ausgegeben, z. B. um sie an Flash zu übergeben.

```
$output.="&counter="."$counter";
echo "$output";
```

Die Ausgabe könnte dann z. B. wie folgt aussehen:

```
id0=1&datum0=2007-07-16&msg0=Erster Eintrag&id1=2&
datum1=2007-07-22&msg1=Zweiter Eintrag&counter=2
```

Damit Sie mit den Daten in Flash arbeiten können, transformieren Sie sie z. B. in ein assoziatives Array. Dazu folgender Beispiel-Code:

```
1:   var myRequest:URLRequest = new URLRequest
     ("http://localhost/mysql/getEntrys.php");
2:   var myLoader:URLLoader = new URLLoader(myRequest);
3:   myLoader.dataFormat = URLLoaderDataFormat.
     VARIABLES;
4:   myLoader.addEventListener(Event.
     COMPLETE,completeHandler);
5:   function completeHandler(e:Event):void {
6:      var flashData_arr = new Array();
7:      var anzData:uint = uint(e.target.data.counter);
8:      for (var i:uint = 0; i<anzData; i++) {
9:         var id:uint = e.target.data["id"+i];
10:        var datum:String = e.target.data["datum"+i];
11:        var msg:String = e.target.data["msg"+i];
12:        flashData_arr.push({id:id,datum:datum,
           msg:msg});
13:     }
14:   }
```

[!] Lokales Array
Beachten Sie, dass das Array flashData_arr in diesem Beispiel innerhalb der Funktion definiert wurde. Das hat zur Folge, dass Sie nur innerhalb der Funktion darauf zugreifen können. Falls Sie die Daten in einer anderen Funktion oder außerhalb der Funktion nutzen wollen, sollten Sie das Array außerhalb der Funktion definieren. Beispiel:

```
var flashData_arr:Array =
new Array();
function
completeHandler(e:Event):void
{
…
flashData_arr.push({id:id,
datum:datum,msg:msg});
…
}
trace(flashData_arr[0].datum);
```

Zunächst werden ein URLRequest-Objekt und ein URLLoader-Objekt definiert (Zeile 1–3). Zeile 4 registriert einen Ereignis-Listener, so dass die Funktion completeHandler aufgerufen wird, sobald die Datenübertragung abgeschlossen ist. Die Funktion completeHandler definiert ein neues Array flashData_arr. Die

Anzahl der Einträge wird in Zeile 7 ermittelt. Anschließend ermittelt eine `for`-Schleife die einzelnen Werte für die Variablen `id`, `datum` und `msg` und weist sie temporären Variablen zu. Die Daten werden je Schleife in das Array `flashData_arr` eingefügt (Zeile 12).

Anschließend könnten Sie z. B. das Datum des ersten Feldes über `flashData_arr[0].datum` ermitteln.

Schritt für Schritt: Gästebuch – Datensätze auslesen und in Flash darstellen

17\Guestbook\fl_guestbook.sql

In diesem Workshop lernen Sie, wie Sie Datensätze eines Gästebuchs auslesen und in Flash ausgeben können.

1 **Datenbank erstellen und Tabelle importieren**

Erstellen Sie, falls nicht schon vorhanden, eine Datenbank, wählen Sie die Datenbank in phpMyAdmin auf der linken Seite aus ❶, und klicken Sie dann im Menü auf IMPORTIEREN ❷. Klicken Sie auf DURCHSUCHEN, und wählen Sie die Datei *fl_guestbook.sql* aus dem Ordner *Guestbook* aus. Bestätigen Sie mit OK, um die Struktur der Tabelle und den Inhalt zu importieren.

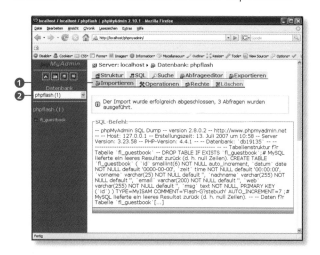

Abbildung 17.39 ▶
Der Import wurde erfolgreich abgeschlossen.

2 **Falls nötig, Tabelle manuell erstellen**

Es wird eine Tabelle »fl_guestbook« mit acht Feldern angelegt:

```
id, datum, zeit, vorname, nachname, email, web, msg
```

Ein Testeintrag wurde bereits erstellt. Falls der Import-Vorgang nicht funktioniert hat, sollten Sie selbst eine Tabelle anlegen. Abbildung 17.38 zeigt die Struktur.

	Feld	Typ	Kollation	Attribute	Null	Standard	Extra
☐	id	smallint(6)			Nein		auto_increment
☐	datum	date			Nein	0000-00-00	
☐	zeit	time			Nein	00:00:00	
☐	vorname	varchar(25)	latin1_german1_ci		Nein		
☐	nachname	varchar(255)	latin1_german1_ci		Nein		
☐	email	varchar(200)	latin1_german1_ci		Nein		
☐	web	varchar(255)	latin1_german1_ci		Nein		
☐	msg	text	latin1_german1_ci		Nein		
↑__	Alle auswählen / Auswahl entfernen *markierte*:	▤	✏	✕	▨	▥	▨	▦

◄ **Abbildung 17.40**
Die Struktur der Tabelle

3 PHP-Skript öffnen und bearbeiten

Öffnen Sie das PHP-Skript *readData.php* aus dem Ordner *Guestbook*, und speichern Sie es in einem beliebigen Verzeichnis ab. Erstellen Sie in diesem Verzeichnis ein Unterverzeichnis *inc*, öffnen Sie das PHP-Skript *dbdata.inc.php* aus dem Ordner *Guestbook/inc*, und passen Sie die Zugangsdaten an. Speichern Sie das Skript dann im Unterverzeichnis *inc* ab. Im PHP-Skript *readData.php* müssen Sie den Wert der Variablen $db ändern; geben Sie den Namen Ihrer Datenbank ein.

 17\Guestbook\readData.php

 17\Guestbook\inc\dbdata.
inc.php

4 PHP-Skript testen

Laden Sie beide PHP-Skripte, falls Sie keinen lokalen Webserver verwenden möchten, auf Ihren Webserver, und öffnen Sie das PHP-Skript *readData.php* im Browser. Wenn alles funktioniert hat, sollten die Daten der Tabelle im Browserfenster ausgegeben werden.

◄ **Abbildung 17.41**
Ausgabe des PHP-Skripts im Browser

5 Flash-Film öffnen und Daten laden

Öffnen Sie nun den Flash-Film *guestbook01.fla* aus dem Ordner *Guestbook*, und speichern Sie ihn in das Projektverzeichnis ab. Ergänzen Sie den Code im ersten Schlüsselbild um folgende Zeilen, und passen Sie die URL in Zeile 5 an.

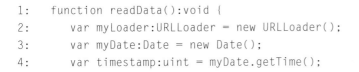 17\Guestbook\guestbook01.fla

```
1:    function readData():void {
2:        var myLoader:URLLoader = new URLLoader();
3:        var myDate:Date = new Date();
4:        var timestamp:uint = myDate.getTime();
```

```
5:        var myRequest:URLRequest = new
          URLRequest("http://localhost/fl_guestbook/
          readData.php?"+timestamp);
6:        myLoader.dataFormat=URLLoaderDataFormat.
          VARIABLES;
7:        myLoader.load(myRequest);
8:        myLoader.addEventListener(Event.
          COMPLETE,completeHandler);
9:        myLoader.addEventListener(SecurityErrorEvent.
          SECURITY_ERROR,securityErrorHandler);
10:        myLoader.addEventListener(IOErrorEvent.IO_
          ERROR,ioErrorHandler);
11:    }
12:    function completeHandler(e:Event):void {
13:        var anzData:uint = uint(e.target.data.counter);
14:        for (var i:uint = 0; i<anzData; i++) {
15:            var id:uint = e.target.data["id"+i];
16:            var datum:String = e.target.
              data["datum"+i];
17:            var zeit:String = e.target.
              data["zeit"+i];
18:            var myname:String = e.target.
              data["vorname"+i] + " "+e.target.
              data["nachname"+i];
19:            var email:String = e.target.
              data["email"+i];
20:            var web:String = e.target.data["web"+i];
21:            var msg:String = e.target.data["msg"+i];
22:            gbData_arr.push({id:id, datum:datum,
              zeit:zeit, myname:myname, email:email,
              web:web, msg:msg});
23:        }
24:        renderData();
25:    }
26:    function securityErrorHandler(e:Event):void {
27:        status_txt.text="Fehler beim Übertragen der
          Daten";
28:    }
29:    function ioErrorHandler(e:Event):void {
30:        status_txt.text="Fehler beim Übertragen der
          Daten";
31:    }
32:    var gbData_arr:Array = new Array();
33:    readData();
```

▲ Abbildung 17.42
Eine Fehlermeldung erscheint,
weil Daten nicht übertragen
wurden.

Zunächst wird ein Array `gbData_arr` definiert. Das Array wird später die eingelesenen Daten enthalten. Die Funktion `readData` wird zu Beginn aufgerufen. Über ein `URLLoader`-Objekt wird das PHP-Skript *readData.php* aufgerufen. Die Daten werden referenziert (Zeile 15 bis 21) und in dem Array `gbData_arr` abgelegt (Zeile 22). Wenn die Daten erfolgreich gelesen wurden, wird die Funktion `renderData` (Zeile 24), die im Folgenden definiert wird, aufgerufen. Sollte es einen Fehler bei der Übertragung geben, sorgen entsprechende Listener (Zeile 9,10 bzw. 26 bis 31) für diesbezügliche Fehlermeldungen.

6 Daten ausgeben

Ergänzen Sie den Code um folgende Zeilen:

```
1:    function renderData():void {
2:        ausgabe_txt.htmlText = "";
3:        var outputStr:String = "";
4:        for (var i:uint = 0; i<gbData_arr.length;
          i++) {
5:            outputStr+="<b>"+gbData_arr[i].myname+
              "</b> schrieb am: ";
6:            outputStr+=gbData_arr[i].datum+" um ";
7:            outputStr+=gbData_arr[i].zeit+"<br>";
8:            outputStr+=gbData_arr[i].msg+"<br>";
9:            if (gbData_arr[i].email!="") {
10:               outputStr+="E-Mail: "+gbData_arr[i].
                  email+"<br>";
11:            }
12:            if (gbData_arr[i].web!="") {
13:               outputStr+="Web: "+gbData_arr[i].
                  web+"<br><br>";
14:            }
15:        }
16:        ausgabe_txt.htmlText=outputStr;
17:    }
```

Die Funktion generiert die Zeichenkette `outputStr` aus den Werten der Felder des Arrays `gbData_arr`. Hierbei wurden nur ganz einfache HTML-Formatierungen verwendet.

Ergänzen Sie die Felder optional auch durch weitere Formatierungen. Der zusammengesetzte String wird zum Schluss der Eigenschaft `htmlText` des dynamischen Textfeldes »ausgabe_txt« zugewiesen.

7 Flash-Film hochladen und testen

Laden Sie den Flash-Film auf Ihren Webserver, und testen Sie ihn. Beachten Sie, dass die Anwendung auf einem lokalen Server eventuell nicht funktioniert, da das PHP-Skript vom Server nicht als solches interpretiert wird, weil die Anfrage vom Flash Player und nicht vom Browser kommt.

Abbildung 17.43 ▶
Das Gästebuch im Internet Explorer

17.3.4 Datenbanksätze einfügen

Der Vorgang zum Einfügen von Datenbanksätzen ist dem zum Auslesen von Datenbanksätzen sehr ähnlich. Der einzige wesentliche Unterschied ist die SQL-Abfrage. Kurz zusammengefasst werden also folgende Schritte durchgeführt:

1. Über `mysql_connect` wird eine Verbindung zur Datenbank hergestellt.
2. Mit Hilfe von `mysql_select_db` wird die Datenbank ausgewählt und referenziert.
3. Eine SQL-Abfrage wird definiert und über `mysql_query` an die Verbindung übergeben.

Der erste Teil des letzten Schritts unterscheidet sich beim Auslesen und Einfügen von Datensätzen. Um einen Datensatz einzufügen, wird die SQL-Anweisung `INSERT` verwendet. Die formelle Syntax des SQL-Befehls lautet wie folgt:

```
INSERT INTO tabelle wert VALUES spaltenname [WHERE
bedingung] [LIMIT anzahl]
```

Dazu folgende Beispiele:

▶ Es wird ein neuer Datensatz angelegt. Der Wert der Variablen $vorname wird in das Feld vorname eingetragen:

```
$sql_query = "INSERT INTO $table vorname VALUES
$vorname";
```

▶ Es wird ein neuer Datensatz angelegt. Die Werte der Variablen $vorname, $nachname und $msg werden in die gleichnamigen Felder eingetragen:

```
$sql_query = "INSERT INTO $table (vorname,
nachname,msg) VALUES ($vorname,$nachname,$msg)";
```

Schritt für Schritt: Gästebuch: Daten von Flash an PHP übergeben und Datensätze erstellen

Dieser Workshop zeigt, wie Sie Daten, die in Flash eingegeben wurden, an ein PHP-Skript übergeben, um entsprechende Datensätze in einer Datenbank anzulegen.

17\Guestbook\writeData_original.php und guestbook02.fla

1 **PHP-Skript öffnen und anpassen**

Öffnen Sie das PHP-Skript *writeData_Original.php* aus dem Ordner *Guestbook*, und speichern Sie es in das Projektverzeichnis unter *writeData.php* ab. Ändern Sie den Wert der Variablen $db: Tragen Sie hier den Namen Ihrer Datenbank ein. Beachten Sie, dass die Zeit und das Datum serverseitig ermittelt werden. Diese Daten kommen also nicht vom Flash-Film, sondern richten sich nach Server-Datum und -Zeit.

2 **Daten an PHP-Skript übergeben**

Öffnen Sie den Flash-Film *guestbook02.fla* aus dem Ordner *Guestbook*, ergänzen Sie den Code des Schlüsselbildes auf der Ebene »Actions« um folgende Zeilen, und passen Sie die URL in Zeile 8 an:

```
1:   var sentState:Boolean = false;
2:   send_mc.addEventListener(MouseEvent.CLICK,
     writeData);
3:   function writeData(e:MouseEvent):void {
4:     if (sentState==false) {
5:       var myLoader:URLLoader = new URLLoader();
6:       var myDate:Date = new Date();
7:       var timestamp:uint = myDate.getTime();
```

```
 8:            var myRequest:URLRequest = new URLRequest
                ("http://localhost/fl_guestbook/writeData.
                php?"+timestamp);
 9:            myRequest.method = URLRequestMethod.POST;
10:             var myVars:URLVariables = new
                URLVariables();
11:            myVars.vorname=vornameBG_mc.input_txt.text;
12:            myVars.nachname=nachnameBG_mc.input_txt.
                text;
13:            myVars.email=emailBG_mc.input_txt.text;
14:            myVars.web=webBG_mc.input_txt.text;
15:            myVars.msg=msgBG_mc.input_txt.text;
16:            myRequest.data=myVars;
17:            myLoader.dataFormat=URLLoaderDataFormat.
                VARIABLES;
18:            myLoader.load(myRequest);
19:            myLoader.addEventListener(Event.
                COMPLETE,transferedOutput);
20:            myLoader.addEventListener(SecurityErrorEvent.
                SECURITY_ERROR,securityErrorHandler);
21:            myLoader.addEventListener(IOErrorEvent.
                IO_ERROR,ioErrorHandler);
22:        } else {
23:            status_txt.text="Du hast Dich bereits
                eingetragen.";
24:        }
25:    }
26: function transferedOutput(e:Event):void {
27:    status_txt.text="Ihr Eintrag wurde eingefügt.";
28:    sentState=true;
29:    readData();
30: }
```

In Zeile 1 wird eine Variable `sentState` definiert, und der Wert
wird auf `false` gestellt. Die Variable gibt an, ob sich der User in
dieser Sitzung bereits einmal eingetragen hat. Damit lässt sich
verhindern, dass er sich ohne das Neuladen der Seite mehrmals
hintereinander einträgt.

Die Funktion `writeData` wird ausgeführt, wenn der Benutzer
auf die Schaltfläche ABSCHICKEN klickt. Dazu dient in Zeile 2 die
Registrierung eines Listeners für den Button. Als Erstes werden
ein `URLLoader`-Objekt und ein `URLRequest`-Objekt initialisiert.
Anschließend wird ein `URLVariables`-Objekt definiert. Dem
Objekt werden die Daten aus den Textfeldern zugewiesen (Zeile

11–15). Das `URLVariables`-Objekt wird der Eigenschaft `data` des `URLRequest`-Objekts zugewiesen (Zeile 16).

Anschließend werden die bereits bekannten Listener registriert (Zeile 19 bis 21). Die Daten werden an das PHP-Skript übertragen (Zeile 18), und nach einer erfolgreichen Übertragung wird die Funktion `transferedOutput` aufgerufen. Die Funktion setzt den Wert der Variablen `sendState` auf `true`. Zusätzlich wird die Funktion `readData` aufgerufen, die dafür sorgt, dass die Daten neu eingelesen werden.

3 PHP-Skript und Flash-Film hochladen und testen

Laden Sie das PHP-Skript *writeData.php* und den Flash-Film auf Ihren Webserver, und öffnen Sie den Film im Browser. Schreiben Sie einen neuen Eintrag, und klicken Sie auf ABSCHICKEN. Sollte alles funktionieren, wird der Eintrag kurz darauf im oberen Bereich dargestellt.

Ergebnis der Übung:
17\Guestbook\guestbookFinal.fla

◀ **Abbildung 17.44**
Gästebuch-Eintrag

17.3.5 Sicherheit

Bei der Arbeit mit einer Datenbank sollten Sie sicherheitsrelevante Überlegungen beachten. Eine gängige Angriffstechnik ist die sogenannte SQL-Injection. Dabei werden Daten, die per GET oder POST an ein serverseitiges Skript übergeben werden, bewusst manipuliert, um möglicherweise gefährliche Steuerungsbefehle in die SQL-Query zu integrieren. Mögliche Angriffsziele von SQL-Injections sind zum Beispiel:

▶ unberechtigter Zugriff auf Daten
▶ Veränderung von Daten der Datenbank
▶ Löschen von Daten der Datenbank
▶ Ändern von Benutzerdaten, z.B. um Root-Zugriff auf die Datenbank zu erhalten

Die wichtigste Maßnahme, um SQL-Injections zu verhindern, ist das Überprüfen der eingehenden Daten bzw. Variablen. Im Folgenden zeigen wir einige Lösungen, wie Sie eingehende Daten überprüfen bzw. wie Sie mit den Daten umgehen sollten:

▸ **Anführungszeichen**: Maskieren Sie Variablen in SQL-Querys mit einfachen Anführungszeichen. Wenn ein potentieller Angreifer es schaffen sollte, den Wert der Variablen zu verändern, kann er den Wert zumindest nicht über den durch Anführungszeichen begrenzten Bereich ändern. Eine Zeile wie

```
$sql_query = "SELECT * FROM $table WHERE
ID=$selectedID";
```

sollten Sie ändern in:
```
$sql_query = "SELECT * FROM $table WHERE
ID='$selectedID'";
```

[!] **Sicherheit ernstnehmen**
Sie sollten die wichtigsten Sicherheitsregeln kennen und einhalten, denn jede Webseite, die online ist, kann Ziel eines Angriffs werden.

▸ **Datentyp-Überprüfung**: Wenn Sie einen numerischen Wert erwarten, z. B. für eine ID, sollten Sie keine Stringwerte zulassen. Im Zweifelsfall wandeln Sie den Wert einer Variablen über die Methode `settype` in einen `int`-Wert um:

```
$selectedID = settype($selectedID,int);
$sql_query = "SELECT * FROM $table WHERE
ID='$selectedID'";
```

▸ **Backslashes entfernen**: Ist die Option `magic_quotes` in der PHP-Laufzeitumgebung aktiviert, werden alle Anführungszeichen automatisch mit einem Backslash maskiert. So wird aus `'Max'` automatisch `\'Max\'`. Da die Daten in die Datenbank eingefügt werden sollen und ein eigene Maskierung (Escaping) erfordern, sollten Sie diese Backslashes entfernen. Andernfalls würde dies zu fehlerhaften Zeichenketten führen. Um die Backslashes zu entfernen, können Sie die Methode `strip_slashes` wie folgt verwenden.

```
if(get_magic_quotes_gpc()) {
    $name = stripslashes($_POST['name']);
}
```

▸ **SQL-Sonderzeichen entfernen**: Grundsätzlich sollten Sie alle nicht numerischen Daten, die für eine SQL-Query verwendet werden, über die Methode `mysql_real_escape_string` escapen. Die Methode versieht spezielle SQL-Sonderzeichen mit einem Backslash. Ein Code-Beispiel, das die Gefahr verdeutlicht:

```php
<?php
$sql_query = "SELECT * FROM users WHERE user='{$_
POST['user']}' AND passwort='{$_POST['passwort']}'";
mysql_query($query);
?>
```

Eine Variable passwort könnte z.B. den Wert "' OR ''='"
besitzen, wodurch jedes Passwort möglich wäre. Sie sollten die
per POST empfangenen Variablen zunächst escapen:

```php
<?php
$user = mysql_real_escape_string($_POST['user']);
$passwort = mysql_real_escape_string($_POST['passwort']);
$sql_query = "SELECT * FROM users WHERE user='$user'
AND passwort='$passwort'";
mysql_query($query);
?>
```

Schritt für Schritt: Gästebuch – SQL-Injections verhindern
In diesem Workshop soll es darum gehen, das Gästebuch gegen
sogenannte SQL-Injections zu schützen.

1 **PHP-Skript öffnen**
Öffnen Sie das PHP-Skript *17\Guestbook\writeData_original.php*.
Fügen Sie nach der include-Anweisung in Zeile 3 folgenden
Code ein:

```php
3:    function secureData($value) {
4:        if(get_magic_quotes_gpc()) {
5:            $value = stripslashes($value);
6:        }
7:        $value = mysql_real_escape_string($value);
8:        return $value;
9:    }
```

2 **Funktion definieren**
Die Funktion secureData erwartet einen Stringwert. In Zeile 2
wird geprüft, ob die Option magic_quotes der PHP-Laufzeitumgebung aktiviert ist. Die Methode strip_slashed entfernt die
Backslashes aus dem jeweiligen Stringwert. Anschließend werden SQL-Sonderzeichen über die Methode mysql_real_escape_
string mit einem Backslash maskiert, was die Ausführung von
potentiell gefährlichem Code verhindert.

3 Werte an Funktion übergeben

Ändern Sie Zeile 14 bis 18 dann wie folgt:

```
14:    $vorname = secureData($_POST['vorname']);
15:    $nachname = secureData($_POST['nachname']);
16:    $email = secureData($_POST['email']);
17:    $web = secureData($_POST['web']);
18:    $msg = secureData($_POST['msg']);
```

Jede Variable, die über POST an das Skript übergeben wurde, wird an die Funktion secureData weitergereicht, die den überprüften bzw. angepassten Stringwert wieder zurückgibt.

4 Fertig!

Damit sind die sicherheitsrelevanten Änderungen erfolgt. ∎

17.3.6 Datensätze aktualisieren

Über die SQL-Anweisung UPDATE aktualisieren Sie vorhandene Datensätze. Die formelle Syntax des Befehls lautet wie folgt:

```
UPDATE tabelle SET spaltenname=wert,[spaltenname=wert],
[...,...] WHERE bedingung LIMIT anzahl
```

SQL-Injections

Auch bei einer Aktualisierung von Datensätzen ist eine SQL-Injection möglich. Wenden Sie auf alle Daten die im vorangehenden Workshop beschriebenen Techniken an.

Folgende Beispiele dazu:

▶ Dem Feld vorname des Datensatzes, in dem das Feld id den Wert 1 besitzt, wird der Wert der Variablen $vorname:
```
$sql_query = "UPDATE $table SET vorname='$vorname'
WHERE id= 1";
```

▶ Die Werte aller Felder id werden um 10 erhöht:
```
$sql_query = "UPDATE $table SET id = id+10";
```

▶ Die Werte der Felder vorname, nachname und msg werden in den Datensätzen, in denen das Feld id einen Wert größer als 10 besitzt, durch die Werte der entsprechenden Variablen ersetzt:
```
$sql_query = "UPDATE $table SET vorname='$vorname'
,nachname='$nachname',msg='$msg' WHERE id >10";
```

18 XML in ActionScript 3

XML (Extensible Markup Language/erweiterbare Auszeichnungssprache) ist nicht nur im Internet inzwischen zu einem der bedeutendsten Datenformate geworden, wenn es darum geht, hierarchisch strukturierte Daten abzubilden und zwischen verschiedenen Anwendungen auszutauschen. Adobe hat das natürlich auch erkannt und mit E4X (ECMAScripts for XML) einen Standard übernommen, um XML in ActionScript 3 nativ verwenden zu können. So ist der Umgang mit XML in ActionScript gegenüber Vorgängerversionen deutlich einfach geworden.

Dieses Kapitel erläutert Ihnen den Umgang mit XML in ActionScript 3. Sie werden lernen, wie Sie XML-Daten erstellen, laden, verändern und speichern.

18.1 XML in ActionScript definieren

Die Erstellung von XML-strukturierten Daten in ActionScript 3 ist sehr einfach. Das folgende Beispiel zeigt Daten eines reduzierten Adressbuches in ActionScript:

```
var xml:XML =
<adressbuch>
   <item>
      <name>John</name>
      <nachname>Smith</nachname>
   </item>
   <item>
      <name>Jim</name>
      <nachname>Schmidt</nachname>
   </item>
</adressbuch>;
```

Die XML-Struktur besitzt einen sogenannten *Wurzelknoten* (auch als Wurzelelement bezeichnet) adressbuch, der mehrere

---

[Nativ]

»Nativ«, aus dem Lat. (»angeboren«), lässt sich auch mit »natürlich« oder »unverändert« übersetzen. Ein natives Datenformat ist das von einer Anwendung bevorzugte Format, da zur Nutzung keinerlei Umwandlung notwendig ist.

Web 2.0 und XML

Viele der sogenannten Web 2.0-Dienste, wie z. B. Flickr, Google Maps, del.icio.us, und Twitter, bieten APIs an, um die Dienste auch mit eigenen GUIs und Anwendungen zu nutzen. Dabei ist in den meisten Fällen das Datenaustauschformat XML. Mit XML und ActionScript 3 steht Ihnen eine vielfältige, bunte Welt von Einsatzmöglichkeiten offen.

Daten in UTF8

XML-Dokumente bestehen aus Textzeichen und sind mit beliebigen Texteditoren lesbar und editierbar. Wenn Sie ein externes XML-Dokument für den Einsatz in Flash erstellen, sollten Sie darauf achten, dass das Dokument UTF8-kodiert wird. Dafür benötigen Sie einen Editor, der UTF8 unterstützt.

Unterknoten (Elemente) `item` besitzt, die wiederum sogenannte *Textknoten* `name` und `nachname` als Unterknoten besitzen. Um beispielsweise auf den Inhalt des ersten Textknotens `name` zuzugreifen, können Sie folgenden Code verwenden:

```
trace(xml.item.name[0].text());
```

Dabei gibt Ihnen die Referenz `xml.item.name` eine Liste zurück, aus der Sie, wie bei einem indizierten Array, über einen Index auf das jeweilige Element zugreifen können. Mit Hilfe der Methode `text()` gelangen Sie an den Inhalt des Knotens. Um beispielsweise den zweiten Nachnamen abzufragen, würde dementsprechend folgender Code dienen:

```
trace(xml.item.nachname[1].text());
```

Mehrere Attribute
Ein Knoten kann natürlich auch mehrere Attribute besitzen. Im folgenden Beispiel besitzt der Knoten `entry` die Attribute `id`, `creationDate` und `titel`:

```
var xml:XML =
<guestbook>
<entry id="0"
date="22.10.08">
<name>John</name>
<nachname>Smith</nachname>
<msg>Blindtext...</msg>
</entry>
</guestbook>;
```

XML-Attribute | Neben sogenannten Knoten und Textknoten gibt es Attribute, die Sie einem Knoten zuweisen können. Dazu folgendes Beispiel:

```
var xml:XML =
<adressbuch>
    <item id="0">
        <name>John</name>
        <nachname>Smith</nachname>
    </item>
    <item id="1">
        <name>Jim</name>
        <nachname>Schmidt</nachname>
    </item>
</adressbuch>;
```

Um beispielsweise jeden Eintrag eindeutig zu identifizieren, könnten Sie jedem Eintrag einen eindeutigen Index zuweisen. Um auf den Wert eines Attributs zuzugreifen, verwenden Sie das @-Zeichen. Angenommen, Sie möchten den Wert des Attributs `id` des ersten Eintrags abfragen. Dazu würde folgender Code dienen:

```
trace(xml.item[0].@id);
```

Bei einer komplexeren XML-Struktur mit vielen strukturellen Verschachtelungen ist es sehr umständlich, ein Attribut zu referenzieren, das zu einem Element gehört, das am Ende der Hierarchie steht. Angenommen, Sie haben ein XML-Dokument wie das folgende:

```
var xml:XML =
<products>
    <item>
        <info>
            <title> </title>
            <desc image="3536587365.jpg"></desc>
        </info>
        <price>
            <de> </de>
            <us> </us>
        </price>
    </item>
</products>;
```

Um auf den Wert des Attributs images zuzugreifen, verwenden Sie folgenden Code:

```
trace(xml.item[0].info.desc.@image);
```

Einfacher können Sie durch zwei Punkte .. auf ein beliebiges untergeordnetes Element eines Elements zugreifen:

```
trace(xml.item[0]..@image);
```

Die zwei Punkte sind Platzhalter für beliebige Elemente, die nach dem item-Element folgen. Da Sie den Index 0 verwendet haben, erhalten Sie auch den Wert des Attributs des ersten Eintrags.

18.2 XML-Dokument laden

Sie haben jetzt bereits gelernt, wie Sie XML-Daten in Action-Script 3 erstellen und wie Sie auf Textknoten und Attribute zugreifen. In den meisten Fällen werden XML-Dokumente aus anderen Quellen geladen und dann weiterverarbeitet. Um ein XML-Dokument zu laden, benötigen Sie ein Objekt der URLLoader-Klasse. Zunächst müssen Sie dazu ein URLLoader-Objekt und ein URLRequest-Objekt initialisieren:

```
var myLoader:URLLoader = new URLLoader();
var myRequest:URLRequest = new URLRequest("data.xml");
```

XML ist ein Datenformat

Hinter XML steht die Idee, Daten und Darstellungsweise voneinander zu trennen. So bestehen XML-Daten idealerweise nur aus Daten ohne jegliche Formatierungen. In der Praxis werden jedoch auch häufig Formatierungen integriert, wie z.B. HTML-Tags.

[XML-Parser]

Programme oder APIs (Application Programming Interface), die XML-Daten auslesen und interpretieren, werden als *XML-Parser* bezeichnet. Überprüft der XML-Parser die XML-Daten auf ihre Gültigkeit (Wohlgeformtheit), handelt es sich um einen validierenden Parser. Im Gegensatz zu früheren Versionen ist der XML-Parser in ActionScript 3 als ein validierender Parser zu bezeichnen, da er beispielsweise überprüft, ob Elemente richtig geschlossen werden.

Caching verhindern

Wenn Sie sicherstellen möchten, dass das XML-Dokument nicht zwischengespeichert (gecacht) wird, definieren Sie einen Zeitstempel definieren und hängen ihn als URL-Parameter an die URL an, zum Beispiel wie folgt:

```
var myDate:Date = new
Date();
var timestamp:Number =
myDate.getTime();
var myRequest:URLRequest =
new URLRequest("data.xml?"
+timestamp);
```

Anschließend laden Sie das XML-Dokument über die Methode `load` des `URLLoader`-Objekts:

```
myLoader.load(myRequest);
```

Anmerkungen
Damit Sie auch außerhalb der Ereignisprozedur auf die XML-Daten zugreifen können, definieren Sie zunächst außerhalb der Ereignisprozedur die Variable myXML. Die Ereignisprozedur complete-Handler weiß nicht, dass es sich bei den Daten des Objekts (e.target.data) um XML-Daten handelt. Um eine Fehlermeldung zu vermeiden, werden die Daten gecastet, das heißt, dem Compiler wird explizit vorgegeben, dass er die Daten wie XML-Daten behandeln soll.

Damit Sie auf die Daten zugreifen können, sobald das Dokument vollständig geladen wurde, registrieren Sie einen Ereignis-Listener am Loader-Objekt registriert und definieren eine Ereignisprozedur.

```
var myXML:XML = new XML();
myLoader.addEventListener(Event.COMPLETE,
completeHandler);
function completeHandler(e:Event):void {
    myXML = XML(e.target.data);
}
```

Jetzt können Sie wie zuvor beschrieben auf die Daten des XML-Objekts `myXML` zugreifen.

Cross-Domain-Policy

Aus Sicherheitsgründen verbietet Flash die Nutzung von externen Daten, z. B. einem XML-Dokument, von fremden Servern außerhalb der eigenen Domain. Wenn Sie ein XML-Dokument von einer anderen Domain laden möchten und Zugriff auf den Server haben, können Sie eine sogenannte Cross-Domain-Policy einrichten, um den Zugriff explizit zu erlauben. Dabei handelt es sich um ein XML-Dokument, in dem Sie festlegen, welche Domain auf die Inhalte zugreifen darf. Angenommen, Sie möchten von einem Flash-Film, der auf der Domain A liegt, auf ein XML-Dokument, das auf Domain B liegt, zugreifen. Dazu sollten Sie auf Domain B in dem Verzeichnis, in dem das XML-Dokument liegt, ein XML-Dokument *crossdomain.xml* mit folgendem Code erstellen:

```
<?xml version="1.0"?>
<cross-domain-policy>
<allow-access-from domain="www.domainA.de" />
</cross-domain-policy>
```

Wenn Sie den Zugriff auf eine beliebige Subdomain der Domain A erlauben wollen, verwenden Sie dazu ein * wie folgt:

```
<?xml version="1.0"?>
<cross-domain-policy>
<allow-access-from domain="*.domainA.de" />
</cross-domain-policy>
```

In einigen wenigen Fällen, wie z. B. bei RSS-Feeds, haben Sie keinen Zugriff auf den Server. Wenn Sie jedoch die Zusage des Urhebers haben, die Inhalte selbst nutzen zu dürfen, können Sie in einem solchen Fall ein serverseitiges Skript verwenden, das das Laden des XML-Dokuments übernimmt. Wie das funktioniert, wird später noch erläutert.

18.2.1 Syntax

Ein XML-Dokument wird als »wohlgeformt« bezeichnet, wenn es sämtliche XML-Regeln berücksichtigt. Dazu gehören unter anderem:

▶ Ein XML-Dokument besitzt einen einzigen Wurzelknoten.
▶ Es wird zwischen Groß- und Kleinschreibung unterschieden (`<item>...</Item>` ist ungültig).
▶ Attributwerte werden immer in Anführungszeichen gesetzt. (`<item id="0"/>`)
▶ Alle Elemente besitzen einen Beginn- und einen End-Tag (z. B. `<item>...</item>` oder `<item id="0"/>`).
▶ Ein Element darf keine gleichnamigen Attribute besitzen.

Eine hierarchisch korrekte Verschachtelung muss eingehalten werden. So wäre folgende Verschachtelung ungültig:

```
<itemA><itemB></itemA></itemB>.
```

18.2.2 ignoreWhitespace

Um die Struktur eines XML-Dokuments besser nachvollziehen zu können, enthält ein XML-Dokument in der Regel Leerzeichen zwischen Tags und Zeilenumbrüchen. Sollten Sie über die XML-Klasse wie hier beschrieben auf Inhalte zugreifen, brauchen Sie sich darum nicht weiter zu kümmern. In ActionScript 2 und anderen Skriptsprachen wurde über DOM (Document Object Model) auf XML-Daten zugegriffen. Dabei kam es möglicherweise zu falschen Referenzierungen, da beispielsweise Zeilenumbrüche als Knoten interpretiert wurden. Um das zu verhindern, verwenden Sie die Eigenschaft `ignoreWhitespace` der Klasse `XML` wie folgt:

```
XML.ignoreWhitespace = true;
var myXML:XML = new XML();
```

Beachten Sie, dass Sie die Eigenschaft der Klasse und nicht eines spezifischen Objekts definieren. Dadurch wird die Einstellung für alle erzeugten `XML`-Objekte verwendet.

18.2.3 ignoreComments

Kommentare sind in XML-Dokumenten ebenso möglich wie in vielen Skriptsprachen. In XML werden Kommentare wie folgt gekennzeichnet:

```
...
<!-- Gästebucheintrag-->
<msg>Blindtext…</msg>
...
```

Tipp: Validierung
Einige Editoren, wie z. B. Dreamweaver, bieten eine Funktion an, die XML-Dokumente auf ihre Wohlgeformtheit hin überprüft. In Dreamweaver finden Sie diese Funktion unter DATEI • ÜBERPRÜFEN • ALS XML. Alternativ testen Sie ein XML-Dokument über einen Service von Validome unter *http://www.validome.org/xml/*.

XML in ActionScript 2
In ActionScript 2 wurde über DOM auf XML-Daten zugegriffen. Die verwendete `XML`-Klasse mit allen dazugehörigen Klassen wurde in `XMLDocument` umbenannt. Aus Gründen der Abwärtskompatibilität steht sie immer noch zur Verfügung.

Standardmäßig besitzt die Eigenschaft ignoreComments den Wert true, was dazu führt, dass Kommentare beim Parsen ignoriert bzw. entfernt werden. Wenn Sie Kommentare in XML-Dokumenten auch in ActionScript 3 referenzieren möchten, müssen Sie die Eigenschaft ignoreComments der XML-Klasse vor dem Parsen auf false setzen:

```
XML.ignoreComments = false;
var myXML:XML = new XML();
```

18.2.4 length()

Mit Hilfe der Methode length() stellen Sie fest, wie viele Elemente vorhanden sind. Angenommen, Sie haben folgende XML-Struktur:

```
var xml:XML =
<adressbuch>
    <item>
        <name>Jim</name>
    </item>
    <item>
        <name>Max</name>
    </item>
    <item>
        <name>John</name>
    </item>
</adressbuch>;
```

Um herauszufinden, wie viele item-Elemente es gibt, könnten Sie folgenden Code nutzen:

```
trace(xml.item.length());
```

Das ist beispielsweise nützlich, wenn Sie mittels einer for-Schleife alle Elemente referenzieren möchten. Im folgenden Beispiel werden alle Namen im Array names_arr abgelegt:

```
var arr_names:Array = new Array();
for(var i:uint = 0;i<xml.item.length();i++) {
    arr_names.push(xml.item[i].name.text());
}
trace(arr_names);
```

18.2.5 Daten filtern

Eine häufig notwendige Technik ist die Filterung von Daten nach bestimmten Kriterien. In XML können Sie nach bestimmten Elementen, die beispielsweise bestimmte Attribute besitzen, suchen und dann nur diese weiternutzen. Angenommen, Sie haben ein XML-Dokument mit folgendem Aufbau:

```
var xml:XML =
<products>
    <item>
        <name typ="Obst">Äpfel</name>
    </item>
    <item>
        <name typ="Gemüse">Bohnen</name>
    </item>
    <item>
        <name typ="Obst">Bananen</name>
    </item>
</products>;
```

Eventuell möchten Sie nur die Namen der Elemente herausfinden, deren Attribut den Wert »Obst« besitzt:

```
trace("Obst: "+xml.item.(name.@typ == "Obst").name.
text());
```

Die Ausgabe wäre dann:

```
Obst: ÄpfelBananen
```

In der Regel möchte man dann natürlich auf die einzelnen Werte zugreifen und keine aneinandergereihte Ausgabe erhalten. An dieser Stelle bietet sich der Einsatz eines XMLList-Objekts an. Ein XMLList-Objekt besitzt nahezu dieselben Eigenschaften und Methoden wie ein XML-Objekt. Zunächst referenzieren Sie die Elemente referenziert und wiesen sie einem XMLList-Objekt zu:

XMLList

Ein XMLList-Objekt besitzt Methoden und Eigenschaften, um mit einem oder mehreren XML-Elementen zu arbeiten.

```
var myList:XMLList = xml.item.(name.@typ == "Obst").
name;
```

Anschließend geben Sie die einzelnen Elemente mit Hilfe einer for-Schleife wie folgt aus:

```
for(var i:uint = 0;i<myList.length();i++) {
```

```
        trace(myList[i]);
    }
```

RSS steht für »Really Simple Syndication«, was ins Deutsche übersetzt in etwa »sehr einfache Verbreitung« bedeutet. RSS bietet die Möglichkeit, mediale Inhalte mittels sogenannter *RSS-Feeds* bereitzustellen. Viele Nachrichtendienste wie beispielsweise Spiegel Online, Google News und Golem bieten RSS-Feeds an. RSS-Feeds werden häufig auch in Blogs und Firmenseiten zur Verbreitung der neuesten Beiträge oder Unternehmensmeldungen bereitgestellt. Technisch gesehen sind RSS-Feeds nichts anderes als XML-Dokumente, die nach einem vorgegebenen Schema aufgebaut sind. RSS-Feeds können nicht nur mit RSS-Clients abonniert und auf dem eigenen System gelesen, sondern auch in die eigene Webseite integriert werden. Ein RSS-Feed sorgt automatisch für aktuelle Inhalte und bietet Ihren Besuchern die neuesten Informationen zu einem von Ihnen ausgewählten Thema. Zurzeit werden RSS-Feeds in den Spezifikationen 0.91 bis 2.0 angeboten. Darüber hinaus werden häufig auch sogenannte ATOM- oder OPML-Feeds zur Verfügung gestellt, die demselben Zweck dienen und ebenfalls auf XML basieren, allerdings nicht kompatibel mit RSS selbst sind.

Schritt für Schritt: RSS-Feed einlesen und Daten des Feeds in Flash darstellen

In diesem Workshop lernen Sie, wie Sie einen RSS-Feed mit der Spezifikation 2.0 laden und die Daten in Flash ausgeben.

1 **RSS-Feed öffnen**

Öffnen Sie den RSS-Feed von Golem, *http://rss.golem.de/rss. php?feed=RSS2.0,* zunächst im Browser, und schauen Sie sich den Quellcode an, um einen Eindruck von der XML-Struktur zu bekommen. Im Firefox-Browser klicken Sie dazu auf Ansicht • Seitenquelltext anzeigen.

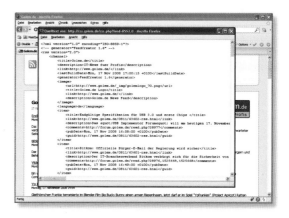

Abbildung 18.1 ▶
Quelltext des RSS-Feeds im
Firefox-Browser

2 Flash-Film öffnen

Öffnen Sie den Flash-Film *rssFeed_01.fla* aus dem Verzeichnis *18\ RSS_Feed*. Auf der Hauptzeitleiste finden Sie einen Movieclip mit dem Instanznamen »feedContainer«. Innerhalb des Movieclips sehen Sie vier Ebenen. Auf der Ebene »feedContent« liegt ein leerer Movieclip, der nachher die Einträge des Feeds aufnimmt. Die Ebene »Textfelder« enthält ein dynamisches Textfeld, in dem der Titel des Feeds ausgegeben wird. Die Ebene darunter, »TitleBG«, enthält ein Rechteck, das als Hintergrund für den Titel dient. Auf der untersten Ebene, »Hintergrund«, liegt ein in einen Movieclip »feedBG_mc« umgewandeltes Rechteck, das den Hintergrund darstellt.

18\RSS_Feed\RssFeed_01.fla

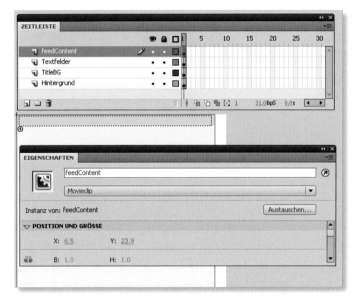

◄ **Abbildung 18.2**
Die ZEITLEISTE und der Inhalt des Movieclips »feedContainer«

3 RSS-Feed laden und einem XML-Objekt zuweisen

Wechseln Sie gegebenenfalls zurück zur Hauptzeitleiste, und weisen Sie dem ersten Schlüsselbild der Ebene »Actions« zunächst folgenden Code zu:

```
1:   var feedData:XML = new XML();
2:   function init():void {
3:      var myLoader:URLLoader = new URLLoader();
4:      var myRequest:URLRequest=new
         URLRequest("http://rss.golem.de/rss.php?
         feed=RSS2.0");
5:      myLoader.load(myRequest);
6:      myLoader.addEventListener(Event.COMPLETE,
         feedLoaded);
```

```
7:    }
8:    function feedLoaded(e:Event):void {
9:        feedData=XML(e.target.data);
10:        renderFeed();
11:    }
12:    init();
```

Die verwendeten Funktionen sollten Ihnen bekannt sein. Sobald der Feed geladen ist, wird die Funktion feedLoaded aufgerufen (Zeile 8), die den Feed dem XML-Objekt feedData zuweist (Zeile 9). Anschließend wird die Funktion renderFeed (Zeile 10) aufgerufen.

4 **Titel des Feeds ausgeben, Funktionen zum Ausgeben der Einträge aufrufen und Hintergrundfläche skalieren**
Ergänzen Sie den Code um folgende Zeilen:

News von Golem.de

Mon, 17 Nov 2008 16:58:00
Endgültige Spezifikation für USB 3.0

▲ **Abbildung 18.3**
Der Header des fertigen Feed-
Readers

```
1:    function renderFeed():void {
2:        feedContainer.title_txt.text="News von
          "+feedData.channel.title;
3:        for (var i:uint = 0; i<3; i++) {
4:            formatTitle(i);
5:            formatDesc(i);
6:        }
7:        feedContainer.feedBG_mc.height = feedContainer.
          feedContent.height+40;
8:    }
```

In Zeile 2 wird zunächst der Titel des Feeds im Textfeld »title_txt«, das im Movieclip »feedContainer« liegt, ausgegeben. Es sollen nur die drei aktuellsten Einträge des RSS-Feeds angezeigt werden. Mit Hilfe einer for-Schleife werden die Funktionen formatTitle und formatDesc jeweils dreimal aufgerufen. An die Funktionen wird der aktuelle Wert der Zählervariablen i übergeben (Zeile 4, 5). Die Funktionen erstellen innerhalb des Movieclips feedContainer.feedContent die Einträge. Zeile 7 skaliert dann den Hintergrund so skaliert, dass seine Höhe der Höhe aller Feeds plus 40 entspricht; die Hintergrundfläche passt sich also an die Länge der Einträge an. Beachten Sie, dass Sie bei längeren Einträgen von anderen RSS-Feeds einen Textscroller einsetzen können, um auch längere oder noch mehr Einträge darzustellen.

5 **Den Titel eines Eintrags erstellen und formatieren**
Ergänzen Sie den Code um folgende Zeilen:

```
1:    function formatTitle(index:uint):void {
2:        var itemTitle:String=feedData.channel.item
          [index].title;
3:        var dateTitle:String=feedData.channel.
          item[index].pubDate.substr(0,-5);
4:        var titleTxt:TextField = new TextField();
5:        titleTxt.width=330;
6:        titleTxt.multiline=true;
7:        titleTxt.wordWrap=true;
8:        titleTxt.backgroundColor = 0xD3D3D3;
9:        titleTxt.background = true;
10:       titleTxt.text=dateTitle+"\n"+itemTitle;
11:       var titleFormat:TextFormat = new
          TextFormat();
12:       titleFormat.font="Arial";
13:       titleFormat.size=11;
14:       titleFormat.bold=true;
15:       titleFormat.target="_BLANK";
16:       titleFormat.url=feedData.channel.
          item[index].link;
17:       titleTxt.setTextFormat(titleFormat);
18:       titleTxt.autoSize=TextFieldAutoSize.LEFT;
19:       titleTxt.y=feedContainer.feedContent.height;
20:       feedContainer.feedContent.addChild(titleTxt);
21:   }
```

Bei jedem Aufruf der Funktion formatTitle werden der Titel
(Zeile 2) und das Datum (Zeile 3) des Eintrags ermittelt. Bei dem
Datum werden die letzten fünf Zeichen über die Methode sub-
str entfernt; diese werden nicht benötigt. In Zeile 4 wird ein
Textfeld erstellt, das anschließend mit Hilfe eines TextFormat-
Objekts (Zeile 11) formatiert wird. Zeile 10 weist das Datum und
den Titel dem Textfeld zu.

Per Mausklick auf den Titel soll sich der Eintrag in einem neuen
Browserfenster öffnen; dafür sorgen die Zeilen 15 und 16. Zeile
19 positioniert das Textfeld auf der y-Achse. Dazu wird die Höhe
des Movieclips feedContainer.feedContent ermittelt und das
Textfeld wird entsprechend positioniert . Zum Schluss wird es in
Zeile 20 der Anzeigeliste hinzugefügt.

Jetzt müssen wir noch die Beschreibung des Eintrags hinzufügen. Lassen Sie den genauen Ablauf noch einmal Revue passieren:
Zunächst wird einmal die Funktion formatTitle aufgerufen, die
den ersten Titel des ersten Eintrags ausgibt. Anschließend wird
die folgende Funktion formatDesc einmal aufgerufen, die für die

Ausgabe der Beschreibung sorgt. Beim nächsten Durchlauf der for-Schleife wird wieder ein Titel erstellt usw.

6 Die Beschreibung des Eintrags referenzieren, formatieren und ausgeben

Ergänzen Sie den Code nun noch um folgende Zeilen:

```
1:    function formatDesc(index:uint):void {
2:        var itemDesc:String=feedData.channel.
          item[index].description;
3:        var descTxt:TextField = new TextField();
4:        descTxt.width=330;
5:        descTxt.multiline=true;
6:        descTxt.wordWrap=true;
7:        descTxt.backgroundColor = 0xE6E6E6;
8:        descTxt.background = true;
9:        descTxt.htmlText = itemDesc;
10:        var descFormat:TextFormat = new TextFor-
          mat();
11:        descFormat.font="Arial";
12:        descFormat.size=10;
13:        descTxt.setTextFormat(descFormat);
14:        descTxt.autoSize=TextFieldAutoSize.LEFT;
15:        descTxt.y=feedContainer.feedContent.height;
16:        feedContainer.feedContent.addChild(descTxt);
17:    }
```

Die Funktion formatDesc hat eine sehr ähnliche Funktionsweise wie die Funktion formatTitle. Der Hauptunterschied ist, dass hier in Zeile 2 die Beschreibung des Eintrags und nicht der Titel/ das Datum referenziert wird.

7 Fertig! Flash-Film testen

Testen Sie den Flash-Film über Strg/⌘+↵. Wenn Sie den Flash-Film lokal ausführen, sollten die drei aktuellsten Einträge jetzt ausgegeben werden. Falls Sie den Flash-Film jedoch auf einen Webserver laden, kann der RSS-Feed aufgrund einer fehlenden Cross-Domain-Policy vermutlich nicht geladen werden. Wie Sie dennoch auf den RSS-Feed zugreifen, erfahren Sie im folgenden Workshop.

◄ Abbildung 18.4
Der RSS-Feed im Flash Player

Schritt für Schritt: RSS-Feed serverseitig einlesen und an den Flash-Film übergeben

In diesem Workshop wird erläutert, wie Sie mit Hilfe der serverseitigen Skriptsprache PHP einen RSS-Feed einlesen und dann an den Flash-Film übergeben. Dadurch umgehen Sie die Einschränkung durch eine fehlende Cross-Domain-Policy. Sie sollten diese Methode nur verwenden, wenn Sie sicher sind, dass Sie den RSS-Feed auf diese Weise nutzen dürfen. Voraussetzungen für die Nutzung des PHP-Skripts ist ein Webserver mit PHP-Unterstützung. Zusätzlich muss die PHP-Umgebung »curl« unterstützen. Abbildung 1.4 zeigt den grundlegenden Ablauf der Datenübertragung.

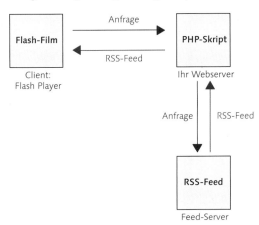

◄ Abbildung 18.5
Der Ablauf der Datenübertragung

1 PHP-Skript öffnen/speichern

Öffnen Sie das PHP-Skript *proxy.php* aus dem Verzeichnis *RSS_Feed_Crossdomain*, und speichern Sie es in ein Verzeichnis ab. Das Skript liest den RSS-Feed serverseitig ein und gibt es über die

Methode echo aus. In der zweiten Zeile des Skripts ist die Variable $url definiert. Falls Sie einen anderen Feed auslesen möchten, ändern Sie den Wert der Variablen entsprechend.

2 Den Flash-Film anpassen

Öffnen Sie den Flash-Film *rssFeed_01.fla* aus dem Verzeichnis *RSS_Feed_Crossdomain*, wählen Sie das erste Schlüsselbild aus, und öffnen Sie das Fenster AKTIONEN. In diesem Beispiel soll der RSS-Feed nicht mehr direkt geladen werden. Zeile 4 ändern Sie von

```
var myRequest:URLRequest=new URLRequest("http://rss.
golem.de/rss.php?feed=RSS2.0");
```

in

```
var myRequest:URLRequest=new URLRequest("proxy.php");
```

3 Speichern, veröffentlichen und auf den Webserver laden

Speichern und veröffentlichen Sie den Flash-Film in das Verzeichnis, in dem auch das PHP-Skript liegt, und laden Sie beides auf Ihren Webserver hoch. Trotz fehlender Cross-Domain-Policy auf dem Server kann der RSS-Feed jetzt von Ihrer Domain eingelesen werden.

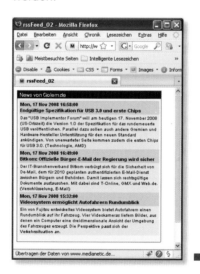

Abbildung 18.6 ▶
Auch vom Webserver einer anderen Domain lässt sich der RSS-Feed jetzt laden.

18.3 XML bearbeiten

Sowohl geladene als auch in ActionScript erzeugte XML-Strukturen lassen sich auf unterschiedliche Weise bearbeiten.

18.3.1 Werte ändern

Das Ändern von Werten ist ähnlich einfach und unkompliziert wie die Ermittlung des Wertes eines Elements oder Attributs. Wenn Sie den Wert eines Textknotens ändern möchten, können Sie diesen, wie zuvor beschrieben, sehr einfach referenzieren und dem Element einen neuen Wert zuweisen. Angenommen, es liegt folgende XML Struktur vor:

```
var xml:XML =
<adressbuch>
    <item id="0">
        <name>Jim</name>
        <nachname>Schmidt</nachname>
    </item>
</adressbuch>;
```

Um beispielsweise den Wert des Textknotens name zu ändern, verwenden Sie folgenden Code:

```
xml.item[0].name="Johnny";
```

Auf dieselbe Weise ändern Sie auch Werte von Attributen; der folgende Code ersetzt den Wert des Attributs id durch »1«:

```
xml.item[0].@id = "1";
```

18.3.2 Elemente hinzufügen

Um Elemente einzufügen, stehen Ihnen unterschiedliche Methoden zur Verfügung, die im Folgenden erläutert werden. Zunächst können Sie über die Methode appendChild ein Element am Ende einer XML-Hierarchie hinzufügen. Angenommen, es liegt folgende XML-Struktur vor:

```
var xml:XML =
<adressbuch>
    <item >
        <name>Jim</name>
        <nachname>Schmidt</nachname>
    </item>
</adressbuch>;
```

Um dann beispielsweise ein neues item-Element inklusive der Unterelemente am Ende einzufügen, definieren Sie zunächst ein neues XML-Objekt wie folgt:

```
var newNode:XML =
<item>
    <name>John</name>
    <nachname>Smith</nachname>
</item>
```

Anschließend hängen Sie das XML-Objekt newNode an das vorhandene XML-Objekt xml an:

```
xml.appendChild(newNode);
```

Daraus resultiert dann das aktualisierte XML-Objekt xml mit folgender Struktur:

```
<adressbuch>
  <item>
    <name>Jim</name>
    <nachname>Schmidt</nachname>
  </item>
  <item>
    <name>John</name>
    <nachname>Smith</nachname>
  </item>
</adressbuch>
```

Falls Sie für den Wert eines Elements den Wert einer Variablen einsetzen möchten, schreiben Sie den Variablenbezeichner in geschweiften Klammern ({ und }):

```
var myPlace:String = "München";
var newNode:XML =
<wohnort>{myPlace}</wohnort>
xml.item[0].appendChild(newNode);
```

Wenn Sie ein neues Element vor einem bestimmten Element einfügen möchten, nutzen Sie dazu die Methode prependChild. Um beispielsweise einen neuen Textknoten id nicht hinter dem Element nachname, sondern vor dem Element name einzufügen, könnten Sie folgenden Code verwenden:

```
var newNode:XML =
<id>0</id>
xml.item[0].prependChild(newNode);
```

Untergeordneten Textknoten einfügen

Auf dieselbe Art und Weise können Sie natürlich an jeden beliebigen Knoten auch einen untergeordneten Textknoten einfügen. Um beispielsweise unter dem ersten Element item einen neuen Textknoten wohnort einzufügen, könnten Sie folgenden Code verwenden:

```
var newNode:XML =
<wohnort>München</wohnort>
xml.item[0].
appendChild(newNode);
```

Durch die Ihnen bereits bekannte Referenzierung können Sie so an jeder beliebigen Stelle einen neuen Knoten erstellen. Der folgende Code würde dazu führen, dass ein neuer Knoten `owner` vor dem ersten `item` Element eingefügt wird:

```
var newNode:XML =
<owner>Max Mustermann</owner>
xml..prependChild(newNode);
```

18.3.3 Elemente entfernen

Es gibt verschiedene Techniken, um sowohl Textknoten als auch Attribute zu entfernen. Dabei besteht die eigentliche Aufgabe darin, einen Knoten bzw. ein Attribut zu referenzieren. Sie entfernen den Knoten bzw. das Attribut dann über die Methode `delete`. Ausgangsbasis soll folgende XML-Struktur sein:

```
var xml:XML =
<products>
    <item>
        <name typ="Obst">Äpfel</name>
    </item>
    <item>
        <name typ="Gemüse">Bohnen</name>
    </item>
    <item>
        <name typ="Obst">Bananen</name>
    </item>
</products>;
```

Wenn Sie beispielsweise das zweite `item`-Element löschen möchten, könnten Sie die Methode `delete` wie folgt nutzen:

```
delete xml.item[1];
```

Daraufhin wird das zweite `item`-Element inklusive des untergeordneten Knotens `name` entfernt.

Es kann vorkommen, dass Sie den Index eines Elements, das Sie entfernen möchten, nicht kennen. Sie wissen vielleicht jedoch den Wert des Elements, z.B. den Wert eines Textknotens und den Wert des Attributs. Mit Hilfe der Methode `contains` stellen Sie fest, ob ein bestimmter Knoten einen bestimmten Wert enthält. Um beispielsweise herauszufinden, ob der Wert des untergeordneten Knotens `name` des ersten `item`-Elements gleich `<name typ="Obst">Äpfel</name>` ist, nutzen Sie folgenden Code:

Attribut hinzufügen

Wenn Sie einem Element ein neues Attribut hinzuzufügen möchten, benötigen Sie keine Methode. Um beispielsweise im ersten Element `item` ein neues Attribut `id` mit dem Wert 0 einzufügen, könnten Sie folgenden Code verwenden:

```
xml.item[0].@id="0";
```

Attribut löschen

Wenn Sie das Attribut `typ` des dritten `item`-Elements löschen wollen, könnten Sie dazu folgenden Code verwenden:

```
delete xml.item[2].name.@typ;
```

```
trace(xml.item[0].name.contains(<name
typ="Obst">Äpfel</name>));
```

Die Ausgabe wäre in diesem Fall gleich `true`. Angenommen, Sie haben folgende vereinfachte XML-Struktur:

```
var xml:XML =
<products>
<item>
<name>Äpfel</name>
</item>
<item>
<name>Bohnen</name>
</item>
<item>
<name>Bananen</name>
</item>
</products>;
```

Sie möchten das `item`-Element löschen, dessen Unterknoten `name` den Wert »Bananen« besitzt. Dazu ließe sich eine `for`-Schleife nutzen, die jedes `item`-Element der XML-Struktur durchläuft und eine Referenzierung jedes Elements ermöglicht. Über die Methode `contains` könnten Sie dann leicht feststellen, welches untergeordnete Element den angegebenen Wert besitzt, und das übergeordnete `item`-Element dann entfernen.

```
for(var i:uint = 0;i<xml.item.length();i++) {
    if(xml.item[i].name.contains(<name>Bananen
    </name>)) {
        delete xml.item[i];
    }
}
```

Alternative Abfrage

Sollte das Element `<name>` über ein Attribut verfügen, würde es nicht entfernt, wenn Sie das Attribut bei der Abfrage nicht auch explizit angeben. Alternativ können Sie die Abfrage auch wie folgt formulieren:

```
for (var i:uint = 0; i<xml.
item.length(); i++) {
  if (xml.item[i].name.
text() == "Bananen") {
    delete xml.item[i];
  }
}
```

In diesem Fall würde das Element `<name>` mit dem Wert »Bananen« auch dann entfernt, wenn es ein Attribut besäße.

18.4 XML speichern

In einigen Anwendungsbereichen möchte man ein XML-Dokument laden, in Flash verändern und anschließend wieder abspeichern. Wenn Sie das XML-Dokument lokal auf Ihrem Rechner abspeichern möchten, können Sie dazu die `FileReference`-Klasse (ab Flash Player 10), siehe dazu Kapitel 19, »FileReference«, verwenden. In den meisten Fällen möchte man das XML-Dokument jedoch auf dem Server abspeichern. Dazu wird ein serverseitiges Skript benötigt. Wie Sie ein XML-Dokument in Flash laden, ändern und serverseitig abspeichern, erfahren Sie im folgenden Workshop.

Schritt für Schritt: XML-Dokument laden, ändern und mittels eines serverseitigen Skripts wieder speichern

In dem folgenden Workshop wird erläutert, wie Sie ein Adressbuch auf XML-Basis entwickeln. Das Adressbuch können Sie beispielsweise auf Ihrem Webserver installieren und unabhängig davon, wo Sie sich befinden, darauf zugreifen. Voraussetzung ist ein Webserver mit PHP-Unterstützung.

1   Flash-Film öffnen

Öffnen Sie den Flash-Film *adressbuch_01.fla* aus dem Verzeichnis *18\Adressbuch*. Der Flash-Film enthält verschiedene TEXTINPUT-Komponenten, eine LIST-Komponente, eine TEXTAREA-Komponente und drei BUTTON-Komponenten, denen bereits entsprechende Instanznamen zugewiesen wurden.

18\Adressbuch\adressbuch_01.fla

◄ **Abbildung 18.7**
Die Ausgangsbasis

2   tabIndex der Textfelder definieren und Funktion zum Zurücksetzen der Textfeldinhalte schreiben

Weisen Sie dem ersten Schlüsselbild zunächst folgenden Code zu:

```
1:    import fl.events.ListEvent;
2:    var xml:XML;
3:    function init():void {
4:        name_txt.tabIndex=1;
5:        vorname_txt.tabIndex=2;
6:        strasse_txt.tabIndex=3;
7:        plz_txt.tabIndex=4;
```

```
8:      ort_txt.tabIndex=5;
9:      land_txt.tabIndex=6;
10:     tel_txt.tabIndex=7;
11:     email_txt.tabIndex=8;
12:     notes_txt.tabIndex=9;
13:     loadData();
14:     }
15:     function resetFields():void {
16:     name_txt.text="";
17:     vorname_txt.text="";
18:     strasse_txt.text="";
19:     plz_txt.text="";
20:     ort_txt.text="";
21:     land_txt.text="";
22:     tel_txt.text="";
23:     email_txt.text="";
24:     notes_txt.text="";
25:     }
26:     init();
```

Zunächst wird die Klasse ListEvent aus dem Paket fl.events importiert (Zeile 1). Sie wird später benötigt, um einen Ereignis-Listener für die LIST-Komponente zu definieren. Das Objekt xml (Zeile 2) wird die XML-Daten enthalten. Es wird außerhalb von Funktionen definiert, so dass Sie in jeder folgenden Funktion darauf zugreifen können. Die zu Beginn aufgerufene Funktion init legt den tabIndex der Textfelder fest, so dass Sie per ⇥-Taste durch die einzelnen Textfelder navigieren können. Danach wird die Funktion loadData (Zeile 13) aufgerufen, die im folgenden Schritt definiert wird. Die Funktion resetFields ist eine Hilfsfunktion, die die Werte der Textfelder zurücksetzt.

3 XML-Dokument laden

Ergänzen Sie den Code um folgende Zeilen:

```
1:      function loadData():void {
2:      resetFields();
3:      var myDate:Date = new Date();
4:      var timestamp:uint=myDate.getTime();
5:      var myLoader:URLLoader = new URLLoader();
6:      var myRequest:URLRequest=new URLRequest
        ("data.xml?"+timestamp);
7:      myLoader.addEventListener(Event.COMPLETE,
        dataLoaded);
```

```
8:      myLoader.addEventListener(IOErrorEvent.IO_
        ERROR,ioErrorHandler);
9:      myLoader.addEventListener(SecurityErrorEvent.
        SECURITY_ERROR,securityErrorHandler);
10:     myLoader.addEventListener(HTTPStatusEvent.
        HTTP_STATUS,httpStatusHandler);
11:     myLoader.load(myRequest);
12:   }
```

Die Funktion `loadData` setzt alle Werte der Textfelder zurück und lädt dann das XML-Dokument *data.xml*, das im selben Verzeichnis liegen sollte. Das XML-Dokument finden Sie auf der DVD – es enthält zwei Beispieleinträge. Das Adressbuch ist so geschrieben, dass es immer mindestens einen Eintrag beinhalten muss. Sie sollten also zunächst mindestens einen Eintrag manuell erstellen.

18\Adressbuch\data.xml

4 Ereignisprozeduren definieren

Ergänzen Sie den Code um folgende Zeilen:

```
1:    function dataLoaded(e:Event):void {
2:        xml=XML(e.target.data);
3:        initList();
4:    }
5:    function ioErrorHandler(e:IOErrorEvent):void {
6:        status_txt.text="IO-Error";
7:    }
8:    function securityErrorHandler(e:SecurityError
      Event):void {
9:    status_txt.text="Security-Error";
10:   }
11:   function httpStatusHandler(e:HTTPStatusEvent):
      void {
12:   status_txt.text="HTTP-Status: "+e.status;
13:   }
```

Sobald das XML-Dokument geladen ist, wird die Ereignisprozedur `dataLoaded` aufgerufen, die die XML-Daten dem Objekt `xml` zuweist und anschließend die Funktion `initList` aufruft. Anschließend folgen drei weitere Ereignisprozeduren, die den Ladestatus überprüfen und gegebenenfalls Meldungen im Textfeld »status_txt« ausgeben.

5 List-Komponente füllen

Fügen Sie folgende Zeilen ein:

```
1:    function initList():void {
2:        for (var i:uint = 0; i<xml.entry.length();
          i++) {
3:            var name:String=xml.entry[i].name;
4:            var vorname:String=xml.entry[i].vorname;
5:            nameList.addItem({label:name+", "+vorname});
6:        }
7:        nameList.addEventListener(ListEvent.ITEM_CLICK,
          showEntryData);
8:    }
```

Die Funktion initList sorgt dafür, dass die *List*-Komponente mit den jeweiligen Nachnamen und Vornamen gefüllt wird. Dazu wird die Methode addItem innerhalb einer for-Schleife verwendet (Zeile 5). Sobald der Benutzer auf ein Element der List-Komponente klickt, wird die Funktion showEntryData aufgerufen. Dazu wird ein entsprechender Ereignis-Listener (Zeile 7) definiert.

6 Den Adressbucheintrag in den Textfeldern ausgeben

Ergänzen Sie den Code um folgende Zeilen:

```
1:    function showEntryData(e:ListEvent):void {
2:        var myIndex:uint=e.index;
3:        name_txt.text=xml.entry[myIndex].name;
4:        vorname_txt.text=xml.entry[myIndex].vorname;
5:        strasse_txt.text=xml.entry[myIndex].strasse;
6:        plz_txt.text=xml.entry[myIndex].plz;
7:        ort_txt.text=xml.entry[myIndex].ort;
8:        land_txt.text=xml.entry[myIndex].land;
9:        tel_txt.text=xml.entry[myIndex].tel;
10:       email_txt.text=xml.entry[myIndex].email;
11:       notes_txt.text=xml.entry[myIndex].notes;
12:   }
```

In der Funktion showEntryData werden die Werte der XML-Elemente referenziert und in den entsprechenden Textfeldern ausgegeben. Als Index wird der Wert der Eigenschaft index des ListEvent-Objekts verwendet. Klickt der Benutzer beispielsweise auf den ersten Eintrag der Liste, ist der Index gleich 0.

7 **Funktionen zum Hinzufügen oder Löschen eines Eintrags definieren**

Ergänzen Sie den Code um folgende Zeilen:

```
1:    del_mc.addEventListener(MouseEvent.CLICK,
      deleteEntry);
2:    function deleteEntry(e:MouseEvent):void {
3:       var myIndex:uint=nameList.selectedIndex;
4:       delete xml.entry[myIndex];
5:       if (xml.entry.length()==0) {
6:          status_txt.text="Das Adressbuch muss mehr
          als 1 Eintrag besitzen.";
7:       } else {
8:          saveXML(null);
9:       }
10:   }
11:   add_mc.addEventListener(MouseEvent.CLICK,
      addEntry);
12:   function addEntry(e:MouseEvent):void {
13:      var newNode:XML =
14:      <entry>
15:      <name>{name_txt.text}</name>
16:      <vorname>{vorname_txt.text}</vorname>
17:      <strasse>{strasse_txt.text}</strasse>
18:      <plz>{plz_txt.text}</plz>
19:      <ort>{ort_txt.text}</ort>
20:      <land>{land_txt.text}</land>
21:      <tel>{tel_txt.text}</tel>
22:      <email>{email_txt.text}</email>
23:      <notes>{notes_txt.text}</notes>
24:      </entry>;
25:      xml.appendChild(newNode);
26:      saveXML(null);
27:   }
```

▲ **Abbildung 18.8**
Einträge kann der User später
über diesen Button löschen.

Klickt der Benutzer auf den Button »del_mc«, wird die Funktion deleteEntry aufgerufen. Zeile 3 ermittelt den Index des zuvor ausgewählten Eintrags über die Eigenschaft selectedIndex der LIST-Komponente. Anschließend wird das entsprechende Element des XML-Objekts entfernt (Zeile 4). Wie bereits erwähnt, ist das Adressbuch so angelegt, dass es mindestens einen Eintrag geben muss. Das aktualisierte XML-Dokument wird nur gespeichert, wenn die Anzahl der entry-Elemente größer 0 ist; dafür sorgt die if-Bedingung in Zeile 5–9. Nur bei mindestens einem enthaltenen Element wird die Funktion saveXML aufgerufen, die später noch definiert wird.

Die Funktion addEntry wird aufgerufen, wenn der Benutzer auf den Button »add_mc« klickt. In dem Fall wird ein neues XML-Objekt newNode erstellt und ihm die XML-Struktur mit den Daten der Textfelder zugewiesen. Anschließend hängt die Methode appendChild das XML-Objekt newNode an das vorhandene XML-Objekt xml an (Zeile 25), und das XML-Dokument wird durch Aufruf der Funktion saveXML gespeichert (Zeile 26).

8 Funktion zum Ändern eines vorhandenen Eintrags definieren

Ergänzen Sie den Code um folgende Zeilen:

```
1:    save_mc.addEventListener(MouseEvent.CLICK,
      saveEntry);
2:    function saveEntry(e:MouseEvent):void {
3:        var myIndex:uint=nameList.selectedIndex;
4:        xml.entry[myIndex].name=name_txt.text;
5:        xml.entry[myIndex].vorname=vorname_txt.text;
6:        xml.entry[myIndex].strasse=strasse_txt.text;
7:        xml.entry[myIndex].plz=plz_txt.text;
8:        xml.entry[myIndex].ort=ort_txt.text;
9:        xml.entry[myIndex].land=land_txt.text;
10:       xml.entry[myIndex].tel=tel_txt.text;
11:       xml.entry[myIndex].email=email_txt.text;
12:       xml.entry[myIndex].notes=notes_txt.text;
13:       saveXML(null);
14:    }
```

Die Funktion saveEntry wird aufgerufen, wenn der Benutzer auf den Button »save_mc« klickt. In dem Fall sollen Änderungen eines bereits vorhandenen Eintrags gespeichert werden.

Dazu werden dem aktuellen Element der XML-Daten, dem Element mit dem Index nameList.selectedIndex, die jeweiligen Daten der Textfelder zugewiesen. Durch Aufruf der Funktion saveXML (Zeile 13) wird das XML-Dokument gespeichert.

9 Das XML-Dokument speichern

Ergänzen Sie den Code abschließend noch um folgende Zeilen:

```
1:    function saveXML(e:MouseEvent):void {
2:        var myDate:Date = new Date();
```

```
3:        var timestamp:uint=myDate.getTime();
4:        var myLoader:URLLoader = new URLLoader();
5:        myLoader.dataFormat=URLLoaderDataFormat.
          VARIABLES;
6:        myLoader.addEventListener(Event.
          COMPLETE,dataSaved);
7:        var myRequest:URLRequest=new URLRequest
          ("saveXML.php?"+timestamp);
8:        myRequest.method=URLRequestMethod.POST;
9:        var myVars:URLVariables = new URLVariables();
10:       myVars.myxml=xml;
11:       myRequest.data=myVars;
12:       myLoader.load(myRequest);
13:    }
14:    function dataSaved(e:Event):void {
15:       nameList.removeAll();
16:       loadData();
17:       status_txt.text="Daten gespeichert";
18:    }
```

Die Funktion saveXML wird nachdem Einfügen, Ändern und
Löschen eines Eintrags aufgerufen. Sie sendet die XML-Daten mit
Hilfe eines URLLoader-Objekts an das PHP-Skript *saveXML.php*.
Das Skript finden Sie auf der DVD.

Nachdem das Skript die Daten empfangen hat, speichert es
sie im selben Verzeichnis unter *data.xml* ab und gibt einen Wert
zurück an den Flash-Film. Der Flash-Film wiederum ruft dann die
Funktion dataSaved, die zunächst alle Einträge der LIST-Komponente über die Methode removeAll löscht (Zeile 15) und dann
die Methode loadData aufruft, um das aktualisierte XML-Dokument neu zu laden.

10 Dateien hochladen und Adressbuch testen
Laden Sie sowohl den Flash-Film als auch das XML-Dokument
und das PHP-Skript auf Ihren Webserver hoch, und testen Sie das
Adressbuch. Zur Sicherheit sollten Sie das Adressbuch in einem
passwortgeschütztes Verzeichnis ablegen.

Ergebnis der Übung:
18\Adressbuch\adressbuch_02.fla

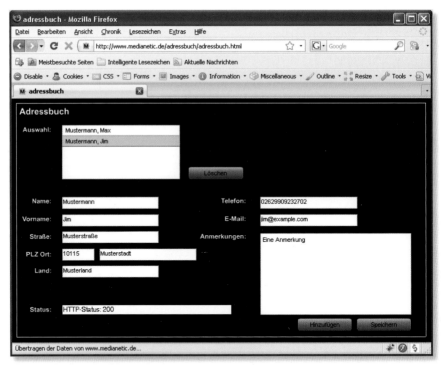

▲ **Abbildung 18.9**
Das fertige Adressbuch im Firefox-Browser

11   Gegebenenfalls Schreibrechte setzen

Falls die Anwendung nicht wie gewünscht funktioniert, ändern Sie die Schreibrechte der Datei *data.xml* mit einem FTP-Client.

Abbildung 18.10 ▶
Schreibrechte setzen, hier mit dem FTP-Client FileZilla

19 FileReference

Seit Flash 8 gibt es die sogenannte `FileReference`-Klasse, die im Flash Player 10 noch einmal deutlich erweitert und verbessert wurde. Mit der `FileReference`-Klasse können Sie lokal Dateien lesen und speichern, Dateien von einem Server herunterladen und auch unter Einsatz eines serverseitigen Skripts Dateien auf einen Server hochladen. In diesem Kapitel lernen Sie die einzelnen Anwendungsbereiche und die Funktionsweise kennen.

19.1 Öffnen und Speichern

Das Öffnen von lokalen Dateien und das lokale Speichern sind neue Funktionen, die nur im Flash Player ab Version 10 einsetzbar sind. Sie können beliebige Daten in den Flash Player laden. Der einfachste Fall ist Text, der z. B. geladen, bearbeitet und wieder abgespeichert werden kann. So lässt sich beispielsweise ein vollständiger Texteditor ohne größeren Aufwand in Flash entwickeln. Aber auch Bilder können geladen, verändert und abgespeichert werden. Zunächst müssen Sie ein Objekt der `FileReference`-Klasse initialisieren: `var fr:FileReference = new FileReference();`

Über die Methode `browse` öffnen Sie dann ein Dateibrowser-Fenster öffnen: `fr.browse();`

Wenn eine Datei ausgewählt ist, was sich durch die Registrierung eines Ereignis-Listeners abfragen lässt, können Sie diese über die Methode `load` in den Flash Player laden: `fr.load();`

Besonders wichtig sind in diesem Zusammenhang dann zwei Ereignis-Listener, über die Sie auf die Ereignisse `Event.SELECT` und `Event.COMPLETE` reagieren können. Das Ereignis `Event.SELECT` wird ausgelöst, wenn eine Datei ausgewählt wurde. Zu diesem Zeitpunkt können Sie dann die Datei in den Flash Player laden.

[Ereignisse, Ereignis-Listener und Ereignisprozeduren]
Ein Ereignis-Listener wird an einem Objekt registriert und wartet – hört (engl. »listen«) – auf das Auftreten eines bestimmten Ereignisses, bezogen auf dieses Objekt. Tritt das Ereignis auf, wird die angegebene Ereignisprozedur aufgerufen.

Das Ereignis `Event.COMPLETE` wird aufgerufen, wenn eine Datei vollständig in den Flash Player geladen wurde.

Die grundlegenden Methoden und Ereignis-Listener haben Sie jetzt kennengelernt. Wie sich diese Grundlagen in der Praxis anwenden lassen, erfahren Sie im folgenden Workshop.

Ein Textdokument in den Flash Player laden und ausgeben

In diesem Workshop wird erläutert, wie Sie ein lokal auf Ihrer Festplatte gespeichertes Textdokument in den Flash Player laden und in einer TextArea-Komponente ausgeben können.

19\FileReference_LoadSave\ load_save_01.fla

1 **Flash-Film öffnen**

Öffnen Sie den Flash-Film *loadSave_01.fla*. Es wurden bereits zwei Button-Komponenten mit den Instanznamen »open_mc« und »save_mc« sowie eine TextArea-Komponente mit dem Instanznamen »myText« angelegt.

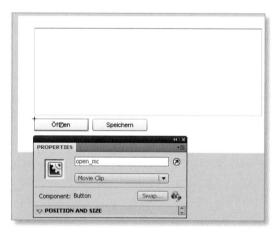

Abbildung 19.1 ▶
Die Ausgangssituation

2 **Ereignis-Listener registrieren und Ereignisprozedur schreiben**

Klickt der Benutzer auf den Button ÖFFNEN, soll sich ein Dateibrowser öffnen, um eine Datei auszuwählen. Dazu registrieren wir für den Button »open_mc« einen entsprechenden Ereignis-Listener und schreiben eine Ereignisprozedur. Fügen Sie folgenden Code ein:

```
open_mc.addEventListener(MouseEvent.CLICK,openFile);
function openFile(e:MouseEvent):void {
    fr_in.browse();
}
```

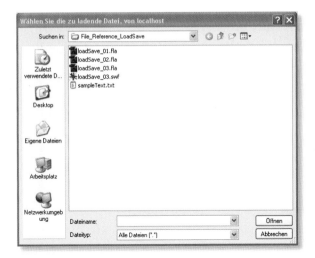

◄ **Abbildung 19.2**
Über die Methode browse öffnen
Sie ein Standard-Dateibrowser-
Fenster.

3 Datei in den Flash Player laden

Sobald eine Datei ausgewählt wurde, soll diese in den Flash Player
geladen werden. Dazu erstellen wir zunächst ein FileReference-
Objekt und definieren einen Ereignis-Listener, der die Funktion
openHandler aufruft, sobald eine Datei selektiert wurde. Ergänzen Sie den Code wie folgt:

```
var fr_in:FileReference = new FileReference();
fr_in.addEventListener(Event.SELECT,openHandler);
function openHandler(e:Event):void {
    fr_in.load();
}
```

4 Den geladenen Text im Textfeld ausgeben

Sobald die Datei vollständig in den Flash Player geladen wurde,
soll der Inhalt im Textfeld »myText« ausgegeben werden. Auch
benötigen wir wieder einen Ereignis-Listener und eine Ereignisprozedur. Ergänzen Sie den Code um folgende Zeilen:

```
fr_in.addEventListener(Event.COMPLETE,completeHandler);
function completeHandler(e:Event):void {
    myText.text = fr_in.data.readUTFBytes(fr_in.data.
    length);
}
```

Die Methode readUTFBytes liest die im Argument angegebene
Anzahl UTF-8-Bytes aus und gibt einen String zurück. In diesem
Fall entspricht der Wert dem Inhalt der Datei. Der zurückgegebene Wert wird der Eigenschaft text des Textfeldes »myText«
zugewiesen.

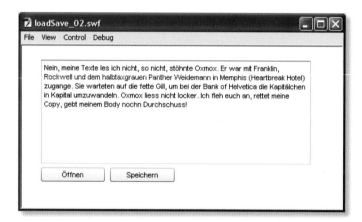

Abbildung 19.3 ▶
Das Ergebnis nach dem Laden des
Textes

Ergebnis der Übung:
*19\FileReference_LoadSave\load_
save_02.fla*

5 Fertig!

Fertig! Sie können den Flash-Film jetzt testen.

Wie Sie ein Textdokument in den Flash Player laden, ausgeben
und bearbeiten, haben Sie jetzt kennengelernt. Im folgenden
Workshop wird erläutert, wie Sie den geladenen Text, nachdem
Sie in bearbeitet haben, wieder lokal auf Ihrer Festplatte abspeichern. ■

*19\FileReference_LoadSave\
load_save_02.fla*

Schritt für Schritt: Daten lokal abspeichern

Dieser Workshop demonstriert, wie Sie Daten aus dem Flash Player lokal abspeichern.

1 Flash-Film öffnen

Öffnen Sie den Flash-Film *loadSave_02.fla*. Ein Button zum Speichern mit dem Instanznamen »save_mc« wurde bereits angelegt.

2 Ereignis-Listener registrieren

Sobald der Benutzer auf den Button klickt, soll sich ein
Dateibrowser öffnen, über den der Text dann abgespeichert werden kann. Dazu registrieren wir zunächst einen Ereignis-Listener
für den Button »save_mc«. Ergänzen Sie den Code dazu um folgende Zeile:

```
save_mc.addEventListener(MouseEvent.CLICK,saveFile);
```

3 Text abspeichern

Beachten Sie, dass ein `FileReference`-Objekt jeweils nur für
einen Lade-/Speicher-/Download- oder Uploadvorgang benutzt
werden kann. In diesem Beispiel wurde bereits ein `FileRefe-`

rence-Objekt `fr_in` zum Laden eingesetzt. Zum Speichern wird ein neues Objekt benötigt. Wir initialisieren es, und definieren eine Ereignisprozedur `saveFile` wie folgt:

```
var fr_out:FileReference = new FileReference();
function saveFile(e:MouseEvent):void {
    fr_out.save(myText.text,fr_in.name);
}
```

Die Funktion `save` zum Speichern von Daten erwartet zwei Argumente. Das erste Argument entspricht den Daten, die gespeichert werden sollen. Das zweite entspricht einem Dateinamen, der standardmäßig benutzt werden soll. Hier verwenden wir dazu über die Eigenschaft `name` des ersten `FileReference`-Objekts `fr_in` den ursprünglichen Dateiname. Dieser kann jedoch auch noch im Dateibrowser geändert werden.

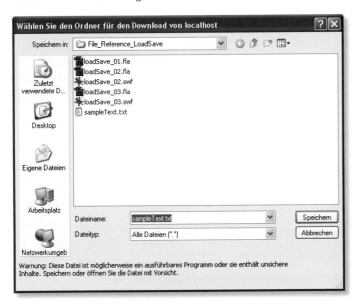

◀ **Abbildung 19.4**
Die Daten werden standardmäßig unter dem definierten Dateinamen gespeichert.

4 Fertig!

Das Beispiel ist komplett. Sie können jetzt Textdateien laden, editieren und wieder speichern. Hinweis: Auf Mac-Computern könnte es vorkommen, dass der Text, wenn er unter dem gleichen Dateinamen abgespeichert wird, den zuvor gespeicherten Text nicht ersetzt, sondern an den zuvor gespeicherten Text angehängt wird. Es handelt sich dabei um einen Fehler, der ausschließlich auf Mac-Computern auftritt. Das Problem scheint nur den Flash Player der Entwicklungsumgebung zu betreffen, also nicht ein Flash-Player-Plug-in eines Browsers. ■

 Ergebnis der Übung:
19\FileReference_LoadSave\load_save_03.fla

19.2 Download

Down- und Upload seit Flash 8
Sowohl der Download als auch
der Upload von Dateien ist bereits
seit Flash 8 (Flash Player 8) möglich.

Zunächst kann man sich die Frage stellen, warum eine Downloadfunktion sinnvoll ist. Dateien lassen sich grundsätzlich über
`navigateToURL`, also wie normale Links über den Browser, herunterladen. Es gibt einige Situationen, bei denen ein Download
über die `FileReference`-Klasse sinnvoll ist. Beispielsweise lässt
sich ein eigener Download-Fortschrittbalken innerhalb eines
Flash-Films erstellen, und Daten, wie z. B. PDF-Dokumente oder
Bilder, die mit einer Anwendung, etwa dem Acrobat Reader oder
Browser, verknüpft sind, werden nicht mehr direkt in der Anwendung geöffnet, sondern tatsächlich heruntergeladen und können
unabhängig vom Browser als Datei in ein ausgewähltes Verzeichnis gespeichert werden.

**Zwischenspeicherung
verhindern**

Um das lokale Zwischenspeichern (engl. »caching«), von
heruntergeladenen Dateien zu
verhindern, wird an die URL ein
Zeitstempel angehängt.

Download-Funktion | Die Anwendung ist dabei denkbar ein-
fach. Zunächst initialisieren Sie ein `FileReference`-Objekt und
ein `URLRequest`-Objekt wie folgt:

```
var fr:FileReference = new FileReference();
var myDate:Date = new Date();
var timestamp:uint = myDate.getTime();
var myRequest:URLRequest = new URLRequest("http://
www.ihreDomain.de/test.pdf? "+timestamp);
```

Anschließend definieren Sie einen Standard-Dateinamen, der
zum Speichern verwendet wird, und initiieren den Download
über die `download` Methode wie folgt:

```
var fileName:String = "test.pdf";
fr.download(myRequest,fileName);
```

Abbildung 19.5 ▶
Wie erwartet öffnet sich ein
Dateibrowser-Fenster, über das
der Benutzer den Zielpfad und
Dateinamen auswählen kann.

Über die Ereignisse Event.COMPLETE und ProgressEvent.PRO-
GRESS stellen Sie fest, wann die Datei vollständig heruntergeladen wurde, und ermitteln während des Downloads auch den
Fortschritt. Dazu werden entsprechende Ereignis-Listener definiert:

```
fr.addEventListener(Event.COMPLETE,dlCompleted);
fr.addEventListener(ProgressEvent.PROGRESS,
showProgress);
function dlCompleted(e:Event):void {
    trace("Der Download ist abgeschlossen.");
}
function showProgress(e:ProgressEvent):void {
    var loaded:Number = e.bytesLoaded;
    var total:Number = e.bytesTotal;
    var prozent:uint = Math.round((loaded/total)*100);
    trace(prozent);
}
```

Download via FileReference-Klasse mit Fortschrittsbalken

In diesem Workshop wird die Downloadfunktion der FileReference-Klasse an einem praktischen Beispiel erläutert.

*19\FileReference_Download\
Download_01.fla*

1 **Flash-Film öffnen**

Öffnen Sie den Flash-Film *download_01.fla*. In den Film wurden
bereits eine ComboBox-Komponente »myList_mc«, eine Button-
Komponente »download_mc«, eine ProgressBar-Komponente
»progress_mc« sowie ein dynamisches Textfeld »status_txt«
angelegt.

2 **Den Downloadvorgang starten**

Fügen Sie folgenden Code in das erste Schlüsselbild der Ebene
»Actions« ein:

```
1:    var fr:FileReference = new FileReference();
2:    progress_mc.visible = false;
3:    download_mc.addEventListener(MouseEvent.CLICK,
      clickHandler);
4:    function clickHandler(e:MouseEvent):void {
5:        status_txt.text = "";
6:        var myDate:Date = new Date();
7:        var timestamp:uint = myDate.getTime();
8:        var myFileName:String = myList_
          mc.selectedItem.label;
```

```
9:      var myRequest:URLRequest = new URLRequest
        ("http://www.ihreDomain.de/"+myFileName+
        "?"+timestamp);
10:     fr.download(myRequest,myFileName);
11:   }
```

Zunächst wird in Zeile 1 ein FileReference-Objekt initialisiert.
Zeile 2 macht den Fortschrittsbalken unsichtbar. Am Movieclip-
Objekt »download_mc« wird ein Ereignis-Listener registriert, der
die Ereignisprozedur clickHandler aufruft, sobald der Benutzer
auf den Movieclip klickt. Die Ereignisprozedur initiiert den Down-
loadvorgang. Denken Sie daran, die URL in Zeile 9 zu ändern,
so dass sie auf das Verzeichnis zeigt, in dem die Dateien liegen.
Laden Sie die Bilder *image01.jpg*, *image02.jpg* und *image03.jpg* auf
Ihren Server hoch. Der Dateiname wird anhand des selektierten
Elements der ComboBox-Komponente in Zeile 8 ermittelt.

3 Den Fortschritt anzeigen
Ergänzen Sie den Code nun um folgende Zeilen:

```
1:    fr.addEventListener(Event.COMPLETE,dlCompleted);
2:    fr.addEventListener(ProgressEvent.PROGRESS,
      showProgress);
3:    function dlCompleted(e:Event):void {
4:       progress_mc.visible=false;
5:       status_txt.text="Der Download ist
         abgeschlossen.";
6:    }
7:    function showProgress(e:ProgressEvent):void {
8:       var loaded:Number=e.bytesLoaded;
9:       var total:Number=e.bytesTotal;
10:      progress_mc.visible=true;
11:      progress_mc.setProgress(loaded,total);
12:   }
```

Zunächst werden in Zeile 1 und 2 Ereignis-Listener registriert.
Die Ereignisprozedur dlCompleted wird aufgerufen, sobald die
Datenübertragung vollständig abgeschlossen ist. Dann wird der
Fortschrittsbalken ausgeblendet (Zeile 4)und eine entsprechende
Meldung ausgegeben(Zeile 5). Die Ereignisprozedur showPro-
gress (Zeile 7) wird wiederholt aufgerufen, während die
Datenübertragung läuft. Über die Eigenschaften bytesLoaded
und bytesTotal kann der Fortschritt ermittelt werden. Diese
beiden Werte werden an die Methode setProgress des Fort-

schrittsbalkens übergeben (Zeile 11), so dass der dieser den Fortschritt entsprechend anzeigt. In Zeile 10 wird der Fortschrittsbalken eingeblendet, da er zu Beginn noch ausgeblendet war.

4 **Fertig!**

Testen Sie jetzt den Flash-Film über $\boxed{\text{Strg}}$/$\boxed{\text{⌘}}$+$\boxed{\leftarrow}$. ∎

Ergebnis der Übung:
*19\FileReference_Download\
Download_01.fla*

19.3 Upload

Seit Flash 8 besteht die Möglichkeit, Daten mit Hilfe einer serverseitigen Skriptsprache und HTTP über Flash auf einen Webserver hochzuladen. Anwendungsbereiche dafür gibt es viele, wie beispielsweise die Erstellung eines vollständigen CMS (Content Management Systems) auf Basis von Flash oder auch Einzelanwendungen, wie z. B. ein Gästebuch, auf dem Besucher neben dem üblichen Texteintrag auch Bilder oder Audio-/Video-Material hochladen können.

Einen Upload über die `FileReference`-Klasse zu ermöglichen, ist im Prinzip ähnlich einfach wie beim Download. Damit Sie Dateien auf einen Server hochladen können, muss ein serverseitiges Skript die Dateien entgegennehmen und nach Abschluss der Datenübertragung auf dem Server speichern.

Zunächst müssen Sie ein `FileReference`-Objekt initialisieren und einen Ereignis-Listener registrieren, der eine Funktion aufruft, sobald eine Datei zum Upload ausgewählt wurde:

Serverseitige Verarbeitung
Wie ein solches Skript aussehen kann und wie es funktioniert, wird später noch anhand eines Beispiels in PHP erläutert.

```
var fr:FileReference = new FileReference();
fr.addEventListener(Event.SELECT,selectHandler);
```

Sie haben die Möglichkeit, die Auswahl von Dateien auf Basis der Dateiendung einzuschränken. Dazu dient ein sogenanntes `FileFilter`-Objekt, über das Sie Dateiendungen festlegen. Es werden im Dateibrowser-Fenster dann nur die Dateien mit den angegebenen Endungen angezeigt. Im folgenden Beispiel werden nur Bilddateien akzeptiert. Das definierte `FileFilter`-Objekt wird dann an die Methode `browse` des `FileReference`-Objekts übergeben.

```
var imageFilter:FileFilter = new FileFilter("Bilder",
"*.jpg;*.gif;*.png");
fr.browse([imageFilter]);
```

Diese Vorgehensweise empfiehlt sich, wenn Sie die Uploadfunktion nicht nur für sich selbst nutzen möchten. Sie sollten bei einer offenen Benutzergruppe unbedingt verhindern, dass Benutzer serverseitige Skripte, wie z. B. PERL- oder PHP-Skripte, hochladen können. Zusätzlich sollten Sie jedoch weitere Maßnahmen ergreifen, um dies zu verhindern. Dazu später mehr. Wenn Sie mehrere FileFilter-Objekte definieren möchten, z. B. Textdokumente, gehen Sie wie folgt vor:

```
var imageFilter:FileFilter = new FileFilter("Bilder",
"*.jpg;*.gif;*.png");
var txtFilter:FileFilter = new
FileFilter("Textdokumente","*.txt;*.doc;*.pdf");
fr.browse([imageFilter,txtFilter]);
```

Abbildung 19.6 ▶
Die Anzeige der Dateien im Dateibrowser wurde durch zwei definierte FileFilter-Objekte eingeschränkt.

Hinweis
In den folgenden Beispielen wird als serverseitige Skriptsprache PHP verwendet. Sie benötigen für die Beispiele also einen Webserver mit PHP-Unterstützung. Grundsätzlich können Sie für den Upload von Daten mit Flash jedoch auch eine andere serverseitige Skriptsprache nutzen, wie z. B. PERL oder ASP.

Jetzt müssen Sie noch den Uploadvorgang initiieren. Dazu definieren Sie die Ereignisprozeduren selectHandler und completeHandler wie folgt:

```
function selectHandler(e:Event):void {
    var myDate:Date = new Date();
    var timestamp:uint = myDate.getTime();
    var myRequest:URLRequest = new URLRequest("http://
    www.ihreDomain.de/uploadFile.php?"+timestamp);
    fr.upload(myRequest);
    fr.addEventListener(Event.COMPLETE,completeHandler);
}
function completeHandler(e:Event):void {
    trace("Der Upload ist abgeschlossen.");
}
```

Sobald eine Datei ausgewählt wurde, wird die Funktion selectHandler aufgerufen, die zunächst ein URLRequest-Objekt definiert und dann über die Methode upload des FileReference-Objekts den Uploadvorgang startet. Die Daten werden an ein serverseitiges Skript, hier *uploadFile.php*, übertragen. Sobald der Upload abgeschlossen ist, wird die Ereignisprozedur completeHandler aufgerufen und eine entsprechende Meldung ausgegeben.

Das PHP-Skript, das die Daten in diesem Beispiel empfängt, sieht wie folgt aus:

```php
<?php
$myDir = "files/";
foreach ($_FILES as $fieldName => $file) {
    move_uploaded_file($file['tmp_name'],
$myDir.$file['name']);
    $myTempFile = $myDir.$file['name'];
    chmod($myTempFile,0777);
}
?>
```

Zunächst wird ein Verzeichnis definiert, in das die Datei, sobald sie vollständig empfangen wurde, gespeichert wird, in diesem Fall in das Verzeichnis *files/*. Das Skript eignet sich grundsätzlich auch zum Empfangen von mehreren Dateien. Alle Dateien können über die autoglobale $_FILES angesprochen werden. Mit Hilfe einer foreach-Schleife werden alle Dateien unter ihrem ursprünglichen Dateinamen in das Zielverzeichnis verschoben. Anschließend wird die hochgeladene Datei zur Sicherheit mit den Rechten 0777 versehen, damit der Zugriff von beliebiger Stelle sichergestellt ist.

Dateirechte

Bevor Sie die Uploadfunktion nutzen können, müssen Sie die Zugriffsrechte des Verzeichnisses, in das die hochgeladenen Dateien gespeichert werden, gegebenenfalls anpassen. Die Zugriffsrechte ändern Sie dazu so, dass jeder Benutzer Dateien in das Verzeichnis schreiben kann. Das lässt sich beispielsweise direkt mit Dreamweaver CS4 oder auch mit anderen FTP-Clients bewerkstelligen. In Dreamweaver CS4 klicken Sie dazu das Verzeichnis auf dem Webserver mit der rechten Maustaste an und wählen aus dem Kontextmenü den Menüpunkt BERECHTIGUNGEN FESTLEGEN. Geben Sie dann im unteren Textfeld die Ziffernfolge »732« ein, die den benötigen Zugriffsrechten entspricht.

19.3.1 Methoden

Sie haben bereits die verschiedenen Methoden der FileReference-Klasse kennengelernt. In der folgenden Tabelle sind die wichtigsten Methoden noch einmal aufgeführt.

▼ **Tabelle 19.1**
Die wichtigsten Methoden der FileReference-Klasse

Methode	Beispiel	Beschreibung
browse	```...
fr.browse();
...```	Ruft das Browserfenster zur Auswahl einer Datei auf. Optional übergeben Sie ein FileFilter- Objekt als Argument.
cancel	```...
fr.cancel();
...```	Bricht alle Up- bzw. Downloads des FileReference-Objekts ab.
download	```var myFileName:String = "standardDateiname.jpg";
var myRequest:URLRequest = new URLRequest("bild.jpg");
fr.download(myRequest,myFileName);```	Öffnet ein Dateibrowser-Fenster, über das der Benutzer die angegebene Datei speichern kann. Das zweite Argument ist ein Standard-Dateiname, unter dem die Datei standardmäßig gespeichert wird.
load	```var fr_in:FileReference = new FileReference();
fr_in.addEventListener(Event.SELECT,openHandler);
function openHandler(e:Event):void {
fr_in.load();
}```	Beginnt mit dem Laden einer lokalen Datei, die der Benutzer zuvor ausgewählt hat.

Methode	Beispiel	Beschreibung

save	`var fr_out:FileReference = new FileReference();`
	`function saveFile(e:MouseEvent):void {`
	    `fr_out.save("meinText","text_datei.txt");`
	`}`
		Öffnet ein Dateibrowser-Fenster, über das der Benutzer eine Datei speichern kann.

upload	`...`
	`var myRequest:URLRequest = new`
	`URLRequest("uploadFile.php");`
	`fr.upload(myRequest);`
	`...`
		Überträgt eine Datei, die an ein `FileReference`-Objekt verknüpft ist, an das angegebene Skript.

▲ **Tabelle 19.1**
Die wichtigsten Methoden der
FileReference-Klasse (Forts.)

19.3.2 Ereignis-Listener

Sie haben jetzt bereits die grundlegenden Methoden kennengelernt, um eine Datei über Flash und PHP hochzuladen. Sollte es
bei der Datenübertragung zu Fehlern kommen, können Sie diese
über folgende Ereignisse abfragen:

▶ `IOErrorEvent.IO_ERROR`: Wird beispielsweise aufgerufen,
  wenn eine Datei nicht eingelesen oder auf dem Server gespeichert werden konnte.

▶ `HTTPStatusEvent.HTTP_STATUS`: Wird aufgerufen, wenn der
  Uploadvorgang fehlgeschlagen ist und der Server einen HTTP-
  Statuscode zurückgibt.

▶ `SecurityErrorEvent.SECURITY_ERROR`: Wird bei einer Sand-
  box-Verletzung des Flash Players aufgerufen, beispielsweise
  wenn das serverseitige Skript zum Upload einer Datei auf
  einer andern Domain als der Flash-Film selbst liegt und keine
  Cross-Domain-Policy definiert wurde.

Um die Fehler abzufragen, sollten Sie entsprechende Ereignis-
Listener registrieren und Ereignisprozeduren definieren:

```
fr.addEventListener(IOErrorEvent.IO_ERROR,
ioErrorHandler);
fr.addEventListener(SecurityErrorEvent.SECURITY_ERROR,
securityHandler);
fr.addEventListener(HTTPStatusEvent.HTTP_STATUS,
httpStatusHandler);
function ioErrorHandler(e:IOErrorEvent):void {
    trace("IO-Error");
}
function securityHandler(e:SecurityErrorEvent):void {
    trace("Security Error");
}
```

```
function httpStatusHandler(e:HTTPStatusEvent):void {
    trace("HTTPStatus-Error: "+e.status);
}
```

Darüber hinaus gibt es noch weitere Ereignisse, die Sie zur Kontrolle nutzen können. In der folgenden Tabelle sind die wichtigsten Ereignisse der FileReference-Klasse aufgeführt.

Ereignis	Beispiel	Beschreibung

Event.CANCEL	`fr.addEventListener(Event.CANCEL,cancelHandler);`
	`function cancelHandler(e:Event):void {`
	`    trace("Auswahl abgebrochen");`
	`}`
		Wird aufgerufen, wenn der Benutzer einen Vorgang im Dialogfeld zum Suchen von Dateien abbricht.

Event.COMPLETE	`fr.addEventListener(Event.COMPLETE,`
	`completeHandler);`
	`function completeHandler(e:Event):void {`
	`    trace("Upload abgeschlossen.");`
	`}`
		Wird aufgerufen, wenn ein Vorgang abgeschlossen wird oder wenn HTTP-Status »200, OK« zurückgegeben wird.

HTTPSTATUSEvent. httpStatus	`fr.addEventListener(HTTPStatusEvent.HTTP_`
	`STATUS,httpStatusHandler);`
	`function httpStatusHandler(e:HTTPStatusEvent`
	`):void {`
	`    status_txt.text = "HTTPStatus-Error: "+e.`
	`status;`
	`}`
		Wird aufgerufen, wenn ein HTTP-Status empfangen wird.

IOErrorEvent. ioError	`fr.addEventListener(IOErrorEvent.IO_ERROR,`
	`ioErrorHandler);`
	`function ioErrorHandler(e:IOErrorEvent):void {`
	`    trace("IO-Error");`
	`}`
		Wird aufgerufen, wenn ein Ein- oder Ausgabefehler auftritt.

Event.OPEN	`fr.addEventListener(Event.OPEN,openHandler);`
	`function openHandler(e:Event):void {`
	`    trace("Vorgang gestartet");`
	`}`
		Wird beim Start eines Vorgangs ausgelöst.

ProgressEvent. PROGRESS	`fr.addEventListener(ProgressEvent.`
	`PROGRESS,showProgress);`
	`function showProgress(e:ProgressEvent):void`
	`{`
	`    var loaded:Number = e.bytesLoaded;`
	`    var total:Number = e.bytesTotal;`
	`    var prozent:Number = Math.round((loaded/`
	`total)*100);`
	`    trace(prozent);`
	`}`
		Wird mehrmals ausgelöst, während ein Vorgang läuft.

▲ **Tabelle 19.2**
Die wichtigsten Ereignisse der FileReference-Klasse

Ereignis	Beispiel	Beschreibung
SecurityErrorEvent. SECURITY_ERROR	```fr.addEventListener(SecurityErrorEvent. SECURITY_ERROR,securityHandler); function securityHandler(e: SecurityErrorEvent):void { trace("Security Error"); }```	Wird ausgelöst, wenn versucht wurde, eine Datei herunterzuladen oder hochzuladen, die außerhalb der Sicherheits-Sandbox liegt. Das ist beispielsweise der Fall, wenn versucht wird, eine Datei einer anderen Domain ohne Cross-Domain-Policy herunterzuladen.
Event.SELECT	```fr.addEventListener(Event. SELECT,selectHandler); function selectHandler(e:Event):void { trace(fr.name); }```	Wird ausgelöst, wenn eine Datei ausgewählt wurde.
DataEvent.UPLOAD_ COMPLETE_DATA	```fr.addEventListener(DataEvent. UPLOAD_COMPLETE_DATA,uploadComplete); function uploadComplete(e:DataEvent):void { trace(e.data); }```	Wird ausgelöst, wenn ein Upload erfolgreich abgeschlossen wurde und der Server Daten an den Flash-Film zurückgibt.

▲ **Tabelle 19.2**
Die wichtigsten Ereignisse der FileReference-Klasse (Forts.)

19.3.3 Eigenschaften

Im Folgenden sind die wichtigsten Eigenschaften der FileReference-Klasse aufgeführt. Um beispielsweise den Dateinamen einer Datei zu ermitteln, die mit einem FileReference-Objekt verknüpft ist, könnten Sie folgende Zeile nutzen:

```
trace(fr.name);
```

Eigenschaft	Datentyp	Beispiel	Ausgabe	Beschreibung
creationDate	Date	trace(fr. creationDate);	Mon Apr 28 14:09:59 GMT+0200 2008	das Erstellungsdatum der Datei auf der Festplatte
modificationDate	Date	trace(fr. modificationDate);	Mon Apr 28 14:09:59 GMT+0200 2008	das Datum, an dem die Datei zum letzten Mal geändert wurde
name	String	trace(fr.name);	45154751402.jpg	der Dateiname inklusive Dateiendung
size	Number	trace(fr.size);	4351	die Dateigröße in Bytes
type	String	trace(fr.type);	.jpg	die Dateiendung (auf Windows-Rechnern, auf Mac-Computern ist der Wert gleich null)

▲ **Tabelle 19.3**
Eigenschaften der FileReference-Klasse

19.3.4 Dateiendungen überprüfen

Wie Sie bereits gelernt haben, können Sie ein oder mehrere File-Filter-Objekte definieren, um so die Auswahl der Dateien für den Upload einzuschränken. Diese Einschränkung ist allerdings nicht besonders wirksam, da sich innerhalb des Dateibrowsers Dateiendungen wieder ändern lassen. Diese werden dann auch für den Upload akzeptiert. Das bedeutet, ein ursprüngliches PHP-Skript *delete.php* könnte vor dem Upload in *delete.jpg* umbenannt werden und dann innerhalb des Dateibrowsers wieder in *delete.php*, siehe Abbildung 19.7.

◀ **Abbildung 19.7**
In einem Schritt wird aus einer Bilddatei im Dateibrowser schnell ein möglicherweise gefährliches PHP-Skript.

Sie sollten deshalb zur Sicherheit die Endungen der Dateien, die für den Upload ausgewählt wurden, sowohl client- als auch serverseitig überprüfen, um sicherzustellen, dass keine ungewünschten Dateien auf den Server hochgeladen werden können.

Die Upload-Methode nutzen und Dateien clientseitig auf ihre Dateiendungen hin überprüfen

In diesem Workshop wird erläutert, wie Sie die Upload-Methode der Klasse FileReference in der Praxis einsetzen und wie Sie clientseitig die Dateiendung einer Datei überprüfen.

1 Flash-Film öffnen

Öffnen Sie den Flash-Film *upload_01.fla*. Im Flash-Film wurde ein dynamisches Textfeld »file_txt« angelegt, in dem der Dateiname nach der Auswahl angezeigt wird. Außerdem gibt es eine ProgressBar-Komponente »progressBar_mc«, die später den Fortschritt

19\FileReference_Upload\ upload_01.fla

des Uploadvorgangs darstellen soll. Ein dynamisches Textfeld »status_txt« zeigt Status- und Fehlermeldungen an. Die Button-Komponenten »select_mc« und »upload_mc« dienen zum Auswählen bzw. Uploaden der Datei.

2 FileReference-Objekt initialisieren und Datei auswählen

Wählen Sie das erste Schlüsselbild der Ebene »Actions« aus, und fügen Sie zunächst folgenden Code ein:

```
1:   var fr:FileReference = new FileReference();
2:   function init():void {
3:       select_mc.addEventListener(MouseEvent.CLICK,
         selectFile);
4:       upload_mc.addEventListener(MouseEvent.CLICK,
         uploadFile);
5:       progressBar_mc.visible = false;
6:   }
7:   function selectFile(e:MouseEvent):void {
8:       fr.addEventListener(Event.SELECT,
         selectHandler);
9:       var imageFilter:FileFilter = new FileFilter
         ("Bilder", "*.jpg;*.gif;*.png");
10:      var txtFilter:FileFilter = new FileFilter
         ("Textdokumente","*.txt;*.doc;*.pdf");
11:      fr.browse([imageFilter,txtFilter]);
12:  }
13:  function selectHandler(e:Event):void {
14:      file_txt.text = fr.name;
15:  }
```

Sie haben alle hier verwendeten Methoden bereits kennengelernt. Sobald der Benutzer auf den Button »select_mc« klickt, wird die Funktion selectFile aufgerufen. Diese definiert in Zeile 9 und 10 zwei FileFilter-Objekte und öffnet in Zeile 11 dann das Dateibrowser-Fenster zum Auswählen der Datei. Sobald eine Datei ausgewählt wurde, wird die Funktion selectHandler (Zeile 13) aufgerufen, die den Dateinamen im Textfeld »file_txt« ausgibt.

3 Die Dateiendung überprüfen und die Datei hochladen

Klickt der Benutzer auf den Button »upload_mc«, wird die Funktion uploadFile aufgerufen. Ergänzen Sie den Code im ersten Schlüsselbild nun um folgende Zeilen:

```
1:    function uploadFile(e:MouseEvent):void {
2:        var pos:uint = fr.name.lastIndexOf(".");
3:        var ext:String = fr.name.substr(pos).
          toLowerCase();
4:        if(ext != ".jpg" && ext !=".gif" && ext!=".
          png" && ext !=".txt" && ext !=".doc" && ext
          !=".pdf") {
5:            status_txt.text = "Die Dateiendung ist
              nicht erlaubt.";
6:        } else {
7:            var myDate:Date = new Date();
8:            var timestamp:uint = myDate.getTime();
9:            var myRequest:URLRequest = new URLRequest
              ("http://www.ihreDomain.de/uploadFile_
              original.php?"+timestamp);
10:           fr.upload(myRequest);
11:           fr.addEventListener(Event.
              COMPLETE,completeHandler);
12:           fr.addEventListener(IOErrorEvent.IO_ERROR,
              ioErrorHandler);
13:           fr.addEventListener(SecurityErrorEvent.
              SECURITY_ERROR,securityHandler);
14:           fr.addEventListener(HTTPStatusEvent.HTTP_
              STATUS,httpStatusHandler);
15:       }
16:   }
```

▲ **Abbildung 19.8**
Die fertige Datei-Upload-Anwendung

In Zeile 2 wird die Position des letzten Punkts . im Dateinamen ermittelt. Auf Basis der Position wird dann über die Methode `substr` ein Teil des Dateinamens extrahiert – ausgehend vom Punkt bis zum Ende des Dateinamens. Es wird also die Dateiendung inklusive des Punkts zurückgegeben, z.B. *.png*. Damit die Dateiendung einfach überprüft werden kann, wird sie über die Methode `toLowerCase` in Kleinbuchstaben konvertiert (Zeile 3)

Zeile 4 überprüft, ob der Wert der Variablen `ext` einer der zulässigen Dateiendungen entspricht. Ist das nicht der Fall, zeigt das Textfeld `status_txt` einen entsprechenden Hinweis an (Zeile 5). Ist die Dateiendung zulässig, wird der Uploadvorgang gestartet (ab Zeile 7). Es fehlen nur noch einige Ereignisprozeduren, die im nächsten Schritt eingefügt werden.

4 Ereignisprozeduren definieren

Ergänzen Sie den Code um folgende Zeilen:

```
1:   function completeHandler(e:Event):void {
2:       status_txt.text = "Upload abgeschlossen.";
3:   }
4:   function ioErrorHandler(e:IOErrorEvent):void {
5:       status_txt.text = "IOError";
6:   }
7:   function securityHandler(e:SecurityErrorEvent):
     void {
8:       status_txt.text = "Security Error";
9:   }
10:  function httpStatusHandler(e:HTTPStatusEvent):
     void {
11:      status_txt.text = "HTTPStatus-Error: "+e.
         status;
12:  }
13:  init();
```

Die Ereignisprozeduren kennen Sie bereits. Sobald der Upload abgeschlossen ist, wird die Ereignisprozedur `completeHandler` aufgerufen, die eine entsprechende Meldung im Textfeld »status_txt« ausgibt.

Die darauffolgenden Ereignisprozeduren werden bei entsprechenden Fehlern aufgerufen und zeigen gegebenenfalls eine Fehlermeldung im Textfeld »status_txt« an. Zeile 13, die letzte Zeile des Codes, ruft die Funktion `init` auf.

5 Fertig!

Ergebnis der Übung:
*19\FileReference_Upload\
Upload_02.fla*

Damit ist der Workshop abgeschlossen. Sie können den Flash-Film jetzt testen. Denken Sie daran, das Skript *uploadFile_original. php* vorher auf Ihren Webserver zu laden und die Domain im Code entsprechend anzupassen.

Bevor es darum gehen soll, die Dateiendung zusätzlich serverseitig zu überprüfen, erläutert der nächste Workshop, wie Sie den Fortschritt des Uploadvorgangs ausgeben können. ∎

Schritt für Schritt: Den Fortschritt des Uploadvorgangs anzeigen

*19\FileReference_Upload\
upload_02.fla*

Dieser Workshop zeigt, wie Sie den Fortschritt des Uploadvorgangs mit Hilfe einer ProgressBar-Komponente anzeigen.

1 Flash-Film öffnen

Öffnen Sie den Flash-Film *upload_02.fla*.

Ereignis-Listener registrieren

Ändern Sie den Code ab Zeile 24 wie folgt (Änderungen sind fettgedruckt):

```
fr.upload(myRequest);
fr.addEventListener(ProgressEvent.PROGRESS,showProgress);
fr.addEventListener(Event.COMPLETE,completeHandler);
```

Ereignisprozedur definieren

Fügen Sie am Ende des Codes folgende Zeilen ein:

```
function showProgress(e:ProgressEvent):void {
    var loaded:Number = e.bytesLoaded;
    var total:Number = e.bytesTotal;
    progressBar_mc.visible = true;
    progressBar_mc.setProgress(loaded,total);
}
```

Die Ereignisprozedur showProgress wird mehrmalig aufgerufen, während der Uploadprozess läuft. Es werden die bisher hochgeladenen Bytes und die gesamte Größe der Datei in Bytes ermittelt und entsprechenden Variablen zugewiesen. Die ProgressBar-Komponente wird sichtbar gemacht, und ihr wird der Fortschritt auf Grundlage der ermittelten Byte-Werte zugewiesen.

ProgressBar-Komponente ausblenden

Nachdem der Upload erfolgreich abgeschlossen ist, soll die ProgressBar-Komponente wieder unsichtbar gemacht werden. Ergänzen Sie den Code dazu wie folgt (Änderungen sind fett gedruckt):

```
function completeHandler(e:Event):void {
    status_txt.text = "Upload abgeschlossen.";
    progressBar_mc.visible = false;
}
```

▲ **Abbildung 19.9**
Die Datei *delete.jpg* wird gerade hochgeladen.

Fertig!

Sie können den Flash-Film jetzt auch in Flash selbst über Strg/⌘+↵ testen, müssen jedoch darauf achten, dass das PHP-Skript auf Ihrem Webserver liegt und der Pfad zum Skript im Code stimmt.

Um das Beispiel gegenüber nicht erwünschten Dateien abzusichern, sollten Sie die Dateiendung auch serverseitig überprüfen. Die Vorgehensweise dafür wird im folgenden Workshop erläutert. ■

 **Ergebnis der Übung:**
*19\FileReference_Upload\
Upload_03.fla*

Schritt für Schritt: Upload: Dateiendung serverseitig überprüfen

1 Das PHP-Skript anpassen

Öffnen Sie das PHP-Skript *uploadFile_original.php* mit einem beliebigen Editor Ihrer Wahl.

2 Dateiendung ermitteln

Als Erstes schreiben Sie eine Funktion getExt, die einen Dateinamen erwartet und die Dateiendung des Dateinamens zurückgibt. Fügen Sie dazu nach der ersten Zeile <?php folgende Zeilen ein:

```php
function getExt($myName) {
    $pos = strpos($myName,".")+1;
    $ext = substr($myName,$pos,3);
    $ext = strtolower($ext);
    return $ext;
}
```

3 Überprüfung der Dateiendung

Jetzt soll mit Hilfe der Funktion jede hochgeladene Datei auf ihre Dateiendung hin überprüft werden. Dazu ändern Sie den Code wie folgt geändert (Änderungen sind fettgedruckt):

```php
1:   $myDir = "files/";
2:   foreach ($_FILES as $fieldName => $file) {
3:       $myFileExt = getExt($file['name']);
4:       if($myFileExt != "jpg" && $myFileExt != "png"
         && $myFileExt != "gif" &&
5:       $myFileExt != "txt" && $myFileExt!= "doc" &&
         $myFileExt != "pdf") {
6:           die("Dateiendung ungültig.");
7:       } else {
8:       move_uploaded_file($file['tmp_name'], $myDir.
         $file['name']);
9:           $myTempFile = $myDir.$file['name'];
10:           chmod($myTempFile,0777);
11:      }
12:  }
```

Zeile 3 ermittelt die Dateiendung und weist sie der Variablen $myFileExt zu. Anschließend wird die Dateiendung in Zeile 4 auf gültige Werte hin überprüft. Sollte die Dateiendung gültig sein, wird in Zeile 8 die Datei in das Zielverzeichnis verschoben.

Andernfalls wird die Ausführung des Skripts über die Methode `die` in Zeile 6 beendet.

4 Fertig!

Speichern Sie das Skript unter *uploadFile.php* ab, und ändern Sie die URL im ActionScript-Code entsprechend. ∎

Ergebnis der Übung:
19\FileReference_Upload\upload-File.php

19.3.5 Upload – FAQ

Wenn Sie die Uploadfunktion für ein Projekt einsetzen möchten, sind je nach Anwendungsfall weitere Dinge beachtenswert, auf die im Folgenden in kompakter Form eingegangen wird.

Mögliche Fehlerquellen | In der Praxis hat sich herausgestellt, dass es gerade bei größeren Dateien oft Schwierigkeiten mit dem Upload gibt. Einige Anwender berichten, dass Uploads fehlschlagen, wenn die Dateigröße 2 MB überschreitet, andere Benutzer haben erst ab 8 MB oder mehr Probleme. In den meisten Fällen hängt dies mit den serverseitigen Einstellungen der Skriptsprache zusammen. In einigen wenigen Fällen sind auch anderweitige Servereinstellungen ein Grund für die Probleme. Sollten Sie ähnliche Schwierigkeiten haben, empfiehlt es sich, zunächst die üblichen Verdächtigen zu überprüfen. Falls Sie PHP einsetzen, erstellen Sie dazu zunächst ein PHP-Skript zur Ermittlung der PHP-Konfiguration Ihres Servers:

```php
<?php
    phpinfo();
?>
```

Laden Sie das Skript auf Ihren Server, und öffnen Sie es im Browser. Sie sollten folgende Einstellungen überprüfen, falls sich größere Dateien nicht hochladen lassen.

▶ **upload_max_filesize**: die maximal zulässige Dateigröße einer Datei beim Upload

▶ **post_max_size**: die maximal zulässige Dateigröße einer Datei, die via POST an den Server übertragen werden kann

▶ **max_execution_time**: Die maximale Ausführungszeit eines Skripts in Sekunden. Sollte der Uploadvorgang länger dauern als der Wert der Einstellung, wird der Uploadvorgang abgebrochen. Die Dauer hängt natürlich auch von der Bandbreite des Nutzers ab, der die Datei hochlädt.

▶ **memory_limit**: der Speicher in Bytes, der von einem Skript genutzt werden kann

---

100-Megabyte-Grenze

Laut Adobe ist der Upload von Dateien mit bis zu 100 Megabyte möglich. In vielen Fällen eignen sich die Servervoraussetzungen bzw. -einstellungen jedoch nicht für so große Dateien. Nach eigenen Erfahrungen ist der Upload bei entsprechend hoher clientseitiger Bandbreite und Servereinstellungen auch mit noch größeren Dateien prinzipiell möglich.

► **max_input_time**: die maximale Zeit in Sekunden, die ein Skript zur Verarbeitung von eingehenden Daten verwenden kann

[!] php.ini

Beachten Sie bei Änderungen an der *php.ini*, dass sich Änderungen global auf Ihren Webserver und damit auf die Stabilität und Sicherheit auswirken können. Änderungen sollten Sie daher nur mit Bedacht, entsprechender Fachkenntnis und gegebenenfalls unter Rücksprache mit dem Hostinganbieter durchführen.

Ob und inwieweit Sie diese Einstellungen ändern können, hängt von Ihrem Hostinganbieter bzw. Ihrem Tarif ab. Die entsprechenden Einstellungen finden Sie in der *php.ini*, deren Pfad Sie unter »Configuration File (php.ini) Path« ermitteln. Falls Sie einen direkten Zugriff auf die Datei haben – zum Beispiel, wenn Sie einen eigenen Server betreiben –, können Sie die Werte dort entsprechend ändern.

Einzigartige Dateinamen | In den bisherigen Beispielen wurden Dateien mit gleichen Dateinamen serverseitig überschrieben. Um das zu verhindern, sind mehrere Möglichkeiten denkbar. Eine Lösung wäre, die Dateien eines bestimmten Verzeichnisses vorher auszulesen und vor dem Upload einer Datei zu überprüfen, ob eine gleichnamige Datei existiert. Der Benutzer könnte dann aufgefordert werden, die Datei selbst umzubenennen oder einen anderen Dateinamen festzulegen. Die einfachste Variante besteht darin, an den jeweiligen Dateinamen einen Zeitstempel anzuhängen. Dies lässt sich in PHP serverseitig wie folgt umsetzen:

```
...
$timestamp = time();
move_uploaded_file($file['tmp_name'], $myDir.
$timestamp."_".$file['name']);
...
```

Unix-Timestamp

Der Unix-Timestamp lässt sich nur auf Unix-basierten Webservern ermitteln. Sollten Sie beispielsweise einen Windows-basierten Server nutzen, müssen Sie eine alternative Funktion verwenden. Der Unix-Timestamp zeigt die Anzahl der abgelaufenen Sekunden seitdem 1.1.1970, 00:00 Uhr an.

Mit Hilfe der Funktion `time` wird ein Unix-Timestamp ermittelt und der Variablen `$timestamp` zugewiesen. Dieser Zeitstempel wird dann vor den Dateinamen eingefügt, so dass beispielsweise der Dateiname *1224502878_image0.jpg* entstünde.

Ein individuelles Verzeichnis verwenden | In einigen Fällen möchte man verschiedene Dateien in verschiedene Verzeichnisse hochladen bzw. das Verzeichnis clientseitig auswählen. Dazu können Sie das gewünschte Zielverzeichnis vom Flash Player an das serverseitige Skript übergeben. Das folgende Beispiel zeigt die Vorgehensweise. Zunächst definieren wir in ActionScript ein Verzeichnis und hängen es per POST an den `URLRequest` an:

```
1:  ...
2:  var myDate:Date = new Date();
```

```
3:          var timestamp:uint = myDate.getTime();
4:          var myRequest:URLRequest = new
            URLRequest("http://www.ihreDomain.de/
            uploadFile_neu.php?"+timestamp);
5:          var myVars:URLVariables = new
            URLVariables();
6:          myVars.myDir = "files2/";
7:          myRequest.method = URLRequestMethod.POST;
8:          myRequest.data = myVars;
9:          fr.upload(myRequest);
10:    ...
```

In Zeile 5 wird dazu ein URLVariables-Objekt definiert. Dem Objekt werden die Eigenschaft myDir und der Wert files2/ zugewiesen. Das Objekt wird dann in Zeile 8 der data-Eigenschaft des URLRequest-Objekts zugewiesen. Schließlich initiiert Zeile 9 den Upload. Im PHP-Skript müssen Sie nur eine Zeile anpassen. Ändern Sie die Zeile:

```
$myDir = "files/";
```

in:

```
$myDir = strip_tags($_POST['myDir']);
```

Sicherheitshinweis

Die Übertragung eines Zielverzeichnisses bringt ein potentielles Sicherheitsproblem mit sich: Denken Sie daran, dass bei entsprechenden Dateizugriffsrechten Dateien so in jedes beliebige Verzeichnis hochgeladen werden können.

Dateien eines Verzeichnisses auslesen | Vielleicht wollen Sie die existierenden Dateien eines Verzeichnisses zunächst in Flash ausgeben, bevor Sie einen Upload ermöglichen. Dazu benötigen Sie zunächst ein PHP-Skript, das die Dateien serverseitig ermittelt:

```
1:   <?php
2:      $dir = "files/";
3:      $dirhandle=opendir($dir);
4:      $counter =0;
5:      while($file=readdir($dirhandle)) {
6:        if($file!="." && $file!="..") {
7:           $counter++;
8:           $Dateien[$counter] = $file;
9:        }
10:      }
11:      $DateienString = implode(",",$Dateien);
12:      echo "meineDateien=$DateienString";
13:   ?>
```

▲ Abbildung 19.10
Mehrere Dateien für den Upload
auswählen

Das Skript erstellt eine durch Kommata getrennte Dateiliste des in Zeile 2 definierten Verzeichnisses. Zeile 12 gibt diese Dateiliste in folgender Form aus:

```
meineDateien=Download_01.png,Laden_03.
png,delete.jpg,delete2.jpg,delete3.jpg,delete3.
jpg_1224502818,1224502878_delete3.jpg,1224503433_de-
lete3.jpg
```

Das Skript rufen Sie dann in Flash wie folgt auf:

```
var myDate:Date = new Date();
var timestamp:uint = myDate.getTime();
var myRequest:URLRequest = new URLRequest("http://
www.ihreDomain.de/getFiles.php?"+timestamp);
var myLoader:URLLoader = new URLLoader();
myLoader.dataFormat = URLLoaderDataFormat.VARIABLES;
myLoader.addEventListener(Event.COMPLETE,
completeHandler);
myLoader.load(myRequest);
function completeHandler(e:Event):void {
    var myFiles:Array = new Array();
    myFiles = e.target.data.meineDateien.split(",");
    trace(myFiles[0]);
}
```

Über die Methode `split` wird die kommagetrennte Dateiliste in ein Array umgewandelt, so dass Sie beispielsweise über `myFiles[0]` auf den ersten Dateinamen der Liste zugreifen können.

FileReferenceList: Mehrere Dateien nacheinander hochladen | Grundsätzlich können Sie auch mehrere Dateien auswählen und nacheinander hochladen. Dafür lässt sich ein Objekt der `FileReferenceList`-Klasse verwenden. Eine `FileReference-List` ist im Prinzip nichts anderes als ein Array, dessen Felder Referenzen auf unterschiedliche `FileReference`-Objekte darstellen. Jedes dieser `FileReference`-Objekte ist mit einer Datei verknüpft. Das folgende Beispiel demonstriert die Vorgehensweise:

```
1:   var fileCounter:uint = 0;
2:   var myFileList:FileReferenceList = new
     FileReferenceList();
3:   var fr:FileReference = new FileReference();
```

```
4:    myFileList.addEventListener(Event.SELECT,
      selectHandler);
5:    myFileList.browse();
6:    function selectHandler(e:Event):void {
7:        startUpload(fileCounter);
8:    }
9:    function startUpload(fileNum:uint):void {
10:       if (fileNum<myFileList.fileList.length) {
11:           fr=myFileList.fileList[fileNum];
12:           var myDate:Date = new Date();
13:           var timestamp:uint = myDate.getTime();
14:           var myRequest:URLRequest = new
              URLRequest("http://www.ihreDomain.de/
              uploadFile.php?"+timestamp);
15:           fr.upload(myRequest);
16:           fr.addEventListener(Event.
              COMPLETE,completeHandler);
17:       } else {
18:           trace("Uploads abgeschlossen.");
19:       }
20:   }
21:   function completeHandler(e:Event):void {
22:       trace(fr.name + " hochgeladen.");
23:       fileCounter++;
24:       startUpload(fileCounter);
25:   }
```

In Zeile 1 wird eine Zählervariable definiert, die dem aktuellen Index der nächsten hochzuladenden Datei entspricht. Zeile 2 initialisiert ein FileReferenceList-Objekt, das später die Liste der ausgewählten Dateien enthält. Das in Zeile 3 definierte FileReference-Objekt wird dann zum Hochladen der jeweiligen Datei verwendet. Die Funktion startUpload (Zeile 10) erwartet ein Argument fileNum, das dem Index der hochzuladenden Datei entspricht. Nacheinander werden alle Dateien des FileReferenceList-Objekts hochgeladen. Nach dem erfolgreichen Upload einer Datei wird der Wert der Variablen fileCounter um eins erhöht (Zeile 23), und die Funktion startUpload (Zeile 24) wird erneut aufgerufen. Wurden alle Dateien hochgeladen, gibt Zeile eine entsprechende Meldung Zeile 18 aus.

Ein entsprechendes Beispiel dazu finden Sie auf der beiliegenden DVD unter 19\FileReferenceList\FileReferenceList.fla.

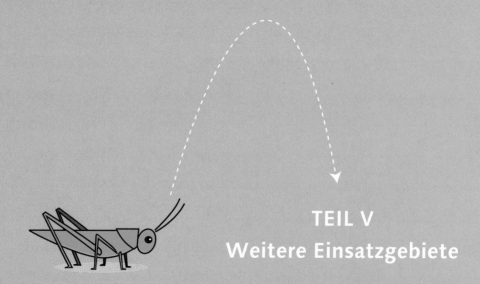

TEIL V
Weitere Einsatzgebiete

20 Spieleprogrammierung

Der Browserspielemarkt wächst von Jahr zu Jahr. Immer mehr Spiele werden auf Flash-Basis erstellt. Ausschlaggebend dafür ist einerseits die enorm angestiegene Leistungsfähigkeit des Flash Players (ActionScript 3) und andererseits, dass Spieleentwicklungsfirmen erkannt haben, dass der Flash Player eine geeignete Technik ist.

Sowohl Computerspiel- als auch Konsolenspiel-Klassiker wie z. B. »Donkey Kong«, »Snake«, »Katakis«, »Pong«, »Turrican«, »Tetris« oder digitale Adaptionen von Brett- und Kartenspielen wie Schach, Skat, Poker als auch technisch anspruchsvollere Spiele wie 3D-Rennspiele und 3D-Ego-Shooter können und werden inzwischen auf Flash-Basis entwickelt.

Dabei werden je nach Spielprinzip teilweise sehr viele unterschiedliche Techniken eingesetzt. Im Verlauf dieses Kapitels erläutern wir zunächst einige grundlegende Techniken und Spielelemente.

Abschließend finden Sie am Ende des Kapitels ein Beispiel und Erläuterungen dazu, wie Sie ein Spiel mit Flash entwickeln. Das Spiel ist bewusst einfach gehalten. Es kann jedoch mit Hilfe vieler einfach zu implementierender Ergänzungen deutlich interessanter gestaltet werden.

Spieleprogrammierung

Ein erfahrener Projektmanager aus der Computerspielbranche sagte einst sinngemäß den klugen Satz: »Es gibt Anwendungsentwickler, und es gibt Spieleentwickler.« Auf dem Markt gibt es tatsächlich nur weniger Entwickler, die sich professionell mit beiden Bereichen beschäftigen. Das liegt vermutlich daran, dass sowohl die inhaltliche als auch die strategische und die technische Herangehensweise bei der Spieleentwicklung und der Anwendungsentwicklung sehr unterschiedlich sind.

20.1 Interaktion

Ein wichtiger Bestandteil von Spielen ist die Interaktion, die klassisch meist über die Tastatur oder über die Maus erfolgt. Da die Interaktion oder die Steuerung je nach Spielprinzip sehr unterschiedlich ausfällt, erläutern wir im Folgenden ausschließlich die Grundlagen dazu.

Hinweis

Viele der nachfolgenden Elemente lassen sich auch in anderen Anwendungsbereichen einsetzen.

20.1.1 Tastatursteuerung

Zur Steuerung über die Tastatur können Sie sogenannte Keyboard-Ereignisse nutzen. Das Ereignis `KeyboardEvent.KEY_DOWN`

Um auf Keyboard-Ereignisse in einem Flash-Film reagieren zu können, der über die Entwicklungsumgebung getestet wird (STEUERUNG • FILM TESTEN), sollten Sie die Option STEUERELEMENT • TASTATURBEFEHLE DEAKTIVIEREN im Flash Player aktivieren. Andernfalls werden Tastatureingaben eventuell nicht erfasst.

▲ **Abbildung 20.1**
Tastaturbefehle deaktivieren

wird aufgerufen, wenn eine Taste gedrückt wurde. Das Ereignis KeyboardEvent.KEY_UP wird ausgelöst, wenn eine Taste wieder losgelassen wurde. Um auf ein Ereignis zu reagieren, registrieren Sie einen Ereignis-Listener an einem Objekt, das die Klasse InteractiveObject erweitert. In vielen Fällen wird ein solcher Ereignis-Listener an der Bühne (Stage-Objekt) registriert, wie im folgenden Beispiel zu sehen ist:

```
stage.addEventListener(KeyboardEvent.KEY_DOWN,
keyDownHandler);
stage.addEventListener(KeyboardEvent.KEY_UP,
keyUpHandler);
function keyDownHandler(e:KeyboardEvent):void {
    trace(e.keyCode + " gedrückt");
}
function keyUpHandler(e:KeyboardEvent):void {
    trace(e.keyCode + " losgelassen");
}
```

Über die Eigenschaft keyCode des an die Ereignisprozedur übergebenen KeyboardEvent-Objekts können Sie feststellen, welche Taste gedrückt wurde. Im Anhang dieses Buches finden Sie eine Auflistung über Tasten und ihre entsprechenden keyCode-Werte. Wenn Sie beispielsweise auf das Drücken der Pfeil-Tasten reagieren möchten, könnten Sie dazu folgenden Code verwenden:

```
stage.addEventListener(KeyboardEvent.KEY_DOWN,
keyDownHandler);
function keyDownHandler(e:KeyboardEvent):void {
    switch(e.keyCode) {
        case 37:
            trace("Linke Pfeiltaste");
            break;
        case 38:
            trace("Obere Pfeiltaste");
            break;
        case 40:
            trace("Untere Pfeiltaste");
            break;
        case 39:
            trace("Rechte Pfeiltaste");
            break;
    }
}
```

Um die Tastaturabfrage wieder zu beenden, etwa wenn das Spiel zu Ende ist, können Sie die Methode removeEventListener nutzen, um den Ereignis-Listener wieder zu entfernen (abzumelden):

```
stage.removeEventListener(KeyboardEvent.KEY_
DOWN,keyDownHandler);
```

20.1.2 Maussteuerung

Viele Spiele werden über die Maus gesteuert. Im Verlauf des Buches haben Sie bereits Ereignisse kennengelernt, die sich für eine Maussteuerung nutzen lassen. Im Folgenden erläutern wir noch einmal exemplarisch einige wichtige Mausereignisse.

Sie können Mausereignisse am Stage-Objekt selbst registrieren oder an bestimmten Objekten, wie z. B. einem Movieclip. Wenn Sie Mausereignisse am Stage-Objekt registrieren, können Sie z. B. feststellen, ob der Benutzer die Maustaste an einer beliebigen Stelle des Flash-Films gedrückt hat. Registrieren Sie ein Mausereignis hingegen an einem Objekt, wie z. B. einem Movieclip, wird das Ereignis nur ausgelöst, wenn sich der Mauszeiger über dem Objekt befindet. Angenommen, Sie möchten erkennen, ob der Benutzer die Maustaste an einer beliebigen Stelle innerhalb des Bereichs des Flash-Films gedrückt hat. Dazu verwenden Sie das Ereignis MouseEvent.MOUSE_DOWN wie folgt:

```
stage.addEventListener(MouseEvent.MOUSE_DOWN,
mouseDownHandler);
function mouseDownHandler(e:MouseEvent):void {
    trace("Maustaste gedrückt.");
}
```

Um festzustellen, ob die Maustaste über einem bestimmten Objekt gedrückt wurde, nutzen Sie das Ereignis wie folgt:

```
mc.addEventListener(MouseEvent.MOUSE_DOWN,
mouseDownHandler);
function mouseDownHandler(e:MouseEvent):void {
    trace("Maustaste über dem Objekt
    "+e.currentTarget.name +" gedrückt.");
}
```

Wenn die Maustaste gleichzeitig gedrückt und bewegt wird, wird das Ereignis erst ausgelöst, wenn die Taste losgelassen wird.

Bei einigen Spielen, wie z. B. bei Puzzle-Spielen, werden Objekte auf der Bühne mit der Maus verschoben. Um ein Objekt

Mausrad verwenden

Über das Ereignis MouseEvent. MOUSE_WHEEL können Sie auf die Nutzung des Mausrads reagieren (funktioniert nicht auf dem Mac). Dazu folgendes Beispiel:

```
stage.addEventListener
(MouseEvent.MOUSE_WHEEL,
mouseWheelHandler);
function mouseWheelHandler
(e:MouseEvent):void {
    trace(e.delta + " Zeilen
    gescrollt.");
}
```

Maus außerhalb der Bühne

Über das Ereignis Event.MOUSE_
LEAVE können Sie feststellen, ob
der Mauszeiger aus dem Bereich
der Bühne des Flash-Films heraus-
bewegt wurde (nur im Browser).
Beispiel:

```
stage.addEventListener
(Event.MOUSE_LEAVE,
mouseLeaveHandler);
function mouseLeaveHandler
(e:Event):void {
   trace("Mauszeiger hat die
Bühne verlassen.");
}
```

per Drag & Drop zu verschieben, können Sie die Methoden
startDrag und stopDrag in Kombination mit den Mausereignis-
sen MOUSE_DOWN und MOUSE_UP wie folgt verwenden:

```
mc.addEventListener(MouseEvent.MOUSE_DOWN,
mouseDownHandler);
mc.addEventListener(MouseEvent.MOUSE_UP,mouseUpHandler);
function mouseDownHandler(e:MouseEvent):void {
    e.currentTarget.startDrag();
}
function mouseUpHandler(e:MouseEvent):void {
    e.currentTarget.stopDrag();
}
```

Klickt der Benutzer auf den Movieclip »mc«, wird der Drag-Vorgang gestartet. Lässt er die Maustaste über dem Objekt wieder
los, wird der Drag-Vorgang gestoppt.

In der folgenden Tabelle sind die wichtigsten Mausereignisse
aufgelistet.

Ereignis	Beispiel	Beschreibung

MouseEvent.CLICK	`mc.addEventListener(MouseEvent.CLICK, clickHandler);`
	`function clickHandler(e:MouseEvent):void {`
	`    trace(e.currentTarget.name+" angeklickt.");`
	`}`
		Wird ausgelöst, wenn der Benutzer die Maustaste über einem Objekt drückt.

MouseEvent.DOUBLE_CLICK	`mc.doubleClickEnabled = true;`
	`mc.addEventListener(MouseEvent.DOUBLE_CLICK, doubleclickHandler);`
	`function doubleclickHandler(e:MouseEvent):void {`
	
	`trace(e.currentTarget.name+" per Doppelklick angeklickt.");`
	`}`
		Wird ausgelöst, wenn der Benutzer einen Doppel-klick über einem Objekt ausführt. Die Eigenschaft `doubleClickEnabled` des Objekts muss auf `true` gesetzt sein.

MouseEvent.MOUSE_DOWN	`stage.addEventListener(MouseEvent.MOUSE_DOWN, mouseDownHandler);`
	`function mouseDownHandler(e:MouseEvent):void {`
	`    trace("Die Maustaste wurde gedrückt.");`
	`}`
		Die linke Maustaste wurde über einem Objekt (im Beispiel über der Bühne) gedrückt.

MouseEvent.MOUSE_UP	`stage.addEventListener(MouseEvent.MOUSE_UP, mouseUpHandler);`
	`function mouseUpHandler(e:MouseEvent):void {`
	`    trace("Die Maustaste wurde losgelassen.");`
	`}`
		Die linke Maustaste wurde über einem Objekt (im Beispiel über der Bühne) losgelassen.

Ereignis	Beispiel	Beschreibung
MouseEvent.MOUSE_MOVE	```stage.addEventListener(MouseEvent.MOUSE_MOVE, mouseMoveHandler); function mouseMoveHandler(e:MouseEvent):void { mc.x = mouseX; mc.y = mouseY; e.updateAfterEvent(); }```	Der Mauszeiger wurde bewegt.
MouseEvent.MOUSE_WHEEL	```stage.addEventListener(MouseEvent.MOUSE_WHEEL, mouseWheelHandler); function mouseWheelHandler(e:MouseEvent):void { mc.y += e.delta*-1; }```	Wird ausgelöst, wenn das Mausrad der Maus benutzt wurde. (Auf Macs funktioniert das aufgrund eines Bugs nicht.)
MouseEvent.ROLL_OVER	```mc.addEventListener(MouseEvent.ROLL_OVER, rollOverHandler); function rollOverHandler(e:MouseEvent):void { trace("RollOver: "+e.currentTarget.name); }```	Wird ausgelöst, wenn der Mauszeiger über ein Objekt bewegt wird.
MouseEvent.ROLL_OUT	```mc.addEventListener(MouseEvent.ROLL_OUT, rollOutHandler); function rollOutHandler(e:MouseEvent):void { trace("RollOut: "+e.currentTarget.name); }```	Wird ausgelöst, wenn der Mauszeiger aus einem Objekt herausbewegt wird.

▲ **Tabelle 20.1**
Ereignisprozeduren für eine Maussteuerung (Forts.)

20.2 Kollisionserkennung

Ein Hauptbestandteil vieler Spielen ist die sogenannte *Kollisionserkennung*. Eine präzise Kollisionserkennung ist oftmals ein entscheidender Erfolgsfaktor. Es gibt verschiedene Techniken, um Kollisionserkennungen durchzuführen. Einige dieser Techniken werden im Folgenden erläutert.

20.2.1 Einfache Kollisionserkennung

In ActionScript 3 gibt es für eine einfache Kollisionserkennung die Methoden hitTestObject und hitTestPoint, die die Methode hitTest (ActionScript 1 und 2) abgelöst haben. Die Methoden gehören zur DisplayObject-Klasse, werden demnach von allen Anzeigeobjekten übernommen (geerbt) und können mit ihnen verwendet werden.

Kollisionserkennung von Begrenzungsrahmen | Über die Methode hitTestObject überprüfen Sie, ob sich Begrenzungsrahmen von Anzeigeobjekten überschneiden. Bei rechteckigen

[Kollisionserkennung]
Sinn und Zweck einer Kollisionserkennung ist es, zu überprüfen, ob ein grafisches Objekt ein oder mehrere andere grafische Objekte berührt oder durchdringt.

Begrenzungsrahmen
Der Begrenzungsrahmen eines Movieclips kann sich von der eigentlichen Form des Movieclip-Inhalts unterscheiden. Wenn Sie einen Movieclip in der Entwicklungsumgebung auswählen, wird der Begrenzungsrahmen durch einen hellblauen Auswahlrahmen angezeigt.

Formen funktioniert das einwandfrei ❶. Sobald jedoch eine der Formen nicht rechteckig ist, schlägt die Kollision fehl bzw. ist je nach Form mehr oder weniger genau ❷. Eine Kollision findet bereits dann statt, wenn sich die Begrenzungsrahmen überschneiden; da sich aber die Form des Begrenzungsrahmens und die tatsächliche Form des Objekts unterscheiden, ist das Ergebnis meist nicht akzeptabel.

Abbildung 20.2 ▶
Links: Die Formen sind rechteckig, die Kollisionserkennung funktioniert. Rechts: Eine Form ist rund, die Kollisionserkennung ist ungenau.

Angenommen, Sie möchten eine Kollisionserkennung zwischen zwei Movieclips mit den Instanznamen »mc0« und »mc1« durchführen. Das folgende Beispiel zeigt, wie Sie feststellen, ob sich die Begrenzungsrahmen berühren oder überlappen:

*20\Kollision_hitTestPoint\
beispiel.fla*

```
mc0.addEventListener(Event.ENTER_FRAME,
enterFrameHandler);
function enterFrameHandler(e:Event):void {
    e.currentTarget.x = mouseX;
    e.currentTarget.y = mouseY;
    if(e.currentTarget.hitTestObject(mc1)) {
        trace("Kollision");
    } else {
        trace("Keine Kollision");
    }
}
```

Pixelbasierte Kollisionserkennung
Über die Methode hitTest der BitmapData-Klasse ist prinzipiell auch eine pixelbasierte Kollisionserkennung möglich. Die Dokumentation der Methode lässt allerdings sehr zu wünschen übrig, und die Anwendung ist schwierig. Aus diesem Grund wird an dieser Stelle nicht darauf eingegangen.

*20\Kollision_hitTestPoint\
beispiel_01.fla*

Kollisionserkennung von bestimmten Punkten | Die Methode hitTestPoint bietet eine weitere Möglichkeit für eine Kollisionserkennung. Mit der Methode überprüfen Sie, ob die Pixel eines Objekts (die tatsächliche Form) oder der Begrenzungsrahmen eines Objekts mit einem bestimmten Punkt auf der Bühne kollidiert.

Angenommen, Sie möchten feststellen, ob der Begrenzungsrahmen eines Movieclips mit dem Instanznamen »mc« mit dem Mittelpunkt der Bühne kollidiert oder nicht. Dazu folgendes Beispiel:

```
mc0.addEventListener(Event.ENTER_FRAME,
enterFrameHandler);
```

```
function enterFrameHandler(e:Event):void {
    var xPos:Number = stage.stageWidth/2;
    var yPos:Number = stage.stageHeight/2;
    e.currentTarget.x=mouseX;
    e.currentTarget.y=mouseY;
    if (e.currentTarget.hitTestPoint(xPos,yPos,false)) {
        trace("Kollision");
    } else {
        trace("Keine Kollision");
    }
}
```

Die Methode hitTestPoint erwartet drei Argumente:

▶ **x-Koordinate** des Punktes auf der Bühne

▶ **y-Koordinate** des Punktes auf der Bühne

▶ **shapeFlag** (default: false): Gibt an, ob die Kollisionserkennung die Pixel des Objekts (true) oder den Begrenzungsrahmen des Objekts (false) nutzt.

Wenn Sie statt des Begrenzungsrahmens die tatsächliche Form des Objekts für die Kollisionserkennung verwenden möchten, müssen Sie den dritten Parameter der Methode auf true setzen, zum Beispiel wie folgt:

```
mc0.addEventListener(Event.ENTER_FRAME,
enterFrameHandler);
function enterFrameHandler(e:Event):void {
    var xPos:Number = stage.stageWidth/2;
    var yPos:Number = stage.stageHeight/2;
    e.currentTarget.x=mouseX;
    e.currentTarget.y=mouseY;
    if (e.currentTarget.hitTestPoint(xPos,yPos,true)) {
        trace("Kollision");
    } else {
        trace("Keine Kollision");
    }
}
```

*20\Kollision_hitTestObject\
beispiel_02.fla*

20.2.2 Distanzbasierte Kollision zwischen zwei Kreisformen

In einigen Fällen reichen die zuvor genannten Methoden nicht aus, um eine zuverlässige Kollisionserkennung zu realisieren. Abhilfe können dann eigene Kollisionserkennungen bieten, von denen wir einige im Folgenden vorstellen.

In vielen Spielen wird eine Kollisionsabfrage zwischen zwei oder mehreren Kreisformen benötigt. Mit etwas Mathematik lässt sich eine präzise eigene Kollisionserkennung zwischen Kreisformen umsetzen.

Die Grundlage für eine eigene Kollisionserkennung zwischen zwei Kreisformen bildet der Satz des Pythagoras, über den sich zunächst die Distanz der Mittelpunkte zweier Kreisformen bestimmten lässt.

Satz des Pythagoras
Weitere Erläuterungen zum Satz des Pythagoras finden Sie in Kapitel 9, »Animation mit Action-Script«.

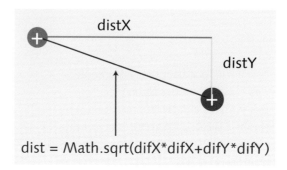

Abbildung 20.3 ▶
Distanz zwischen zwei Mittelpunkten berechnen

Angenommen, die Distanz zwischen zwei Movieclips mit Kreisformen, »mc0« und »mc1«, soll bestimmt werden. Über folgende Anweisung lässt sich das bewerkstelligen:

```
var distX:Number = mc0.x-mc1.x;
var distY:Number = mc0.y-mc1.y;
var dist:Number = Math.sqrt(distX*distX+distY*distY);
```

Zwei Kreise kollidieren, wenn die Summe der Radien beider Kreise kleiner ist als die Distanz zwischen den Mittelpunkten der Kreise, wie Abbildung 20.4 zeigt.

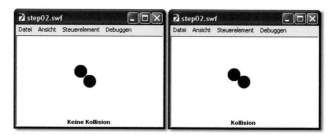

Abbildung 20.4 ▶
Kollisionserkennung zwischen zwei Kreisformen

Schritt für Schritt: Kollisionserkennung von zwei Kreisformen

20\Kollision_distanz\step01.fla

In diesem Workshop lernen Sie, wie Sie eine Kollisionserkennung für zwei Kreisformen durchführen können.

1 **Flash-Film öffnen**

Öffnen Sie den Flash-Film *Spieleprogrammierung\Kollision_ Distanz\step01.fla*.

2 **Kollisionserkennung**

Weisen Sie dem Schlüsselbild auf der Ebene »Actions« folgenden Code zu:

```
mc0.addEventListener(Event.ENTER_FRAME,checkCollision);
function checkCollision(e:Event):void {
    e.currentTarget.x = mouseX;
    e.currentTarget.y  = mouseY;
    var distX:Number = mc0.x-mc1.x;
    var distY:Number = mc0.y-mc1.y;
    var dist:Number = Math.sqrt(distX*distX+distY*distY);
    var radius0 = mc0.width/2;
    var radius1 = mc1.width/2;
    if (dist<radius0+radius1) {
        status_txt.text = "Kollision";
    } else {
        status_txt.text = "Keine Kollision";
    }
}
```

3 **Film testen**

Testen Sie den Film über Strg/⌘ + ↵.

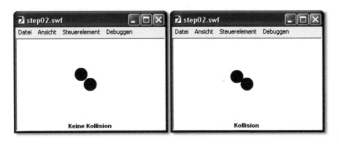

Keine Kollision   **Kollision**

■

Ergebnis der Übung:
20\Kollision_distanz\step02.fla

◄ **Abbildung 20.5**
Links: Noch findet keine Kollision statt. Rechts: Die beiden Formen berühren sich (kollidieren).

Eine Kollisionserkennung zwischen zwei Kreisformen ist über die hitTestObject-Methode nicht möglich. Wie Sie gesehen haben, lässt sich eine eigene Kollisionserkennung für zwei Kreisformen jedoch leicht umsetzen.

20.2.3 Positionsbasierte Kollisionserkennung

Häufig gibt es einen fest definierten Spielbereich, in dem sich Objekte bewegen. Kollidiert ein Objekt mit einem Rand des

Bereichs, wie z. B. die Ränder der Bühne, wird es entweder entfernt, oder es ändert seine Bewegungsrichtung. Für diese Art der Kollisionserkennung ist es wichtig, den Registrierungspunkt eines Movieclips zu beachten. Angenommen, ein Rechteck wird in einen Movieclip »mc« umgewandelt. Der Registrierungspunkt wird bei der Konvertierung auf links oben eingestellt ❶.

Abbildung 20.6 ▶
In Movieclip konvertieren

Um abzufragen, ob der Movieclip den linken Rand eines Bereichs überschreitet, vergleichen Sie einfach die x-Position des Movieclips ❷ mit der x-Position des linken Rands ❸. Wenn die Spielzone der Bühne entspricht, wäre folgende Abfrage sinnvoll:

```
if(mc.x < 0) {
    // Der linke Randbereich wurde überschritten.
}
```

Wenn Sie prüfen möchten, ob sich der Movieclip über die rechte Seite des Randbereichs bewegt hat (❹, ❺), addieren Sie die Breite des Movieclips zur Position des Movieclips und vergleichen das Resultat mit der Position des rechten Randbereichs:

```
if(mc.x+mc.width >stage.stageWidth) {
    // Der rechte Randbereich wurde überschritten.
}
```

links:

rechts:

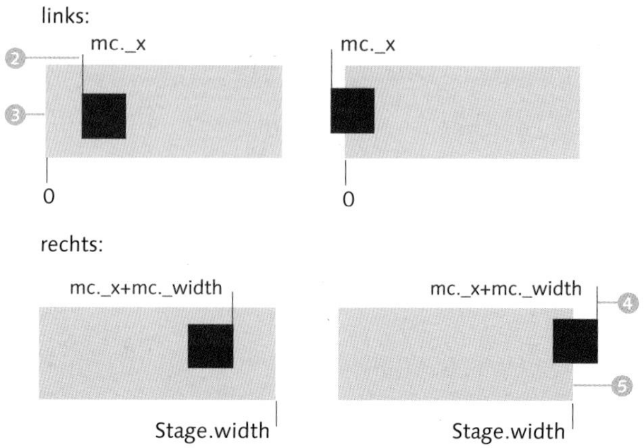

Abbildung 20.7 ▶
Kollisionserkennung mit linkem
und rechtem Randbereich

Analog dazu müssen Sie für eine Kollisionsabfrage mit dem oberen Rand ausschließlich die y-Koordinaten vergleichen:

```
if(mc.y < 0) {
    // Der obere Randbereich wurde überschritten.
}
```

Für eine Kollisionserkennung mit dem unteren Rand rechnen Sie zur y-Position die Höhe des Movieclips hinzu:

```
if(mc.y+mc.height > stage.stageHeight) {
    // Der untere Randbereich wurde überschritten.
}
```

oben:

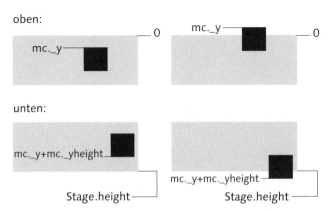

unten:

◄ **Abbildung 20.8**
Kollision mit oberem und unterem Randbereich

Je nach Spiel und Spielelement fällt die Reaktion auf eine Kollision unterschiedlich aus. Eine Reaktion wäre, dass ein Objekt abprallt und sich anschließend in die gegensätzliche Richtung bewegt. Der englische Begriff für ein solches Verhalten ist Bouncing (Abprallen).

Angenommen, ein Movieclip bewegt sich mit einer konstanten Geschwindigkeit vx mit Hilfe eines Event.ENTER_FRAME-Ereignisses Bild für Bild um jeweils fünf Pixel nach rechts ❶. Beim Rendern des nächsten Bildes wird das Objekt mit einem Randbereich kollidieren – dabei wird es sich sogar über den Bereich hinausbewegen ❷. Für das Bouncing reagieren Sie daraufhin wie folgt:

1. Zunächst positionieren Sie den Movieclip genau am entsprechenden Kollisionsbereich ❸.
2. Dann ändern Sie die Bewegungsrichtung, indem Sie die Geschwindigkeit mit –1 multiplizieren ❹. Entsprach die Geschwindigkeit vx vor der Kollision 5, wird sie nach der Neupositionierung auf –5 gesetzt. Der Movieclip bewegt sich also anschließend nach links.

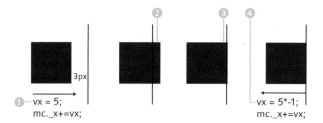

Abbildung 20.9 ▶
Das Bouncing-Prinzip

🔘 *20\Kollision_Randbereiche\
step01.fla*

Schritt für Schritt: Kollisionserkennung mit Randbereichen und Bouncing

Dieser Workshop erläutert, wie Sie eine Kollisionserkennung mit den Randbereichen der Bühne durchführen können und wie Sie auf eine mögliche Kollision mit Bouncing reagieren.

1 Flash-Film öffnen

Öffnen Sie den Flash-Film *Spieleprogrammierung\Kollision_Rand-bereiche\step01.fla*.

2 Kollisionserkennung und Bouncing

Weisen Sie dem ersten Schlüsselbild auf der Ebene »Actions« folgenden Code zu:

```
var vx:Number=5;
var vy:Number=3;
var links:Number=0;
var rechts:Number=stage.stageWidth-mc.width;
var oben:Number=0;
var unten:Number=stage.stageHeight-mc.height;
mc.addEventListener(Event.ENTER_FRAME,moveClip);
function moveClip(e:Event):void {
    e.currentTarget.x+=vx;
    e.currentTarget.y+=vy;
    if (e.currentTarget.x<links||e.currentTarget.x>
    rechts) {
        vx*=-1;
    }
    if (e.currentTarget.y<oben||e.currentTarget.y>
    unten) {
        vy*=-1;
    }
}
```

Sobald der Movieclip einen Randbereich überschreitet, kehrt eine Multiplikation mit –1 die Bewegungsrichtung um.

🔘 **Ergebnis der Übung:**
*20\Kollision_Randbereiche\
step02.fla*

20.2.4 Kollisionserkennung zwischen Rechteck und Kreis

Eine Kollisionserkennung zwischen einem Rechteck und einem Kreis ist vergleichsweise schwierig. Für eine solche Kollisionserkennung sind mehrere unabhängige Abfragen notwendig.

Zunächst müssen Sie prüfen, ob die Distanz zwischen einem der Eckpunkte des Rechtecks und dem Mittelpunkt des Kreises kleiner als der Radius des Kreises ist. Wäre das der Fall, fände eine Kollision statt.

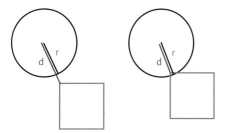

r=>Radius des Kreises
d=>Distanz des Mittelpunkts des Kreises/Eckpunkt

◀ **Abbildung 20.10**
Kollisionsabfrage über die Distanz

Das soll exemplarisch am Beispiel des linken oberen Eckpunkts des Rechtecks erläutert werden. Zunächst bestimmen wir den Radius des Kreises:

```
var radius:Number = kreis_mc.width/2;
```

Anschließend ermitteln wir die Distanz auf der x- und y-Achse vom Eckpunkt des Rechtecks zum Mittelpunkt des Kreises:

```
var dx:Number = kreis_mc.x - rechteck_mc.x;
var dy:Number = kreis_mc.y - rechteck_mc.y;
```

Anhand der Werte lässt sich die Distanz nach Pythagoras zwischen den beiden Punkten wie folgt errechnen:

```
var dist:Number = Math.sqrt(dx*dx+dy*dy);
```

Eine Kollision findet also statt, wenn die Distanz kleiner als der Radius des Kreises ist. Folgende Anweisung überprüft dies:

```
if (dist<radius) {
    status_txt.text = "Kollision";
} else {
    status_txt.text = "Keine Kollision";
}
```

Die zweite Kollisionsabfrage | Die zuvor genannte Abfrage muss für jeden Eckpunkt des Rechtecks durchgeführt werden. Doch was passiert, wenn sich der Kreis zwischen zwei Eckpunkten innerhalb des Rechtecks befindet ❶? Für alle vier Seiten des Rechtecks ist für diesen Fall jeweils eine weitere Kollisionserkennung nötig.

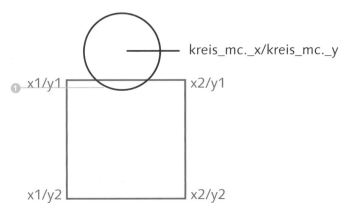

Angenommen, Sie weisen die Koordinaten der Eckpunkte des Rechtecks den Variablen x1 (links), x2 (rechts), y1 (oben), y2 (unten) zu. Überprüft wird dann zunächst, ob die x-Position des Kreismittelpunkts größer ist als die x-Koordinate der linken Seite des Rechtecks. Zusätzlich wird ermittelt, ob die x-Position des Kreismittelpunkts kleiner ist als die x-Koordinate der rechten Seite des Rechtecks. Die folgende Abfrage überprüft dies:

```
if (kreis_mc.x>x1 && kreis_mc.x<x2) {
}
```

Sollte die Bedingung erfüllt sein, wird zusätzlich über eine zweite if-Anweisung geprüft, ob der Abstand zwischen dem Kreismittelpunkt und der y-Koordinate der oberen Seite des Rechtecks kleiner ist als der Radius des Kreises. Ist auch diese Bedingung erfüllt, kollidiert der Kreis mit der unteren Seite des Rechtecks.

```
if (kreis_mc.x>x1 && kreis_mc.x<x2) {
if (Math.abs(y2-kreis_mc.y)<radius || Math.
abs(y1-kreis_mc.y)<radius) {
    trace("Kollision");
  }
}
```

Schritt für Schritt: Kollisionserkennung von Kreis- und Rechteck-Form

Der Workshop zeigt, wie Sie eine Kollisionserkennung zwischen einer Kreisform und einer Rechteckform durchführen können.

20\Kollision_KreisRechteck\ step01.fla

1 **Flash-Film öffnen**

Öffnen Sie den Flash-Film *SpieleProgrammierung\Kollision_Kreis-Rechteck\step01.fla*.

2 **Eckpunkte und Distanz ermitteln**

Ergänzen Sie den Code im Schlüsselbild auf der Ebene »Actions« **innerhalb** der Funktion checkForCollision zunächst um folgende Zeilen:

```
// Distanz 0
    var dx0:Number = kreis_mc.x-x1;
    var dy0:Number = kreis_mc.y-y1;
    var dist0:Number = Math.sqrt(dx0*dx0+dy0*dy0);
// Distanz 1
    var dx1:Number = kreis_mc.x-x2;
    var dy1:Number = kreis_mc.y-y1;
    var dist1:Number = Math.sqrt(dx1*dx1+dy1*dy1);
// Distanz 2
    var dx2:Number = kreis_mc.x-x1;
    var dy2:Number = kreis_mc.y-y2;
    var dist2:Number = Math.sqrt(dx2*dx2+dy2*dy2);
// Distanz 3
    var dx3:Number = kreis_mc.x-x2;
    var dy3:Number = kreis_mc.y-y2;
    var dist3:Number = Math.sqrt(dx3*dx3+dy3*dy3);
    var hitState:Boolean = false;
```

Die Funktion wird regelmäßig über ein Event.ENTER_FRAME-Ereignis aufgerufen. Zunächst wird hier die Distanz zwischen den Eckpunkten und dem Mittelpunkt des Kreises ermittelt.

3 **Kollisionsabfrage 1**

Ergänzen Sie den Code innerhalb des Funktionsblocks um folgende Zeilen:

```
1:    // Oben und Unten
2:        if (kreis_mc.x>x1 && kreis_mc.x<x2) {
3:            if (Math.abs(y2-kreis_mc.y)<radius ||
            Math.abs(y1-kreis_mc.y)<radius) {
```

```
4:                    hitState = true;
5:                }
6:            }
7:        // Rechts und links
8:        if (kreis_mc.y>y1 && kreis_mc.y<y2) {
9:                if (Math.abs(x2-kreis_mc.x)<radius ||
                   Math.abs(x1-kreis_mc.x)<radius) {
10:                   hitState = true;
11:               }
12:           }
13:       // Mitte
14:       if (kreis_mc.x>x1 && kreis_mc.x<x2 && kreis_
           mc.y>y1 && kreis_mc.y<y2) {
15:                  hitState = true;
16:           }
```

Es wird überprüft, ob sich der Kreis zwischen zwei Eckpunkten und im Bereich des Rechtecks befindet. Zusätzlich wird ab Zeile 14 getestet, ob der Kreis sich vollständig innerhalb des Rechtecks befindet.

4 **Kollisionsabfrage 2**
Ergänzen Sie den Code innerhalb des Funktionsblocks wie folgt:

▲ **Abbildung 20.12**
Kollisionserkennung zwischen einer Kreis- und einer Rechteckform

Ergebnis der Übung:
*20\Kollision_KreisRechteck\
step02.fla*

```
1:    // Kollisionabfrage für alle Fälle
2:        if (dist0<radius || dist1<radius || dist2
           <radius || dist3<radius || hitState == true) {
3:            status_txt.text = "Kollision";
4:        } else {
5:            status_txt.text = "Keine Kollision";
6:        }
```

Zeile 2 prüft, ob die Distanz zwischen den Mittelpunkten eines Rechtecks kleiner als der Radius des Kreises ist. Die Bedingung ist auch erfüllt, wenn eine der Kollisionserkennungen erfolgreich war (hitState == true).

5 **Film testen**
Testen Sie den Film über Strg/⌘ + ↵ . ∎

20.2.5 Zeitfunktionen
Viele Spiele sind zeitlich begrenzt oder haben zumindest eine Zeitanzeige. Beides lässt sich über die getTimer-Funktion umset-

zen. Die Funktion gibt die Zeit in Millisekunden zurück, die seit dem Start des Flash-Films vergangen ist.

Angenommen, Sie möchten in einem Spiel die abgelaufene Zeit anzeigen. Hierfür müssten Sie zunächst am Anfang die Zeit ermitteln, die seit dem Start des Flash-Films bis zu diesem Zeitpunkt vergangen ist. Die Zeit weisen Sie dann z. B. der Variablen time0 zu:

```
var time0:Number = getTimer();
```

Dann könnten Sie z. B. mit Hilfe des Ereignisses Event.ENTER_FRAME der Bühne (Stage-Objekt) die abgelaufene Zeit wie folgt ermitteln; die Differenz der beiden Zeitwerte entspricht dann der abgelaufenen Zeit:

```
var time0:Number=getTimer();
stage.addEventListener(Event.ENTER_FRAME,getTime);
function getTime(e:Event):void {
    var time1:Number=getTimer();
    var zeit:Number=time1-time0;
    trace(zeit);
}
```

Um die Zeit abgerundet in Sekunden anzuzeigen, müssten Sie die Zeit durch 1.000 dividieren und über Math.floor runden:

```
var zeit:Number = Math.floor((time1-time0)/1000);
```

Begrenztes Zeitlimit | Angenommen, Sie möchten die Spielzeit auf 100 Sekunden limitieren. Ist die Spielzeit verstrichen, soll das Spiel beendet werden. Ermitteln Sie dazu einfach die Differenz zwischen abgelaufener Zeit und dem gewünschten Zeitlimit.

```
var timeLimit:Number = 100;
var time0:Number=getTimer();
stage.addEventListener(Event.ENTER_FRAME,getTime);
function getTime(e:Event):void {
    var time1:Number=getTimer();
    var zeit:Number = Math.floor((time1-time0)/1000);
    var restzeit:Number = timeLimit-zeit;
    trace("Es bleiben noch: "+restzeit+" Sekunden.");
}
```

Alternative

Statt eines Event.ENTER_FRAME-Ereignisses, das sich nach der Bildrate eines Flash-Films richtet, können Sie auch ein Timer-Objekt verwenden, um die abgelaufene Zeit zu ermitteln. Dazu folgendes Beispiel:

```
var time0:Number=getTimer();
var myTimer:Timer = new
Timer(100,int.MAX_VALUE);
myTimer.
addEventListener(TimerEvent.
TIMER,getTime);
myTimer.start();
function
getTime(e:Event):void {
    var time1:Number=
    getTimer();
    var zeit:Number = Math.
floor((time1-time0)/1000);
    trace(zeit);
}
```

20.3 Daten lokal speichern

Weitere Anwendungsbereiche
Ein SharedObject lässt sich natürlich nicht nur für Spiele nutzen. Sie können jegliche Art von Daten, z. B. Daten eines Adressbuchs, lokal speichern. SharedObjects werden häufig auch zum Speichern von Daten für Offline-Anwendungen (CD, DVD, USB etc.) genutzt. Ein SharedObject lässt sich z. B. verwenden, i, einen Highscore lokal auf einem System, z. B. bei einem Spiel für CD/DVD, zu speichern.

In vielen Spielen lässt sich zu Beginn, z. B. für einen Highscore, ein Spielername eingeben. Damit der Spielername und gegebenenfalls weitere Daten nicht bei jedem Neustart neu eingegeben werden müssen, speichern Sie Daten über ein sogenanntes SharedObject lokal auf dem Client-Rechner. Ein SharedObject funktioniert ähnlich wie ein Browser-Cookie.

Größe des lokalen Speichers | Sie sollten jedoch beachten, dass der Flash Player die Datenmenge standardmäßig auf 100 KB begrenzt. Der Benutzer kann die Limitierung des verfügbaren Speichers selbst erhöhen, reduzieren oder die Nutzung von lokalem Speicher vollständig deaktivieren.

Die entsprechenden Einstellungen finden Sie im Kontextmenü des Flash Players. Öffnen Sie also einen Flash-Film, klicken Sie mit der rechten Maustaste, um das Kontextmenü zu öffnen, und wählen Sie den Menüpunkt EINSTELLUNGEN ❶.

Im Reiter LOKALER SPEICHER ❷ lässt sich sowohl die erlaubte Speichermenge zur Speicherung der Daten durch Verschieben des Reglers ❸ limitieren als auch die Speicherung durch Aktivierung des Optionsfeldes NIE ❹ gänzlich deaktivieren. Sollte der Benutzer die Speichermöglichkeit deaktivieren, funktioniert das Speichern von Daten über ein SharedObject nicht mehr.

Weitere Einstellungsmöglichkeiten

In dem Dialogfenster EINSTELLUNGEN FÜR ADOBE FLASH PLAYER können Sie zusätzlich einstellen, ob Sie dem Flash-Film den Zugriff auf Ihr Mikrophon und Ihre Webcam erlauben oder nicht.

▲ **Abbildung 20.13**
Kontextmenü EINSTELLUNGEN

▲ **Abbildung 20.14**
Einstellungen für den lokalen Speicher

SharedObject initialisieren | Bevor Sie Daten lokal speichern können, müssen Sie zunächst ein SharedObject initialisieren und referenzieren. Dazu dient die Methode getLocal, die als Argument einen Bezeichner erwartet, unter dem die Daten lokal gespeichert werden:

```
var data_so:SharedObject = SharedObject.
getLocal("data");
```

Falls das lokal gespeicherte SharedObject data nicht bereits existiert, wird es automatisch erzeugt. Anschließend weisen Sie dem Objekt über die Eigenschaft data Daten zu:

```
data_so.data.spielername = "Max";
```

Damit die Daten sofort auf der Festplatte gespeichert werden, müssen Sie anschließend die Methode flush des SharedObjects aufrufen. Andernfalls werden die Daten erst auf die Festplatte geschrieben, wenn die Verbindung zum lokalen Objekt beendet wird, zum Beispiel, wenn der Flash-Film beendet wird.

```
data_so.flush();
```

Über die Methode clear können Sie alle Daten eines SharedObjects auch wieder entfernen:

```
data_so.clear();
```

Lokale Daten lesen | Um Daten eines SharedObjects zu lesen, müssen Sie es zunächst wieder referenzieren:

```
var data_so:SharedObject = SharedObject.getLocal("data");
```

Anschließend greifen Sie wie folgt auf mögliche Eigenschaftswerte der Eigenschaft data zu:

```
trace(data_so.data.spielername);
```

Übrigens können Sie auch Werte eines anderen Datentyps als String speichern. So könnten Sie z. B. ein Array userdata inklusiver aller Array-Felder speichern und auslesen. Dazu folgendes Beispiel:

```
var data_so:SharedObject = SharedObject.getLocal
("data");
var userdata:Array = new Array({spielername:"Max",
punkte:100,spielername:"John",punkte:1000});
data_so.data.user_arr = userdata;
data_so.flush();
trace(data_so.data.user_arr[0].spielername);
```

Schritt für Schritt: Spielername lokal speichern und lesen

In diesem Workshop wird gezeigt, wie Sie Daten mit Hilfe eines SharedObjects lokal speichern und auslesen.

SOL-Dateien

Daten, die lokal über ein Shared-Object gespeichert werden, werden auf der Festplatte in Dateien mit der Dateiendung .sol abgelegt. SOL-Dateien lassen sich bequem über spezielle Editoren für Windows/Mac, wie z. B. SolVE (*http://solve.sourceforge.net/*), einsehen und editieren.

Datenmenge bestimmen

Über die Eigenschaft size eines SharedObject können Sie die bereits gespeicherte Datenmenge (in Bytes) bestimmen:

```
trace(data_so.size);
```

Um diese in KB umzurechnen, dividieren Sie den Wert durch 1.024:

```
var mySize:Number = data_
so.size/1024;
trace(mySize);
```

20\SharedObject\step01.fla

Öffnen Sie den Flash-Film *Spieleprogrammierung\SharedObject\ step01.fla* .

2 **Daten lokal speichern**

Weisen Sie dem ersten Schlüsselbild auf der Ebene »Actions« zunächst folgenden Code zu:

```
weiter_mc.buttonMode = true;
weiter_mc.addEventListener(MouseEvent.CLICK,
clickHandler);
function clickHandler(e:MouseEvent):void {
    if(input_txt.text != "") {
        writeData();
        gotoAndStop(2);
    }
}
function writeData():void {
    var data_so:SharedObject = SharedObject.getLocal
    ("data");
    data_so.data.spielername = input_txt.text;
    data_so.flush();
}
```

In einem Eingabetextfeld können Sie einen Spielernamen eingeben, der dann per Mausklick auf den Movieclip »weiter_mc« lokal in einem `SharedObject` gespeichert wird.

3 **Daten auslesen und ausgeben**

Damit der Spielername automatisch im Eingabetextfeld erscheint, wird er, falls vorhanden, über die Funktion `readData` ausgelesen. Ergänzen Sie den Code dazu im ersten Schlüsselbild auf der Ebene »Actions« wie folgt:

```
function readData():void {
    var data_so:SharedObject = SharedObject.getLocal
    ("data");
    if (data_so.data.spielername != undefined) {
        input_txt.text = data_so.data.spielername;
    }
}
readData();
stop();
```

Wählen Sie das zweite Schlüsselbild auf der Ebene »Actions« aus,
und weisen Sie ihm folgenden Code zu:

```
back_mc.buttonMode = true;
back_mc.addEventListener(MouseEvent.CLICK,goBack);
function goBack(e:MouseEvent):void {
    gotoAndStop(1);
}
stop();
```

5 **Film testen**
Testen Sie den Film über `Strg`/`⌘`+`↵`.

 Ergebnis der Übung:
20\SharedObject\step02.fla

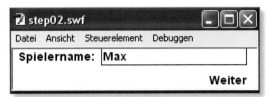

▲ **Abbildung 20.15**
Nachdem Sie den Spielernamen einmal eingegeben und auf WEITER
geklickt haben, erscheint er auch nach einem Neustart des Flash-Films,
bis Sie ihn wieder im Eingabetextfeld ändern. ■

20.4 Asteroids-Spiel entwickeln

Sie haben jetzt einige Grundlagen kennengelernt, die Ihnen bei
der Spieleentwicklung helfen. Je nach Spielprinzip eines Spiels
werden Sie verschiedene Aufgaben lösen und sich mit weiteren
Techniken, die hier nicht erläutert wurden, beschäftigen.

Um diesen Themenbereich abzuschließen, zeigen wir im Folgenden, wie Sie mit einfachen Mitteln ein Spiel entwickeln können, bei dem ein Raumschiff mithilfe der Maus gesteuert wird
und es darum geht möglichst viele Asteroiden abzuschießen.
Dabei lernen Sie nicht nur, wie Sie die zuvor genannten Erläuterungen in der Praxis anwenden, sondern z. B. auch, wie Sie die
Struktur für ein Spiel anlegen können. Außerdem zeigen wir, wie
Sie einen Highscore integrieren.

Tipp: Spielspaß und Spieltechnik
Wenn Sie vorhaben, selbst ein
Spiel zu entwickeln, nehmen Sie
sich die Zeit, vorher darüber
nachzudenken, welche Techniken
für die Umsetzung erforderlich
sind. Vermeintlich einfache Spiele,
wie z. B. ein Tetris-Clone, erfordern eventuell komplexere Techniken als zunächst erwartet.
Die Komplexität der Technik hat
meist nicht viel mit dem resultierenden Spielspaß zu tun. Technisch einfach umsetzbare Spiele
können sehr viel mehr Spielspaß
bieten als Spiele mit komplexen
Spieltechniken.

20\Asteroids\Asteroids_01.fla

20.4.1 Startbildschirm
Zunächst wird der Startbildschirm erstellt, in dem der Spieler sei-
nen Spielernamen eingeben kann. Alle grafischen Elemente des
Spiels und die Struktur des Flash-Films wurden bereits angelegt.

Öffnen Sie den Flash-Film *Spieleprogrammierung\Asteroids\Asteroids_01.fla*.

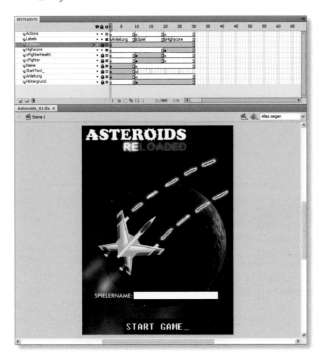

Abbildung 20.16 ▶
Die Ausgangsbasis

Weisen Sie dem ersten Schlüsselbild auf der Ebene »Actions« zunächst folgenden Code zu:

```
1:    var username:String;
2:    start_mc.buttonMode=true;
3:    start_mc.addEventListener(MouseEvent.CLICK,
      clickHandler);
4:    function clickHandler(e:MouseEvent):void {
5:      if (name_txt.text!=""&&name_txt.length>1) {
6:        username=name_txt.text;
7:        gotoAndStop("Spiel");
8:      }
9:    }
```

Als Erstes wird in Zeile 1 die Variable username initialisiert, der in Zeile 6, sobald der Spieler einen Namen in das Textfeld »name_txt« eingetragen hat, der Spielername zugewiesen wird. Sobald der Spieler einen Spielernamen eingegeben hat und auf den Movieclip mit dem Instanznamen »start_mc« klickt, springt der Lesekopf auf das Bild mit dem Bildbezeichner »Spiel« (Zeile 7).

20.4.2 Sound-Objekte initialisieren

In der Bibliothek im Ordner *Sounds* finden Sie verschiedene Sounds, die jeweils mit einer Klasse verbunden wurden. So wurde der Sound *explosion.wav* beispielsweise mit der Klasse Explosion verbunden, so dass Sie ihn über ein Objekt der Klasse mit ActionScript ansteuern können. Ergänzen Sie den Code im ersten Schlüsselbild der Ebene »Actions« um folgende Zeilen:

```
1:   // Sounds
2:   var myLoop:Loop = new Loop();
3:   myLoop.play(0,int.MAX_VALUE);
4:   var myGunSound:GunSound = new GunSound();
5:   var myExplosion:Explosion = new Explosion();
6:   var myEnergySound:EnergySound = new
     EnergySound();
7:   stop();
```

Soundobjekte von unterschiedlichen Klassen werden an dieser Stelle einmalig initialisiert. Sie werden später beim Auftreten eines Spielereignisses abgespielt. Zu Beginn wird in Zeile 2 ein Objekt der Klasse Loop initialisiert, und der Sound wird über die Methode play gestartet (Zeile 3). Es handelt sich dabei um einen Soundloop, der als Hintergrundmusik dient.

20.4.3 Spielvariablen initialisieren

In Bild mit dem Bildbezeichner »Spiel« wird die Programmierung des Spiels integriert. Wählen Sie das Schlüsselbild auf der Ebene »Actions« in Bild 10 aus, und weisen Sie ihm zunächst folgenden Code zu:

```
1:   // Init
2:   var xFighterHealth:Number=1;
3:   var gunPower:Number=1;
4:   var punkte:uint=0;
```

Zu Beginn werden einige Spielvariablen initialisiert:

▶ xFighterHealth: Die Lebenspunkte des Raumschiffs; der Wert 1 entspricht vollen Lebenspunkten, bei 0 wird das Spiel beendet.

▶ gunPower: Das Raumschiff besitzt nur eine begrenzte Menge an Energie, um Schüsse abzugeben (der Wert 1 ist der maximale Wert). Nach jedem Schuss verringert sich der Wert. Er lädt sich später automatisch nach einiger Zeit wieder auf.

▶ punkte: Diese Variable speichert die Punktzahl.

Sound-Komprimierung
Die Soundkomprimierung des Flash-Films wurde in den Veröffentlichungseinstellungen des Flash-Films auf MP3, 80 kbit/s (Mono) eingestellt.

Mauszeiger ausblenden
Alternativ könnten Sie an dieser Stelle den Mauszeiger auch ausblenden. Ergänzen Sie den Code dafür um die Zeile:

```
Mouse.hide();
```

Tastatursteuerung

Es ist nicht besonders aufwendig, das Raumschiff auch über die Tastatur steuern zu können. Wenn Sie das Spiel fertiggestellt heben, probieren Sie das ruhig einmal.

Verzögerung einstellen

Sie können den easeFaktor in Zeile 6 ändern, um die Verzögerung der Bewegung zu beeinflussen. Je höher Sie den Wert stellen, desto größer ist die Verzögerung.

20.4.4 Raumschiff-Steuerung

Auf der Ebene »xFighter« in Bild 10 befindet sich ein Movieclip mit einem gleichlautenden Instanznamen. Er wird über die Maus gesteuert. Ergänzen Sie den Code im zehnten Schlüsselbild um folgende Zeilen:

```
1:   //xFighter-Steuerung
2:   xFighter.addEventListener(Event.ENTER_FRAME,
     posFighter);
3:   function posFighter(e:Event):void {
4:       var dx:Number=stage.mouseX-e.currentTarget.x;
5:       var dy:Number=stage.mouseY-e.currentTarget.y;
6:       var easeFaktor:Number=8;
7:       e.currentTarget.x+=dx/easeFaktor;
8:       e.currentTarget.y+=dy/easeFaktor;
9:       if (stage.mouseY<e.currentTarget.y) {
10:          e.currentTarget.fireBack.gotoAndStop(2);
11:      } else {
12:          e.currentTarget.fireBack.gotoAndStop(1);
13:      }
14:  }
```

Über das Ereignis Event.ENTER_FRAME wird das Raumschiff anhand der Mausposition mehrmals pro Sekunde, abhängig von der Bildrate, bewegt. Es wird mit einer leichten Verzögerung immer in Richtung der aktuellen Mausposition bewegt (Zeile 4–8).

Innerhalb des Movieclips »xFighter« befindet sich ein Movieclip mit dem Instanznamen »fireBack«, der die grafischen Elemente des Antriebs enthält. Wenn sich der Mauszeiger oberhalb des Raumschiffs befindet (Zeile 9), das Raumschiff sich also nach oben bewegt, wird der hintere Antrieb des Raumschiffs gezündet. Dazu springt der Lesekopf der Zeitleiste des Movieclips »fireBack« auf Bild 2 (Zeile 10). Befindet sich der Mauszeiger hingegen unterhalb des Raumschiffs (Zeile 11), wird der Antrieb deaktiviert. Dazu springt der Lesekopf dann wieder auf Bild 1 zurück (Zeile 12).

Steuerung des Antriebs

Die Ansteuerung des Antriebs dient ausschließlich zur Visualisierung.

Abbildung 20.17 ▶
Die Zustände des Raumschiffantriebs

20.4.5 Feuer frei

In der BIBLIOTHEK des Flash-Films befindet sich ein Movieclip, der mit der Klasse GunFire verbunden ist.

Das ist der »Laserschuss« des xFighters. Klickt der Benutzer auf die Maustaste, soll das Raumschiff einen Schuss abgegeben. Ergänzen Sie den Code in Schlüsselbild 10 dafür um folgende Zeilen:

```
1:    // Gun
2:    var fireArray:Array = new Array();
3:    stage.addEventListener(MouseEvent.MOUSE_DOWN,
      fireGun);
4:    function fireGun(e:MouseEvent):void {
5:        if (gunPower-0.2>=0) {
6:            var fire:GunFire = new GunFire();
7:            fire.x=xFighter.x;
8:            fire.y=xFighter.y-16;
9:            fire.myIndex=fireArray.length;
10:           addChild(fire);
11:           fireArray.push(fire);
12:           fire.addEventListener(Event.ENTER_FRAME,
              fireMove);
13:           gunPower-=0.2;
14:           gunPowerDisplay.bar.scaleX=gunPower;
15:           var mySoundChannel:SoundChannel=
              myGunSound.play(0,1);
16:           var mySoundTransform:SoundTransform=new
              SoundTransform(0.3);
17:           mySoundChannel.soundTransform=
              mySoundTransform;
18:       }
19:   }
20:   function fireMove(e:Event):void {
21:       e.currentTarget.y-=10;
22:       if (fireArray.length>20) {
23:           fireArray.splice(0,5);
24:       }
25:       if (e.currentTarget.y<0) {
26:           e.currentTarget.
              removeEventListener(Event.ENTER_FRAME,
              fireMove);
27:           removeChild(DisplayObject(e.
              currentTarget));
```

▲ **Abbildung 20.18**
Der Movieclip »GunFire« ist mit der Klasse GunFire verbunden.

Alternativer Antrieb
Der Antrieb ist sehr einfach gestaltet. Sie könnten auch eine Animationssequenz verwenden, um das Beispiel visuell etwas aufzuwerten.

```
28:         fireArray.splice(e.currentTarget.
           myIndex,1);
29:     }
30:   }
```

Zunächst initialisiert Zeile 2 ein Array, dem später Instanzen der Klasse GunFire zugewiesen werden. Drückt der Benutzer die Maustaste (Zeile 3), wird die Funktion fireGun aufgerufen.

Innerhalb der Funktion wird zunächst geprüft, ob das Raumschiff noch genügend Energie besitzt, um einen weiteren Schuss abzugeben (Zeile 5). Ist das der Fall, wird ein Objekt der Klasse GunFire initialisiert (Zeile 6). Das Objekt wird positioniert (Zeile 7, 8). Um das Objekt bzw. den Feldindex des Objekts im Array fireArray später eindeutig ermitteln zu können, wird der (dynamischen) Eigenschaft myIndex des Movieclips die aktuelle Länge des Arrays fireArray zugewiesen (Zeile 9), so dass der Wert der Eigenschaft myIndex dem Index des Feldes entspricht, über das sich das aktuelle Objekt referenzieren lässt.

Das Objekt wird zum Array fireArray hinzugefügt (Zeile 11). Am Objekt wird ein Ereignis-Listener für das Ereignis Event.ENTER_FRAME registriert, der die Funktion fireMove mehrmals pro Sekunde aufruft. Der Wert der Variablen gunPower wird um 0.2 reduziert (Zeile 13), und der Movieclip gunPowerDisplay.bar wird entsprechend skaliert (Zeile 14).

Abbildung 20.19 ▶
Der Movieclip »bar«, der innerhalb des Movieclips »gunPowerDisplay« liegt

Die Zeilen 15–17 führen dazu, dass der Sound myGunSound mit einer Lautstärke von 0.3 abgespielt wird.

Die Funktion fireMove sorgt dafür, dass sich der jeweilige Schuss nach oben bewegt (Zeile 21). Sobald es mehr als 20 Objekte der Klasse GunFire gibt (Zeile 22), werden die ersten fünf aus dem Array fireArray (Zeile 23) entfernt. Dadurch verhindern Sie, dass die Anzahl der Elemente des Arrays immer größer wird.

Sobald ein Objekt der Klasse `GunFire` außerhalb der Bühne ist (Zeile 25), wird der Ereignis-Listener entfernt (Zeile 26), das Objekt wird aus der Anzeigeliste gelöscht (Zeile 27), und die Referenz auf das Objekt wird aus dem Array `fireArray` entfernt (Zeile 28).

20.4.6 Asteroiden erzeugen

In der BIBLIOTHEK finden Sie einen Movieclip »Asteroid«, der mit der Klasse `Asteroid` verbunden wurde. Im ersten Bild des Movieclips befindet sich die ursprüngliche Form des Asteroiden. Kollidiert der Asteroid mit dem Raumschiff oder einem Schuss des Raumschiffes, explodiert er. Eine entsprechende Animationssequenz finden Sie ab Bild 2 innerhalb des Movieclips.

Ergänzen Sie den Code im zehnten Schlüsselbild um folgende Zeilen:

▲ **Abbildung 20.20**
Die ZEITLEISTE des Movieclips »Asteroid«

▲ **Abbildung 20.21**
Explosionssequenz des Asteroiden

```
1:    // Asteroid
2:    var asteroidTimer:Timer=new Timer(700,int.MAX_
      VALUE);
3:    asteroidTimer.addEventListener(TimerEvent.TIMER,
      createAsteroid);
4:    asteroidTimer.start();
5:    var asteroidArray:Array = new Array();
6:    function createAsteroid(e:TimerEvent):void {
7:        var newAsteroid:Asteroid = new Asteroid();
8:        newAsteroid.x=randomExt(0,stage.stageWidth-
          newAsteroid.width);
9:        newAsteroid.y=0-newAsteroid.height;
10:       newAsteroid.name="nohit";
11:       newAsteroid.speed=randomExt(5,10);
12:       addChild(newAsteroid);
13:       asteroidArray.push(newAsteroid);
14:       newAsteroid.addEventListener(Event.ENTER_
          FRAME,moveAsteroid);
15:       // Remove Asteroids
16:       if (asteroidArray.length>120) {
17:           for (var i:uint = 0; i<10; i++) {
18:               asteroidArray[i].
                  removeEventListener(Event.ENTER_FRAME,
                  moveAsteroid);
19:               removeChild(asteroidArray[i]);
20:           }
21:           asteroidArray.splice(0,10);
22:       }
23:   }
```

Zu Beginn wird die Funktion createAsteroid alle 0,7 Sekunden aufgerufen (Zeile 2–4). Wie Sie später sehen, verringert sich die Zeit später nach und nach noch. Zeile 5 initialisiert ein Array, dem später Objekte der Klasse Asteroid zugewiesen werden. Die Funktion createAsteroid erzeugt Objekte der Klasse Asteroid. Dazu wird in Zeile 7 ein Objekt der Klasse initialisiert. Zeile 8 und 9 positionieren das jeweilige Objekt. Auf der x-Achse wird es zufällig, auf der y-Achse oben außerhalb der Bühne platziert. Zeile 10 weist dem Objekt den Instanznamen »nohit« zu. Der Instanzname dient später dazu, festzustellen, ob der Asteroid bereits mit einem anderen Objekt kollidiert ist.

Zeile 11 weist der dynamischen Eigenschaft speed einen zufälligen Wert zwischen 5 und 10 zu. Das Objekt wird zur Anzeigeliste hinzugefügt (Zeile 12), und eine Referenz auf das Objekt wird zum Array asteroidArray hinzugefügt (Zeile 13).

In Zeile 14 wird ein Ereignis-Listener an dem Objekt registriert, der dafür sorgt, dass die Funktion moveAsteroid mehrmals pro Sekunde aufgerufen wird. Sollte die Anzahl der Elemente des Arrays asteroidArray größer als 120 sein (Zeile 16), werden die ersten 10 Elemente (Zeile 18, 19) – d.h. die ersten 10 zuvor erzeugten Asteroiden – entfernt. Dies verhindert, dass der Speicher vollläuft. Beachten Sie, dass die Asteroiden sonst weiterhin existieren würden, auch wenn sie die Bühne bereits verlassen haben.

20.4.7 Bewegung und Kollisionserkennung der Asteroiden

Die Formen der Objekte, für die eine Kollisionserkennung durchgeführt wird, wurden so gewählt, dass die Kollisionserkennung über die Methode hitTestObject erfolgen kann, obwohl es sich dabei nicht nur um rechteckige Formen handelt. Die Kollisionserkennung über die Methode hitTestObject ist für dieses Beispiel jedoch ausreichend präzise. Ergänzen Sie den Code im zehnten Schlüsselbild um folgende Zeilen:

```
1:    function moveAsteroid(e:Event):void {
2:        e.currentTarget.y+=e.currentTarget.speed;
3:        // Kollisionserkennung mit xFighter
4:        if (e.currentTarget.
          hitTestObject(xFighter)&&e.currentTarget.
          name=="nohit") {
5:            setHealth(xFighterHealth-0.3);
6:            if (xFighterHealth<=0) {
7:                endGame();
8:            }
9:            e.currentTarget.gotoAndPlay(2);
```

```
10:            e.currentTarget.name="hit";
11:            myExplosion.play(0,1);
12:        }
13:        // Kollisionserkennung mit GunFire
14:        for (var i:uint = 0; i<fireArray.length; i++) {
15:            if (e.currentTarget.
                hitTestObject(fireArray[i])&&e.
                currentTarget.name=="nohit") {
16:                e.currentTarget.gotoAndPlay(2);
17:                e.currentTarget.name="hit";
18:                fireArray[i].
                    removeEventListener(Event.ENTER_FRAME,
                    fireMove);
19:                try {
20:                    removeChild(fireArray[i]);
21:                } catch (e:Error) {
22:                    // Display-Object existiert nicht
                        mehr.
23:                }
24:                fireArray.splice(i,1);
25:                punkte+=40;
26:                punkte_txt.text=String(punkte);
27:                var mySoundChannel:SoundChannel=my
                    Explosion.play(0,1);
28:                var mySoundTransform:SoundTransform=
                    new SoundTransform(0.3);
29:                mySoundChannel.soundTransform=mySound
                    Transform;
30:            }
31:        }
32:    }
```

Zeile 2 verschiebt den jeweiligen Asteroid um den Wert der Eigenschaft speed nach unten. Ab Zeile 3 folgt die Kollisionserkennung zwischen dem jeweiligen Asteroiden und dem Raumschiff. In Zeile 4 wird über die Methode hitTestObject geprüft, ob das Raumschiff mit dem Asteroiden kollidiert. Zusätzlich wird ermittelt, ob der Instanzname des Movieclips gleich »nohit« ist. Das ist notwendig, da die Kollisionserkennung auch kurz nach einer Kollision noch true ergäbe.

Nur wenn beide Bedingungen erfüllt sind, wird der Code ab Zeile 5 ausgeführt. Zeile 5 reduziert die Lebenspunkte des xFighters um 0,3. Dazu wird die Funktion setHealth aufgerufen, die wir später definieren. Sollten die Lebenspunkte kleiner

Alternativer Schwierigkeitsgrad
Den Wert 0,3 können Sie natürlich auch ändern, um die Schwierigkeit des Spiels zu beeinflussen.

oder gleich 0 sein (Zeile 6), wird das Spiel durch den Aufruf der Methode `endGame` beendet (Zeile 7). Auch diese Funktion definieren wir später noch. Um die Kollision zu visualisieren, springt der Lesekopf des Asteroiden-Movieclips auf Bild 2 (Zeile 9). Hier wird dann die Explosionsanimation des Asteroiden abgespielt. Der Instanzname des Asteroiden wird auf »hit« gesetzt (Zeile 10), um zu vermeiden, dass die vorausgehende Fallentscheidung beim nächsten Durchlauf erneut zum Erfolg führt. Anschließend wird der Sound `myExplosion` in Zeile 11 abgespielt.

Ab Zeile 13 erfolgt eine Kollisionserkennung mit den jeweiligen Laserschüssen des Raumschiffs. Mit Hilfe einer `for`-Schleife (Zeile 14) werden die Elemente des Arrays `fireArray` durchlaufen. Zeile 15 prüft dann, ob ein Schuss mit einem Asteroiden kollidiert. In diesem Fall springt der Lesekopf des jeweiligen Asteroiden-Movieclips auf Bild 2 (Zeile 16), der Instanzname des Movieclips wird auf »hit« gesetzt, und der Schuss wird sowohl aus dem Array als auch von der Anzeigeliste entfernt (Zeile 18–24).

Es kann vorkommen, dass das `fire`-Objekt zu diesem Zeitpunkt bereits von der Bühne entfernt wurde. Aus diesem Grund schließen wir das Entfernen des Objekts in eine `try-catch`-Anweisung ein. Das dient zur Verhinderung von Compiler-Laufzeitfehlern.

Alternative: Dynamische Punktzahl

Sie könnten das Spiel so ändern, dass sich die Punktzahl mit zunehmender Spieldauer erhöht, oder Sie erstellen weitere Objekte (Alternativen zu Asteroiden), die eine höhere Punktzahl ergeben.

Die Punktzahl wird um 40 erhöht (Zeile 25), und die neue Punktzahl wird im Textfeld »punkte_txt« ausgegeben. In Zeile 27–29 wird der Sound `myExplosionFire` mit einer Lautstärke von 0,3 abgespielt.

Ergänzen Sie den Code nun um folgende Zeilen:

```
function setHealth(value:Number):void {
    xFighterHealth=value;
    healthBar.bar.scaleX=xFighterHealth;
}
```

Über die Methode `setHealth` werden die Lebenspunkte des Raumschiffs neu gesetzt. Dazu wird der Variablen `xFighterHealth` der Wert des Arguments `value` zugewiesen. Anschließend wird der Movieclip `healthBar.bar` entsprechend skaliert.

20.4.8 Schwierigkeitsgrad erhöhen

Der Schwierigkeitsgrad soll mit zunehmender Spielzeit erhöht werden. Dazu wird die Zeit, nach der die Funktion `createAsteroid` aufgerufen wird, jeweils um 50 Millisekunden reduziert. Das bedeutet also, dass mehr Asteroiden im gleichen Zeitraum erzeugt werden. Ergänzen Sie den Code im zehnten Schlüsselbild dazu wie folgt:

```
1:    // Schwierigkeitsgrad
2:    var levelTimer:Timer=new Timer(10000,7);
3:    levelTimer.addEventListener(TimerEvent.TIMER,
      setLevelUp);
4:    levelTimer.start();
5:    function setLevelUp(e:TimerEvent):void {
6:        asteroidTimer.delay-=50;
7:    }
```

Alternative: Schwierigkeitsgrad
Sie können sowohl die Zeitangaben als auch die Wiederholungen der Erhöhung des Levels anpassen, um die Schwierigkeit des Spiels zu erhöhen oder zu reduzieren. Beachten Sie dabei jedoch, dass der Wert der Eigenschaft delay des asteroidTimer-Objekts nicht gleich oder kleiner als 0 werden darf.

Zunächst wird ein neues Timer-Objekt initialisiert (Zeile 2). Das Timer-Objekt sorgt dafür, dass siebenmal im Abstand von 10 Sekunden (10.000 Millisekunden) die Funktion setLevelUp aufgerufen wird. Die Funktion setLevelUp reduziert den Wert der Eigenschaft delay des asteroidTimer-Objekts um 50.

20.4.9 Schussenergie aufladen

Immer dann, wenn der Spieler die Maustaste drückt, wird ein Laserschuss abgegeben, sofern das Raumschiff über ausreichend Energie verfügt. Nach jedem abgegebenen Schuss soll die Energie reduziert werden, so dass der Spieler nicht permanent Schüsse abgeben kann. Diese Energie muss nach einiger Zeit wieder aufgeladen werden, damit das Raumschiff wieder schießen kann. Ergänzen Sie den Code um folgende Zeilen:

```
1:    // GunPower
2:    var gunTimer:Timer=new Timer(500,int.MAX_VALUE);
3:    gunTimer.addEventListener(TimerEvent.TIMER,
      setPowerUp);
4:    gunTimer.start();
5:    function setPowerUp(e:TimerEvent):void {
6:        if (gunPower+0.1<=1) {
7:            gunPower+=0.1;
8:        }
9:        gunPowerDisplay.bar.scaleX=gunPower;
10:   }
```

Die Energie soll alle 0,5 Sekunden automatisch aufgeladen werden. Dazu wird ein Timer-Objekt initialisiert (Zeile 2), das dafür sorgt, dass die Funktion setPowerUp aufgerufen wird. Die Funktion setPowerUp prüft zunächst, ob der Wert der Variablen plus 0,1 kleiner oder gleich 1 ist – in diesem Fall wird die Energie um 0,1 erhöht; andernfalls wäre die Energiekapazität des Raumschiffs bereits voll aufgeladen. Anschließend wird der Movieclip gunPowerDisplay.bar dem neuen Wert entsprechend skaliert (Zeile 9).

▲ Abbildung 20.22
Der Movieclip »Energy«, der mit
der Klasse Energy verknüpft
wurde

Alternative: Schwierigkeitsgrad
Sie können den Schwierigkeitsgrad beeinflussen, indem Sie die
Stärke der Aufladung ändern. Sie
könnten auch festlegen, dass nur
die Lebenspunkte wiederherge-
stellt werden und nicht zusätzlich
die Energie des Raumschiffes.

20.4.10 Lebenspunkte erzeugen

In der BIBLIOTHEK finden Sie einen MovieClip »Energy«, der mit
einer gleichnamigen Klasse verbunden wurde.

Jede zehnte Sekunde soll ein Spielelement (Energiepunkt)
erscheinen, über das der Spieler sowohl die Lebenspunkte des
Raumschiffes als auch die Schussenergie aufladen kann, wenn er
das Spielelement mit dem Raumschiff aufnimmt. Ergänzen Sie
den Code dazu um folgende Zeilen:

```
1:    // Energy
2:    var energyTimer:Timer=new Timer(10000,int.MAX_
      VALUE);
3:    energyTimer.addEventListener(TimerEvent.TIMER,
      createEnergy);
4:    energyTimer.start();
5:    function createEnergy(e:TimerEvent):void {
6:        var myEnergy:Energy = new Energy();
7:        myEnergy.x=randomExt(0+myEnergy.width,stage.
          stageWidth-myEnergy.width);
8:        myEnergy.y=0-myEnergy.height;
9:        addChild(myEnergy);
10:       myEnergy.addEventListener(Event.ENTER_FRAME,
          moveEnergy);
11:   }
12:   function moveEnergy(e:Event):void {
13:       if (e.currentTarget.y<stage.stageHeight) {
14:           e.currentTarget.y+=10;
15:       } else {
16:           e.currentTarget.
              removeEventListener(Event.ENTER_FRAME,
              moveEnergy);
17:           removeChild(DisplayObject(e.currentTarget));
18:       }
19:       // Kollisionserkennung mit xFighter
20:       try {
21:           if (e.currentTarget.
              hitTestObject(xFighter)) {
22:               e.currentTarget.
                  removeEventListener(Event.ENTER_FRAME,
                  moveEnergy);
23:               removeChild(DisplayObject(e.
                  currentTarget));
24:               myEnergySound.play(0,1);
25:               if (xFighterHealth+0.3<=1) {
```

```
26:                    setHealth(xFighterHealth+0.3);
27:                }
28:                gunPower=1;
29:            }
30:        } catch (e:Error) {
31:            // Energy existiert nicht mehr
32:        }
33:    }
```

In Zeile 2 bis 4 wird zunächst ein `Timer`-Objekt initialisiert und gestartet, das dafür sorgt, dass die Funktion `createEnergy` jede zehnte Sekunde aufgerufen wird. Analog zur Erstellung eines Asteroiden wird ein Objekt der Klasse `Energy` erzeugt, positioniert und zur Anzeigeliste hinzugefügt (Zeile 6–9). An dem Objekt wird ein Ereignis-Listener registriert (Zeile 10), der über das Ereignis `Event.ENTER_FRAME` mehrmals pro Sekunde die Funktion `moveEnergy` aufruft.

Innerhalb der Funktion `moveEnergy` wird zunächst geprüft, ob die Position auf der y-Achse des Energiepunkts kleiner als die Höhe der Bühne ist (Zeile 13). Ist das der Fall, wird der Energiepunkt um 10 Pixel nach unten verschoben (Zeile 14). Andernfalls befindet er sich unterhalb der Bühne und kann entfernt werden (Zeile 16, 17). Ab Zeile 19 wird geprüft, ob der Energiepunkt mit dem Raumschiff kollidiert. Findet eine Kollision statt, wird der Energiepunkt entfernt (Zeile 22, 23) und der Sound `myEnergy-Sound` abgespielt (Zeile 24).

Sollten die aktuellen Lebenspunkte des Raumschiffes plus 0,3 kleiner oder gleich 1 sein (Zeile 25), wird der entsprechende Wert um 0,3 erhöht (Zeile 26). Der Wert für die Schussenergie wird in Zeile 28 zurück auf 1 gesetzt. Um den Schwierigkeitsgrad zu erhöhen, könnten Sie den Wert z. B. auch nur um 0,1 oder 0,2 erhöhen.

Vermeidung von Compiler-Fehlern zur Laufzeit
Möglicherweise existiert der Energiepunkt zu diesem Zeitpunkt nicht mehr. Um Compiler-Fehler zur Laufzeit zu vermeiden, wurde der Teil in einen `try-catch`-Block eingebunden.

20.4.11 SlowMotion-Punkte erzeugen
Neben den Lebenspunkten gibt es in der Bibliothek einen Movieclip »SlowMotion«, der mit der Klasse `SlowMotion` verbunden ist. Alle 12 Sekunden wird ein solcher Punkt erzeugt. Nimmt der Spieler den Punkt auf, reduziert sich die Bewegung von Asteroiden, die sich zu diesem Zeitpunkt auf der Bühne befinden. Ergänzen Sie den Code um folgende Zeilen:

```
1:   // Slow Motion
2:   var slowTimer:Timer=new Timer(12000,int.MAX_
     VALUE);
```

```
3:    slowTimer.addEventListener(TimerEvent.TIMER,
      createSlowMotion);
4:    slowTimer.start();
5:    function createSlowMotion(e:TimerEvent):void {
6:        var myMotion:SlowMotion = new SlowMotion();
7:        myMotion.x=randomExt(0+myMotion.width,stage.
          stageWidth-myMotion.width);
8:        myMotion.y=0-myMotion.height;
9:        addChild(myMotion);
10:        myMotion.addEventListener(Event.ENTER_FRAME,
           moveMotion);
11:    }
12:    function moveMotion(e:Event):void {
13:        if (e.currentTarget.y<stage.stageHeight) {
14:            e.currentTarget.y+=10;
15:        } else {
16:            e.currentTarget.
               removeEventListener(Event.ENTER_FRAME,
               moveMotion);
17:            removeChild(DisplayObject(e.currentTar-
               get));
18:        }
19:        // Kollisionserkennung mit xFighter
20:        try {
21:            if (e.currentTarget.hitTestObject
               (xFighter)) {
22:                e.currentTarget.
                   removeEventListener(Event.ENTER_FRAME,
                   moveMotion);
23:                removeChild(DisplayObject(e.
                   currentTarget));
24:                myEnergySound.play(0,1);
25:                for (var i:uint = 0; i<asteroidArray.
                   length; i++) {
26:                    asteroidArray[i].speed=2;
27:                }
28:            }
29:        } catch (e:Error) {
30:            // Energy existiert nicht mehr
31:        }
32:    }
```

Alternative: Weitere Bonus-Punkte einfügen

Auf dieselbe Art und Weise könnten Sie weitere Bonus-Punkte einfügen, die verschiedene Aktionen ausführen. Zum Beispiel erzeugen Sie einen Punkt »Blast« erzeugen, der alle Asteroiden, die sich auf der Bühne befinden, zerstört. Oder Sie erstellen Minen, die über einen gewissen Zeitraum in einem bestimmten Bereich alle Asteroiden zerstören. Die Möglichkeiten sind unbegrenzt.

Der Code ist nahezu identisch mit dem Code, der Lebenspunkte erzeugt.

20.4.12 Spiel beenden

Wenn die Lebenspunktzahl des Raumschiffes den Wert 0 unter-schreitet, soll das Spiel beendet werden. In diesem Fall wird die Funktion endGame aufgerufen. Ergänzen Sie den Code im zehnten Schlüsselbild abschließend um folgende Zeilen:

```
1:     function randomExt(minVal:Number,maxVal:Number)
       :Number {
2:         return Math.floor(Math.random() *
           (1+maxVal-minVal)) + minVal;
3:     }
4:     function endGame():void {
5:         xFighter.removeEventListener(Event.ENTER_
           FRAME,posFighter);
6:         stage.removeEventListener(MouseEvent.MOUSE_
           DOWN,fireGun);
7:         energyTimer.stop();
8:         slowTimer.stop();
9:         asteroidTimer.stop();
10:        levelTimer.stop();
11:        gunTimer.stop();
12:        for (var i:uint = 0; i<asteroidArray.length;
           i++) {
13:            asteroidArray[i].
               removeEventListener(Event.ENTER_FRAME,
               moveAsteroid);
14:            removeChild(asteroidArray[i]);
15:        }
16:        gotoAndStop("Highscore");
17:    }
18:    stop();
```

Zeile 1–3 definieren zunächst eine Hilfsfunktion randomExt, die einen Zufallswert eines bestimmten Wertebereichs (definiert durch die Argumente) zurückgibt. Die Funktion wurde zuvor mehrmals benutzt, um Objekte zufällig zu positionieren und eine zufällige Geschwindigkeit zu bestimmen.

Die Funktion endGame sorgt dafür, dass alle registrierten Ereig-nis-Listener entfernt (unregistriert) werden (Zeile 5, 6). Die Timer-Objekte werden gestoppt (Zeile 7–11). Eine for-Schleife durchläuft die Elemente des Arrays asteroidArray und entfernt sie von der Anzeigeliste (Zeile 12–15). Zum Schluss springt der Lesekopf der Hauptzeitleiste auf das Bild mit dem Bildbezeichner »Highscore« (Zeile 16). Damit ist Programmierung des Spiels fertiggestellt.

Hinweis: myEnergy- und myMotion-Objekte
Die Objekte myEnergy und myMo-tion müssen nicht unbedingt ent-fernt werden. Sie bewegen sich autonom nach unten bis außer-halb der Bühne und werden dann entfernt.

Alternative: Mauszeiger einblenden
Wenn Sie den Mauszeiger zu Be-ginn ausgeblendet haben, sollten Sie ihn an dieser Stelle wieder einblenden. Ergänzen Sie den Code innerhalb der Funktion end-Game dazu um folgende Zeile:

Mouse.show();

Abbildung 20.23 ▶
Das fertiggestellte Spiel im Flash Player

20.5 Verbesserungen

Vielfältige Aufgaben
Spieleentwicklung ist grundsätzlich eine herausfordernde Aufgabe, da man sich sowohl mit Grafik und Sound als auch mit technischer Umsetzung bzw. Programmierung beschäftigen muss.

Das Spiel ist so noch sehr einfach und bietet auf Dauer keine tatsächliche Herausforderung. Es lässt sich jedoch relativ einfach erweitern und dadurch deutlich interessanter gestalten. Einige Möglichkeiten dafür habe ich in der Marginalie bereits genannt.

Aufruf zum Spiele-Contest | Für dieses Kapitel konnte ich nur ein einfaches Spiel mit begrenzten Codezeilen entwickeln. Vielleicht werden einige von Ihnen bereits denken, dass der Code schon zu lang ist. 200 Codezeilen sind für ein Spiel jedoch sehr wenig und bedingen ein begrenztes Spielprinzip bzw. eingeschränkte Spielelemente.

Professionelle Entwicklungsteams von Browserspielen besitzen meist jahrelange Erfahrung und arbeiten in Teams an einem Spiel mehrere Wochen, Monate oder sogar Jahre. Natürlich hatte ich einen solchen Zeitraum nicht zur Verfügung, deshalb sollten Sie das Spiel nicht mit einem professionellen Spiel vergleichen. Das hier vorgestellte Spiel lässt sich jedoch sehr gut erweitern, und ich möchte Sie an dieser Stelle dazu ermuntern, genau das zu tun!

Wenn Sie möchten, senden Sie mir Ihr weiterentwickeltes Spiel per E-Mail an *flashbook@medianetic.de* zu. Bei ausreichend vielen Einsendungen erstelle ich gerne einen Contest mit Voting (zur Bewertung). Sie werden diesen Contest dann gegebenenfalls unter *http://www.bookgame.medianetic.de* finden. Ich bin sehr gespannt auf Ihre Einsendungen!

Wenn Sie sich weiter mit diesem interessanten Themenbereich beschäftigten möchten, empfehle ich Ihnen zur Inspiration die Website *http://www.flashgames.de*, auf der Sie sehr viele Browserspiele auf Flash-Basis von professionellen Spieleentwicklungsteams finden.

20.6 Highscore

Sie haben jetzt gelernt, wie Sie ein Spiel mit Flash strukturieren, und entwickeln. Ein besonderer Anreiz für viele Spieler ist es, sich mit anderen zu messen.

Bei Single-Player-Spielen ist dafür ein Highscore ein gutes Mittel. Auf den folgenden Seiten erfahren Sie, wie Sie einen Highscore für das Asteroid-Spiel erstellen können.

Anschließend wird exemplarisch gezeigt, wie Sie es »Highscore-Hackern« mit Hilfe von Verschleierungstechniken erschweren können, einen Highscore zu manipulieren.

20.6.1 Highscore laden

Für den Highscore wird ein XML-Dokument *daten.xml* verwendet, das Sie im Verzeichnis *xml* finden. Das XML-Dokument besitzt folgende Struktur:

20\Asteroid\xml\daten.xml

```
<highscore>
  <score name="Max" punkte="40"/>
  <score name="" punkte=""/>
  <score name="" punkte=""/>
  <score name="" punkte=""/>
  <score name="" punkte=""/>
  <score name="" punkte=""/>
  <score name="" punkte=""/>
  <score name="" punkte=""/>
  <score name="" punkte=""/>
  <score name="" punkte=""/>
</highscore>
```

Insgesamt sollen die besten zehn Highscores berücksichtigt werden. Jeder Highscore wird durch ein <score>-Element repräsentiert. Jedes dieser Elemente besitzt zwei Attribute name und punkte für den Spielernamen und die Punktzahl.

Sie können die Highscore-Funktion auch lokal aus der Entwicklungsumgebung heraus testen. Dazu müssen Sie die URL auf absolute Pfade setzen, z. B. *http://www.meineDomain.de/ game/xml/daten.xml*. Zusätzlich sollten Sie einen Zeitstempel erstellen, den Sie an die URL anhängen, um ein Caching zu verhindern. Dazu folgendes Beispiel:

```
var myDate:Date = new Date();
var zeitstempel:Number = my-
Date.getTime();
...
var myRequest:URLRequest=new
URLRequest("xml/daten.
xml?"+zeitstempel);
```

Zunächst soll das XML-Dokument geladen werden. Wählen Sie auf der Hauptzeitleiste des Flash-Films das 20. Schlüsselbild auf der Ebene »Actions« aus, und weisen Sie ihm zunächst folgenden Code zu:

```
1:   var xml:XML = new XML();
2:   var myDate:Date = new Date();
3:   var myTime:Number = myDate.getTime();
4:   var myRequest:URLRequest=new URLRequest("xml/
     daten.xml?"+myTime);
5:   var loader:URLLoader = new URLLoader();
6:   loader.load(myRequest);
7:   loader.addEventListener(Event.COMPLETE,
     dataLoaded);
8:   function dataLoaded(e:Event):void {
9:       xml=XML(e.currentTarget.data);
10:      checkHighscore();
11:  }
```

Zeile 1 initialisiert ein XML-Objekt xml. Zeile 2 und 3 erzeugen einen Zeitstempel, der in Zeile 4 dazu verwendet wird, das Zwischenspeichern (Cachen) des XML-Dokuments zu verhindern. Das würde andernfalls zu Problemen führen, wenn man in einer Spielesession mehr als eine Highscore erzeugt, da das XML-Dokument dann aus dem Zwischenspeicher geladen wird.

Über ein URLRequest-Objekt und ein URLLoader-Objekt wird das XML-Dokument in Zeile 4–6 geladen. Nach dem Laden wird die Ereignisprozedur dataLoaded aufgerufen (Zeile 7), die XML-Struktur dem XML-Objekt zugewiesen (Zeile 7) und die Funktion checkHighscore aufgerufen (Zeile 8).

20.6.2 Highscore aktualisieren und speichern

Nachdem der Highscore geladen wurde, wird geprüft, ob der aktuell erzielte Spielpunktestand zum Highscore hinzugefügt werden sollte. Wenn das der Fall sein ist, wird der Inhalt des XML-Dokuments geändert, und das XML-Dokument wird neu abgespeichert. Ergänzen Sie den Code nun um folgende Zeilen:

```
1:   function checkHighscore():void {
2:       var newHighScore:Boolean=false;
3:       var scoreIndex:uint;
4:       for (var i:uint=0; i<xml.score.length(); i++) {
5:           if (punkte>Number(xml.score[i].@punkte)) {
6:               newHighScore=true;
```

```
 7:              scoreIndex=i;
 8:              break;
 9:          }
10:       }
11:     if (newHighScore==true) {
12:         for (i=xml.score.length()-1;
             i>scoreIndex; i--) {
13:             xml.score[i].@name=xml.score[i-1].
                @name;
14:             xml.score[i].@punkte=xml.score[i-1].
                @punkte;
15:         }
16:         xml.score[scoreIndex].@name=username;
17:         xml.score[scoreIndex].@punkte=punkte;
18:         var myRequest:URLRequest=new URLRequest
             ("php/save_xml_original.php?"+myTime);
19:         var myLoader:URLLoader = new URLLoader();
20:         var myVars:URLVariables = new
             URLVariables();
21:         myVars.xmlString=xml.toString();
22:         myRequest.data=myVars;
23:         myRequest.method=URLRequestMethod.POST;
24:         myLoader.load(myRequest);
25:         myLoader.addEventListener(Event.COMPLETE,
             completeHandler);
26:         myLoader.addEventListener(IOErrorEvent.
             IO_ERROR,ioErrorHandler);
27:         myLoader.addEventListener(SecurityError
             Event.SECURITY_ERROR,securityHandler);
28:     } else {
29:         displayHighscore();
30:     }
31:   }
32: function ioErrorHandler(e:IOErrorEvent):void {
33:     trace("IO-ERROR");
34: }
35: function securityHandler(e:SecurityErrorEvent)
     :void {
36:     trace("Security-Error");
37: }
38: function completeHandler(e:Event):void {
39:     displayHighscore();
40: }
```

▲ **Abbildung 20.24**
Der Highscore

In Zeile 2 wird die Variable newHighScore initialisiert. Der Wert der Variablen gibt später an, ob der Highscore des Spielers größer ist als einer der zehn bereits vorhandenen Highscores. Zeile 3 initialisiert die Variable scoreIndex, der später der Index zugewiesen wird, an dem die neue Punktzahl in der Highscore-Liste platziert werden soll.

Die Knoten des XML-Dokuments werden mit Hilfe einer for-Schleife in Zeile 4 durchlaufen. Sollte die erzielte Punktzahl größer sein als der Wert des Attributs punkte eines Knotens, wird der Wert der Variablen newHighScore auf true gesetzt (Zeile 6). Die Stelle – d.h. der Index, an dem die neue Punktzahl in das XML-Dokument eingefügt werden soll – wird der Variablen scoreIndex in Zeile 7 zugewiesen. Über break wird die Schleife dann abgebrochen (Zeile 8).

Sollte der Spieler keinen neuen Highscore erzielt haben (newHighscore ist gleich false), ruft Zeile 29 die Funktion displayHighscore direkt auf, wodurch der vorhandene Highscore ausgegeben wird.

Falls hingegen ein neuer Highscore erzielt wurde (Zeile 11), werden die Knoten des XML-Dokuments von unten nach oben – d.h. von Index 9 über Index 8 etc. – durchlaufen bis zum Index mit dem Wert scoreIndex (Zeile 12). Die jeweiligen Attributwerte des Knotenpunkts werden auf die Werte des vorangehenden Knotenpunkts gesetzt. Das bedeutet, dass alle Werte bis zum Index scoreIndex eine Stelle nach hinten rutschen. Angenommen, der Spieler »Johnny« erreicht 160 Punkte und der Highscore sah bisher so aus:

Index	Name	Punkte
0	Max	220
1	John	180
2	Jim	140
3	Anja	100
4	Nadine	40
5	kein Wert	kein Wert

Ab dem Index 2 werden alle Werte um eins nach hinten verschoben, so dass sich folgende Liste ergibt:

Index	Name	Punkte
0	Max	220
1	John	180

Index	Name	Punkte
2	Jim	140
3	Jim	140
4	Anja	100
5	Nadine	40
6	kein Wert	kein Wert

Anschließend werden in Zeile 16 und 17 die Attribute am Index `scoreIndex` neu gesetzt. Im Beispiel würde der Eintrag am Index 2 durch den neuen Eintrag (Johnny mit 160 Punkten) ersetzt. Es ergäbe sich folgende Liste:

Index	Name	Punkte
0	Max	220
1	John	180
2	**Johnny**	**160**
3	Jim	140
4	Anja	100
5	Nadine	40
6	kein Wert	kein Wert

Nachdem das XML-Dokument entsprechend aktualisiert wurde, wird die aktualisierte XML-Struktur als Stringwert (Zeile 21–24) an das PHP-Script *php/save_xml_original.php* übertragen. Das PHP-Skript speichert die empfangene XML-Struktur ausgehend vom Verzeichnis, in dem das Skript liegt, im Verzeichnis *../xml/daten.xml* ab.

20\Asteroid\php\save_xml_original.php

Sobald das Skript erfolgreich gestartet wurde, wird die Funktion `completeHandler` aufgerufen, die wiederum die Funktion `displayHighscore` ausführt.

20.6.3 Highscore darstellen

Auf der Bühne des Flash-Films befinden sich Textfelder mit den Instanznamen »player0«, »player1« etc. Außerdem liegen auf der Bühne des Flash-Films Textfelder mit den Instanznamen »punkte0«, »punkte1« etc.

Zugriffsrechte definieren
Damit das PHP-Skript das XML-Dokument abspeichern kann, müssen Sie mit einem FTP-Client gegebenenfalls entsprechende Schreibrechte definieren.

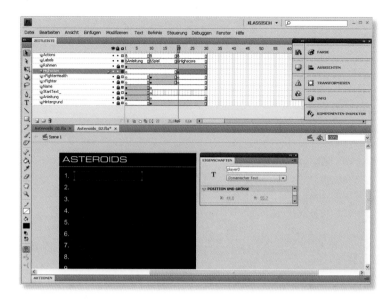

Abbildung 20.25 ▶
Die Textfelder auf der Bühne für
die Ausgabe der Highscores

Die Funktion displayHighscore sorgt dafür, dass der Highscore
ausgegeben wird. Ergänzen Sie den Code um folgende Zeilen:

```
1:   function displayHighscore():void {
2:       for(var i:uint=0;i<xml.score.length();i++) {
3:           this["player"+i].text = xml.score[i].
             @name;
4:           this["punkte"+i].text = xml.score[i].
             @punkte;
5:       }
6:   }
```

Eine for-Schleife durchläuft alle Knoten des XML-Dokuments.
Zeile 3 und 4 weisen den entsprechenden Textfeldern die jeweiligen Werte aus dem XML-Dokument zu.

20.6.4   Spiel neu starten

Nachdem der Spieler eine Runde gespielt hat, kann er auf den
Movieclip »Neustart« klicken, um eine weitere Runde zu spielen.
Ergänzen Sie den Code abschließend um folgende Zeilen:

```
1:   restart_mc.buttonMode=true;
2:   restart_mc.addEventListener(MouseEvent.CLICK,
     restartClickHandler);
3:   restart_mc.addEventListener(MouseEvent.ROLL_
     OVER,restartOverHandler);
```

```
4:    restart_mc.addEventListener(MouseEvent.ROLL_OUT,
      restartOutHandler);
5:    function restartOverHandler(e:MouseEvent):void {
6:        e.currentTarget.gotoAndPlay("in");
7:    }
8:    function restartOutHandler(e:MouseEvent):void {
9:        e.currentTarget.gotoAndPlay("out");
10:   }
11:   function restartClickHandler(e:MouseEvent):void {
12:       gotoAndStop("Spiel");
13:   }
14:   stop();
```

In Zeile 1 wird die Eigenschaft `buttonMode` des Movieclips auf `true` gesetzt, damit sich der Movieclip wie ein Button verhält. Anschließend werden drei Ereignis-Listener am Movieclip registriert. Klickt der Benutzer auf den Button, wird das Bild mit dem Bildbezeichner »Spiel« angesprungen (Zeile 12). Damit sind das Spiel und der Highscore fertiggestellt.

20\Asteroid\Asteroid_02.fla

◀ **Abbildung 20.26**
Die Highscores im Firefox-Browser

20.6.5 Highscore-Sicherheit

In der Praxis werden viele unterschiedliche Techniken verwendet, um zu verhindern, dass ein Highscore manipuliert wird. Grundsätzlich müssen Sie zunächst beachten, dass alle Daten vom Flash Player (Client) zum serverseitigen Skript standardmäßig im Klartext übertragen werden, wenn Sie keine Verschlüsslung, z. B. über SSL, verwenden.

Außerdem müssen Sie bedenken, dass der Flash-Film, der in der Regel auf der Festplatte des Client-Rechners im Cache des Browsers gespeichert wird, dekompiliert werden kann, um den Quellcode sichtbar zu machen.

Das Hauptproblem bezüglich Sicherheit in diesem Zusammenhang ist, dass die Daten für den Highscore vom Client kommen müssen, da ein Flash-Film clientseitig ausgeführt wird. Daten, die vom Client kommen, können grundsätzlich jedoch nicht als vertrauenswürdig betrachtet werden, da sie sehr leicht zu verändern sind.

Vergleicht man die Situation mit einem Spiel, das serverseitig ausgeführt wird (wie z. B. ein serverbasiertes Java-Spiel), ist die Ausgangsbasis eine ganz andere: Die Daten werden serverseitig erstellt und können ohne die Möglichkeit der Manipulation des Datenstroms auch serverseitig gespeichert werden.

Sicher ist, dass nichts sicher ist...
Bevor wir erläutern, wie Sie es einem potentiellen Angreifer durch eine Verschleierungstechnik etwas schwieriger machen können, sei ausdrücklich nochmals darauf hingewiesen, dass keine dieser Techniken annähernd absolute Sicherheit garantiert.

Das grundsätzliche Problem mit Highscores im Zusammenhang mit Spielen, die clientseitig ausgeführt werden, macht nicht halt vor Spieleentwicklern, die Browserspiele kommerziell anbieten. In der Praxis werden bei solchen Spielen so viele Hürden aufgebaut, dass der Aufwand, um die Highscores zu hacken, größer ist, als das Spiel so oft zu spielen, um einen entsprechend hohen Highscore zu erhalten.

Das bisher verwendete PHP-Skript berücksichtigt diese Sicherheitsproblematik in keiner Weise. Ein potentieller Angreifer könnte sehr einfach einen beliebigen Namen und eine beliebige Punktzahl an das PHP-Skript übermitteln. Das Skript überprüft nicht, ob die Daten als legitim betrachtet werden können, sondern wird den Eintrag einfach durchführen.

20.6.6 Hashfunktion verwenden

Im Folgenden wird erläutert, wie Sie die Highscores mit Hilfe einer Hashfunktion (siehe Marginalie) etwas besser vor Manipulationen durch potentielle Angreifer schützen.

20\Asteroid\as3corelib-.92.1.zip

AS3-CoreLib | Für die Umsetzung der folgenden Erläuterungen benötigen Sie die AS3CoreLib, deren aktuelle Version Sie unter *http://code.google.com/p/as3corelib/* herunterladen können. Die Bibliothek enthält sogenannte Hashfunktionen, die dazu genutzt werden können, Prüfsummen zu erstellen. Sie finden die Bibliothek auch auf der beiliegenden DVD unter *Spieleprogrammierung\Asteroid\as3corelib-.92.1.zip*. Für das Beispiel müssen Sie das Verzeichnis (inkl. aller Dateien und Unterverzeichnisse), das im Verzeichnis *as3corelib-.92.1\src* liegt, in das Projektverzeichnis kopieren. Damit Sie stärkere Hashfunktionen als MD5 (z. B. SHA1 oder SHA256) verwenden können, benötigen Sie die Klasse Base64Encoder, die standardmäßig nur mit Flex und nicht mit Flash von Adobe geliefert wird. Sie können die Klasse jedoch unter *http://opensource.adobe.com/svn/opensource/flex/sdk/trunk/ frameworks/projects/framework/src/mx/utils/* herunterladen.

Erstellen Sie dann im Projekt-Verzeichnis zwei Verzeichnisse *mx\utils*, und kopieren Sie die ActionScript-Datei in das Verzeichnis. Importieren Sie die Klasse dann über import mx.utils.*;

20.6.7 Zeitpunkte in einem Array speichern

Als Erstes erzeugen wird ein Array im Flash-Film, dem immer dann Felder zugewiesen werden, wenn der Spieler einen Asteroiden abschießt, das heißt, wenn sich sein Punktekonto erhöht. Zu diesem Zeitpunkt wird die Zeit ermittelt, die seitdem Start des Flash-Films vergangen ist, und in einem Array gespeichert. Wählen Sie im Flash-Film zunächst das zehnte Schlüsselbild auf der Ebene »Actions« aus, und initialisieren Sie zu Beginn im Code ein neues Array gameData wie folgt (Änderungen sind fettgedruckt):

```
// Init
var xFighterHealth:Number=1;
var gunPower:Number=1;
var punkte:uint=0;
var gameData:Array = new Array();
```

Ergänzen Sie den Code innerhalb der Funktion moveAsteroid wie folgt (Änderungen sind fett gedruckt):

```
1:   ...
2:      // Kollisionserkennung mit GunFire
3:      for (var i:uint = 0; i<fireArray.length; i++)
{
4:         if (e.currentTarget.
           hitTestObject(fireArray[i])&&e.
           currentTarget.name=="nohit") {
5:            e.currentTarget.gotoAndPlay(2);
6:            e.currentTarget.name="hit";
7:            fireArray[i].removeEventListener(Event.
              ENTER_FRAME,fireMove);
8:            removeChild(fireArray[i]);
9:            fireArray.splice(i,1);
10:           punkte+=40;
11:           gameData.push(getTimer());
12:           punkte_txt.text=String(punkte);
```

Hashfunktion

Eine Hashfunktion oder Streuwertfunktion ist eine Funktion bzw. Abbildung, die zu einer Eingabe aus einer üblicherweise großen Quellmenge eine Ausgabe, den Hashcode, erzeugt, meist aus einer kleineren Zielmenge. Die Hashwerte beziehungsweise Streuwerte sind meist skalare Werte aus einer Teilmenge der natürlichen Zahlen. Ein Hashwert wird auch als Fingerprint bezeichnet, da er eine nahezu eindeutige Kennzeichnung einer größeren Datenmenge darstellt, so wie ein Fingerabdruck einen Menschen nahezu eindeutig identifiziert. Quelle: Wikipedia

Wenn Sie einen Wert oder mehrere Werte über eine Hashfunktion »laufen lassen«, erhalten Sie ein Resultat, das normalerweise keinerlei Rückschlüsse auf die ursprünglichen Werte geben kann. Eine Hashfunktion sollte immer als Einwegfunktion bezeichnet werden können.

Beispiel: Sie lassen die Werte 1 und 2 durch eine Hashfunktion laufen und erhalten ein Ergebnis. Wenn Sie nur das Ergebnis sehen, sollten Sie nicht in der Lage sein, Rückschlüsse auf die ursprünglichen Werte 1 und 2 zu ziehen. Das Ergebnis lässt sich allerdings reproduzieren, wenn Sie die Werte 1 und 2 durch dieselbe Hashfunktion laufen lassen.

```
13:            var mySoundChannel:SoundChannel=
               myExplosion.play(0,1);
14:            var mySoundTransform:SoundTransform=
               new SoundTransform(0.3);
15:            mySoundChannel.soundTransform=mySound
               Transform;
16:        }
17:    }
```

Am Ende des Spiels liegt also ein Array `gameData` vor, das die Zeitpunkte als Feldwerte besitzt, an denen Punkte erzielt wurden.

20.6.8 Hashwerte erzeugen

Wählen Sie in der Hauptzeitleiste des Flash-Films das 20. Schlüsselbild aus, und fügen Sie in Zeile 1 des Codes folgende Anweisung ein:

```
import com.adobe.crypto.*;
import mx.utils.*;
```

Sie können jetzt mit Hilfe der Klasse `SHA1` und der Methode `hash` einen sogenannten Hashwert erzeugen. Ergänzen Sie den Code innerhalb der Funktion `checkHighscore` um folgende Zeilen (Änderungen sind fett gedruckt):

```
1:    function checkHighscore():void {
2:    var hash:String = SHA1.hash(String(gameData[0])+
      String(gameData[1])+String(myTime));
3:    var newHighScore:Boolean = false;
4:    ...
5:    }
```

Alternativen

Sie könnten einen solchen Hashwert auch auf Basis von anderen Werten generieren. So könnten Sie beispielsweise zusätzlich die Indizes der Feldwerte variabel machen. Anstatt also den ersten und zweiten Feldwert des Arrays für den Hash zu verwenden, nähmen Sie dafür zwei oder mehrere beliebige Feldwerte. Dann müssten Sie allerdings die Indizes an das PHP-Skript übermitteln, damit der Hashwert dann auch serverseitig wieder generiert werden kann.

Es wird davon ausgegangen, dass der Spieler, der einen Highscore erzielt, mindestens zwei Asteroiden abgeschossen hat. In Zeile 2 wird auf Basis der ersten beiden Feldwerte des Arrays `gameData` und der ermittelten Zeit ein Hashwert erzeugt und der Variablen `hash` zugewiesen.

Ändern Sie den Code innerhalb der Funktion `checkHighscore` jetzt in den folgenden Zeilen (Änderungen sind fett gedruckt):

```
1:    ...
2:    var myRequest:URLRequest = new URLRequest("
      php/save_xml.php?"+myTime);
3:    var myLoader:URLLoader = new URLLoader();
```

```
4:      var myVars:URLVariables = new URLVariables();
5:      myVars.xmlString = xml.toString();
6:      myVars.id = hash;
7:      myVars.time = myTime;
8:      myVars.gameData = gameData.toString();
9:      myVars.punkte = punkte;
10:     ...
```

Erstens wird statt des PHP-Skriptes *save_xml_original.php* das
PHP-Skript *save_xml.php* verwendet (Zeile 2). Zweitens werden
der Hashwert, die Zeit, die Punktzahl und das Array `gameData`
(als kommagetrennter String) an das PHP-Skript übermittelt. Das
PHP-Skript besitzt folgenden Code:

20\Asteroid\php\save_xml.php

```
1:      <?php
2:      if(isset($_POST['xmlString']) &&
3:          isset($_POST['id']) &&
4:          isset($_POST['time']) &&
5:          isset($_POST['gameData']) &&
6:          isset($_POST['punkte'])) {
7:          $hash = $_POST['id'];
8:          $time = $_POST['time'];
9:          $gameData = explode(",",$_POST['gameData']);
10:         $punkte = $_POST['punkte'];
11:         // 1. Stimmt die Punktzahl?
12:         if(count($gameData)*40 == $punkte && count
            ($gameData) > 1) {
13:             $locHash = sha1($gameData[0].$gameData[1].
                $time);
14:             // 2. Stimmt der Hashwert?
15:             if($locHash == $hash) {
16:                 $meinXMLString = stripslashes($_POST
                    ['xmlString']);
17:                 $fp=fopen("../xml/daten.xml","w");
18:                 fputs($fp,$meinXMLString);
19:                 fclose($fp);
20:                 echo "loaded=1";
21:             } else {
22:                 die();
23:             }
24:         } else {
25:             die();
26:         }
27:     } else {
```

```
28:        die();
29:    }
30:    ?>
```

Zeile 2 bis 6 überprüfen zunächst, ob entsprechende Variablen (`xmlString`, `id`, `time` etc.) per POST übergeben wurden. Zeile 7 bis 10 wiesen die übergebenen Werte entsprechenden Variablen zu. In Zeile 12 wird überprüft, ob die Gesamtpunktzahl (`$punkte`) mit der Anzahl der Felder des Arrays `$gameData` multipliziert mit 40 (entspricht der Punktzahl eines Treffers) übereinstimmt. Sollte das Resultat der Abfrage nicht gleich `true` sein, wird die Ausführung des Skripts abgebrochen.

Zeile 13 erzeugt anhand der Werte der Variablen `$gameData[0]`, `$gameData[1]` und `$time` serverseitig ein Hash mit `sha1` und weist ihn der Variablen `$locHash` zu. Nur wenn beide Hashwerte (Zeile 15) übereinstimmen, wird der Highscore gespeichert. Andernfalls wird die Ausführung des Skripts abgebrochen.

20\Asteroid\Asteroid.fla

20.6.9 Analyse der Verschleierungstechnik

Wie bereits zu Anfang erwähnt, gehört die hier gezeigte Technik zur Gruppe der Verschleierungstechniken und bietet nicht ausreichend Sicherheit, um Manipulation vollkommen zu vermeiden. Verschleierungstechniken machen es einem potentiellen Angreifer allerdings schon etwas schwieriger. Je mehr und je komplexere Techniken Sie anwenden, desto schwieriger wird es, die Highscores zu manipulieren.

Was sieht ein potentieller Angreifer bzw. was müsste er tun, um diese Highscores zu manipulieren?

Zunächst muss er das Spiel spielen und die Daten, die zwischen dem Client und dem Server ausgetauscht werden, beobachten.

Hürden errichten

Bei Verschleierungstechniken geht es immer darum, möglichst viele Hürden aufzubauen, die einen potentiellen Angreifer abschrecken. Je mehr Hürden Sie errichten, desto mehr Zeit wird ein Angreifer damit verbringen müssen, die Schwachstellen zu ermitteln. Im besten Fall wird er aufgeben und seine Zeit anderen Highscores widmen.

Abbildung 20.27 ▶
Die übertragenen Daten, angezeigt mit Wireshark

Dabei wird er folgende Daten bemerken, die der Flash Player an das serverseitige Skript übermittelt:

- einen XML-String mit den aktualisierten Highscores
- eine ID? (den Hashwert), deren Ursprung er nicht sofort und direkt nachvollziehen wird können
- einen Zeitstempel (`time`)
- mehrere Werte (`gameData`), die er nicht direkt zuordnen kann
- die Punktzahl (`punkte`)

Der erste Gedanke aus der Sicht eines potentiellen Angreifers wäre vielleicht zu versuchen, den XML-String einfach direkt zu ändern. Das allein würde jedoch nicht zum Erfolg führen, da der XML-String nicht abgespeichert würde, wenn die zuvor definierten Bedingungen bzw. Werte (Gesamtpunkt und Hashwert) nicht zuträfen bzw. übereinstimmen.

Der zweite Ansatz wäre, die Punktzahl (`punkte`) zu ändern. Auch das wäre nicht erfolgreich, da diese Punktzahl nicht in den Highscore aufgenommen wird. Außerdem entspräche die Punktzahl vermutlich nicht der Anzahl der Felder des Arrays multipliziert mit 40. Ein potentieller Angreifer ist sich nicht zwangsläufig darüber bewusst, dass eine solche Abfrage serverseitig stattfindet.

Selbst wenn der potentielle Angreifer dies berücksichtigen würde, könnte er nicht wissen, was es mit der ID (dem Hashwert) auf sich hat. Er könnte vermuten, dass es sich um einen Hashwert handelt. Dann wüsste er aber noch nicht, aus welchen Werten (`gameData[0]`, `gameData[1]` und `time`) sich der Hashwert zusammensetzt und welche Hashfunktion verwendet wurde (SHA1), um den Hashwert zu generieren.

Auf den ersten Blick sieht es also vielversprechend aus. Allerdings fallen die Vorhänge dieser Verschleierung spätestens dann sehr schnell, wenn der Angreifer den Flash-Film dekompilieren würde. Dann sähe er sofort sehen, worum es sich bei den Daten handelt und wie er diese selbst reproduzieren kann. Er könnte dann einen eigenen HTTP-Request mit beliebigen Daten an das PHP-Skript übermitteln. Erscheinen die Daten stimmig, wird der Highscore geändert. Alternativ könnte er den Code im Flash-Film beliebig ändern und sich sein eigenes Spiel erzeugen. Dann müsste er nur noch den Pfad zum Skript ändern.

Eine Gegenmaßnahme wäre, den Flash-Film bzw. den Code zusätzlich mit einem Obfuscator zu verschleiern bzw. unkenntlich zu machen, was es dem Angreifer eventuell schwieriger macht, den Code nachzuvollziehen – aber auch diese zusätzliche

Perspektive wechseln

Es hilft, wenn Sie die Perspektive wechseln. Stellen Sie sich vor, Sie wollen unbedingt diese (Ihre) Highscores knacken. Welche Daten stehen Ihnen zur Verfügung, welche Rückschlüsse können Sie daraus ziehen? Wenn Sie so weit sind, können Sie damit beginnen, entsprechende Gegenmaßnahmen zu ergreifen.

Verschleierungstechniken ...

... lassen sich beliebig ausweiten, um es Angreifern schwieriger zu machen, Daten zu manipulieren. Das machen auch Spieleanbieter in der Praxis. Tatsächlich werden auch viele Angreifer davor zurückschrecken, einen Highscore zu manipulieren, sobald Sie erkennen, dass entsprechende Vorkehrungen in ausreichender Anzahl und Komplexität getroffen wurden, um dies zu erschweren. Sie müssten dann entsprechend viel Zeit investieren, was nicht heißt, dass eine Manipulation von Daten nicht möglich wäre.

Hürde kann er nehmen, wenn er sich ausreichend lange mit dem unkenntlich gemachten Code beschäftigt (der Code kann nur unkenntlich gemacht werden, ausführbar und funktionstüchtig muss er bleiben).

Bei Spielen von größeren Spieleherstellern werden viele weitere ähnliche Praktiken angewendet. Es gibt zusätzliche einige weitere bekannte serverseitige Techniken, die verwendet werden können (z. B. auch mit Log-in-Systemen). Auch diese Techniken sind jedoch keine Sicherheitsgarantie.

Letzten Endes ist der Einsatz von Verschleierungstechniken (Security by Obscurity) nicht annähernd zu vergleichen (und nicht zu verwechseln) mit dem Einsatz von offenen, anerkannten Sicherheitstechniken.

Keine Veröffentlichung
Spielehersteller, die solche Techniken erfolgreich anwenden, werden ihre »Sicherheitsmaßnahmen« niemals veröffentlichen. Das ist nur bei Verschleierungstechniken notwendig. Offene Sicherheitstechniken hingegen können und werden ohne Bedenken veröffentlicht.

21 Ein Blick über den Tellerrand

Dieses Kapitel bietet Ihnen einen Überblick über Techniken und Anwendungen, die die Möglichkeiten von Flash erweitern bzw. ergänzen. Sie lernen in diesem Kapitel weitere Anwendungsbereiche von »Flash-nahen« Techniken kennen.

21.1 Adobe Flash Lite

Adobe Flash Lite ist eine leichte, reduzierte Version des Adobe Flash Players. Diese Version erlaubt es, multimediale Inhalte und Anwendungen für mobile Endgeräte (Handys, PDAs, MP3-Player etc.) zu entwickeln, die Flash Lite unterstützen.

Flash-Lite-Anwendungen können sowohl für den im mobilen Gerät integrierten Webbrowser als auch – falls auf dem mobilen Endgerät verfügbar – für den eigenständigen Stand-alone-Player entwickelt werden. Die folgende Übersicht zeigt die aktuell eingesetzten Flash-Lite-Versionen und ihre Unterschiede.

Unterstützte Endgeräte

Eine Übersicht über mobile Endgeräte, die Flash Lite unterstützen, finden Sie unter: *http://www.adobe.com/mobile/ supported_devices/*.

Version	Basiert auf	Unterstützt ActionScript
Flash Lite 1.0, 1.1	Flash Player 4	1
Flash Lite 2.0, 2.1	Flash Player 7	1, 2
Flash Lite 3.0, 3.1	Flash Player 8	1, 2

▲ **Tabelle 21.1**
Flash-Lite-Versionen im Überblick

Flash Lite 2.1 und Flash Lite 3.1
Die unterschiedlichen Merkmale von Flash Lite 2.1 und Flash Lite 3.1 können Sie anhand der Tabelle unter *http://www.adobe.com/ products/flashlite/version/* vergleichen.

Um eine Anwendung für mobile Endgeräte über die Entwicklungsumgebung von Flash zu entwickeln, klicken Sie im Menü auf DATEI • NEU und im Reiter ALLGEMEIN auf FLASH-DATEI (MOBILE). Zunächst öffnet sich dann das eigenständige Programm Adobe Device Central CS4, das zusammen mit Adobe Flash CS4 ausgeliefert wird.

Hinweis

Wenn Sie Adobe Device Central CS4 direkt starten, müssen Sie zunächst unter DOKUMENT FÜR MOBILE GERÄTE die Option FLASH-DATEI auswählen.

Um eine Anwendung für ein mobiles Endgerät zu entwickeln, wählen Sie in Adobe Device Central CS4 im Reiter NEUES DOKUMENT zunächst die gewünschte Flash-Lite-Version, die ACTIONSCRIPT-VERSION und einen ANWENDUNGSTYP aus. Die richtige Auswahl des Anwendungstyps hängt davon ab, was für eine Anwendung Sie entwickeln möchten und ob das mobile Endgerät den dazu benötigen Player integriert hat. Einige Endgeräte besitzen ausschließlich den Stand-alone-Player, andere hingegen sowohl den Stand-alone-Player als auch das Browser-Plug-in.

Online-Bibliothek aktualisieren

Um die ONLINE-BIBLIOTHEK zu aktualisieren, klicken Sie im Menü auf GERÄT • ONLINE-BIBLIOTHEK AKTUALISIEREN.

Nachdem Sie Ihre Auswahl getroffen haben, sehen Sie im Fenster ONLINE-BIBLIOTHEK die passenden mobilen Endgeräte. Geräte, die Ihre definierten Voraussetzungen nicht erfüllen, sind ausgegraut.

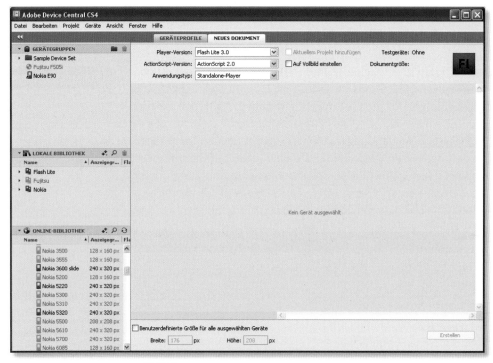

▲ **Abbildung 21.1**
Adobe Device Central CS4

Adobe Device Central CS4

Tutorials und Artikel zu Adobe Device Central CS4 finden Sie unter: http://www.adobe.com/products/creativesuite/devicecentral/tutorials/.

Um eine Anwendung für ein Endgerät zu entwickeln, doppelklicken Sie auf das Geräteprofil im Fenster ONLINE-BIBLIOTHEK. Das Profil wird dann heruntergeladen und installiert. Anschließend können Sie es im Fenster LOKALE BIBLIOTHEK auswählen. Klicken Sie dann auf ERSTELLEN, um ein passendes Flash-Dokument anzulegen.

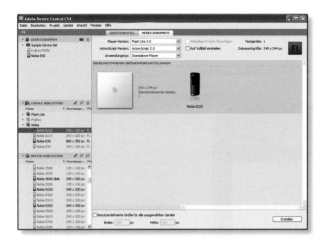

◄ **Abbildung 21.2**
Das Handy Nokia 5220 wurde
ausgewählt.

Wenn Sie weitere Informationen zu dem Endgerät benötigen,
rufen Sie diese im Reiter GERÄTEPROFILE. Sie sehen u. a. auf einen
Blick, welche Flash-Lite-Version das mobile Endgerät unterstützt,
und erhalten weitere Informationen, wie über die Displaygröße,
die Farbtiefe des Displays, die Abmessung etc.

◄ **Abbildung 21.3**
Geräteprofil des Nokia 5220

21.1.2 Flash Lite-Emulator

Nachdem Sie eine Anwendung in der Flash-Entwicklungsumgebung für ein mobiles Endgerät entwickelt haben, können Sie
sie im Emulator, der in Adobe Device Central CS4 integriert ist,

testen. Klicken Sie in der Flash-Entwicklungsumgebung dazu, wie gewohnt, auf STEUERUNG • FILM TESTEN ODER DRÜCKEN SIE [Strg]/[⌘]+[↵]. Es öffnet sich dann automatisch der EMULATOR in Adobe Device Central CS4.

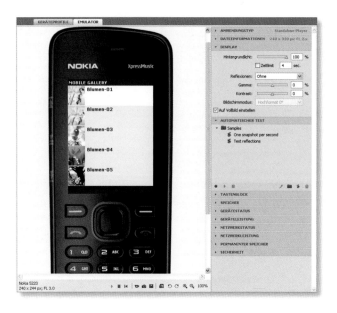

Abbildung 21.4 ▶
Der EMULATOR in Adobe Device Central CS4

Über den EMULATOR können Sie beispielsweise die Bedienung einer Anwendung mit den Bedien- und Eingabeelementen des mobilen Geräts ausprobieren, indem Sie im Emulator auf eine Taste oder ein Steuerungselement klicken. Außerdem können Sie auf der rechten Seite des Emulators unzählige Einstellungen vornehmen. Sie können z. B. festlegen und simulieren, ob das Gerät über eine Internetverbindung verfügt, den Ladestatus des Akkus oder die Lautstärke einstellen und vieles mehr.

21.2 Adobe Flex

Adobe Flex ist ein Entwickler-Framework für die Erstellung von Rich Internet Applications (kurz RIAs). Die aktuelle Version ist Flex 3.

Während sich die Entwicklungsumgebung Flash vorzugsweise an Designer und eher graphisch-orientierte Entwickler richtet, ist Flex schwerpunktmäßig für ActionScript-Programmierer geeignet, die clientseitige Anwendungen erstellen möchten.

Das Flex-Framework besteht u. a. aus folgenden Elementen:

▶ Einem Software Development Kit (SDK), das von Adobe kostenlos zur Verfügung gestellt wird und über eine Kommandozeilen-Ebene die Erzeugung von Flex-Anwendungen erlaubt. Das SDK ist das Herzstück von Flex. Es umfasst u. a. den Flex-Compiler und die Komponenten-Bibliothek. Das SDK wird auch von anderen Entwicklungsumgebungen, z. B. von FDT, als Basis verwendet.

▶ Flex Builder, eine kommerziell vertriebene Entwicklungsumgebung mit Bedienfeldern, Komponenten etc. zur Erzeugung von Flex-Anwendungen. Der Flex Builder steht optional auch als Plug-in für die weitverbreitete Entwicklungsumgebung Eclipse, einem Open-Source-Framework zur Softwareentwicklung in verschiedenen Programmiersprachen wie z. B. Java, zur Verfügung.

Verfügbarkeit
Sowohl das kostenlose Flex SDK als auch eine 60-Tage-Testversion des Flex Builders können Sie unter *http://www.adobe.com/de/ products/flex/* von Adobe herunterladen.

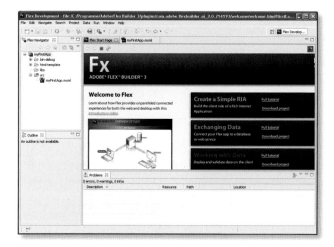

◀ **Abbildung 21.5**
Der Startbildschirm des Adobe Flex Builders 3

▶ Adobe LiveCycle Data Services sind die Serverkomponenten von Flex, über die sich beispielsweise andere Serveranwendungen (z. B. serverseitige Java-Anwendungen) ansteuern lassen.

▶ Flex-Charting-Komponenten bilden eine kommerzielle Erweiterung des Flex SDKs, mit Sie Diagramme erzeugen können. Die Komponenten sind im Flex Builder bereits integriert.

21.2.1 MXML und ActionScript 3

Flex-Anwendungen lassen sich sowohl über die Markup-Sprache MXML – eine XML-basierte, beschreibende Sprache – als auch über ActionScript 3 entwickeln. Dabei werden über MXML sichtbare und unsichtbare Komponenten erzeugt und beschrieben. Die Programmlogik wird über ActionScript 3 realisiert. Anwendungen werden über einen Compiler in das Flash-Format (SWF) kompiliert und können dann mit Hilfe des Flash Players clientseitig, z. B. in einem Webbrowser, ausgeführt werden.

MXML

Mit MXML wird üblicherweise das Layout einer Benutzeroberfläche definiert. Darüber hinaus können Sie mit MXML Verknüpfungen zwischen Benutzeroberflächen und Datenquellen einrichten.

21.2.2 Anwendung mit dem Flex Builder erstellen

Der Flex Builder ist eine kommerziell vertriebene Entwicklungsumgebung von Adobe zur Erstellung von RIAs (Rich Internet Applications). Um eine Anwendung im Flex Builder zu entwickeln, erstellen Sie nach dem Start der Entwicklungsumgebung zunächst ein neues Projekt. Klicken Sie dazu im Menü FILE • NEW auf den Menüpunkt FLEX PROJECT.

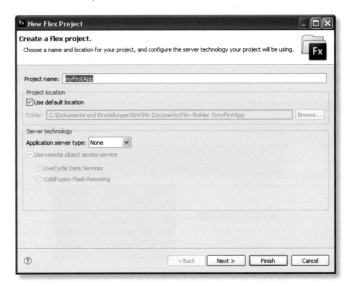

Abbildung 21.6 ▶
Ein neues Projekt wird angelegt.

Im darauffolgenden Fenster wählen Sie das Unterverzeichnis aus, in dem die kompilierte Anwendung abgespeichert werden soll. Klicken Sie im nächsten Fenster auf FINISH, um das Projekt zu erstellen. Es wird dann automatisch eine MXML-Datei angelegt. Im Fenster FLEX NAVIGATOR sehen Sie die einzelnen Dokumente und die Ordnerstruktur der Anwendung. Standardmäßig wird im Verzeichnis *bin-debug* die kompilierte Anwendung im Flash-Format (SWF) erstellt.

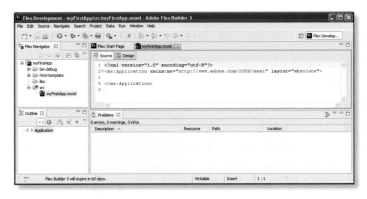

Abbildung 21.7 ▶
Flex Builder nach der Erstellung eines Projekts

Grundsätzlich erzeugen Sie visuelle Elemente entweder über das Schreiben von MXML-Code oder über die integrierte Design-Ansicht. Um z. B. die Größe des Arbeitsbereichs auf 300 × 200 Pixel festzulegen, wählen Sie den Arbeitsbereich in der Design-Ansicht aus und stellen im Fenster FLEX-PROPERTIES die Breite im Feld WIDTH und die Höhe im Feld HEIGHT ein. Der automatisch erzeugte MXML-Code lautet dann wie folgt:

Weitere Informationen
Weitere Informationen und Beispiele zum Flex-Framework finden Sie u. a. unter *http://www.adobe.com/de/devnet/flex/*.

```
<?xml version="1.0" encoding="utf-8"?>
<mx:Application xmlns:mx="http://www.adobe.com/2006/
mxml" layout="absolute" width="300" height="200">
</mx:Application>
```

◄ **Abbildung 21.8**
Die Größe des Arbeitsbereichs wurde definiert.

In der Design-Ansicht können Sie z. B. Komponenten aus dem COMPONENTS-Fenster ❶ direkt integrieren. Dazu ziehen Sie die Komponente einfach in den Arbeitsbereich ❷. Der entsprechende MXML-Code wird dann automatisch aktualisiert.

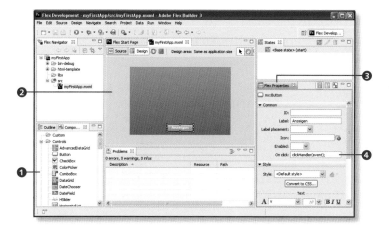

◄ **Abbildung 21.9**
Eine Button-Komponente wurde erzeugt und konfiguriert.

Im Fenster FLEX PROPERTIES ❸ legen Sie Einstellungen, wie z. B. den Text der Button-Komponente oder die Schriftfarbe, fest. Um dem Button etwas Leben einzuhauchen, weisen Sie im Feld ON CLICK ❹ eine Ereignisprozedur zu, die aufgerufen wird, wenn der Benutzer den Button anklickt.

ActionScript-Code einfügen | ActionScript-Code können Sie ebenso im MXML-Dokument einfügen. Er wird durch das Tag `<mx:Script></mx:Script>` eingeschlossen. Um z. B. ein Hinweisfenster per Mausklick auf den Button erscheinen zu lassen, könnten Sie folgenden Code integrieren:

```
<?xml version="1.0" encoding="utf-8"?>
<mx:Application xmlns:mx="http://www.adobe.com/2006/mxml"
layout="absolute" width="300" height="200">
    <mx:Script>
    import flash.events.MouseEvent;
    import mx.controls.Alert;
    private function clickHandler (e:MouseEvent):void {
            Alert.show ("Willkommen in Flex");
      }
    </mx:Script>
    <mx:Button x="110.5" y="168" label="Anzeigen" click=
    "clickHandler(event);" fontFamily="Verdana" font-
    Weight=
    "bold" color="#ffffff" borderColor="#ffffff"/>
</mx:Application>
```

21.2.3 Anwendung kompilieren und testen

Um eine fertiggestellte Anwendung zu kompilieren und zu testen, klicken Sie im Menü auf RUN • RUN »PROJEKTNAME«, oder Sie benutzen das Tastenkürzel $\boxed{\text{Strg}}$/$\boxed{⌘}$+$\boxed{\text{F11}}$. Sollte die Anwendung fehlerfrei sein, wird sie kompiliert und automatisch in einem Browserfenster geöffnet.

▲ **Abbildung 21.10**
Die erste Anwendung in Flex ist fertig.

21.3   Desktop-Anwendungen

Ein interessantes Einsatzfeld für Flash-Entwickler ist die Entwicklung von Desktop-Anwendungen. Zur Entwicklung von Desktop-Anwendungen auf Basis von Flash gibt es zwei interessante unterschiedliche Ansätze:

- ▶ Über eine Laufzeitumgebung (plattformübergreifend mit Adobe AIR): Mit AIR ist es möglich, Anwendungen plattformübergreifend auf unterschiedlichen Betriebssystemen (Windows, Mac OS, Linux) auszuführen. Dafür muss die Laufzeitumgebung auf dem jeweiligen System installiert sein. Die Laufzeitumgebung bildet eine Schicht (übersetzende Ebene) zwischen Betriebssystem und Anwendung. Neben dem Vorteil der Plattformunabhängigkeit hat eine solche Technik jedoch auch verschiedene Nachteile (z.B. vergleichsweise schlechte Performance).

- ▶ Ohne Laufzeitumgebung (Anwendungsentwicklung für das jeweilige Betriebsystem z.B. mit Zinc): Im Gegensatz zu Adobe AIR bietet Zinc die Möglichkeit, lauffähige Anwendungen für das jeweilige Betriebssystem (Windows, Mac OS, Linux) auf Flash-Basis zu erzeugen. Für jedes Betriebssystem wird eine eigene Anwendung erstellt. Auch diese Technik hat ihre Vor- und Nachteile. Ein Nachteil sind etwa die üblichen Inkompatibilitäten von Betriebssystemen, die sich auch bei der Anwendungsentwicklung mit Zinc bemerkbar machen. So sind beispielsweise einige Methoden nur auf einem der drei Betriebssysteme verfügbar.

Im Folgenden wird sowohl Adobe AIR als auch Zinc vorgestellt.

21.3.1   Adobe AIR

Bevor Sie eine Anwendung mit AIR entwickeln, sollten Sie sich die aktuelle Laufzeitumgebung unter *http://get.adobe.com/air/?loc=de* herunterladen. Sie wird benötigt, um AIR-Anwendungen auf Ihrem Computer ausführen zu können.

Wenn Sie einen ersten Eindruck erhalten möchten, wie AIR-Anwendungen aussehen und wofür sie in der Praxis eingesetzt werden, finden Sie unter *http://www.adobe.com/products/air/showcase/* einige ausgewählte Beispiele. Darunter z.B. die Anwendung eBay Desktop, die Sie für eBay nutzen können, etwa um Angebote zu erstellen oder um auf Auktionen zu bieten.

Adobe AIR

»AIR« steht für »Adobe integrated Runtime (Environment)«. Das »Adobe« vor dem AIR ist eigentlich überflüssig. Auf Deutsch: »Adobe integrierte Laufzeitumgebung«.

Zinc

Eine Alternative zu AIR, die sich für einfache Anwendungen eignet, ist das kommerzielle Tool Zinc von MDM (*http://www.multidmedia.com*). Zinc ist eine kommerzielle Software und wird von MDM vertrieben. Zur Erstellung einer Anwendung für das jeweilige Betriebsystem (Windows, Mac OS, Linux) ist neben dem sogenannten Zinc Builder ein Plug-in erforderlich. Die Preise für die Plug-ins gehen von 299,99 Dollar (Linux) bis 349,99 Dollar (Windows und Mac OS). Der Anbieter stellt eine kostenlose Testversion auf der Herstellerseite zur Verfügung.

Adobe-AIR-Anwendungen

Adobe-AIR-Anwendungen lassen sich mit folgenden Entwicklungsumgebungen erzeugen:

- ▶ HTML-/Ajax-basiert, z.B. mit Dreamweaver CS4 oder einem anderen beliebigen Editor mit Hilfe des AIR SDK
- ▶ Flex Builder 3
- ▶ Flash CS4
- ▶ Mit anderen ActionScript-Editoren (z.B. FDT) auf Basis des AIR SDK

Abbildung 21.11 ▶
eBay Desktop als AIR-Anwendung

Anwendungen für Adobe AIR können Sie sehr einfach in Flash erstellen. Dabei stehen Ihnen die gewöhnlichen ActionScript-Klassen zur Verfügung. Darüber hinaus können Sie auf zusätzliche Klassen bzw. Eigenschaften und Methoden zugreifen, die nur für Adobe-AIR-Anwendungen verfügbar sind. In der Action-Script-Referenz sind solche Elemente mit einem Adobe-AIR-Icon versehen. Darunter sind beispielsweise Methoden, um auf das Dateisystem zuzugreifen.

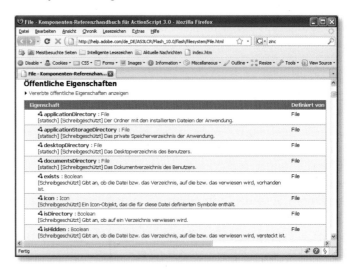

Abbildung 21.12 ▶
Eigenschaften der File-Klasse, die nur in Adobe AIR verfügbar sind

Anwendung erstellen | Die grundsätzliche Vorgehensweise, eine AIR-Anwendung zu erstellen, lässt sich am besten anhand eines einfachen Beispiels erläutern.

Um eine Anwendung mit Flash zu erzeugen, klicken Sie zunächst im Menü DATEI • NEU im Reiter ALLGEMEIN auf FLASH-DATEI (ADOBE AIR). Stellen Sie die Bühnengröße auf 260 × 200 Pixel. Ziehen Sie aus dem KOMPONENTEN-Fenster eine COLORPICKER-Komponente auf die Bühne, und geben Sie ihr im EIGENSCHAFTEN-Fenster den Instanznamen »myColorPicker«. Dem ersten Schlüsselbild weisen Sie folgenden Code zu:

```
1:    myColorPicker.addEventListener(Event.CHANGE,
      changeHandler);
2:    function changeHandler(e:Event):void {
3:        var myColor:String="#"+myColorPicker.
          hexValue;
4:        Clipboard.generalClipboard.setData
          (ClipboardFormats.TEXT_FORMAT,myColor);
5:    }
```

Wird der Wert der ColorPicker-Komponente geändert, führt das dazu, dass der ausgewählte Farbwert in hexadezimaler Schreibweise in die Zwischenablage des Betriebssystems kopiert wird.

Digitale Signatur erstellen | Klicken Sie dann im Menü auf DATEI • VERÖFFENTLICHEN. Es öffnet sich ein neues Fenster DIGITALE SIGNATUR. Um eine AIR-Anwendung zu erzeugen, müssen Sie die Anwendungsdatei mit einer digitalen Signatur versehen, die Sie als Urheber identifiziert. Klicken Sie im Fenster DIGITALE SIGNATUR auf die Schaltfläche ERSTELLEN, und füllen Sie im darauffolgenden Dialog die Felder aus.

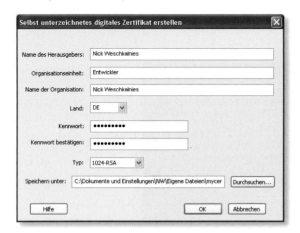

◄ **Abbildung 21.13**
Digitales Zertifikat erstellen

Anschließend können Sie das digitale Zertifikat erzeugen und es später bei der Erstellung einer Anwendung nutzen.

AIR-Einstellungen | Bevor die Anwendung erzeugt wird, nehmen Sie noch einige Einstellungen vor. Klicken Sie im Menü auf DATEI • AIR-EINSTELLUNGEN. Im darauffolgenden Fenster klicken Sie auf SYMBOLBILDER AUSWÄHLEN und wählen die vier mitgelieferten Symbolbilder (Icons) aus. Sie finden sie auf der DVD im Verzeichnis *Ein_Blick_über_den_Tellerrand\AIR*.

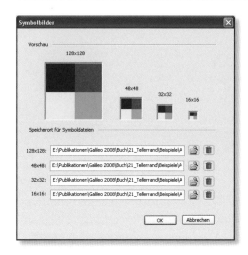

Abbildung 21.14 ▶
Symbolbilder für die Anwendung
wurden ausgewählt.

▲ **Abbildung 21.15**
Fenstereinstellungen vornehmen

Abbildung 21.16 ▶
COLORPICKER installieren

Bestätigen Sie die Auswahl mit OK, und klicken Sie im Fenster AIR-EINSTELLUNGEN unter ERWEITERT auf EINSTELLUNGEN. Deaktivieren Sie die Optionsfelder MAXIMIERBAR und GRÖSSENÄNDERUNG MÖGLICH.

Bestätigen Sie die Einstellung mit OK, geben Sie das Passwort Ihres Zertifikats ein, und klicken Sie anschließend auf die Schaltfläche AIR-DATEI VERÖFFENTLICHEN, um die AIR-Anwendung zu erzeugen. Via Mausklick auf die Datei mit der Dateiendung *.air* wird die Anwendung installiert.

*21\AIR\ColorPicker.fla und
ColorPicker.air*

Nachdem die Anwendung installiert wurde, wird sie automatisch gestartet.

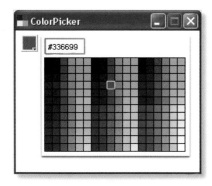

◀ **Abbildung 21.17**
Die COLORPICKER-Anwendung

21.3.2 Zinc

Eine Alternative, um Desktop-Anwendungen auf Basis von Flash zu entwickeln, ist die Software Zinc, die aktuell in der Version 3 verfügbar ist. Über den sogenannten Zinc Builder erzeugen Sie aus einem Flash-Film eine Desktop-Anwendung. Je nachdem, ob Sie eine Anwendung für Windows, Mac OS oder Linux entwickeln möchten, benötigen Sie das passende Plug-in für das System. Die Plug-ins können Sie einzeln oder im Paket erwerben.

Ein Vorteil für Flash-Entwickler ist, dass die Bedienung von Zinc sehr einfach ist. Bevor Sie eine Desktop-Anwendung mit Zinc erzeugen, erstellen Sie in Flash einen Flash-Film. Über die {mdm} Script API von Zinc können Sie dabei auf zusätzliche Funktionen zugreifen, die speziell für Desktop-Anwendungen erforderlich sind, wie z. B. der Zugriff auf das Dateisystem.

Einen guten Überblick über die Möglichkeiten der {mdm} Script API finden Sie in den LiveDocs unter *http://www.multid-media.com/support/livedocs/*. Sie bietet Ihnen eine Übersicht über verfügbare Klassen, Methoden, Eigenschaften etc.

◀ **Abbildung 21.18**
Zinc 3.0 LiveDocs

Erfahrungsgemäß funktionieren einige Methoden, je nach Betriebssystem, nicht immer so wie erwartet. Hilfe finden Sie dann im MDM-Forum unter *http://www.mdmforum.com/forum/*. Verwenden Sie die Suchfunktion, um nach der gewünschten Funktion zu suchen. In vielen Fällen finden Sie dann hier die Lösung für das Problem.

Wie Sie grundsätzlich mit Zinc und Flash arbeiten, lässt sich am besten anhand eines einfachen Beispiels erläutern.

Anwendung erstellen | Bevor Sie eine Anwendung in Flash für Zinc erstellen können, müssen Sie die Klassen der Script API für Flash bereitstellen. Dazu geben Sie zunächst den Pfad zur SWC-Datei (eine Bibliotheksdatei) in Flash an. Öffnen Sie dazu das Menü BEARBEITEN • VOREINSTELLUNGEN. Wählen Sie dann den Reiter ACTIONSCRIPT aus, und klicken Sie unter SPRACHE auf ACTIONSCRIPT 3.0-EINSTELLUNGEN. Klicken Sie dann unter BIBLIOTHEKSPFAD auf das rote Flash-Symbol (ZUR SWC-DATEI NAVIGIEREN). Wählen Sie die Datei *mdm.swc* aus dem Unterverzeichnis *swc/cs3* des Zinc-Programmverzeichnisses aus.

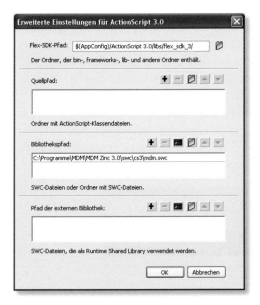

Abbildung 21.19 ▶
Der Pfad zur SWC-Bibliothek wurde hinzugefügt.

Jetzt können Sie die Klassen der API nutzen, indem Sie die Klassenpakete importieren. Das wird später noch erläutert. Erstellen Sie zunächst einen neuen Flash-Film, und stellen Sie die Bühnengröße auf 340 × 260 Pixel. Ziehen Sie aus dem KOMPONENTEN-Fenster eine TEXTAREA-, eine TEXTINPUT- und zwei BUTTON-Komponenten auf die Bühne. Weisen Sie der TEXTAREA-Komponente den Instanznamen »text_txt« zu und den BUTTON-Komponenten die Instanznamen »saveButton« und »loadButton«. Wählen Sie die TEXTINPUT-Komponente aus, und geben Sie ihr den Instanznamen »file_txt« zu. Passen Sie die Komponenten an, wie in der Abbildung 21.20 zu sehen ist. Fügen Sie dann mit dem Textwerkzeug noch einige Beschriftungen ein (siehe Abbildung 1.20).

Erstellen Sie eine neue Ebene »Actions«, und weisen Sie dem ersten Schlüsselbild folgenden Code zu:

▲ Abbildung 21.20
Die Elemente auf der Bühne der Anwendung

```
1:   import mdm.*;
2:   mdm.Application.init(this, onInit);
3:   function onInit():void {
4:       saveButton.addEventListener(MouseEvent.CLICK,
         saveHandler);
5:       loadButton.addEventListener(MouseEvent.CLICK,
         loadHandler);
6:   }
7:   function saveHandler(e:MouseEvent):void {
8:       var myFolder:String=mdm.Dialogs.BrowseFolder.
         show();
9:       mdm.FileSystem.saveFileUnicode(myFolder+file_
         txt.text,text_txt.text);
10:       mdm.Dialogs.prompt("Die Datei wurde
         gespeichert.");
11:   }
12:   function loadHandler(e:MouseEvent):void {
13:       var myFile:String=mdm.Dialogs.BrowseFile.
         show();
14:       var unicodeData:String=mdm.FileSystem.
         loadFileUnicode(myFile);
15:       text_txt.text=unicodeData;
16:   }
```

Zunächst werden in Zeile 1 die Klassenpakete importiert. Zeile 2 registriert einem Ereignis-Listener, der dafür sorgt, dass die Funktion onInit aufgerufen wird, sobald die Anwendung initialisiert wurde. Erst dann können Sie weitere Anweisungen durchführen. In Zeile 4, 5 werden zwei Ereignis-Listener an den zwei Buttons registriert. Wenn der Benutzer auf den »saveButton« klickt, wird die Funktion saveHandler aufgerufen, die einen Dateibrowser öffnet, über den der Benutzer das Verzeichnis zum Speichern auswählen kann. Nachdem ein Verzeichnis ausgewählt wurde, wird der in der TEXTAREA-Komponente eingegebene Text über die Methode saveFileUnicode (Zeile 9) gespeichert. Anschließend wird ein Hinweisfenster geöffnet (Zeile 10).

Klickt der Benutzer auf den »loadButton«, wird die Ereignisprozedur `loadHandler` aufgerufen, die zunächst ein Dateibrowser öffnet, über den der Benutzer ein Textdokument zum Laden auswählen kann. Anschließend wird das ausgewählte Dokument über die Methode `loadFileUnicode` geladen (Zeile 14) und im Textfeld »text_txt« ausgegeben (Zeile 15).

Speichern Sie den Flash-Film in ein beliebiges Verzeichnis ab, und veröffentlichen Sie ihn über DATEI • VERÖFFENTLICHEN.

Den Flash-Film in eine Anwendung umwandeln | Öffnen Sie Zinc, klicken Sie im Startbildschirm auf den Menüpunkt START A NEW PROJECT, und wählen Sie im folgenden Dateibrowser die SWF-Datei aus, die Sie in eine Anwendung umwandeln möchten.

Zunächst sehen Sie im oberen Bereich eine Vorschau der Anwendung auf dem jeweiligen Betriebssystem. Sie können zwischen den Ansichten (Betriebssystemen) unten wechseln.

Abbildung 21.21 ▶
Die Vorschau der Anwendung unter Linux

Im Fenster APPLICATION ❶ können Sie einige allgemeine Anwendungseinstellungen vornehmen. Im Fenster WINDOW PROPERTIES legen Sie Einstellungen des Anwendungsfensters fest, z. B. ob das Fenster transparent erscheinen soll oder nicht.

Um den Flash-Film in eine Anwendung umzuwandeln, klicken Sie den Menüpunkt PROJECT • BUILD PROJECT. Im Fenster BUILD PROJECT wählen Sie die Klassenpakete aus, die im Flash-Film verwendet wurden, im Beispiel also MDM_DIALOGS und MDM_FILE-SYSTEM. Klicken Sie anschließend auf BUILD, um die Anwendung zu erzeugen.

◀ **Abbildung 21.22**
Das Fenster Build Project

▲ **Abbildung 21.23**
Die Beispielanwendung unter
Windows XP

21\ZINC\TinyTextEditor.fla
und TinyTextEditor.zinc

Sobald die Anwendung fehlerfrei kompiliert wurde, wird sie automatisch gestartet.

21.4 3D-Animationen

Grundsätzlich ist die Erstellung von »echten« 3D-Animationen in Flash vergleichsweise schwierig, da Flash selbst nur sehr wenige Voraussetzungen zur Erstellung von 3D-Animationen bietet. Das hat sich auch mit Flash CS4 nicht wesentlich geändert. Natürlich ist es möglich, geskriptete 3D-Animationen zu erstellen, was jedoch einiges an 3D-Grundlagenwissen voraussetzt.

Es gibt einige Tools von Drittanbietern, die es ermöglichen, 3D-Animationen auf Flash-Basis zu erstellen.

Swift 3D | Hervorzuheben ist das Tool Swift 3D, das sich zur Erstellung von professionellen 3D-Animationen eignet. Wir stellen es im Folgenden, exemplarisch für die vielen 3D-Tools von Drittanbietern, in diesem Abschnitt vor.

Nachdem Sie Swift 3D gestartet haben, können Sie zunächst eines der vielen verfügbaren Objekte in den Arbeitsbereich einfügen. Wählen Sie dazu aus dem Menü EDIT • PRIMITIVES ein Objekt aus, z.B. eine Grundform oder einen Text. Alternativ fügen Sie ein Objekt per Mausklick auf das Objekt in der oberen PRIMITIVES-Leiste ❶ ein.

3D-Programmierung
Papervision 3D ist eine Open-Source-3D-Engine für Flash. Das Projekt ist bei Flash-Entwicklern, die sich mit 3D-Programmierung auseinandersetzen, sehr beliebt. Die offizielle Seite finden Sie unter *http://blog.papervision3d.org/*. Quelldateien und ein Wiki zu Papervision 3D finden Sie unter *http://code.google.com/p/papervision3d/*. Übrigens unterstützt Swift 3D den Export nach Papervision 3D.

Swift 3D

Swift 3D wird kommerziell für 249 $ von Electric Rain vertrieben (*http://www.erain.com*). Der Hersteller bietet auf seiner Website eine 30-Tage-Testversion an.

Abbildung 21.24 ▶
Ein Textobjekt wurde eingefügt.

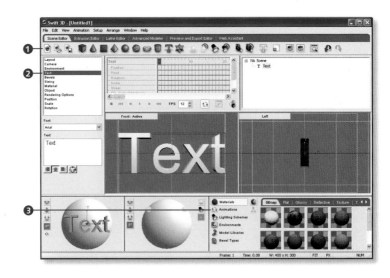

Größe des Arbeitsbereichs
Die Größe des Arbeitsbereichs
legen Sie auf der linken Seite im
Bereich LAYOUT fest.

Auf der linken Seite ❷ definieren Sie anschließend Eigenschaften
des Objekts wie z. B. den Text, die Schriftart, die Größe oder das
Oberflächen-Material. Die einfachste Möglichkeit, ein Objekt zu
animieren, sind vorgefertigte Animationen. Um ein Objekt über
eine vorgefertigte Animation zu animieren, wählen Sie links unten
im Fenster den Reiter ANIMATIONS ❸ aus.

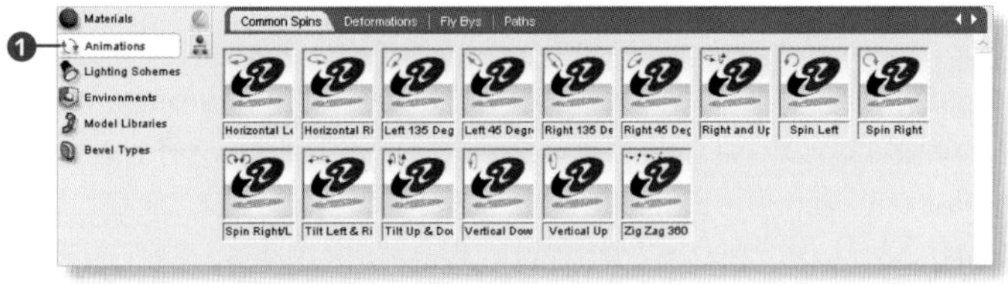

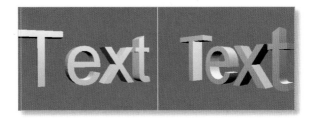

Abbildung 21.25 ▶
Animationsvorlagen in Swift 3D

Vorschau der Animation
Klicken Sie auf eine der Animationen, um eine kleine Vorschau
anzuzeigen.

Wählen Sie die gewünschte Animation aus, und ziehen Sie sie
per Drag & Drop auf das zu animierende Objekt. Ein Plus-Symbol
neben dem Mauszeiger wird angezeigt, wenn Sie sich über einem
Objekt befinden. Lassen Sie die Maustaste los, um die Animationsvorlage auf das Objekt anzuwenden.

Abbildung 21.26 ▶
3D-Rotation des Textes im Raum

Ähnlich wie in Flash werden Animationen über eine Zeitleiste
dargestellt und können ebenso mit Schlüsselbildern bearbeitet

werden. Um die Zeitleiste zu bearbeiten, aktivieren Sie den ANI-
MATION MODE, indem Sie auf die Schaltfläche ANIMATING ❶ im
Zeitleisten-Fenster klicken.

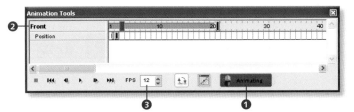

Bildrate
Die Bildrate der Animation stellen
Sie im unteren Bereich der Zeit-
leiste ❸ ein.

◄ **Abbildung 21.27**
Die Zeitleiste von Swift 3D

Im Gegensatz zu klassischen Tweens in Flash müssen Sie Schlüsselbilder nicht selbst einfügen. Um z. B. die Größe eines Objekts
zu animieren, verschieben Sie zunächst die Position des aktuellen
Bildes. Klicken Sie dazu zunächst auf das rote Feld (Abspielkopf)
im oberen Bereich der Zeitleiste ❷, und verschieben Sie es, z. B.
auf Bild 10. Anschließend können Sie das Objekt im Arbeitsbereich in diesem Bild verschieben.

Wenn Sie ein Objekt nicht verschieben, sondern eine andere
Eigenschaft des Objekts, wie z. B. die Größe, animieren möchten, wählen Sie das Objekt mit der Maus aus, bewegen Sie den
Abspielkopf auf ein Bild, und stellen Sie die gewünschte Eigenschaft ❹ im linken Fenster entsprechend ein.

◄ **Abbildung 21.28**
Die Skalierung des Objekts wurde
geändert.

Animation exportieren | Nachdem Sie die Animation fertigge-
stellt haben, klicken Sie im oberen Bereich auf den Reiter PREVIEW
AND EXPORT EDITOR ❶. In diesem Bereich können Sie zunächst
bestimmen, ob Sie die Animation in einem Vektorformat (z. B.
EPS-Einzelbilder oder SWF) oder in einem Rasterformat (z. B.
PNG-Einzelbilder oder SWF) exportieren möchten. Um eine Vor-

▲ Abbildung 21.29
Oben: Export-Vektorformate,
unten: Export-Rasterformate

Abbildung 21.30 ▶
Preview und Export Editor

schau der Einzelbilder zu erhalten, klicken Sie auf die Schaltfläche
GENERATE ALL FRAMES.

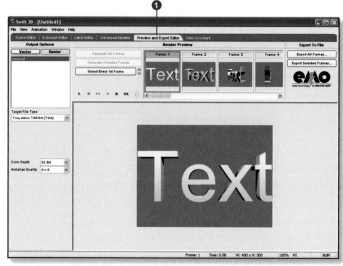

Einschränkung der Testversion
Animationen können in der Testversion leider nicht exportiert werden.

Um die Animation in das gewählte Format mit den entsprechenden Einstellungen zu exportieren, klicken Sie auf der rechten Seite auf die Schaltfläche EXPORT ALL FRAMES.

21.5 Bildschirmschoner

Für die Erstellung von Bildschirmschonern auf Basis von Flash gibt es zahlreiche Tools. Dabei werden Flash-Filme (SWF-Dateien) zunächst in ein für Windows (*.scr*) oder Mac (*.savers*) geeignetes Format umgewandelt. Für die Umwandlung stehen Ihnen je nach Programm unterschiedliche Einstellungen wie z. B. die Skalierung des Flash-Films, die Hintergrundfarbe etc. zur Auswahl.

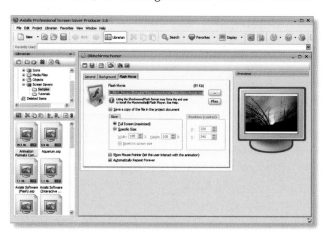

Abbildung 21.31 ▶
Konvertierungseinstellungen im
Axialis Professional Screensaver
Producer

Optional erzeugen Sie je nach Tool zusätzlich eine Installationsdatei, die dafür sorgt, dass der Bildschirmschoner automatisch in
das richtige Systemverzeichnis kopiert wird. Dadurch ist gewähr-
leistet, dass er automatisch in das System integriert und aktiviert
wird.

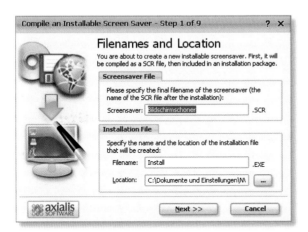

◄ **Abbildung 21.32**
Installationsdatei erzeugen

Software	Hersteller/Bezugsquelle	Lizenz
InstantStorm	http://www.instantstorm.com	frei (kostenlos)
Axialis Professio-nal Screensaver Producer	http://www.axialis.com	kommerziell, 39,95 $ (Personal Edition) oder 69,95 $ (Corporate Edi-tion)
Creator	http://www.flashjester.com	kommerziell 99,00 $ (Creator Standard) oder 149,00 $ (Creator Pro)
ScreenTime for Flash	http://www.screentime.com	kommerziell (249,00 $)
Zinc	http://www.multidmedia.com	kommerziell (299,99 $ bzw. 349,99 $)
SWF Screensaver for Mac	http://www.video-flash.de/swf-screensaver-for-mac/	frei (kostenlos)

Testversionen
Alle hier genannten Anbieter
stellen auf ihren Webseiten eingeschränkte Testversionen zur
Verfügung.

◄ **Tabelle 21.2**
Software zur Erstellung von
Bildschirmschonern

TEIL VI
Anhang

22   ActionScript-Entwicklungs-umgebungen

ActionScript-Programmierer, die schwerpunktmäßig objektorientiert mit ActionScript arbeiten, nutzen dazu meist nicht den in Flash integrierten ActionScript-Editor, sondern verwenden andere spezialisierte Entwicklungsumgebungen.

Zu den beliebtesten und meistverwendeten Entwicklungsumgebungen gehören FlashDevelop und FDT, die im Folgenden kurz vorgestellt werden.

22.1   FlashDevelop

FlashDevelop ist eine beliebte Open-Source-Entwicklungsumgebung für ActionScript 2 und 3. Die Anwendung basiert auf ».NET« und ist für Windows frei erhältlich. Die Software, Dokumentation und Hilfe finden Sie im Forum zu FlashDevelop: *http://www.flashdevelop.org*.

◄ **Abbildung 22.1**
FlashDevelop 3.0

Die Arbeitsoberfläche von FlashDevelop ist übersichtlich und benutzerfreundlich gestaltet. FlashDevelop eignet sich sowohl als

Editor, der die Flash-Entwicklungsumgebung ergänzt, als auch als eigene Entwicklungsumgebung zur Erstellung von ActionScript-basierten Projekten (z. B. über das Flex SDK).

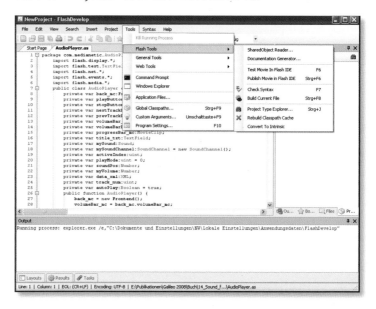

Abbildung 22.2 ▶
FlashDevelop bietet eine Vielzahl von Werkzeugen, die Sie bei der Entwicklung unterstützen.

Im Folgenden stellen wir eine kleine Auswahl der verfügbaren Funktionen vor.

Code Completionund Error Highlighting | Beim Schreiben von Code unterstützt Sie FlashDevelop auf unterschiedliche Weise: Mit Code Completion ❶ erhalten Sie während der Eingabe Vorschläge. So müssen Sie beispielsweise nicht gleich die ActionScript-Referenz bemühen, wenn Sie eine bestimmte Klasse verwenden möchten und nicht wissen, zu welchem Paket diese gehört. Während der Eingabe prüft FlashDevelop auch den Code und kennzeichnet mögliche Fehler durch rote, geschweifte Linien ❷, ❸.

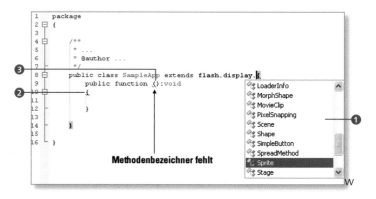

Abbildung 22.3 ▶
Code-Erstellung mit FlashDevelop

Automatische Importe | Wird ein Objekt einer bestimmten Klasse, z. B. Bitmap, initialisiert, werden die dafür benötigen Klassen automatisch importiert. In der folgenden Abbildung ist dies zu sehen.

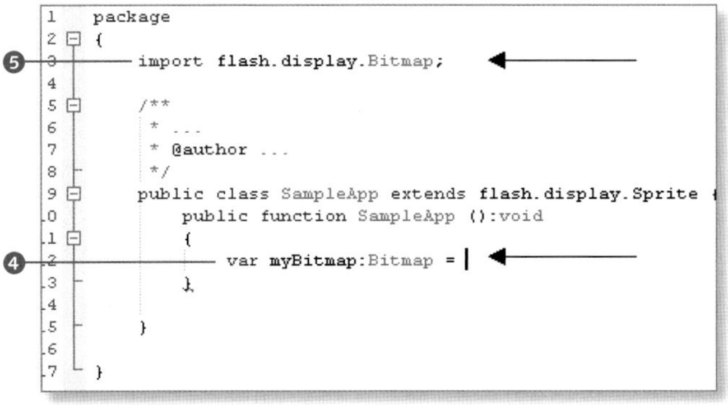

```
1      package
2 ⊟    {
3 ⑤    ─── import flash.display.Bitmap;     ◄───────────
4
5 ⊟        /**
6          *  ...
7          *  @author ...
8          */
9 ⊟        public class SampleApp extends flash.display.Sprite {
10            public function SampleApp ():void
11 ⊟            {
12 ④   ─── ── var myBitmap:Bitmap = |  ◄──────────
13                }
14
15            }
16
17 ⊟    }
```

▲ **Abbildung 22.4**
Sobald eine neue Klasse initialisiert wurde ④, wird sie automatisch über die import-Anweisung ⑤ importiert.

Syntax-Tooltip | Während der Eingabe von Code wird Ihnen per »Roll-over« über ein Element ein Tooltip angezeigt ⑤, der Ihnen die grundlegende Schreibweise z. B. eines Ereignis-Listeners anzeigt.

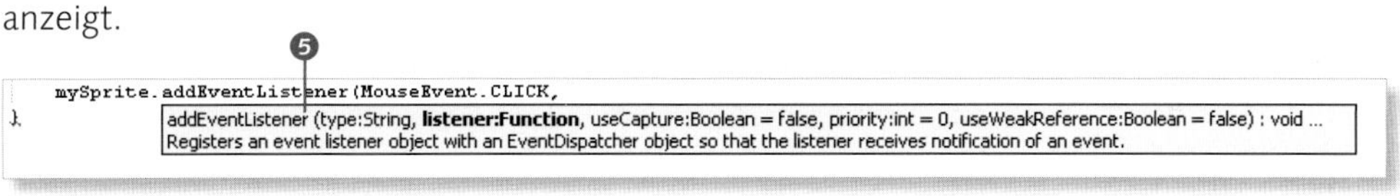

```
                    ⑤
mySprite.addEventListener(MouseEvent.CLICK,
},        addEventListener (type:String, listener:Function, useCapture:Boolean = false, priority:int = 0, useWeakReference:Boolean = false) : void ...
          Registers an event listener object with an EventDispatcher object so that the listener receives notification of an event.
```

▲ **Abbildung 22.5**
Syntax-Tooltip

Dies war nur ein kleiner Auszug der vielen Funktionen, die FlashDevelop bereitstellt, um die Entwicklung von ActionScript-basierten Anwendungen zu vereinfachen.

22.2 Flash Development Tools (FDT)

FDT ist eine proprietäre kommerzielle Entwicklungsumgebung der Powerflasher GmbH. Die Zielgruppe von FDT sind professionelle ActionScript-Entwickler. Die Anwendung basiert auf Eclipse und wird in der aktuellen Version (3) als Stand-alone-Version und auch als Eclipse-Plug-in angeboten.

FDT-Versionen
FDT gibt es in drei verschiedenen Versionen:
▶ Basic (299,99 Euro)
▶ Professional (399,99 Euro)
▶ Enterprise (599,99 Euro)
Auf der Herstellerseite (*http://fdt.powerflasher.com/*) finden Sie auch eine kostenlose 30-Tage-Testversion.

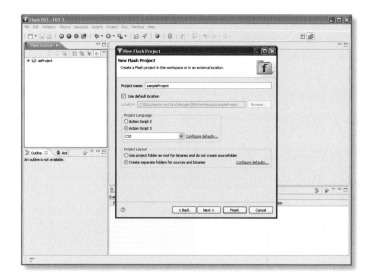

Abbildung 22.6 ►
FDT 3

FDT ist eine sehr mächtige, umfangreiche Entwicklungsumgebung und aufgrund des Umfangs nicht vergleichbar mit anderen freien Anwendungen, wie z. B. FlashDevelop. Sie bietet nahezu unzählige Funktionen, die Ihnen bei der Erstellung von ActionScript-basierten Anwendungen helfen. Eine kleine Auswahl der zahlreichen Funktionen erläutern wir im Folgenden.

Einarbeitungszeit
Um mit FDT arbeiten zu können, bedarf es einer gewissen Einarbeitungszeit. Viele Funktionen lassen sich effizient beispielsweise nur über Tastenkürzel verwenden.

Integrierter inkrementeller Builder und Live Error Highlighting | Eine sehr nützliche Eigenschaft von FDT ist, dass FDT während der Eingabe des Codes diesen bereits über den integrierten inkrementellen Builder ausführen kann.

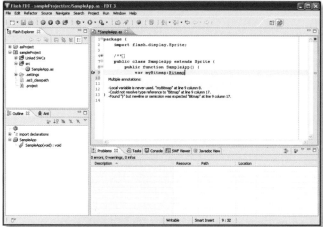

Abbildung 22.7 ►
Der Code ist nicht vollständig –
FDT zeigt Ihnen in einem Tooltip
direkt an, was der Grund dafür ist.

Das wiederum erlaubt das sogenannte Live Error Highlighting. Fehler im Code werden grundsätzlich bereits während der Ein-

gabe gekennzeichnet durch rote, geschweifte Linien. Fehlen beispielsweise import-Anweisungen, werden die entsprechenden
Stellen sofort markiert.

◄ **Abbildung 22.8**
FDT kennzeichnet mögliche Fehler oder fehlende Bereiche bereits
während der Eingabe.

Code Completion und Quickfixes | Code Completion und
Quickfixes helfen Ihnen dabei, Code automatisch zu ergänzen,
Fehler zu vermeiden und schnell zu beheben.

Wenn Sie etwa einer Objekteigenschaft einen Wert zuweisen
und das Objekt selbst zuvor noch nicht deklariert haben, wird
dieser Fehler zunächst im Code gekennzeichnet. Über das Tastenkürzel Strg/⌘+1 erhalten Sie dann einen oder mehrere
auswählbare Vorschläge, das Problem zu beheben. Sie könnten
also sogar direkt mit Klassen und Objekten arbeiten, die Sie noch
nicht einmal vorher deklarieren müssen. Die Deklaration übernimmt FDT für Sie dann per Mausklick.

Einsatz von Quickfixes
Wenn Sie Quickfixes regelmäßig
anwenden, führt das tatsächlich
sogar dazu, dass sich Ihre Arbeits-
weise, Code zu erzeugen, ändert.

◄ **Abbildung 22.9**
Das Objekt myObject ist nicht
deklariert. FDT behebt das Problem mit einem Quickfix.

Quick Views | Um innerhalb einer Klasse Elemente der Klasse,
wie Eigenschaften und Methoden, anzuzeigen und zu referenzieren, verwenden Sie das Tastenkürzel Strg/⌘+O für den
Quick-View-Outline. Sie müssen so nicht scrollen, um eine Eigenschaft oder eine Methode zu finden oder zu referenzieren. FDT
zeigt Ihnen dann alle Elemente der Klasse an. Durch die Eingabe
von Zeichen im oberen Textfeld schränken Sie die Liste entsprechend ein.

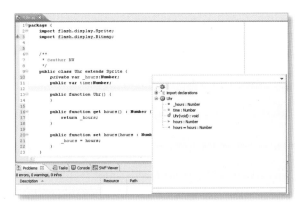

Abbildung 22.10 ▶
Quick-View-Outline

FDT: Funktionsübersicht
Welche Funktionen von der jeweiligen Version unterstützt werden, können Sie in der Tabelle unter *http://solutions.powerflasher. com/index.php?id=136#feature_05* einsehen.

Refactoring | Grundsätzlich unterscheiden sich die verschiedenen FDT-Versionen (Basic, Professional und Enterprise) durch ihren Funktionsumfang. Eine Funktion, die beispielsweise nur in der Enterprise-Version zur Verfügung steht, ist das sogenannte Refactoring. Dazu ein einfaches Beispiel:

Angenommen, Sie haben eine Klasse Uhr und eine Unterklasse AnalogUhr erzeugt. In der Klasse Uhr haben Sie eine Eigenschaft time deklariert, deren Wert in der Klasse AnalogUhr über super. time referenziert wird.

Es kann vorkommen, dass Sie zum Beispiel den Namen der Eigenschaft time klassenübergreifend ändern möchten, vielleicht weil Sie in einer anderen Klasse bereits für eine andere Eigenschaft denselben Bezeichner verwendet haben.

Normalerweise müssten Sie dazu den Bezeichner in jeder Klasse ändern, in der die Eigenschaft referenziert wird. Mit FDT 3 Enterprise können Sie die Funktion REFACTOR nutzen, die das für Sie für alle Klassen entsprechend übernimmt. Dazu wählen Sie einfach den Bezeichner der Eigenschaft in einer beliebigen Klasse aus und klicken im Kontextmenü auf REFACTOR • RENAME.

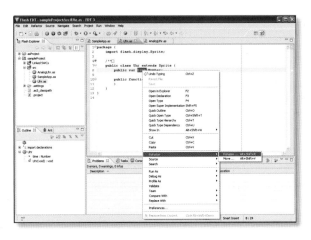

Abbildung 22.11 ▶
REFACTOR-Funktion

Nachdem Sie einen neuen Bezeichner definiert haben, ändert FDT den Code entsprechend in jeder Klasse, in der auf die Eigenschaft zugegriffen wird.

22.3 Weitere ActionScript-Editoren/ -Entwicklungsumgebungen

Neben Adobe Flash CS4, Adobe Flex Builder 3, FlashDevelop 3 und FDT 3 gibt es einige weitere Entwicklungsumgebungen und Editoren, die von Entwicklern in der Praxis verwendet werden. Dazu gehören:

▶ NetBeans IDE: *http://www.netbeans.org/*
▶ AXDT (Eclipse-Plug-ins): *http://axdt.org/*
▶ SEPY ActionScript Editor: *http://www.sephiroth.it/python/ sepy.php*

Flex 3
Näheres zu Adobe Flex 3 und dem Adobe Flex Builder 3 erfahren Sie in Kapitel 21, »Ein Blick über den Tellerrand«.

23 Key-Codes der Key-Klasse

Key-Codes werden für Tastaturabfragen benötigt. Über die Ereignisse `KeyboardEvent.KEY_DOWN` und `KeyboardEvent.KEY_UP` können Sie feststellen, wann der Benutzer eine Taste drückt bzw. wieder loslässt. Innerhalb der Ereignisprozedur ermitteln Sie dann über die Eigenschaft `keyCode` des Keyboard-Ereignisses feststellen, welche Taste gedrückt oder losgelassen wurde.

Wenn Sie z. B. feststellen möchten, ob der Benutzer in einem Flash-Film ⌜Esc⌝ gedrückt hat, könnten Sie dazu folgenden Code in einem Schlüsselbild auf der Zeitleiste integrieren:

```
stage.addEventListener(KeyboardEvent.KEY_DOWN,
keyDownHandler);
function keyDownHandler(e:KeyboardEvent):void {
    if(e.keyCode == 27) {
        trace("ESC gedrückt.");
    }
}
```

Beachten Sie, dass einige besonders häufig benutzte Tasten auch über Konstanten abgefragt werden können. Um beispielsweise über eine Konstante abzufragen, ob die linke Pfeiltaste gedrückt wurde, könnten Sie folgenden Code verwenden:

```
stage.addEventListener(KeyboardEvent.KEY_DOWN,
keyDownHandler);
function keyDownHandler(e:KeyboardEvent):void {
    if(e.keyCode == Keyboard.LEFT) {
        trace("Linke Pfeiltaste gedrückt.");
    }
}
```

Die folgenden Tabellen zeigen die wichtigsten Key-Codes.

[!] Tastaturbefehle deaktivieren
Um auf Keyboard-Ereignisse reagieren in einem Flash-Film, der über die Entwicklungsumgebung getestet wird (STEUERUNG • FILM TESTEN), zu können, sollten Sie die Option STEUERELEMENT • TASTATURBEFEHLE DEAKTIVIEREN im Flash Player aktivieren. Andernfalls werden Tastatureingaben möglicherweise nicht erfasst.

▲ **Abbildung 23.1**
Tastaturbefehle deaktivieren

Tabelle 23.1 ▶
Pfeiltasten

Taste	Key-Code	Taste	Key-Code
←	37 (Keyboard.LEFT)	↑	38 (Keyboard.TOP)
→	39 (Keyboard.RIGHT)	↓	40 (Keyboard.DOWN)

Taste	Key-Code	Taste	Key-Code
←	8 (Keyboard. BACKSPACE)	Bild↓	34 (Keyboard. PAGE_DOWN)
⇥	9 (Keyboard.TAB)	Ende	35 (Keyboard.END)
↵	13 (Keyboard.ENTER)	Pos1	36 (Keyboard. HOME)
⇧	16 (Keyboard.SHIFT)	Einfg	45 (Keyboard. INSERT)
Strg / Ctrl	17 (Keyboard.CONTROL)	Entf	46 (Keyboard. DELETE)
Alt	18 (nicht abzufragen)	+	187
⇩	20 (Keyboard.CAPS_LOCK)	;	188
Esc	27 (Keyboard.ESCAPE)	- ⬜	189
Leertaste	32 (Keyboard.SPACE)	:	190
Bild↑	33 (Keyboard.PAGE_UP)		

Tabelle 23.2 ▶
Sondertasten

Taste	Key-Code	Taste	Key-Code
F1	112 (Keyboard.F1)	F7	118 (Keyboard.F7)
F2	113 (Keyboard.F2)	F8	119 (Keyboard.F8)
F3	114 (Keyboard.F3)	F9	120 (Keyboard.F9)
F4	115 (Keyboard.F4)	F10 (nicht abzufragen)	121 (Keyboard. F10)
F5	116 (Keyboard.F5)	F11	122 (Keyboard.F11)
F6	117 (Keyboard.F6)	F12	123 (Keyboard.F12)

Tabelle 23.3 ▶
Funktionstasten

Taste	Key-Code	Taste	Key-Code
Num0	96 (NUMPAD_0)	Num8	104 (NUMPAD_8)
Num1	97 (NUMPAD_1)	Num9	105 (NUMPAD_9)
Num2	98 (NUMPAD_2)	Num*	106 (NUMPAD_ MULTIPLY)

Tabelle 23.4 ▶
Numpad-Tasten

Taste	Key-Code	Taste	Key-Code
Num3	99 (NUMPAD_3)	Num+	107 (NUMPAD_ADD)
Num4	100 (NUMPAD_4)	Num↵	13 (nicht als 108 abzufragen)
Num5	101 (NUMPAD_5)	Num-	109 (NUMPAD_ SUBTRACT)
Num6	102 (NUMPAD_6)	Num,	110 (NUMPAD_ DECIMAL)
Num7	103 (NUMPAD_7)	Num/	111 (NUMPAD_ DIVIDE)

◄ **Tabelle 23.4**
Numpad-Tasten (Forts.)

Taste	Key-Code	Taste	Key-Code
A	65	N	78
B	66	O	79
C	67	P	80
D	68	Q	81
E	69	R	82
F	70	S	83
G	71	T	84
H	72	U	85
I	73	V	86
J	74	W	87
K	75	X	88
L	76	Y	89
M	77	Z	90

◄ **Tabelle 23.5**
Buchstaben

Taste	Key-Code	Taste	Key-Code
0	48	5	53
1	49	6	54
2	50	7	55
3	51	8	56
4	52	9	57

◄ **Tabelle 23.6**
Zahlen

24 Unicode (Lateinisch einfach)

Die folgende Tabelle zeigt alle Zeichen aus dem Zeichensatz *Lateinisch einfach* (engl. »Latin Basic«). Der Zeichenbereich kann unter anderem zum Einbetten von Schriftzeichen in dynamischen Textfeldern oder Eingabetextfeldern verwendet werden.

Mit Hilfe von Unicode-Escape-Zeichenstrings, die in der folgenden Tabelle in der vierten Spalte zu sehen sind, können Sie Sonderzeichen von nicht Unicode-basierten Texten im Flash Player anzeigen. Wenn Sie z. B. ein &-Zeichen in einem Textdokument verwenden möchten, das Textdokument nicht Unicodekodiert ist und Sie den Text in Flash laden, müssten Sie das &-Zeichen im Textdokument durch »\u0026« ersetzen.

Sie können das einfach testen, indem Sie einem Schlüsselbild z. B. folgenden Code zuweisen:

```
trace("\u0021");
// Ergibt "!".
```

Unicode Codepos.	UTF-8 (dez.)	Zeichen	Unicode-Escape-String
U+0021	33	!	\u0021
U+0022	34	"	\u0022
U+0023	35	#	\u0023
U+0024	36	$	\u0024
U+0025	37	%	\u0025
U+0026	38	&	\u0026
U+0027	39	'	\u0027
U+0028	40	(	\u0028
U+0029	41	)	\u0029
U+002A	42	*	\u002A
U+002B	43	+	\u002B
U+002C	44	,	\u002C
U+002D	45	-	\u002D

◄ **Tabelle 24.1**
Unicode-8-Zeichentabelle, entspricht der Zeicheneinbettung »Lateinisch einfach«

Unicode Codepos.	UTF-8 (dez.)	Zeichen	Unicode-Escape-String
U+002E	46	.	\u002E
U+002F	47	/	\u002F
U+0030	48	0	\u0030
U+0031	49	1	\u0031
U+0032	50	2	\u0032
U+0033	51	3	\u0033
U+0034	52	4	\u0034
U+0035	53	5	\u0035
U+0036	54	6	\u0036
U+0037	55	7	\u0037
U+0038	56	8	\u0038
U+0039	57	9	\u0039
U+003A	58	:	\u003A
U+003B	59	;	\u003B
U+003C	60	<	\u003C
U+003D	61	=	\u003D
U+003E	62	>	\u003E
U+003F	63	?	\u003F
U+0040	64	@	\u0040
U+0041	65	A	\u0041
U+0042	66	B	\u0042
U+0043	67	C	\u0043
U+0044	68	D	\u0044
U+0045	69	E	\u0045
U+0046	70	F	\u0046
U+0047	71	G	\u0047
U+0048	72	H	\u0048
U+0049	73	I	\u0049
U+004A	74	J	\u004A
U+004B	75	K	\u004B
U+004C	76	L	\u004C
U+004D	77	M	\u004D
U+004E	78	N	\u004E
U+004F	79	O	\u004F
U+0050	80	P	\u0050
U+0051	81	Q	\u0051
U+0052	82	R	\u0052

Tabelle 24.1 ▶
Unicode-8-Zeichentabelle, entspricht der Zeicheneinbettung »Lateinisch einfach« (Forts.)

Unicode Codepos.	UTF-8 (dez.)	Zeichen	Unicode-Escape-String
U+0053	83	S	\u0053
U+0054	84	T	\u0054
U+0055	85	U	\u0055
U+0056	86	V	\u0056
U+0057	87	W	\u0057
U+0058	88	X	\u0058
U+0059	89	Y	\u0059
U+005A	90	Z	\u005A
U+005B	91	[	\u005B
U+005C	92	\	\u005C
U+005D	93	]	\u005D
U+005E	94	^	\u005E
U+005F	95	_	\u005F
U+0060	96	`	\u0060
U+0061	97	a	\u0061
U+0062	98	b	\u0062
U+0063	99	c	\u0063
U+0064	100	d	\u0064
U+0065	101	e	\u0065
U+0066	102	f	\u0066
U+0067	103	g	\u0067
U+0068	104	h	\u0068
U+0069	105	i	\u0069
U+006A	106	j	\u006A
U+006B	107	k	\u006B
U+006C	108	l	\u006C
U+006D	109	m	\u006D
U+006E	110	n	\u006E
U+006F	111	o	\u006F
U+0070	112	p	\u0070
U+0071	113	q	\u0071
U+0072	114	r	\u0072
U+0073	115	s	\u0073
U+0074	116	t	\u0074
U+0075	117	u	\u0075
U+0076	118	v	\u0076
U+0077	119	w	\u0077

◄ **Tabelle 24.1**
Unicode-8-Zeichentabelle, entspricht der Zeicheneinbettung »Lateinisch einfach« (Forts.)

Tabelle 24.1 ►
Unicode-8-Zeichentabelle, ent-
spricht der Zeicheneinbettung
»Lateinisch einfach« (Forts.)

Unicode Codepos.	UTF-8 (dez.)	Zeichen	Unicode-Escape-String
U+0078	120	x	\u0078
U+0079	121	y	\u0079
U+007A	122	z	\u007A
U+007B	123	{	\u007B
U+007C	124			\u007C
U+007D	125	}	\u007D
U+007E	126	~	\u007E

25   URL-Kodierung

Unter besonderen Umständen müssen bestimmte Zeichen einer URL kodiert werden, da diese Zeichen in einer URL eine besondere Bedeutung haben. Dieser Vorgang wird auch als *URL-Kodierung* (engl. »URL Encoding«) bezeichnet.

Für die URL-Kodierung werden die Zeichen durch eine hexadezimale Kombination ersetzt. Angenommen, Sie definieren in einem Textdokument den Text »anzahl=5+5=1« und geben ihn in Flash in einem dynamischen Textfeld aus. Das +-Zeichen wird nicht dargestellt; es muss URL-kodiert werden. Ersetzen Sie es im Textdokument einfach durch »%2A«. Die folgende Tabelle zeigt Sonderzeichen und ihre hexadezimalen Entsprechungen.

Zeichen	Code (URL-kodiert)	Zeichen	Code (URL-kodiert)
Zeilenumbruch	%0A	?	%3F
Leerzeichen (Space)	%20	@	%40
!	%21	[	%5B
"	%22	\	%5C
#	%23	]	%5D
$	%24	^	%5E
%	%25	_	%5F
&	%26	`	%60
'	%27	{	%7B
(	%28	|	%7C
)	%29	}	%7D
*	%2A	~	%7E
+	%2B	¦	%A6
,	%2C	§	%A7
-	%2D	«	%AB
.	%2E	°	%B0
/	%2F	±	%B1

◀ **Tabelle 25.1**
Die wichtigsten Zeichen für die URL-Kodierung

Tabelle 25.1 ▶
Die wichtigsten Zeichen für die
URL-Kodierung (Forts.)

Zeichen	Code (URL-kodiert)	Zeichen	Code (URL-kodiert)
:	%3A	´	%B4
;	%3B	»	%BB
<	%3C	¼	%BC
=	%3D	½	%BD
>	%3E	¿	%BF

26 Die DVD zum Buch

Auf der beiliegenden DVD finden Sie einiges an Material, das Ihnen die Arbeit mit Adobe Flash CS4 und diesem Buch erleichtern soll. Die DVD enthält fünf Ordner mit den folgenden Inhalten:

26.1 Beispielmaterial

Damit Sie alle Schritt-für-Schritt-Anleitungen im Buch praktisch nachvollziehen können, finden Sie in diesem Verzeichnis alle benötigten Beispieldateien. Aufgeteilt auf die jeweiligen Kapitel finden Sie hier in den einzelnen Ordnern genau die Materialien, auf die in der Marginalspalte des Buchs verwiesen wird. Hat ein Kapitel keinen eigenen Ordner, gibt es für dieses Kapitel auch kein Beispielmaterial.

26.2 Testversion

Dieser Ordner enthält eine Vollversion von Adobe Flash CS4 für PC und Mac. Kopieren Sie die entsprechende Datei einfach auf die Festplatte Ihres Computers und leiten Sie durch einen Doppelklick den Setup-Prozess ein. Die Vollversion können Sie nach der Installation 30 Tage lang testen. Ist dieser Zeitraum abgelaufen, müssen Sie eine Seriennummer erwerben, um das Produkt zu aktivieren und weiter damit arbeiten zu können.

26.3 ActionScript-Editoren

Wird die Arbeit mit ActionScript etwas umfangreicher, greifen viele Flash-Entwickler gerne auf folgende Werkzeuge zurück:
- FlashDevelop
- PrimalScript

26.4 Webserver

Wollen Sie die Beispiele aus Kapitel 17 auch auf Ihrem Rechner nachvollziehen, müssen Sie einen lokalen Webserver installieren. Mit den beiden Pakten XAMP für Windows und WAMP für den Mac geht das ganz leicht. Folgen Sie einfach den Schritten des Installationsassistenten.

26.5 Video-Lektionen

In diesem Verzeichnis finden Sie ein besonderes Highlight: Als Ergänzung zum Buch möchten wir Ihnen ausgewählte Lehrfilme aus dem Video-Training »Adobe Flash CS4 Praxis-Workshops« von Benjamin Bischoff (ISBN 978-3-8362-1281-6) zeigen. Hier können Sie Flash einmal live in Aktion erleben.

26.6 Training starten

Um das Training zu starten, gehen Sie auf der Buch-DVD in den Ordner Video-Lektionen und klicken dort auf der obersten Ebenen auf die Datei »start.html«.

26.6.1 Video-Lektionen
Die Video-Lektionen auf der Buch-DVD entstammen unserem Video-Training »Adobe Flash CS4 Praxis-Workshops« von Benjamin Bischoff (ISBN 978-3-8362-1281-6). Sie finden dort folgende Lektionen:

1   Pixelbender-Filter programmieren (10:01 Min.)
2   Pixelbender-Filter anwenden (08:53 Min.)
3   Pixelbender-Parameter animieren (07:24 Min.)
4   Die TextFlow-Markupsprache anwenden (05:34 Min.)
5   TextFlow-Elementen anzeigen (09:04 Min.)
6   TextFlow-Text bearbeiten (05:15 Min.)
7   Text in Spalten anzeigen (03:12 Min.)
8   Text-Container untereinander verbinden (06:39 Min.)
9   Die Webcam ansprechen und anzeigen (05:49 Min.)
10   3D – z-Sorting verstehen und reparieren (07:38 Min.)

26.6.2 UI-Komponenten (Zusatzkapitel)
In diesem Ordner finden Sie eine Referenz aller UI-Komponenten mit zahlreichen Praxisbeispielen als PDF-Datei.

Index

3D-Animation 807
3D Bewegung
  Tiefenverwaltung 400
3D Bewegung, z-Achse 399
3D-Drehungswerkzeug 101
3D-Versetzungswerkzeug 102
9-teiliges Segmentraster 111
.asf 553
.avi 553
.dv 553
.dvi 553
.flv 553
.mov 553
.mpeg 553
! (NOT) 334
|| (ODER) 334
&& (UND) 335

A

abbremsen 185, 198
Abdunkeln 503
Absatztext 240
Abschluss 75
Abspielkopf 142
Abspielrichtung 142
Abspielvorgang
  steuern 346
Abwärtskompatibilität 273
ActionScript
  Addition 330
  Division 330
  erstellen 318
  Groß- und Kleinschreibung 320
  Grundlagen 311
  Maskierung 217
  Modulo-Operator 330
  Multiplikation 330
  Subtraktion 330
  Syntax 316
  zuweisen 313
ActionScript 2 312
ActionScript 3 312
  Bitmap-Grafik laden 362
  Datentyp überprüfen 351
  Form löschen 456
ActionScript-Datei 425
ActionScript-Editor 313
  Auto-Format 316

Code ein-/ausblenden 317
Experten-Modus 314
Kommentare 317
Skripthilfe 314
Suchen und Ersetzen 316
Syntax überprüfen 316
Zielpfad einfügen 316
ActionScript-Referenz 313
addChild 351
addChildAt 352
addEntry 710
addEventListener 377
Addieren 503
Adobe Air
  Anwendung erstellen 800
  Einstellungen 802
Adobe AIR 799
Adobe ConnectNow-Integration
  40
Adobe Device Central CS4 792
Adobe Exchange 47
Adobe LiveCycle Data Services 795
Adobe Pixel Bender 41
ADPCM 520
AIFF 519
Aktualisierungen 48
allowFullScreen 574
Alpha 69, 503
Alphawert 206, 207
Anfangssound 523
Animation
  Aufbau 151
  beenden 387, 388
  Bewegungsrichtung 383
  einfügen 190
  Farbton 206
  Helligkeit 205
  in Movieclip verschachteln 159
  kopieren 190
  loopen 387, 389
  mit ActionScript 375
  schwingende Bewegung 395, 398
  Timing 197
  Transparenz 206
  Wiederverwendung 190
An Objekten ausrichten 73
An Pfad ausrichten 176, 196

Ansicht
  an Fenster anpassen 53
  Formmarken anzeigen 213
  vergrößern 53
  zentrieren 54
Anti-Aliasing 255
  benutzerdefiniertes 262
Anwendungsbereiche 30
  aktuelle Meldungen 31
  Animationen 31
  Benutzeroberflächen 31
Anzeigeklassen 347
Anzeigeliste 346
Anzeigeobjekt
  Eigenschaften 349, 350, 375
  entfernen 352
  hinzufügen 351
  referenzieren 350
  Reihenfolge ändern 353
Anzeigeobjektcontainer 348
Apache 628
appendChild 702
Arbeitsbereich
  auf einen anderen Computer
    übertragen 59
Arbeitsumgebung 43
  laden 59
  speichern 59
Argument 343
arithmetische Operatoren
  Kurzschreibweise 331
Array 324
  absteigend sortieren 327
  alphabetisch sortieren 328
  assoziativ 325
  concat 326
  indiziert 325
  join 326
  mehrdimensional 326
  mehrdimensionales Array
    sortieren 328
  numerisch sortieren 327
  pop 326
  push 326
  reverse 326
  shift 326
  slice 326
  sort 326

sortieren 327
Sortierungsoptionen 328
sortOn 327
splice 327
toString 327
unshift 327
AS3-CoreLib 784
ASNA 519
AU 519
Audio-Editor 522
Audio-Ereignis 275, 519
Audio-Stream 275, 519
Aufhellen 503
Ausfaden 387
Ausgabe-Fenster 318
Ausrichten
  an Pfad 193
Ausrichten an Pixeln 76
Auswahlwerkzeug 93
Auswählen
  ähnliche Farben 96
Auszeichnung 246
auto_increment 665
Automatisch unterschneiden 251
AVM1Movie 349

B

Bandbreiten-Profiler 299
  Bild-für-Bild 300
  Download-Einstellungen 300
  Optimierung 300
  Streaming-Grafik 299
Barrierefreiheit 306
Basisklasse 355, 451
Batch-Verfahren 556
Bedingung
  überprüfen 331, 332
Bedingungen
  mehrere überprüfen 333
beginFill 463
beginGradientFill 471
Begrenzungsrahmen 127, 745
Begrüßungsbildschirm 43
Beschleunigung 185, 199
  abbremsen 384
  benutzerdefiniert 199
  über ActionScript 382, 383
  nicht-lineare 384
Bewegung
  abbremsen 384
  im Raum 204
  kopieren 190

kreis- und ellipsenförmige 404
nicht-linear 384
schwingende Bewegung
  auf der x-Achse 395
  auf der y-Achse 398
Bewegung mit Easing 386
Bewegungs-Editor 178
Bewegungspfad 192
  eigener Pfad 177
Bewegungs-Tween 165
  erstellen 168
  Pfad 171
Bewegungsvoreinstellungen 37, 189
Bühne 52
  Größe einstellen 54
Bibliothek
  bereinigen 136
  Element löschen 134
  gemeinsam genutzt 137
  neues Video erstellen 570
  Ordner 135
  Ordnung und Struktur 134
  speichern und komprimieren 136
Bildbezeichner 150, 151
  ansteuern 152
Bildebene
  Rotation 204
Bilder
  einfügen 148
  kopieren 156
  mehrere gleichzeitig bearbeiten
    164
  umkehren 157
Bilder und Schlüsselbilder 147
Bild-für-Bild-Animation 153, 154
Bildrate 153
Bildschirmleseprogramm 306
Bildschirmleseprogramme 306
Bildschirmschoner 810
  Software 811
Bindungswerkzeug 234
Bitmap
  Eigenschaften 264
  Import-Format 493
  in Vektoren umwandeln 96
  nachzeichnen 208
Bitmap (ActionScript 3) 348
Bitmap-Filter 503
  ActionScript 506
  animieren 505
Bitmap-Füllung 109
Bitmap-Grafiken

Komprimierung 494
Standardqualität 495
Bitmap-Klasse 509
Bitmaps
  in Vektoren umwandeln 208
Bitmaps mit ActionScript 509
Bitmaptext 262
Bitrate 521
Bitweise Operatoren
  NACH LINKS 336
  NACH RECHTS 336
  NICHT 336
  ODER 335
  UND 335
  XOR 336
Bleistift 77
blendMode 506
Blocksatz 249
BMP-Format 493
Bones 226
  Eigenschaften 228
Bones-Werkzeug 226
Boolean 321
Bouncing 751
Bounding Box 127
BpS 153
break 333
Breakpoints 369
Browser-Caching
  verhindern 641
Button 128, 475
bytesLoaded 577
bytesTotal 577

C

cacheAsBitmap 218
caps 457
case 333
chmod 646
clear 759
completeHandler 722
computeSpectrum 549
concat 326
Cross-Domain-Policy 690
CSS 300
Cue-Point 578
currentTarget 358
curveTo 461

D

data 759
date 635

Dateiendungen
  überprüfen 727
Dateigröße
  analysieren 277
Dateirechte 646
Daten
  an PHP senden 644
  lokal speichern 758
  von PHP empfangen 644
Datenbank
  Datensatz einfügen 667
  erstellen 664
  Feld bearbeiten 666
  Zugriff herstellen 670
Datenbankabfrage 672
Datenbanktabelle
  Attribut 665
  Extra 665
  Feld 665
  Länge/Set 665
  Null 665
  Primärschlüssel 666
  Typ 665
Datenformat
  natives 687
Datentyp
  ermitteln 323
Datentypen 320
  Array 321
  Boolean 321
  Fehler 323
  MovieClip 321
  Number 320
  Object 321
  String 320
  TextField 321
  umwandeln 322
Debugger
  Remote 371
  Variable 370
  verwenden 369
Debugging
  Fehlerursachen 373
Debug-Konsole 370
Decompiler 277
default 333
Deko-Werkzeug 81
Desktop-Anwendung 799
Device Central CS4 792
Differenz 503
DisplayObject 347, 348
DisplayObjectContainer 347, 349

Distanz
  zwischen zwei Punkten 385
Dokumenteigenschaften 53
Dokumentfenster
  vergrößern/verkleinern 53
Dokumentklasse 441
do-while 339
Download
  simulieren 300
Download-Einstellungen 300
drawCircle 470
drawEllipse 470
Drawing-API 455
drawRect 464
drawRoundRect 469
Drehung
  animieren 205
dynamische Klasse 429
dynamisches Textfeld
  Text als HTML wiedergeben 591
Dynamische Textfelder 243

E

E4X 687
eadUTFBytes 715
Easing 384
Ebene 144, 503
  einblenden 146
  entsperren 146
  löschen 143
  neue 142
  sperren 146
  steuern 146
Ebenen 142
  Ebenenmodell 142
  Ebenenordner 144
  Ebenenreihenfolge 143
echo 634
echte Kursive 247
Eckpunkt 181
Eckrundung 87
Eclipse 821
Eigenschaften
  animieren 204
  an Pfad ausrichten 193
  ausrichten 193
Einbettung
  in HTML 278
  mit dem SWFObject 286
  mittig positionieren 301
Eingabehilfe 306
  Symbole 307

Eingabetextfeld
  abfragen 596
  Text als HTML wiedergeben 591
eingebettete Schriften 261
Einstellungen
  für Adobe Flash Player 758
E-Learning 33
Element
  gemeinsam nutzen 139
  in anderen Flash-Filmen nutzen 139
Ellipsengrundform 90
Ellipsenwerkzeug 88
E-Mail-Header-Injection 658
E-Mail-Link 253
E-Mail-Verknüpfung 253
embedFonts 614
EMBED-Tag 286
Endlosschleife 338
ENTER_FRAME 376
Entwicklungsumgebung 27, 44, 821
  anpassen 54
Eolas-Patentverletzung 286
Ereignis-Listener 357
Ereignisprozeduren 357, 376
Ereignisse 357, 376
Ereignissound 523, 524
Export 305
  Bild 305
  Film 305
Exportformate 306
Export für gemeinsame Nutzung
  zur Laufzeit 138
Express Install 288
extends 451, 452
externes Video
  über ActionScript abspielen 571
  integrieren 571
  steuern 571

F

F4V 554
F4V-Video-Player 555
FadeOut 387
Fallentscheidung 331
Farbauswahl 69
Farbeimer 105
  Lückengröße 106
Farbeinstellungen
  erweitert 207
Farben
  ersetzen 70
  hinzufügen 70

Farbfelder 70
Farbschema 72
Farbton
  animieren 206
Farbverlauf 108
  über mehrere Formen 106
  Farbe einfügen 108
  Farbe entfernen 109
  linear 108
  radial 109
feedContainer 696
Fehlersuche 369
Fehlerursache 373
Fenster
  maximieren 55
  minimieren 55
  schließen 55
  verankern 56
  Werkzeuge 48
Fenstermodus 281
Figurenanimation 231
FileFilter 721
FileReference 713
  browse() 713
  download() 718
  Eigenschaften 726
  Ereignisse 724
  öffnen und speichern 713
  load() 713
  Methoden 723
  Upload 721
  Upload – FAQ 733
Film
  komprimieren 275
Film exportieren
  Dateiformate 306
Film komprimieren 275
Film testen
  Tastaturbefehle deaktivieren 742
Filter 502
  animieren 505
  Qualität 504
Flash-Export 272
  ausgeblendete Ebenen exportie-
    ren 275
  Debugging erlauben 277
  Film komprimieren 275
  Geräte-Sound exportieren 275
  Größenbericht 276
  Sicherheit bei lokaler Wiedergabe
    277
  Skript-Höchstzeit 278

Soundeinstellungen übergehen 275
SWC exportieren 276
Trace-Aktionen übergehen 277
Version 272
vor Import schützen 277
Flash-Film 151
  Bildrate 54
  Größe 54
  Hintergrundfarbe 54
  mittig im Browser 301
  mittig im Browser am oberen und
    unteren Rand 304
  Strukturierung 144
  testen 47
  transparent 298
  Verschachtelung 219
Flash-Historie 27
Flash-JavaScript 47
Flash Lite 791
  Entwicklung 794
  Versionsüberblick 791
Flash Lite-Emulator 793
Flash Media Server 565
Flash Player
  Kontextmenü 296
  lokaler Speicher 758
  Version 272
FlashVars 289
  einsetzen 292
Flash-Version
  aktivieren 48
  deaktivieren 48
  feststellen 280
  registrieren 48
Flash-Version feststellen 280
Flash-Versionsüberblick 27
Flex 794
  Anwendung erstellen 796
  Anwendung kompilieren 798
  Anwendung testen 798
  Builder 795
  Charting-Komponenten 795
  SDK 794
Flex-Framework 794
Füllung 68
  Strichlinie hinzufügen 105
Füllung sperren 106
Fluchtpunkt 103
flush 759
FLV 553
FLV-Video-Player 555
for 340

for-each-in-Schleife 341
for-in 340
formatDesc 696, 697
Formatierung 611
formatTitle 697
Formmarke
  hinzufügen 211
Formmarken 211
  einsetzen 211
Form-Tween 207
Freihandwerkzeug 77
  gegradigen 77
  glätten 77
Frei-transformieren-Werkzeug 99
Führungsebene 193
Funktion 342
  Argument 343
  mehrere Argumente 343
  Parameter 343
  Rückgabewert 344
Future Splash Animator 27

G

Gaußscher Weichzeichner 561
Geräteschriftart 256
  Mac 257
  Maskierung 257
  Vorteil 257
Geräte-Sound 520
Geschwindigkeit
  ändern 161
  über ActionScript 382, 383
GET 645
get_magic_quotes_gpc 684
GET-Methode 645
getChildAt 350
getChildByName 351
getChildIndex 352
getLocal 758
Getter-/Setter-Methoden 448
getTimer 756
GIF-Export 282
GIF-Format 493
Glättungspunkt 181
Glätten zulassen 264
gotoAndPlay 346
gotoAndStop 346
GradientType 471
Grafikformate 493
Graphics-Klasse 455
Gruppierung
  aufheben 114

Gästebuch
  Daten an PHP übergeben 681
  Datensätze auslesen 676
  Sicherheit 683
GTween 411

H

Haarlinie 75
Haltepunkte 369
Hardwarebeschleunigung 278
Hartes Licht 503
Hashfunktion 784
Hauptzeitleiste 51
Helligkeit 205
Highscore 758, 777
  Sicherheit 783
Hilfslinie 116
  an Hilfslinie ausrichten 117
  anzeigen 117
  bearbeiten 117
  entfernen 117
  sperren 118
Hilfswerkzeuge 111
  9-teiliges Segmentraster 111
  Handwerkzeug 114
  Hilfslinie 116
  Lineal 115
  Raster 118
  Zoomwerkzeug 115
Hintergrundfarbe 54
hitTestObject 745
hitTestPoint 745
Hüllkurve 527
HTML
  Variablen übergeben 292
HTML-Ausrichtung 281
HTML-Export 278
HTML-Textfeld 593

I

if-Anweisung 331
if-else-Anweisung 332
ignoreComments 691
ignoreWhitespace 691
IK-Form 226
Illustrator-Import 499
  Bildebene 500, 501
  Inkompatibilitätsbericht 499
  Pfad 501
import 432
Importierte JPEG-Daten
  verwenden 494

In Bühne importieren 493
include 671
Indexposition
  bestimmen 352
Index-Reihenfolge
  ändern 353
INSERT 680
Instanz 122
Instanz auf Bühne platzieren 567
Instanzeigenschaft
  ändern 439
Instanzeigenschaften 122, 123
Instanzierung 424
Instanzmitglied 438
Instanzname 171
in Symbol konvertieren 121
int 321
InteractiveObject 349
Interaktion 741
  Maussteuerung 743
  Tastatursteuerung 741
internal 437
Internet Explorer 7 286
Inverse Kinematik 35

J

join 326
joints 457
JPEG-Export 284
JPEG-Format 493
JSFL-Format 47

K

Kantenglättung 255
Kapitälchen 247
Kennwort 590
Kerning 249
KeyCode 742, 823
Kinematik
  Figurenanimation 231
  inverse 225
Klasse
  dynamische 429
  erstellen 427, 444
  Instanz 424
Klassenbezeichner 426
Klassendefinition 426
Klassenmitglied 438
Klassen und Objekte erstellen 425
Kodierung 831
Kollisionserkennung 745
  abprallen 751

Begrenzungsrahmen 745
  positionsbasiert 749
  Rechteck und Kreis 753
  Ränder der Bühne 750
  von bestimmten Punkten 746
  von zwei Kreisen 747
Kommentar 317
Komponente 473
  anpassen 486
  Anwendung 474
  Eigenschaften 477
  Eigenschaft zuweisen 475
  Ereignis 478
  Größe 477
  in der Entwicklungsumgebung
    474
  Instanz anpassen 486
  Methoden 478
  mit ActionScript einfügen 475
  Skin anpassen 488, 489
  Stil verwenden 486
  TextFormat-Eigenschaften 487
  Textscroller 618
  Typ anpassen 487
  UIScrollBar 618
  von Drittanbietern 474
Komprimierung
  Standardqualität 495
Konstruktor 426
Kontakformular
  Daten an PHP-Skript senden 653
  Eingabe überprüfen 649
  zurücksetzen 649
Kontaktformular
  erstellen 648
  PHP-Script 656
  Sicherheit 657
Kontextmenü 48
Konturansicht 147, 164
Koordinatensystem 391
Kosinus 394
Kreis
  zeichnen 89
Kreisbewegung 403
Kuler 40, 71
Kurvensegment 92

L

Ladeverhalten 298
Lassowerkzeug 95
  Auswahl abschließen 96
Lateinisch einfach 827

Lautstärke 542
Layout
   Spaltenbreite anpassen 58
   Zeilenhöhe anpassen 58
length() 692
Leserichtung 248
Lineal 115
   anzeigen 116
linearer Farbverlauf 108
lineGradientStyle 471
lineStyle 456
Linie
   gerade Linie erzeugen 92
   Kurve erzeugen 92
Liniensegment 92
Linienwerkzeug 73
Live-Vorschau 474
load 362
Loader 348
LoaderInfo 362, 363
Loader-Klasse 361
   Ladevorgang kontrollieren 362
LocalSharedObject 758
lokale Daten
   lesen 759
Löschen 503
lose Typisierung 321

M

MAMP 630
Masken 213
Maskenebene 214, 215
   Verlaufsmaske 215
Maskenform
   Füllfarbe 214
Maskierung
   über ActionScript 217
Math-Klasse
   Konstanten 410
   Methoden 409
Matrix-Klasse 471
Mausrad 743
Mausrichtung 406
Maussteuerung 743
Mauszeiger
   ausblenden 380
Menü
   Ansicht 46
   Bearbeiten 45
   Befehle 47
   Datei 45
   Debuggen 47

Einfügen 46
Fenster 48
Hilfe 48
Modifizieren 46
Steuerung 47
Text 47
Menüleiste 45
Methode 430
   Rückgabewert 430
Methode zur Schriftwiedergabe 264
MIME-Format 639
Mischmodi 502
   ActionScript 506
mitterLimit 458
Modulo 330
Modulo-Operator 330
MorphShape 349
MOUSE_MOVE 379
Movieclip
   an Mauszeiger ausrichten 380
   ausblenden 387
   in Mausrichtung bewegen 407
   in Mausrichtung drehen 406
MovieClip (ActionScript 3) 348
MP3 519, 520
   Stärke der Komprimierung 521
Multiplizieren 503
MXML 795
MySQL 662
   Datensatz einfügen 667
   Datensätze sortieren 672
   Datentyp 666
   Distinct 673
   Feld bearbeiten 666
   Feld hinzufügen 666
   Feld löschen 666
   GUI Tools 662
   INSERT 680
   Kollation 664
   SELECT 672
   Sicherheit 683
   Tabelle exportieren 668
   Tabelle importieren 669
   UPDATE 686
mysql_connect 671
mysql_real_escape_strings 685
mysql_select_db 672

N

Namen
   zuweisen 143
navigateToURL 132, 253, 718

Negativ multiplizieren 503
NetBeans 821
NetConnection 571
NetStream 571
   Eigenschaften 577, 578
   Ereignisse 573
Neues in Flash CS4 34
new 427
newNode 702
nextFrame 346
Normal 503
Number 320

O

OBJECT-Tag 286
Objekt 423
   anordnen 113
   Eigenschaft 428
   erstellen (OOP) 427, 444
   gruppieren 113
   initialisieren 427
   Methode 430
Objekte 143
Objektzeichnung 68
OOP 423
   überschreiben 453
   in ActionScript 3 424
   Sichtbarkeit 437
   Superklasse 453
   Symbole als Klasse 443
openHandler 715
Operator
   arithmetischer 330
   bitweiser 335
   einfacher 330
   logischer 334
override 453

P

package 433
Paket 431
Pakete und Klassenpfad 431
Parameter 343
Perspektive 103
Pfad
   Ankerpunkt entfernen 92
   Ankerpunkt hinzufügen 92
   Bewegungs-Tween 171
   schließen 92
Photoshop-Import 496
   Bildebene 497
   Gruppe 497

Maske 497
Textebene 498
PHP 722
  date 635
  Daten an Flash übergeben 674
  Datenbanksatz einfügen 680
  Datenformat 639
  Daten in Flash empfangen 637
  Datensätze aktualisieren 686
  Datensätze auswählen 672
  Daten von Flash an PHP senden
    und empfangen 644
  Datum- und Zeitfunktion 635
  Datum und Zeit ausgeben 641
  Fehlermeldungen 661
  foreach-Schleife 635
  for-Schleife 634
  Funktionen 635
  if-Anweisung 633
  Kommentar 633
  mehrere Werte übergeben 639
  Operator 633
  phpinfo 628
  Schreibweise 628
  Sicherheit 683
  Sprachelemente und Syntax 632
  Stringwerte verketten 633
  switch 634
  Tabelle auswählen 672
  testen 661
  Text kodieren 640
  Text richtig darstellen 640
  urlencode 639
  utf8_decode 640
  utf8_encode 640
  Variablen 632
  Voraussetzungen 628
  while-Schleife 634
phpMyAdmin 663
  Datenbank erstellen 664
  Datenbanktabelle erstellen 664
  Tabellenspalten definieren 665
PHP-Skript
  aufrufen 637
PHP und MySQL 670, 713
  Datenbank-Log-in 670
Pi 392
Pinselform 78
Pinselgrösse 78
Pinselmodus 78
Pinselwerkzeug 77
  glätten 77

Pixelfont 264
  Positionierung 266
  Regeln 265
  Schriftgröße 265
  Textausrichtung 265
  Textauszeichnung 265
Pixelgrafik 29
pixelHinting 457
Player 27
PNG-Export 285
PNG-Format 493
Polygon 91
Polygon-Modus 96
Polysternwerkzeug 91
pop 326
Posenebene 227
Positionierung via CSS 300
POST 646
POST-Methode 646
Präsentationen 32
Preloader 298
prevFrame 346
Primärschlüssel 666
private 437
Projekt-Fenster 434
Projektor 27
protected 437
public 437
push 326

Q

Quadratische Pixel 559
Query-String 645
Quick View 819

R

radialer Farbverlauf 109
Radiant 392
Radiergummi
  Form 86
  Größe 86
Radiergummiwerkzeug 85
Raster 118
  bearbeiten 118
  einblenden 92
Rasterfüllung 83
Rastergrafik 29
RAW 520
Rechteckgrundform 88
Rechteckoptionen 87
Rechteckwerkzeug 86
Refactoring 820

RegEx 620
register_globals 645
Registrierung 121, 127
Registrierungspunkt 127
Reguläre Ausdrücke 620
Rekursive Funktionen 345
Remote-Debug 371
Remote-Debugging 277
removeChild 352
reverse 326
Rich Internet Applications 33, 794
Rotation
  auf der Bildebene 204
RSS 694
RSS-Feeds 690
Rückgabewert 344

S

Samplingrate 517
Samplingtiefe 518
sans 257
save 717
saveEntry 710
scaleMode 457
Schaltfläche 128
  aktiv 129
  auf 129
  darüber 129
  erstellen 129
  gedrückt 129
  mit Ereignissound 524
Schleife 338
  do-while 339
  for 340
  for-in 340
  while 338
Schlüsselbild 147
  Bildbezeichner zuweisen 152
  einfügen 148
  kopieren 149
  leer 147
  löschen 148
  verschieben 149
Schrift
  Darstellung 254
  in Vektoren umwandeln 262
  Schriftfarbe 245
  Schriftgröße 245
  Schriftsymbol 614
Schwingung 394, 395, 398
Screenreader 306
Security through Obscurity 783

SELECT 672
selectedIndex 709
selectHandler 722
SEPY 821
serif 257
Serifen 257
setChildIndex 353
setComponentStyle 487
setSize 477
setStyle 487
SHA1 786
Shape 348
Shared Library 137
SharedObject 758
shift 326
showProgress 731
Silbentrennung 249
SimpleButton 348
Sinus 397
Skalierbarkeit 29
Skalierung 204
  animieren 204
Skelett 226
  Hierarchie 228
Skin 487
Skript
  erstellen 318
Skript-Höchstzeit 278
Skripthilfe 314
slice 326
Small Web Format 28
SOL-Datei 759
sort 326
sortOn 327
Sound
  abspielen 534
  Abspielposition 540
  ausblenden 527
  Eigenschaften 520, 523, 547
  einblenden 527
  Endlosschleife 524
  Ereignis 523
  Ereignisse 547
  externen laden 532
  getBytesLoaded 547
  ID3 533
  Import
  Import-Formate 519
  importieren 519
  in der Zeitleiste 523
  Klasse zuweisen 531
  Komprimierung testen 522

  Lautstärke 542
  mehrere gleichzeitig abspielen
    523
  mit ActionScript 530
  pausieren 539, 540
  Slider 543
  Starten 523
  steuern 537
  Stopp 524
  Stream 524
  Tipps 522
  veröffentlichen 519
  Veröffentlichungseinstellungen
    519
  Wiederholung 524
  zuweisen 523
SoundChannel 545
  Eigenschaften 548
  Ereignisse 548
Sounddatei
  ersetzen 522
Soundeffekt 526
  benutzerdefiniert 526
Soundeffekte
  benutzerdefiniert 526
SoundLoaderContect 535
Soundloops als MP3 536
SoundMixer 548
Sound-Objekt 531
Sound-Spektrum 548
SoundTransform
  Eigenschaften 548
Soundtyp 523
Speichern und Komprimieren 136
Spiel
  Contest 776
  Highscore 777
  Schwierigkeitsgrad 770
  Spielername lokal speichern/
    lesen 759
  Steuerung 764
  Zeitanzeige 756
Spiele 32
Spiralenförmige Bewegung 405
splice 327
Sprühen-Werkzeug 79
Sprite 348
SQL-Abfrage 672
SQL-Injection 680
Stage 349
Standard 665
Standard-Layout

  wiederherstellen 58
Stapelreihenfolge 114
static 439
Statische Textfelder 243
Sternform
  erstellen 91
Steuerelementbedienfeld →
  Optionsleiste
Steuerung von Zeitleisten 345
Stift 92
Stiftwerkzeug
  Ankerpunkt entfernen 92
  Ankerpunkt hinzufügen 92
  Ankerpunkt umwandeln 93
  Pfad schließen 92
stop 346
Streaming-Sound 524
  ein- und ausblenden 527
Strichfarbe 74
Strichhöhe 74
Strichlinie 68
  Abschluss 75
  begradigen 93
  glätten 93
  Verbindung 75
Strichlinie in Füllung umwan-
  deln 75
Strichstil 74
  benutzerdefiniert 74
strikte Typisierung 321
String 320
stripslashes 684
Strong Typing 321
Subtrahieren 503
Suchmaschinen 288
super 453
Superklasse 451
swapChildren 353
SWC-Datei 276
SWD-Datei 277
SWF-Object 286
  align 297
  FlashVars 289
  menu 296
  Parameter 294
  quality 296
  scale 297
  weitere Einstellungen 288
  wmode 297
Swift 3D 807
switch 333
Symbol 119

an Position bearbeiten 125
bearbeiten 124
Begrenzungsrahmen 127
duplizieren 125
erstellen 120
Grafiksymbol 119
Instanz 122
Instanzeigenschaften 123
in Symbol konvertieren 121
Movieclip-Symbol 119
Positionierung 127
Registrierung 127
Schaltflächensymbol 120
Schriftartensymbol 120
Symbol-Bearbeitungsmodus 121
Symbole, Instanzen und die Bibliothek 119
Symbolinstanz 122
Symboltyp 566
Symmetriepinsel 84
Szenen 150
    ansteuern 152
    verwalten 151

T
tabIndex 598
Tabulator-Reihenfolge 599
target 358
Tastaturkürzel
    drucken 63
Tastaturkurzbefehle 61
    definieren 62
    Menü 61
Tastatursteuerung 741
Teilen 262
Text 239
    abfragen 593
    als Grafik einfügen 263
    Anti-Aliasing 255
    Ausrichtung 247
    auswählbar 254
    Auszeichnung 246
    Blocksatz 249
    Eigenschaften 242
    Eingabe beenden 240
    E-Mail-Verknüpfung 253
    Farbe 244
    feste Breite 240
    Fett 246
    formatieren 244
    Größe 244
    hochstellen 251

Kapitälchen 247
Kontrast 246
Kursiv 247
laden 603
linksbündig 248
mehrzeilig 240
mit Anti-Aliasing 261
mittig 249
mit URL verknüpfen 252
Neigung 242
ohne Anti-Aliasing 262
rechtsbündig 248
Rotation 242
Schriftart 244
Skalierung 241
tiefstellen 251
transformieren 241
Zeichenabstand 250
Zeilenabstand 250
Zeilenlänge 250
zuweisen 593
Textbreite 240
Textdokument
    ausgeben 602
    laden 602
    laden und ausgeben 606
Texteditoren 603
Texteingabe
    abfragen und ausgeben 596
    Texteingabefelder 243
Textfeld
    backgroundColor 609
    dynamisch 243
    Eigenschaften 242, 590
    Eingabefokus 599
    Formatierung 611
    Hintergrundfarbe 591
    HTML-Eigenschaften 594, 595
    HTML-Formatierung 594
    maximale Zeichenanzahl 590
    Methoden 616
    mit ActionScript erzeugen 608
    Rahmen 591
    statisch 243
    tabIndex 598
    Variable 590
    Zeilentyp 590
Textfeld-Typen 243
TextField 608
    Eigenschaften 609, 610, 611
TextField (ActionScript 3) 349
TextFormat 611, 697

align 613
bold 613
color 613
font 613
indent 613
italic 613
kerning 613
leading 613
leftMargin 613
letterSpacing 613
rightMargin 613
setTextFormat 612
size 613
target 613
underline 613
url 613
Textrichtung 252
Textscroller 618
    Textbereich definieren 618
Third-Party-Komponente 474
TIFF-Format 493
time 578
Timer 381
Timing 197
Tintenfass 105
toString 327
trace 318
Transparenz 69, 207
    animieren 206
Trigonometrie 390
    Das rechtwinklige Dreieck 393
    Grad-/Bogenmaß 392
    Rotationsrichtung 392
    Winkelangabe 391
Tween
    Abbremsung 198
    an Pfad ausrichten 192
    beschleunigt 201
    Beschleunigung 198
    klassisch 165
    klsssisch 191
Tween-Ebene 166
Tween-Engines 411
Tweener 411
TweenFilterLite 411
Tween-Klassen 410
TweenLite 411
    3D-Flip 416
    Easing 414
    Ereignisse 415
    Methoden 412
    Overwrite 414

TweenMax 411
Tweens 165
Tweensy 411
Typenkonflikt 323
typewriter 257
Typisiertes Array 329

U

Überlagern 503
uint 320
UIScrollBar 618
Umkehren 503
undefined 319
Unicode 602, 827
UNIX-Dateirechte 646
unshift 327
Unterauswahl-Werkzeug 94
Unterklasse 451
Unterschneidung 249
UPDATE 686
updateAfterEvent 380, 382
Upload 721
    Dateiendungen überprüfen 732
urlencode 639
URL-Kodierung 604, 831
URLLoader 603, 637, 689
URLLoaderDataFormat 604, 638
URLRequest 362, 718
URLVariables 647
utf8_decode 640
utf8_encode 640

V

Variable 318
    dynamische 321
    Geltungsbereich 324
Variablenwert 319
VBR 520
Vector 329
Vektoren und Pixel 29
Vektorgrafik 29
    über ActionScript erzeugen 455
Vererbung 451
Veröffentlichen
    ActionScript-Version 274
    Flash 272
    GIF 282
    HTML 278
    HTML-Ausrichtung 297
    JPEG 284
    PNG 285
    Skalierung 297

Version 272
Vergleichsoperatoren
    Übersicht 331, 332
vergrößern 115
verkleinern 115
Verknüpfungsbezeichner 134
Verlaufsmasken 215
Verschachtelung 159, 219
Verzeichnis auslesen 735
Video
    Abspielzeit anzeigen 578
    Audiospur steuern 575
    beschneiden 557
    eingebettetes 567
    Exporteinstellungen 561
    Import 564
    in Movieclip verschachteln 567
    in Zeitleiste integrieren 566
    kodieren 555
    Ladefortschritt ermitteln 577
    Lautstärkeregler 576
    Playback-Komponente 565
    Progressiv herunterladen 570
    streamen 570
    über die Zeitleiste steuern 567
    Vollbild 574
    XMP 563
Video (ActionScript 3) 349
Video-Anwendung 33, 567
Video-Encoder 556
Video-Formate 553
Video-Import
    Bereitstellung 564
Video-Playback-Komponente 565
Vollbild-Modus 574
Voreinstellungen
    ActionScript 317
Vorschau 150

W

.wmv 553
W3C → World Wide Web
    Consortium 282
W3C-Validator 282
Wasserhahn 86
WAV 519
Webserver 628
Werkzeuge
    Tastenkürzel 50, 51
Werkzeugleiste 48
    Darstellung 49
while 338

Whitespace 691
Winkel
    zwischen zwei Punkten berechnen
        406
wmode 297
World Wide Web Consortium 282

X

XAMPP 629
    Control Panel Application 631
    installieren 630
XFL 41
XML 687
    bearbeiten 700
    Caching verhindern 689
    Elemente hinzufügen 701
    Element entfernen 703
    in AS3 definieren 687
    Kommentare 691
    laden 689
    speichern 704
XML() 690
XMLList 693
XMP 41, 563
XMP-Metadaten einschliessen 275

Z

Zauberstab 96
Zeichenabstand 249
Zeicheneinbettung 591
Zeichenkodierung 602
Zeichenmodi
    Objektzeichnung 68
Zeichentablett 78
Zeichenwerkzeuge 68
    3D-Drehungswerkzeug 101
    3D-Versetzungswerkzeug 102
    Auswahlwerkzeug 93
    Deko-Werkzeug 81
    Eigenschaften ändern 73
    Ellipsenwerkzeug 88
    Farbeimerwerkzeug 105
    Farbverlaufwerkzeug 110
    Freihandwerkzeug 77
    Frei-transformieren-Werkzeug 99
    Lassowerkzeug 95
    Linienwerkzeug 73
    Pinselwerkzeug 77
    Pipette 107
    Polysternwerkzeug 91
    Radiergummiwerkzeug 85
    Rechteckwerkzeug 86

Sprühen-Werkzeug 79
Stiftwerkzeug 92
Stricheigenschaften 74
Tintenfasswerkzeug 105
Unterauswahl-Werkzeug 94
Werkzeug für Ellipsengrundform 90
Werkzeug für Rechteckgrundform 88
Zeichnungs-API 455
   Ellipse zeichnen 470

Farbverlauf 471
Füllungen erzeugen 463
Kreis zeichnen 470
Kurven zeichnen 461
Rechteck mit Eckrundungen zeichnen 469
Rechteck zeichnen 464
Zeilenabstand 249
Zeilenfall 248
Zeilenlänge 249
   Richtwert 250

Zeitfunktionen 756
Zeitleiste 51, 141, 147
   bei Bedarf erweitern 567
   Bilder 149
   Darstellungsoptionen 150
Zeitlimit 757
Zinc 803
   Anwendung erstellen 804
Zoom 75
Zugänglichkeit 306
Zwiebelschaleneffekt 162

Der Name Galileo Press geht auf den italienischen Mathematiker und Philosophen Galileo Galilei (1564–1642) zurück. Er gilt als Gründungsfigur der neuzeitlichen Wissenschaft und wurde berühmt als Verfechter des modernen, heliozentrischen Weltbilds. Legendär ist sein Ausspruch *Eppur se muove* (Und sie bewegt sich doch). Das Emblem von Galileo Press ist der Jupiter, umkreist von den vier Galileischen Monden. Galilei entdeckte die nach ihm benannten Monde 1610.

Lektorat Jan Watermann
Fachgutachten Florian Plag, Bretten
Korrektorat Petra Biedermann, Reken
Herstellung Iris Warkus
Einbandgestaltung Hannes Fuß, Berlin
Typografie und Layout Vera Brauner
Satz Markus Miller, München
Druck Himmer AG, Augsburg

Dieses Buch wurde gesetzt aus der Linotype Syntax (9,25 pt/13 pt) in Adobe InDesign CS3. Gedruckt wurde es auf chlorfrei gebleichtem Bilderdruckpapier (115 g/m^2).

Gerne stehen wir Ihnen mit Rat und Tat zur Seite:

jan.watermann@galileo-press.de
bei Fragen und Anmerkungen zum Inhalt des Buches

service@galileo-press.de
für versandkostenfreie Bestellungen und Reklamationen

julia.bruch@galileo-press.de
für Rezensions- und Schulungsexemplare

Bibliografische Information der Deutschen Nationalbibliothek
Die Deutsche Nationalbibliothek verzeichnet diese Publikation in der Deutschen Nationalbibliografie; detaillierte bibliografische Daten sind im Internet über *http://dnb.d-nb.de* abrufbar.

ISBN 978-3-8362-1256-4

© Galileo Press, Bonn 2009
1. Auflage 2009, 1., korrigierter Nachdruck 2010

In unserem Webshop finden Sie unser aktuelles
Programm mit ausführlichen Informationen,
umfassenden Leseproben, kostenlosen Video-Lektionen –
und dazu die Möglichkeit der Volltextsuche in allen Büchern.

www.galileodesign.de

Know-how für Kreative.